Nostradamus

Elmar R. Gruber

Nostradamus

Sein Leben, sein Werk
und die wahre Bedeutung
seiner Prophezeiungen

Scherz

Tout vrai langage est incompréhensible

Antonin Artaud

Für Dagmar

www.scherzverlag.de

Erste Auflage 2003
© 2003 Scherz Verlag, Bern
Alle Rechte der Verbreitung, auch durch Funk,
Fernsehen, fotomechanische Wiedergabe,
Tonträger jeder Art und auszugsweisen
Nachdruck, sind vorbehalten.

ISBN 3-502-15280-2

Inhalt

Einleitung

In Krisenzeiten haben Wahrsager und selbst ernannte Propheten Hoch-konjunktur. Auf einen von ihnen greifen die verunsicherten Menschen mit Vorliebe zurück: Nostradamus. Er gilt als der Prophet par excellence. Über Jahrhunderte hinweg soll er alle Wirrnisse und Schrecken der Mensch-heitsgeschichte minutiös vorausgesagt haben, und noch immer sollen seine Weissagungen eintreffen. Kein Krieg, keine Katastrophe, keine Umwäl-zung, die seinem prophetischen Geist entgangen wäre. Selbst nebensächli-che Ereignisse habe er mit erstaunlichem Detailreichtum beschrieben. Nostradamus – das prospektive Gedächtnis der Welt. Seine Chronik der Zukunft – das aufregendste Buch, das jemals die Druckerpresse verlassen hat. Nichts hat die mythische Figur Nostradamus in 500 Jahren an ihrer Ausstrahlung eingebüßt. Heller denn je strahlt ihr Stern, in die entlegensten Winkel der Welt gelangt ihr Ruhm, gefeiert von immer neuen Interpreten und Verehrern, ängstlich verfolgt von Scharen beunruhigter Menschen.

Michel de Nostredame, der sich später als Autor und gelehrter Humanist dem Zeitgeschmack folgend latinisiert Nostradamus nannte, wurde 1503 in Saint-Rémy in der Provence geboren und starb unweit davon in Salon im Jahr 1566. Er entstammte einer Familie von konvertierten Juden und stu-dierte Medizin an der berühmten Fakultät von Montpellier. In jungen Jah-ren zog er rastlos durch die Lande, praktizierte eine Zeit lang in Agen als Arzt, wo er im Haus des bedeutenden Humanisten Julius Caesar Scaliger verkehrte. Er verließ Agen und tat sich als Arzt bei der Bekämpfung der Pest hervor. Schließlich ließ er sich in Salon nieder, heiratete und nahm für eine Zeit sein unstetes Wanderleben wieder auf. Er veröffentlichte medizini-sche, kosmetische und diätetische Werke und begann sich intensiv mit As-trologie auseinander zu setzen. Seit 1550 veröffentlichte er jährlich Alma-nache in Prosa mit Weissagungen über das kommende Jahr. Hochfliegende Pläne verfolgte er mit der groß angelegten Abfassung von Prophezeiungen in Versform, die sich auf künftige Jahrhunderte, sogar Jahrtausende erstre-cken sollen, die *Prophéties*.

Seine Almanache erregten großes Aufsehen, wurden in den höchsten Kreisen gelesen und brachten ihm Gegnerschaft und Bewunderung ein. Nostradamus erhielt eine Einladung an den Hof König Heinrichs II. von Frankreich und seiner Frau Katharina von Medici. Gelehrte, Adelige, Kir-chenfürsten, Feldherren, Händler und Kaufleute aus verschiedenen Län-dern wandten sich an den Seher von Salon, um sich von ihm das Horoskop stellen zu lassen. Die Verleger rissen sich um den Bestsellerautor, dreiste

Fälscher veröffentlichten eigene Weissagungen unter seinem Namen. Dichter widmeten Nostradamus Elogen und besangen seine außerordentliche Gabe in Hymnen. In den letzten Jahren seines Lebens war der Mythos vom großen Nationalpropheten Frankreichs in aller Munde. Immer mehr und immer wieder neue Beweise für die wunderbaren Fähigkeiten des großen Sehers werden vorgelegt. Die Ausleger von Nostradamus überschwemmen den Buchmarkt, ein Ende des Booms ist nicht abzusehen. Wie lässt sich dieser ungeheure Erfolg erklären? Was steckt hinter den Prophezeiungen von Nostradamus? Haben wir es mit dem außergewöhnlichsten Propheten der Weltgeschichte zu tun, mit einer Art allwissender Geistesmaschine? Die Interpreten kümmern sich wenig um die Geschichte und um eine historisch-kritische Bestandsaufnahme des Phänomens Nostradamus. Sie greifen nur auf einen Teil seiner Texte zurück, aber auch hier selten auf Originale, übersetzen abenteuerlich, oftmals den Sinn völlig verkennend und präsentieren ihre Lösungen als bewiesene Prophezeiungen furchtbarer Ereignisse.

Nostradamus war sicher nicht umsonst dieser beispiellose Erfolg beschieden. Zweifellos verbindet sich etwas Faszinierendes und Bedeutendes mit dieser Person, das zu ergründen ein lohnenswertes Unternehmen ist. Es ist an der Zeit, eine derart einflussreiche Persönlichkeit aus dem Dunstkreis der mythischen Erhöhung herauszulösen, sein Leben zu rekonstruieren, sein Denken zu entwirren, seine Schriften zu analysieren und das verständlich zu machen, was Nostradamus in seiner dunklen und verworrenen Sprechweise gemeint hat.

Nur durch eine kritische Betrachtung lässt sich die Patina von jener erhabenen Gestalt abkratzen, die seine unkritischen Verehrer und Interpreten – die «Nostradamisten» – durch Auftragen immer neuer Schichten von mythischem Firnis über Jahrhunderte geformt haben. Erste zaghafte Ansätze zu kritischen Studien, bemüht um historische Einordnung und philologische Entwirrung der rätselhaften Texte des Nostradamus, gab es bereits im 19. Jahrhundert. Sie krankten allerdings an fehlendem Quellenmaterial. Erst die unermüdliche Jagd nach Texten durch eifrige Sammler und glückliche Funde in Archiven und Bibliotheken in jüngster Zeit haben eine umfängliche wissenschaftliche Untersuchung des nostradamischen Œuvres möglich gemacht. Die entscheidenden Etappen: E. Lhez entdeckt 1961 im Nachlass des französischen Humanisten Peiresc eine Sammlung von über 50 Briefen von und an Nostradamus, die Jean Dupèbe 1983 veröffentlicht. Robert Benazra spürt 1982 in der Österreichischen Nationalbibliothek in Wien die Erstausgabe des Hauptwerks von Nostradamus, *Les Prophéties*, auf und ein Jahr später ein zweites Exemplar in der Bibliothek von Albi in Frankreich. Er veröffentlicht 1990 eine wichtige Bibliographie über Nostradamus. Der Sammler und Verleger Michel Chomarat überlässt der Bibliothèque Municipale von Lyon seine bedeutende Sammlung sehr seltener Ausgaben von Werken des Propheten, wodurch sie für die Forschung zugänglich werden. Darüber hinaus publiziert er einige der frühesten Ausgaben als Faksimile-Drucke und schreibt 1989 die erste bedeutende Bibliographie. Den Durchbruch in der seriösen Forschung markiert das 1993 erschienene Werk *Nostradamus Astrophile* des kanadischen Professors für Antike Studien an der Universität Ottawa, Pierre Brind'Amour (1942–1995). Zum ersten Mal liegt eine wissenschaftlich einwandfreie und umfassende Bestandsaufnahme vor, die vor allem die entscheidende Rolle der Astrologie im Werk von Nostradamus untersucht. Posthum erscheint von Brind'Amour 1996 eine kritische Ausgabe der fragmentarischen Erstausgabe der *Prophéties*. Beide Werke sind Meilensteine für die Forschung, ohne die das vorliegende Werk nicht möglich gewesen wäre. Auch Brind'Amour konnte indes noch nicht auf alle Arbeiten von Nostradamus zurückgreifen.

1991 erwarb die Bibliothek von Lyon ein einmaliges Manuskript aus der Feder des Sekretärs von Nostradamus, Jean-Aimé de Chavigny. Er hatte sich die Mühe gemacht, die Almanache seines Meisters mit den jährlichen Prophezeiungen abzuschreiben. Das Manuskript wurde jahrelang einer aufwendigen Restauration unterzogen. Für mein vorliegendes Buch habe ich das gewaltige Manuskript von Chavigny mit seinen 722 Seiten in mühevoller Kleinarbeit studiert, transkribiert und übersetzt, sofern es möglich war. Meine Arbeit überschnitt sich mit der von Bernard Chevignard, der den ersten Teil des Manuskripts bearbeitete und 1999 veröffentlichte.

Auch von der Existenz eines sehr umfangreichen deutschen Manuskripts mit dem Horoskop für den Prinzen Rudolf von Habsburg, den späteren Kaiser Rudolf II., wusste Brind'Amour. Die Handschrift war aber noch nicht transkribiert und wissenschaftlich ausgewertet. Es gelang mir, zwei weitere bislang unbekannte Fassungen dieses Horoskops, eine lateinische und das französische Original, zu lokalisieren. Diese über 200 Seiten umfassende Arbeit ist nicht nur von besonderer kulturgeschichtlicher Bedeutung, sondern auch von unschätzbarem Wert für die Beurteilung der angeblichen Fähigkeiten der Zukunftsschau (Präkognition) von Nostradamus, da sie Weissagungen über das Leben einer bedeutenden historischen Person enthält, über die genügend bekannt ist, um die Güte der Angaben zu prüfen. Zum ersten Mal habe ich hier dieses außergewöhnliche Dokument einer eingehenden Analyse unterzogen. Nun können Werk und Persönlichkeit aus dem Reich des Ungewissen, aus dem Nebel von Vermutungen und unbewiesenen Behauptungen, mit scharfen Konturen hervortreten.

Man muss, um Nostradamus wirklich verstehen zu können, an seine Werke herangehen wie an alle problematischen historischen Texte: ohne Vorurteil von der einen oder der anderen Seite. Wer in ihm nur einen Scharlatan und Betrüger sieht, wird die Ernsthaftigkeit seines Anliegens und die Bedeutung seiner Schriften nicht erfassen und würdigen können. Wer als Nostradamist alle Äußerungen des Propheten als zwingend eintreffende Prophezeiungen betrachtet, wird im Text nur nach einzelnen Worten, Satzellipsen, verstümmelten und verborgenen Botschaften fahnden, die für ihn Signalcharakter besitzen, weil sie ihm mit einer bestimmten Situation zu korrespondieren scheinen. Um diese Zeichen wird die weitere «Entschlüsselung» der Weissagungen vollzogen. Während sich die einen vergeben, den Reichtum und die Tiefe der Schriften auszuloten, reichern ihn die anderen mit eigenen fantastischen «inspirierten» Interpretationen derart an, dass der Sinn des Gesagten vollends verloren geht.

Um die Texte des Nostradamus zu begreifen, muss man ein natürliches Verständnis entwickeln für das, was er mit der Verwendung bestimmter Worte gemeint hat. Keine geistige Leistung entsteht in einem Vakuum. Sie ist immer ein Produkt vielfältiger Beziehungen und Abhängigkeiten. Sie erwächst aus einem sozialen, kulturellen und geistigen Geflecht in einer bestimmten historischen Situation. Man muss Nostradamus darum zunächst aus seiner Zeit, seinen Erfahrungen, seiner intellektuellen Entwicklung und seinen Einflüssen her begreifen. Die merkwürdig dunkle, bisweilen undurchdringliche Sprache, besonders in den Versprophezeiungen der *Prophéties*, die sein Markenzeichen ist, muss im Vergleich mit anderen, oft klaren und leicht verständlichen Texten von ihm untersucht werden. Durch diesen Zugang erweisen sich seine Sätze weit weniger undurchschaubar, als uns die meisten seiner Interpreten, die allein die *Prophéties* im Auge haben, glaubhaft machen wollen, um ihre eigenen «Lösungen» des Rätsels präsentieren zu können. Die philologische Dimension ist freilich heikel. Es ist unerlässlich, Lexika des 16. Jahrhunderts heranzuziehen, womit es aber nicht getan ist. Nostradamus macht es seinen Lesern nicht einfach durch Verwendung von lateinischen und griechischen Fremdworten, Neologismen, Anagrammen, Abkürzungen, Einschüben im lokalen Dialekt seiner Heimat, ganz zu schweigen von der merkwürdigen Satzstellung und regellosen Zeichensetzung. Um die Verse zu rekonstruieren, muss man auf die Prosodie zurückgreifen, die Lehre der Silbenmessung. Nostradamus dichtete zehnsilbige Verse mit einer Zäsur nach der vierten Silbe. Häufig besitzen seine Verse indes elf Silben, zumal er die Zäsur wie ein Silbenende auffasste. Er praktizierte die Elision, die Auslassung eines unbetonten Vokals, auch vor einem Wort, das mit einem Konsonanten beginnt. Bisweilen reimte er einen Singular mit einem Plural oder ein Wort mit demselben Wort. Oft verwendet er den Singular, wenn er eigentlich den Plural meint, weil er die Flexionsform nach dem nächstfolgenden Wort richtet. Die uneinheitliche Orthographie der Zeit und die zusätzliche Verstümmelung seiner Texte in den Setzstuben der Drucker stellen weitere Hürden für die Wiederherstellung des Originaltextes dar. In den meisten Fällen werde ich deshalb die Versprophezeiungen in umschreibender Weise übersetzen. Zusätze zur Komplettierung eines Satzes stelle ich in eckige Klammern [], Erklärungen in spitze Klammern < >. Die originale Schreibweise behalte ich bei. Der leichteren Lesbarkeit halber werden nur u und v sowie i und j der heute gängigen französischen beziehungsweise lateinischen Schreibweise angeglichen, z. B. *descouuert* gebe ich als *descouvert* wieder. Änderungen von Buchstaben, um den originalen Wortlaut wiederzugeben, werden kursiv hervorgehoben. In einem Quatrain heißt es beispielsweise falsch «l'on sacre à Saturne», richtig «*con*sacre à Saturne». Wenn es angebracht ist, werden diese Wiederherstellungen erklärt. Den ersten Teil der Versprophezeiungen der *Prophéties* zitiere ich nach der noch unvollständigen Erstausgabe von 1555, sonst richte ich mich nach den Ausgaben von 1605 und 1611, die als sehr zuverlässig gelten. Bei der Zitierweise schließe ich mich dem System von Pierre Brind'Amour an. Ein Beispiel: Der Quatrain 43 der dritten Zenturie wird als C 3.43 zitiert. Geht es beispielsweise nur um die Verse 3 und 4 daraus, dann lautet die Nummerierung C 3.43.3–4.

Um die große Aufgabe zu leisten, das gesamte Werk von Nostradamus einer kritischen Prüfung zu unterziehen und so zu einem abschließenden Urteil über eine der faszinierendsten Gestalten der europäischen Geistesgeschichte zu gelangen, waren jahrelange akribische Forschungen nötig, ungezählte Stunden in den Archiven der Universitäten und Bibliotheken bei der Transkription von alten Manuskripten, geschrieben in mühsam zu entziffernden Handschriften. Dazu kam eine frustrierende Suche nach Kopien von Texten, die oft nur noch in einem einzigen Exemplar erhalten geblieben sind und bisweilen in privaten Bibliotheken von obskuren Nostradamus-Verehrern eifersüchtig gehütet werden. Schließlich mussten aus dem Puzzle der Texte die zahlreichen Fälschungen, Collagen und Plagiate herausgefiltert werden, die schon zu Lebzeiten des Meisters die Runde machten.

Mein Dank gebührt vielen Menschen, ohne deren Unterstützung meine Arbeit nicht in dieser Weise möglich gewesen wäre. Zu besonderem Dank bin ich dem allzu früh verstorbenen Pierre Brind'Amour verpflichtet, für seine wertvollen Ratschläge und Hinweise. Er hat dem Ansatz in diesem Buch die Richtung gewiesen. Viele bleiben ungenannt, aber unter jenen, die

13

mir eine besondere Hilfe waren, weil sie kritische Kommentare zu Teilen des Manuskripts beisteuerten, Informationen und Ideen lieferten oder bei schwierigen fachlichen Problemen zur Seite standen, möchte ich Bernard Chevignard, Michel Chomarat, Renate Giermann, Mario Gregorio, Jacques Halbronn, Wolfgang Kokott, Marthe Ledoux, Lucien de Luca, Paul Berthold Rupp, Karl Vocelka, Thomas Winkelbauer und Wilhelm Zannoth hervorheben. Obwohl unsere Ideen zu Nostradamus sehr unterschiedlich sind, gebührt ein besonderer Dank Ludwig Dinzinger für unsere jahrelangen Diskussionen um viele Aspekte des Propheten sowie für die Überlassung seiner Transkription der französischen Fassung des Horoskops für den Prinzen Rudolf. Indes, ohne die besondere Unterstützung, Nachsicht und Geduld meiner lieben Frau Dagmar hätte ich wohl nicht die Beharrlichkeit aufgebracht, nach mehreren Unterbrechungen über viele Jahre die Arbeit an diesem Buch fortzusetzen und zu einem Ende zu bringen. Wie mir scheint, hat sich diese Arbeit gelohnt. Nunmehr können wir mit Sicherheit sagen, was man von Nostradamus und seinen Prophezeiungen zu halten hat, wenngleich das Ergebnis manchen verblüffen mag.

Wir werden uns Nostradamus nähern, vorsichtig wohlgemerkt, von vielen Seiten, denn es ist ein Feld voller Tücken und Minen, das wir vor uns haben. Wir befinden uns vor teilweise unwegsamem historischem Gelände, literarischen Fallstricken und geistesgeschichtlichen Abgründen zumal, die das Unternehmen nicht eben einfach gestalten. Doch es ist eine aufregende und spannende Reise, auf die wir uns begeben, in eine Welt im Umbruch, an der Schnittstelle zwischen dem mittelalterlichen Denken und dem mental-rationalen Geist der Moderne. Es ist eine Reise in das Gehirn eines Menschen, der wie kaum ein Zweiter diese Schnittstelle und ihre Spannungen vertritt, aufgespaltet zwischen Aberglauben und Wissenschaft, zwischen Astrologie und Theologie, zwischen mythischem und geschichtlichem Denken, zwischen Verehrung antiker Geistesgrößen und der Suche nach einem neuen Selbstverständnis des Menschen, zwischen überlieferter religiöser Tradition und Reformation. Nostradamus hat diese Spannungen kreativ bewältigt als Autor von Texten, die im Gewand von Prophezeiungen daherkommen. Sie waren sein Ventil, seine Selbsttherapie, wenn man so will, seine Möglichkeit, dem inneren Unbehagen Herr zu werden, und er erfand dafür eine besondere Sprache, eine nie da gewesene Art «orakulärer» Poesie. In sie floss sein überbordender Strom von Gedanken und Visionen und verschloss sich in ein Geheimnis traumartiger Verdichtung.

Erster Teil

Das Leben von Michel de Nostredame

Ich sehe wie in einem brennenden Spiegel, wie durch umnebelte Visionen, die großen traurigen Ereignisse, die ungeheuerlichen und Unheil bringenden Geschehnisse herannahen.

Nostradamus, *Brief an Heinrich II.*

Einführung in das Werk von Nostradamus

ALMANACHE UND PROGNOSTICA   Was waren das für Werke, die den Ruhm von Nostradamus zu seinen Lebzeiten begründet haben? In erster Linie waren es seine jährlichen Almanache und Prognostica. Die Almanache von Nostradamus sind immer ähnlich aufgebaut. Sie bestehen aus dem eigentlichen Almanach, einem Kalender, in dem die Monate und Tage eingetragen sind, der liturgische und martyrologische Kalender, die Mondposition an jedem Tag zur Mittagsstunde, die Mondphasen und der Eintritt der Sonne in die Sternkreiszeichen. Neben jedem Tag stehen ein, zwei französische oder lateinische Worte als kleine tägliche Prognostik. Der Kalender ist noch mit kleinen Hinweisen versehen über das Alter der Welt, die Finsternisse, die beweglichen Feste, die Zeiten, an denen die Hochzeiten nicht verboten sind, sowie die Daten der Messen von Lyon und Paris, und sie enthalten interessante Widmungen.

Das zweite wichtige Element in den Almanachen sind die prophetischen Vierzeiler (*Quatrains*) in Versform. Nostradamus verfasste jeweils einen Quatrain für das Gesamtjahr und zwölf weitere Quatrains für jeden Monat des Jahres. Ein Beispiel zeigt, wie Nostradamus versuchte, in diese Verse telegrammstilartig zahlreiche Begebenheiten und Informationen unterzubringen. Sie sind von einem gehetzten, enorm verdichteten Ton geprägt. Der Quatrain für September aus dem *Almanach pour l'an 1557* lautet:

Mer, terre aller, foy, loyauté rompue.
Pille, naufrage, à la cité tumulte,
Fiel, cruel acte, ambition repue,
Foible offensé, le chef du fait inulte.

Über Meer und Erde gehen, Vertrauen, Loyalität gebrochen.
Plünderung, Schiffbruch, Aufruhr in der Stadt,
Hass, grausame Tat, verschmähter Ehrgeiz,
Der Schwache beleidigt, der Führer der Angelegenheit ungestraft.

Die Schwierigkeiten bei der Übersetzung begegnen uns bereits hier. Nostradamus entlehnt in diesem Fall Worte aus dem Lateinischen, etwa in der dritten Verszeile «repue» von lat. *repudio* (zurückweisen, verschmähen) und in der letzten Zeile «inulte» von lat. *inultus* (ungerächt, ungestraft). Die Informationsstücke, die stakkatoartig aneinander gereiht daherkommen, muss man erst umschreiben, um das in sinnvolle Sätze zu gießen, was Nostradamus mitzuteilen wünscht. In der Folge werde ich die Versprophe-zeiungen von Nostradamus immer in der Übersetzung paraphrasieren, was für ein Verständnis unumgänglich ist. In diesem Fall gelingt das noch un-schwer: Ein Anführer, der einen Vertrauensbruch begangen hat, zieht mit seinem Heer über Land und Meer. Es kommt zu einem Schiffbruch, zu Plünderungen und Tumult in einer Stadt. Eine Angelegenheit mit viel Hass, bei der der Unterlegene beleidigt wird, während der Verursacher der Angelegenheit, der den Loyalitätsbruch begangen hat, ungestraft davon-kommt.

Den Hauptteil des Textes eines Almanachs macht die Prognostik in Prosa aus. Gewöhnlich handelt es sich um einen anspruchsvollen und ge-lehrten Text, gleichsam einen wissenschaftlichen Anhang, gespickt mit la-teinischen Zitaten, bisweilen griechischen Passagen und Hinweisen auf die astrologischen Gewährsmänner des Autors. Dabei werden die astrologi-schen Themen der Mondphasen interpretiert. In den besonders ausgear-beiteten Almanachen werden auch die Horoskope für die Tagundnacht-gleichen, die Sonnenwenden und die Sonnen- und Mondfinsternisse besprochen. Den astrologischen Themen entnimmt Nostradamus seine meteorologischen Voraussagen, die medizinischen und epidemischen Ge-fahrenzeiten, mögliche Naturkatastrophen, schließlich und im Besonderen die Weissagungen über politische und soziale Veränderungen.

Manche Ausgaben führen nur den Kalender und Quatrains, aber keine Prognostik in Prosa. Andere bestehen nur aus der Prognostik ohne Kalen-der und Quatrains. Eine Arbeit mit dem Titel «Almanach» deutet immer auf einen Text hin, der einen Kalender enthält; er kann aber auch eine Pro-gnostik aufweisen. Vielfach steht im Titel das Wort *Pronostication*, und dann findet sich im Text stets eine ausführliche, auf astrologische Auslegung be-ruhende Weissagung; es kann aber auch ein Kalender dabei sein.

Die meisten Exegeten interessieren sich nicht für die Almanache, sie kennen sie vielfach überhaupt nicht. Heute ist es vor allem ein Werk, das den Ruhm des Nostradamus begründet: *Les Prophéties* (*Die Prophezeiungen*). Dieses Buch enthalte fortlaufende Weissagungen über das Schicksal der Menschheit, die bis weit in das vierte Jahrtausend reichen sollen. Es besteht ausschließlich aus vierzeiligen Versen (*Quatrains*), die in Gruppen von je-weils 100 in zehn Zenturien (*Centuries*) zusammengefasst sind. Deshalb werden die *Prophéties* manchmal auch einfach *Centuries* genannt. Bevor sie in ihrer endgültigen Form vorlagen, haben die *Prophéties* eine eigentümli-che Entwicklungsgeschichte durchgemacht, auf die ich später zurückkom-men werde. So viel sei vorweggenommen: Von den ursprünglich anvisierten 1000 Quatrains sind nur 942 veröffentlicht worden. Die siebente Zenturie blieb unvollendet. In den *Prophéties* gibt es zwei einleitende Briefe, die entscheidende Hinweise über Denkweise und Absichten ihres Autors mitteilen: Die Erstausgabe begann mit einem Widmungsbrief an seinen Sohn César als Einleitung (*Ad Caesarem Nostradamum filium*); in der Gesamtausgabe findet sich der achten Zenturie vorangestellt ein Widmungsbrief an König Heinrich II. (*A l'Invictissime Trespuissant, & Tres Chrestien Henry Roy de France second*).

Die Quatrains der *Prophéties* sind auf den ersten Blick fast unverständliche, dunkle Rätselsprüche – eine merkwürdig undurchdringliche Poesie von scheinbar wahllos aneinander gereihten und kombinierten Wörtern und Satzelementen. Unverzichtbar für die Auslegung der Versprophezeiungen sind darum die Prosaweissagungen aus den Almanachen. Diese sind, obwohl auch oft in seltsam manieristisch verdunkelter Sprache verfasst, generell leichter zugänglich, und ihr Sinn ist oft unmittelbar einleuchtend. Anhand der Verwendung und Bedeutung bestimmter Worte und Wendungen in den Prosatexten lassen sich vergleichbare Ausdrücke in den *Prophéties* erhellen. Auch Themen aus den Versprophezeiungen finden sich in den Prosatexten wieder und lassen sich auf diese Weise nach Sinngehalt und Tragweite besser einschätzen.

Allerdings sind von den Almanachen und Prognostica viele nicht mehr erhalten, andere nur in einzelnen Exemplaren oder sogar nur in Fragmenten vorhanden. Almanache galten für ein ganz bestimmtes Jahr. Die Zeitgenossen sahen keinen Sinn darin, sie darüber hinaus aufzuheben, und so fanden sie selten Aufnahme in einer Bibliothek. Die meist kleinen Duodez- und Sedezbände aus wenigen Blättern wurden fortgeworfen, sobald das Jahr vorüber war, und man besorgte sich den nächsten Almanach. Erst als Nostradamus Berühmtheit erlangte, begann man seine Werke zu suchen. Viel wird schon damals nicht mehr vorhanden gewesen sein. Was sich fand und über die Jahrhunderte gerettet werden konnte, verschwand in den Bibliotheken der Nostradamisten, wie zum Beispiel in der Spezialsammlung des Peruaners Daniel Ruzo (1900–1991), der eine Reihe von einzigartigen Almanachen von Nostradamus besaß, die sonst in keinem Exemplar nachweisbar sind.

Verloren sind die Almanache von 1550 bis 1554, 1556, 1558[1], 1559[2], 1561[3], 1564, 1567[4]. Indes – sie sind nicht vollständig dem Vergessen anheim gefallen. Der Dank dafür gebührt Jean-Aimé de Chavigny (1536–nach 1607), einem Mann, der Nostradamus in dessen letzten Lebensjahren als Sekretär zur Seite stand. Chavigny verehrte seinen Meister und war von dessen Prophezeiungen zutiefst überzeugt. Er legte 1594 mit seinem Werk *Janus François* die erste große Auslegung der Quatrains vor – bis heute eine der bedeutendsten.[5] Für seine Arbeit als Interpret machte er sich die Mühe, sämtliche ihm zugänglichen Almanache und Prognostica zu exzerpieren. Das bedeutende Manuskript mit Tausenden von Auszügen aus den prophetischen Prosatexten von Nostradamus schloss Chavigny 1589 ab und versah es mit dem Titel *Recueil des présages prosaïques de M. Michel de Nostredame* (*Sammlung von Prosaprophezeiungen von Meister Michel de Nostredame*). Die Existenz des Manuskripts war bis vor wenigen Jahren unbekannt, obwohl es Hinweise darauf gab. Vor einigen Jahren konnte die Bibliothèque Municipale in Lyon die Handschrift erstehen, die sich allerdings in einem beklagenswerten Zustand befand. Einige Abschnitte sind auch nach der Restauration derart in Mitleidenschaft gezogen, dass sie nicht mehr leserlich sind. Dennoch ist der *Recueil* nunmehr ohne Zweifel eine der wichtigsten Quellen für das Studium von Nostradamus.

Das Manuskript ist in zwölf Bücher gegliedert, entsprechend den Almanachen und Prognostica verschiedener Jahre. Nur den Almanach für das Jahr 1551 konnte auch Chavigny nicht mehr auftreiben. Die Almanache für 1550 bis 1554 und der Almanach für 1556 enthielten keine Vierzeiler. Alle anderen besaßen die monatlichen Quatrains und den allgemeinen Vierzeiler für das gesamte Jahr. Im Unterschied zu den Versen aus den *Prophéties* wurden diese Quatrains später einfach als *Présages*, im Sinne von Weissagungen, bezeichnet.

Chavigny ließ in seinen Auszügen die technischen Teile der astrologischen Konstellationen meist weg und veränderte hin und wieder den Text ein wenig, ohne den Sinn zu ändern. Im Großen und Ganzen handelt es sich um eine getreue Wiedergabe der Originale. Den fortlaufenden Text untergliederte er in Einheiten, die nach Chavignys Meinung jeweils eine Vorhersage ausmachen. Diese Abschnitte nummerierte er fortlaufend. Beim Zitieren von Prosaprophezeiungen (*PP*) aus dem *Recueil* folge ich dieser Nummerierung. Als Marginalien notierte er Schlagwörter der jeweiligen Voraussagen und bisweilen eigene Interpretationen für Geschehnisse, auf die ihm die Voraussagen zu passen schienen. Chavigny hat das Manuskript nie veröffentlicht. Aber er hat es als Handbuch benutzt für seine Werke über Prophezeiungen und speziell über Nostradamus, wie *Janus François* von 1594, *Les Pleiades* von 1603 und *Discours parénetique* von 1606.

Ein Problem bei der Einschätzung der Prophezeiungen von Nostradamus bildet die Schreibweise. Im 16. Jahrhundert gab es noch keine einheitliche Orthographie, und wenn man sich merkwürdigen und nicht unmittelbar verständlichen Aussagen gegenübersah, schlichen sich notgedrungen typographische Fehler ein. Führen wir uns die Arbeitsweise in den Offizinen der Zeit vor Augen, wird das Problem deutlicher: Ein Vorleser las den Text von einem Manuskript laut vor, während der Setzer die entsprechenden Lettern arrangierte; ein Korrekturlesen gab es bei dieser Art der volkstümlichen Literatur nicht. Lag ein Originalmanuskript von Nostradamus vor, dann muss diese Aufgabe grauenvoll gewesen sein. Wir wissen, dass seine Handschrift kaum zu entziffern ist. Aber auch bei sauber kopierten Manuskripten schleichen sich beim Vorlesen Fehler ein. Das Problem war der Setzer, der das Gehörte in Worte zu fassen hatte. Bei der vor allem im Französischen weit verbreiteten klanglichen Ähnlichkeit vieler Worte waren dem Fehlerteufel Tür und Tor geöffnet, noch dazu bei dem damals vorherrschenden Wildwuchs in der Rechtschreibung. Und was musste der arme Mann setzen? Keineswegs einen Text, den er verstand, sondern vielmehr eine verschrobene, verwunderliche, unkultivierte, ja abnorme und unergründliche Poesie.

Ein aufschlussreiches Dokument zeigt, wie viele Fehler durch die Buchdrucker in die Texte von Nostradamus gelangt sein müssen und wie unsinnig deshalb das Beharren der Nostradamisten auf die unveränderte Wiedergabe veröffentlichter Arbeiten ihres Meisters ist. Er selbst hätte sie so jedenfalls nicht akzeptiert. Unter den Akten des Notars Etienne Hozier aus Salon findet sich ein Schriftstück, in dem ein erregter und wütender Nostradamus dem Buchdrucker Antoine de Royer aus Lyon, genannt Lizerot, die Vollmacht erteilt, von Maître Bertot, genannt La Bourgogne, einem Drucker in derselben Stadt, die *Prognostication pour l'an 1554* einzuziehen. Nostradamus hatte Bertot sein Manuskript durch einen Kurier zukommen lassen, um es zu veröffentlichen. Bertot aber hatte eine derart fehlerhafte und verstümmelte Ausgabe produziert, dass die Leser meinen würden, der Autor sei der größte Dummkopf der Welt. Nostradamus beauftragt seinen Bevollmächtigten, das genannte Prognosticum nach ihren Absprachen korrekt zu drucken.[6]

Einige ins Auge springende Fehler müssen auch Nostradamus gleich aufgefallen sein, weil sie in späteren Ausgaben korrigiert waren. Dafür kamen in diesen Veröffentlichungen neue Fehler hinzu. Es gibt von den zahlreichen Ausgaben der *Prophéties*, die bei vielen verschiedenen Verlegern erschienen – bis 1716 gab es bereits 100 davon –, keine zwei, die einander gleichen: ein anderes Wort hier, ein anderer Buchstabe dort. Vor allem in der Interpunktion sind die Unterschiede frappierend. Man könnte meinen, dass dies nebensächlich wäre, solange der Text selbst einigermaßen authentisch überliefert wird. Für einen gewöhnlichen Prosatext mit klar erkennbarem Sinn ist das sicher richtig, nicht so aber in den Quatrains, in denen Satzfragmente die Regel sind. Das Verschieben eines Kommas um ein Wort kann den Sinn der Aussage vollkommen verändern. All diese Schwierigkeiten müssen anhand des Sinngehalts des einzelnen Vierzeilers gemeistert werden, und so gilt es zumeist zuerst den linguistischen Gehalt festzustellen, um die Quatrains in ihrer korrekten Form zu rekonstruieren.

WANDEL UND SCHICKSAL DES TEXTES DER *PROPHÉTIES* Zu den zahlreichen typographischen Fehlern, die von Auflage zu Auflage zu immer weiteren Veränderungen und völlig neuen Sinngebungen führten, ein Beispiel: In C 1.34.1 heißt es in der Erstausgabe von 1555 «L'oyseau de proye volant à la senestre» (Der Raubvogel fliegt zur Linken). Mit den Schrifttypen, die damals in Verwendung waren, wurde der Buchstabe s nur am Ende eines Wortes als s gesetzt, sonst als ſ, ein Zeichen, das einem f sehr ähnlich sieht. Durch Verwechslung von ſ (s) und f – ein Irrtum, der leicht passiert und häufig vorkam – wurde der Vers ab der Ausgabe 1557 zu «L'oyseau de proye volant à la fenestre» (Der Raubvogel fliegt zum Fenster). Brind'Amour hat eine ganze Reihe von solchen typographischen Fehlern, die zu einer Korrektur einladen, hervorgehoben:[7] Beispielsweise C 1.82.2 *Auster* wird zu *austre* (Ausgabe Rosset 1588), schließlich zu *autre* (Ménier 1588); in C 1.83.4 wird *curieux* zu *cumeux* (Rosset 1588), schließlich zu *escumeux* (Ménier 1588); in C 1.96.3 wird *rochers* zu *cochers* (Rosset 1588), schließlich zu *cachez* (Ménier 1588), usw.

Auf Grund ihrer Unverständlichkeit bieten sich die Texte von Nostradamus für derartige Korrekturen weit mehr an als gewöhnliche Schriftsätze. Wenn ein Vers viele verschiedene Bedeutungen haben kann, weil er derart dunkel und verworren formuliert ist, dann bleibt es dem gesunden Menschenverstand vorbehalten, Verbesserungen vorzuschlagen, die stimmen können oder auch nicht. Viele Änderungen sind möglich, die einen Sinn ergeben. Aber welche ist die richtige? Was hatte der Autor wirklich gemeint?

Wie biegsam und austauschbar die Verse von Nostradamus sind, ohne von ihrer Faszination und ohne einen gewissen, wenn auch oft schwer zu ahnenden Sinn einzubüßen, zeigt die Vorgehensweise von Fälschern und Plagiatoren. Sie haben häufig nur geringfügige Änderungen vorgenommen, ein Wort hier und eines da ausgetauscht und so «neue» Quatrains – angeblich aus der Feder des Meisters – präsentiert. Manche haben die vorhandenen Verszeilen einfach neu zusammengestellt, ohne sich die Mühe zu machen, einzelne Wörter zu verändern. Ein besonders dreister Nachahmer, Antoine Crespin, ließ auf das Titelblatt seiner Plagiate als Zusatz zu seinem Namen «genannt Nostradamus» drucken. Crespin zieht für seine Prophezeiungen von 1572 zufällig herausgepickte Verse von Nostradamus heran, reiht sie aneinander und schmiedet daraus eine linkische, unmögliche Prosa, indem er den offensichtlichen Sinn meist übersieht und den Textabschnitten eine neue völlig absurde, unverständliche und abwegige Bedeutung zu verleihen versucht.

Über die Fehler, die sich in die Quatrains eingeschlichen haben, schrieb zuerst Etienne Jaubert[8] 1656 einen kleinen Abschnitt. Es ist der erste Versuch eines kritischen Ansatzes, obwohl der Autor durchaus nicht nur kritisch an das Werk des Propheten herangeht. Jaubert machte sich die Mühe, diese Fehler auszumerzen. Dass er dabei seinerseits neue Fehler einbrachte, schmälert nicht das Verdienst dieser kritischen Auseinandersetzung mit dem Text.

Der Inhalt der prophetischen Werke von Nostradamus lässt sich leicht zusammenfassen. Obwohl er viele unterschiedliche Geschehnisse anspricht, sind sie alle durch ähnliche Themen geprägt. Es geht mit einem Wort um düstere Szenarien: um Naturkatastrophen aller Art, Kriege, Revolutionen, Blutvergießen, um den Tod von Potentaten, um Religionskriege, Epidemien, Schiffbrüche usw. – das bedrückende Panorama einer Welt am Abgrund, geprägt von Zwietracht, Gewalt und Vernichtung.

DER RUHM EINES PROPHETISCHEN AUTORS Nostradamus traf damit die Ängste seiner Zeitgenossen wie kein anderer. Der Almanach für das Jahr 1554 war der erste etwas umfangreichere. Nostradamus hatte an seiner Tätigkeit offenbar Gefallen gefunden und seine astrologischen Kalkulationen ausgeweitet. Das Büchlein war freilich beunruhigenden Inhalts:

Das Recht wird übertreten werden, es wird Plünderungen geben, Entführungen, Eidbrüche, Schikanen, Unglück, Störungen, waghalsige Unternehmungen, leichtsinnige Aufschübe und leichtgläubige Haltungen. Es wird manche königliche Wichtigtuer geben, mehrere bedeutende Männer werden sterben, mehrere werden durch Artilleriefeuer verstümmelt, mehrere gefangen genommen, und das werden Prinzen und Adelige sein.[9]

Natürlich benennt er die Adressaten seiner Prophezeiungen nicht. Nostradamus bedient sich oft des Kunstgriffs der Verrätselung, indem er die angeblichen Hauptakteure seiner Weissagungen hinter Namen bedeutender Männer der Antike verbirgt. Er spricht von «vergeblichen Unterdrückungen zwischen Scipio und Hannibal in Gallien», von der Göttin Minerva ist die Rede, von einem punischen Sieg, in Avignon werde ein «neuer Diktator geboren, der trunken vor Rachsucht und Wollust und gefühllos wie Maximinus» sei, und in Pisa werde ein neuer Hieron einziehen.[10] Unter den Lesern begann das große Rätselraten, wer unter diesen Anspielungen auf antike Gestalten gemeint sein konnte.

Im Jahr darauf wird Nostradamus noch kühner. Sein neuer Almanach, die *Prognostication nouvelle, & prediction portenteuse, pour l'an M.D.LV* enthält zum ersten Mal prophetische Quatrains, und die düstere und bedrohliche Stimmung wird mit noch größerer Verwegenheit ausgebreitet.

Die wechselhaften Zeiten werden einige Schwierigkeiten hervorrufen, dessen ungeachtet werden sie nicht aufhören, und man wird sagen: Welche Raserei, o Könige, treibt euch um, dass ihr für einen mageren und verächtlichen Gewinn Konflikte hervorruft und einen unbarmherzigen Krieg?[11]

Auch Rom, der «hochmütigen Stadt», und dem Papst werden schlimme Dinge vorhergesagt. Der französische König wird mit dem sagenhaften Gallierkönig Brennus verglichen, der die Römer an der Allia besiegte. Diesmal solle sein Nachfolger unter den Germanen und in Italien noch größere Schrecken hervorrufen. Frankreich werde entvölkert, in Italien und Deutschland komme es zu Aufruhr. In jeder Zeile genügend finstere Vorhersagen, um die zahlreicher werdenden Leser zu beunruhigen. Nunmehr riss man sich um seine Prophezeiungen.

Wie kam es, dass diese Werke so rasche Verbreitung fanden? Im ältesten Pamphlet gegen Nostradamus überliefert Antoine Couillart ein anschauliches Bild über die Verkaufskanäle und Verbreitung der Almanache und Prognostica.[12] Es war Anfang November 1555, zur Zeit, als man den neuen Wein verköstigte. Couillart befand sich in Gesellschaft von Trinkern in Orléans, als man einen Almanachverkäufer mit seinem Bauchladen in den Gassen rufen hörte: «Prophezeiungen zu verkaufen!» Sechs Almanache von verschiedenen Autoren hatte er anzubieten. Einige waren teilweise in Prosa und teilweise in undurchsichtigen Versen («en carmes tenebreux & obscurs») abgefasst, wieder andere enthielten klare und leicht verständliche Weissagungen. Das Merkwürdige war allerdings, dass sie alle desselben Inhalts waren. Offensichtlich war es gängige Praxis, nicht nur in Frankreich, den gleichen Almanach unter verschiedenen Titeln und Autoren mehrfach aufzulegen. Diese Vorgehensweise sei wohl weniger den Autoren als den Verlegern zuzuschreiben, mutmaßte bereits Couillart. Das Geschäft mit den Prophezeiungen blühte, und sie erzeugten beim leichtgläubigen Volk durch die Übereinstimmungen ungleich mehr Erstaunen als einander widersprechende Weissagungen.

In den von Couillart dargestellten, zum Teil in Prosa und zum Teil in unverständlichen Versen geschriebenen Weissagungen erkennt man die Handschrift von Nostradamus. Er war der einzige Autor zu jener Zeit, der seinen Almanachen prophetische Verse beifügte. Als Nostradamus' Prognostik für das Jahr 1555 im November 1554 von den fliegenden Händlern feilgeboten wurde, löste sie eine Sensation aus. Alexandre de la Tourete, Präsident der Münzpräger und Alchemist, kaufte gleich mehrere Exemplare und versandte sie an seine Freunde. Claude Haton, ein Geistlicher aus Provins und ein Bewunderer von Nostradamus, bemerkt in seinen *Memoiren* über das Ende des Jahres 1555: «Zu dieser Zeit machte ein Astrologe und Mathematiker von Salon de Crau in der Provence, genannt Nostradamus, Doktor der Medizin, Schreiber von Prophezeiungen und Almanachen, großes Aufsehen.»[13] Zu jener Zeit, als Haton über Nostradamus schrieb, war der Ruhm des Sehers bereits zu König Heinrich II. gedrungen. Wahrscheinlich auf Drängen seiner Gattin, Katharina von Medici, die gerne Rat bei Astrologen und Wahrsagern einholte, beorderte ihn der König an den Hof nach Paris. Es war die eindrucksvolle *Prognostication nouvelle* für das Jahr 1555, die ihm diese Ehre einbrachte, und keineswegs die *Prophéties*, wie viele Autoren behaupten. Die unvollständige Erstausgabe der *Prophéties* erschien erst nach seiner Reise nach Paris. Im Anschluss an den Besuch am Hof stieg Nostradamus rasch zu Berühmtheit auf, die ihm viele Verehrer, aber auch ebenso viele Neider und heftige Kritiker einbrachte.

Das Aufsehen, das Nostradamus verbreitete, hatte einen Grund. Während die Almanache seiner Konkurrenten meist langweilige Ausführungen von nervender Plattheit waren, versprühte Nostradamus durch seine poetischen Fähigkeiten eine Aura des Geheimnisvollen. Hier war jemand am Werk, der das Gefühl zu verbreiten verstand, dringende Mitteilungen zu schildern. Er bediente sich der Landessprache, verprellte aber auch nicht die gebildeten Leser durch seine zahlreichen gelehrten Anspielungen und den ausführlichen Gebrauch lateinischer Passagen. Der besondere und unverwechselbare Stil von Nostradamus übte eine magische Anziehungskraft auf Menschen jeden Standes aus.

Trotz heftigster Anfeindungen avancierten die Almanache des Sehers zu alltäglichen Orakeln, sogar in den Händen von Kirchenfürsten und Staatsmännern. Selbst der König las Nostradamus. Ein zeitgenössischer Bericht von Blaise de Monluc über die Eroberung von Thionville schildert, wie sich der König im Juni 1558 täglich die Voraussagen von Nostradamus für den folgenden Tag vorlesen ließ. Schon im November 1557 ließ Jacopo Maria Sala, Bischof von Viviers und Vizelegat des Papstes in Avignon, seinem Obersten, dem Kardinal Farnese, den Almanach für 1558 zuschicken, beeilte sich allerdings hinzuzufügen, dass die Prophezeiungen als Zeitvertreib gedacht waren und man ihnen keinen Glauben schenken sollte. Freilich scheint das nur eine rhetorische Floskel gewesen zu sein, geboren aus der Unsicherheit – speziell in kirchlichen Kreisen –, wie man mit derart ungewissen Angelegenheiten wie Weissagungen umzugehen habe. In welches Licht hätte sich Sala selbst gestellt, hätte er Kardinal Farnese lediglich einen abergläubischen Zeitvertreib überreicht? Anscheinend war er beunruhigt vom Erfolg des Propheten und keineswegs abgeneigt, den Schriften des Sehers einen gewissen Glauben zu schenken. Den Beweis dafür liefert Nostradamus selbst. Seine kleine Schrift über die Bedeutung der Mondfinsternis vom September 1559, die er im August 1558 abschloss, widmete er niemand anderem als Jacopo Maria Sala.[14]

Auch unter den einfachen Seeleuten gingen Nostradamus' Werke von Hand zu Hand. Die Seeleute interessierten sich weniger für die politischen Entwicklungen als für die meteorologischen Voraussagen. Im August 1559 segelte die englische Königin an Bord einer Flotte Philipps II. aus Antwerpen in Richtung Spanien ab. Der englische Gesandte in den Niederlanden, Sir Thomas Challoner, beklagt sich in einem Brief an den Staatssekretär Sir William Cecil, «dieser dumme Nostradamus, mit seinen Drohungen von Unwettern und Schiffbrüchen in diesem Monat», habe die Seeleute in große Angst versetzt. Stattdessen segelte die Flotte mit einem leichten Ostwind, fast eine Kalme, los.[15]

Wenige Monate nach dem Tod von König Heinrich II. kam der Hof im Oktober 1559 mit dem Herzog von Savoyen, Philibert-Emmanuel, durch Salon, als Nostradamus wahrscheinlich abwesend war. Im Dezember folgte dessen Frau, Marguerite, die Schwester Heinrichs II., mit einem größeren Hofstaat. Zu dieser Gelegenheit kam Nostradamus die Ehre zu, die hohen Gäste zu begrüßen. Er war der berühmteste Sohn der Stadt, weit über die Grenzen Frankreichs hinaus war sein Ruhm gedrungen. Marguerite wird ihn wohl konsultiert haben, denn seinen nächsten Almanach für 1561, den er im Frühjahr 1560 verfasste, widmete ihr Nostradamus in glühenden Worten.

Freilich waren nicht alle in der Entourage der Prinzessin von gleichem Interesse für den Propheten entbrannt. Unter ihren Begleitern befand sich Michel de L'Hôpital (1504–1573), der Kanzler und Berater der Königinmutter Katharina von Medici. In einem berühmten Gedicht, dem *Iter Nicaeum*, in welchem er die Landschaften und Städte beschreibt, die der Hof auf seiner Reise durchfuhr, schrieb er über Salon:

Hîc mendax contorta dabat responsa petenti
Nostradamus populo. iam (quae dementia!) regum
Dictis nobiliúmque animos & corda regebat.

Dort gab Nostradamus dem Volk, das ihn befragte, betrügend doppeldeutige Orakel. Schon (welcher Wahn!) regierte er durch seine Aussagen in den Köpfen und Herzen der Herrschenden und Noblen.

Auch ein Kritiker wie L'Hôpital bestätigt uns zumindest eines: Herrscher und Noble interessierten sich nicht nur für die Prophezeiungen von Nostradamus, sie ließen sich von ihnen leiten, und das nicht nur in Frankreich. Als der französische Kammerdiener des Königshauses, La Marque, im Januar 1560 in England unter Spionageverdacht gefangen genommen wurde, hatte er drei Bücher bei sich, ein religiöses, ein galantes und «das Prognosticum der ehrwürdigen Persönlichkeit Nostradamus für dieses Jahr».[16] Es hat fast den Anschein, als sei dies die übliche Reiseliteratur eines gewöhnlichen Franzosen zu jener Zeit gewesen.

Wenn wir den Zeitzeugen glauben dürfen, hat die enorme Resonanz auf die Voraussagen von Nostradamus auch in England früh für große Unruhen gesorgt. Die Bilder des Schreckens beängstigten die Menschen in höchstem Maße. 1559 war das erste Jahr der Regierung von Elisabeth I. Der Almanach für 1559 erzeugte in London eine regelrechte Panik. William Fulke beschreibt die Auswüchse an Reaktionen in seinem *Antiprognostikon*:

Nostrodamus regierte hier mit seinen Weissagungen wie ein Tyrann, dass man meinte, ohne seine Prophezeiungen nichts bewerkstelligen zu können. Was soll ich über die Gesprächsthemen der gemeinen Leute sagen: Heute wird der Papst vom Parlamentsrat ausgeschlossen, morgen wird die Königin den Titel der höchsten Führung im Staat erhalten, in zwanzig Tagen wird sich alles zum Schlechten wenden, in einem Monat, zu einem bestimmten Tag, wird das Jüngste Gericht sein! [...] Aber wie geschickt ist dieser Nostrodamus, der seine Prophezeiungen in derart undurchdringliche und dunkle Wendungen einwickelte, dass niemand einen Sinn oder ein rechtes Verstehen daraus ziehen konnte.[17]

Vielleicht lag Fulke nur eine englische Fälschung vor, denn er nennt den Autor fälschlich Nostrodamus, und nirgends spricht Nostradamus in seinen Almanachen vom Papst, der aus dem Parlament gejagt würde, oder von der Königin, die alle Macht erhalten würde. Wenn Fulke auf keinen authentischen Almanach zurückgriff, ist es ein zusätzliches Argument für die große Popularität von Nostradamus, dass er im Ausland bereits gefälscht wurde. Viele Falsifikate waren Collagen aus verschiedenen Texten von Nostradamus, eingewoben in Abschnitte, die den nostradamischen Stil imitierten. Möglicherweise lag Fulke tatsächlich die englische Ausgabe der authentischen *Prognostication for the yeare of our Lorde 1559* mit den Prosaweissagungen von Nostradamus und der *Almanacke* aus demselben Jahr vor, der nur die Monats-Quatrains enthielt. Denn Fulke berichtet nicht Zitate aus einem Almanach, sondern vielmehr die Gesprächsthemen der verunsicherten einfachen Leute, die sich auf die Weissagungen des Propheten beriefen. Die Wirkung der düsteren Schriften von Nostradamus fasst Fulke treffend zusammen: Nostradamus gelang es, die Menschen mitten im größten Überfluss von der schlimmsten Hungersnot zu überzeugen.

Für den April 1559 wird in der englischen *Prognostication* den Gegnern der Kirche Tod, Untergang, Leid und Verbannung prophezeit, und wenig später liest man von der Flucht von Bischöfen. Auf die neu gebildete protestantische Kirche in England müssen solche Voraussagen beunruhigend gewirkt haben, zumal der Glaube an die Prophezeiungen von Nostradamus und anderen Almanachschreibern am elisabethanischen Hof weit verbreitet war. Zwar wies Matthew Parker, Elisabeths erster Erzbischof von Canterbury, verächtlich die Unterstellung zurück, er habe wegen der düsteren Warnungen von Nostradamus gezögert, den Posten anzunehmen. Aber immerhin war diese Anschuldigung nicht irgendein Gerücht, sondern stammte von Sir Nicolas Bacon, einem einflussreichen Politiker.[18]

Im Jahr darauf beklagt der ehemalige Okkultist Francis Coxe, der seiner Profession abgeschworen hatte, den bedrückenden Einfluss der Weissagungen von Nostradamus ausgerechnet kurz nach der glorreichen und von guten Hoffnungen begleiteten Thronbesteigung Elisabeths I.:

Die Menschen schlotterten dennoch dermaßen, und das ganze Reich war so in Aufruhr und so bewegt durch die blinden, rätselhaften und teuflischen Prophezeiungen des Himmelsbetrachters Nostradamus, dass sogar jene, die in ihrem Herzen auf das Kommen der Glorie Gottes und der Entfaltung seines Wortes hoffen konnten, in derartige Gleichgültigkeit des Glaubens gestürzt wurden, dass sie meinten, Gott habe sein Versprechen vergessen.[19]

Am 3. Dezember 1560 beunruhigte die Krankheit von König Franz II. den toskanischen Gesandten Niccolo Tornabuoni so sehr, dass er aufgewühlt im nostradamischen Almanach blätterte. Dort fand er eine Prognose für diesen Monat, die besagte, «der Jüngere wird die Monarchie verlieren durch eine unerwartete Krankheit».[20] Nur zwei Tage später verstarb Franz II. Tags darauf starb auch der Marquis von Beaupréau zwölfjährig, «der vornehmste Prinz am Hof», wie der Gesandte vermerkt. Der Almanach mit der kryptischen Aussage für den Dezember machte die Runde. Der spanische Gesandte Chantonnay schrieb an seinen König Philipp II., die Desaster würden den Hof erstarren lassen «mit den Drohungen dieses Nostredamus [sic], den man besser bestrafen würde, als ihm zu gestatten, seine Prognostica zu verkaufen, die eitle und abergläubische Einstellungen hervorrufen».[21]

Nachdem Karl IX., der zehnjährige Bruder Franz' II., den Thron bestieg, schrieb der venezianische Gesandte Giovanni Michiel in seinem Bericht, die Voraussagen «dieses berühmten Astrologen und Wahrsagers, genannt Nostradamus» bedrohten alle Prinzen, zumal er gesagt habe, die Königin würde sie alle als Könige erleben.[22] Ob Nostradamus Katharina von Medici wirklich diese berühmte Voraussage gemacht hatte, sie würde alle ihre Söhne auf dem Thron sehen und sie demnach überleben, kann nicht geklärt werden. Tatsache ist, dass die Weissagung nach dem Tod von Franz II. in Umlauf kam und überall am Hof und in den ausländischen Königshäusern Gegenstand von Diskussionen und politischen Überlegungen wurde. Michele Soriano, ein anderer Gesandter der Republik Venedig, brachte in seinem Rapport von 1561 die allgemeine Verunsicherung ausführlich mit dieser Weissagung an Katharina von Medici zur Sprache.[23] Nun suchte man mit Argwohn nach weiteren Indizien für mögliche Krankheiten des neuen jungen Königs. Man fürchtete auch um sein Auge, das Giovanni Michiel mit Versen aus den *Prophéties* in Verbindung brachte:

C 3.55.1-2
En l'an qu'un oeil en France regnera,
La court sera à un bien fascheux trouble.

Paraphrase: Im Jahr, in dem ein Auge Frankreich regieren wird, wird sich der Hof in einem recht unangenehmen Aufruhr befinden.

Eines fällt bei diesen diplomatischen Mitteilungen ins Auge: Erklären mussten die Gesandten ihren heimischen Auftraggebern keineswegs mehr, wer Nostradamus war. Ganz selbstverständlich sprechen sie über ihn und seine Prophezeiungen. Spätestens 1557 war der Name des Sehers auch jenseits der Alpen bestens bekannt. Als Nostradamus im Jahr 1559 selbst Italien besuchen wollte, befragte er einen seiner Korrespondenten in Padua über bekannte Astrologen in seinem Land. Die Antwort ist ein speichelleckerisches Kompliment, verdeutlicht aber, welchen Rang der Seher von Salon mittlerweile in Europa eingenommen hatte: «Wahrhaft, ich habe über keinen reden gehört in diesen Tagen, so sehr ist ein Name in aller Munde, so sehr, dass man nur über ihn spricht, den berühmtesten von allen, Nostradamus.»[24]

Wie kam es zu diesem beispiellosen Aufstieg? Begeben wir uns auf die Spurensuche im Leben von Michel de Nostredame, in den Ereignissen seiner Zeit, der Ideengeschichte und den großen Themen, welche die Menschen umtrieben, in den Voraussetzungen für ein Werk, das an Stil, Inhalt und Wirkungsgeschichte keinen Vergleich kennt.

Die frühen Jahre

DIE JÜDISCHEN AHNEN   Eine kurze, beschönigte und nicht immer objektive Biografie von Nostradamus, die fast alle späteren Autoren kopierten, verdanken wir Jean-Aimé de Chavigny. Er glorifiziert darin seinen Helden und nimmt es mit den wirklichen Gegebenheiten bisweilen nicht sonderlich ernst. Die wahren Umstände seiner Herkunft, Ausbildung und seines Wirkens müssen, so gut es eben möglich ist, aus unabhängigen Quellen, Berichten und Archivmaterial zusammengetragen werden. Immerhin kann auf diese Weise das Leben von Nostradamus einigermaßen rekonstruiert werden.

Die Provence gehörte zu den gastfreundlichsten Regionen in Europa. Seit dem 10. und 11. Jahrhundert zählten die provenzalischen Städte viele Juden unter ihren Bewohnern. Die Juden galten als ein besonderes Volk und mussten seit den Zeiten Ludwigs IX., des Heiligen (1226–1270), äußere Kennzeichen tragen. Sie waren dennoch in die Gesellschaft integriert, wenngleich sie in der Ausübung von Ämtern beschränkt waren. Als Ärzte und Astrologen waren sie berühmt. Im 14. Jahrhundert machte Papst Clemens V. (1305–1314) aus der Stadt Avignon geradezu ein «Paradies der Hebräer». Später verschlechterten sich die Lebensbedingungen für die Juden, als die Franzosen 1481 die Provence eroberten und ihre Gesetze gegen die Juden einführten. Weigerte man sich zu konvertieren, führte das in der Regel zu hohen Steuerforderungen, sogar zu Enteignung und Vertreibung. Auch ehemalige Juden, die zum Christentum übergetreten waren, mussten nach wie vor besondere Abgaben entrichten. Aber schon vor dieser Zeit waren die Juden allerhand Repressalien ausgesetzt. Kinder aus Familien, die zum Christentum übertraten, waren nicht automatisch Christen. Auch sie mussten nochmals konvertieren.

Nostradamus' Vorfahren väterlicherseits stammten aus Avignon und waren jüdische Kaufleute, die mit dem Handel von Weizen, Hafer und Gerste ein nicht unansehnliches Vermögen zusammengetragen hatten.[25] Sein Urgroßvater hieß Davin de Carcassonne (1410–1473). Als er zum Christentum übertrat, nannte er sich Arnauton de Vélorgues. Von seiner jüdischen Frau Venguesete, die nicht seinem Beispiel folgen wollte, ließ er sich scheiden und heiratete in zweiter Ehe eine gewisse Marie. Sein Sohn aus erster Ehe hieß Crescas de Carcassonne und nach seiner Konversion zum Christentum nannte er sich Pierre de Nostredame (1430–1484). In der kleinen Stadt Malaucène, wo er damals lebte, muss er um 1460 zum Christentum übergetreten sein.

Über diesen Großvater, Pierre de Nostredame, setzte später der Bruder des Propheten, Jean de Nostredame, die Fama in Umlauf, er sei ein «berühmter Arzt und Astrologe gewesen, der hebräischen und griechischen Sprache mächtig».[26] Die betrügerischen Apotheker in Arles, die Mittel vertrieben hätten, die «eher als Gift denn als Medizin» zu bezeichnen waren, hätten Pierre de Nostredame bei den Stadtvätern angeschwärzt, zumal er seine Arzneimittel selber zubereitete. Daraufhin sei ihm die Ausübung seines Berufes verboten worden, worauf er Leibarzt von Jehan, dem Herzog von Kalabrien wurde. Die Geschichte ist in Wahrheit frei erfunden. Dieser Großvater war keinesfalls ein Arzt, wie man lange Zeit geglaubt hatte. Auch er war vielmehr ein Getreidehändler in Avignon. Die Verwirrung stiftete Jean de Nostredame, indem er Pierre de Sainte-Marie, den Arzt und Vater von Michels Großmutter väterlicherseits, wissentlich als Pierre de Nostredame bezeichnete und diesem die Auseinandersetzung mit den Apothekern von Arles zuschrieb. Diese Fehde hatte sich wirklich zugetragen, aber sie betraf Pierre de Sainte-Marie, während der andere, Pierre de Nostredame, der Großvater väterlicherseits, stets ein Getreidehändler blieb.

Eine Erbschaft von seiner Mutter erlaubte es Pierre de Nostredame, den Nießbrauch eines Hauses in Avignon zu erwerben. Das Haus lag in der Gemeinde Notre-Dame-la-Principale, in einer Straße, in der auch die Kapelle Notre-Dame d'Espérance stand. Noch unter seinem ursprünglichen Namen Crescas de Carcassonne heiratet er in zweiter Ehe Benastrugie, die Tochter von Josse Gassomet de Monteux. Benastrugie weigert sich, mit ihm zu konvertieren, und er löst deshalb die Ehe auf. Wenige Jahre später ehelicht er unter seinem neuen Namen Pierre de Nostredame eine gewisse Blanche de Sainte-Marie aus Aix, mit der er sich in Avignon niederlässt, wo er seinem Gewerbe als Getreide- und Silberhändler weiter nachgeht. Er verstirbt im Alter von etwa 54 Jahren. Nach dem Jahr 1485 gibt es keine notariellen Unterlagen mehr über ihn. Seine Frau, die Großmutter von Michel de Nostredame, war noch am Leben, als dieser 1503 geboren wurde. Pierre de Nostredame und Blanche de Sainte-Marie hatten zumindest drei Söhne: Jaume (oder Jacques), François und Pierre.

Jaume de Nostredame (1470–1546) war der Vater des Propheten. Er wurde in Avignon geboren und übte dort ebenfalls den Beruf des Händlers aus. Die Mutter von Nostradamus hieß Reyniere (oder Renée), Tochter von Reynier (oder René) de Saint-Rémy (gest. um 1479) und Béatrice Tourrel, der Tochter des königlichen Steuereintreibers für die Angehörigen der mosaischen Religion in der Provence. Ihr Großvater war Jean de Saint-Rémy (1428–1504), ein Arzt aus der Stadt, deren Namen er trug. Er war vielleicht Leibarzt des Herzogs René d'Anjou (1409–1480); in jedem Fall stand er mit ihm in Verbindung.

Vor seiner Heirat mit Reyniere einigt sich Jaume mit dem Großvater der Braut über die Mitgift: ein Haus in der Rue du Viguier in Saint-Rémy, eine ganze Reihe von Feldern, Olivenhainen, Weinbergen im Umland und eine Ziegelfabrik in Orgon. Sein ganzes Leben lang bleibt der Großvater Nutznießer dessen, was er seiner Enkelin vererbt hat. Das junge Paar wohnt bei ihm und seiner Frau Silleta. Nach einigen Jahren siedeln Jaume und Reyniere in die Rue Hoche um. Der Händler Jaume beginnt zugleich den Beruf des Notars auszuüben, der ihn so einnimmt, dass er bald nur noch dieser Beschäftigung nachgeht. Die Geschäfte florieren. Das Paar hat acht Kinder: Michel, Hector, Bertrand (geb. 1518, er wird ebenfalls Händler), Louis (Schreiber und Notar), Pierre, Jean (geb. 1522, Notar, später Advokat am Parlament der Provence), Antoine (1523) und Delphine.

Michel wurde zur Wintersonnenwende am Tag vor Weihnachten, am 14. Dezember 1503 (nach dem julianischen Kalender, was dem 23. Dezember nach dem gregorianischen Kalender entspricht) unter der Regierung Ludwigs XII. (1498–1515) und unter dem Pontifikat von Julius II. (1503–1513) geboren. Nach fünf Tagen wurde er getauft.

Eine Legende in der Biografie von Nostradamus sind die Berichte, wonach ihn der Urgroßvater Jean de Saint-Rémy unterrichtet und speziell in die Astrologie und die okkulten Wissenschaften eingeführt habe. Manche behaupten sogar, er sei der Lehrmeister gewesen, der den jungen Michel in die jüdische Geheimlehre, die Kabbala, eingeweiht hätte. Indes, von kabbalistischem Gedankengut ist im Werk von Nostradamus beim besten Willen nichts zu finden. Das Märchen von der frühen Einweihung in die Anfangsgründe der Astrologie wird bis in die Gegenwart brav wiederholt. Ins Leben gesetzt hatte es Jean-Aimé de Chavigny. Nostradamus hätte «aus erster Hand das Wissen über die Mathematik [Astrologie] von seinen Ahnen erhalten», und er spricht von «seinem Urgroßvater mütterlicherseits, der ihm auf spielerische Weise einen ersten Eindruck von der himmlischen Wissenschaft» übermittelt habe.[27] Jean de Saint-Rémy war im Jahr 1504 bereits 76 Jahre alt, danach verliert sich seine Spur.[28] Allerdings besaß Nostradamus ein astronomisches Instrument, mit dem er seine Häuserberechnungen anstellte und das er von seinem Urgroßvater Jean de Saint-Rémy geerbt hatte.[29] Zweifellos handelte es sich dabei um ein Astrolabium, ein Gerät, mit dem mechanisch astronomisch-geographische und astrologische Berechnungen durchgeführt werden können.

KINDHEIT, JUGEND UND STUDIUM   Seine Kindheit verbrachte Michel in der kleinen Stadt Saint-Rémy-de-Provence, die am nördlichen Fuß der Kette der Alpilles liegt. Ganz in der Nähe befinden sich die Reste einer gallo-römischen Siedlung, das antike Glanum. Einige Bauwerke, die nicht verschüttet waren, wie das Julierdenkmal (das so genannte «Mausoleum») und ein Triumphbogen, wurden von der Bevölkerung von alters her «Les Antiques» genannt. Manche glaubten, der Triumphbogen sei aufgestellt worden, um an den Sieg des römischen Generals Marius Caius über die Kimbern und Teutonen (102 v. Chr.) zu erinnern. In Wahrheit wurde er zwischen 50 und 20 v. Chr. nach dem Fall von Marseille errichtet und erinnert an den Sieg von Julius Cäsar über die Gallier und die Griechen von Marseille.[30] Der kleine Michel wird mit seinen Kameraden oft zwischen den Resten der römischen Denkmäler gespielt haben. Zweifellos haben sie einen bleibenden Eindruck auf ihn hinterlassen; in den *Prophéties* kommen sie an verschiedenen Stellen vor.

Die lokale Legende erzählt von der Gründung der Kapelle Saint-Paul im 5. Jahrhundert in der Nähe von Saint-Rémy. Im 11. Jahrhundert wurde sie zum Kloster Saint-Paul-de-Mausole ausgebaut. Den Namen erhielt es, weil es in der Nähe des antiken Julierdenkmals stand, das im Volksmund als Mausoleum bezeichnet wurde. Jedes Jahr organisierten die Kanoniker des Klosters Saint-Paul-de-Mausole eine feierliche Zeremonie. Dabei versammelten sie sich bei der «Pforte der Ulme» («ad portalem de Ulmo»). Auch diese Ulmenpforte des Klosters Saint-Paul-de-Mausole kehrt als «Ulm à Mausol» bei Nostradamus in den *Prophéties* wieder (C 8 34.4 «Lyon, Ulm à Mausol mort & tombe»), und an anderer Stelle lesen wir vom Tod einer Person «beim Mausoleum des Paul, drei Meilen von der Rhone entfernt» (C 8.46.1 «Pol mansolée mourra trois lieues du rosne») in einem Vierzeiler, der eine Episode der Invasion der Provence erzählt, bei der Saint-Rémy von den kaiserlichen Truppen 1524 und 1536 besetzt wurde.

Im Herbst 1518 wurde Michel nach Avignon geschickt, um seine Schulausbildung zu beenden. Ob Nostradamus wirklich ein exzellentes Verständnis des Lateinischen besaß, wie viele behaupten, bleibt dahingestellt. Jedenfalls redigierte er lateinische Briefe und streute gerne lateinische Zitate in seine Schriften ein, wie es Usus war unter den Humanisten. Aber stets bevorzugte er seine französische Muttersprache. Es hat den Anschein, als ob er bisweilen lateinische Vorlagen nicht genau verstand.

Im Jahr 1521 machte Michel seinen Abschluss in Avignon. Ein Jahr davor hatte die Pest die Stadt erreicht und dem jungen Studenten einen Vorgeschmack von Grauen und Tod vermittelt. Mit 18 verließ er Saint-Rémy-de-Provence: Er war jung, wissbegierig, abenteuerlustig. Nach eigenem Bekunden begab er sich auf eine achtjährige Wanderschaft. Sein Hauptinteresse galt bereits der Medizin. Zunächst war es die «pharmaceutrie», die ihn reizte, also die Kunst, Pflanzen als Wirkstoffe und Medikamente einzusetzen[31] – ein Gebiet, das von den Ärzten nicht ohne Argwohn verfolgt wurde. Viele Apotheker und Pharmazeuten ließen sich von Alchemisten und Scharlatanen nicht unterscheiden und nutzten die Gutgläubigkeit und die Not der Menschen aus.

Der junge Nostradamus war im Geist der aufkommenden Naturwissenschaft an der Heilkraft der Natur interessiert, beseelt von einer Disziplin, die man damals unter den Begriff *Magia Naturalis* zu fassen suchte: die Erkundung und Erforschung einer Welt von seltsamen Wirkungen und Entsprechungen, den so genannten Sympathien. Seine Reisen sollten dazu dienen, die Heilkräuter der verschiedenen Regionen kennen zu lernen, zu sammeln und ihre Wirkungen zu ergründen.

Wohin ihn diese achtjährige Wanderschaft führte, bleibt weitgehend ein Geheimnis. Es muss ihn in viele verschiedene Gegenden verschlagen haben, zumal er sich in heroischer Weise mit Odysseus vergleicht, wenn er von sich selber in Anlehnung an Homers *Odyssee* schreibt, er «kenne die *Arbeit* von Nostradamus, der einen Gutteil der Welt durchreiste».[32] Dass er allerdings so ferne Länder wie Ägypten oder sogar Indien erreicht habe, ist eine Legende, die unkritische Verehrer ins Leben gerufen haben. Sicher hat er viele Regionen Frankreichs, Italiens und vielleicht auch Spaniens und Deutschlands besucht. Nostradamus, der eine humanistische Grundausbildung genossen hatte, verband mit seinen Reisen nicht zuletzt sein tiefes Interesse für die römische Geschichte und ihre Monumente. Die Faszination an der Antike und den Überresten ihrer Zeugnisse zieht sich wie ein roter Faden durch die Almanache und die *Prophéties*. Nostradamus folgt dabei einer Begeisterung für das klassische Altertum, wie sie unter den Gelehrten der Renaissance weit verbreitet war. Gefördert von diesem Faible muss dem jungen Michel de Nostredame Italien als bevorzugtes Reiseland erschienen sein.

Es ist nicht ausgeschlossen, dass Nostradamus nicht die gesamten acht Jahre auf Reisen verbracht, sondern während dieser Zeit bereits sein Studium der Medizin aufgenommen hat: In einem Brief schreibt er 1561, er habe sich seit 40 Jahren mit Medizin und Astrologie beschäftigt, und in einem Horoskop, das er 1565 abschloss, vernehmen wir, er hätte «die gesündeste Meinung» in den Arbeiten der Astrologen seit 45 Jahren verfolgt.[33] Im 16. Jahrhundert war es Usus, dass die Mediziner häufig Astrologen waren. Zumal die Gestirne mit den Organen und Gliedmaßen des Körpers in Entsprechung standen, hatten sie auf das körperliche Befinden einen direkten Einfluss; dadurch wurde die Astrologie zu einem wichtigen Diagnoseinstrument. Dies setzt aber voraus, dass Nostradamus bereits 1521, zu Beginn seiner Wanderjahre, Medizin studierte. Mit Sicherheit wissen wir nur aus erhaltenen Dokumenten, dass er sich im Jahr 1529, also am Ende der Wanderschaft, an der medizinischen Fakultät der Universität von Montpellier eingeschrieben hat. 1534 übte Nostradamus den Beruf des Arztes in Port-Sainte-Marie aus; auch dies ist mit Sicherheit bekannt. Allerdings dauerte ein Studium der Medizin auch für die Begabtesten nicht weniger als sechs bis sieben Jahre, was die Vermutung nahe legt, Nostradamus habe bereits um 1521 sein Studium begonnen, für einige Jahre unterbrochen und dann 1529 wieder aufgenommen und abgeschlossen.

Auf seinen Reisen sammelte Michel de Nostredame einen großen Schatz an Erfahrungen und Menschenkenntnis, aber es fehlte ihm das theoretische Verständnis dafür. Deshalb entschloss er sich, an der Universität die nötige Vertiefung seines Wissens voranzutreiben. Im Oktober 1529 schreibt sich Nostradamus, wahrscheinlich zum zweiten Mal, in die medizinische Fakultät der Universität von Montpellier ein und tritt damit in die Fußstapfen seiner Ahnen. Ein bemerkenswertes Dokument ist in den Archiven der Universität von Montpellier erhalten,[34] aus dem hervorgeht, dass 1529 der Name von Michel de Nostredame aus dem Studentenregister gestrichen wurde. Eine Anmerkung des Prokurators Guillaume Rondelet[35] löst das Rätsel um seinen Ausschluss aus der Hochschule: Nostradamus habe als «Apotheker oder Pharmazeut» gearbeitet, wie ein Apotheker der Stadt bestätigt; außerdem hätte er vor Studenten schlecht über Doktoren gesprochen – Gründe genug, ihn von der Universität zu verweisen. Aber musste Nostradamus wirklich die medizinische Fakultät von Montpellier verlassen? Seine medizinische Ausbildung hat er in jedem Fall abgeschlossen, und alles deutet darauf hin, dass er dies in Montpellier getan hat. Die zahlreichen Mediziner, die er als herausragende Menschen kennen gelernt, die er später in seinen Werken mit Lobreden bedacht hat, die er zu seinen Freunden zählen durfte, oder jene, die ihn bei seiner Übersetzung eines medizinischen Werks über Galen beraten haben, sie alle haben eines gemeinsam: Sie haben entweder in Montpellier studiert oder waren eng mit der Universität von Montpellier verbunden. Nostradamus erhielt wohl an der berühmten medizinischen Fakultät von Montpellier seine intellektuelle Schulung. Die Streichung aus dem Studentenregister scheint nur ein Intermezzo ohne Folgen gewesen zu sein: Eine kleine Strafmaßnahme der bedeutenden Universität, die einen Ruf zu wahren hatte.

In Montpellier war man durchaus auch der Astrologie gegenüber nicht ablehnend eingestellt. Man kann zwar nicht behaupten, die medizinische Fakultät hätte die Astrologie besonders gefördert, aber zahlreiche bedeutende Absolventen hatten sich auch als Astrologen später einen Namen gemacht. Obwohl damals die Astrologie – auch und besonders als wichtiges Teilgebiet der Medizin – auf dem Vormarsch war, gab es vor allem in Paris noch eine starke Opposition gegen die Sternkunde.[36]

Im Zuge seiner Studien verfasste Nostradamus seinen ersten bekannten Text. Es handelt sich um die erwähnte Übersetzung ins Französische der *Paraphrase von Galen* aus der lateinischen Übersetzung des Erasmus. Veröffentlicht wurde die Schrift unter dem Titel *Paraphrase de C. Galen, sus l'exortation de Menodote, aux estudes des bonnes Artz, mesmement Medicine* erst sehr viel später, im Jahr 1557, als Nostradamus bereits als Astrologe und Prophet weithin Berühmtheit erlangt hatte. Er signierte sein Werk ganz im Stil des humanistisch gebildeten Autors mit einer von Galen zitierten Passage aus Euripides in Form eines Akrostichons, wobei die Anfangsbuchstaben der Verszeilen seinen Namen ergeben.

WANDERJAHRE IN BEWEGTER ZEIT   Auch nach seinem Studium bleibt Nostradamus ein unruhiger Geist. Offenbar hat er das Gefühl, noch nicht seine wahre Berufung gefunden zu haben. Abermals gibt er sich dem unsteten Wanderleben hin. Diesmal kennen wir einige Regionen und Länder, die er besucht: die Mittelmeerküste Frankreichs, das Lyonnais, Savoyen und Piemont. Nostradamus ist nun ein junger reisender Arzt, im Herzen aber immer noch eher Pharmazeut. Von den Interessen, die ihn auf dieser zweiten Zeit der Wanderschaft umtreiben, wissen wir aus seinem eigenen Munde: Er wollte die Qualitäten und den Charakter der Menschen in den unterschiedlichen Ländern, die Umweltgegebenheiten und Witterungsverhältnisse, schließlich die fremden Nationen selbst kennen lernen; und er wollte natürlich weiterhin die pharmazeutisch wirksamen Pflanzen in den Regionen der Welt studieren, zumal er bei diesen Reisen seinem Beruf als Arzt nachging. Sein Wunsch war es aber auch, vor allem die römischen Altertümer zu besuchen.[37] Vielleicht hat es ihn auch diesmal in fernere Regionen verschlagen, als uns bekannt ist, da Nostradamus von den «Nationen der Welt» und vom «Sehen der Welt» spricht. Diese große Neugier auf fremde Menschen und Länder, andere Sitten und nationale Charaktere und auf die Errungenschaften der heroischen Völker der Vergangenheit sollte ihm bei seiner Tätigkeit als eloquenter Prophet zu einer wichtigen Grundlage werden. Er lernte die Vielfalt der Menschen kennen, die Variationsbreite ihrer Motivationen und Einstellungen, ihrer Ängste und Hoffnungen, und er entwickelte ein Gefühl für die Gleichförmigkeit im Wandel, wie die *Conditio humana* ihren Ausdruck in der Wiederkehr der gleichen Eigenschaften, der gleichen Handlungen, der gleichen Sehnsüchte findet.

Seine Spezialität wird es, Medikamente zusammenzustellen, diätetische und kosmetische Produkte zu verschreiben. Das Wissen, das er sich auf diesem Gebiet aneignet, verarbeitet er im Jahr 1552 in einem Buch, das zu Recht Berühmtheit erlangt hat, das *Excellent & moult utile opuscule à tous necessaire*. Das 1555 erschienene Werk[38] – eine hervorragende Rezeptsammlung von Medikamenten, diätetischen Mitteln, Konfitüren, Kosmetika, Schminke und Parfums – ist in herrlich leichtem, doch kenntnisreichem Stil verfasst und vor allem durch die vielen biografischen Hinweise von historischer Bedeutung. Im *Opuscule* findet sich auch der berühmte Abschnitt über die Pest von Aix-en-Provence im Jahr 1546, eine Schilderung, die zu den besonderen Kostbarkeiten auf diesem Gebiet zählt.

Nostradamus war nach seinen Studien als Arzt in Carcassonne, Toulouse, Bordeaux und Narbonne tätig. Um 1534 finden wir ihn in Port-Sainte-Marie an der Garonne wieder. Er praktiziert als Arzt in Agen. Diese ersten dreißig Jahren seines Lebens, in denen er studierte, die Welt bereiste und als umherziehender Pharmazeut und Arzt tätig war, darf man sich nicht als das lässige Vagabundieren eines Bohemiens und entspannten Genießers von Freiheit und Abenteuer vorstellen. Michel de Nostredame lebte in einem Teil Europas und in einer Epoche voller Widrigkeiten, Unbill, Katastrophen, Kriegen und Epidemien. Es war eine Welt im Umbruch in sozialer, politischer und spiritueller Hinsicht, und der Umbruch ereignete sich vor seinen Augen. Die historische Situation prägte ihn, der mit neugierigen Augen und wachem Verstand beobachtete, auf welche missliche Lage sein Heimatland und Europa im Allgemeinen zusteuerten.

Einweihung in die humanistische Gelehrsamkeit

LEHRJAHRE IN AGEN   Zwischen 1534 und 1538 gelangte Nostradamus in Agen in den Kreis des exzentrischen und streitbaren italienischen Humanisten Julius Caesar Scaliger (1484–1558). Scaliger, der aus Verona stammte, hatte eine militärische Karriere unter Kaiser Maximilian I. hinter sich gebracht, sattelte auf Medizin um und gelangte 1525 als Leibarzt des Bischofs Ántonio Rovere nach Agen. Dort begann er sich in der Hauptsache mit Philologie zu beschäftigen und scharte eine Gruppe von Intellektuellen um sich. Sein Haus war ein Zentrum der Gelehrsamkeit, in dem Dispute im humanistischen Geist geführt wurden. Besonders das klassische Altertum, die Literatur und Philosophie interessierten Scaliger. Er befasste sich aber auch mit Numismatik, Epigraphik und Chronologie. Scaliger veröffentlichte lateinische Kommentare über Hippokrates, Theophrast und Aristoteles, schrieb über die Gründe der lateinischen Sprache und ein posthum erschienenes Werk über Poetik (*Poetices libri septem*), das rasch zu einem Klassiker avancierte. Kontroversen ging Scaliger nie aus dem Weg; seine Streitgespräche mit Erasmus von Rotterdam, die in einer Satire über dessen Schrift über die Nachahmer Ciceros gipfelten, legen beredtes Zeugnis davon ab. Auch mit dem scharfzüngigen François Rabelais (1494–1553), der in seinem Kreis verkehrte, legte sich Scaliger an. In seinem Buch über die Poetik nennt er ihn einen französischen Lukrez, beschuldigte ihn der Nachahmung und Parodie.

In Agen begegnete Nostradamus vielen bedeutenden Gelehrten, die bei Scaliger ein und aus gingen. Er lernte aber vor allem das gelehrte Disputieren kennen, das in diesen Kreisen zur wichtigsten Beschäftigung gehörte. In der Einflusssphäre Scaligers entwickelte und schulte er seine philologische Bildung und sein humanistisches Denken. Dieser typischen Art von Gelehrsamkeit begegnet man in allen Werken von Nostradamus, die mit lateinischen Einschüben gespickt sind und durchwoben von zahlreichen Anspielungen auf antike Autoren, die nur dem eingeweihten Leser verständlich werden.

Nostradamus verehrte Scaliger und sang ein Loblied auf ihn in seinem *Excellent & moult utile opuscule*. Die Freundschaft wurde ihm nicht auf Dauer erwidert: Als Nostradamus zu einem berühmten Almanachschreiber aufstieg und 1555 die Einladung an den Hof erhielt, ging die Eifersucht mit Scaliger durch. Sicher verachtete er die Almanache als eines Humanisten unwürdig. Mehr noch nagte der Erfolg von Nostradamus beim König an der Eitelkeit des ehrgeizigen Scaliger. Er attackierte seinen einstigen Schützling in heftigen und offen antisemitischen Epigrammen.

Zu jener Zeit bestimmten zwei wichtige Entwicklungen das Geistesleben der Intellektuellen: die Erneuerung der neuplatonischen Philosophie und die Reformation. Beide Bewegungen begünstigten einen radikalen Wandel in der Auffassung vom Stellenwert des Menschen in der Welt. Sie führten zum endgültigen Bruch mit den Idealen und Vorstellungen des Mittelalters und lenkten die Welt in eine neue Epoche.

Unter den Verfechtern der neuen Auffassungen lernte Nostradamus in Agen auch den jüngeren Philibert Sarrazin kennen, der sich später in Montpellier immatrikulierte und Arzt wurde. Sarrazin stand schon damals den Ideen der französischen Protestanten nahe. 1551 zog er nach Genf und wurde Leibarzt der Reformatoren Johannes Calvin (Jean Cauvin, 1509–1564) und Pierre Viret (1511–1571). Nostradamus behauptete, Sarrazin sei in Agen eine Zeit lang sein Schüler gewesen;[39] damals war Sarrazin Rektor der Schulen von Agen. Seine Beziehung zu Sarrazin allein wird nicht der Grund dafür gewesen sein, dass sich Nostradamus verdächtig machte, dem reformierten Glauben nahe zu stehen. Es war wohl eher die liberale Atmosphäre um Scaliger, in der er Ideen entwickelte, die den Engstirnigen ketzerisch erscheinen mochten. Zudem galten die frei denkenden Gelehrten der Zeit ohnehin als mögliche Sympathisanten der Reformierten. Als er 1547 Sarrazin in Lyon wieder begegnete, gab er ihm den Rat, sich nicht nach Genf zu begeben, weil das Reich der Calvinisten nicht von Dauer sei.

Jedenfalls geriet Nostradamus in Agen in den Verdacht, den Kult der Heiligen und der Muttergottes angefochten zu haben. Die Angelegenheit kam zur Sprache, als Jahre später, im März 1538, drei Minoriten- oder Franziskanermönche aus Agen vom Inquisitor Louis de Rochet verhört wurden.[40] Einer der Mönche behauptete, als er ein Bildnis der Muttergottes anfertigte, habe Nostradamus gesagt, wenn er ein derartiges Bild herstellte, mache er Teufel. Ein weiterer Bruder bestätigte die Aussage, ein Dritter indes gab ein anderes Bild der Umstände: Nostradamus sei am Kloster der Augustiner vorbeigekommen, als der Bruder dabei war, kleine Figuren der Muttergottes aus geschmolzenem Blei herzustellen, und sich an die Umstehenden wandte und versprach, die Statuetten hätten den Segen der Jungfrau Maria. Nostradamus habe zu dem Bruder gesagt: «Wisst Ihr nicht, mein Bruder, dass Ihr durch das Anfertigen von ähnlichen Bildern nur Teufel herstellt? In der Bibel steht geschrieben: Mache dir kein Bild, bete es nicht an und verehre es nicht.» Daraufhin habe der Zeuge geantwortet, der Herr habe sich verkörpert und menschliche Natur angenommen, seitdem sei er auch abgebildet worden. Nostradamus aber gab ihm zur Antwort, er möge besser die Paulusbriefe studieren.

Wie es scheint, handelte es sich um eine kurze theologische Diskussion über das alte Thema der Bilderfrage im Christentum. Durch die widersprüchlichen Zeugenaussagen und begünstigt durch den Umstand, dass Nostradamus zur Zeit des Prozesses schon nicht mehr in der Gegend weilte, blieb die Angelegenheit für ihn ohne Konsequenzen. Auffallend ist allerdings der deutlich reformatorische Standpunkt, den Nostradamus vertritt. Die Spannungen zwischen dem katholischen Glauben und den Ansichten der Reformation, die zu Nostradamus' Lebzeiten Europa erschütterten und Frankreich in einen blutigen Bürgerkrieg zwangen, spiegeln sich in der Biografie und im Werk des Propheten. Später sollte er von beiden Lagern beschuldigt werden, der jeweils anderen Religion anzugehören.

Von besonderer Bedeutung für die intellektuelle Entwicklung von Nostradamus war aber die Einführung in die Philosophie Marsilio Ficinos (1433–1499) und die mit ihr verbundene Weltanschauung im Kreise Scaligers. Nicht umsonst preist Nostradamus Julius Caesar Scaliger als einen «zweiten Marsilio Ficino der platonischen Philosophie» und vergleicht ihn mit niemandem Geringeren als mit dem neuplatonischen Philosophen Plutarch (ca. 50–ca. 125) und mit Marcus Terentius Varro (116–27 v. Chr.), dem größten Gelehrten und fruchtbarsten Schriftsteller im antiken Rom. An anderer Stelle vergleicht er die Eloquenz Scaligers mit der Ciceros (106–43 v. Chr.), seine Poesie mit jener Vergils (70–19 v. Chr.), seine medizinische Kunst mit jener Galens (129–ca. 199). Diese Elogen lassen keinen Zweifel zu, was er Scaliger zu verdanken hat. Seinen erstgeborenen Sohn wird Nostradamus später Julius Caesar Scaliger zu Ehren César nennen.

Ficinos Philosophie, in die ihn Scaliger einweihte, war die große Mode unter den Intellektuellen der Zeit. Sie förderte kühnes Denken, aber vor allem auch eine mystisch geprägte und gelehrte Frömmigkeit. Ficino lehrte im Anschluss an Platon den intimen Kontakt mit Gott durch eine lange Askese des Geistes, der sich so der göttlichen Erleuchtung öffne.[41] Darüber hinaus war seine Lehre der Astrologie gegenüber sehr positiv eingestellt. Man verstand die Astrologie als eine natürliche Theologie und eine universelle Physik. Auf diese Weise konnte die Astrologie zum Fundament einer neuen Auffassung von Medizin werden. Für ein Verständnis des Werkes von Nostradamus sind diese geistigen Unterströmungen von besonderer Wichtigkeit, denn in Agen erhält Nostradamus seine intellektuelle und religiöse Bildung auf dem Fundament dieser Geisteshaltung. Werfen wir deshalb einen Blick auf diesen bedeutenden Abschnitt in der abendländischen Ideengeschichte.

MENSCH UND WELT IN DER RENAISSANCE   Die Ideen Platons (427–347 v. Chr.) beeinflussten das Denken des Abendlandes nachhaltig. Dennoch waren die Originalwerke des griechischen Philosophen bis in das Zeitalter der Renaissance praktisch unbekannt. Bis dahin wurden sie über die so genannten Neuplatoniker vermittelt. Der Neuplatonismus war eine systematische Philosophie der Spätantike (3.–6. Jh.), in welcher die mystischen Dimensionen der Lehren Platons weiterentwickelt und mit orientalisch-religiösen Ideen vereinigt wurden.

Platon hatte den grundsätzlichen Gegensatz zwischen «dem Einen» (auch «das höchste Gute») und «der unbestimmten Zweiheit» gelehrt. Die materielle Welt sei als eine «goldene Kette» geordnet, die vom «Einen» bis zum letzten Abglanz des Seins im Materiellen hinabreiche, Ebene mit Ebene wesenhaft verbindend. Aufgabe des Menschen ist es, entlang dieser Kette wieder zum Gipfel alles Seins emporzusteigen. Durch besonderes Bemühen vermag das Wesen des Menschen zu jenen Sphären zurückzukehren, aus denen es ausgestrahlt ist. Da der Mensch im Innersten seines Kerns nie alle höheren Ebenen bis in die Ureinheit verloren hat, steht ihm der Weg der vollständigen Rückkehr offen. Platon war der Auffassung, dass sich die Einsicht in das Eine als Folge geistiger Anstrengung in Form einer Erleuchtung einstellt. Dieser Feuerfunken in der Seele, einmal entzündet, «nährt nunmehr sich selbst», wie Platon in seinem berühmten *Siebten Brief* schrieb.

Den Neuplatonismus kann man als Philosophie mit starken religiösen Momenten im Anschluss an die Vorstellungen Platons charakterisieren. Er betrachtete den Menschen als Endpunkt in einer Kette stufenweiser Verdinglichung des Geistes. Als Begründer des Neuplatonismus gilt der griechische Philosoph Plotin (um 205–270). Seine Philosophie setzt als Quelle allen Seins das eigenschaftslose Ur-Eine voraus, womit Gott oder «das Gute» bezeichnet sind. Dieses Ur-Eine verstreut sich, indem es in die unbestimmbare Finsternis des Stoffes hineinstrahlt; aus ihm geht durch Ausstrahlung (Emanation) der Weltgeist, die Weltseele und alles Leben hervor.

Im Gegensatz zum biblischen Gott, der durch einen Willensakt die Schöpfung hervorbringt, geht Plotin von der Idee aus, dass es im Wesen des Einen liegt, durch Ausströmung alle Seinsformen hervorzubringen. Körperwelt und Materie fasst Plotin als Spiegelungen der Ausstrahlungen des Einen im Nicht-Seienden auf. Die Seele als Bindeglied empfängt vom Geist die Ideen. Diese Ausstrahlungen erscheinen als die in der Menschenseele aufkeimende Sehnsucht nach dem göttlichen Ursprung. So erschafft Plotins Philosophie ein fünfstufiges Weltgebäude, auf dessen Bühne sich das Drama der Einzelseele abspielt, die, im Körperlichen verhaftet, die Entscheidung treffen muss, ob sie sich dem Schlechten, dem Körperlichen zuwendet oder den höheren Stufen des Daseins, um bis zum Einen emporzusteigen. Der Aufstieg zum Geist wird als Heimkehr aufgefasst und ist gleichsam die Umkehrung des Prozesses der Emanation. An Platon erinnert seine Vorstellung, dass man das Eine in der ekstatischen Schau erreichen kann. So könne sich der Mensch von der Selbsttäuschung individueller Existenz befreien und sein ureigenstes Wesen, sein eigentliches Selbst, seine innere Heimat finden.

Das Besondere am Neuplatonismus war die enge Verbindung von Philosophie und Religion. Ziel der Neuplatoniker war die systematische Gottsuche in mystischer Versenkung. Im neuplatonischen Stufensystem steht der Mensch nicht nur mit seiner Seele und seinem Geist, sondern auch mit seinem Körper in Kontinuität mit dem absoluten Geist oder Gott. Durch eine spezielle Reinigung durch asketische Übungen, wie sie Porphyrios von Tyros (232/3–ca. 301) lehrte, kann die Versenkung der Seele in die Gottheit (Ekstase) erfolgen und die Stufenleiter zum Reich des Geistes beschritten werden.

In eine orientalisch ausgerichtete, mystische Offenbarungsreligion verwandelte Jamblichos von Chalkis (um 250–330) die neuplatonische Lehre. Er schuf ein hierarchisches System aus überweltlichen Gottheiten, denen 360 innerweltliche Götter folgen, sodann Engel, Dämonen, Heroen und Naturgötter. Jamblichos war insbesondere an Wahrsagekunst (Divination), zahlenmystischer Mathematik und weißer Magie (Theurgie) interessiert. Nach seiner Ansicht ermöglichen es diese Techniken dem Menschen, in mystischer Versenkung der Gottheit näher zu kommen. Sein Buch *Von den Mysterien* (*De mysteriis*), das Ficino übersetzte, übte einen bedeutenden Einfluss auf das Denken in der Renaissance aus.

Auch das Christentum hat, vor allem durch die Vermittlung des Augustinus (354–430), wesentliche Elemente des Neuplatonismus übernommen. Am deutlichsten lassen sich die Spuren dieser Philosophie in der abendländischen Mystik wieder finden, wo der Mystiker wie der Neuplatoniker mit dem Göttlichen in der mystischen Vereinigung (*Unio mystica*) zu verschmelzen trachtet. Neuplatonisches Gedankengut schuf auch die Voraussetzungen für die Vorstellungen vom stufenweisen Weltaufbau in von Engeln und Dämonen regierten Sphären, die seit dem Mittelalter große Bedeutung erlangten. Die grobstoffliche Erde bildete die unterste Stufe dieser Verbindungsebenen zum Göttlichen.

An die neuplatonische Überlieferung fanden die Gelehrten wieder Anschluss und lieferten auf ihrer Basis die philosophischen Grundlagen für jene Epoche, die als Renaissance bekannt ist. Man verabschiedete sich vom mittelalterlichen Denken, indem man an das Gedankengut des griechisch-römischen Altertums anknüpfte. Seit Mitte des 14. Jahrhunderts kam es von Italien ausgehend zu einer Wiederentdeckung antiken Kunst- und Kultur-verständnisses. Verbunden damit war die Suche nach einem neuen Menschenbild, das die Würde des Menschen in den Mittelpunkt stellte. Durch Bildung sollte dies erreicht werden. Bildung bedeutete in der Hauptsache antike Literatur, Philosophie und Geschichte. Als «Renaissance» bezeichnet man die Kulturepoche dieses Zeitraums, die bis weit in das 16. Jahrhundert hineinreichte; die geistigen und wissenschaftlichen Grundlagen, die als Träger dieser Epoche dienten, fasst man unter dem Begriff des «Humanismus». Der Humanismus steht für das Bildungsideal in der Begegnung des Menschen mit der Geisteswelt der Antike.

In dem Maße, in dem sich die Gebildeten von den starren mittelalterlichen Formen der kirchlichen und feudalen Ordnung verabschiedeten, begann die Person in den Vordergrund zu treten. In der Kunst erhielten die dargestellten Menschen individuelle Züge, der Autor trat nicht mehr hinter sein Werk zurück. Das Individuum löste sich aus der Masse. Neben Klerus und Adel entstand eine neue Bildungsschicht: das patrizische Bürgertum. Freilich brachte dieses neue Selbstbewusstsein auch Gefahren für die politischen Strukturen und vor allem für die Kirche mit sich: Das eigenständige Denken nahm das autoritär Vorgegebene nicht mehr fraglos hin. Auf diesem Hintergrund kam es zu einer liberaleren Auslegung der christlichen Lehre. Gepaart mit den jahrhundertelangen Missständen einer sich an Pomp und Macht gefallenden Kirche war es diese Geisteshaltung, die zwangsläufig in die Reformation mündete.

Zum wichtigsten Träger der Bildung wird das Buch. Bis weit in das 15. Jahrhundert hinein sind es die Manuskripte antiker Autoren, die nun auch außerhalb von Klostermauern in die neu entstehenden Gelehrten-bibliotheken Eingang finden. Mit der Erfindung des Buchdrucks kommt es zu einer explosionsartigen Ausbreitung des humanistischen Gedankenguts. In der Frühzeit dieser Entwicklung setzten die Intellektuellen alles daran, schriftliche Zeugnisse über das Erbe des klassischen Altertums zu erhalten. Eine regelrechte Jagd nach Manuskripten begann, an der sich zahlreiche bedeutende Persönlichkeiten beteiligten, finanziell von weitsichtigen Fürsten unterstützt.

Zu den berühmtesten Handschriftenjägern zählte der Poet und Gelehrte Gian Francesco Poggio Bracciolini (1380–1459), der später unter mehreren Päpsten Sekretär der Kurie wurde. Der Sohn eines reichen Kaufmanns, Niccolò dei Niccolí (1364–1437), gab sein gesamtes Vermögen für den Ankauf von Handschriften und Kodizes aus. Cosimo (der Ältere) de' Medici

(1389–1464) übernahm die Schulden, stockte mit 200 der einmaligen Kodizes seine Privatsammlung auf und ließ 400 in die 1441 erbaute erste öffentliche Bibliothek der Neuzeit, die *Medicea pubblica* verlegen. Für die Textüberlieferung der griechischen Autoren ist Basileios Bessarion (1403–1472), der Kardinal und Titularpatriarch von Konstantinopel, entscheidend. Er stieg zum Führer der griechischen Humanisten in Italien auf. Als ihn im Juli 1453 in Bologna die Kunde von der Eroberung Konstantinopels durch die Türken erreichte, begann er fieberhaft in ganz Griechenland alte Handschriften aufzustöbern und ließ sie aufkaufen. Er fühlte sich verantwortlich als Retter des griechischen Erbes. Schon vor dem Fall Konstantinopels beschäftigte er zeitweise sieben Kopisten, um Texte vor dem Untergang zu retten. Vor seinem Tod vermachte er seine imposante Bibliothek aus 482 griechischen und 264 lateinischen Kodizes der Republik Venedig. Sie wurde zum Grundstock der Bibliothek *Marciana*.

Auf der Grundlage dieser reichen Schätze an Werken entwickelte sich die auf Platon und die Neuplatoniker fußende erneuerte Philosophie. Als Georgios Gemisthos Plethon (1355–1440) als Erster die Philosophie Platons im Abendland bekannt machte, wo man bis dahin nur Aristoteles kannte, entdeckten die Intellektuellen, wie sehr sein Denken ihren eigenen Vorstellungen entsprach. Unter dem Einfluss Plethons stiftete Cosimo de' Medici unter der Führung Marsilio Ficinos die *Platonische Akademie* in Careggi bei Florenz, die das Zentrum der neuen Geistigkeit wurde. Eines der ersten unter den alten Manuskripten, die Ficino 1463 im Auftrag Cosimo des Älteren ins Lateinische übersetzte, wurde einer geheimnisvollen Persönlichkeit mit dem Namen Hermes Trismegistos («Hermes der Dreimalgroße») zugeschrieben. Das Manuskript hatte der Mönch Leonardo di Pistoia aus Mazedonien nach Italien gebracht. Cosimo der Ältere war nach den ersten Seiten der Übersetzung derart von dem Inhalt bewegt, dass er Ficino anhielt, unbedingt rasch weiter zu übersetzen. Er fühlte, wie sein Leben zu Ende ging, und wollte vor seinem Tod noch unbedingt diese einmalige Offenbarung lesen.

DIE HERMETISCHE PHILOSOPHIE Ficino war der Ansicht, Hermes sei ein ägyptischer Weiser zur Zeit des Moses gewesen. Er war deshalb erstaunt, in seinen Schriften viele christliche Ideen wieder zu finden. Er zählte Hermes zu den «ältesten Theologen» (*prisci theologi*), der viele Ideen der christlichen Religion vorweggenommen habe. In Wahrheit stammen die 17 erhalten gebliebenen hermetischen Schriften, die das *Corpus Hermeticum* bilden, aus dem 1.–3. Jahrhundert unserer Zeitrechnung. Es handelt sich um eine

Sammlung von magischen, astrologischen, philosophischen und heilkundlichen Texten, die der legendären Figur des Hermes Trismegistos zugeschrieben werden. In ihr gingen jüdische, orientalische, neuplatonische, gnostische und christliche Gedanken ein. Das lässt sich insbesondere anhand eines Vergleichs mit den viel älteren Orphischen Hymnen und den ägyptischen Zauberpapyri erkennen, die ganz ähnliche Gedanken vermitteln. Die frühesten Werke aus dieser Sammlung scheinen die astrologischen Bücher gewesen zu sein, die auf vorchristliche Zeit zurückgehen.

Für Ficino war das *Corpus Hermeticum* der Inbegriff der ältesten Theologie, die *prisca theologia*. Sie habe sich in den Orphischen Hymnen, den Sentenzen des Pythagoras und in den Chaldäischen Orakeln niedergeschlagen und sich schließlich in den großen Systemen von Platon und den Neuplatonikern weiter entwickelt. Er zweifelte nicht an dem hohen Alter der Texte, im Gegenteil: Ficino war wie sein Gönner Cosimo der Ansicht, die hermetischen Texte gewährten einen Einblick in die tiefen Geheimnisse (*arcana mysteria*), sie seien der Ausdruck der ursprünglichen Matrix der geoffenbarten Wahrheit. Am höchsten schätzte er unter allen Büchern, die Hermes verfasst habe, die Texte *Asclepios* und *Pimander* ein. Während Übersetzungen des *Asclepios* schon im Mittelalter zirkulierten, war es Ficino selbst vorbehalten, ein griechisches Manuskript des *Pimander* zum ersten Mal ins Lateinische übertragen zu dürfen. Seine Übersetzung des *Corpus Hermeticum* hatte eine enorme Wirkung. Ihre Bedeutung für die Entwicklung des Geisteslebens kann gar nicht hoch genug eingeschätzt werden.

Die hermetische Philosophie, die Ficino und ähnlich Gesinnte aus den alten Texten ableiteten, stellt eine eigentümliche Mischung von Platonismus, Astralmagie und Theologie dar. Als Lorenzo il Magnifico (1449–1492) dem Hermetismus seine heiligen Hymnen widmete, war diese Philosophie endgültig Ausdruck des Zeitgeistes geworden. In ihr erkannten die Gelehrten die gemeinsamen Wurzeln der Religionen. Sie ist eines der konstituierenden Elemente der Renaissance, ihrer Ziele und Sehnsüchte und der Denkmuster ihrer Vertreter.

Das zu dem Zusammenspiel von Magie, Astrologie und Medizin passende neue Menschenbild, das Ficino aus den hermetischen Schriften ableitete und mit der christlichen Theologie in eine Synthese zu bringen versuchte, entwickelte vor allem Giovanni Pico della Mirandola (1463–1494) weiter, das bedeutendste Mitglied der Platonischen Akademie. Pico räumte der geistigen Freiheit des Menschen den zentralen Platz ein. Der Mensch, der nicht an ein vorherbestimmtes Gesetz gebunden ist, sondern seine Existenz in freier und bewusster Wahl bestimmen kann, rückt in den Mittelpunkt der Welt. Er wird durch seinen Willen oder durch seine Fähigkeit der

Imagination zum aktiven Gestalter seines Schicksals. Pico della Mirandola bemühte sich um eine Einheit zwischen gelehrter Religion und gottesfürchtiger Philosophie. Seine ehrgeizige Synthese reichte über antike Mysterien, das Alte und das Neue Testament, über die Lehren von Platon und die Chaldäischen Orakel bis hin zu Astrologie und Magie.

Ficino und Pico führten neben der Hermetik auch die mystische Geheimlehre des Judentums, die Kabbala, in die Gelehrtenkreise der Renaissance ein. Sie versuchten zu zeigen, dass alle diese Strömungen Teil einer «ewigen Philosophie» (*philosophia perennis*) seien. So begannen «ganzheitliche» Weltanschauungen im Zusammenspiel von Astrologie, Magie, Medizin, Kabbala und Alchemie zu florieren. Ausgehend von der Platonischen Akademie ging eine Welle der Erneuerung durch die Gelehrtenstuben der Alten Welt.

Das entscheidende Element des neuen Menschenbildes war eine Entsprechungslehre, ein subtiles Zusammenspiel des Weltganzen (Makrokosmos) und des Menschen (Mikrokosmos). In diesem großen System kosmischer Kräfte, in dem die Gestirne in der ewigen Bewegung der von Gott und den himmlischen Mächten bewegten Sphären gleichsam eine universale Harmonie im Wechselspiel mit dem Menschen eingehen, wird der Mensch zum Schöpfer. Das Universum ist lebendig, durchwirkt von Kräften, die der Mensch lenken und beherrschen kann, sofern er in der Lage ist, die geeigneten Instrumente herzustellen. Wirklichkeit wird als ein System von Symbolen definiert. Versteht man sie, dann vermag man ins Innerste der Dinge einzudringen. Aus diesen Gedankengängen leitet sich das Interesse der hermetischen Philosophen an Astrologie und an Magie ab. Noch ein Jahrhundert nach Ficino und Pico versuchte Giordano Bruno (1548–1600) eine universale Religion zu begründen, die auf den hermetischen Schriften basierte. Er endete dafür auf dem Scheiterhaufen.

Das hermetische Universum ist belebt und von göttlichen und dämonischen Kräften durchdrungen. Die Astrologie war für die Befürworter dieser Weltsicht die Wissenschaft par excellence, um die Zusammenhänge zwischen Mensch und Welt in ihrer Tiefe zu erforschen. Der einflussreiche Abschnitt *De vita coelitus comparanda* («Über die Führung des Lebens durch die Sterne») in Ficinos wegweisendem Werk *De triplici vita* (1489) ist durchtränkt von Astrologie und Magie. Die Welt tritt uns als riesiger dynamischer Organismus entgegen, in dem die Wirkkräfte der anorganischen Materie, der Pflanzen und Tiere ihren Ursprung in den Sternen haben. Überall bleibt die Welt eine Einheit, weil die planetarischen Einflüsse durch harmonische Koinzidenzen und Korrespondenzen ungehindert strömen.

Auf der praktischen Seite führt dieses Weltbild zur Vorstellung von der

Möglichkeit, die günstigen astralen Eigenschaften herabzuziehen und sie sich zu Nutze zu machen und die negativen abzuwehren. Dies wird mit Hilfe von Talismanen erzielt, die am Körper getragen werden, durch Essen von Speisen, die aus Pflanzen hergestellt sind, die mit den erwünschten Sternen in Entsprechung stehen, durch das Einatmen von bestimmten Düften, das Hören und Singen von bestimmten Gesängen, deren Töne Planeten zugeordnet sind, und durch das Tragen passender Kleidung. Die Anweisungen von Ficino gehen so weit, auch die Auswahl des Wohnortes und bestimmte astrologisch vorteilhafte Verhaltensweisen vorzuschlagen, welche die erwünschten kosmischen Emanationen aufnehmen und die unerwünschten fern halten sollen.

Man war zu der Ansicht gelangt, der Mensch habe die Fähigkeit, mit Hilfe der magischen Wissenschaft und vor allem mit Hilfe der Worte, der Sprache, der Formeln, die in der Hermetik eine so bedeutende Rolle spielen, das eigene Wesen transformieren zu können. Das Zwischenwesen Mensch könne sich auf diese Weise zum Höheren oder zum Niederen hin entwickeln. Diese Auffassung wird im *Picatrix* (arab. *Ghayat al-hakim*), einem von der neuplatonischen Philosophie durchdrungenen arabischen magischen Text, vertreten. Dem *Picatrix* zufolge umfasst das magische Wissen drei Zweige: das Wissen um die Talismane, das Wissen um die Planeten und das Wissen um die Beschwörungen. Astrologie und zeremonielle Magie fließen ineinander. Astrologische Konstellationen werden als Vermittlerwesen verstanden. Die Sterne übermitteln der Welt die himmlischen Urformen. Aufgabe des Magiers ist es, die von ihm gewünschte astrale Form, die als Emanation von den Sternen und bestimmten Gestirnskonstellationen ausgeht, der Materie einzuprägen. Auf diese Weise werden Talismane hergestellt, wobei auch die Metalle, die dafür Verwendung finden, sowie die Zeichen, die dem Talisman eingraviert werden, in Entsprechung zu dem Geistwesen stehen, das mit dem Gestirn korrespondiert und dessen Kraft sich der Mensch zu Nutze machen will. Er kann desgleichen versuchen, diese Kräfte auf einen bestimmten Ort herabzuziehen und dort festzuhalten. Die Geistwesen können auch personifiziert als Dämonen auftreten. In diesem Fall wird sie der Magier beschwören, um sie sich dienstbar zu machen. Der *Picatrix* stand unter den Renaissancegelehrten in höchstem Ansehen. Pico della Mirandola besaß ein Manuskript in der eigenen Bibliothek, Ficino hat sich an dem Text inspiriert und aus ihm die Überzeugung von der therapeutischen Wirksamkeit der Talismane gewonnen.

Pico unterschied zwischen einer Magie, welche es sich zur Aufgabe macht, die Dämonen zu unterwerfen, und einer natürlichen Magie, deren Ziel es ist, die Wirklichkeit wieder zu vereinen. Er sprach in poetischer

Weise davon, Magie zu betreiben sei nichts anderes, als sich mit der «Welt zu vermählen».[42] Ficino war in der Anwendung von Magie weniger philosophisch ausgerichtet und sehr an der praktischen Seite interessiert, vor allem an der medizinischen. Zwar drückte er sich mit aller Vorsicht aus, aber er gestand den Talismanen, sofern sie korrekt hergestellt wurden, eine echte therapeutische Wirkung zu. Ficino erörterte diese Themen nicht als Magier, der besondere Kräfte erwirbt; für ihn handelte es sich vielmehr um die Einsicht in einen natürlichen Prozess, von dem der Mensch profitieren kann. Die Astralmagie sah er als ein wichtiges Teilgebiet der Medizin an. So kam das Herstellen von Talismanen oder Amuletten auf den Rezeptblock der Renaissance-Ärzte, um durch solche Objekte jene astralen Kräfte absorbieren und konzentrieren zu können, die dem Patienten zu seiner Gesundung fehlten.

Natürlich blieb es nicht bei gelehrten Auseinandersetzungen. Die hermetische Philosophie vermittelte ein Gefühl für das Numinose, für das Okkulte. Die über sie verbreiteten magischen Techniken machten den Menschen zum Herrn über die Dinge. Magie, Astrologie, kosmische Einflüsse, das waren Themen, welche die einfachen Menschen ansprachen, die ihr Los zu verbessern wünschten, ihr Schicksal zum Besseren hin beeinflussen wollten. Man trachtete nach einem einfachen Zugang zum Wissen um die tiefen Strukturen der Dinge und wie man eine Handlungsgewalt in der Natur erlangen könne. Auf der Woge der Faszination mit dem Okkulten und der Verführung durch magische Handlungen strömte dieses Wissen in das Volksgut ein und führte dazu, dass immer mehr Bücher über Magie in Umlauf kamen, die den Ansprüchen kenntnisreicher Vertiefung nicht mehr genügten.

Das unruhige Leben

EIN MEDIKUS AUF REISEN Diesem Gedankengut von Neuplatonismus und Hermetik ist Nostradamus sicher schon in Montpellier begegnet, aber in Agen bei Scaliger wurde er mit dem gesamten Umfang der hermetischen Weltsicht vertraut. Sie bestimmte fortan seine Interessen und beeinflusste seinen weiteren Lebensweg.

Es gibt ein Ereignis, das sich in seiner Zeit in Port-Sainte-Marie zugetragen hat, das in ein Geheimnis gehüllt bleibt. Angeblich heiratete Nostradamus dort «eine sehr ehrbare Frau», mit der er zwei Kinder hatte, wie Chavigny berichtet. Die Frau und seine Kinder sollen bei einer Epidemie ums Leben gekommen sein. Völlig allein gelassen habe er sich entschieden, in seine Heimat zurückzukehren. Es gibt keine unabhängigen Hinweise auf diese Verbindung, keine Urkunden oder Registereinträge, und auch Nostradamus erwähnt die Ehe und die Kinder mit keinem Wort. Wir können darüber nur spekulieren. Vielleicht war der Verlust derart traumatisch für ihn, dass er ihn völlig aus dem Gedächtnis streichen wollte. Es ist aber durchaus möglich, dass es sich bei dieser ersten Ehe um eine Legende handelt. Nostradamus war in Port-Sainte-Marie als Arzt sehr erfolgreich, anerkannt in höchsten Kreisen und eingebettet in einem Zirkel gelehrter Gleichgesinnter. Es gab keinen ersichtlichen Grund, dieses Leben aufzugeben. Möglicherweise hat Chavigny die Legende von der Ehe und dem baldigen Tod von Frau und Kindern eingeführt, um einen Grund zu finden, warum Nostradamus Port-Sainte-Marie schließlich verließ und in die Provence zurückkehrte.

Bevor Nostradamus wieder in seine alte Heimat kam, praktizierte er an vielen verschiedenen Orten, so vielen, dass sein Buch zu dick werden würde, wenn er alle die Orte aufzählen würde, lässt er seine Leser wissen.[43] 1539 war er noch in Bordeaux und gab einen ausführlichen Bericht über den Laden des reichen Apothekers Leonard Bandon, zu dem die Bauern der Umgebung die kostbare graue Ambra brachten, das wohlriechende Stoffwechselprodukt des Pottwals, das sie an den Stränden fanden. Ihres Duftes wegen war sie als Parfüm wie als Schutzmittel bei Seuchen hoch geschätzt.[44] Um 1540 muss er die Gegend um Bordeaux verlassen haben, wohl kurz nach jener Zeit, als der Krieg zwischen dem französischen König Franz I. (1494–1547) und dem Kaiser Karl V. (1500–1558) von neuem aufgeflammt war.

Der Schauplatz war nun die Provence selbst. Die Truppen Franz' I. waren ins Herzogtum Savoyen eingefallen und standen im April 1536 vor den Toren Turins. Der französische König war zur Absicherung seines Feldzugs ein Bündnis mit den Osmanen eingegangen. Karl V. konterte, indem er den Krieg nach Frankreich trug. César de Nostredame hat in seiner *Chronik der Provence* eine eindrückliche Schilderung dieses Krieges hinterlassen, nicht ohne Nationalstolz, zumal das Abenteuer für den Kaiser zu einem Fehlschlag wurde.[45] Anfang Juli gelangte Karl V. von Piemont mit seinem Heer nach Nizza und überquerte Ende des Monats den Var, jenen Fluss, der damals Frankreich von Italien trennte. Franz I. ließ sich in Avignon nieder, einer großen Stadt mit passender Infrastruktur, und begann eine Kampagne der verbrannten Erde. Er ließ die Befestigungsanlagen von Aix, der Hauptstadt der Provence, schleifen, damit die Stadt für Freund und Feind unnütz wurde. Schließlich wurde sie zerstört und niedergebrannt: Die «glänzende und noble Stadt» wurde «vollständig niedergemacht», wie César nicht ohne Bitterkeit vermerkt. Auf dem Weg nach Aix kam Karl V. nur durch verwüstete Gegenden. Vergeblich belagerte er Marseille, musste sich schließlich nach Senas an der Durance zurückziehen – überall abgeerntete Felder, zerstörte Mühlen und leere Kontore. Die Kaiserlichen hatten ein totes Land besetzt und gerieten in arge Verpflegungsprobleme. Nach sechs Wochen musste der Kaiser den Feldzug abbrechen und sich hastig zurückziehen, während die Nachhut seiner abziehenden Truppen von der bäuerlichen Bevölkerung attackiert wurde. César verkündet stolz: Der König hätte den Kaiser sicher nach Italien verfolgt, wäre nicht die Nachricht von der Belagerung von Péronne zu ihm gedrungen, worauf er sich entschloss, dieser Stadt zu Hilfe zu eilen. Unter Vermittlung von Papst Paul III. (1534–1549) wurde in Nizza später ein Frieden geschlossen, der freilich nicht lange hielt.

In den 1540er Jahren bricht der Krieg zwischen Karl V. und Franz I. abermals aus, diesmal im Norden des Landes. Franz I. fällt in die Niederlande ein. Karl gewinnt den Papst für seine Sache und erreicht in Deutschland, dass ihm die Stände sowohl gegen Frankreich als auch gegen die Osmanen Hilfe bewilligen. Als sein mächtiges Heer gegen Paris zieht, bleibt Franz nichts anderes übrig, als sich geschlagen zu geben. Im Frieden von Crépy-en-Laonnais verzichtet der König im September 1544 auf seine Eroberungen in Savoyen und Piemont, gibt seinen Pakt mit den Osmanen preis und verpflichtet sich zur Hilfe gegen sie. Er garantiert dem Kaiser sogar militärische Hilfe gegen England, falls diese benötigt wird, und verspricht, die Protestanten nicht weiter zu unterstützen. Wie auf die ständigen Auseinandersetzungen gebrochene Friedensvereinbarungen folgen, bleibt auch diesmal der Friedensschluss nicht von Dauer. Schon im Herbst 1545 widerruft Franz alle Zusagen von Crépy, meldet Ansprüche auf Mailand an und sichert den protestantischen Rebellen Kriegshilfe zu.

In dieser Zeit nahm Nostradamus sein Leben als umherziehender Arzt wieder auf. Allerdings gehen viele Spuren, die sich finden lassen, nur auf lokale Legenden zurück: Er habe Argenton, Fains in der Champagne, Lothringen, das zum Kaiserreich Karls V. gehörte, das Elsass, Deutschland und Venedig besucht. Ob er wirklich in diesen Gegenden war, kann nicht nachgewiesen werden. Im *Excellent & moult utile opuscule* lässt uns Nostradamus indes wissen, wo er nicht nur zu Besuch weilte, sondern auch als Arzt praktiziert hat: In Bordeaux, Toulouse, Narbonne und Carcassonne. Er orientierte sich wieder in den Süden des Landes. In Carcassonne war er wohl Gast des Bischofs Ammanien (oder Amédée) de Foix, den er behandelt hat. Im Rhonetal finden wir ihn in Marseille, Valence und in Vienne wieder, wo er von Apothekern berichtet, mit denen er zusammengearbeitet hat, oder von Kollegen, die er traf. In Vienne kam er mit Hieronymus Montius und Franciscus Valériolle zusammen, beides bedeutende Ärzte. Montius wurde später zum ersten Leibarzt des Königs Franz II. ernannt; Valériolle erhielt den ersten Lehrstuhl für Medizin an der Universität Turin. In Marseille scheint sich Nostradamus etwas länger aufgehalten zu haben. Dort, erzählt er, sei die Kunst der Medizin durch die Apotheker in einen miserablen Zustand geraten. Offenbar lässt ihn seine mittlerweile große Erfahrung feststellen, wie viele Scharlatane und skrupellose Geschäftemacher es auf dem unsicheren Gebiet der Pharmazeutik gibt, die wirkungslose Medikamente und Rezepturen verschreiben. Es wäre um die Kranken schlecht bestellt, gebe es in Marseille nicht Ärzte wie Louis Serre, Antonius Saporta, von dem er nicht wisse, «ob nicht die Seele des Hippokrates sich in ihm verkörpert habe», Guillaume Rondelet und Honorius Castellanus.[46]

Die Aufzählung dieser und anderer Kollegen macht eines deutlich. Nostradamus ist mit führenden Medizinern in engem Kontakt. Die meisten von ihnen haben in Montpellier studiert oder stammen sogar von dort. Offensichtlich hat er seit der Studienzeit die Kontakte mit ihnen aufrechterhalten. Einige können auch seine Lehrer gewesen sein wie Louis Serre, der bereits 1507 in Montpellier immatrikuliert war, als Nostradamus noch ein Kleinkind war, oder Antonius Saporta, dessen Immatrikulation sich aus dem Jahr 1521 nachweisen lässt; Saporta wurde 1566 Kanzler der medizinischen Fakultät von Montpellier. Rondelet war 1529 – im selben Jahr wie Nostradamus – eingeschrieben. Ihm verdankte Nostradamus die Anmerkung in der Matrikel, als er kurzfristig aus dem Studentenregister gestrichen worden war.

DER PESTARZT   Nostradamus war zweifellos zu einem erfolgreichen Arzt aufgestiegen. Er zählte bedeutende Männer zu seinen Patienten, scheute sich auch nicht, in pestverseuchte Regionen zu ziehen, um Konsultationen abzuhalten oder die Seuche selbst zu bekämpfen. Im November 1544 wurde die Provence von unglaublichen Regenfällen heimgesucht: Die Rhone trat über die Ufer; die Wassermassen ergossen sich in die Durance und in die Ebenen. Ein Chronist berichtete, dass man von Châteaurenard südlich von Avignon bis nach Saint-Rémy mit dem Boot fahren konnte. In Avignon selbst brachen Teile der Stadtmauer zusammen; die Gräber der Friedhöfe öffneten sich, und die Leichen schwammen auf dem Wasser. Die katastrophalen hygienischen Begleitumstände des Unwetters waren der Auslöser dafür, dass die Provence in den beiden folgenden Jahren von der Pest heimgesucht wurde.

Pestepidemien waren im 16. Jahrhundert noch allgegenwärtig. Sobald sie irgendwo ausbrachen, verbreiteten sie sich in Windeseile und brachten Schrecken und Tod über die Menschen. Von alters her galt die heimtückische und gefährliche Seuche als göttliche Strafe. Die Pest war wohl zuerst in den späten 1320er Jahren in der Wüste Gobi ausgebrochen. Zwei Jahrzehnte danach hatte sie die europäische Bevölkerung um ein Drittel dezimiert. Die Pest kam wieder im 16. Jahrhundert, aber niemals mehr als derart epidemischer Flächenbrand. Der schwarze Tod suchte einzelne Städte heim und forderte seinen Tribut, nicht zu knapp wie stets und immer grausam, mit schrecklichem Gestank und erschütterndem Verfall. Die Angst, welche die Pest begleitete, war bisweilen tödlicher als die Seuche selbst. Da man ihre Ursache als übernatürlich ansah, waren die Menschen davon überzeugt, nichts gegen die Krankheit tun zu können. Angst und Resignation beschleunigten die Verbreitung, zumal die wahren Gründe für die Übertragung der Pest unbekannt waren.

Die Schuld an der Seuche schrieb man im Zeitalter der Renaissance der verpesteten Luft zu. Vorrangig bemühte man sich deshalb, die Luft zu reinigen und die schlechten Gerüche zu vertreiben. Es wurden öffentliche Feuer entfacht und Räucherungen mit aromatischen Kräutern vorgenommen. Heu wurde mit Essig versetzt, dazu kam Lavendel, Rosmarin, Thymian, Oregano, Majoran, Wacholder, Lorbeer, verschiedene Pulver, Öle, die Nüsse der Zypressen, Duftharze wie Myrrhe usw. In den Räumen wurde Essig oder Rosenwasser versprüht. Mit allen Mitteln versuchte man den sprichwörtlichen pestilenzialischen Gestank mit wohlriechenden Düften zu überdecken. Allen Speisen wurde reichlich Essig und Knoblauch hinzugegeben, weil diese Stoffe gegen Verwesung und Verfall wirken sollten.

Ende Mai 1546 erreichte die schreckliche Pestepidemie Aix. Verwunderlich war das nicht, zumal die Stadt für ihren Mangel an Hygiene weithin in Verruf war: Unrat und Exkremente deponierten die Einwohner mangels Kanalisation und anderer Möglichkeiten auf den Dächern. Man kann sich vorstellen, wie das Resultat aussah, wenn der Regen diesen Segen von den Dächern wusch und durch die Straßen schwemmte. Angeblich soll daher das Sprichwort kommen: «In Aix regnet es wie Kot» («A Aix il pleut comme merde»).

In dieser Situation lässt die Stadtverwaltung von Aix Nostradamus rufen, der sich als Pestarzt bereits einen Namen gemacht hatte. Nostradamus zögert nicht. Die meiste Zeit während der 270 Tage dauernden Seuche verbringt er in engstem Kontakt mit den Infizierten. Er entwickelt eine besondere Pille aus verschiedenen Hölzern, Veilchenwurzel, Kalmus, Rosenblättern, Moschus, grauer Ambra und dem Saft von Rosenblättern, eine Mixtur, die im Schatten getrocknet wird.[47] Die Pille wird im Mund gelassen und verleihe dem Atem Frische und Wohlgeruch, wenn man an schlechten Zähnen oder Mundgeruch durch andere Übel leidet. Wendet man diese Pille in Gegenwart von Pestkranken an, vertreibe sie die ganze schlechte und pestifizierte Luft. Die Pille hat wohl keine heilende Wirkung, aber sie überdeckt den üblen Geruch, der von den Pestkranken ausgeht. Vielleicht hat dieser psychologische Effekt dazu beigetragen, bei dem einen oder anderen das Immunsystem zu stärken und kein Opfer der Seuche zu werden.

Nostradamus selbst jedenfalls bleibt verschont, und die verantwortlichen Politiker in Aix zeigen sich dankbar über seinen selbstlosen und, wie sie meinen, erfolgreichen Einsatz. 1547 finden wir Nostradamus jedenfalls bereits in Lyon, abermals zur Bekämpfung einer Epidemie. Nostradamus wurde gerufen, weil ihm der große Ruhm, den er sich in Aix erworben hatte, vorauseilte. Diesmal soll er gegen eine andere unbekannte epidemische Krankheit kämpfen.[48] Wieder mischt Nostradamus eine Medizin, deren Rezept er in seinem *Excellent & moult utile opuscule* mitteilt, und hat mit seiner Behandlung Erfolg.

BEGEGNUNG MIT DEM RÄTSELHAFTEN Es lässt sich nicht mehr genau feststellen, aber in der Zeit zwischen 1543 und etwa 1547 übersetzt und redigiert Nostradamus ein in vielerlei Hinsicht aufschlussreiches Werk, die *Hieroglyphika des Horapollon*.[49] An der Beschäftigung mit diesem Text zeigt sich der Einfluss der hermetischen Philosophie. Es handelt sich um ein merkwürdiges Werk über die ägyptischen Hieroglyphen, das in jener Zeit Furore machte.

Horapollon lehrte als Grammatiker und Philosoph in Alexandria an der Wende vom 5. zum 6. Jahrhundert und legte den ersten umfassenden Versuch vor, die Hieroglyphen zu erklären. Viele Schlussfolgerungen, die Horapollon in seinem Werk zieht, sind skurril; zudem stützt er sich für seine Darlegungen auf die philosophischen Ansichten von Platon, Aristoteles, Cicero, Plutarch, Aelian und Plinius, die allesamt keine Gewährsleute für altägyptische Philosophie sind. Die Hieroglyphen werden auf diese Weise unter Beigabe dieses «Weltwissens» zu Symbolen, «sie werden symbolisch gedeutet, und damit ist der Weg frei, die Welt in Bilder zu fassen»[50]. Erst Champollion gelang es 1822, die Hieroglyphen wieder zu entsymbolisieren und wahrhaft zu entziffern. Immerhin konnte er dabei zeigen, dass sich nicht alles an den Bildinterpretationen des Horapollon auf dessen Einfallsreichtum zurückführen ließ. Champollion schätzte die Bedeutung der *Hieroglyphika* für seine Entzifferungsarbeit als sehr hoch ein, und er konnte 13 der von Horapollon beschriebenen Hieroglyphen als korrekt erklärt bestätigen.

Bestimmt war Nostradamus von der Schrift fasziniert, weil alles «Ägyptische» auf die Intellektuellen der Renaissance eine starke Anziehung ausübte, aber sie erregte in ihm ungleich größeren Enthusiasmus. Dieser zeigt sich in seinem Entschluss, eine neue Übersetzung unter dem Titel *Orus Apollo fils de Osiris Roy de Ægipte niliacque, des notes hiéroglyphiques* vorzulegen. Es war wohl die Assoziation von symbolträchtigen Bildern mit rätselhaften Bedeutungen, die er so anziehend fand. Sie entsprach seinem Naturell, seiner eigenen Veranlagung, mit der Bilderwelt des Geistes umzugehen. Wir finden Nostradamus hier zum ersten Mal mit einer Thematik beschäftigt, die direkt in seine prophetische Produktion führt: das Enträtseln verborgener Bedeutungen, gepaart mit der poetisch-literarischen Bewältigung derselben. Denn Nostradamus übersetzt die *Hieroglyphika* in 182 Epigrammen von insgesamt ungefähr 2000 zehnsilbigen Versen. Der Prolog richtet sich an die Prinzessin von Navarra, Jeanne d'Albret, die Mutter des künftigen Königs Heinrich IV., die 1555 beim Tod ihres Vaters Königin wurde. Gedruckt wurde das Manuskript indes nie.

Nostradamus offenbart eine damals nicht untypische Freiheit des Übersetzers im Umgang mit dem Original. Bisweilen fügt er eigene Gedanken und Assoziationen ein, aber vor allem verwendet er bereits eine Sprache, die eigentümlich, obskur, bisweilen seltsam, streckenweise originell ist. In den ersten Versen seiner Einleitung an die Prinzessin von Navarra spricht er die «weise Natur, Mutter der Sympathie» an, die sich durch gegenteilige Kräfte zur Antipathie wandelt:

Nature saige, mère de sympathie;
Par faictz contraires ce rend anthipathie.

Es ist das Weltbild der den Kosmos durchwaltenden okkulten Kräfte der hermetischen Philosophie. In 116 Versen entwirft er in dieser Einleitung ein Panorama emblematischer Bilder, die als eine Art surrealistische Theatervorstellung vor den staunenden Augen der Leser defilieren. Es handelt sich, ganz nach dem Geschmack der Zeit, um eine Darstellung der Wunder, welche die antiken Autoren Plinius, Aristoteles und andere den Pflanzen und Tieren zuschrieben: Nostradamus erforscht in lyrischer Form einen Horizont des Fantastischen.

Die Hieroglyphen verstand er als Vehikel der Sprache und gleichzeitig von philosophischen Konzepten. Diese Art der synchronen Vermittlung von Inhalten auf verschiedenen Ebenen stand Nostradamus viel später auch als Paradigma vor Augen, als er nach einer idealen Form suchte, seinen in herkömmlicher Sprechweise nicht angemessen vermittelbaren Orakeln die rechte Form zu geben. Hier kündigt sich nicht nur seine Vorliebe für das vieldeutige Sinnbild, für geheime Bedeutungen an; er offenbart auch seinen Hang zur manieristischen Poesie, deren Stil unverkennbar von seinem *Orus Apollo* direkt zu den *Prophéties* führt. Neben diesen formalen Gesichtspunkten ist die Übersetzung eine wichtige Quelle für die Verwendung bestimmter schwer einzuschätzender Begriffe im späteren prophetischen Werk von Nostradamus. Darin allerdings einen «Schlüssel» zu den *Prophéties* erkennen zu wollen, wie es manche Interpreten nahe legen, heißt den Bogen überspannen.

Nostradamus in Salon: Der Wandel zum Propheten

«ICH SEHE SO VIELE GRAUSAME UND BITTERE PLAGEN» Nach den Erfolgen bei der Bekämpfung epidemischer Krankheiten in Aix und Lyon trat ein Wandel im Leben des umherziehenden Arztes ein. Nostradamus ließ sich 1547 in Salon-de-Crau, etwa auf halbem Weg zwischen Marseille und Avignon, nieder, wo er bis zum Ende seines Lebens blieb, ohne freilich seine Unruhe ganz abzulegen und sich wieder für längere Phasen auf Reisen zu begeben. Sein Bruder Bertrand lebte dort und stellte ihm eine junge Witwe aus gutem Hause vor, Anne Ponsard, die Nostradamus am 11. November 1547 heiratete.

Nostradamus bezog ein geräumiges Haus im Bezirk Ferreiroux unterhalb des Château de l'Empéri, in einer kleinen Straße, die heute nach ihm benannt ist.[51] Glücklich scheint er in der kleinen Stadt nicht gewesen zu sein. Es fehlte ihm die rechte intellektuelle Ansprache. Er vermeinte «unter rohen Tieren und barbarischen Menschen» zu leben, unter «Todfeinden der Wissenschaften und der denkwürdigen Gelehrsamkeit».[52] Also brach der ruhelose Nostradamus unmittelbar nach der Hochzeit abermals zu einer Reise nach Italien auf. Wir finden ihn in Mailand und Genua, 1548 in Venedig und 1549 in Savona. Dort scheint er vor allem mit kosmetischen Produkten bei der Damenwelt großen Erfolg gehabt zu haben: In Savona verschrieb er der Schwester des Marquis de Finat eine spezielle Konfitüre, und für die Verlobte von Jean Ferlin de Carmagnolle stellte er eine Salbe für das Gesicht her, die in einer einzigen Nacht «eine wunderbare Arbeit bewirkt» habe: Sie ließ Pickel und Furunkel verschwinden und nie mehr wiederkehren.[53]

Zurück in Salon stieg er rasch zu den anerkannten und hervorragenden Bürgern der Stadt auf. Wenn es darum ging, schmeichelhafte, galante Anreden für eine hochrangige Persönlichkeit zu ersinnen oder eine Inschrift für ein Monument zu komponieren, wandte man sich an ihn. Zur Einweihung eines öffentlichen Brunnens durch die Konsuln von Salon bat man ihn 1553, im Jahr als sein Sohn César geboren wurde, eine lateinische Inschrift zu verfassen, die man auf eine dreieckige Marmorplakette gravierte. Dabei zeigte sich Nostradamus von seiner schalkhaften Seite. Die Inschrift lässt sich übersetzen:

Wenn es den Verwaltungsbeamten von Salon durch menschliche Erfindungsgabe möglich gewesen wäre, ihre Bürger auf ewig mit Wein zu versorgen, hätten sie nicht unter großen Unkosten unter dem Konsulat von Antoine Paul und Palamède Marc diesen mittelmäßigen Brunnen, den man hier sieht, errichten müssen. Den unsterblichen Göttern, von M. Nostradamus, für die Bewohner von Salon, 1553.

Ein solcher unbeschwerter und schelmischer Wesenszug ist aus dem prophetischen Schrifttum von Nostradamus völlig verbannt. Würden wir nur die prophetischen Arbeiten kennen, müssten wir Nostradamus als einen finsteren, grimmigen und resignierten Charakter verstehen. Aber er war zweifellos eine vielschichtige Persönlichkeit mit zahlreichen Facetten.

Vielleicht hat Nostradamus erst auf seinen Reisen in Italien begonnen, sich intensiver mit der Astrologie auseinander zu setzen. Kaum nach Salon zurückgekehrt, schrieb er noch im Jahr 1549 seinen ersten Almanach. Diese Prognostik bestand wohl nur aus wenigen Blättern: Bei Chavigny umfassen sie nur zehn einzelne *présages*. Vom Almanach auf das Jahr 1552 überliefert uns Chavigny 26 *présages*; auch dieser war also nur sehr kurz. Der Geist von Nostradamus hingegen muss schon damals voll von schrecklichen Befürchtungen gewesen sein. Er verspürte ein inneres Drängen, ausführlicher all die schlimmen Dinge anzusprechen, die seiner Meinung nach unweigerlich auf die Menschen zukommen würden. Der Almanach für 1552 beginnt bezeichnenderweise mit dem Hinweis:

Ich sehe so viele grausame und bittere Plagen, dass ich nicht wage, in einem so kleinen Band auch nur den hundertsten Teil der Trübsal und Unglücksfälle zu erwähnen, welche diese beklagenswerte irdische Welt zweifellos erleiden muss, besonders in mehreren Orten und Ländern Frankreichs.[54]

Die frühesten Almanache waren platt und langweilig. Nostradamus orientierte sich an vergleichbaren umlaufenden Werken, vielleicht sogar zu sehr: Ein Abschnitt aus seinem Almanach für 1552 findet sich fast identisch in der *Vraye Prognostication Nouvelle* für 1552 des Astrologen Claude Fabri wieder.[55] Da die Bücher etwa zur selben Zeit erschienen sein müssen, lässt sich freilich nicht entscheiden, wer von wem kopiert hat.

Der Almanach für 1553, den uns Chavigny überliefert, ist nicht viel länger als die früheren, aber Nostradamus beginnt die Vorkommnisse, die er beschreibt, zum ersten Mal in gelehrten Bildern zu verrätseln. Er bedient sich der römischen Geschichte, um die Protagonisten zu tarnen, verkündet gleich zu Beginn, das Jahr sei wie jenes zu den Zeiten von Cäsar und Pompejus und am Ende des Jahres stünde die Ächtung von Augustus, Marcus Antonius und Lepidus. Vom «großen Hannibal» ist die Rede, der in Todesgefahr käme, und von einem «neuen Themistokles», der großen Verdruss über seine eigenen Leute bringen würde; auch von einem «zweiten Neptun» lesen wir. Es wurde zum Gesellschaftsspiel, herauszufinden, wer mit diesen Decknamen gemeint sein konnte. Unter dem großen Hannibal verstand er zweifellos einen bedeutenden Feldherrn, der vielleicht die Alpen überquert. Themistokles (493–459) war ein vornehmer Athener, der auf eine starke Kriegsflotte und den Seehandel setzte. Augenfällig spielte Nostradamus auf einen Herrscher oder Feldherrn an, der sein Glück auf demselben Gebiet suchte. Der zweite Neptun stand gewiss für einen bedeutenden Flottenadmiral.

Wahrscheinlich hat er im Jahr 1552 nicht nur diesen einen Almanach verfasst, sondern bereits zwei Prognostica für das kommende Jahr, wie er das in der Folge oft getan hat. Der Almanach für das Jahr 1554 umfasst immerhin bereits 149 *présages*, und es gibt zum ersten Mal auch Voraussagen zu einzelnen Monaten. Man erkennt an den ersten Almanachen, wie Nostradamus sukzessive kühner in den Auslegungen von Gestirnskonstellationen wird, wie er seinen Weissagungen immer größere Spielräume gestattet, wie er beginnt, von humanistischer Bildung durchwirkte Anspielungen einzuflechten, und wie seine Sprache sich merklich verdunkelt.

DIE BEDEUTUNG DES RELIGIONSKONFLIKTS Die wachsenden Spannungen zwischen Katholiken und Protestanten in den frühen 1550er Jahren beunruhigten Nostradamus zusehends; sie nahmen in den prophetischen Arbeiten immer mehr Raum ein. Franz I. war zunächst unschlüssig, wie er sich gegen die neue Häresie stellen sollte. Er schwankte zwischen Milde und

Strenge. Als aber 1534 in Paris und Amboise Flugblätter gegen den «schändlichen Unfug der Messe» verbreitet wurden, beschloss er eine Reihe von harten Gegenmaßnahmen. Zunächst erließ er zwei Edikte im Jahr 1535[56], die durch das Edikt von Fontainebleau vom 1. Juni 1540 zu einem regelrechten staatlichen Ketzergesetz verschärft wurden. Die königlichen Beamten wurden zur Aburteilung der Häresie ermächtigt. Die Folge waren Todesurteile vor allem gegen die Protestanten von Meaux und die Waldenser (Albigenser) in den Alpentälern.

Nach dem Tod Franz' I. wurden die Protestanten unter seinem Sohn Heinrich II. (1547–1559) als «Lutheraner» blutig verfolgt und massenhaft hingerichtet. Als in den 1550er Jahren die Bewegung der Reformierten enorme Ausmaße annahm und sich anschickte, politische Macht zu entfalten, ergingen reihenweise königliche Erlässe, und Heinrich II. beschloss sogar eine «Heilige Liga» mit dem Erzfeind Philipp II. von Spanien. Die harten Gegenmaßnahmen trieben unvermeidlich auf einen Bürgerkrieg zu.

Der Religionskonflikt wird zur Matrix allen Übels, zur Projektionsfläche endzeitlicher Stimmungen. Die durch ihn ausgelöste desolate allgemeine Gemütsverfassung zieht auch Nostradamus tief in ihren Sog. Die Entfaltung von Katastrophen ungeahnten Ausmaßes sieht er als Begleiterscheinungen, nicht nur als Auswirkungen des Konflikts. Das Wort des Propheten Savonarola, «Das Schwert des Herrn wird rasch und bald auf die Erde niederfallen», scheint ihm Wirklichkeit zu werden, wo die barbarische Verfolgung von Christen unterschiedlicher Auffassungen nur als Vorboten des göttlichen Strafgerichts gelten kann. Zur ständigen Bedrohung in einer heillos zerrütteten Gesellschaft gesellen sich Plagen und Seuchen, die zu Symptomen der Endzeit werden. Freilich sieht Nostradamus nicht allenthalben nur schicksalhaftes Geschehen; er ist durchaus nicht blind für die politischen Ränke, die geschmiedet werden und sich die Spaltungen im Inneren der europäischen Länder für die Durchsetzung ihrer Ziele zu Nutze machen. Er wirft in seinem Almanach für das Jahr 1554 den Mächtigen – den Prinzen und Königen, aber auch den wirtschaftlich Mächtigen, den reichen Händlern und Verleihern – vor, die blutigen Querelen zu fördern. Die Prinzen und Großherren überschüttet er mit einem ausgesuchten Vokabular an martialischen Adjektiven, die von «hasserfüllt und unerbittlich» bis zu «vermessen und grausam» reichen, und nennt sie «Plünderer, Eidbrecher, Räuber». Am Horizont sieht er schon einen neuen Tyrannen in die Provence einfallen und «einen neuen Nero oder Tiberius» emporkommen, der «so viele neue Unterdrückungen begehen wird, dass man nach einem neuen Harmodios oder Aristogeiton suchen wird».[57] Nostradamus scheut sich also nicht, sogar nach Tyrannenmördern wie den Freunden Harmodios und Aristogeiton zu rufen, die 514 v. Chr. auszogen, um die Söhne des Peisistratos zu töten, und deshalb als die Befreier Athens verehrt wurden. Aus diesen ersten Almanachen wird eines deutlich. Nostradamus erweist sich als ein schonungsloser Beobachter der Zeitumstände. Die Erfahrungen in seiner Heimat und in den bereisten Ländern mit den durch Krieg und religiöse Zwietracht leidgeprüften Menschen rufen in ihm schlimmste Befürchtungen für die weitere Entwicklung hervor. Vor seinen Augen scheint sich die Historie zu wiederholen. Blutige Zeitabschnitte der römischen und griechischen Geschichte, Epochen von Revolutionen, Ächtungen und Bürgerkriegen werden zu Modellen für das, was Europa und insbesondere Frankreich bevorsteht; hinzu kommen finstere Omen, beunruhigende Wunderzeichen, die einem dem Weltbild der hermetischen Philosophie verpflichteten Geist nicht verborgen bleiben konnten.

SCHICKSALSJAHR 1554 Das Jahr 1554 beginnt «mit traurigen und schlimmen Koinzidenzen» durch «missgestaltete und ominöse Kreaturen», schrieb César de Nostredame.[58] Der Januar ist kaum vorbei, da wird in Senas, unweit von Salon, ein missgebildetes Kind mit zwei Köpfen geboren, welches «das Auge nicht betrachten konnte ohne ein gewisses Entsetzen». Sein Erscheinen sei von denen, «welche die Wege der künftigen Dinge kennen», vorhergesagt worden. Man bringt die Missgeburt zu Nostradamus, der als Deuter von unheilvollen Zeichen offenbar bereits eine gewisse Berühmtheit erlangt hatte. Wer es auch sieht, ist überzeugt, dass es nichts Gutes verheißt.

Als kurz darauf im März ein Meteorit im Himmel über Salon erscheint, schreibt Nostradamus seinem lebenslangen Beschützer, Claude de Savoie, Herzog von Tende und Sommerive (1507–1569), dem Gouverneur der Provence, einen Brief, in dem er die Erscheinung als Vorzeichen schrecklicher Geschehnisse beschreibt. In Nürnberg erscheint die deutsche Übersetzung dieses Briefes als Flugblatt mit einem Furcht erregenden Holzschnitt, der ein Feuer speiendes Gestirn zeigt, aus dem eine mächtige brennende Lanzenspitze herausschießt.[59]

Nur wenige Wochen später, am 17. April, wird in Aurons, ebenfalls ganz in der Nähe von Salon, wieder ein Monster geboren: Eine Ziege mit zwei Köpfen und mit einem Körper, dessen Vorderteil schwarz, der hintere aber weiß wie Wolle ist. Nostradamus lässt die Kreatur zu Claude de Tende bringen, und sie verfehlt ihre Wirkung nicht. Während des Abendessens wird fast nur über die «abstoßenden Monster» gesprochen und vom «Unglück und den Spaltungen», die sie stets und unweigerlich vorherzusagen scheinen, etwa vom blutigen Schisma und den Religionskriegen, die kurz danach ausbrachen.

Es sind die Omen, die Vorzeichen, die plötzlich und massiv in der unmittelbaren Umgebung des Propheten auftauchen, die ihn in besondere Unruhe versetzen. Die Logik der Erklärung von Prodigien (Wunderzeichen) hatte sich seit der Antike nicht geändert: Missgeburten und außerordentliche Himmelserscheinungen entstehen gegen die Ordnung und Kunst der Natur, zwar nicht als Ursachen, aber als echte Vorzeichen und Ankündigungen von besonders beklagenswerten und schrecklichen Geschehnissen. Deshalb sind die Prodigien aufs Engste mit der prophetischen Tradition verbunden und gehören schon früh zum Repertoire von Nostradamus. In seinem Almanach für das Jahr 1554 schrieb er: «In Europa wird man mehrere Vorzeichen sehen, besonders in Frankreich, Florenz, Pisa und in mehreren Teilen Italiens. Hier wird eindeutig eine Mondfinsternis stattfinden, und die Menschen und schwachen Tiere müssen viele Leiden ertragen.»[60] Im selben Almanach heißt es: «In der Nähe unseres Landes an der Durance wird ein derart außerordentliches und seltsames Ereignis stattfinden, wie man es seit Menschengedenken nicht gesehen hat. Es wird vier oder fünf Meilen von Avignon entfernt stattfinden. Eine in höchstem Maße ungeheuerliche Sache.»[61] Worum es sich bei dieser «in höchstem Maße ungeheuerlichen Sache» handeln soll, verriet Nostradamus nicht. Aber sein Kommentator Chavigny zögerte nicht, das Ereignis mit dem Monster von Senas in Verbindung zu bringen, wie aus der Anmerkung in seinem Manuskript hervorgeht.

Das massive Auftreten von Wunderzeichen zu Beginn des Jahres 1554 veranlasst Nostradamus, seine prophetische Sendung mit größerer Ernsthaftigkeit in Angriff zu nehmen als bisher. Mit einem Male spürt er die Dringlichkeit eines Auftrags. Die Zeichen erscheinen als Warnungen kommenden Unheils. Sie erscheinen freilich insbesondere dem Propheten persönlich, als hätten sie sich um ihn versammelt, um ihn an etwas zu erinnern, vor dem er nicht davonlaufen kann. Er ist es, der den rätselhaften Omen eine Sprache geben muss. Er ist es, der die göttlichen Vorboten erklären soll. Und Nostradamus widmet sich fortan ganz diesem Auftrag, den er als gewaltig und unvermeidlich empfindet. Nur ein gewaltiges Werk vermag ihm gerecht zu werden: der Entwurf einer prophetischen Interpretation der Welt.

Angesichts des massiven Einbruchs von Vorzeichen macht sich Michel Nostradamus in diesem Jahr 1554 an seinen ersten umfangreichen und düsteren Almanach, die *Prognostication nouvelle, & prédiction portenteuse, pour l'an M.D.LV* mit der Ankündigung schauerlicher Katastrophen. Es ist das älteste prognostische Werk von Nostradamus, das veröffentlicht auf uns gekommen ist. Dennoch ist es den Forschern nicht von Nutzen, denn das einzige bekannte Exemplar befand sich in der Bibliothek des peruanischen Nostradamisten Daniel Ruzo. Er hat es bis zu seinem Tode im Jahr 1991 mit zahlreichen anderen bibliophilen Schätzen seines Meisters so eifersüchtig gehütet, dass es keinem ernsthaften Forscher gestattet wurde, das Werk einzusehen.[62] Zum Glück besitzen wir die Sammlung der Auszüge von Chavigny: Auf 28 Manuskriptseiten hat er den Almanach für das Jahr 1555, in zwei Teile geteilt, exzerpiert.

Den Grad seiner Erregung zeigt auch an, dass Nostradamus in der *Prognostication nouvelle* zum ersten Mal die Prosaabschnitte für das Jahr und die einzelnen Monate mit Vierzeilern in Versform einführt, in denen er seine düsteren Ahnungen am kongenialsten auszudrücken vermag. Er muss bei dieser Arbeit entdeckt haben, dass sich der Kosmos seines Geistes, in dem sich ein überwiegend düsteres Weltszenario ausbreitete, am besten in Form der Quatrains in eine sprachliche Form gießen ließ, denn er entscheidet sich in diesem Jahr auch, das große Projekt der *Prophéties* in Angriff zu nehmen. Die massive Ansammlung von Wunderzeichen in seiner unmittelbaren Umgebung gaben ihm den Anstoß dazu, in dieser Schicksalsstunde der Welt gleichsam die gesamte künftige Geschichte als poetischen prophetischen Entwurf zu wagen.

DIE REISE AN DEN HOF Die Legende berichtet, es sei der plötzliche Erfolg der *Prophéties* gewesen, der ihm im Sommer des Jahres 1555 den Ruf an den Hof einbrachte. César berichtet stolz, wie sein Vater die Zenturien, die ihn unsterblich werden ließen und die er ihm gewidmet hatte, ans Licht der Öffentlichkeit gestellt habe: «Der Ruf seines Namens flog und wurde überall mit viel größerer Bewunderung vernommen, als ich zu schreiben wage.»[63] Die Königin habe sogleich Depeschen an den Herzog Claude de Tende geschickt, er möge diesen außergewöhnlichen Mann nach Paris schicken; der König wünsche ihn zu sehen. Die Nachricht habe ihm der Herzog, der seinen Vater liebte und verehrte, sogleich zukommen lassen. Nostradamus beeilte sich und «verließ sein Haus im Alter von dreiundfünfzig Jahren am 14. Juli und erreichte die Mauern von Paris am 15. August, am Tag der Himmelfahrt unserer lieben Frau (‹nostre Dame›), deren Namen er trug».

Die Erwähnung, Nostradamus habe den König im Alter von 53 Jahren besucht, würde die Reise nach Paris in den Sommer 1556 platzieren. Aus unabhängigen Quellen lässt sich jedoch eindeutig belegen, dass die Reise in Wahrheit 1555 stattfand. Am 1. Februar 1556 schreibt einer der Astrologen, die Katharina von Medici konsultierte, der Florentiner Gabriel Simeoni, an Nostradamus wie an einen alten Freund: «Sogleich nach meiner gesunden und heilen Rückkehr vom Krieg von Volpiano habe ich erfahren, dass die Dinge am Hof mit dir und dem König, der Königin und andern Großen nach deinen Wünschen stattfanden.»[64] Die Einnahme von Volpiano erfolgte im September 1555. Man kann also sicher sein, dass das angegebene Datum des Briefes korrekt ist.

Der Drucker Macé Bonhomme aus Lyon erhielt die Druckerlaubnis für die Erstausgabe der *Prophéties* mit den ersten drei Zenturien und 53 Quatrains der 4. Zenturie am 30. April 1555. Der den *Prophéties* vorangestellte Widmungsbrief an seinen Sohn César ist mit dem 1. März 1555 datiert. Im Frühsommer wird das Werk erschienen sein, jedoch keinesfalls vor seiner Reise an den Hof. Sicher hätte es Nostradamus sonst mitgenommen und dem König und der Königin überreicht, was gewiss bekannt geworden wäre. Das Buch hatte keinesfalls sogleich den Erfolg zu verzeichnen wie der Almanach für 1555: Einerseits war es viel schwerer zugänglich als die Prognostica in Prosa, da es ausschließlich aus obskuren Versen bestand; andererseits hatte es nicht den Anspruch der Aktualität wie die jährlichen Almanache, zumal sich sein Inhalt auf eine unbestimmte Zukunft bezog. Dass Nostradamus überhaupt der Veröffentlichung einer fragmentarischen Auflage zustimmte, scheint mir ein weiteres Indiz für den ungeheuren Erfolg der Almanache zu sein, besonders jenem für 1555, der im November 1554 erschien. Die Verleger drängten nach neuen Werken, um seine Popularität auszunutzen. Nostradamus fühlte sich aber in dieser Zeit nicht wohl, die Gicht machte ihm sehr zu schaffen. Der Almanach für 1556 wurde deshalb im Vergleich zu seinem sensationellen Vorgänger recht kurz und er enthält keine Quatrains. Im Widmungsbrief der *Présages merveilleux pour l'an 1557* vom Januar 1556 schreibt Nostradamus: «Da im vergangenen Jahr die Luft nicht heiter war und die Sterne nicht geneigt waren, war es mir nicht möglich, die Ereignisse und die Voraussagen der Zukunft für das Jahr 1556 so ausführlich zu beschreiben.»[65] Um den Hunger nach Texten zu stillen, muss sich Nostradamus entschieden haben, die erste Sammlung von Vierzeilern der *Prophéties*, die er wohl in der Hauptsache in dem Schicksalsjahr 1554 verfasst hat, unvollständig zum Druck freizugeben.

Noch ein anderes Manuskript hatte er in der Schublade, das mit Astrologie und Prophezeiungen nichts zu tun hatte. Nun, da er in aller Munde war, aber sich physisch nicht in der Lage fühlte, die Nachfrage der Verleger mit neuem Material zu befriedigen, war auch dieses willkommen. Es handelt sich um das mehrfach erwähnte *Excellent & moult utile opuscule*. Die Einleitung trägt das Datum vom 1. April 1552, gedruckt wird es aber am Höhepunkt seiner ersten Erfolge 1555. Ob es der Berühmtheit des Astrologen und Propheten Nostradamus zuzuschreiben ist oder dem Inhalt des Buches, dass es bis zum Ende des 16. Jahrhunderts mehrere Auflagen erlebt, bleibt dahingestellt. Mit dem Erfolg treten die Neider, Kritiker und Gegner auf den Plan. Einem von ihnen, dem Astrologen und Mediziner Laurens Videl, verdanken wir einen weiteren eindeutigen Hinweis darauf, dass der Almanach für das Jahr 1555 der Auslöser für die Einladung von Nostradamus nach Paris war:

Sogleich danach <nach der Erklärung des Vollmondes vom 7. Januar 1555> sagst du, dass du nicht wagst darzulegen, was in diesem Jahr geschehen wird. Warum verwendest du eine derartige List? Wenn nicht, um dich an den Hof einladen zu lassen, denn in dem erwähnten Jahr sagtest du zum Monat Juli: Der König möge sich vor einem oder mehreren vorsehen, dass sie nicht etwas unerbittlich verfolgen, was ich nicht wage niederzuschreiben und worauf die Sterne in Übereinstimmung mit der okkulten Philosophie hinweisen. Du wusstest genau, der König würde die Wahrheit wissen wollen.[66]

Videl bezieht sich auf einen Abschnitt aus der *Prognostication nouvelle* für 1555, auf *présage* 470 im *Recueil* von Chavigny. Es ist verständlich, dass sich um die Einladung an den Königshof Geschichten und Legenden ranken. Die Rede ist von erstaunlichen persönlichen Weissagungen für den König, die Königin und ihre Kinder und von Voraussagen über die Zukunft Frankreichs und Europas. Das Ereignis wird auf jeden Fall mit einem Glorienschein umgeben; es ist der Ritterschlag, die endgültige Erhöhung des Meisters auf den Olymp der Propheten.

Tatsächlich war die Einladung alles andere als ein Triumphzug. Wenn wir dem Autor der Chronik von Lyon Glauben schenken dürfen, dann hat Nostradamus seine Reise nach Paris nicht ohne Befürchtungen angetreten. Er hatte große Angst, dass man ihm nach dem Leben trachtete und «dass man ihn vor dem 25. August köpfen würde».[67] Vielleicht vermutete Nostradamus ein Komplott – ein Prophet, zumal wenn er über Könige und Mitglieder von Fürstenhäusern derart beängstigende Dinge vorhersagt, bewegt sich auf dünnem Eis. War ihm der Hof wohlgesonnen, oder wollte man ihn in Wahrheit für unbedachte Äußerungen zur Verantwortung ziehen? Nostradamus fiel es nicht leicht, seine Reise in Angriff zu nehmen. Er war, wie er an Jean de Morel schrieb, bereits krank. Die Fahrt war unglaublich lang und beschwerlich. Sie kostete ihn 100 Écus, und er musste sich, als das Geld knapp wurde, von Morel sogar noch welches leihen. In Saint-Germain habe ihm der König tatsächlich 100 Écus übergeben, aber die Königin nur 30. Er beklagt in seinem Brief, dass ihm für die große Anstrengung also nur 30 Écus und eine Schuld geblieben waren.

Nostradamus litt Schmerzen und fühlte sich um den Wert seiner Arbeit betrogen. Noch dazu scheinen einige Höflinge über seine ausweichenden und zweideutigen Weissagungen so empört gewesen zu sein, dass sie ihn durch ihre Diener ergreifen lassen wollten.[68] Als er von Saint-Germain nach Paris zurückkehrte, suchte ihn eine anonyme Dame aus der gehobenen Gesellschaft für eine Konsultation auf. Sie alarmierte ihn vor einer unmittelbar bevorstehenden Gefahr. Im Brief an Morel schreibt er, sie warnte ihn, dass «Justizbeamte mich abholen würden, um mich zu verhören, durch welche Wissenschaft ich das mache und vorhersage, was ich mache». Nostradamus antwortete ihr, sie bräuchten sich nicht die Mühe machen, ihn aufzusuchen, denn er habe bereits alles für seine Abreise in die Provence vorbereitet und gedenke, am kommenden Tag aufzubrechen.

Offenkundig hat das Wohlwollen des Königspaares die Höflinge nicht davon abgehalten, ihn zu schikanieren. Noch weniger scheint es die Justiz beeinflusst zu haben. Wahrscheinlich wollte die strenge Pariser Fakultät für Theologie überprüfen lassen, ob Nostradamus für seine okkulten Künste nicht mit Dämonen im Bunde war. Nunmehr war Nostradamus mehr denn je davon überzeugt, dass man ihm nach dem Leben trachtete.

Der Kampf der Pamphlete

DER ERSTE KRITIKER: ANTOINE COUILLART Die gesundheitliche Krise von 1555 ist überwunden, und Nostradamus macht sich an die Arbeit, schreibt im Januar und März 1556 gleich drei Almanache und Prognostica für das Jahr 1557, die alle bei Jacques Kerver in Paris erscheinen: die *Grand' Pronostication nouvelle avec portenteuse prediction, pour l'an M.D.LVII*, der *Almanach pour l'an 1557* und die *Présages merveilleux pour l'an 1557*. Wahrscheinlich hat er den Verleger bei seinem Besuch am Hof kennen gelernt und weiß die Gunst der Stunde zu nutzen. Nun legt er alle Bescheidenheit ab. Einen der Almanache widmet er dem König von Navarra, Antoine de Vendôme, den zweiten Katharina von Medici, den dritten König Heinrich II. In der *Grand' Pronostication* hält er jenen entgegen, «die mich oft kaltmachen wollten», dass er «immer noch weissage». Auf dem Frontispiz von allen drei Almanachen lässt er folgende Erklärung abdrucken: «Gegen jene, die mich oft tot gewünscht haben. Unsterblich werde ich sein als Lebender und als Toter, und darüber hinaus wird mein Name nach meinem Tod im Universum fortleben.»[69] Nicht gerade bescheiden bedient er sich bei Ovid, um seinen Gegnern entgegenzuschleudern, dass sein Name in alle Zukunft bekannt sein wird. Damit sollte der Prophet in der Tat Recht behalten.

Er stürzt sich mit Hingabe in die weitere Arbeit an den Zenturien seiner *Prophéties*, und im November 1557 erscheint bei Antoine du Rosne in Lyon die zweite, verlängerte Fassung. Der Hunger nach Werken aus seiner Feder ist damit für die Verleger immer noch nicht gestillt, derart kometenhaft ist der Aufstieg des Propheten aus Salon. Also greift Nostradamus noch einmal in sein Archiv und holt ein Bündel verstaubter Blätter hervor. Es handelt sich um die erwähnte Übersetzung eines medizinischen Werkes von Claudius Galen (129–199), dem Leibarzt des Kaisers Mark Aurel, dessen physiologische Lehren zu Lebzeiten von Nostradamus immer noch nahezu absolute Autorität genossen. Die Arbeit war ein Jugendwerk, vielleicht sogar seine Doktorarbeit an der Universität von Montpellier, wie Robert Benazra vermutet. Sie erscheint im Frühjahr 1557 ebenfalls bei Antoine du Rosne.

Im Jahr 1556 beginnen die schriftlichen Kontroversen um das Werk von Nostradamus. Aus ihnen wird deutlich, wie einflussreich Nostradamus in kürzester Zeit geworden war. Antoine Couillart, Seigneur du Pavillon lès Lorris, aus dem Gâtinais, ist der Erste, der gegen Nostradamus Stellung bezieht, mit einer Arbeit, die im Frühjahr 1556 unter dem Titel *Les Prophéties du Seigneur du Pavillon* veröffentlicht wird. Im Vorwort spricht er von einem weiteren anti-nostradamischen Werk, den *Contredicts*, die bereits verfasst seien, das aber erst 1561 erscheint. Interessant ist, dass Couillart Nostradamus noch nicht einmal ausdrücklich erwähnen muss, um klarzustellen, gegen wen sich sein Werk richtet, nämlich «gegen einen bestimmten neuen Propheten, den du [geneigter Leser] in dieser Abhandlung deutlich erkennen wirst». Couillarts Werk schwankt zwischen ernsthaften Überlegungen und humoristischen Attitüden. Sein Vorbild ist ohne Zweifel die *Pantagruéline prognostication*, die großartige Satire von François Rabelais. Aber seine Imitation reicht an das Vorbild nicht heran, in welchem Rabelais mit spitzer Feder die Almanachschreiber ins Lächerliche zieht, die alles und jedes vorhersagen und vor keinem Gemeinplatz Halt machen, der sich selbstverständlich ereignen wird, weil er sich stets und in jedem Jahr zuträgt. Couillart dichtet als Epigone Rabelais': «Es wird mehr Pfarrer als Bischöfe, mehr Bischöfe als Erzbischöfe, mehr Erzbischöfe als Kardinäle und nur einen Papst von Gnaden geben.»

Was ebenfalls den Zorn seiner Kritiker erregte, sind die häufig in Nostradamus' Almanachen auftauchenden Hinweise, bestimmte Voraussagen nicht darzulegen, um die Leser nicht in Angst zu versetzen. Solche Aussagen waren freilich dazu angetan, genau das hervorzurufen, was sie vorgeblich vermeiden sollten: das Verängstigen der Menschen. In der *Grand' Pronostication pour 1557* begründet Nostradamus seinen Verzicht auf einzelne Aussagen zu bevorstehenden Verhängnissen noch zweifach: Einerseits, um nicht die Menschen zu ängstigen; andererseits, um seinen Gegnern nicht Argumente gegen ihn in die Hände zu spielen. Die Argumente, die er meint, beziehen sich auf die Theorie der Astrologie, wonach man durch diese Wissenschaft nur allgemeine Voraussagen treffen könne, aber niemals konkrete Weissagungen zu Einzelereignissen. Zu dieser Zeit sieht sich Nostradamus noch nicht in einer unversöhnlichen Gegnerschaft mit seinen Rivalen verstrickt. Er hofft vielmehr, sie von seinem Standpunkt – und von seinen außerordentlichen Fähigkeiten – überzeugen zu können.

Als die kritischen Stimmen indes nicht verstummen, attackiert er die Ankläger in der *Pronostication nouvelle* für 1558, indem er zwei Psalmverse (Ps 68,13 und 13,3) abwandelt: «Gegen mich sprechen jene, die in der goldenen Pforte sitzen, und gegen mich spotten jene, die reines Gift trinken zwischen ihren Lippen.» Und er fügt hinzu, wegen dieser Widersacher lohne es nicht, auf die Niederschrift der Voraussage für das Jahr 1558 zu verzichten.

ANGRIFFE AUS DEM LAGER DER REFORMIERTEN Noch 1557 erscheint die Schmähschrift *La premiere invective du Seigneur Hercules le François, contre Monstradamus*, die im Jahr darauf zwei weitere Auflagen erlebt. Hinter dem Pseudonym Hercules le François verbirgt sich ein geschickter und wortgewandter Autor, der kein Blatt vor den Mund nimmt. Er hat sich den Namen des mythischen Ahnen der Gallier gegeben, und in dessen Namen verspricht er, Nostradamus aus «seiner Höhle der Täuschungen» herauszuziehen. Er würde den Menschen im vollen Tageslicht das «hässliche Ungeheuer» zeigen, das mit «seinen verdrehten und zweideutigen Rätseln die törichten Menschen kopflos macht». Seine Kritik hat nur ein Thema, aber es betrifft alles, was Nostradamus verfasst: Nostradamus habe die Grenzen des Zulässigen in der Astrologie überschritten, indem er spezifische Dinge voraussage; dies stünde allein Gott zu. Nostradamus sei ein «hirnloser und grillenhafter Dummkopf», der sich «den Vorrang und das Vorrecht Gottes» anmaße. Er mache Weissagungen über «Könige und Herrscher, über ihr Leben, ihren Tod, von den Aufwallungen der Kriege und Ausschreitungen, vom Ausgang derselben, von Frieden und Bündnissen, von den Regierungen der Städte und Republiken, Veränderungen der Reiche, Epidemien und Hungersnöten; kurz gesagt, über alles, was Gott durch seine Allmacht will und vermag». Nostradamus sei ein Scharlatan, und Hercules le François beschuldigt ihn, die Welt glauben zu machen, dass «die Astrologie, an sich eine schätzenswerte Wissenschaft», verdammenswert sei. Die Kritik läuft darauf hinaus, dass sich Nostradamus zwar der Astrologie bediene, sie aber nicht in der gebilligten Weise anwende. Vielmehr benehme er sich wie ein von Gott erwählter Prophet, dem allein es durch die göttliche Gnade möglich wäre, bestimmte zukünftige Ereignisse vorherzuverkünden.

Die Attacke der *Premiere invective* findet in der Hauptsache auf religiösem Terrain statt; der Text hat einen quasi pastoralen Ton. Der Inhalt steht dem reformierten Lager sehr nahe, ohne selbst zur Genfer Propagandaliteratur zu zählen. Die wortreiche Argumentation folgt nicht dem Stil eines Johannes Calvin oder eines Pierre Viret.[70] Worüber sich der anonyme Autor am meisten erregt, ist die Einführung einer schicksalhaften Notwendigkeit. Dies sei die schlimmste Ketzerei: «Diese Pest ist dazu da, das Volk zu infizieren und bei vielen verabscheuungswürdige Ketzereien hervorzurufen.» Seinen Erfolg verdanke Nostradamus nur der Leichtgläubigkeit der Menschen.

1558 erscheinen zwei weitere Attacken, eine unter dem Pseudonym Jean de La Daguenière, die andere von Laurens Videl. La Daguenière ist eindeutig ein Calvinist und attackiert besonders die *Présages merveilleux pour l'an 1557* mit der Widmung an König Heinrich II.[71] Sarkastisch ergeht er sich in vielen präzisen Angriffen gegen die Person und den Autor Nostradamus: «Deine Schriften sind eine dunkle Nacht, die eine Unzahl von Träumen gebärt.» Er vergleicht Nostradamus mit Herostrat, den er als einen Verrückten bezeichnet, der sich mit lobenswerten und tugendhaften Taten nicht unsterblich machen konnte und deshalb den Artemis-Tempel von Ephesos in Brand steckte.

Auch La Daguenière hält ihm seinen eigenwilligen und eigenmächtigen Umgang mit der Sternkunde vor: Nostradamus würde eine Vorliebe an den Tag legen, allein seinen eigenen Weg zu gehen, «wie der Prinz aller Astrologen unserer Zeit», aber er kenne «nicht einmal die Rudimente der Kunst und Wissenschaft», deren er sich bediene. Die Beweisführung von La Daguenière ist allerdings nicht besonders stichhaltig. Er anerkennt die Astrologie nur in meteorologischem und medizinischem Zusammenhang und geht nicht profund auf diese Wissenschaft ein. Das gesamte Gebiet scheint ihn nicht sonderlich zu interessieren.

La Daguenière behauptet, dass dem Menschen das genaue Wissen um künftige Dinge nicht zugänglich ist:

Steht es in der Macht des Menschen, die künftigen Ereignisse zu kennen, sei es durch die Bewegung der Sterne, sei es durch eine andere Wissenschaft oder Erfahrung, und, als Zugabe des Lächerlichen, den Ort zu bezeichnen und den Tag zu nennen? Du wirst Menschen deines Temperaments schmieden müssen, um es ihnen aufbinden zu können.

Im letzten Satz wirft er Nostradamus implizit vor, verrückt zu sein, über ein Temperament zu verfügen, das ihn diesen Unsinn nicht nur glauben, sondern sogar verbreiten lässt. Dazu komme die obskure Sprache, die «nicht einmal die besten Grammatiker entwirren könnten». Der undurchsichtige Stil des Propheten sei nur ein Schleier, der sein Unwissen verbergen soll. Nostradamus würde den Menschen «das Unbekannte durch das weniger Bekannte» präsentieren. Sein Obskurantismus soll beunruhigend wirken, und obwohl die Werke von Nostradamus hohen Herren und Königen gewidmet seien, sind sie in Wahrheit «den vulgärsten und gewöhnlichsten Leuten angeboten und übergeben». Seine Inkompetenz stehe im Gegensatz zu seinem Stolz, der sich in bestimmten Verkündigungen des Propheten niederschlage. Schließlich kulminiert der Zorn des Pamphletisten in einer religiösen Strafpredigt: «Du wagst dich auf das Gebiet der hohen Geheimnisse Gottes. Du möchtest dem Allmächtigen den Himmel entreißen, dem einzigen Herrn desselben und aller Dinge.»

Durch die Art seiner Kritik macht sich La Daguenière zum Sprachrohr einer bestimmten öffentlichen Meinung, die sich gegen das Bild eines Nationalpropheten stellt, das die Widmungen von Nostradamus befördern konnten. Damit hat der anonyme Autor beinahe hellsichtig früh eine Entwicklung erkannt, die auch seine Invektiven nicht aufhalten konnten. Der Mythos Nostradamus evolvierte nicht zuletzt auch in der Auseinandersetzung mit seinen Widersachern. Je lauter sie schrien, desto weiter verbreitete sich die Kunde über eine merkwürdige prophetische Persönlichkeit, an der sich, im wahrsten Sinn des Wortes, die Geister schieden.

DIE ATTACKE DES ASTROLOGEN: LAURENS VIDEL Laurens Videl, der 1558 den zweiten Angriff auf Nostradamus lanciert,[72] war kein Mann der religiösen Auseinandersetzung; er war ein Astrologe aus Avignon, und als solcher verfasste er Almanache zusammen mit Claude Fabri. Nostradamus war ein Kollege und ein außerordentlich erfolgreicher Konkurrent in seiner Region. Videl behauptet sogar, er habe, aus Liebe zu seiner Wissenschaft, zunächst die «dummen Weissagungen von Nostradamus entschuldigt». Aber der Erfolg des Rivalen machte ihn neidisch und erboste ihn zumal er ihn für ungerechtfertigt hielt.

Videls Kritik an Nostradamus ist überaus wichtig, denn er thematisiert viele Punkte, die von Seiten der Astrologie als einer mit Ernst und großem Wissen betriebenen Wissenschaft für zentral angesehen wurden. Videl hatte Nostradamus in *Épîtres*, die heute verloren sind, vorgeworfen, die Grenzen der Astrologie zu überschreiten: Der Astrologe könne die Zukunft nur allgemein vorhersagen; Voraussagen im Besonderen über spezifische Geschehnisse seien mit dieser Wissenschaft nicht möglich. Dies lasse sich nur durch «abergläubische Magie» und durch «Hexerei im Verkehr mit bösen Geistern» erreichen. Nostradamus war völlig anderer Meinung und tat diese in einem außerordentlich verworrenen Abschnitt des *Almanach pour l'an 1557* kund. Er behauptet darin, die Vorstellung, der menschliche Geist könne nicht die Pläne der Vorsehung durchdringen, sei falsch. Die Astrologie verwende «die antiken Tafeln der Umläufe» und andere esoterische Techniken, um dies zu ermöglichen. Unter den «antiken Tafeln» verstand er zweifellos die *Canones Antiqui* – das war der Titel, der den Konjunktionen der oberen Planeten in den berühmten *Alfonsinischen Tafeln* in der Ausgabe des Luca Gaurico (1476–1558) gegeben wurde. Dieses Grundlagenwerk zur Bestimmung der Planetenpositionen[73] hatten alle Astrologen zur Zeit von Nostradamus in den Händen. Anhand dieser Tafeln wurden die großen Konjunktionen berechnet, die nach alter Vorstellung die Veränderung von Reichen und Religionen ankündigen.

Der primäre Vorwurf bezieht sich auf die Unfähigkeit von Nostradamus, die Kunst der Astrologie korrekt auszuüben. Videls Erregung kommt daher, weil er die Astrologie als eine respektable Wissenschaft erachtet, die durch Leute wie Nostradamus in Misskredit gebracht werde. Er beschuldigt ihn, ein Scharlatan zu sein, der von Astrologie nichts verstehe, und belässt es nicht bei den Behauptungen. Vielmehr zeigt er detailliert die Fehler in den Almanachen auf. In der Hauptsache handelt es sich um Fehler bei den Berechnungen: Videls Ergebnisse stimmen nicht mit denen von Nostradamus überein.[74] Beispielsweise positioniert Nostradamus in seinen Almanachen die Sonne zur Frühlingstagundnachtgleiche nicht auf 0° 0' im Zeichen Widder, wie es korrekt wäre, sondern auf die Position, die er in seinen Ephemeriden für Mittag des entsprechenden Datums vorfindet; in diesem Fall für den 11. März 1557 ist das 0° 53'.

Videl lag mit dieser Analyse völlig richtig. Nostradamus schrieb einfach die Positionen aus seinen Ephemeriden ab, ohne sich mit lästigen mathematischen Operationen wie der Interpolation für den jeweiligen Moment des Tages oder den Meridian von Lyon oder Paris abzugeben. Brind'Amour konnte anhand der Daten nachweisen, dass Nostradamus seine Zahlen den Ephemeriden von Nicolas Simus entnahm. In einer ausführlichen Analyse der Almanache für die Jahre 1563 bis 1566 konnte er darüber hinaus zeigen, dass Nostradamus weder in seinen fragwürdigen Methoden noch in seinen Kenntnissen Fortschritte gemacht hatte.[75] Nostradamus behaupte, um Almanache zu schreiben, müsse man den Himmel beobachten; damit könne man nur die Unwissenden täuschen, echauffiert sich Videl. Wenn man beginnt, sich mit Astrologie auseinander zu setzen, dann müsse man wohl den Himmel beobachten, um die Fixsterne von den Planeten unterscheiden zu können. Aber um die Berechnungen anzustellen, sei das völlig überflüssig:

Wenn du auch nur einige Prinzipien der Astrologie verstündest, wüsstest du, dass es nicht nötig ist, dein Arbeitszimmer zu verlassen, um Almanache zu erstellen. Denn auch in unseren Zeiten gibt es genügend wissende und gelehrte Menschen, die für uns die Bewegungen der acht Himmel berechnet haben. Aber das sind zu undurchsichtige Dinge für dein Hirn, da es sicher ist, dass du nicht berechnen kannst, weder am Himmel noch durch irgendwelche Tafeln.[76]

Nostradamus hatte in der Tat behauptet, seine Almanache bei der Betrachtung des nächtlichen Himmels herzustellen. Später sollte er in seinem Almanach für 1566 zur Voraussage für den Monat April bemerken, er schreibe diese Sätze vom Turm des Château de l'Empéri in Salon, während die Morgensonne am Horizont aufsteige.[77] Allerdings behauptet Nostradamus nie, dass er den Nachthimmel zu Zwecken der Berechnung beobachte. Viel wahrscheinlicher scheint zu sein, dass nachts für ihn die fruchtbarsten Stunden der dichterischen Inspiration waren, die durch die Kontemplation eines mit Sternen übersäten Himmels beflügelt wurde.

Videl ist der Überzeugung, durch Astrologie könne man durchaus Prognosen erstellen, allerdings seien das Mutmaßungen und keine sicheren Ergebnisse. Während der anonyme Autor der *Premiere invective* die judizielle Astrologie, also jene Schulrichtung der Astrologie, die behauptet, ein genaues Urteil (*judicium*) über ein künftiges Geschehen abgeben zu können, rundweg ablehnt, verteidigt sie Videl als praktizierender Astrologe. Es geht ihm um die Rechtfertigung der korrekten judiziellen Astrologie, deren Herkunft er auf Salomon, Hermes, Orpheus, Pythagoras und Platon zurückführt. Was Videl so in Rage bringt, ist vielmehr die Vermessenheit von Nostradamus, Prophezeiungen zu verkünden.

Die Kritiken an Nostradamus spiegeln das intellektuelle Klima, in dem die Astrologie in Frankreich stand. Die rationalistische Kritik der Astrologie, wonach es sich um eine Wissenschaft handle, die durch den Stand der Gestirne allgemeine, vor allem meteorologische Voraussagen treffen könne, war weit verbreitet. Sie wurde als Wissenschaft angesehen und strikt von allen Methoden der Wahrsagerei getrennt. Dazu kam die theologische Kritik, die das rationalistische Urteil über die Grenzen und Möglichkeiten der Astrologie übernahm, aber darüber hinausging, indem sie behauptete, Aussagen über spezifische zukünftige Begebenheiten ließen sich allein treffen, wenn auf unerlaubte dämonische, magische Praktiken zurückgegriffen würde. Die Astrologie als Mittel der Vorhersage exakter Ereignisse geriet mithin in den Verdacht, Teil der teuflischen Künste zu sein. Nostradamus fiel in Frankreich aus dem Rahmen, zumal dort die Vermischung von Astrologie mit Magie und Wahrsagetechniken, wie sie etwa in Deutschland unter dem Einfluss von Agrippa von Nettesheim gepflegt wurde, viel weniger verbreitet war.

Nostradamus schloss seinen Almanach für 1559 im Frühjahr 1558 ab. Kaum war er damit fertig, machte er sich im August 1558 an die Arbeit an einem kurzen prognostischen Text über eine Mondfinsternis, die am 16. September 1559 stattfinden würde.[78] Er behauptet, er hätte die Wirkungen dieser Finsternis in seinem Almanach nicht ausführlich genug behandelt. Dieser Grund ist jedoch nur vorgeschoben. Kurz davor wird ihm die *Premiere invective* von Hercules le François in die Hände gefallen sein. Nostradamus kocht; er brennt darauf, es seinen Gegnern mit gleicher Münze heimzuzahlen, und tut dies geschickterweise in dem Werk über die Finsternis, von dem er sicher sein konnte, dass es reißenden Absatz finden würde. Hinter den langen Haupttitel lässt er auf dem Frontispiz hinzufügen: «Mit einer zusammenfassenden Antwort an seine Verleumder». Nach der Hälfte seines Textes geht er ohne Vorwarnung von der Mondfinsternis zu einer Tirade gegen seine Kritiker über. Ausführlich und mit heftigen Worten attackiert er namentlich Hercules le François, der so «vermessen war, sich den Namen einer so tapferen Persönlichkeit wie Hercules Gallicus» anzumaßen.

Seinen Gegnern verspricht Nostradamus ein bitteres Ende nach antikem Vorbild. Nachdem sie sich so viel Mühe gemacht haben, ihn zu verleumden, werden sie sich selber auffressen «außer dem Seil, mit dem sie sich aufhängen werden, wie die jungen Mädchen des Lykambes». Lykambes hatte dem Dichter Archilochos (7. Jh. v. Chr.) nach anfänglichem Entgegenkommen seine Tochter Neobule verweigert. Archilochos rächte sich mit beißendem Spott an ihm und an seinen Töchtern; seine Verse trieben die Töchter des Lykambes in den Tod. Nostradamus droht, er werde seine Kritiker in gleicher Weise in den Selbstmord treiben.

Das waren wahrlich keine zimperlichen Dispute, die sich zwischen dem Propheten und seinen Kontrahenten entsponnen. Sie würden ihn bis an sein Lebensende begleiten. Nostradamus hatte die Grenze eines Gelehrten überschritten, der seine Schlussfolgerungen aus der korrekten Anwendung seiner Wissenschaft zieht, und sich auf ein Gebiet begeben, das der Gnade Gottes vorbehalten war – die Prophetie. Er ließ es offen, ob seine Ergebnisse aus den Positionen der Sterne abgeleitet waren oder ob sie ihm durch prophetische Inspiration eingegeben wurden. Das brachte die Wächter der Religion in Wallung, und von diesen gab es viele in jenen Zeiten heftigster religiöser Auseinandersetzungen. Man war auf der Suche nach der wahren Richtung im Christentum. In beiden Lagern, im katholischen wie im protestantischen, wurden Gallionsfiguren quasi als Propheten verehrt und von der Gegenseite als Inkarnationen des Bösen verdammt. Man brauchte Propheten, um an ihnen die eigenen Visionen einer wahren künftigen Religion ausrichten zu können. Die Menschen bewegten sich auf einem schmalen Grat in einem Zeitalter, in dem spirituelle Werte und politische Machtansprüche miteinander kollidierten. Allenthalben kam es zu Abspaltungen, zur Bildung von Sekten und Volksverhetzung. Propheten, selbst ernannte oder von ihren Anhängern dazu auserkorene, waren stets verdächtig: Es haftete ihnen der Makel der Anmaßung an. Die Menschen der Epoche wähnten sich am Ende der Zeiten, dessen unmittelbarster Ausdruck die religiöse Spaltung war. Am Ende der Zeiten würde nach alter christlicher Überlieferung der Antichrist auftreten und vor ihm Scharen falscher Propheten, die ihn ankündigen und die Menschen verführen. Propheten ließen darum niemanden gleichgültig; sie standen stets im Mittelpunkt des Interesses, betrachtet mit Faszination und Abscheu, mit Begeisterung und abgrundtiefem Hass.

Selbstbeschreibung eines Propheten

Prophet im eigentlichen Sinn ist jener,
der Dinge fern der natürlichen Kenntnis
aller Kreatur wahrnimmt.

Nostradamus, *Brief an César*

«ANGERÜHRT VON GÖTTLICHEM GEIST WEISSAGT DIE SEELE» Der
große Erfolg stellte Nostradamus mit einem Mal in den Mittelpunkt des
Interesses, nicht mehr als Astrologe und Wahrsager, sondern als Prophet
des Menschenschicksals. Diese Entwicklung hat Nostradamus selber befördert. Er legte seine Zurückhaltung ab und gab sich nicht mehr als einer der
unzähligen Astrologen aus, die nur Planetenpositionen errechnen und deren Interpretationen in Almanachen verbreiten. Nunmehr posiert er als
Orakel nach antikem Vorbild, als Prophet, ausgestattet mit einer außergewöhnlichen ererbten Fähigkeit, in die Zukunft sehen zu können. Seiner
Prognostication nouvelle für das Jahr 1555 stellt er einen bemerkenswerten
Quatrain voran:

D'Esprit divin l'ame presage atteinte
Trouble, famine, peste, guerre courir,
Eaux, siccité, terre & mer de sang teinte,
Paix, tresve, à naistre Prelats, Princes mourir.

Paraphrase: Angerührt von göttlichem Geist weissagt die Seele von
Aufruhr, Hunger, Seuche, Krieg, Überschwemmung, Dürre, von der
Erde und dem Meer, die von Blut getränkt sind, von Frieden und
Waffenstillstand, von der Geburt von Prälaten und vom Tod von
Prinzen.

Nostradamus entwirft das Panorama der *Conditio humana* auf Erden. Aber
es sind nicht die Sterne, die ihn leiten, die Zukunft zu erkunden; es ist die
von göttlichem Geist angerührte Seele, die zu solcher Wahrsagung fähig
wird – eine ungeheure Behauptung.

Die erste Zenturie seiner *Prophéties* eröffnet Nostradamus mit zwei Vierzeilern, in denen er die Art seiner Wahrsagung darlegt:

C 1.1

ESTANT assis de nuit secret estude,
Seul repousé sur la selle d'ærain,
Flambe exigue sortant de solitude,
Fait proferer qui n'est à croire vain.

Paraphrase: Nachts sitzt er allein zurückgezogen in seiner Studierstube,
ausruhend auf dem Bronzestuhl. Eine subtile Flamme erscheint in der
Einsamkeit, lässt ihn [Dinge] aussprechen, an die zu glauben nicht
vergeblich ist.

C 1.2

La verge en main mise au milieu de BRANCHES
De l'onde il moulle & le limbe & le pied.
Vapeur & voix fremissent par les manches:
Splendeur divine. Le divin prés s'assied.

Paraphrase: Der Zweig wird inmitten der Branchiden in die Hand
genommen, mit Wasser netzt er den Saum [des Gewandes] und den Fuß.
[Da ist] Dampf, und eine Stimme rauscht in seinen Ärmeln. Der
göttliche Glanz [manifestiert sich]. Die Gottheit setzt sich ganz nahe hin.

Die beiden ersten Quatrains stellen eine Art Einleitung dar. In ihnen tritt
Nostradamus auf, wie er sich sammelt, um die prophetische Eingebung zu
erwarten. Die Übersetzung kann nicht ganz eindeutig ausfallen, weil Nostradamus im ersten Quatrain nicht ausdrückt, in welcher Person er spricht.
Das «il» («er») im zweiten Quatrain deutet darauf hin, dass er diese einleitenden Verse in der dritten Person gemeint hat. Wie üblich bei Nostradamus kann erst eine Paraphrase, eine umschreibende Übersetzung, wie ich
sie hier und in der Folge anwende, den Sinn verdeutlichen.

Das Medium sitzt, einen Zweig in der Hand, auf einem Bronzestuhl, der
an den bronzenen Dreifußkessel erinnert, auf dem die Pythia, die wahrsagende Priesterin im Apollon-Heiligtum in Delphi saß. Dämpfe steigen auf
und eine Flamme. So vorbereitet erscheint die Gottheit, die durch das Medium zu sprechen beginnt. Die Vorlage zu dieser Szene fand Nostradamus,
wie bereits Buget nachweisen konnte,[79] im Buch über die Mysterien des
Jamblichus. Eine Version dieses Buches, wahrscheinlich die lateinische
Ausgabe von Lyon 1552, befand sich in der Bibliothek von Nostradamus.
Brind'Amour konnte allerdings nachweisen, dass Nostradamus für diese
wie für diverse andere Anleihen auf ein anderes Buch zurückgriff, auf das

1543 veröffentlichte *De honesta disciplina* von Petrus Crinitus. Petrus Crinitus (eigentlich Pietro Riccio, 1465–ca. 1504), ein Schüler von Angelo Poliziano, war ein Florentiner Humanist. In diesem Werk präsentiert er eine große Anzahl vermischter Bemerkungen aus allen Bereichen der Altertumskunde, Abhandlungen über die lateinischen Poeten und seine eigenen Dichtungen. In einem Abschnitt von Buch XX über die «Weissagung der Sibyllen, die bei den Branchiden und in Delphi ihre Orakel gaben», fasst Crinitus den entsprechenden Abschnitt von Jamblichus zusammen. Aus der speziellen Wortwahl von Nostradamus geht hervor, dass ihm diese Zusammenfassung von Crinitus und nicht das Original von Jamblichus als Vorlage diente. Nach Crinitus beschreibt Jamblichus zwei Arten, durch welche die Sibylle in Delphi den Gott empfing, in denen wir die Begriffe aus den ersten beiden Quatrains wieder finden: entweder durch einen *subtilen* Geist und durch ein *Feuer* oder im Inneren des Heiligtums *auf einem bronzenen Stuhl sitzend*. Weiter schreibt Crinitus:

In gleicher Weise setzt sich die weissagende Prophetin *in Branchidai* auf die Achse eines Rades, oder sie bewegt *mit der Hand einen Zweig*, der ihr von einem bestimmten Gott gegeben wurde, oder sie *benetzt ihre Füße und den Saum ihres Gewandes*, oder sie atmet aus den Wassern den *Dampf* eines Feuers ein, und sie ist im gleichen Augenblick durch diese Mittel vom *göttlichen Glanz* erfüllt, und voll des Gottes, wie man sagt, verkündet sie Orakel der Dinge.[80]

Die dritte Zeile von C 1.2 wird in den meisten Ausgaben als «*Un peur* & voix fremissent par les manches» wiedergegeben. «Un peur» («eine Angst») macht in diesem Zusammenhang wenig Sinn, und schon Buget verwies im Hinblick auf die Quelle bei Jamblichus darauf, dass es richtigerweise «*Vapeur*» (Dampf) heißen muss. Das «Branches» von Nostradamus bezieht sich auf die Orakelstätte des Apollon in Didyma (oder Branchidai).[81] Branchos («der Heisere») wurde von Apollon geliebt und mit der Sehergabe ausgestattet. Seine Nachkommen bildeten die dynastische Priesterkaste der Branchiden, denen die Verwaltung der Orakelstätte oblag. Überlebensgroße Statuen des Branchos flankierten die heilige Straße, die von Didyma zum Hafen Panormos führte. Das hoch angesehene Orakel blühte bis zum Ende der Antike.

Nostradamus adaptiert und vermischt die Elemente aus seiner Vorlage für seine Zwecke. Aus dem Heiligtum des Orakels wird seine Studierstube, in der er sich des Nachts beim Schein einer kleinen Lampe zum Propheten verwandelt. Er sitzt auf einem Bronzestuhl und hält einen heiligen Zweig in der Hand. Der Saum seines Gewandes und seine Füße sind noch nass von einer feierlichen kultischen Reinigung mit Wasser (Lustration); so erwartet er die Erscheinung einer Gottheit (Epiphanie). Plötzlich manifestiert sich der göttliche Glanz.

Abweichend vom Original, in dem es heißt, dass derart vorbereitet die Sibylle zu orakeln beginnt, erscheint bei Nostradamus eine Stimme. Hier haben wir vielleicht das einzige Element, das auf seine besondere Art des Weissagens verweist. Natürlich kann es sich auch nur um eine literarische Komposition handeln; vielleicht ist es aber ein Hinweis darauf, dass es seine Art der Inspiration war, eine Stimme zu vernehmen, deren Worte er gleichsam nach Diktat niederschrieb.

Dass diese Stimme «aus den Ärmeln» emporrauscht, muss man nicht wörtlich nehmen. Das Wort «manches» (Ärmel) ist nur um des Reimes willen eingeführt. Es passt für Nostradamus, weil er sich in antiker Form bekleidet mit wallenden Gewändern in der Art einer Toga darstellt und die Stimme, die zu ihm spricht, durchaus den Eindruck erwecken konnte, aus den Falten der Bekleidung zu dringen. Auch das Bild, dass sich die Gottheit zu ihm hinsetzt («s'assied»), ist nur gewählt, damit der Reim stimmt.

Es ist unnötig festzustellen, dass Nostradamus für die Komposition seiner Prophezeiungen kein derartiges Theater aufgeführt hat, obwohl viele Nostradamisten das glauben. Es handelt sich nur um ein literarisches Spiel eines humanistisch gebildeten Autors auf dem Hintergrund einer Schablone des klassischen Altertums. Die Darstellung hat nichts mit der Vorstellung eines Propheten im biblischen oder kirchlichen Sinn zu tun; sie ist vollkommen heidnisch geprägt. Entsprechend ist von «le divin» (das Göttliche, die Gottheit) die Rede und nicht von «Dieu» (Gott).

QUELLEN DER INSPIRATION UND IHRE LITERARISCHEN VORBILDER Von besonderer Bedeutung für das Verständnis seiner Art des Prophetentums ist der Widmungsbrief an seinen Sohn César, der die *Prophéties* einleitet. In ihm macht Nostradamus in verschrobener Manier Angaben über die Art seiner Eingebungen und über die Technik der Komposition der Zenturien. Aus dem Brief geht hervor, dass er tatsächlich eine Stimme vernommen haben will, die gleichsam aus den Rändern der Kleidung drang: «Die intellektuelle Seele kann nicht auf okkulte Weise voraussehen, wo sich die künftigen Geschehnisse ereignen werden, außer durch die Stimme, die am Saum [des Gewandes] entsteht, dank der subtilen Flamme» [25][82]. Das Bild von der «subtilen Flamme» in Zusammenhang mit der Fähigkeit der Weissagung nimmt er mehrfach auf. Einmal heißt es, dass «manchmal Gott der

Schöpfer, durch das Amt seiner Boten aus Feuer, unseren äußeren Sinnen und sogar unseren Augen in Form einer gesendeten Flamme die Ursachen der Weissagung des Künftigen gewährt, Ursachen, welche die Zeichen des zukünftigen Ereignisses sind, das sich dem offenbart, der prophezeit» [48]. Im *Brief an César* schreibt Nostradamus weiter: «Jene subtile Flamme ist vollkommen real und von hoher Bedeutung, nicht weniger als das natürliche Licht, das den Philosophen erlaubt, sicher zu sein, wenn sie über die erste Ursache nachdenken, die tiefsten Tiefen der höchsten Lehre zu erreichen» [39]. Diese letzte Bemerkung ist nicht ureigenste Überlegung von Nostradamus, sie entstammt vielmehr einer seiner wichtigsten Vorlagen, aus der er viele Ansichten für den Widmungsbrief übernommen hat. Die Quelle ist das *Compendium revelationum* («Handbuch der Offenbarungen»), ein Werk des berühmten Propheten und Bußpredigers Girolamo Savonarola (1452–1498).[83] Nostradamus kannte das *Compendium revelationum* durch eine Sammlung von Prophezeiungen, in die es aufgenommen war, das *Mirabilis Liber*, das im frühen 16. Jahrhundert weite Verbreitung fand.

Wenden wir uns nun jenen Teilen im *Brief an César* zu, in denen er eine Darstellung seiner Sehergabe versucht. Dieser Text, typisch für Nostradamus, ist in einer unglaublich verdrehten und schwer zu verstehenden Ausdrucksweise abgefasst. Sie kommt teilweise daher, dass er verschiedene Quellen eingearbeitet hat, die nicht sehr glücklich aus dem Lateinischen übersetzt sind. Zusammen mit seiner ohnedies verwirrten und verwirrenden Diktion kann der Sinn vielfach nur schwer ermittelt werden und lässt sich bisweilen nur durch die zugrunde liegenden versteckten Zitate und Entlehnungen aufklären.

Nostradamus spricht seinen Sohn an, er habe sich entschlossen, das schriftlich zu hinterlassen, was «sonst durch die Zeit zerstört werden würde» [3], und schließt einen merkwürdigen und rätselhaften Satz an, aus dem viele Nostradamisten die eigentümlichsten Dinge herauszulesen versuchten: «Car la parolle hereditaire de l'occulte prediction sera dans mon estomach intercluse» [4]. Wörtlich übersetzt: «Denn das erbliche Wort der verborgenen Vorhersage wird in meinem Magen eingeschlossen sein.» Was meint Nostradamus damit? Im Französisch des 16. Jahrhunderts bedeutete «estomac» auch Bauch- und Brustraum. Häufig finden wir in den Gedichten der Epoche darin das Herz platziert. In den *Amours de Marie* spricht Ronsard vom Herzen, das sich in der Tiefe des *estomac* befindet, und bei Lemaire des Belges (1473–ca. 1525) lesen wir, aus dem *estomac* kommen die Seufzer, die Schreie und die Worte![84] Nostradamus meint also, dass die Worte der Weissagung, die Fähigkeit der Prophetie im Hinblick auf seinen Sohn in seinem Herzen, seinem Inneren verschlossen bleiben. Er kennzeichnet seine prophetische Gabe als ererbte Fähigkeit, gibt aber gleichzeitig zu verstehen, dass die Gabe der Weissagung in seiner Familie mit ihm ende. Aus diesem Grunde verspürt er die Dringlichkeit, der Nachwelt seine Prophezeiungen zu hinterlassen. Seine Inspiration erhalte er durch astrologische Erwägungen («astronomiques assertions») und nicht durch dionysische Raserei («bacchante fureur») oder Wahnsinn («lymphatique mouvement») [5]. Er schließt einen lateinischen Satz an, der sich als ein Zitat aus dem ersten Aphorismus des *Centiloquium* des Pseudo-Ptolemäus entpuppt, einer Grundlagenschrift der Astrologie, auf die Nostradamus häufig zurückgreift: «Nur jene sind fähig, Einzelheiten vorher zu verkündigen, die vom Göttlichen und vom prophetischen Geist angehaucht sind.»[85] Wie jede Wissenschaft könne man durch Astrologie nur das Allgemeine (*generalia*) kennen. Die Kenntnis des Speziellen (*particularia*) stehe allein Gott zu, der sie bisweilen seinen Propheten mitteilt. In den ersten Sätzen des Briefes stellt sich Nostradamus also sogleich als Astrologe *und* als göttlich erwählter Prophet dar.

In den beiden Abschnitten 12 und 13 gibt Nostradamus Erklärungen über die Herkunft seiner Inspiration. Es handelt sich dabei wieder um Übersetzungen aus der erwähnten Passage von Crinitus' *De honesta disciplina*[86], aus der er die Formulierung der beiden ersten Quatrains geschöpft hatte. Nostradamus versteht die lateinische Syntax seiner Vorlage nicht korrekt, weshalb seine Übertragung sehr verworren ist. Seine Quelle besagt: So wie das Licht der Sonne in sich selbst bleibt und doch verströmt und einen Einfluss auf die fühlenden Kreaturen ausübt, ebenso durchdringt die göttliche Kraft, obwohl sie in sich und ungeteilt bleibt, die Kreaturen, jede nach ihrem Genius und ihrer Form. In Nostradamus' Worten ist die Rede von «der Ähnlichkeit der Ursache des guten Genius»; diese sei der Grund, dass sich «jene prophetische Wärme und Kraft uns nähert, wie es mit den Strahlen der Sonne geschieht, die ihren Einfluss auf die elementaren und nicht elementaren Körper ausübt». Mit unserer natürlichen Intelligenz und der Neigung unseres Geistes können wir von den dunklen Geheimnissen Gottes, des Schöpfers, nichts erkennen.[87]

Gott offenbart durch Visionen, welche durch die judizielle Astrologie vervollständigt werden, die Geheimnisse der Zukunft und der Vergangenheit. Im weiteren Verlauf dieser Aussage zeigt sich, wie Nostradamus von seiner Vorlage kopiert hat, ohne viel nachzudenken. Bislang versucht er selbstverständlich das Erlangen der göttlichen Eingabe von einem christlichen Standpunkt aus zu beschreiben. Seine Quelle, Jamblichus in der Vermittlung über Crinitus, steht in einem heidnischen Kontext, in dem von *Göttern* im Plural die Rede ist und nicht von *einem* Gott, dem Schöpfer, wie

Nostradamus noch kurz davor geschrieben hatte. Nun schreibt Nostradamus weiter, dass «eine gewisse Kraft und Willensfähigkeit durch *sie* <die Götter> in der Form von Flamme und Feuer erscheint, durch welche man dazu gelangt, inspiriert durch die Flamme, die göttlichen und menschlichen Eingebungen zu beurteilen» [14].

Im Weiteren macht er deutlich, dass die Prophezeiungen, die der subtile Geist des Feuers ihm eingibt, gelegentlich das Begriffsvermögen erst anstoßen, wenn er mit der Kontemplation der Sterne während der Nachtwachen beschäftigt ist. So wird er von der Inspiration überrascht, und er beginnt zu schreiben und ohne Furcht zu weissagen [17]. Die prophetische Inspiration ergänzt also die astrologische Arbeit. Sie erhellt den Geist urplötzlich dort, wo er mit seinen astrologischen Schlussfolgerungen an eine Grenze stößt. Diese Eingebungen kommen ohne Vorwarnung über ihn. Weiter schreibt er:

Wie gesagt, mein Sohn, da ich den Begriff Prophet eingeführt habe, will ich mir für den gegenwärtigen Zeitpunkt nicht einen Titel von so hoher Erhabenheit zuschreiben: denn *die man jetzt Propheten nennt, nannte man früher Seher:*[88] denn Prophet im eigentlichen Sinn, mein Sohn, ist jener, der Dinge fern der natürlichen Kenntnis aller Kreatur wahrnimmt. [18]

Das ist eine wichtige Aussage, obwohl sie abermals in vielen Teilen auf die Vorlage von Savonarola aufbaut. Wichtig ist sie insofern, weil Nostradamus hier eine Vorsichtsmaßnahme gegen mögliche Angriffe von Seiten der Inquisition einschiebt. Er hat nun eingeführt, dass er neben seinen astrologischen Berechnungen prophetische Eingebungen erhält – eine Aussage, die an sich schon der Ketzerei verdächtig ist. Nostradamus beschwichtigt: Der Titel eines Propheten stehe ihm nicht zu. Er versucht eine spitzfindige Unterscheidung, die er bei Savonarola abgeschaut hat: Zwar verfügt er über prophetische Inspirationen, aber er möchte sich deshalb nicht als Prophet bezeichnen – zumindest im Moment nicht.

Auch einen weiteren Abschnitt übernimmt Nostradamus von Savonarola, den er wieder in unpräziser Weise wiedergibt. Die aufgenommene Idee seiner Quelle ist die folgende: Da Gott ewig ist, sind Vergangenheit, Gegenwart und Zukunft gleichzeitig anwesend. Das gestattet dem göttlich inspirierten Propheten, die Zukunft vorherzusagen [20]. Zumal sich die Prophezeiungen, die er in seinem Buch niederlegt, auf die nahe, ferne und sehr ferne Zukunft beziehen, gibt Nostradamus also zu verstehen, dass er diese nur mit Hilfe der göttlichen Inspiration gewinnen kann. Die perfekte

Kenntnis der Dinge kann ohne diese göttliche Eingebung nicht erlangt werden [23]. Und zusammenfassend lässt er seine Leser wissen, er habe durch die judizielle Astrologie und mittels göttlicher Inspiration und Offenbarung sowie durch ununterbrochene Nachtwachen und Kalkulationen seine Prophezeiungen schriftlich niedergelegt [27].

Zwar hat ihm für einige Begriffe dieser Zusammenfassung abermals Savonarola Pate gestanden; was die Astrologie anbelangt, widerspricht hingegen Nostradamus dem Florentiner Propheten. Savonarola wies die Astrologie als Mittel, die Zukunft zu erkunden, rundweg zurück. Nostradamus lehnt sich vielmehr an einen anderen wichtigen Autor seiner Zeit an, Heinrich Cornelius Agrippa von Nettesheim (1486–1535), den Verfasser des einflussreichen Buches *De occulta philosophia* (1533), eine kühne Synthese von Wahrsagekunst, Magie und Kabbala vor dem Hintergrund der hermetischen Philosophie. Agrippa behauptet, zu jeder Divination sei die Astrologie erforderlich, «gleichsam als ein notwendiger Schlüssel zur Kenntnis sämtlicher Geheimnisse».[89] Er vertritt die Ansicht, dass alle Formen der Wahrsagung in der Astrologie ihre Wurzeln haben und deshalb ohne die Astrologie keinen Wert besitzen. Ein Zeichendeuter oder jemand, der eine prophetische Vision hat, müsse die Astrologie heranziehen, um den wahren Sinn eines Omens oder einer Vorbedeutung zu erforschen. Auch die enthusiastischen Seher, die von Begeisterung ergriffen die Zukunft vorhersagen, würden dabei von den Gestirnen geleitet. Die Astrologie wird somit zum übergeordneten System aller Wahrsagung und zum wissenschaftlichen Fundament, um die Details der auf anderem Wege gewonnenen Einsichten über verborgene und zukünftige Dinge zu verifizieren und zu spezifizieren. Diese Ansicht macht sich Nostradamus zu Eigen; sie durchzieht sein Werk wie ein roter Faden. Im *Widmungsbrief an Heinrich II.*, der den dritten und letzten Teil der Zenturien einführt, präzisiert er:

Aber ich habe einem sehr klugen und sehr weisen Herrscher meine nächtlichen und prophetischen Berechnungen geweiht, die eher durch eine natürliche Gabe, begleitet von einer poetischen Raserei, denn durch die Regeln der Poesie verfasst sind. Und das meiste ist niedergeschrieben und in Übereinstimmung gebracht mit der astronomischen Berechnung, entsprechend der Jahre, Monate und Wochen, der Regionen, Gegenden und der meisten Orte und Städte aus ganz Europa, einschließlich Afrikas und eines Teils von Asien, wegen der Veränderungen der Regionen, die auf die meisten aller Klimata zukommen, und auf natürliche Weise zusammengestellt. [7–8]

Die Eingebungen, die als poetische Raserei über ihn kommen, hat Nostradamus in einem zweiten Schritt astrologisch differenziert. Das System der Astrologie lässt zu, bestimmte Konstellationen gewissen Zeiten, Orten, Gegenden, Völkern, Religionen usw. zuzuordnen. Dadurch werden die unbestimmten Eindrücke in ein System eingepasst, das eine genaue Beurteilung (*judicium*) im Sinne der judiziellen Astrologie ermöglicht.

DIE DREI FUNDAMENTE DER WEISSAGUNG   In der *Grand' Pronostication pour 1557* behauptet Nostradamus, die Prophetie sei eine Folge außerordentlicher Hitze. Jener, der von prophetischen Eindrücken überfallen wird, findet weder bei Tag noch zur Nacht Ruhe «durch die vehemente Hitze, durch welche wir weissagen».[90] Schon bei Marsilio Ficino findet sich das Bild der Flamme, des Feuers und der Hitze als äußeres Zeichen der Inspiration. Es folgt – typisch für Nostradamus – eine kaum verstehbare lateinische Phrase, in der er behauptet, durch die Hitze erreiche er die natürliche Weissagung (*divinatio naturalis*), während er durch die genaue Beobachtung der Himmelskörper die Zeichen der Dinge zu unterscheiden und ihre Eigenschaften zu begreifen vermag. Durch die Anwendung dieser Anhaltspunkte auf die Erinnerung, durch große Sorgfalt und durch die Werke seiner Ahnen könne er sogar die himmlische Weissagung erlangen (*divinatio coelestis*) und nicht nur die künstliche (*divinatio artificiosa*), die sich auf die Auslegung von Omen stützt.

Nostradamus entnimmt diese etwas verschwommene Darstellung Ciceros berühmtem Werk über die Wahrsagung, *De divinatione*. Darin erklärt Quintus, nur ein Gott könne die wahren Ursachen der zukünftigen Dinge kennen; der Mensch kann nur durch bestimmte Indizien in gewissen Zeichen Vorahnungen haben. Außerdem kommt das Zukünftige nicht plötzlich. Es enthält nichts Neues, sondern ist nur die Wiederholung dessen, was bereits geschehen ist. Selbst wenn Menschen die Ursachen nicht kennen, unterscheiden sie dennoch die Zeichen der Dinge und ihre Kennzeichen. Durch die Anwendung der Erinnerung auf diese Kennzeichen und durch die Sorgfalt und durch die Werke der Ahnen wird die so genannte künstliche Wahrsagung erreicht, etwa durch Eingeweide, Blitze, Prodigien (Wunderzeichen) und Himmelszeichen.

Nostradamus stellt sich gegen diese Ansicht, indem er sich die Gabe der natürlichen Weissagung der Ursachen selbst zuschreibt. Die allgemeine Aussage über die Werke der Ahnen macht er zu einer persönlichen, indem er sie zu den Werken «seiner Ahnen» verwandelt. Außerdem erfindet er neben der natürlichen und der künstlichen Weissagung eine dritte, die «himmlische Weissagung». Anscheinend hat Nostradamus eine Art Synthese zwischen einer natürlichen Begabung zur Zukunftsschau und dem Wissen um die Techniken der Exegese von Vorzeichen im Sinn, welche in ihrer Qualität beide Formen übersteigt und sich deshalb über die gewöhnlichen Arten der Zukunftsschau erhebt.

Über die Astrologie gleichsam als Absicherung der «unsicheren» Eingebungen schreibt Nostradamus im *Brief an César*: «Denn um die zukünftigen Ursachen zu wissen, werfe ich die Visionen weit in das, was kommen wird.» Er projiziere also seine auftauchenden Visionen («fantastiques imaginations»[91]) weit in die künftigen Ereignisse. Dann präzisiere er durch die göttliche Eingebung die Eigenheiten der Orte und bringe Orte und Daten mit astronomischen Figuren in Übereinstimmung, dank einer göttlichen Kraft und Fähigkeit [30]. Deshalb können die Dinge, die sich ereignen werden, durch Zurückgreifen auf die Sterne, die natürlich seien, und durch den Geist der Prophetie vorhergesagt werden [31].

In dieser Paraphrase seines zentralen Themas von der Komplementarität von Astrologie und Prophetie führt er die «fantastiques imaginations» ein als Visionen, die im Prozess der Weissagung intervenieren. Es geht aus seinen Worten nicht klar hervor, in welcher Weise sich diese Visionen von den Inspirationen unterscheiden, zumal sie offenbar selbst die künftigen Geschehnisse abbilden, obwohl sie erst durch göttliche Eingebung mit den astronomischen Berechnungen in Übereinstimmung gebracht werden. Vielleicht liegt der Unterschied darin, dass die Eingebungen nur unklare Ahnungen sind oder auditiv wahrgenommen werden, wie die «rauschende Stimme» aus C 1.2, und dass diese bisweilen von Visionen des Künftigen begleitet werden. Wahrscheinlich nimmt Nostradamus hier Bezug auf eine bestimmte körperliche oder psychische Vorbedingung für die göttliche Inspiration, die er von seinen Ahnen ererbt haben will. Im *Brief an César* heißt es weiter unten:

Alles wird vorhergesagt durch göttlichen Anhauch und vermittels des engelgleichen Geistes und wird dem prophezeienden Menschen zusammen[92] mit Weissagungen eingegeben, was ihn erleuchtet und seine Fantasie durch verschiedene nächtliche Erscheinungen anregt, sodass er in der Sicherheit des Tages auf astrologischer Basis prophezeit, verbunden mit der heiligsten Vorhersage der Zukunft, die übrigens nur aus dem freien Willen hervorgeht. [50]

Aus dieser Darstellung geht hervor, dass die göttliche Inspiration zuerst erfolgt, aber offenbar nicht mit deutlichen Bildern ins Bewusstsein gelangt. Durch sie werden nächtliche Halluzinationen erregt. Bei Tageslicht und klarem Bewusstsein gilt es, mit Hilfe der Berechnung von Planetenständen Ort und Zeitpunkt der göttlichen Eingebungen zu finden.

Nostradamus kommt auch noch einmal darauf zurück, sich nicht den Namen eines Propheten anmaßen zu wollen. Die Aussage ist eigentlich redundant und nicht wert, noch einmal angeführt zu werden, indes hat sich in ihr ein fataler typographischer Fehler mit unabsehbaren Folgen eingeschlichen; deshalb muss hier darauf eingegangen werden. Nostradamus schreibt:

Ich will mir weder den Namen noch die Rolle eines Propheten [im biblischen Sinne] anmaßen, aber ich sage die Zukunft voraus durch geoffenbarte Eingebung als sterblicher Mensch, dessen Sinn so weit vom Himmel entfernt ist wie seine Füße von der Erde: Ich kann mich irren, mich täuschen oder getäuscht werden. Ich bin ein größerer Sünder als irgendeiner auf dieser Welt und allen menschlichen Leiden unterworfen. [32]

Der Stein des Anstoßes ist der lateinisch eingeschobene Satz, der in allen Ausgaben lautet: *Possum non errare, falli, decipi* («Ich kann mich nicht irren, täuschen oder getäuscht werden»). Die Verehrer von Nostradamus haben bis in die Gegenwart darin den Beweis gesehen, dass der Prophet sich nicht irren kann, dass mithin alle seine Weissagungen unfehlbar eintreffen müssen.

Abgesehen davon, dass es sich lediglich um eine Selbstbehauptung handelt, liegt hier zweifellos ein Druckfehler vor, denn die Aussage steht in völligem Gegensatz zu ihrem Kontext, in dem sich Nostradamus als ein mit allen menschlichen Fehlern behafteter Sünder bezeichnet. Wie könnte das mit der Unfehlbarkeit einhergehen? Das *non* im lateinischen Satz ist fehl am Platz. Es muss heißen: «Ich kann mich irren, mich täuschen oder getäuscht werden.» Den Nachweis für diesen Irrtum liefert Nostradamus an anderer Stelle selbst. In einem Brief an einen großbürgerlichen Korrespondenten in Augsburg vom 9. September 1561 über dessen Horoskop und die Horoskope für seine Söhne schreibt der Prophet, er habe ihm alles zukommen lassen, was er mit Sorgfalt aus der astronomischen Kalkulation, in welcher er sich nicht täuschen konnte, entnommen habe, und fährt fort: «Nichtsdestoweniger sind wir Menschen; wir können versagen, irren, fehlen und uns verirren. Was die Berechnung angeht, können wir das kaum.»[93] Das sind nahezu dieselben Worte wie im *Brief an César*, aber diesmal richtig, dafür unter Verwendung des Pluralis Majestatis. In einem anderen Brief vom 4. Februar 1562, den er an die Kanoniker der Kathedrale von Orange richtet, heißt es: «Was ich Euch schreibe, berührt das astronomische Urteil, [und ich will] feierlich beteuern, keinen Menschen beleidigen zu wollen; ich bin ein Mensch, ich kann mich irren, mich täuschen oder getäuscht werden.»[94] Nostradamus ist also der Ansicht, dass die mathematische Basis der Astrologie frei von Fehlern und Täuschung sei. Der Irrtum kann sich erst einstellen, wenn man auf ihrer Basis eine Prognose stellt, weil jeder Mensch fehlbar ist. Gegen Ende seines Lebens beginnt er die «zusammenfassende Betrachtung über das gesamte Jahr» in seinem Almanach für das Jahr 1566 mit einer lateinischen Passage, die besagt: «Aber es geschieht, dass uns die Voraussagen manchmal täuschen. Der Fehler liegt beim Menschen, nicht in der Wissenschaft, und deshalb ist es ratsam, diese gründlich zu studieren, da man in ihr die Wahrheit findet, wie in einer Wissenschaft, die zeigt, dass sie unsere Gesundheit bewahrt.»

Nostradamus nimmt die Wissenschaft gegen den Menschen in Schutz, ein altes Argument, das man bereits seit der Antike kennt. Im gleichen Almanach schreibt er unter dem Monat Juli abermals in einem lateinischen Einschub:

Außerdem muss man immer bedenken, dass die astrologischen Voraussagen weder das Gute noch das Schlechte herbeiführen, sondern es nur ankündigen. Sie sind keine Verordnungen eines Statthalters oder göttliche Orakel. Aber der weise und gebildete Mensch wird der Ansicht sein, dass sie Vermutungen darstellen, die sich bisweilen als falsch herausstellen können, wie das unser schwacher [menschlicher] Zustand nahe legt.

Man sieht, wie weit diese Aussage von dem mehr als zehn Jahre zuvor erschienenen *Brief an César* entfernt ist. In dieser nüchternen, überlegten und klaren Bemerkung hebt er den Unterschied zwischen der Prognose auf Grund einer astrologischen Konstellation und der göttlichen Eingebung deutlich hervor und relativiert alle in seinem Almanach dargelegten Äußerungen; schließlich handelt es sich um menschliche Schlussfolgerungen, die durchaus dem Irrtum unterliegen können. In den *Prophéties* wird diese Unterscheidung auch schon getroffen, aber dort kommt sie uns verworren und undeutlich entgegen, befördert auch durch seine Sichtweise, in der astrologisches Urteil und göttliche Eingebung als sich gegenseitig ergänzend dargestellt werden.

Zurück zu den *Prophéties* und dem *Brief an César*: Nun lässt Nostradamus den erstaunten Leser wissen, er habe prophetische Bücher verfasst, von «denen jedes hundert astronomische Vierzeiler von Prophezeiungen enthält, die ich ein wenig auf obskure Weise aneinander stückeln wollte. Es handelt sich um fortlaufende Weissagungen, von nun an bis zum Jahr 3797» [33]. Hier stoßen wir wieder auf die unentwirrbare Vermischung von astrologischer und prophetischer Aussage in der Formulierung «cuatrains astronomiques de propheties» («astronomische Vierzeiler von Prophezeiungen»). Seine Verse habe er durcheinander gewürfelt, um den Sinn zusätzlich zu verdunkeln. Erstaunlich erscheint, bis zu welchem Jahr seine Weissagungen sich erstrecken sollen. Die merkwürdige Jahreszahl geht aller Wahrscheinlichkeit nach auf die Vorstellung zurück, dass die Welt 9000 Jahre Bestand haben wird und die Erschaffung der Welt im Jahr 5204 v. Chr. stattgefunden hat. Dieses Datum für das Jahr der Schöpfung entspricht in etwa dem Jahr 5200 v. Chr., das Eusebius von Caesarea in seiner berühmten und weit verbreiteten Chronik angegeben hatte.

Drei Elemente haben wir in diesen Darstellungen kennen gelernt: Zunächst die Vision, die sich durch Nachtwachen einstellt. Das Ereignis, das sich in der Vision zeigt, fixiert der Seher anschließend durch astrologische Berechnungen, das heißt, er findet Planetenkonstellationen, die nach der Lehre der Astrologie mit einem solchen Ereignis korrespondieren. Um letzte Sicherheit zu gewinnen, benötigt er aber noch die göttliche Eingebung; sie ist die eigentliche Gabe der Prophetie, über die er als ererbte Fähigkeit verfüge. Die so bestimmten zukünftigen Dinge fasst er schließlich in obskure kurze Gedichte, die allerdings nicht in chronologischer Reihenfolge veröffentlicht werden, er hat sie vielmehr durcheinander gewürfelt.

Nostradamus macht sich selbst zur Speerspitze einer Entwicklung, die jahrhundertelang das abendländische Denken geformt und beeinflusst hat: die Suche nach Möglichkeiten, die Zukunft vorherzusagen. In ihrem Sog waren Prophetie und Astrologie eine merkwürdige Verbindung eingegangen. Um die Stellung von Nostradamus in seiner Epoche und die Bedeutung seines prophetischen Schrifttums einschätzen zu können, müssen wir uns auf eine Reise in die Geschichte dieser Entwicklung begeben. Erst vor diesem Hintergrund lassen sich die prophetischen Arbeiten von Nostradamus verstehen und richtig einordnen. Hier kann nur ein kurzer Abriss geboten werden über einen Gegenstand, der die Ideengeschichte der Menschheit in allen Zeiten begleitet und geprägt hat. Es geht vor allem darum, zu zeigen, welchen Stellenwert Astrologie und Prophetie während der Renaissance gewonnen haben, wie sie das Denken und Handeln der Zeit prägten und in welches geistige Umfeld in Bezug darauf Nostradamus eingegliedert werden muss. Nur auf dieser Folie lassen sich die Bedingungen verstehen, durch die Nostradamus sein schriftstellerisches Werk schuf, und die Art und Weise, wie er seine Fähigkeit zwischen Astrologie, natürlicher Veranlagung und gottgegebener Prophetie zu legitimieren trachtete.

ZWEITER TEIL

DIE PROPHETISCHE TRADITION IM ZEITALTER DER RENAISSANCE

Die wahrste und zuverlässigste Weissagung aber findet sich weder in der Natur noch in menschlichen Künsten, sondern die reinen Seelen erlangen sie durch göttliche Eingebung.

Agrippa von Nettesheim, *De occulta philosophia*

Astrologie und prophetische Tradition

EINE KURZE GESCHICHTE DER ASTROLOGIE   Die Wiege der Astrologie
stand in Babylonien. In der klaren Luft des Zweistromlandes beobachteten
bereits im 2. Jahrtausend v. Chr. die Priester von Türmen aus den Lauf der
Sterne. Ihre Aufgabe war es, daraus Omen für die Herrscher abzuleiten. Sie
begründeten auf diese Weise eine umfangreiche Omenliteratur über Entsprechungen zwischen Himmelserscheinungen mit Ereignissen auf der
Erde. Die Babylonier gaben den Gestirnskonstellationen Namen. Später
bezeichneten diese die Tierkreiszeichen, und den Planeten wurden Eigenschaften zugesprochen. Die Omenlisten gelangten nach Griechenland und
Ägypten, wo sie im 2. Jahrhundert v. Chr. mit mathematischer Astronomie
und ägyptischer Kalendertheorie die Wissenschaft begründeten, aus dem
Stand der Sterne und Planeten zum Zeitpunkt der Geburt Vorhersagen zu
treffen. So gesehen ist das Geburtshoroskop die Deutung eines himmlischen Vorzeichens: Jede Gestirnskonstellation wird zum prägenden Merkmal für Charakter und Schicksal der unter ihr geborenen Person.

Auf dieser Basis entwickelte sich die Astrologie in hellenistischer Zeit, jener Epoche nach Alexander dem Großen bis zum Ende der Ptolemäer
(323–30 v. Chr.), zu einer Technik der Voraussage für jedermann. Unter
dem Einfluss von Mysterienkulten entstand die Himmelsdeutung auf
Grund von Planeten und des Tierkreises, wie sie heute noch in Gebrauch
ist. Das älteste bekannte griechische Horoskop auf einem Steinrelief des
Königs Antiochos I. von Kommagene stammt aus dem Jahr 62 v. Chr.; allem
Anschein nach handelt es sich um die Gestirnskonstellation bei seiner Krönung.

Charakteristisch für die hellenistische Kultur war die Vermischung von
orientalischen Weltanschauungen und Religionen mit der abendländischen, vor allem der griechischen Gedankenwelt. In diesem Schmelztiegel
der Ideen spielte die Astrologie eine wichtige Rolle. Im Zuge der zunehmenden Popularität orientalischer Religionsformen erreichte die hellenistische Astrologie auch Rom. Sie kam mit den Mysterienkulten, die sich damals bereits in einem Zustand der Dekadenz befanden, sowie im Gefolge
der vielfältigen gnostischen Glaubenslehren nach Italien. Gnosis und hermetische Literatur sind typische Produkte hellenistischen Geistesgutes;
ohne Astrologie lassen sich gnostische und hermetische Mythen nicht denken. Auch die zeitgenössischen Philosophen setzten sich intensiv mit Astrologie auseinander. Ablehnung erfuhr sie nur durch die Skeptiker und Epi-
kureer.

In der hellenistischen Zeit erfuhr die Astrologie vielfache Wandlungen. Die großen Feldzüge der Griechen nach Asien, die Ausweitung des römischen Weltreichs in die entlegensten Gebiete der bekannten Welt und der damit verbundene intensive Güter- und Ideenaustausch zwischen weit entfernten Völkern begünstigten diesen Prozess. Die Astrologie wanderte nach Ägypten, nach Indien und Persien, wo sie überall durch lokale Gedankensysteme befruchtet und verändert wurde. Aus dem Orient gelangte sie zu den Arabern, die sie im 8. und 9. Jahrhundert in den Rahmen ihrer hoch entwickelten wissenschaftlichen Studien einfügten; dort erlebte die Astrologie ihre vielleicht bedeutendste Blütezeit. Über die Niederlassungen der Araber in Spanien, vor allem in ihrem Zentrum Toledo, erreichte die arabische Astrologie die Gelehrtenstuben des europäischen Mittelalters. Zu den hervorragendsten arabischen Astrologen des Mittelalters, auf die sich auch Nostradamus immer wieder beruft, zählen Messahala (Masa'allah, 740–785), Albumasar (Abu Ma'shar, 787–886), Al-Kindi (9. Jh.), Thâbit ibn Qurra (826–901), Alchabitius (Al-Qabîsî, gest. um 967), Haly Abenragel (Ali ibn abi r-Rijal, 11. Jh.) und Abraham Avenazra (Abraham Ibn Ezra, 1092–1167). Die einflussreichen astrologischen Theorien, die durch sie entwickelt und weitergetragen wurden, weisen deutlich ihre hellenistische Herkunft auf, doch es lassen sich in ihnen auch noch die Elemente des babylonischen, ägyptischen und indischen Denkens nachweisen. Eine zweite wichtige Vermittlerrolle spielte der Hofastrologe des den Wissenschaften so aufgeschlossenen Staufer-Kaisers Friedrich II. in Sizilien, Michael Scotus (vor 1200–um 1236).

In der Renaissance, mit ihrer Wiederentdeckung des antiken Geistesgutes, rückten astrologische Fragestellungen in den Mittelpunkt gelehrter Auseinandersetzungen. Es war die letzte kulturgeschichtliche Phase, in der die Astrologie noch als Wissenschaft galt (Mathematik) und bereits heftig als Aberglauben bekämpft wurde. In Bologna und Padua gab es Lehrstühle für Astrologie; in Rom ließ Papst Leo X. ebenfalls einen Lehrstuhl einrichten. Könige und Päpste bedienten sich ihrer, und man vernahm gerne die astrologischen Lehrgedichte im Stil eines Aratos (310–245 v. Chr.) und Manilius (1. Jh. n. Chr.), wie sie etwa Giovanni Pontano (1426–1503) ersann.

Im klassischen Altertum wurden die Planeten nach einem symmetrischen System geordnet. Die Erde wurde als Zentrum gedacht. Es gab drei äußere Planeten, die von der Erde aus betrachtet jenseits der Sonne liegen, und drei innere Planeten diesseits der Sonne; Sonne und Mond wurden in diesem System ebenfalls als Planeten behandelt. Im Verhältnis zur jeweiligen Nähe zur Sonne ergab sich die Hitzigkeit eines Planeten: Saturn (kalt), Jupiter (mittel), Mars (heiß), Sonne, Venus (heiß), Merkur (mittel), Mond (kalt). Aus der Position der Planeten lässt sich deshalb bereits etwas über ihre Eigenschaften ableiten. Die der Sonne am nächsten stehen, sind die «hitzigsten»: Mars steht für das Feuer des Krieges, Venus für die Flamme der Liebe. Saturn und Mond werden als kalt und feucht gedacht, während Jupiter und Merkur auch im übertragenen Sinn eine Vermittlerrolle zukommt.

Planeten und Sonne bewegen sich mehr oder weniger in einer Ebene. Diese wird Ekliptik genannt. Die Sonne beschreibt ein Achsenkreuz von vier jährlich wiederkehrenden Punkten: Sommerwende und Winterwende, Frühlings- und Herbsttagundnachtgleiche. Diese Punkte markieren eine Teilung der Ekliptik in vier Quadranten. Jeder Quadrant wird in drei Abschnitte von jeweils 30° eingeteilt. Die sich daraus ergebenden zwölf Sektoren entsprechen in etwa den zwölf Monaten des Jahres. Sie werden durch die in ihnen liegenden Sternbilder, die Tierkreiszeichen, bezeichnet. Das System der Deutung beruht grundsätzlich auf den Winkeln, welche die Tierkreiszeichen und die sich in ihnen bewegenden Planeten zueinander einnehmen. Man nennt diese Winkel Aspekte; die wichtigsten Aspekte sind Opposition (Abstand von 180°), Quadrat (Abstand von 90°) und Trigon (Abstand von 120°). Während sich diese Winkelbeziehung für die Tierkreiszeichen niemals ändert, ergibt sich für einen bestimmten Beobachtungszeitpunkt ein Gesamtbild von Planeten in bestimmten Sternbildern und Aspekten. Dieses Gesamtbild ist das Horoskop.

Die Bewegung der Planeten durch die Ekliptik wurde Revolution genannt. Dazu kommt die Rotation, welche sich durch die Drehung der Erde um ihre Achse ergibt; in der Antike wurde dies freilich als die tägliche Bewegung des Himmelsgewölbes um die Erde verstanden. Man teilte diese Rotation abermals in zwölf Himmelsabschnitte von jeweils 30° ein, die «Häuser» genannt werden. Aus dieser Einteilung ergeben sich die wichtigen Punkte von Aufgang (Aszendent) und Untergang (Deszendent) sowie der obere Kulminationspunkt oder die Himmelsmitte (*medium coeli*) und der untere oder die Himmelstiefe (*imum coeli*).

Diesen zentralen Punkten sowie den Häusern wurden wiederum besondere Attribute zugeordnet, wodurch sich für das Horoskop ein komplexes Deutungsschema von Eigenschaften, Qualitäten und Wesenszügen ergab. Der Aszendent stand für Leben, der Deszendent für Tod, die Himmelsmitte für Ruhm und Ehre, die untere Kulmination für Besitz und Herkunft. Den zwölf Häusern entsprachen folgende Lebensbereiche: 1. Leben (*vita*), 2. Besitz (*lucrum*), 3. Geschwister (*fratres*), 4. Kinder (*filii*), 5. Eltern (*parentes*), 6. Gesundheit (*valetudo*), 7. Ehe (*nuptiae*), 8. Tod (*mors*), 9. Reisen (*peregrinationes*), 10. Ehren (*honores*), 11. Freunde (*amici*), 12. Feinde (*inimici*).

Auf diese Weise konnte die gesamte Lebenswelt des Menschen auf den Sternenhimmel projiziert werden. Von dort würde sie auf den Menschen zurückwirken. Dieser Prozess der Projektion geschieht vor dem Hintergrund mythisch-magischen Denkens. Alle Einzelheiten erhalten eine Qualität zugeschrieben nach dem Muster: die oberen Regionen sind geistig, hell, gut, die unteren materiell, dunkel, schlecht. Die Einteilung erfolgt nach Regionen des Raumes und der Zeit sowie der Elemente, welche die Welt ausmachen. Das Grundschema ist also denkbar einfach. Auf dieser Folie bildete man ein starres System, das sich vor allem durch die kreisförmigen Anordnungen in gleich großen Sektoren und die Symmetrie der Planeten in idealer Weise quasi wissenschaftlich ausbilden ließ.

Was die astrologisch begründeten «Eigenschaften» von großen Gebieten auf der Erde betrifft, fand man die Einteilung in Zonen, die man «Klimata» nannte und die jeweils von bestimmten Tierkreiszeichen und zugehörigen Planeten regiert wurden. Der Begriff kommt vom Lateinischen *clima*, der die Neigung der Erde vom Äquator gegen die Pole zu bezeichnet. In älterer Zeit waren fünf Klimata bekannt. Das System der Klimata nach sieben Zonen maximaler Sonneneinstrahlung legte Claudius Ptolemäus (ca. 85–165) in seinem *Almagest* nieder. Dreizehn Stunden Licht zur Sommersonnenwende definieren die Zone des ersten Klimas, dreizehneinhalb Stunden die des zweiten, vierzehn Stunden die des dritten usw.

Der größte Teil der astrologischen Literatur beschäftigte sich mit der Beschreibung der Qualitäten von Himmelskörpern, der Reichweite des jeweiligen Einflusses, den Eigenarten verschiedener Himmelsereignisse und ihren dazu in Beziehung stehenden irdischen Effekten. Deutlich wird das bereits in den grundlegenden Werken, etwa in dem Ptolemäus zugeschriebenen *Tetrabiblos* (oder *Quadripartitum*) oder im *De magnis coniunctionibus* von Albumasar. Ptolemäus war der einflussreiche griechische Astronom aus Alexandria, dessen geozentrisches Modell des Universums 1400 Jahre Bestand hatte. Ihm wird der berühmte Spruch zugeschrieben: «Der weise Mann wird die Sterne dominieren» (*Sapiens dominabitur astris*). Im *Tetrabiblos* findet sich schon die Einteilung in judizielle Astrologie (*astronomia iudiciaria*) und natürliche Astrologie (*astronomia naturalis*); Erstere galt der Vorhersage des menschlichen Schicksals, Letztere der langfristigen Wetterprognose. Albumasar argumentiert wie Ptolemäus im *Tetrabiblos*: Alles, was geboren wird und stirbt, sei den Sternen unterworfen. Im Gegensatz zu den Fixsternen eignen sich die Planeten mit ihren unterschiedlichen Bewegungen besser, um Wirkungen in der Welt hervorzurufen: Je rascher ihre Bewegung, desto heftiger die Effekte. Deshalb sei der Mond, der die schnellste Bewegung vollführt, für die Menschen von besonderer Bedeutung.

Im Lauf der Zeit wurde das Gedankengebäude ständig durch neue Entsprechungen erweitert. So setzte man die Himmelskörper in Beziehung zu den Gliedern des menschlichen Körpers. Die Grundregel der hermetischen Schriften, wonach alles Obere gleich dem Unteren sei, legte eine enge Analogie zwischen dem Makrokosmos des Himmels und dem Mikrokosmos des menschlichen Leibes nahe. Wie die Gliedmaßen den äußeren Körper ausmachen, verstand man die Tierkreiszeichen gleichsam als Gliedmaßen des äußeren Himmelsgewölbes. Die Planeten, die sich nach dem Schichtenmodell des Kosmos unterhalb der Sphäre der Fixsterne befinden, lagen also gleichsam im inneren Bereich des Alls. Sie wurden deshalb in Entsprechung zu den inneren Organen des Menschen gesetzt. Als die Astrologie diese fundamentale Parallelität zwischen Makrokosmos und Mikrokosmos auf den Körper des Menschen ausdehnte, legte sie die Grundlage für ein unverzichtbares Diagnosesystem in der alten Medizin; die Astrologie wurde damit ein wichtiger Studienzweig der Medizin.

Für den Erfolg der astrologischen Deutung war aber vor allem ein Prinzip zuständig: Zumal sich die verschiedenen Einflüsse von Planeten, Tierkreiszeichen, Aspekten usw. überlagern, relativieren sich alle Aussagen über mögliche Einflüsse. Ein Sprechen in Bedingungen entwickelte sich zum Kern der astrologischen Deutungskunst. Dabei kamen Myriaden von Kombinationsmöglichkeiten in Betracht, die ein einmal gegebenes Urteil bei neuerlicher Analyse obsolet erscheinen lassen konnten. Der Vielfalt von Deutungsmöglichkeiten waren keine Grenzen gesetzt, und so wurde die Horoskopdeutung zu einer Herausforderung an Erfindungsreichtum und an die literarischen Qualitäten des Astrologen. Bei den großen Horoskopen von Nostradamus für seine bedeutenden Kunden wird dies besonders deutlich. Es war nicht unüblich, dass die Auslegung des Horoskops zweihundert Seiten und mehr betragen konnte.

Man kann über die prälogische Denkweise, die der Astrologie zu Grunde liegt, denken, wie man will. Außer Zweifel steht, dass ihre Befürworter über die Jahrhunderte und in vielen Kulturen einen «großartigen Entwurf einer systematisch-konstruktiven Weltbetrachtung»[1] geschaffen haben, der an Kontinuität und Faszination seinesgleichen sucht. Es ist die merkwürdige Vermischung von mythischen und rationalen Elementen und von Religion und Naturwissenschaft, welcher die Astrologie ihren nachhaltigen Erfolg verdankt.

JOACHIM VON FIORE UND DIE DREI REICHE Neben der Astrologie, die gleichsam zur wissenschaftlichen Methode der Schicksalsforschung avancierte, war auch der Umgang mit der Prophetie, als natürlicher oder göttlicher Gabe der Vorausschau, Wandlungen unterworfen. Vor dem Hintergrund desolater gesellschaftlicher Zustände erlebte die Prophetie im Mittelalter einen ungeheuren Aufschwung. Zu einem markanten Merkmal wurde die Überzeugung ihrer Repräsentanten und Befürworter jeder Epoche, in der Endzeit zu stehen. Die Propheten nahmen Anleihen für ihre Bilder aus der Bibel, dem klassischen Altertum und den Zeitumständen. Als bevorzugte Quellen dienten das 7. Kapitel des Daniel-Buches und das 6. Kapitel der Johannes-Apokalypse. Der stärkste Einfluss ging allerdings von den Sibyllinischen Orakeln aus, einer Sammlung von heidnischen, jüdischen und christlichen Orakeln, die in der Spätantike unter dieser Bezeichnung zirkulierten.

Einen der berühmtesten prophetischen Entwürfe des Mittelalters, der auf die Geistesgeschichte über Jahrhunderte hinweg bedeutenden Einfluss ausübte, legte der kalabresische Abt Joachim von Fiore (1130–1202) vor.[2] Am Morgen des Osterfestes im Jahr 1190 widerfuhr Joachim eine Erleuchtung, die ihn die inneren Zusammenhänge der Heilsgeschichte verstehen ließ. In seiner Vision erhellte sich der Zusammenhang zwischen dem Alten und dem Neuen Testament und bestätigte ihm die Erfüllung der Endzeitverheißungen der Apokalypse. Joachim lehrte, die göttliche Dreifaltigkeit offenbare sich in drei aufeinander folgenden Heilszeiten: Die erste Periode des Vaters wirkte in der Zeit des Alten Testaments, die zweite des Sohnes in der Epoche des Neuen Testaments, die dritte des Heiligen Geistes ließ der Visionär mit der Gründung des Benediktinerordens (um 529) beginnen. In diesem dritten Status oder Reich vollende sich der heilsgeschichtliche Weg Gottes. Für die unmittelbare Zukunft erwartete Joachim endzeitliches Geschehen wie die Öffnung des siebenten apokalyptischen Siegels, worauf die Herrschaft der spirituellen Intelligenz (*intelligentia spiritualis*) folge: die Vermittlung von Wissen durch den Heiligen Geist auch «ohne Hören der Ohren und ohne Schau der Augen»[3]; die geistige Erschließung der göttlichen Wahrheit finde so ihre Erfüllung – ein revolutionärer und für viele ein verführerischer Gedankengang, zumal die spirituelle Intelligenz nicht mehr der sinnlichen Vermittlung durch Schrift und Sakramente bedarf. Irdische Abbilder und Symbole, wie sie ihren Niederschlag im Alten und Neuen Testament gefunden haben, werden vollkommen durch die geistige Schau ersetzt.

Zu Joachims Ideen von den drei Reichen und der spirituellen Erneuerung der Kirche zählt auch die einflussreiche Vorstellung von einem Engelpapst (*pastor angelicus*), unter dessen Führung die ursprüngliche Reinheit der Kirche wiederhergestellt werden würde. Das profane Pendant zu dieser

Weissagung war die Hoffnung auf den «Großen Monarchen», auf den Endzeitkaiser, der die Welt einen und in den Frieden führen würde. Unter den Anhängern Joachims und der Spiritualen galt Gregor X. (1271–1276) als Verkörperung des Engelpapstes. Häufig wurde die Erwartung des Großen Monarchen mit der Wiedergeburt eines bedeutenden Herrschers, etwa Karls des Großen, in Verbindung gebracht.

Joachimitische Prophezeiungen und die Weissagung vom Engelpapst wurden zur Triebfeder der Prophetie im späten Mittelalter und in der Renaissance. Sie prägten die prophetische Tradition für Jahrhunderte. In ihnen vermischten sich geistige und politische Ziele, was ihre Brisanz nur erhöhte und die Resonanz im Volk verstärkte. So intensiv wurde das prophetische Sendungsbewusstsein unter den Menschen jener Zeit, dass eine lange Tradition prophetischer Fälschungen begann, deren Zweck es war, die jeweilige Gegenwart als unmittelbar vor der Endzeit stehend erscheinen zu lassen.

APOKALYPTISCHE ÄNGSTE UND UTOPISCHE HOFFNUNGEN Von entscheidendem Einfluss auf die apokalyptischen und millennaristischen Vorstellungen im Zeitalter der Renaissance war das prophetische Geschichtsbild des Joachim von Fiore. Aus ihm erklärt sich auch die prospektive Haltung gegenüber der Geschichte: Das eigentliche Verständnis von Geschichte ist nach dieser Auffassung nicht die Kenntnis des Vergangenen, sondern vielmehr die Erwartung des Zukünftigen. Die Entfaltung einer Vergangenheit, Gegenwart und Zukunft umfassenden Geschichte wird in ihrer Form als Heilsgeschichte als ein vollkommen beschreibbares System verstanden, wobei die vergangene Entwicklung als Nachweis für die Richtigkeit des Prinzips aufgefasst wird.

Die Ursprünge millennaristischer Hoffnungen in jener Zeit reichen tief in die kulturellen, religiösen, politischen und militärischen Probleme, die sich durch die Ausbreitung des Islam im christlichen Europa über so viele Jahrhunderte ergaben. Im 13. Jahrhundert wurden die Muslime von den Tataren flankiert, und das Ziel der Reconquista, der Wiedereroberung der Iberischen Halbinsel aus den Händen der Araber, lag noch in weiter Ferne. Sie sollte erst 1492 durch die Eroberung Granadas durch die katholischen Könige gelingen.

In der prophetischen Imagination verbanden sich die Hoffnungsbilder gegen diese Bedrohung der kulturellen und spirituellen Grundwerte des Abendlandes mit großen Hoffnungen. Gleichsam als Refrain gegen die Angst wurde in der prophetischen Literatur immer wieder ein einzelner

Text aus Johannes 10,16 beschworen: «*Et fiet unum ovile et unus pastor*» («Und es wird eine Herde und einen Hirten geben»). Es war die Utopie der unter dem christlichen Glauben vereinten Welt unter der Führung des Engelpapstes, welche die Propheten beflügelte. Aber diesen war zugleich allzu klar, dass die moralisch wie politisch zerrüttete Kirche, um dieses Ziel zu erreichen, eine grundlegende Reform (*reformatio*) und Erneuerung (*renovatio*) durchmachen musste. Unter dem apokalyptischen und millennaristischen Blickwinkel konnte diese Erneuerung nur möglich werden, wenn zuerst die Welt in größtes Unheil gestürzt würde und der Antichrist auf den Plan träte, dessen Reich das unvermeidliche Präludium zum Sieg über die Mächte der Finsternis und dem Ende der Welt wäre. Solche Glaubenshaltungen intensivierten sich während der Renaissance in entscheidendem Maße.

Im späten 15. Jahrhundert nahm das Konzept des Millenniums als des letzten Zeitalters eine weit reichende politische Dimension an. In den apokalyptischen und millennaristischen Szenarien fand die Bedeutung der Türken verstärkt Eingang. Immer wichtiger wurde ihre Niederlage als Zeichen der bevorstehenden letzten Tage.[4] Deshalb wurde die politische Tragweite des millennaristischen Denkens, das eine Entscheidung gegen die Türken forderte, immer prägnanter. Die Rolle des Papsttums im Millennium war durch die Figur des Engelpapstes festgelegt, bisweilen sogar durch die Idee einer päpstlichen Monarchie. Untrennbar mit diesem Gedanken verbunden war eine Reform und Erneuerung der Kirche. Die auf diesem Hintergrund blühenden Prophezeiungen wurden zu einer attraktiven Kombination aus nationalistischen Gefühlen, dem Sieg über die Inkarnation des Bösen und der Hoffnung auf eine Reformation der Kirche.

DIE ASTROLOGIE WIRD ZUR UNIVERSALWISSENSCHAFT Seit Mitte des 13. Jahrhunderts durchdrang die Astrologie, von Italien ausgehend, das Geistesleben Europas. Von der arabischen Wissenschaft gefördert, bestimmte sie die Diskussionen in den Gelehrtenstuben. Allmählich kam es zu einer Zusammenschau von Prophezeiungen und astrologischen Überlegungen. Man begann die umlaufenden Prophezeiungen astrologisch zu begründen, wie etwa in der so genannten Toledanischen Weissagung (1322), die für das Jahr 1329 furchtbare Katastrophen ankündigte. Albertino Mussato, ein Notar aus Padua, berichtete, wie man schon 1328 in allen Gegenden Italiens den Beginn dieser Verhängnisse zu erkennen glaubte. Man erwartete ein großes Sterben, die Verpestung der Luft, Sonnenfinsternisse, Erdbeben, Hungersnöte, Überschwemmungen und den Tod eines bedeutenden Königs.[5]

Ein Ereignis, das nach astrologischen und prophetischen Exegesen verlangte, war die Pest. Die Seuche erreichte 1347 Europa, wütete ein Jahr später in Metropolen wie Marseille und Paris und gelangte schließlich nach Deutschland und England. Europa stürzte in eine tiefe Krise, die dazu beitrug, aus dem Mittelalter in eine neue Epoche zu wachsen. Innerhalb von wenigen Jahren war ihr jeder Dritte zum Opfer gefallen. Die Seuche bescherte sowohl den astrologischen Zukunftsdeutern als auch den Propheten starken Auftrieb. Die Astrologen beeilten sich, ihre Ursache der großen Konjunktion der Planeten Saturn, Jupiter und Mars im Wassermann, die 1345 stattgefunden hatte, zuzuschreiben.

Verbreitet wurden die auf astrologischen Berechnungen beruhenden Weissagungen über Almanache und Prognostica seit 1470, sogleich nach der Erfindung des Buchdrucks. Ihre Produktion wurde für die Drucker der Epoche zu einer wichtigen wirtschaftlichen Basis: Sie waren billig herzustellen und konnten in großen Auflagen verbreitet werden. Almanache waren die Bestseller des 16. Jahrhunderts. Manche Drucker schreckten nicht davor zurück, den gleichen Almanach unter verschiedenen Autorennamen und Titeln zu verkaufen. In Italien und Deutschland wurden gegen Ende des 15. Jahrhunderts jährlich fünf bis sechs Almanache veröffentlicht; Mitte des 16. Jahrhunderts war in Europa, einschließlich Englands, die Almanachproduktion auf zwei bis drei Dutzend jährlich angestiegen.

Die Almanache mit wissenschaftlichem Anstrich waren in lateinischer Sprache geschrieben. Manche Autoren mischten Latein mit der Landessprache, wobei sie die astrologischen Fachteile auf Latein, die Erklärungen in der Landessprache abfassten. Andere schrieben ihre Almanache in der Landessprache, und für das einfache Volk gab es Almanache in großen Buchstaben, die reich bebildert waren, damit auch Analphabeten den Sinn erkunden konnten. Bald wurden auch günstige und ungünstige Tage auf Grund astrologischer Berechnungen bestimmt. Es wurden beispielsweise die Tage angegeben, an denen man keine Unternehmungen beginnen sollte. An bestimmten Tagen sollte man tunlichst keinen Ortswechsel vornehmen, an anderen nicht in den Krieg ziehen, an wieder anderen nicht heiraten usw. Das erhöhte natürlich den psychischen Druck auf die astrologiegläubige Bevölkerung. Bisweilen konnte man sich die Tage nicht aussuchen, an denen man ein Vorhaben lassen konnte. So waren sich selbst erfüllende Prophezeiungen durch einen unbewussten Erfüllungszwang vorprogrammiert. Misslang das Unternehmen oder gab es einen Unglücksfall, sah man die Wahrheit der astrologischen Prognose bestätigt. So festigte der Glaube an die Astrologie ihre vorgeblich wissenschaftliche Basis.

Den Erfolg der Prognostica allein auf die Unsicherheit der Zeiten zu schieben, hieße die Situation vereinfachen. Die Menschen lebten schon immer in instabilen Verhältnissen, weil unzählige Widrigkeiten des Daseins nicht vorhersehbar, verstehbar oder abwendbar waren. Die Almanache waren alles andere als Trostbücher. Sie traten nicht dazu an, das Entsetzen durch eine zweifelhafte astrologische Sicherheit zu zerstreuen. Im Gegenteil, sie nährten die Unsicherheit, beuteten die Ängste der Menschen aus und verstärkten die allgemeine Beklommenheit angesichts eines grausamen und unvermeidlichen Schicksals. Ihr Tenor und ihre Botschaft betrafen die Menschen aller Zeiten: Krankheit, Tod, Streit, Katastrophen, politische Umwälzungen usw.

Wir haben gesehen, wie mit dem Aufkommen der neuen Geisteshaltung in der Renaissance durch die Wiederentdeckung Platons, des Neuplatonismus und vor allem der hermetischen Schriften die Astrologie ganz selbstverständlich in den gelehrten Diskurs mit aufgenommen wurde. Die Basis dafür hatten die Entwicklungen seit dem Mittelalter gelegt, die theoretische Bereicherung durch die arabische Astrologie und der gefestigte Stellenwert der Astrologie in der Medizin. Das Geistesleben der Renaissance war von der Astrologie durchdrungen. Lorenzo de' Medici ließ die sieben Planeten sogar bei einer Prozession in Florenz in personifizierter Form auftreten – kein Wunder, dass in den letzten Jahrzehnten des 15. Jahrhunderts astrologische Prophezeiungen hoch im Kurs standen.

Dabei zeigte die astrologische Theorie eine erstaunliche Immunität gegen die Falsifikation der durch Anwendung ihrer Kunst erzielten Behauptungen; sie ließ sich auch angesichts eklatanter Fehlprognosen, die nichts weniger als den Untergang oder den Fortbestand der Welt betrafen, nicht erschüttern. Wie tief musste die Überzeugung sein, dass die Astrologie eine über jeden Zweifel erhabene Wissenschaft sei! Kein noch so gewaltiger Fehlschlag, keine noch so mit Überzeugung vorgetragene Voraussage, die sich nicht bewahrheitet hatte, konnte ihre Fundamente erschüttern und die Vertreter dieser Kunst davon abhalten, weiterhin ihre Prognosen zu erstellen.

EINE PROPHETISCHE ANTHOLOGIE ALS BESTSELLER Die Ziele der Propheten und der Astrologen wurden einander immer ähnlicher. Alle waren im Zeitalter der Renaissance von der Utopie der grundlegenden Reform und der großen Erneuerung umgetrieben. Die Astrologen fanden ihre Prognosen bei antiken und neuen Propheten bestätigt; die Propheten sicherten ihre Weissagungen wissenschaftlich ab durch Verweise auf astrologische Berechnungen. In der Vereinigung von Intuition und Ratio, von göttlicher

Eingebung und mathematischem Handwerk, fand die prophetische Tradition in jener Epoche ihr charakteristisches Erscheinungsbild.

Ausdruck dieser Entwicklung war die *Prognosticatio in latino*, ein ungemein einflussreiches Werk des Gelehrten und ehemaligen Hofastrologen Kaiser Friedrichs III., Johannes Lichtenberger (um 1440–ca. 1503), das erstmals 1488 anonym erschien und über 50 Ausgaben erlebte.[6] Zum ersten Mal finden wir hier eine Zusammenstellung von astrologischen Weissagungen und von Prophezeiungen, die auf Joachim von Fiore und seinen Umkreis zurückgehen. Der Anlass zur Abfassung waren zwei Konjunktionen im Zeichen Skorpion: Die *Prognosticatio* eröffnet mit dem genauen Zeitpunkt – Lichtenberger gibt sogar die Minute an – der Konjunktion von Saturn und Jupiter am 25. November und von Mars und Saturn am 30. November 1484. Die Konsequenzen der Konjunktionen würden durch eine schreckliche Sonnenfinsternis im Jahr 1485 noch verstärkt werden und durch die Konjunktion der bösartigen Planeten Saturn und Mars im Skorpion am 30. November 1485. Die negativen Einflüsse all dieser Gestirnstände würden allerdings durch die Konjunktion des gutartigen Jupiters mit dem cholerischen Mars etwas abgemildert.

Lichtenberger interpretiert diese astronomischen Daten keineswegs auf originelle Weise, wie man vermuten könnte. Er versucht vielmehr Astrologie und heilsgeschichtliches Denken miteinander zu verbinden, zumal er die Planeten als personenhaft wirkende dämonische Kräfte auffasst. Er zieht bekannte Autoritäten heran wie die Kirchenväter, antike Philosophen, bedeutende Astrologen und greift insbesondere auf die prophetische Literatur zurück, auf die sibyllinischen Weissagungen und vor allem die joachimitische Tradition des Mittelalters: Joachim von Fiore, Telesforo von Cosenza, Birgitta von Schweden (1303–1373) und die den Slawenlehrern Kyrill (826/7–869) und Methodius (815–884) zugeschriebenen Prophezeiungen. Damit verblüffte er den Leser sowohl durch seine Bildung als auch durch den Anschein, ehrlich zu sein und sich bescheiden hinter die großen Autoritäten zurückzustellen.

Diese Art der Darstellung war völlig neu und erfolgreich. Die Konvergenz der Voraussagen in vielen Punkten suggerierte ihre Richtigkeit. Konnten so viele Propheten und Astrologen irren? Das Kompendium übersieht natürlich die Abhängigkeit der Weissagungen untereinander. Wie wir gesehen haben, sind sie nicht unabhängig voneinander entstanden, sondern sind vielmehr Teil des fortgesetzten geistigen Dialogs, der über die Jahrhunderte hinweg die prophetische Überlieferung bildet. Zugespitzt formuliert könnte man sagen, Lichtenbergers Zusammenstellung ist der Prototyp für die gegenwärtig beliebten Anthologien, in denen Prophezeiungen aus allen

Zeiten gesammelt werden, wobei gewisse Übereinstimmungen von den verantwortungslosen Autoren als Hinweis auf die Unausweichlichkeit des Eintreffens der geweissagten Ereignisse gedeutet werden. Die Kompilatoren machen sich meist nicht die Mühe, die Originalquellen zu prüfen, und verfügen nicht über die intellektuellen Mittel der prüfenden Einschätzung; sie übersehen Kopien, Änderungen, Fälschungen aus späterer Zeit und die Abhängigkeiten der Texte untereinander. So berufen sie sich auf angebliche Weissagungen, die im Lauf der Jahrhunderte durch die Redaktionen verschiedenster Interpreten, absichtlich fehlerhaft übersetzender Propagandisten und kritikloser oder gutgläubiger Kompilatoren gegangen sind. Diese Autoren haben allein das Geschäft mit der Angst im Sinn.

Was die *Prognosticatio* Lichtenbergers als eine so spannende Lektüre erscheinen ließ, war die Art der Auswahl und die bevorstehenden Ereignisse, die durch die Texte angekündigt wurden. Erkennbar richtet Lichtenberger seine Prognostik an eine deutsche Leserschaft. Seine Themen betreffen in der Hauptsache das Heilige Römische Reich und die angrenzenden Staaten Europas. Die Bedrohung durch die Türken spielt freilich eine wichtige Rolle. Aber er weiß auch zu sagen, dass der Kopf der deutschen Nation wie Samson, dessen Haar geschoren wurde, geschwächt wird durch die Völker von Gent, Brügge, Flandern und der Picardie. Obwohl die Religion in den Weissagungen Lichtenbergers eine wichtige Rolle spielt, nimmt er Papst Innozenz VIII. (1484–1492) von den Einflüssen der Sterne aus: Sein Schicksal liege allein in Gottes Hand. Trotzdem scheute sich Lichtenberger nicht, «eine gute Reformation und Besserung in der Kirche» vorherzusagen, mit dem Erscheinen eines Mannes, der «verbieten wird das Gepränge der Kleider und alles, was unehrlich ist, als Tänze und Weltlieder, und er wird gebieten, dass man das Evangelium predige».

Lichtenbergers Arbeit ist die erste Sammlung von prophetischem Material, das nicht in ein einheitliches System gezwungen wurde. Er stellt lediglich individuelle Quellen nebeneinander. Die *Prognosticatio* diente den folgenden Generationen deshalb als prophetisches Handbuch, in welchem der Leser alle gegenwärtig umlaufenden Weissagungen auf wenigen Seiten zusammengestellt finden konnte, und ebenso einfach konnte er eine oder zwei Prophezeiungen auswählen und sie auf Ereignisse anwenden, auf die sie zu passen schienen.

Schon zu Lichtenbergers Zeiten gab es Befürworter der Prophezeiungen, die der Astrologie gegenüber skeptisch eingestellt waren. Sie waren von der Wahrheit der Weissagungen überzeugt, nicht aber von der richtigen Zuordnung. Fand ein Ereignis nicht zum vorausgesagten Termin statt, dann war nicht die Prophezeiung falsch, der Fehler lag vielmehr in der astrologischen Berechnung. Lichtenberger hatte sich vielleicht in der Zeit, also in der astrologischen Zuordnung geirrt, nicht aber in der Substanz der Ereignisse, die vorhergesagt wurden. Das Spektrum des Werkes ist enorm weit gestreut. Die *Prognosticatio* vermischt geschickt Prophetie mit einer entschieden parteiischen Interpretation der aktuellen politischen Situation. Lichtenberger wird zum Prototyp: Seine Verbindung von astrologischer Prognose mit Prophezeiungen in der joachimitischen Tradition gibt das Modell für die Weissagungen in Deutschland in der ersten Hälfte des 16. Jahrhunderts ab. Wir werden die gleichen Motive aber auch bei Nostradamus in zahlreichen Variationen wieder finden.

KONZILE UND PROPHETEN   Seit dem frühen 16. Jahrhundert begann eine weitere Weissagung zu zirkulieren, die als *Apocalypsis Nova* bekannt wurde. Angeblich geht sie auf den noblen Ritter João Menezes da Silva Amadeus aus Portugal zurück.[7] Amadeus gab seine Armeekarriere auf, verließ Spanien, ging nach Assisi und lebte wie ein Franziskaner. Später wurde er Minorit und erhielt die Erlaubnis, sich in einer schmalen einsamen Zelle der Meditation hinzugeben. Die Kunde von seiner Heiligkeit verbreitete sich, und so begannen bedeutende Würdenträger ihn aufzusuchen: der Erzbischof von Mailand, der Herzog Francesco Sforza, die Herzogin Bianca Maria, die ihn als ihren Botschafter zu Papst Paul II. sandte. Der franziskanische Papst Sixtus IV. (1471–1484) beorderte Amadeus 1472 nach Rom, damit er sein Beichtvater würde.

Berühmtheit erlangte er durch ein Werk – *Apocalypsis Nova* («Die neue Apokalypse») –, das zu Beginn des 16. Jahrhunderts unter seinem Namen verbreitet wurde, das enthusiastisch aufgenommen, aber auch verdammt wurde. Es bleibt allerdings umstritten, ob es von ihm stammt. Der Erzengel Gabriel habe ihm in ekstatischer Verzückung die Geheimnisse des Glaubens offenbart. Im Zentrum dieser Offenbarung steht die Prophezeiung des *pastor angelicus* (Engelpapst), welche Leser aller Schichten in ihren Bann schlug. Zweifellos handelt es sich dabei um den authentischsten Teil der *Apocalypsis Nova*. Es finden sich jedoch auch Prophezeiungen politischer Natur für die unmittelbare Zukunft. In zahlreichen Handschriften wurde die *Apocalypsis Nova* wie viele andere prophetische Texte angereichert, verändert und neu interpretiert. Ihre Vorhersagen, obwohl sie datiert waren, zirkulierten in Auszügen noch im 19. Jahrhundert. Die Prophezeiungen der *Apocalypsis Nova* stehen in einer Traditionslinie mit den Weissagungen des Joachim von Fiore. Sie führen die joachimitische Erwartung des dritten Status fort, wenn die Erscheinung Christi sich unter der Führung des Engelpapstes in einer Erneuerung der Kirche manifestieren würde.

In dieser durch astrologische Weissagungen und Prophezeiungen mächtig angeheizten Epoche starb 1503 überraschend Papst Alexander VI. (Rodrigo Borgia). Einige Kardinäle konnten sich berechtigte Hoffnung auf den Stuhl Petri machen, unter ihnen vor allem Frankreichs Kandidat, der mächtige Georges d'Amboise (1460–1510), aus Spanien Bernardino López de Carvajal (1456–1523), aus Italien Ascanio Sforza (1455–1505) und Giuliano della Rovere (1443–1513), der große Gegenspieler des Borgia-Papstes. Im Vorfeld des Konklaves spielten Prophezeiungen, insbesondere die *Apocalypsis Nova*, eine nicht unbedeutende Rolle, um das Kardinalskollegium auf einen Nachfolger einzustimmen. Die *Apocalypsis Nova* wurde von Kardinal Giorgio Benigno Salviati (ca. 1450–1520) umgeschrieben und zirkulierte zumindest in der Entourage von Kardinal Bernardino Carvajal, der sich selber als der verheißene *pastor angelicus* der Prophezeiungen verstand.

Da man sich beim ersten Wahlgang nicht einigen konnte, wählte man den todkranken Francesco Todeschini-Piccolomini, einen Neffen Pius' II., als Übergangspapst. Nach 26 Tagen verstarb Pius III., was die unheilvolle Stimmung im Volk nur noch weiter anfachte: Die Kürze des Pontifikats galt als ein Zeichen für großes Unglück. Schließlich hatte man mit dem Papst die Hoffnung auf die Einberufung eines Generalkonzils verbunden und erwartete ernsthafte Anstrengungen zu einer Kirchenreform. Im zweiten Wahlgang zeigte sich Giuliano della Rovere besser vorbereitet. Er versprach Cesare Borgia seine Gunst und erhielt dafür die Stimmen der spanischen Kardinäle. Wankelmütige wurden mit Bestechungsgeldern gewonnen. Das Konklave ging als eines der kürzesten in die Papstgeschichte ein: Schon am ersten Tage war Giuliano della Rovere als Papst Julius II. (1503–1513) gewählt. Georges d'Amboise und Bernardino Carvajal gingen als Besiegte hervor. Aber die Hoffnungen für ihre Anhänger waren nicht vorbei, besonders nachdem sich Julius II. als ein regelrechter Kriegerpapst erwies, der so gar nicht in das Bild des verheißenen Engelpapstes passen wollte. Die Prophezeiung eröffnete nach wie vor die Hoffnung auf einen anderen, einen wahrhaft reformatorischen Papst, der ganz im Gegensatz zu Julius II. stehen musste. Es war der Wirkung dieser Prophezeiung zu verdanken, dass die rebellierenden Kräfte erstarkten. Gegen Julius entzündeten sich die heftigsten Predigten, denn er schien keine priesterlichen Qualitäten zu besitzen und steckte seine ganze Energie allein in politische und militärische Ambitionen. Der Zorn Gottes würde wegen eines solchen Papstes nicht auf sich warten lassen.

Seinem Gegenspieler Carvajal gelang es zu Beginn des Jahres 1511, den französischen König Ludwig XII. von der Notwendigkeit zu überzeugen, ein Konzil einzuberufen, dessen Ziel nichts weniger sein sollte als die Absetzung des Papstes. Ludwig XII. stimmte dem Plan zu, da er in ständigem Streit mit Julius II. lag, der die Franzosen aus Italien vertreiben wollte: 1511 hatte sich der Papst mit Venedig und Spanien in der Heiligen Liga gegen Frankreich verbündet. In dem Konzil sah Carvajal die Möglichkeit, die Prophezeiung, er sei der verheißene Engelpapst, zu erfüllen. Das Konzil, das beinahe zu einem Schisma führte, ging als das «Conciliabulum von Pisa» in die Geschichte ein. Da sich auch Kaiser Maximilian I. dem Pisaner Konzil nicht abgeneigt zeigte, versuchte der Papst der drohenden Gefahr zu begegnen, indem er seinerseits eine Synode nach Rom für das Jahr 1512 einberief, das so genannte 5. Laterankonzil (1512–1517). Damit hatte Julius wieder die Fäden in der Hand. Die Unterstützung für das Conciliabulum durch Ludwig und Maximilian schwand. Im Oktober 1511 wurden Carvajal und den anderen gegnerischen Kardinälen ihre Titel aberkannt, und sie wurden exkommuniziert.[8]

Beim 5. Laterankonzil verteidigte Giorgio Benigno Salviati die Legitimität von Prophezeiungen. Gott würde Engeln und Menschen das Wissen um künftige Ereignisse mitteilen. Salviati bezieht sich auf eine Aussage des Propheten Amos, in der es heißt, Gott teile seine Pläne einem seiner Propheten mit, bevor er handle (Amos 3,7). Der Laie und Prinz Gianfrancesco Pico della Mirandola (1469–1533), ein Schüler Savonarolas, schrieb, nachdem er der achten Sitzung des Konzils im Jahre 1513 beigewohnt hatte, seine berühmte Rede über die Notwendigkeit einer sittlichen Reform der Kirche und sandte sie dem Papst. Es handelt sich um eine heftige Anklage der moralischen Korruption des Klerus und um die Aufforderung, die gegenwärtige Rechtsprechung zu verschärfen. Sollte diese Reformation nicht durchgeführt werden, sah Pico schlimme Katastrophen voraus; Gott selber würde mit Eisen und Feuer die kranken Glieder amputieren und sie zerstören. Er habe bereits Zeichen seiner Pläne gesandt: Pest, Hunger und die jüngsten blutigen Schlachten.

Das Prophezeien hatte derart überhand genommen, dass es von höchster Stelle untersagt werden musste. Zweimal wurden während des 5. Laterankonzils Dekrete erlassen, die das Vorhersagen künftiger Ereignisse einschränkten oder verboten. In der «großen Reformbulle von 1514» wurde die Vorhersage durch Divination, Beschwörung oder die Anrufung von Dämonen ausdrücklich untersagt. Im Dekret *Supernae majestatis praesidio* von 1516, einer Verfügung über das Predigen, wurde den Priestern verboten, in ihren Predigten genaue Daten für künftige Ereignisse, die Ankunft des Antichrist oder den Tag des Jüngsten Gerichts zu verkünden.[9] Das Dekret gestattete aber durchaus die Existenz echter göttlicher Offenbarungen und gab die Maßnahmen an, wie sie getestet werden konnten, bevor sie dem Volk mitgeteilt würden. Die Beschlüsse gegen das Prophezeien, in denen zugleich die grundsätzliche Rechtmäßigkeit von Prophezeiungen bestätigt wurde, waren der Versuch der Papstkirche, ihre aus dem Ruder zu laufen drohende Anhängerschaft zu reglementieren und zu kontrollieren.

Einbrüche des Außergewöhnlichen

ZUR KLASSIFIKATION DER VORZEICHEN   Nicht nur die Astrologie und die Prophetie wurden zur Erkundung der Zukunft herangezogen. Einen erstaunlichen Aufschwung erlebte in jener Zeit die Deutung von Vorzeichen. Die Ausschau nach Omen wurde im frühen 16. Jahrhundert zu einem wichtigen Geschäft der Propheten, um das Schicksal der Welt zu erkunden.

Im Lateinischen kennt man mehrere Termini für Wunderzeichen, Vorzeichen: *prodigium*, *ostentum*, *portentum* und *monstrum*.[10] In allen diesen Worten stecken die Begriffe «zeigen», «auf etwas hindeuten», «ankündigen», weil es sich um Zeichen für das Wahrsagen (Divination) handelt. Als *ostenta* wurden in der Hauptsache zeichenhafte Himmelserscheinungen bezeichnet. *Portenta* nannte man erschreckende Visionen, Erscheinungen, Halluzinationen (*spectra*) von zeichenhaftem Charakter. *Monstra* bezeichneten zumeist Ungeheuer, deformierte Wesen, Missgeburten, was sich in unserem Sprachgebrauch im Begriff «Monstrum» oder «Monster» für ein widernatürliches Wesen erhalten hat. Von *prodigia* sprach man speziell im Zusammenhang mit Wunderzeichen als außergewöhnlichen Ereignissen in den Elementen der Natur. Die Begriffe waren aber weitgehend untereinander austauschbar. *Prodigium* wurde häufig als der allgemeinste Begriff für alle Arten und Klassen von meist Unglück bedeutenden Erscheinungen und Vorzeichen verwendet.

Im Altertum haben sich vor allem vier Gelehrte mit der Frage der Divination und der Prodigien beschäftigt. Der Naturalist Aristoteles trennt die Monster von den Wunderzeichen. Er hält Ungeheuer und Missgeburten nicht für Vorzeichen, sondern lediglich für Fehler der Natur. Cicero analysiert in seinen kritischen Werken über die Wahrsagekunst (*De divinatione*) und über das Wesen der Götter (*De natura deorum*) die Herkunft der Bezeichnungen für Wunderzeichen. Plinius zeigt sich in seiner einflussreichen *Naturgeschichte* den Wunderbarkeiten der Natur gegenüber sehr sensibel und integriert darin eine «Wissenschaft der Zeichen». Augustinus schließlich kommt zu der Erkenntnis, dass die Divination abzulehnen sei, aber er schließt die Möglichkeit von Wunderzeichen nicht aus; er versteht Prodigien nicht als widernatürliche Fakten, sondern vielmehr als ungewohnte Tatsachen, die unseren Ansichten von den gewöhnlichen Erscheinungsweisen der Dinge fremd sind. Wie könne irgendetwas gegen die Natur sein, was durch den Willen Gottes geschieht, zumal der Wille Gottes die Natur aller geschaffenen Dinge ist? Der letzte Grund aller Dinge ist der göttliche Wille. Bei Augustinus verliert die Natur ihre Autonomie, die ihr Cicero noch zugestanden hatte, und wird ein extrem verformbares Werkzeug in der Hand des Schöpfers.

Vor diesem Hintergrund kommt es im Zeitalter der Renaissance und insbesondere während des ganzen 16. Jahrhunderts zu einer intensiven Auseinandersetzung mit Wunderzeichen. Die Inflation der Zeichen wurde durch das Weltbild der Analogien befördert, das durch die hermetische Philosophie verbreitet wurde. In dieser Sichtweise hing alles mit allem zusammen, und alle Phänomene standen in symbolischen Entsprechungen zu anderen Erscheinungen. Auf besondere Zeichen zu achten und ihnen einen bedeutungsvollen eigenen Stellenwert beizumessen war selbstverständlicher Bestandteil dieses Systems. Aber auch der Wandel vom hermetischen zum wissenschaftlichen Denken in der Epoche, in der Nostradamus lebte und wirkte, beförderte die Auseinandersetzung mit Prodigien im Versuch, sie einer erweiterten Auffassung von den Gesetzmäßigkeiten der Natur unterzuordnen.

Die antiken Ansichten zu diesem Thema waren keineswegs aus der Mode gekommen, sondern lieferten vielmehr die nahezu kritiklos akzeptierten Modelle der Welt. Noch am Ende des 15. Jahrhunderts spiegelte die *Naturgeschichte* des Plinius das Bild wider, das man sich von der Natur machte. Darin finden wir auch das Echo einer alten, vor allem auf griechischen Schriftstellern fußenden Tradition über merkwürdige monströse Rassen, in denen «Menschen» Hundeköpfe oder keine Köpfe hatten, von Einäugigen und Menschen mit nach hinten verdrehten Füßen, von jenem eigentümlichen Volk der Riesenohren, die sich nachts auf einem Ohr wie in ein Bett legen und sich mit dem anderen zudecken, von Bestien mit menschlichen Gesichtern usw. Die wenigen und vielfach wenig zuverlässigen Berichte von Reisen in die äußersten Regionen der damals bekannten Erde beförderten derartige Legenden. Das Bild, das man sich vom Fremden und Unbekannten machte, gestaltete man als Deformation des Bekannten. Darin unterscheidet sich die alte Welt nicht von der modernen; nur die Grenzen haben sich verschoben: Uns treten die fremden Völker in Science-fiction-Szenarien als Transplanetarier, intergalaktische Stämme und Nationen mit menschenähnlichen Zügen, doch seltsam deformiertem Aussehen entgegen. Die monströsen Rassen von Plinius, das war die Sciencefiction der Antike. In der Renaissance wurde die Welt allmählich bekannter. Im Zeitalter der Entdeckungen zeigte sich, dass überall auf der Welt Menschen leben und keine Monster. So begannen sich die absonderlichen Wesen, die man früher in unbekannten Weltgegenden vermutete, begleitet von allerlei mythischem Ballast, allmählich in den Kopf zu verlagern und die Fantasie anzuregen. Wenn sich Missgeburten greifbar mitten im Abendland ereigneten, setzten sie mithin ein ganzes Arsenal an unbewussten Ängsten frei. Eine Ansicht spielte in diesem Prozess noch lange eine Rolle und wurde in der Renaissance oft aufgegriffen: Augustinus hatte die monströsen Rassen mit der babylonischen Sprachverwirrung in Zusammenhang gebracht; sie seien in der Nachfolge der Geschehnisse in Babylon entstanden. Diese Vorstellung passte in das Konzept, dass Missgestalten das Produkt des Abfalls von einer als naturgemäß angesehenen Ordnung bedeuteten.

Die Überzeugung der gebildeten Schicht, aber auch des einfachen Volkes, am Ende der Zeiten zu leben, erhöhte das Bewusstsein für unheilvolle Prodigien. Es war diese unmittelbar empfundene Nähe zu einer gewaltigen kosmischen Verwandlung, die dem Verhältnis zur Geschichte eine eigentümliche Note gab. Die Einstellung der Menschen schloss sich an die eschatologische Bedeutung von Prodigien als Zeichen der nahenden Endzeit an, wie sie in den apokalyptischen Schriften des Alten Testaments propagiert wurde. Im apokryphen vierten Buch Esra heißt es über die Zeichen, die der Endzeit vorausgehen:

Da wird plötzlich die Sonne bei Nacht scheinen und der Mond am Tage. Von Bäumen wird Blut träufeln; Steine werden schreien. Die Völker kommen in Aufruhr [...] Die Vögel wandern aus; das Meer von Sodom bringt Fische hervor und brüllt des Nachts mit einer Stimme, die viele nicht verstehen, aber alle vernehmen. An vielen Orten tut sich der Abgrund auf, und lange Zeit bricht das Feuer hervor. Da verlassen die wilden Tiere ihr Revier. Weiber gebären Missgeburten. Im süßen Wasser findet sich salziges. Freunde bekämpfen einander plötzlich. Da verbirgt sich die Vernunft, und die Weisheit flieht in ihre Kammer; viele suchen sie und finden sie nicht. Der Ungerechtigkeit aber und Zuchtlosigkeit wird viel sein auf Erden. (4 Esra 5.4–10)

Unter dem biblischen Blickwinkel beriefen sich die Zeichendeuter der Renaissance am liebsten auf die bekannte Stelle im Lukas-Evangelium, wo die

Rede davon ist, dass am Ende der Zeit «Zeichen eintreten werden an Sonne und Mond und Sterne und auf Erden Angst der Völker, sodass sie nicht zu raten wissen vor dem Tosen und Wogen des Meeres» (Lk 21, 25).

FINSTERNISSE UND UNHEILVOLLE KOMETEN   Zweifellos waren die Finsternisse solche «Zeichen [...] an Sonne und Mond», wobei besonders die Sonnenfinsternisse mit ihren eindrucksvollen Phänomenen für Angst und Schrecken sorgten. Zu Beginn einer Sonnenfinsternis, während der so genannten partiellen Phase, verändern sich die Farben in der Landschaft. Die Tiere verstummen allmählich, und es entsteht eine spukhafte Atmosphäre. Kurz vor Einbruch der totalen Finsternis erscheint durch partielles Photosphärenlicht der Horizont ringsum in ein merkwürdiges Strahlen getaucht, das sich markant von der Dunkelheit der übrigen Landschaft abhebt. Allmählich wird es durch die Abnahme der Sonneneinstrahlung merklich kühler. Kurz vor der Abdeckung der Sonne werfen die Gegenstände messerscharfe Schatten; unheimlich wirkt das rasche Herannahen des Kernschattens selbst. Sobald die Sonne vollständig hinter dem Mond verschwunden ist, wird es mit einem Mal finster. Am Himmel steht ein schwarzes Loch, das von einer prächtigen Strahlenkrone umspielt wird. Die Planeten Merkur und Venus, die nahe bei der Sonne liegen, sowie die helleren Sterne erscheinen. Nicht selten treten zugleich Kometen auf, begünstigt durch den Umstand, dass sie in Sonnennähe besonders lange Schweife ausbilden. Man kann sich gut vorstellen, wie für die Menschen, die von den wahren Ursachen dieser Phänomene keine Ahnung hatten, das bizarre und faszinierende Schauspiel beängstigend wirken musste, wie mit Ehrfurcht und Schaudern einer derartigen apokalyptischen Stimmung begegnet wurde.

Es war gerade die Berechenbarkeit der Finsternisse, die sie zu einem fruchtbaren Instrument prophetischer Ankündigungen machten. Hier hatten die Verkünder des Künftigen Prodigien zur Hand, auf deren Eintreten sie nicht warten mussten, die sie vielmehr mit großer Genauigkeit ankündigen konnten. Mit dem Erscheinen von Kometen wurden von alters her großes Blutvergießen, Kriege, Aufstände, Veränderung von Herrschaftsverhältnissen, Pest, Epidemien und der Tod bedeutender Personen in Verbindung gebracht. Man war der Ansicht, dass Kometen eine besondere Bedeutung für Könige und Herrscher besaßen. Eine Reihe von Regenten mit einem Hang zur Astrologie wie Friedrich III. (1440–1493), die Herzöge von Mailand, Lorenzo de' Medici und die Könige von Frankreich und England wurden Gegenstand von Traktaten über Kometen in den Jahren 1456,

1468 und 1472. Im Jahr 1556 vermerkt Johann Oldecop in seiner Chronik einen «gräßlichen Cometa», dessen Schweif nach Südwesten zeigte und so in die Richtung des Unheils deutete. Nach dem Verschwinden des Kometen verstarben nacheinander die Kurfürsten Friedrich III. von der Pfalz, Johann V. von Trier und Adolf II. von Köln, dazu «der Blutvergießer und Kirchenstürmer» Markgraf Albrecht (Alcibiades) von Brandenburg-Kulmbach, sein Bruder, der Erzbischof von Riga, und der Bischof Friedrich von Hildesheim: «Summa, der Kometa fraß dies Jahr manchen Kur- und Fürsten, Grafen, Freiherrn und die Besten vom Adel.»[11]

Im Jahre 1456 erschien der periodisch wiederkehrende Halleysche Komet, den fast alle Chronisten der Zeit erwähnen. Das große Erdbeben in Sizilien in diesem Jahr wurde mit dem Kometen in Verbindung gebracht. Eine Bulle von Papst Callixtus III. (1455–1458) aus demselben Jahr gegen die türkische Bedrohung könnte durch die mit dem Kometen in Beziehung gesetzten Gefahren in Zusammenhang stehen.[12] Über den Kometen von 1472 erschienen auffallend viele Abhandlungen. Manche vermuteten in Kometen nicht nur Zeichen kommenden Unheils, sondern die direkte Ursache für Katastrophen. Es seien die von ihnen ausgehenden heißen und giftigen Gase, welche auf die Erde wirkten.

Als 1531 der Halleysche Komet wiederkehrte, schrieb der Schweizer Gelehrte Johannes Kessler in seinen *Sabbata*, einer Chronik der Jahre 1523–1539, er sei ein Zeichen zur Umkehr als väterliche Warnung vor dem kommenden göttlichen Zorngericht. In den politischen Ereignissen von 1531 fand Kessler seine Voraussagen bestätigt: «Hat sich in unsern Landen einer loblichen Eidgenossenschaft nit ein kleiner Jammer und erschrockenlich Blutvergießen, ja (wie der Kometen Art ist) eine ganze Änderung der Regimenten zugetragen?» Der Tod der beiden bedeutenden Schweizer Reformatoren, Zwingli und Oekolampad, kurz nacheinander im Oktober und November 1531 galt ihm als weiterer Beweis für die beängstigenden Einflüsse des Kometen. Auch Paracelsus schaltete sich in die Diskussion um den Kometen von 1531 ein und veröffentlichte ein Traktat darüber;[13] darin diskutiert er eine Vielzahl unheilvoller Wirkungen des Kometen. Diese waren freilich immer dieselben, aber immer sehr vielfältig. Der italienische Humanist Giovanni Pontano hat sie im Jahr 1500 in einem lateinischen Gedicht zusammengefasst. In einer Übersetzung von 1605 lautet es auszugsweise:

Viel Fieber, Krankheit, Pestilenz und Todt,
Schwere Zeiten, Mangel, und große Hungers-Noth,
Große Hitze, dürre Zeit und Unfruchtbarkeit,

Krieg, Raub, brand, Mord, Auffruhr, neid, Haß und Streit,
Frost, Kälte, Sturmwind, böse Wetter, Wasser-Noth,
Viel hoher Leute Untergang und Todt,
Feuers-Noth und Erdbeben an manchem End
Große Veränderung der Regiment.

Bleiben noch irgendwelche Katastrophen ungenannt?

MISSGEBURTEN UND MONSTRÖSE KREATUREN Im Gegensatz zu Kometen, die immer ein Zeichen nahenden Schreckens waren, konnten Missgeburten positiv oder negativ ausgelegt werden. Vielfach wurde die Interpretation in den Dienst der großen Anliegen der Epoche gestellt: die Reform des Kaisertums und die Reform des göttlichen Wortes. Auf diese Weise wurden Missgeburten zu Autoritäten, weil in ihnen Gott in seine gute Schöpfung eingreift, sie gleichsam kurzfristig aussetzt, um etwas sehr dringend auf direktem Weg den Menschen mitzuteilen.

Im 15. und 16. Jahrhundert treten die Monster gleichsam in die Wirklichkeit ein: Man wendet sich den Missgeburten zu, die im Nachbardorf geboren werden, nicht mehr sagenhaften Völkern am Ende der bekannten Erde oder unsicheren Berichten von Asienreisenden. Damit gewinnen die Missgeburten als Prodigien besondere Brisanz. Sie werden dem Bereich des Ungefähren entrissen, erhalten Konturen und Formen, werden mithin zu wirklichen Lebewesen, die Luft zum Atmen und Nahrung benötigen. Die Angst und Unsicherheit im Umgang mit ihnen zeigt sich eben daran, dass sie als Kreaturen dieselben primären Bedürfnisse haben wie alle Lebewesen. Die Signoria befahl, einer Missgeburt, die 1506 in Florenz geboren wurde, keine Nahrung zu geben, und sie verstarb. Eine andere wurde 1513 in Venedig vor dem «Krankenhaus der Frömmigkeit» ausgesetzt, wo man sie wenig human behandelte und sterben ließ.[14] Andererseits begann damals auch die Ausbeutung der Mitleid erregenden Kreaturen: Es gab Eltern, die von Stadt zu Stadt reisten, um ihr missgestaltetes Kind dem sensationslüsternen Volk gegen bare Münze vorzuführen, wie Conrad Lycosthenes (Conrad Wolfhart, 1518–1561) in seinem berühmten Werk über Wunderzeichen mitteilt.[15] Tommasino Lancellotti berichtet in seiner Chronik sogar von einer 1531 geborenen weiblichen Missgeburt, die unter der Obhut des Vikars des Bischofs von Ferrara stand und gegen Bezahlung besichtigt werden konnte.[16]

Erst in der zweiten Hälfte des 16. Jahrhunderts fängt man an, Monster unter einer anderen Perspektive zu betrachten, nämlich mit dem kühlen

Blick der aufstrebenden neuen Wissenschaft. In dem Maße, in dem man beginnt, die seltenen Erscheinungen aus der Wunderkammer der Natur zu klassifizieren, gewinnen sie eine neue Qualität. Sie verlieren zusehends ihren übernatürlichen Charakter als Zeichen und befördern vielmehr ein erweitertes Verständnis der Natur.

Zur Zeit von Nostradamus ist die prophetische Aneignung der missgestalteten Kreaturen, wie wir gesehen haben, zu einer literarischen Gattung angewachsen. Eine erstaunliche Anzahl von Autoren schreibt Flugblätter, kleine Abhandlungen und kurze Traktate. In ihnen wird über die Ankündigung von Katastrophen hinaus, die sich stets mit dem Erscheinen von Monstern verbanden, eine politisch-prophetische Analyse geboten, die sich an den jeweiligen Gliedern orientiert, die deformiert sind, fehlen oder überzählig sind: So geschah es mit den Monstern von Rom (1495), von Bologna (1514), von Freyberg in Sachsen (1522), von Castelbaldo (1525) und vor allem mit dem berühmten Monster von Ravenna (1512).

DAS MONSTER VON RAVENNA   Einen Höhepunkt erreichte die Welle der Deutungen von Vorzeichen 1512, als das so genannte «Monster von Ravenna» von sich reden machte.[17] Die Kreatur wurde wahrscheinlich am 6. März geboren, zu einem für den Heiligen Stuhl dramatischen Augenblick: Die Auseinandersetzungen zwischen Julius II. und dem französischen König Ludwig XII. hatten ihren Höhepunkt erreicht. Gaston de Foix (1489–1512), der General der französischen Armee und Neffe Ludwigs XII., hatte Bologna nur einen Monat davor von der Kirche wiedererobert. Beim schismatischen Konzil zu Pisa hatten sich die profranzösischen Kardinäle in offener Gegnerschaft zum Papst versammelt; aus Verachtung vor dem kriegslüsternen Pontifex wurde Michelangelos große Bronzestatue von Julius II. zerbrochen und eingeschmolzen, ihr Kopf auf die Piazza Maggiore gerollt. Die französische Armee zog gegen Brescia, nahm es ein und kreuzte abermals das Tal des Po, um auf Ravenna zu marschieren. In dieser Periode äußerster Spannungen wurde das Monster geboren. Der Gouverneur von Ravenna, Marco Coccapani, berichtete Julius sofort von der Missgeburt; er beschrieb die Kreatur und ließ ihm eine Zeichnung zukommen.

Der erste bekannte Bericht über das Monster von Ravenna erreichte Rom am 8. März 1512. Er stammt von dem römischen Chronisten Sebastiano di Branca Tedallini: Von einem Mönch und einer Nonne sei ein Monster geboren worden mit einem riesigen Kopf, einem Horn auf der Stirn und einem großen Mund. Auf der Brust trage es die drei Buchstaben YXV. Es habe ein Bein mit einer Klaue wie ein Teufel; das andere, menschliche Bein trage ein Auge. Wenige Tage danach beschreibt es Luca Landucci in Florenz nach einer Zeichnung, die wahrscheinlich in vielen Kopien bereits öffentlich ausgestellt wurde.

Überaus alarmierend war die Behauptung, das Wesen sei das Kind einer Nonne und eines Mönchs, damit die Frucht der Korruption des Klerus und die Vorankündigung des Antichrist. Die vernichtende Niederlage der Truppen der Liga gegen die Franzosen am 11. April 1512 bei der Schlacht von Ravenna, wo das Monster geboren wurde, bestätigte seine Bedeutung als Omen.

Noch im März erschien die erste «Reportage» über das Monster im Druck. Der Kreis der lateinischen Poeten um Giovanni Goritz und Angelo Colocci veröffentlichte ein kleines Werk, in welchem das Monster in einem prorömischen und antifranzösischen Sinn interpretiert wurde. Von Rom aus verbreitete sich die Kunde über das Monster in ganz Europa. In Frankreich veröffentlichte François Inoy am 18. September 1513 ein Pamphlet über das Ereignis zusammen mit einem prophetischen Text aus der *Prognosticatio* von Lichtenberger.[18] Das Monster als Ausdruck der verheerenden päpstlichen Politik spielte bei ihm keine Rolle. Es wurden starke Anstrengungen unternommen, den antiklerikalen Charakter des Monsters auszulöschen; stattdessen richtete man die Bedeutung der Missgeburt gegen Frankreich, wie in dem kleinen Werk *De monstro nato* von Giano Vitale, einem lateinischen Poeten am päpstlichen Hof.[19] Seiner Auffassung nach sei das monströse Wesen das Abbild der «heiligen Religion», die durch das von den Franzosen heraufbeschworene Schisma beim Conciliabulum in Pisa in ein schreckliches Monster verwandelt worden sei. Das Monster wird somit zum Instrument der politischen Propaganda.

Im Lauf der Zeit entstanden immer mehr Abbildungen des Monsters, die es in unterschiedlichen Varianten zeigten. Als es von Lycosthenes 1557 in seiner *Chronik der Wunderzeichen* (*Prodigiorum ac ostentorum chronicon*) in einem Holzschnitt dargestellt wurde, besaß es nur noch ein Bein und die Flügel eines Vogels. Offenbar vermischten sich verschiedene Überlieferungen und Traditionen, die zu den unterschiedlichen Darstellungen führten. Auch in einer Zeit, in der die Monster in der Wirklichkeit erschienen, waren sie in ihren mündlichen, schriftlichen und bildnerischen Ausformungen nicht vor der Imagination der Menschen gefeit.

Die Möglichkeiten, Monster zu Propagandazwecken einzusetzen, schienen unbegrenzt. Als am 7. März 1513 – vier Tage vor der Wahl von Papst Leo X. – ein weiteres Monster in Rom zur Welt kam, wurde es selbstverständlich sofort mit der Papstwahl in Verbindung gebracht. Gleichsam als Antwort auf das *De monstro nato* veröffentlichte ein anderer gelehrter Poet aus demselben Zirkel, Giovanni Battista Ruberti, genannt Pegaseo, sein *Monstrum apud Urbem natum*. Ruberti interpretierte die Missgeburt als Zeichen, dass unter Leo X. der Friede regieren würde. Julius' Zeitalter des Eisens folge nun Leos goldenes Zeitalter.

Wie man aus diesen Beispielen erkennt, ließen sich Omen ganz nach Gutdünken interpretieren: Sie stellten ideale Projektionsflächen der eigenen Hoffnungen und Befürchtungen dar. Die wenigsten, die über sie schrieben, hatten die Missgeburten und Monster gesehen. Sie zehrten von der eigenen Vorstellungskraft und unterwarfen sie ihren Absichten. Vor allem ließen sich die Monster politisch ausschlachten und propagandistisch einsetzen. Das war nur deshalb so effizient möglich, weil der Glaube an Monster als göttliche Vorzeichen so tief im Volk verwurzelt war, vom einfachsten Bauern bis in die höchsten Schichten der Gelehrten. Die Monster eigneten sich in ihrer prophetischen Ausdrucksweise als Vorzeichen in hervorragender Form, nicht allein um der Bestürzung über eine traumatische Situation Ausdruck zu verleihen, sondern auch als Diagnose der sozialen, kulturellen und politischen Lage. Die Auslegung der Monster war ein europäisches Phänomen, und so konnten Schmähschriften und Flugblätter, die sich ihrer bedienten, international eingesetzt werden.

Ausbreitung der prophetischen Motive

ARQUATOS UMSTURZ EUROPAS Ein interessantes Dokument im Hinblick auf das prophetische Werk von Nostradamus stellt das *Prognosticon de eversione Europae* («Prognosticum vom Umsturz Europas») von Antonio Arquato (oder Torquato) dar. Arquato, ein Arzt und Astrologe aus Ferrara, soll die Invasion Italiens durch die Franzosen ebenso vorhergesagt haben wie die verheerende Plünderung Roms durch die kaiserlichen Truppen 1527 mit der darauf folgenden Kontrolle weiter Teile Italiens durch die Spanier. Das *Prognosticon de eversione Europae* enthält Weissagungen von Ereignissen während des Zeitraums von 1480 bis 1540, erschien aber erst 1522 im Druck. Der sensationelle Charakter der Schrift war wohl für ihre Popularität verantwortlich. Einige der Voraussagen schienen recht gut auf Ereignisse der Zeit zu passen. Obwohl Arquato durch astrologische Überlegungen zu seinen Weissagungen gelangte, gibt er nirgends in seinen Schriften die Konstellationen und Himmelsereignisse an, die ihnen zugrunde liegen. Der *Umsturz Europas* ist von Inhalt und Anlage her ein Vorläufer der *Pro-*

phéties von Nostradamus, mit dem besonderen Unterschied, dass es sich bei Arquatos Schrift um einen Prosatext handelt. Der Aufsehen erregende Inhalt, der meist nur implizite astrologische Hintergrund, die weit gespannte Anlage und die Fülle an katastrophaler Thematik ähneln dem Werk von Nostradamus. Ob Nostradamus es gekannt hat, lässt sich nicht entscheiden: Eindeutige Entlehnungen sind nicht festzustellen. Das Buch erlebte mehrere Auflagen in der Zeit, in der sich Nostradamus intensiver mit Astrologie und Prophetie auseinander setzte. Es ist also durchaus möglich, dass der angehende Seher von Salon diese Prophezeiungen gelesen hatte. Aber handelte es sich wirklich um die Weissagungen des Antonio Arquato, die man in der ersten Hälfte des 16. Jahrhunderts in gedruckter Form lesen konnte?

Eine der ältesten Versionen der *Eversione Europae* ist in einem Manuskript aus dem frühen 16. Jahrhundert erhalten.[20] Erstaunlicherweise finden sich darin überhaupt keine Prophezeiungen, die über das Jahr 1507 hinausgehen: In diesem Jahr solle sich der Umsturz Europas ereignen. Die zentrale Aussage in dem frühen Manuskript bezieht sich auf eine Planetenkonjunktion und eine Mondfinsternis im Jahr 1504. Die Wirkung dieser Himmelsereignisse werde sich um das Jahr 1507 auf Erden entfalten, wenn es zum Niedergang der Osmanen komme, und zwar durch Kriege der Türken untereinander und mit dem Westen. Es ist deshalb wahrscheinlich, dass die ursprüngliche Prophezeiung vor 1504 abgefasst wurde. In dieser Version werden zudem Kriege in Afrika vorhergesagt, auch Venedig werde von Feinden besiegt und von Pestepidemien heimgesucht werden, ein mächtiger Prinz aus dem Norden bringe Krieg und Verwüstung. Schließlich solle die Pest in ganz Europa wüten, und riesige Überschwemmungen würden große Landstriche ersäufen. Zwischen Frankreich, England, Deutschland und Ungarn gebe es Krieg. In Rom würden einige Kardinäle vertrieben und ihre Güter konfisziert; mit der Zeit würden die Kirchenmänner aber ihren Wohlstand zurückgewinnen. Auf den Stuhl Petri gelange ein neuer Papst, der kein Italiener sei. Im Norden trete ein großer Häresiarch in Erscheinung, der mit Hilfe der Prinzen aus dem Norden die Menschen verführe, sich von der Papstkirche abzuwenden. All dies solle sich um 1507 ereignen.

Die Weissagungen waren für ihre Anhänger wohl zu faszinierend, um sie der Vergessenheit anheim zu stellen, nachdem das Datum verstrichen war, ohne dass die angekündigten großen Umwälzungen eingetreten wären. Der Text erlebte das Schicksal, das allen attraktiven Schriften dieses Genres widerfährt: Die anonymen literarischen Träger der prophetischen Tradition nahmen sich seiner an, korrigierten hier und da, strichen und fügten hinzu, wo es opportun erschien, und veränderten so den Text der Prophezeiungen. So wurden die Drangsale um den Untergang der Türken um dreißig Jahre verschoben, auf das Jahr 1538. Dann würde das Imperium der Osmanen zusammenbrechen, und in Konstantinopel würde ein christlicher Kaiser regieren. Man will einige «passende» Vorhersagen erkannt haben, als die Revolte Luthers in vollem Gang war und am 9. Januar 1522, zur Empörung und Enttäuschung der Römer, der Niederländer Adrian von Utrecht zum Papst gewählt wurde. Deshalb erschien die *Eversione Europae* in diesem Jahr zum ersten Mal mit entsprechend angepassten Änderungen in den Daten der Weissagungen im Druck.

DIE ANGST VOR DER GROSSEN FLUT   Es ist nicht unwahrscheinlich, dass solche weit verbreiteten prophetischen Texte wie die *Eversione Europae*, die detailliert auf große Umwälzungen Bezug nehmen, Nostradamus bekannt waren, wie er auch die Prognostik von Lichtenberger kannte. Sie fanden in einer Zeit ihre größte Verbreitung, als Nostradamus auf Reisen durch den Süden Europas war und auch Italien besuchte. Mit einem Phänomen wird er damals zweifellos konfrontiert worden sein, denn es beschäftigte über Jahre hinaus viele Autoren und führte zu einer regelrechten Massenhysterie. Die Rede ist von einer Sintflut, einem Verhängnis, das die Astrologen für das Jahr 1524 angekündigt hatten. Es ist ein Paradebeispiel, wie die Vermengung von Astrologie und Prophetie in die Gesellschaft des 16. Jahrhunderts hineinreichte und wie sie sich mit Politik und Religion und mit den ökonomischen Prozessen verband, die ihre Verbreitung möglich machten.

Schon 1499 hatte der Tübinger Astrologe Johannes Stöffler (1452–1531) zusammen mit Jacob Pflaum für den Februar 1524 zwanzig Konjunktionen, sechzehn allein in den Wasserzeichen, errechnet und damit die Vorstellung von der kommenden Sintflut in die Welt gesetzt:[21]

In diesem Jahr werden wir weder eine Finsternis der Sonne noch des Mondes sehen. Aber in diesem Jahr wird es Planetenpositionen geben, die erstaunenswert sind. Im Monat Februar werden nämlich 20 Konjunktionen stattfinden, kleine, mittlere und große, von denen 16 in einem Wasserzeichen sein werden, was für beinahe die gesamte Welt, für Klimata, Reiche, Provinzen, Besitztümer, Würdenträger, Vieh, Seetiere und alle Bewohner der Erde unzweifelhaft Umschwung, Wandel und Veränderung bedeutet, solcher Art, wie wir seit vielen Jahrhunderten von Historiographen oder unseren Vorfahren selten wahrgenommen haben. Erhebt eure Häupter deshalb, ihr christlichen Menschen.

Obwohl sie die Sintflut selbst keineswegs vorhergesagt haben, wurden in der Folge die angekündigten bedrohlichen Konjunktionen so ausgelegt. Zunächst bewegte die Auseinandersetzung um die Flut von 1524 in der Hauptsache die Köpfe in Italien und Deutschland. Die vorausgesagte Katastrophe wurde als Resultat von Sittenverfall, Verderbnis und Verirrungen in der Welt gedeutet und sofort zum Mittel religiöser und politischer Propaganda herangezogen. In dieser Zeit beteiligten sich über sechzig Autoren von Flugschriften an dem heiß diskutierten Thema; dabei standen einander die Lager der Papstgegner und der Reformationsgegner gegenüber.

In Italien hatte der bekannte Astrologe und spätere Bischof Luca Gaurico die Debatte um die Sintflut losgetreten. Seine Weissagungen enthielten die klassischen Motive, die nach mittelalterlichen Vorstellungen mit einer Flut einhergehen. Nach der Philosophie der vier Elemente des Albertus Magnus (1193–1280) gehören zu einer Flut nicht nur Wasser, sondern auch Erdbeben, Wirbelwinde und Feuer. All diese Naturkatastrophen kündigt Gaurico an. Dann trete der Pseudoprophet, der Antichrist, in Erscheinung.[22] Im Jahr 1524 würde es sieben Monate lang furchtbar kalt sein, mit eisigen Winden und enormen Schneemassen. Viele Gebäude würden zerstört werden. Danach folge die Sintflut, die nahezu ganz Europa bedecken werde. Wer dem Desaster entgehe, sei unerhörten Hungersnöten ausgesetzt; unter den Tieren entstünden Seuchen. Wenige der Menschen, die den Aszendenten in Jungfrau, Fische, Skorpion oder Krebs hatten, würden der Todesgefahr entgehen.[23]

Zahlreiche Pamphlete zur Flut erschienen in den Landessprachen, was zu ihrer raschen Verbreitung beitrug. Gelehrte kritische Werke konnten diesem Prozess keinen Einhalt gebieten: Diese Pamphlete waren sozusagen die Ahnen der Boulevardpresse. Auf den Titelseiten prangen reißerische, aufdringliche Bilder von Menschen, Tieren und ganzen Städten, die in den Fluten versinken. Auf einigen schwebt über der beklemmenden Szenerie ein riesiger Fisch, der das Tierkreiszeichen symbolisiert, in dem die beängstigenden Konjunktionen stattfinden, und aus dem sich die Wasserfluten ergießen. Manchmal ist auch eine Arche als letzte Möglichkeit der Rettung zu sehen; dann wieder werden bedrohliche Gestirne über den Wassermassen zusammen mit merkwürdigen Himmelserscheinungen gezeigt; auch das siebenköpfige große Tier der Apokalypse schwebt über einer Welt, die in die endzeitliche Zerstörung zu rasen droht. Die nachfolgenden Texte allerdings waren gewöhnlich beschwichtigend, was die Vorhersage der Katastrophe anbelangt.[24] Die Bilder und Titel hatten sich jedoch in den Köpfen der einfachen Leute festgesetzt. Sie speisten die populäre mündliche

Tradition und heizten die Panik und Hilflosigkeit an, angesichts der Antizipation einer Zerstörung ungeahnten Ausmaßes.

Den vulgären Astrologen reichten die sechzehn Konjunktionen in dem Wasserzeichen, um daraus das Gerücht von einer bevorstehenden Sintflut in die Welt zu setzen. Je näher das Datum rückte, desto mehr Schriften zu diesem Thema erschienen, und desto intensiver wurde die Flut mit dem Hereinbrechen der Endzeit verknüpft. Nun, da das Strafgericht in greifbare Nähe gerückt war, wuchs die Panik. In der Zeit von 1512 bis 1524 stieg die Zahl der Publikationen über die bevorstehende Katastrophe sprunghaft an und begann eine kollektive Angst zu erzeugen. Das ist nicht verwunderlich; die politische Lage gab zur Zuversicht wenig Anlass. In Pisa fand das umstrittene Conciliabulum statt, und es war die Periode der Italienischen Kriege. Luther verkündete seine Thesen; der Reichstag trat in Worms zusammen; Karl V. wurde zum Kaiser gewählt und sein Mentor Hadrian VI. zum Papst.

Nachdem das Datum für die Sintflut verstrichen war, ohne dass die Welt in die Katastrophe gestürzt war, kehrte unerwartet zwischen 1526 und 1535 Lichtenbergers *Prognosticatio* an die Spitze der Bestsellerliste in Deutschland zurück. Vier Ausgaben waren allein 1526 erhältlich, mindestens sechs in den beiden folgenden Jahren. Vielleicht griffen die Leser nun auf das bewährte, bekannte «Standardwerk» Lichtenbergers zurück, ein Handbuch mit brauchbarer Information aus berufenem Munde, während man sich von den sensationslüsternen aktuellen Weissagungen über die Sintflut, die ausgeblieben war, abwendete.[25] Auch nach dem Ausbleiben der Sintflut fühlte man sich jedoch nicht in Sicherheit. Die Angst blieb, zumal Gestirnskonstellationen nach Aussagen der Astrologen ihren Einfluss häufig erst Jahre oder Jahrzehnte später ausübten.

DAS *MIRABILIS LIBER* UND DIE PROPHEZEIUNG VOM GROSSEN MONARCHEN
Obwohl die Flutangst in der Hauptsache ein Propagandagefecht zwischen Italien und Deutschland war, kam sie auch im Heimatland von Nostradamus an. Sie traf dort auf ein neues intensives Interesse an astrologischen, an prophetischen Themen. Das europäische Phänomen der Ausweitung der astrologischen Kultur hatte Frankreich mit einer Verzögerung von 30 bis 40 Jahren im Vergleich zu Deutschland erreicht, wo diese Strömung bereits um 1480 Fuß gefasst hatte. Nun erhielt sie auch in Frankreich großen Auftrieb. Es ist sehr wahrscheinlich, dass Nostradamus um diese Zeit mit Astrologie und der Weissagung unheilvoller Ereignisse in Kontakt kam. Trotz Ausbleibens der Sintflut nutzten die Astrologen das neu erwachte Interesse

an ihrer Arbeit und die verbreiteten Befürchtungen aus und erzeugten in ihren Werken eine große eschatologische Angst.[26] Schon Jahrzehnte vor den Religionskriegen ging es mit der Stimmung in Frankreich bergab. Man fühlte sich in einer Zeit der Leiden, der Desaster, der Angst, eben in einer Endzeit.

Die Jahre 1524–1525 wurden auch in Frankreich als Jahre der Gefahr angesehen. Jenseits dieses Datums begann die namenlose Angst. Man erwartete das Auftreten eines falschen Propheten. Der Zerfall der religiösen Einheit, der sich auf der anderen Seite des Rheins vollzog, durchsetzte das religiöse Denken mit einem eschatologischen Bewusstsein. Die Angst, hervorgerufen durch Prognostica und Almanache für 1524, 1525 und die folgenden Jahre, wurde noch verstärkt durch Gerüchte, auch durch Kanzelpredigten. Diese Angst hatte eine grundlegende Bedeutung für Entwicklungen in der latenten Phase der französischen Reformation, die später in die Religionskriege mündete. Zweifelhafte Gestalten bemächtigten sich der literarischen Gattung der Almanache und Prognostica. Die Pariser Universität ließ Autoren von astrologischen Prognostica einsperren. Auch solche Maßnahmen fruchteten nicht. Die Produktion dieser Werke richtete sich nach den Gesetzen des Marktes. Die Nachfrage war zu groß, um die Flut eindämmen zu können.

Ein Indiz dafür, wie bekannt und verbreitet diese Art von Literatur war, ist das Erscheinen von satirischen Almanachen und satirischen Schriften über Almanachschreiber. In diesen wurden nicht nur die bisweilen äußerst banalen Weissagungen aufs Korn genommen, man machte sich auch über die zeitgemäße Mode der Sucht nach Neuigkeiten («nouvelles fresches») lustig. Solche Schriften machen nur Sinn, wenn die lächerlich gemachten Werke weithin bekannt sind.

Auf der Woge dieses neuen Interesses kam es in Frankreich zu einer sehr interessanten Entwicklung, als deren Höhepunkt das Werk des Nostradamus angesehen werden kann: Die Astrologie ging mit dem biblischen Prophetismus eine stilistische Fusion ein. Bei Pierre Turrel vernehmen wir die Idee, dass die Astrologen unmittelbar in den Bewegungen der Sterne den Logos zu erfahren trachten. Die judizielle Astrologie wird als eine «natürliche Theologie» verstanden. Oronce Finé (Orontius Finaeus, 1494–1555) will die Astrologie als Wissenschaft des menschlichen Lebens verstanden wissen, die dem Menschen ein Werkzeug an die Hand gibt, sich durch die Antizipation von schrecklichen Ereignissen vor dem Unglück zu wappnen und seine Ziele erreichen zu können.

Die Astrologie als Wissenschaft des Lebens wird ungemein weitläufig aufgefasst. Nichts, das mit dem Einfluss der Planeten in Zusammenhang steht, wird aus der Untersuchung des möglichen Menschen ausgeschlossen. Bei Richard Roussat, einem wichtigen Vorbild für Nostradamus, wird alles in astrologischem Zusammenhang gesehen, und alles kann prinzipiell berechnet werden.[27] Die Kalkulationen können dabei außerordentliche Ausmaße von Genauigkeit annehmen. Für Roussat sind selbst die Stunden wichtig, die beispielsweise herangezogen werden, um die richtige Zeit anzugeben, an denen eine Frau fruchtbar ist. Solche Vorstellungen können Nostradamus auf die Idee gebracht haben, wie in seinen *Prophéties* Einzelereignisse für einen sehr langen Zeitraum astrologisch festzulegen.

Mit raschen Schritten ging der Siegeszug der judiziellen Astrologie in Frankreich voran. 1542 erschien die erste von zahlreichen Editionen einer französischen Übersetzung des deutschen Bauernalmanachs unter dem Titel *La grande prognostication des laboreurs durant à tout jamais* und schwemmte in ihrem Kielwasser eine Flut von Almanachen auf den Markt. Es wurden so viele, dass sich Oronce Finé genötigt sah, sogar ein Handbuch über den Gebrauch der Almanache zu verfassen.

Als Frucht der Allianz von Prophetie und Astrologie erschien 1522 in Frankreich die erste bedeutende Sammlung von Prophezeiungen unter dem Titel *Mirabilis Liber*. Das Buch feierte sofort einen enormen Erfolg und fand weite Verbreitung, nicht zuletzt wohl auch deshalb, weil ein Teil der darin gesammelten Weissagungen – wenn auch ein geringer – auf Französisch und nicht in lateinischer Sprache abgefasst war.[28] Die Veröffentlichung des Werkes zeigt, auf welch großes Interesse Prophezeiungen damals stießen, und vor allem, welche Themen die französischen Leser interessierten.

Einen wichtigen Rang innerhalb der Sammlung nehmen Prophezeiungen ein, die das Kommen eines französischen Weltherrschers und eines ebenfalls französischen Engelpapstes verheißen. In seiner Vorrede listet der anonyme Kompilator über fünfzig Könige aus Europa, Asien und Afrika auf, die dem französischen König gehorchen würden. Er fährt fort mit dem Nachweis der Überlegenheit des Königs von Frankreich durch zahlreiche menschliche und göttliche Privilegien wie beispielsweise die Gabe, die Skrofeln zu heilen. Außerdem seien viele französische Könige Heilige gewesen, viele Päpste wären durch die Hilfe französischer Könige auf den Stuhl Petri gelangt, schließlich habe Gott im Jahr 1425 eine zwanzigjährige Jungfrau gesandt, die es vollbrachte, die Engländer zu besiegen.

Offenbar wurden die Prophezeiungen schon lange vor der Erstveröffentlichung gesammelt. Wie aus dem Vorwort zur ersten Auflage hervorgeht, sollten die Weissagungen den Versuch Franz' I. unterstützen, zum Kaiser des Heiligen Römischen Reiches gewählt zu werden. Als diese erste

Auflage 1522 erschien, war die Kaiserwahl längst Vergangenheit; Karl V. hatte drei Jahre davor das Rennen gemacht. Erst in der zweiten Auflage von 1523, die alle späteren Ausgaben kopieren, entfernte man diesen Teil. Was sollte man von angeblich prophetischen Texten halten, die ein offensichtlich falsches Ereignis vorhersagten, das die Geschichte bereits widerlegt hatte? Die Aufzählung der Überlegenheit der französischen Könige ließ man auch in den späteren Auflagen stehen. Sie war zwar ohne Konsequenz, zumal die Kaiserwahl entschieden war; dass sie dennoch im Vorwort verblieb, deutet auf den eminent patriotischen Charakter der Sammlung. Die Weissagungen richteten sich im Besonderen an das französische Volk. Über den Kompilator des *Mirabilis Liber* ist indes nichts bekannt. Zweifellos stammte er aus Frankreich; mag sein, dass er in der Gegend von Limoges lebte und dem Klerus angehörte, denn der geweissagte Engelpapst würde seiner Ansicht nach ausgerechnet aus der Diözese von Limoges kommen.

Auch auf Weissagungen aus dem 14. Jahrhundert, die einen künftigen französischen Weltherrscher ankündigten, griff der Kompilator des *Mirabilis Liber* zurück. Allen voran sind das die Texte von Jean de Roquetaillade (1310–nach 1365), Telesforo de Cosenza und die Päpsteweissagung *Vaticinia de summis pontificibus*. Das geheimnisvolle *Libellus*, in welchem von dem Engelpapst und seinen drei Nachfolgern prophezeit wird, verfasste Telesforo de Cosenza zwischen 1378 und 1386. Bei der Abschrift des Manuskripts, das ihm als Vorlage diente, nahm der Redakteur abermals einige kleinere Änderungen vor: Telesforo hatte das Auftreten des Großen Monarchen und des Engelpapstes für 1409 angekündigt; dieses Datum korrigierte der Redakteur zu 1520, und an einer Stelle, in der es heißt, diese beiden Gestalten würden zu Lebzeiten eines dritten Kaisers Friedrich erscheinen, fügte er hinzu «oder danach». Durch die Änderung des Datums auf 1520 sollte sich die Weissagung natürlich auf die Zeit der Kaiserwahl unmittelbar nach dem Tod Maximilians beziehen.

Die Rolle des Großen Monarchen spielt auch im *Compendium revelationum* von Girolamo Savonarola, das unter dem Titel *Revelatio de tribulationibus nostrorum temporum* («Offenbarung der Nöte unserer Zeiten») ebenfalls ins *Mirabilis Liber* Eingang gefunden hat, eine bedeutende Rolle. Savonarola schrieb sein Werk 1495, als Karl VIII. von Frankreich (1483–1498) in Italien weilte. Er berichtet darin von den Visionen, die Gott ihm zukommen ließ. Durch diese Visionen habe er das Kommen Karls als des neuen Kyros sowie die Reformation von Florenz und die künftige Erneuerung der gesamten Kirche ankündigen können. Der Umgang des Kompilators mit seinen Quellen ist typisch für die «Arbeit an der prophetischen Tradition»: Es genügen einige kleine Änderungen, und schon lässt sich eine alte Weissagung auf die jeweilige Gegenwart oder unmittelbare Zukunft anwenden. Daran hat sich über die Jahrhunderte nichts geändert.

Eine wichtige Rolle im *Mirabilis Liber* spielt die Bedrohung der Christenheit durch die Türken. Das Thema war bereits in der zweiten Hälfte des 15. Jahrhunderts akut. Immer häufiger tauchte es in prophetischen Texten auf. Hier nahmen die Türken die Rolle der Ungläubigen an, welche die Feinde im Endkampf gegen den guten und christlichen Großen Monarchen sein würden. Als die Bedrohung durch die Türken im 16. Jahrhundert immer bedrängender wurde, fühlten sich jene bestätigt, die solche Prophezeiungen ernst nahmen. Der Feind, das stand jedenfalls fest, war aus europäischer Sicht eindeutig ausgemacht. Was blieb, war die Hoffnung, der mächtige Herrscher möge bald in Erscheinung treten, um die Weissagung zu verwirklichen.

Im *Mirabilis Liber* und in einigen anderen prophetischen Texten verband sich mit dem Erscheinen des Weltherrschers auch die Furcht vor dem Ende. Seine Herrschaft würde zwar glorreich sein, aber kurz; danach trete der Antichrist in Erscheinung. Einig ist sich in diesem Punkt die prophetische Tradition keineswegs. Es gab andere Texte, die mit dem Erscheinen des *pastor angelicus* den Anbeginn eines Millenniums der Erneuerung vor der Wiederkunft Christi erwarteten. Auch in den Päpsteweissagungen gibt es keine Übereinstimmung hinsichtlich des Zeitpunktes, an dem der Antichrist in Erscheinung treten soll, und ob es nach ihm noch Päpste geben wird und wenn ja, wie viele es sein werden.

Unter dem wenigen astrologischen Material im *Mirabilis Liber* fand die berühmte und weithin bekannte *Prognosticatio* von Lichtenberger Aufnahme. Die in französischer Sprache abgefassten Prophezeiungen im *Mirabilis Liber* entnahm der anonyme Publizist den *Prophécies de Merlin*. Sie stammen von einem unbekannten, wohl italienischen Autor aus dem späten 13. Jahrhundert und wurden erstmals 1498 in Paris in drei Bänden gedruckt. Diese Weissagungen von großer Obskurität waren ursprünglich dem erzählerischen Werk über das Leben Merlins, *Estoire de Merlin*, beigefügt. Trotz ihrer Unverständlichkeit erfreuten sich die alten Prophezeiungen Merlins außerordentlicher Popularität. Wir haben hier einen stilistischen Vorläufer der Schriften von Nostradamus: Die Undurchdringlichkeit von Prophezeiungen lässt sie noch interessanter erscheinen. Sie verleihen dem Autor den Anschein, eine Art Eingeweihter zu sein, jedenfalls einer, der ein besonderes Verständnis für das hat, was sich dem menschlichen Geist nicht ohne weiteres erschließt.

Nostradamus kannte und studierte das *Mirabilis Liber*; er entnahm ihm zahlreiche Anregungen. Wie wir gesehen haben, stützte er sich auf das *Compendium revelationum* von Savonarola, um seine Art der prophetischen Sendung im *Widmungsbrief an César* zu beschreiben. Ebenso griff er auf Ideen aus der *Prognosticatio* von Lichtenberger zurück. Möglicherweise hat er den *Prophécies de Merlin* – bewusst oder unbewusst – Anregungen für seinen undurchdringlichen Stil entnommen. Der ganze französische Teil der Prophezeiungen im *Mirabilis Liber* ist von besonderer Obskurität und mag Nostradamus dazu animiert haben, ähnlich verdunkelnd mit seinem ehrgeizigen Weissagungsprojekt vorzugehen. Vielleicht haben ihm diese Texte auch nur gezeigt, auf welche Weise es möglich ist, merkwürdigen Visionen sprachlichen Ausdruck zu verleihen, ohne die Vieldeutigkeit, mit der sie den Erlebenden selbst verblüffen, aufgeben zu müssen.

Jedenfalls waren die Übereinstimmungen zwischen den Weissagungen von Nostradamus und jenen von Lichtenberger und Merlin schon sehr früh aufgefallen, sodass sich der Drucker Pierre Chevillot aus Troyes entschloss, seiner Ausgabe von Nostradamus' *Prophéties* von 1611 eine «Sammlung von Prophezeiungen und Offenbarungen» (*Recueil des prophéties et révélations*)[29] anzufügen. Es handelt sich dabei um die vollständige französische Übersetzung der *Prognosticatio* von Lichtenberger sowie einen Extrakt aus den *Prophécies de Merlin*, die beide dem *Mirabilis Liber* entnommen wurden.

NOSTRADAMUS: SPRACHROHR DER PROPHETISCHEN TRADITION   Viele Gelehrte bewegten sich in der geistig hoch gespannten Zeit der Reformation auf dem unsicheren Grenzgebiet zwischen biblischer Prophetie und Astrologie. Mit Hilfe der mathematischen Wissenschaft versuchte man festzustellen, welche Weltstunde im göttlichen Heilsplan geschlagen habe. Nostradamus war ein Erbe dieser Tradition in einer Epoche, als es immer deutlicher wurde, dass sich das Rad der Zeit nicht mehr zurückdrehen ließ. Die Reformation konnte nicht mehr rückgängig gemacht werden. Aber die Spannungen, die durch die Spaltung der Kirche entstanden und allenthalben zu gewalttätigen Auseinandersetzungen führten, ließen jene Schwarzseher nicht verstummen, die diese Ereignisse als Symptome und Vorboten des Weltendes diagnostizierten.

Die hier dargestellten Entwicklungen und Überlieferungen sind an Nostradamus nicht spurlos vorbeigegangen. Während der langen Jahre seiner Wanderschaft wurde er mit ihnen konfrontiert. In Italien hat er ohne Zweifel von den Weissagungen über die große Flut erfahren, verfolgte die nicht enden wollenden Kriege zwischen den verfeindeten christlichen Herrschern und dem Papst, hörte von der Plünderung Roms und den damit in Verbindung stehenden Prophezeiungen, dem Erscheinen von unheilvollen Kometen und von ominösen Monstern.

In Frankreich erlebte er den unglaublichen Aufstieg der Astrologie, als Sternendeuterei und Weissagung allgegenwärtig waren, um Interpretationen in einer unsicheren Epoche bereitzustellen. Sie erschienen als probate Mittel, Geschichte erfassen und auf sie propagandistisch einwirken zu können. Astrologie und Prophetie waren auf verschiedenste Weise ineinander verstrickt und nicht von der Deutung sowohl von allerlei Vorzeichen am Himmel und in der Natur als auch von monströsen Geburten zu trennen. Begründet durch astrologische Erwägungen oder göttliche Inspiration wurden die großen Themen aus dem klassischen Bestand an prophetischen Motiven stets aufs Neue transportiert, je nach Perspektive den lokalen und globalen politischen Gegebenheiten angepasst. Gekleidet in symbolische und allegorische Bilder, dunkle Rätsel und verschleierte Hinweise, erreichten die wiederkehrenden Motive die Menschen: Epidemien und Naturkatastrophen als Strafgericht Gottes, die Verderbnis der Kirche mit ihren Symbolen in dem Papst und der heiligen Stadt Rom, die Bedrohung des Abendlandes durch Barbaren und Menschen eines falschen Glaubens aus dem Osten, die Erwartung des Engelpapstes und mit ihm der Reform und Erneuerung der Kirche, das Kommen eines Großen Monarchen als Endzeitkaiser usw.

Auf dieser Folie breitet Nostradamus sein Panorama der Schicksalsgeschichte der Menschheit aus. Nostradamus steht mitten in dieser Tradition, lässt sich von ihr inspirieren, und sein Erfolg wird von ihr getragen. Seine Themen sind dieselben, aber bei ihm ändert sich die Art der literarischen Präsentation. Die erzählerische Form verschwindet fast vollständig, die Frage nach den Inhalten des Glaubens tritt in den Hintergrund, auch der Duktus des mahnenden Strafpredigers ist ihm fremd. Die Weissagung wird zusehends profan, nimmt Abstand von den erhabenen spirituellen und moralischen Zielen und ergeht sich in anschauliche Details, die bislang unbekannt waren. Vor allem aber schlüpft sie in das Gewand einer absonderlichen, befremdlichen und faszinierenden Poesie, die sich wie ein manieristisches Stenogramm zu historischen Ereignissen liest.

DRITTER TEIL

LES PROPHÉTIES ODER DIE ANATOMIE DER ZEIT

Was die himmlischen Bilder weissagen,
muss auch eintreten.

Nostradamus, *Horoskop des Prinzen Rudolf*

Gebrauchsanweisung für die Zenturien

DAS ALTER DER ERSTEN AUSGABEN   Die *Prophéties* von Nostradamus gehören bis in die Gegenwart zu den am meisten interpretierten Werken der
Weltliteratur. Es ist zweifellos das Buch mit der eigentümlichsten Erfolgs-
geschichte, das die unterschiedlichsten Auslegungen erfahren hat. Vor
Nostradamus wagte kaum jemand eine Prognostik, die weit in die Zukunft
reichte. Der protestantische Astrologe Johannes Carion (1499–1537) war
einer von wenigen, die ein Prognosticum auf astrologischer Basis für zehn
Jahre veröffentlicht haben. Prinzipiell stellte eine längere Prognostik kein
Problem dar, wenn sie vollkommen auf astrologischen Berechnungen basierte; diese konnte man beliebig fortsetzen. Aber die Autoren hatten
schnell die Bedürfnisse ihrer Leser begriffen. Was weit in der Zukunft lag,
interessierte wenig. Die Zeiten waren äußerst bewegt, und das allgemeine
Empfinden in der Bevölkerung war stark von einer apokalyptischen Unter-
strömung geprägt. Fern lag es, an ein Übermorgen zu denken, wenn das
Morgen derart unsicher war. Ängstlich und sensationslüstern schielte man
nach dem, was das kommende Jahr bringen mochte – nach den Epidemien,
Hungersnöten, Kriegen und Naturkatastrophen vor allem.

Nostradamus bediente dieses Interesse mit seinen Almanachen, doch er
wagte sich mit seinen *Prophéties* weit darüber hinaus. Ich werde in der Folge
Vierzeiler aus den *Prophéties* untersuchen, deren Sinn sich bei aller äußer-
lichen Undurchdringlichkeit erschließen lässt, wenn man sich ihnen mit einer natürlichen Leseweise nähert, die Quellen aufdeckt, aus denen Nostradamus schöpfte, seine gelehrten Anspielungen demaskiert und für das
Verständnis von schwer verständlichen Vokabeln und Redewendungen sein
gesamtes Werk – die Almanache, die Briefe, die Horoskope – heranzieht.
Natürlich können wegen des Umfangs des Œuvres nur ausgewählte Quatrains beispielhaft besprochen werden.

Alle wichtigen historisch-kritischen Arbeiten, etwa von Pierre Brind'
Amour, Roger Prévost und Jacques Halbronn, gehen davon aus, dass Nostradamus in seinen Versprophezeiungen vor allem historische Ereignisse
der Vergangenheit, auch der unmittelbaren, verarbeitet hat; der Rest sei auf
seine literarische Einbildungskraft zurückzuführen. Die Frage einer möglichen präkognitiven Vorwegnahme künftiger Geschehnisse wird überhaupt nicht gestellt. Wenn Nostradamus auch Ereignisse seiner unmittelbaren Gegenwart verarbeitet hat, wie vielfach behauptet wird, ist es wichtig
festzustellen, wann die in Frage kommenden Weissagungen zum ersten Mal
veröffentlicht wurden. Prévost kommt bei seiner Untersuchung beispiels-

weise zu vielen Lösungen, in denen der Prophet Geschehnisse während der religiösen Bürgerkriege seit den 1560er Jahren verarbeitet habe, und geht davon aus, dass die entsprechenden Vierzeiler erst danach verfasst worden sein können.

Die Frage nach der Erstveröffentlichung lässt sich nicht einfach beantworten. Das hängt zum einen mit dem Erfolg von Nostradamus zusammen: Er brachte es mit sich, dass früh viele Plagiate, Collagen aus seinen Werken und Fälschungen unter seinem Namen zirkulierten; vor allem seine Almanache wurden in dieser Weise schamlos ausgebeutet und gefälscht. Zum anderen gehört es zum Umgang mit prophetischen Schriften, dass diese oft vordatiert wurden, um sie als solche erscheinen zu lassen. Man muss also nach dem wahren und nicht nach dem auf dem Titel angegebenen Veröffentlichungsjahr fahnden. Ein zusätzliches Problem bereitet die Tatsache, dass die Quatrains der *Prophéties* nicht alle auf einmal publiziert wurden, sondern in zumindest drei Etappen. Die komplizierte Publikationsgeschichte kann hier nur in aller Kürze zusammengefasst werden.

Die Ausgabe mit dem frühesten Publikationsdatum trägt als Erscheinungsjahr 1555.[1] Sie erschien bei Macé Bonhomme in Lyon und enthält die kompletten ersten drei Zenturien sowie 53 Quatrains der vierten Zenturie. Folgen wir weiter den Jahreszahlen in den Büchern, stoßen wir auf zwei Ausgaben von 1557, die bei Antoine du Rosne, ebenfalls in Lyon, erschienen. Eine dieser Ausgaben trägt das Datum 3. November 1557 und enthält die Zenturien 1 bis 5 komplett, die Zenturie 6 mit 99 und die Zenturie 7 mit 40 Quatrains, was insgesamt 639 Quatrains ausmacht. Von den drei bekannten Drucken unterscheidet sich einer von den beiden anderen. Er befindet sich in der Universitätsbibliothek von Utrecht in den Niederlanden, trägt das Datum 6. September 1557 und besteht aus 642 Quatrains. Vielleicht handelt es sich bei den Antoine-du-Rosne-Ausgaben um Raubkopien: Hinweise darauf sind der grobe Holzschnitt auf dem Titelblatt, das Fehlen einer Druckerlaubnis und zahlreiche typographische Fehler. Dennoch spricht nichts dagegen, dass 1557 der zweite Teil der Zenturien veröffentlicht wurde. Zwischen den Ausgaben von 1555 und 1557 soll es drei weitere Veröffentlichungen gegeben haben; darüber existieren aber nur noch schriftliche Hinweise.

Zwei Jahre nach dem Tod von Nostradamus erschien 1568 bei Benoist Rigaud in Lyon die erste erhaltene Gesamtausgabe der *Prophéties*, einschließlich der kompletten Zenturien 8 bis 10 und des ihnen vorangestellten Widmungsbriefs an König Heinrich II. Diese Veröffentlichung umfasst insgesamt 942 Quatrains. Die siebente Zenturie blieb unvollständig. Laut der Angabe in verschiedenen Drucken aus der Mitte des 17. Jahrhunderts existierte eine erste Gesamtausgabe mit allen zehn Zenturien bereits im Jahr 1558. Vielfach wird bezweifelt, ob es diese Ausgabe jemals gab. Für sie spricht allerdings die Datierung des Widmungsbriefes an Heinrich II. vom 27. Juni 1558, der die drei letzten Zenturien einleitet.

Stimmen die Daten auf den Veröffentlichungen, oder sind sie, wie manche Forscher wie Jacques Halbronn und Roger Prévost meinen, in Wahrheit viel später erschienen und nur vordatiert worden? Prévost will den Nachweis erbringen, dass die *Prophéties* insgesamt in Wahrheit erst frühestens in den 1560er Jahren erschienen sein können, da Nostradamus darin Themen aus der Geschichte der Religionskriege verarbeitet habe. Als Beweis führt er das Schweigen der Kritiker ins Feld, die sich ausschließlich auf die Almanache von Nostradamus stützten. Prévost behauptet, weder in der 1560 erschienenen Schmähschrift von Antoine Couillart noch in der 1558 veröffentlichten derben Kritik von Laurens Videl würden sich Hinweise auf die *Prophéties* finden.[2] Um seine These zu retten, unterschlägt Prévost eine andere Arbeit von Couillart, auf die ich bereits eingegangen bin, *Les prophéties du Seigneur du Pavillon lez Lorriz*, die bereits 1556 erschienen war. Darin macht sich der Autor im Stil der burlesken Almanache eines Rabelais über sehr charakteristische Passagen im *Widmungsbrief an César* lustig. Auch Laurens Videl kritisiert in seinem Werk von 1558 ausführlich verschiedene Abschnitte aus dem *Brief an César*.

Die frühe Existenz der ersten Zenturien bestätigt ihr Autor selbst. In seinem Werk über die Mondfinsternis vom September 1559, das 1558 veröffentlicht wurde, bezieht er sich auf eines seiner Werke, das er die «Interpretation der zweiten Zenturie meiner *Prophéties*» nennt.[3] Das setzt voraus, dass die zweite Zenturie damals bereits veröffentlicht war, wenn es sogar eine Interpretation dazu geben soll. Das Buch über die Mondfinsternis ist indes sicher nicht vordatiert, weil es zu dem aktuellen Thema nur vor dem Ereignis erscheinen konnte. Außerdem nahm darin Nostradamus zu den ganz aktuellen Angriffen seiner Gegner Stellung. Damit steht außer Frage, dass der erste Teil der *Prophéties* tatsächlich 1555 veröffentlicht wurde.

Der Widmungsbrief eines gefälschten Nostradamus-Almanaches für 1563 durch Barbe Regnault an Franz von Lothringen, Herzog von Guise (1519–1563), der sich als eine exzellente Nachahmung des nostradamischen Stils erweist, enthält mehrere Entlehnungen aus dem *Excellent & moult utile opuscule* und dem *Brief an César*. Darin gibt es aber auch einen sehr interessanten Passus, in dem der unbekannte Fälscher schreibt, die Weissagung stamme von der Raserei («foureur») und der natürlichen Eingebung («naturel instinct»). Dieser Bezug der Weissagung zum «naturel instinct» tritt im *Brief an César* niemals auf, aber im *Widmungsbrief an Heinrich II.* erscheint er gleich dreimal. Hier besitzen wir ein erstes Indiz dafür, dass die Gesamtausgabe der *Prophéties* mit dem *Brief an Heinrich II.* schon spätestens 1562 vorgelegen hatte. Der venezianische Gesandte Michele Soriano bezieht sich in einer Depesche vom 20. November 1560 auf den Quatrain 39 der zehnten Zenturie.[4] Dieses wertvolle historische Dokument führt uns zu der Annahme, dass die letzten Zenturien sogar noch früher erschienen sind und nicht erst nach dem Tod des Autors in der ersten bekannten Gesamtausgabe von 1568. Sie sind wohl noch 1558 veröffentlicht worden, unmittelbar nach dem Datum für die Beendigung des *Widmungsbriefes an Heinrich II.*

Nach Prévost evoziere der Quatrain C 4.44[5] aus der Erstausgabe von 1555 den Beginn der religiösen Auseinandersetzungen im Südwesten aus dem Jahr 1562, die dazu führten, dass Blaise de Monluc in die Region gesandt wurde.[6] Nachdem wir zweifelsfrei festgestellt haben, dass dieser Vierzeiler schon 1555 publiziert war, müssten wir davon ausgehen, hierin einen Beweis für die präkognitiven Fähigkeiten von Nostradamus zu besitzen. Brind'Amour konnte allerdings nachweisen, dass es sich bei den Ereignissen in dem fraglichen Vierzeiler vielmehr um die so genannte Salzsteuer-Revolte aus dem Sommer 1548 in der Gegend von Bordeaux handelt. Im Wunsch, in jedem Quatrain ein korrespondierendes Ereignis aus der Vergangenheit zu finden, kann man es sich indes nicht wie Prévost zu leicht machen und die *Prophéties* allesamt erst in die späten 1560er Jahre datieren. Das stimmt schlicht nicht mit der Evidenzlage überein.

Ein weiteres Beispiel bietet Jacques Halbronn. Auch er geht von der Auffassung aus, dass die *Prophéties* von Nostradamus erst später erschienen sind, als die Jahreszahlen auf den frühesten Veröffentlichungen vorgeben.[7] Er will eine Reihe von Quatrains ausgemacht haben, die eindeutig politische Positionen und Propaganda aus der Zeit der Heiligen Liga zwischen 1588 und 1593 enthalten; sie seien von katholischer Seite gegen die Hugenotten eingefügt worden. Eine Charakteristik zur Zeit der Liga sei das Erscheinen von prophetischen Texten in den von der Liga kontrollierten Städten, die sich dem Haus Lothringen gegenüber gewogen zeigten, und jene aus den Städten unter dem Einfluss des Königs Heinrich von Navarra, die der protestantischen Propaganda dienten. Auf dieser Folie analysiert Halbronn die Veröffentlichungen von prophetischen Texten allgemein und insbesondere der *Prophéties* von Nostradamus in den verschiedenen Städten. Er kommt zum Schluss, dass in vier bestimmten Quatrains gegen die Anhänger der Protestanten und des Herzogs von Navarra polemisiert wird.

Doch Halbronn bleibt uns den Beweis für diese angeblichen polemischen Inhalte schuldig. Er stützt sich auf einen einzigen Vers C 4.46.2:

«Hüte dich, Tours, vor deinem baldigen Untergang!» («Garde toy, Tours, de ta proche ruine!»). Tours stand auf Seiten Heinrichs von Navarra, und die Anhänger der Liga hätten diesen und die anderen Quatrains eingefügt, um die Hugenotten anzugreifen. Das ist eine sehr dünne Beweisführung, vor allem, wenn man den Rest des Vierzeilers ins Auge fasst. Da ist sogar von London die Rede und von Nantes und Reims in einem kaum zu entschlüsselnden Zusammenhang. Offensichtlich hat Halbronn im «Hüte dich, Tours» seine Signalworte erkannt; um diese Worte entspinnt er seine These von der Aneignung der nostradamischen Prophetie durch die Liga. Auch in anderen Zenturien, vor allem in der siebenten und in den letzten drei, will er die Handschrift der Liga erkennen. Sein Fazit: Alle bekannten Ausgaben vor 1588 seien vordatiert und in Wahrheit erst über dreißig Jahre später entstanden. Halbronn lässt aber immerhin die Möglichkeit zu, dass es andere, unbekannte Ausgaben der *Prophéties* von 1555, 1557 und 1560 gab. Jene hingegen, die heute noch erhalten sind, enthielten Quatrains, die erst in der Zeit der Liga verfasst wurden, und sie müssen deshalb als vordatierte Exemplare betrachtet werden.

Wenn die Anhänger der Liga die vorhandenen, aber nicht mehr auf uns gekommenen Fragmente der *Prophéties* zur Hand hatten, sie schließlich mit propagandistischem Material anreicherten, veröffentlichten und in vordatierten Ausgaben unter die Leute brachten, stellt sich die Frage, warum sie das in so unbrauchbarer Weise getan haben sollten. Bevor Jacques Halbronn seine Untersuchung vorlegte, hatte niemand in den herausgestellten Vierzeilern die Handschrift der Liga erkannt. Welchen Wert kann prophetische Propaganda besitzen, wenn ihr Sinn nicht zu erkennen ist? Wirkung entfaltet sie nur, wenn die intendierte Bedeutung zu den Lesern transportiert wird; nur so funktionierten die Umgestaltungen und Einfügungen in prophetische Texte über die Jahrhunderte hinweg. Der angebliche Bezug zur Liga ergibt sich nur unter dem Blickwinkel des Gelehrten und seiner These. Kein Leser wäre je darauf gekommen. Welche Wirkung könnte Werbung besitzen, deren Botschaft unerkannt bleibt?

DER LIEBHABER DER STERNE Nostradamus begann die Arbeit an seinen prophetischen Texten, nachdem sein Interesse für die Astrologie erwacht war. Er bezeichnete sich selber als «Astrophile» – einer, der die Sterne liebt. Ohne Astrologie gäbe es keine Almanache, aber auch nicht die *Prophéties*. Man muss die *Prophéties* wie einen Almanach auf eine unbestimmte Zeit lesen, und wie ein Almanach seine astrologische Basis hat, so begegnet uns in den *Prophéties* ständig die Astrologie. Während die Schlussfolgerungen in

einem Almanach für gewöhnlich ausschließlich auf Grund von Gestirnskonstellationen getroffen werden und die zugrunde liegenden Aspekte
meist angegeben werden, liegen die Dinge in den *Prophéties* anders. In den
wenigsten Fällen gibt Nostradamus die exakte Konstellation an. Der Grund
liegt in der Struktur des Textes. Es handelt sich um Poesie, und dabei wäre
es ermüdend, wenn der Autor immer versuchen würde, die jeweilige astrologische Berechnung in seine Lyrik einfließen zu lassen. Außerdem wollte
er, wie er in seiner Vorrede an César deutlich macht, die Zeiten verschleiern, auf die sich seine Weissagungen beziehen; astrologische Angaben
könnten so spezifisch ausfallen, dass ein bestimmtes Ereignis sich zeitlich
exakt lokalisieren ließe. Zuletzt hat er auch umständlich dargetan, dass die
Astrologie *und* seine prophetischen Eingaben die Basis seiner Vierzeiler bilden. Er schöpft mithin nicht alle Ideen aus der Deutung der Gestirne.

Wenden wir uns zunächst einmal einigen Quatrains in den *Prophéties* zu,
die ihre astrologische Herkunft nicht verbergen:

C 10.67
Le tremblement si fort au mois de may,
Saturne Caper, Iupiter, Mercure au boeuf:
Venus aussi, Cancer Mars, en Nonnay
Tombera gresle lors plus grosse qu'un oeuf.

Paraphrase: Ein großes Beben wird im Monat Mai stattfinden, während
sich Saturn im Steinbock, Jupiter, Merkur und Venus im Stier und Mars
im Krebs befinden. Dann werden in Annonay Hagelkörner fallen, größer
als ein Ei.

Ein untypischer Vierzeiler für die *Prophéties*, noch ganz im Stile der Almanache, in denen meteorologische Prognosen einen wichtigen Teil einnehmen. Die genauen Positionsangaben der Planeten lassen ziemlich genau
den Zeitpunkt eingrenzen, auf den sich die Aussage bezieht: Es ist der Mai
des Jahres 1549. In Italien werden in diesem Monat in Messina auf Sizilien
sowie in Kalabrien und in Savona Erdbeben registriert. Es ist durchaus
möglich, dass Nostradamus selber Zeuge des Erdbebens von Savona gewesen ist, denn in diesem Jahr bereiste er Norditalien und hielt sich länger in
Savona auf. In Montélimar, unweit von Annonay – die Wahl dieses Ortes bei
Nostradamus geht auf das Konto des Reimes –, soll ein Monat später ein
schrecklicher Hagelsturm niedergegangen sein.

C 10.50
La Meuse au jour terre de Luxembourg,
Descouvrira Saturne & trois en l'urne:
Montaigne & plaine, ville, cité & bourg,
Lorrain deluge, trahison par grand hurne.

Paraphrase: [An der] Maas bei Tageslicht auf Luxemburger Boden, wenn
Saturn mit drei [anderen Planeten] im Wassermann stehen wird. Auf den
Bergen und in der Ebene, in den Städten und Dörfern wird es in
Lothringen eine Überschwemmung geben. Ein Großer wird in diesem
Jahr einen Verrat begehen.

Saturn befand sich in den Jahren 1520 bis 1523 und 1550 bis 1553 im Wassermann. Im Februar 1523 waren indes noch drei weitere Planeten in diesem Zeichen versammelt: Sonne, Jupiter und Venus. In diesem Jahr fanden
in Lothringen große Überschwemmungen statt. Der Verrat des Großen bezieht sich wohl auf den Konnetabel Karl von Bourbon, der sich dem Lager
Karls V. anschloss und sich anschickte, in die Provence einzufallen. Es gibt
allerdings noch eine leicht abweichende Schreibweise der zweiten Zeile in
einer Ausgabe der *Prophéties* von 1607. Da heißt es statt «& trois» «en trois»
– ein kleiner Unterschied mit großer Wirkung, wie häufig bei Nostradamus. In diesem Fall hieße es, der Saturn steht auf 3 Grad im Wassermann.
Das war der Fall im April und Dezember 1520 sowie im Januar, September
und Oktober 1550.

C 5.91
Au grand marché qu'on dict des mensongiers,
Du tout Torrent & champ Athenien:
Seront surprins par les chevaux legiers,
Par Albanois: Mars, Leo, Sat. en Versien.

Paraphrase: Im großen so genannten Markt der Lügner, im Athenischen
Feld, durch das der Sturzbach fließt, werden sie von einer leichten
Kavallerie von Albanern überrascht. Mars im Löwen, Saturn im
Wassermann.

Der Ausdruck «im Markt der Lügner» findet sich bei Hippokrates und seinem Kommentator Galen und steht für den Markt der Gauner in Athen.
Nostradamus hatte während seiner medizinischen Ausbildung die Texte gelesen – ein Buch von Galen hat er wie gezeigt sogar übersetzt –, und hier

führt er die Redewendung als eine Reminiszenz daran ein. Das Athenische Feld bezeichnet die Attische Ebene, durch die der Cephisus fließt. Nostradamus beschreibt eine Invasion der Attischen Ebene durch eine albanische Kavallerie zu einem Zeitpunkt, an dem Mars im Löwen und Saturn im Wassermann stehen. In allen Ausgaben steht «un Versien», was Brind'Amour zu der Auffassung verleitet hat, Saturn stehe auf 1 Grad Wassermann. Ich habe zu «*en* Versien» (im Wassermann) verbessert, weil Nostradamus in den *Prophéties* gewöhnlich keine exakten Gradangaben der Planetenpositionen liefert.

Ein anderer astrologischer Vierzeiler:

C 8.49
Saturne au boeuf Jove en l'Eau, Mars en Fleiche,
Six de Fevrier mortalité donra:
Ceux de Tardaigne à Bruge si grand breche,
Qu'à Ponteroso chef Barbarin mourra.

Paraphrase: Saturn im Zeichen Stier, Jupiter im Wassermann, Mars im Schützen. Der 6. Februar bringt den Tod. Jene aus dem Tardenois schlagen bei Brügge eine große Bresche, wenn bei Ponteroso der Führer der Barbaren sterben wird.

Um welchen 6. Februar mag es sich handeln? Nach Wöllner gibt es zwischen 1555 und 3797 nur ein Datum, auf das die Konstellation mit Saturn im Stier, Jupiter im Wassermann, Mars im Schützen passt: der 6. Februar 1736.[8] Davor hat der 6. Februar 1499 diese Konstellation aufzuweisen. Aber meinte Nostradamus die Planetenstellung exakt für diesen Tag oder nicht vielmehr für das Jahr, in dem eine solche Konstellation stattfindet, an dem der 6. Februar todbringend sein würde? Nostradamus muss das Jahr 1559 im Kopf gehabt haben; da befanden sich Mitte Februar tatsächlich Saturn im Stier, Jupiter im Wassermann und Mars im Schützen. Für den Februar dieses Jahres vermerkt Nostradamus in seinem Almanach für 1559, dass der Tod mehrere «ehrenhafte Personen» dahinraffen wird.[9] Tatsächlich starben 1559, wie J. A. de Thou in seiner *Histoire de son temps* (1604–1608) zu berichten weiß, viele wichtige Persönlichkeiten, freilich nicht alle im Februar.

Prévost vermutet, die vierte Zeile des Quatrains beziehe sich auf den Pfalzgrafen Otto Heinrich von Bayern, der am 12. Februar 1559 in Rosenheim verstarb. Ponteroso wäre dann eine französische Form des lateinischen Namens für Rosenheim, *Pons Oenii*, und der Führer der Barbaren («chef Barbarin») müsste als eine verunstaltete Form für einen Führer der

Bayern herhalten.[10] Diese Erklärung scheint mir sehr weit hergeholt zu sein. Die Lösung liegt – wie so oft bei Nostradamus – näher, als man vermutet. Ponteroso ist der mittelalterliche Name einer berühmten Brücke bei Itero im spanischen Baskenland. Mit ihren elf Bögen war sie eine der schönsten und größten Brücken ihrer Zeit; heute heißt sie Puente de la Mula oder Ponte Fittir. Sie liegt auf einem der bekanntesten Pilgerwege, die nach Santiago de Compostela führen. Bevor der Pilger nach Itero und zur Brücke Ponteroso gelangt, kommt er durch Villafranca, San Juan de Ortega, Burgos, Olmillos und Castrojeritz. Im unmittelbar vorangehenden Quatrain C 8.48 beschreibt Nostradamus ausführlich diesen Pilgerweg nach Santiago und erwähnt viele Orte, die auf ihm liegen. Ponteroso ist also ein Rückblick auf den vorangegangenen Vierzeiler. In einem sprunghaften Wechsel ist in unserem vorliegenden Quatrain von einem Einfall eines Heeres aus dem Tardenois nach Brügge die Rede, zu einer Zeit, wenn an der Brücke Ponteroso ein Führer der Barbaren umkommen wird.

In vielen Quatrains begegnen uns die astrologischen Hinweise als Datierung der beschriebenen Ereignisse, etwa «Saturn und Mars im Löwen, Spanien gefangen» (C 5.14.1 «Saturn & Mars en Leo Espagne captifve»), «Die beiden Unheilvollen im Skorpion vereint» (C 1.52.1 «Les deux malins de Scorpion conjoints») – gemeint ist eine Konjunktion von Mars und Saturn im Skorpion –, «Im Jahr, in dem Merkur, Mars und Venus rückläufig[11] sind» (C 4.97.1 «L'an que Mercure, Mars, Venus retrograde») usw.

Ein anderes Beispiel:

C 4.86

L'an que Saturne en eau sera conioinct,
Avecques Sol, le Roy fort puissant,
A Reims & Aix sera receu & oingt,
Apres conquestes meurtrira innocens.

Paraphrase: Im Jahr, in dem Saturn und Sonne in Konjunktion im Wasser stehen, wird der starke und mächtige König in Reims und Aix empfangen und gesalbt werden. Nach Eroberungen wird ein Unschuldiger sterben.

Mit dem Wasser, in dem die Konjunktion von Sonne und Saturn stattfindet, ist aller Wahrscheinlichkeit nach das Zeichen Wassermann gemeint, in dessen Namen («verseau») das Wort «eau» (Wasser) steckt. Freilich kann auch ein Wasserzeichen gemeint sein (Krebs, Skorpion, Fische). Welches Ereignis verbindet Nostradamus mit dieser Konjunktion? Die Weihen für die französischen Könige und die deutschen Kaiser fanden zur Zeit von Nostradamus in Reims und in Aix-la-Chapelle statt. Kann Nostradamus mit dem starken und mächtigen König einen künftigen Herrscher im Auge gehabt haben, dem es gelingen wird, beide Reiche zu vereinen? Aber wollte der Prophet wirklich auf ein künftiges Ereignis verweisen? Nachdem die Provence im Oktober 1486 dem französischen Reich einverleibt wurde, war es Sitte, eine doppelte Krönung vorzunehmen, in Reims und in Aix-en-Provence.[12] Der starke und mächtige König, den Nostradamus im Sinn hatte, war Karl VIII., und die Eroberungen, von denen die Rede ist, beziehen sich auf seinen Zug nach Italien in den Jahren 1494 und 1495, als ihn Savonarola in seinen inspirierten Predigten als neuen Kyros begrüßte. Mit dem Unschuldigen, der sterben musste, mag der türkische Prinz Zizim gemeint sein, den wahrscheinlich Papst Alexander VI. im Frühjahr 1495 vergiften ließ. Tatsächlich fand im März 1495 eine Konjunktion von Sonne und Saturn im Zeichen Fische statt.

Zwei grundsätzliche Konstruktionselemente der Quatrains lassen sich aus diesen Beispielen verdeutlichen: Zunächst die astrologische Angabe, die einen Zeitpunkt bestimmt, zum anderen ein historisches Ereignis, das zu diesem Termin in Beziehung gesetzt wird. Die Betonung liegt auf einem *historischen* Ereignis. Nostradamus erscheint hier nicht als Prophet, sondern als Historiker! Er ist ein ehrlicher Chronist seiner Zeit, der hie und da, wie in seinen Almanachen, die großen Ereignisse seiner Gegenwart mit vergleichbaren Geschehnissen in der Vergangenheit zusammenstellt. Wird die Weltgeschichte als ein System von zyklisch wiederkehrenden Epochen und Ereignissen aufgefasst, dann lassen sich ähnliche Entwicklungen auch in der Zukunft erwarten. Als redlicher Verwalter dieser Anschauung setzt Nostradamus seine Berichte ins Futur und macht aus dem Stenogramm des Vergangenen die Präfiguration des Künftigen. Die Astrologie bietet den Rahmen, der die Erwartungen rechtfertigt: Sie gründet auf einer Lehre der zyklischen Wiederkehr. Im Weltbild der Entsprechungen zwischen himmlischen und irdischen Dingen galt es allein die Konstellationen auszumachen, die der Theorie zufolge mit bestimmten Begebenheiten korrespondieren, um Geschichte nicht bloß als «wie es eigentlich gewesen» (Leopold von Ranke) zu betrachten, sondern gleichsam *sub specie aeternitatis* (vom Gesichtspunkt der Ewigkeit) als Schicksalsgeschichte der Menschheit.

Wie schwierig es bisweilen ist, die astrologischen Anspielungen von Nostradamus richtig aufzulösen, kann anhand von C 1.31 gezeigt werden:

C 1.31

Tant d'ans les guerres en Gaule dureront,
Oultre la course du Castulon monarque:
Victoire incerte: trois grands couronneront:
Aigle, coq, lune, lyon, Soleil en marque.

Paraphrase: Viele Jahre nach dem Reich des Königs von Kastilien werden
die Kriege in Gallien andauern. Drei Mächtige werden sich die Krone
eines unentschiedenen Sieges aufsetzen: der Adler, der Hahn, der Mond,
der Löwe, die Sonne werden sich bemerkbar machen.

Der König von Kastilien ist Karl V., dessen Devise «noch weiter» (lateinisch
plus ultra) im «oultre» des Verses anklingt. Die Kriege in Frankreich würden noch viele Jahre nach seiner Herrschaft andauern. Der Adler ist das bekannte Symbol für das Heilige Römische Reich und der Hahn dasjenige für
Frankreich. Nostradamus kommt auf diese Symbolik zurück, wenn er von
«Schwäche dem Adler und Kraft wird dem Hahn erwachsen» (C 8.4.4 «Foi-
blesse à l'Aigle, & force au Coq naistra») spricht, und zwar in einem Quatrain, in dem er sich auf die misslungene Kampagne Karls V. gegen Franz I.
in Südfrankreich im Jahr 1536 bezieht. Unklar ist, wer mit dem Löwen gemeint ist; es kann sich um Venedig, Florenz, England und andere Staaten
handeln, die den Löwen im Wappen führen. Die Lösung des Quatrains ist
keinesfalls eindeutig. Man kann die letzten beiden Zeilen auch verstehen
als: Auf Grund eines unentschiedenen Sieges werden drei Mächtige dem
Adler und dem Hahn die Krone aufsetzen, während sich der Mond im Zeichen Löwe befindet und die Sonne in einem – hier nicht lösbaren – Aspekt
dazu steht. Auch verschiedene astrologische Zuordnungen zu Mond und
Sonne sind möglich, aber nicht eindeutig. So wurden der Hahn und der
Löwe astrologisch der Sonne zugeordnet. Vielleicht ließ sich Nostradamus
auch von der im *Mirabilis Liber* aufgenommenen Prophezeiung *Prophetia
sancti Severi archiepiscopi* inspirieren. Die Prophezeiung wurde dem heiligen
Severus, einem Märtyrer des frühen 4. Jahrhunderts aus Ravenna zugeschrieben, entstand aber erst im 15. Jahrhundert. Darin ist die Rede davon,
dass während eines schrecklichen Krieges und großer Drangsal ein «großer
gallischer Löwe den Adler überwinden wird». Gemeint war natürlich die
Hoffnung auf einen französischen Weltmonarchen. Wenn man Hahn und
Löwe bei Nostradamus als zusammengehörig liest, könnte damit dieser
«gallische Löwe» gemeint sein. Damit sind wir unmerklich von der Astrologie in die politische Prognostik und Propaganda gelandet.

DIE ROLLE DES GROSSEN MONARCHEN   Halten wir uns für einen Augenblick bei dem Weltmonarchen auf, der selbstverständlich auch in den *Prophéties* in prominenter Position auftritt:

C 6.70
Un[13] chef du monde le grand Chyren sera,
Plus outre apres aymé, craint, redouté:
Son bruit & loz les cieux surpassera,
Et du seul tiltre Victeur fort contenté.

Paraphrase: Ein Herrscher der Welt wird der große Chyren sein. «Noch
weiter», danach geliebt, gefürchtet, erschreckend: Sein Ruf und Ruhm
wird den Himmel übertreffen, und er wird sich mit dem einzigen Titel
«Sieger» begnügen.

Chyren (oder Chiren) ist das Anagramm für Henric, wie man den Namen
Henri (Heinrich) im provenzalischen Dialekt der Heimat von Nostradamus
schrieb. Der Vierzeiler ist ein Lobgesang auf König Heinrich II. Frech bemächtigt sich Nostradamus hier in aller Klarheit der Devise Kaiser Karls V.
(«noch weiter»)[14] und schreibt sie nun seinem König zu. In seinen Augen ist
er der auserwählte Herrscher der Welt, der geliebt und gefürchtet werden
wird, dessen Autorität aber so überzeugend sein wird, dass er sich allein mit
dem Titel eines Siegers zufrieden geben wird – ein schmeichelhafter Quatrain zweifellos, der sich auch durchaus zur prophetischen Auslegung eignete. Als Nostradamus diesen Teil seiner Zenturien verfasste, war einer der
Söhne des Königs, ebenfalls mit Namen Heinrich, etwa fünf Jahre alt. Es
war durchaus möglich, dass er einmal auf den Thron gelangen würde, wenn
er auch nach seinen Brüdern Franz und Karl erst an dritter Stelle in der
Thronfolge stand.

C 4.34
Le grand mené captif d'estrange terre,
D'or enchainé au roy CHYREN offert:
Qui dans Ausonne, Millan perdra la guerre,
Et tout son ost mis à feu & à fer.

Paraphrase: Der Führer eines fremden Landes wird gefangen und mit
goldenen Ketten gefesselt dem König Chyren <Heinrich> dargeboten,
jener, der in Italien, in Mailand, den Krieg verlieren wird und dessen
gesamte Truppe niedergemetzelt werden wird.

Feldzüge gegen Mailand gehörten seit Generationen zum festen Programm der Italienpolitik der französischen Könige. Es wurde periodisch eingenommen und wieder verloren. Berühmte Schlachten fanden vor den Toren Mailands statt, wie jene von Marignano, bei der Franz I. 1515 die Stadt von den eidgenössischen Truppen erobern konnte. Dieser militärische Erfolg wurde mit großem Erstaunen aufgenommen, denn die Schweizer Söldner hatten als unbesiegbar gegolten. Es erging Franz I. indes wie seinem Vorgänger: Auch er verlor Mailand wieder und erschöpfte sich in endlosen kriegerischen Auseinandersetzungen mit Karl V. Nun verspricht Nostradamus seinem König Heinrich II. einen glorreichen Sieg über Mailand und die Gefangennahme des kaiserlichen Gouverneurs von Mailand, Ferrante Gonzaga, Marquis de Guastalla. Er lässt den gefangen genommenen Gouverneur nach antikem Vorbild vor ihm defilieren. In Rom war man um theatralische Auftritte nie verlegen: Man führte die unterlegenen Heerführer und Könige mit goldenen Ketten gefesselt am Triumphwagen des siegreichen Generals vorbei.

Anscheinend begann Nostradamus, nach den verheerenden Niederlagen des Königs gegen die Kavallerie Philipps II. bei Saint-Quentin im August 1557 und von Gravelingen im Jahr darauf, an der weltumspannenden Rolle Heinrichs II. als siegreichen Großen Monarchen, die er ihm zugedacht hatte, zu zweifeln. Die beiden zitierten Weissagungen aus den Almanachen und die Quatrains C 6.70 und C 4.34 entstanden alle vor dem Jahr 1557, also vor den schweren militärischen Misserfolgen, die zum Frieden von Cateau-Cambrésis (1559) führten, bei dem Heinrich auf seine Eroberungen in Italien verzichten sowie Gebietseinbußen an Frankreichs Süd- und Ostgrenze mit dem Verlust von Savoyen, Bugey, Bresse, Thionville, Damvillers, Montmédy usw. hinnehmen musste. In den erst später verfassten Quatrains der Zenturien 8 bis 10 ist nicht mehr in so überschwänglichen Worten von Chyren als dem großen Weltherrscher die Rede.

Warum verwendet Nostradamus das Anagramm Chyren oder Chiren für Heinrich und stützt sich auf die provenzalische Form Herric? Brind'Amour hat dazu eine wichtige Beobachtung gemacht.[15] Die alten Weissagungen über den großen Weltherrscher sahen in ihm eine Wiedergeburt von Karl dem Großen, französisch Charlemagne. In ihnen hieß es, der Name des künftigen Weltregenten würde mit C oder K beginnen; diese Prophezeiung findet sich auch in den *Prophécies de Merlin*, die im *Mirabilis Liber* als Extrakt Eingang gefunden haben.[16] In dieser Tradition stehend sah Savonarola in seinen Prophezeiungen im *Mirabilis Liber* ebenfalls einen großen König mit der Initiale K als Wiedergeburt eines antiken Weltmonarchen mit gleicher Initiale: Karl VIII. als der neue Kyrus.

Aber Nostradamus macht es seinen Lesern nicht einfach. In manchen Vierzeilern bezeichnet er Heinrich II. als Selin oder Endymion. Seit 1536 war Diane de Poitiers (1499/1500–1566) Heinrichs Mätresse. Diana war der Name der römischen Mondgöttin. In Griechenland nannte man sie Selene, und ihr Liebhaber war Endymion. Heinrich II. als Liebhaber von Diane de Poitiers wird darum als Selin («der Mondgöttin zugehörig») oder Endymion bezeichnet. Das Emblem für Diane de Poitiers war ein zunehmender Mond über Bergen. In seinem Wappen trug Heinrich drei Mondsicheln, und seine Devise lautete: *Donec totum impleat orbem* («So lange, bis er die ganze Welt ausfüllt»). Gemeint ist im übertragenen Sinn das Bild des zunehmenden Mondes, der allmählich den gesamten Kreis ausfüllt, oder wie man auf Latein dazu sagte: *luna impletur*, der Mond wird voll.

Dem «grand Endymion» begegnen wir in C 2.73.4, von Selin ist häufig bei Nostradamus die Rede, und an einer Stelle macht er es auch für die Begriffsstutzigen deutlich, wie Chiren, Selin und das Emblem der Mondsichel beziehungsweise des Halbmonds zusammenhängen. Dort heißt es: «Durch die Mondsichel des großen Chiren Selin» (C 6.27.2 «Par le croissant du grand Chiren Selin»).

C 4.77
Selin monarque l'Italie pacifique,
Regnes unis par Roy Chrestien du monde:
Mourant voudra coucher en terre blesique,
Apres pyrates avoir chassé de l'onde.

Paraphrase: Der Seline Monarch <Heinrich> wird Italien befrieden, die Reiche werden vereint werden durch den christlichen Herrscher der Welt. Sterbend möchte er in der Erde von Blois begraben werden, nachdem er die Piraten vom Meer vertrieben hat.

Der Vierzeiler steht in Zusammenhang mit C 4.34, in dem Heinrich als großer Sieger über Mailand dargestellt wird. Hier hat er nunmehr Italien befriedet und als christlicher König der Welt die Reiche vereint. Auch gelingt es ihm, die barbarischen Völker des Ostens, die die Meere unsicher machten («pyrates»), zu vertreiben. «Terre blesique» meint die Erde um Blois in der Grafschaft Blésois, eine bedeutende königliche Residenz im 16. Jahrhundert. Die lateinischen Bezeichnungen von Blois lauteten *Blesa*, *Blesense castrum* oder *Blesensis urbs*. Nach seinen Erfolgen wird Heinrich in der Erde von Blois begraben werden wollen; auch dieser Vers wurde vor 1557 verfasst und atmet noch den Pathos, die Glorie und die utopischen Hoffnungen, die

Nostradamus mit Heinrich II. als Weltherrscher verband. Ganz anders und merkwürdig geschwächt tritt uns derselbe «selin monarque» in einem erst später, unter dem Eindruck der Niederlagen entstandenen Quatrain entgegen:

C 10.58
Au temps du dueil que le selin monarque
Guerroyera le ieune Aemathien:
Gaule bransler, perecliter la barque,
Tenter Phossens au Ponant entretien.

Paraphrase: Zur Zeit des Leids, wenn der Seline Monarch <Heinrich> den jungen Aemathianer bekämpfen wird, wird Gallien wanken, das Boot <der Papst und die Kirche> wird gefährdet sein. Die Leute von Marseille werden auf die Probe gestellt werden, mit jenen des Westens wird es Verhandlungen geben.

Hier wird Heinrich II. als *selin monarque* im Jahr 1557 in seinem Kampf gegen den König von Spanien, Philipp II., dargestellt. Philipp war damals 30 Jahre alt, und Nostradamus bezeichnet ihn mit einer humanistischen Anspielung als Aemathianer. Der entsprechende Aemathianer der Antike ist natürlich Philipp von Mazedonien: Der alte Name für Mazedonien lautete Aemathia oder Emathia. Nostradamus betrachtete Philipp von Mazedonien als Ahnherrn der Habsburger-Kaiser, wie aus seinem Horoskop für den Prinzen Rudolf von Habsburg hervorgeht.[17] Mit dem gefährdeten Boot meint Nostradamus das «Boot des heiligen Petrus», also die Papstkirche und das Papsttum. Vergleichsweise spricht er an anderer Stelle von dem «Fischerboot» (C 1.4.3 «Lors se perdra la piscature barcue») oder von einem, der «das Boot und seinen Mantel» – gemeint ist die Kirche und der Papst, bezeichnet durch den Chormantel («cappe») – segnen wird (C 5.78.4 «Qu'un benira le Barque & sa cappe»), und ein weiteres Mal spricht Nostradamus von «dem Boot, das schismatisch wird», also von einem Schisma, einer Kirchenspaltung (C 6.22.3 «La barque alors deviendra scismatique»). Tatsächlich wurde 1557 Rom durch die spanischen Truppen bedroht, und Frankreich erlebte großes Leid nach einem militärischen Desaster bei Saint-Quentin. In diesem Jahr erfolgte auch die überstürzte Rückkehr des Herzogs von Guise nach Marseille. Nostradamus spielt auf dieses Thema noch einmal an:

C 8.54
Soubs la couleur du traicté mariage,
Fait magnanime par grand Chyren selin:
Quintin, Arras recouvrez au voyage,
D'espagnols fait second banc maclin.

Paraphrase: Unter dem Vorwand des Hochzeitsvertrags, großzügig vom großen Chyren Selin <Heinrich> arrangiert, werden Saint-Quentin und Arras auf Reisen wiedererlangt. Mit den Spaniern gibt es ein zweites Gemetzel <wörtl. eine zweite Schlachtbank>.

In diesen merkwürdig verschroben formulierten Zeilen erinnert Nostradamus an das Gemetzel von Saint-Quentin, bei dem die Spanier 1557 den Franzosen eine empfindliche Niederlage beibrachten, und an den darauf folgenden Friedensschluss von Cateau-Cambrésis. Der Friede bestätigte Spaniens Hegemonie in Europa. Die vom großen Chyren eingefädelte Hochzeit meint natürlich die nach dem Friedensschluss arrangierte dynastische Heirat zwischen der Tochter Heinrichs II., Elisabeth von Valois, mit dem siegreichen spanischen König Philipp II.

C 10.53
Les trois pellices de long s'entrebatron*t*,
La plus grand moindre demeurera à l'escoute:
Le grand Selin n'en sera plus patron,
Le nommera feu pel*l*e blanche routte.

Paraphrase: Die drei Länder <wörtl. drei Felle> werden lang gegeneinander kämpfen. Das größte wird geringer, aber es wird auf der Lauer bleiben. Der große Selin <Heinrich> wird nicht mehr sein Schutzherr sein. Er wird ihn verstorben nennen, und [sie wird] mit der weißen Kleidung brechen.

Die Situation, die hier dargestellt wird, ist das Resultat eines langen Kampfes zwischen drei «Fellen» im Sinne von drei Uniformen: Frankreich, Spanien und England. Beim Frieden von Cateau-Cambrésis wurde Frankreich als stärkste Macht erniedrigt, das dennoch «auf der Lauer bleiben» wird. Nur drei Monate nach dem Friedensschluss verstarb Heinrich und war «nicht mehr der Schutzherr» Frankreichs. Das Adjektiv «feu» vor einer Person zeichnet diese als verstorben aus. Der Ausdruck «er wird ihn verstorben nennen» («le nommera feu») bezieht sich auf den rituellen Ausruf beim Tod eines Königs: «Der König ist tot. Es lebe der König!» Bei der Beerdigung Heinrichs II. war es dem Konnetabel Anne de Montmorency vorbehalten, dreimal diesen Spruch auszurufen. Ein Novum führte Katharina von Medici ein: Zum ersten Mal brach sie mit der Tradition, nach der die Königinwitwen weiße Trauerkleidung trugen – sie war ganz in Schwarz zur Trauerfeier erschienen.[18]

Es wäre nicht Nostradamus, wenn er nicht Begriffe verwenden würde, die mehrere Bedeutungen annehmen können, um die sich sicher wähnenden Leser zu verunsichern. Selin bezieht sich nämlich nicht ausschließlich auf Heinrich. Mit diesem Namen bezeichnet er bisweilen auch einen Führer der Osmanen, deren Hoheitszeichen bekanntlich auch eine Mondsichel ist:

C 6.78
Crier victoire du grand Selin croissant:
Par les Romains sera l'Aigle clamé,
Ticcin, Millan et Genes y consent,
Puis par eux mesmes Basil grand reclamé.

Paraphrase: Der Sieg über den großen Selin [mit dem Zeichen] des Halbmondes wird ausgerufen. Von den Römern wird der Adler <Karl V.> herbeigerufen. Pavia, Mailand und Genua stimmen zu, dann wird von ihnen selbst der große Basileus gefordert.

Nostradamus erinnert in diesem Vierzeiler an die Einnahme von Tunis, jene Expedition im Jahr 1535, die Karl V. persönlich anführte. Der Kaiser, der die Türken besiegt, wird mit dem Emblem des Adlers bezeichnet. Als Sieger über die Ungläubigen wird Karl in einem Triumphzug in Rom gefeiert. Als Bild für den Sieg gegen den Herrscher des Ostens bringt Nostradamus das Ereignis in Verbindung mit einem Triumph über das alte oströmische Reich, und deshalb wird Karl der byzantinische Kaisertitel *Basileus* zuteil. Die zeremoniellen Empfänge fanden anschließend tatsächlich, wie bei Nostradamus festgehalten, in den Städten Norditaliens statt.

In einem weiteren Selin- und Chyren-Quatrain erscheint ein Mann mit krausem schwarzem Haar oder Bart – eine Figur, die bei Nostradamus mehrfach wiederkehrt. Er ist ein Synonym für einen grausamen Eroberer vom Typus eines Piraten:

C 2.79
La barbe crespe & noire par engin
Subjuguera la gent cruele & fiere.

Le grand CHYREN ostera du longin
Tous les captifs par Seline baniere.

Paraphrase: Der Mann mit dem schwarzen krausen Bart wird durch
Hinterlist das grausame und stolze Volk unterwerfen. Der große Chyren
wird alle Gefangenen aus der Kloake befreien durch sein Banner mit der
Mondsichel.

Hier präsentiert uns der Prophet wieder einmal eine Formulierung, die
zwei gegensätzliche Schlussfolgerungen zulässt. Der letzte Vers könnte darauf hindeuten, dass es sich um Gefangene unter dem Banner mit der
Mondsichel handelt, also um Gefangene der Türken. So löst Prévost den
Quatrain und sieht im großen Chyren Karl V. als Befreier von Tunis.[19] Das
macht indes keinen Sinn, zumal Chyren das Anagramm von Henri ist und
nur von Henri sein kann. Zweifellos hat sich Nostradamus an der Befrei-
ungsaktion Karls inspiriert, die in der christlichen Welt großen Eindruck
hinterlassen hat. Aber er hat sich diese Heldentat gleichsam für sein in die
Zukunft projiziertes Bild des großen französischen Monarchen Heinrich
angeeignet: Es ist Heinrich II., der mit seinem Banner mit der Mondsichel
die Gefangenen des Mannes mit dem schwarzen krausen Bart buchstäblich
aus dem größten Dreck befreien wird. In der Hand der Barbaren befinden
sich im übertragenen Sinn alle Christen in der «Kloake», und nur ein bedeutender, von Propheten verheißener Herrscher vermag sie nicht nur zu
befreien, sondern gleichsam zu reinigen.
    Der Mann mit dem schwarzen krausen Haar taucht auch in Zusammen-
hang mit den italienischen Kriegen auf, vor denen Nostradamus seine
Landsleute warnt:

C 3.43
Gens d'alentour de Tarn, Loth, & Garonne,
Gardez les monts Apennines passer:
Vostre tombeau pres de Rome & d'Anconne,
Le noir poil crespe fera trophée dresser.

Paraphrase: [Ihr] Leute aus der Gegend von Tarn, Lot und der Garonne,
hütet euch davor, die Berge des Apennins zu überschreiten. Eure Gräber
liegen bei Rom und Ancona, der Mann mit dem schwarzen krausen Haar
wird ein Siegeszeichen errichten lassen.

Die Kriege zwischen Frankreich, Spanien, dem jeweiligen Kaiser des Heiligen Römischen Reichs und den Päpsten um die Vorherrschaft in Italien, die zwischen 1494 und 1559 stattfanden, kosteten unzähligen Franzosen das Leben. Unter den Königen Karl VIII., Ludwig XII., Franz I. und Heinrich II. wurden immer wieder Heere aufgestellt in der Hoffnung, endlich die entscheidenden und dauerhaften Siege zu erringen. Es gab Erfolge, aber auch zahlreiche bestürzende Niederlagen, wie etwa das verheerende Desaster Franz' I. bei Pavia 1525.

C 2.72
Armée Celtique en Italie vexée,
De toutes pars, conflict & grande perte:
Romains fuis, ô Gaule repoulsée!
Pres du Thesin, Rubicon pugne incerte.

Paraphrase: In Italien wird die keltische <französische> Armee von allen Seiten angegriffen; es wird eine Auseinandersetzung und große Verluste geben. Die Römer geflohen, o Gallien zurückgeschlagen! In der Nähe des Ticinus, [am] Rubicon, wird es einen unentschiedenen Kampf geben.

Thesin ist eine Form für *Ticinum*, den antiken Namen der Stadt Pavia, oder – was wahrscheinlicher ist – für *Ticinus*, den Fluss, an dem Pavia liegt. Eindeutig nimmt der Prophet hier Bezug auf die blutige Schlacht von Pavia, bei der Kaiser Franz I. von den kaiserlichen Truppen gefangen genommen wurde. In der Tat wurde das französische Heer von allen Seiten angegriffen; es gab enorme Verluste, und die Franzosen wurden dort zurückgeschlagen.[20] Die Erwähnung der «geflohenen Römer» im dritten Vers könnte eine Anspielung auf die Allianz Franz' I. mit Papst Clemens VII. sein, der sie kurz nach der Schlacht von Pavia aufkündigte und sich dem Lager des Kaisers anschloss. Aber Nostradamus formuliert so geschickt, dass wieder zwei Ebenen entstehen. Er verwendet hier den alten Namen *Ticinus*, weil dieser Fluss durch eine andere Schlacht, den Sieg Hannibals über die Römer im September 218 v. Chr., Berühmtheit erlangte. Dazu passen die sonst wie ein Fremdkörper wirkenden beiden Worte «Romains fuis» («die Römer geflohen») bestens. Betrachten wir den Bericht wie einen Kurzfilm, so haben wir es hier mit einem kurzen Schnitt in die Vergangenheit zu tun, der das Vorbild einer verheerenden Schlacht am gleichen Ort evoziert. Eine weitere Szene ruft Nostradamus durch die Erwähnung des Rubicon in der letzten Zeile in Erinnerung; er ist als eine Art Signalbegriff im Sinne eines «Schicksalsflusses» eingefügt. Als Cäsar 49 v. Chr. den Fluss Rubicon überschritt, soll er den berühmten Ausspruch getan haben: «Der Würfel ist gefallen» (*alea iacta est*). Damit begann der Bürgerkrieg gegen Pompejus. Nostradamus meint, als Franz I. den Fluss *Ticinus* überschritt, war das sein Rubicon. Es gab kein Zurück mehr, der Würfel war gefallen.

MASKEN DER HELDEN UND SCHURKEN Bedeutende Persönlichkeiten werden in den prophetischen Werken von Nostradamus gewöhnlich nicht beim Namen genannt. Meistens verbirgt er sie hinter Symbolen oder er spricht etwa nur von einem Prinzen oder einem großen Herrn. Ein «chef» kann ein Herrscher, Heerführer oder eine andere führende Persönlichkeit sein. Bisweilen werden die auftretenden Personen durch Farben gekennzeichnet. Den «Schwarzen» haben wir bereits kennen gelernt. Es begegnet uns auch der «rote Gegner» oder häufig einfach der «Rote», mit dem meist ein Kardinal oder der Papst gemeint ist, wegen der roten Soutane. Der «blaue Kopf» und der «weiße Kopf» bezeichnen durch die Farbe ihrer Turbane Machthaber aus dem Osten. Andere werden durch antike Gestalten oder Figuren aus der Mythologie bezeichnet.

Eine dieser mythologischen Figuren ist Neptun, der Gott des Meeres. In den Almanachen verwendet Nostradamus die Bezeichnung «Neptun» fast ausschließlich für einen Flottenadmiral, wobei aus dem Kontext hervorgeht, auf welchen Admiral er anspielt. Aus dem einleitenden Quatrain für das gesamte Jahr im Almanach für 1555 geht der Zusammenhang eindeutig hervor;[21] es ist übrigens einer der wenigen Quatrains, in denen bedeutende Persönlichkeiten namentlich genannt werden:

La mer Tyrrhene, l'Ocean par la Garde
Du grand Neptun & ses tridens soldars.
Provence seure par la main du grand Tende.
Plus Mars Narbon[22] l'heroiq de Vilars.

Paraphrase: Das Tyrrhenische Meer, der Ozean [ist sicher] durch die Bewachung des großen Neptun und seiner Soldaten mit den Dreizack-Lanzen. Die Provence ist sicher durch die Hand des großen Tende und auch Narbonne durch den heldenhaften de Villars.

In den letzten beiden Versen hat Nostradamus Claude de Tende und dessen Bruder Honorat de Savoie, Marquis von Villars und Herzog von Tende und Sommerive (1511–1580), ein Denkmal gesetzt. Seit der Einladung an den Hof im Sommer 1555, die durch einen Brief von Katharina von Medici an den Herzog von Tende erfolgte, zählte dieser zu den engsten Freunden und Beschützern des Propheten.

Zu Beginn führt Nostradamus den Baron de La Garde in seiner Funktion als Beschützer der Meere mit einem eleganten und nahe liegenden Wortspiel ein: Sein Name «Garde» bedeutet «Wache», «Bewachung». Antoine Escalin des Aymars, Baron de La Garde, genannt «Folin», «Poulin» oder «Paulin», war 1542 Gesandter des Königs an der Hohen Pforte, dem Hof der Osmanen. Gemeinsam mit dem Baron d'Oppède, Jean Maynier, war er für das Massaker an den Waldensern von Mérindol, Cabrières, Lurmarin und anderen Orten im Luberon im Jahr 1545 verantwortlich. Nach einem langen und berühmten Prozess wurde er 1552 freigesprochen und avancierte zum Admiral der königlichen Galeeren. In dieser Eigenschaft singt Nostradamus das Loblied des Helden der Meere, dem er den Namen des Meergottes Neptun gibt.

Der Baron de La Garde zählte ebenso zu den Schutzherren des Propheten. Aus Briefen wissen wir von Einladungen bei La Garde und dass ihm der Admiral ein Astrolabium zum Geschenk machte.[23] Nostradamus widmet ihm seine Übersetzung der *Paraphrase von Galen*. Im Widmungsbrief vom Februar 1557 vergleicht er La Garde ebenfalls mit Neptun.[24] In einem Vierzeiler der *Prophéties* paraphrasiert Nostradamus seinen eigenen Jahresquatrain aus dem Almanach für 1555:

C 2.59
Classe Gauloyse par apuy de grand Garde,
Du grand Neptune & ses tridens souldar:
Ronsgée Provence pour sostenir grand bande:
Plus Mars Narbon par javelotz & dards.

Paraphrase: Die gallische Flotte wird von der Unterstützung des großen La Garde profitieren, durch den großen Neptun und seinen Soldaten mit den Dreizack-Lanzen. Die Provence wird ausgebeutet, um eine große Truppe zu unterstützen, und Narbonne wird durch Wurfspieße und Speere [angegriffen].

Der Baron de La Garde wird wieder als großer Admiral dargestellt. Nun geht es aber darum, dass die Provence ausgebeutet wird, um ein großes Heer zu unterstützen, während Narbonne angegriffen wird.

Eine andere Figur, diesmal aus der keltischen Mythologie Galliens, steht bei Nostradamus in engem Zusammenhang mit der Figur des Großen Monarchen. Lukian von Samosata (ca. 120–180) überliefert das Bild eines einheimischen Gottes der Gallier, den sie Ogmion nannten und der dem griechischen Herkules ähnelte. Ogmion ist der «gallische Herkules»: Wie Herkules trug er ein Löwenfell, eine Keule, Pfeilköcher und Bogen. Bei Nostradamus wird er zum Synonym für einen mächtigen französischen Herrscher:

C 5.80
Logmion grande Bisance approchera,
Chassée sera la barbarique ligue:
Des deux loix l'une et inique[25] laschera,
Barbare & franche en perpetuelle brigue.

Paraphrase: Der große Ogmion wird sich Byzanz nähern. Die Allianz der Barbaren wird vertrieben werden. Von zwei Religionen wird er die eine und ungerechte fallen lassen. Barbaren und Franzosen sind in ständigen Intrigen verstrickt.

Hier tritt der große Ogmion als Befreier von Byzanz auf, der die Barbaren von der ehemaligen Hauptstadt des oströmischen Reiches vertreiben und die christliche Religion wieder einsetzen wird. Die Verse rufen die Zeit der Kreuzzüge in Erinnerung, die übrigens an diversen Stellen der *Prophéties* in Erscheinung treten, als die Franken bei den Zügen gegen die Sarazenen eine wichtige Rolle spielten.

C 6.42
A l'Ogmyon sera laissé le regne
Du grand Selin, qui plus fera de faict:
Par les Itales estendra son enseigne,
Regi sera par prudent contrefaict.

Paraphrase: Das Reich des großen Selin, der mehr Niederlagen erleiden wird, wird dem Ogmion überlassen werden: Nach Italien wird er seine Truppen führen, und es wird durch kluge Nachahmung regiert werden.

Der Ogmion, von dem hier die Rede ist, betrifft einen wahren gallischen Herkules, der diesen Namen trug. Nostradamus hatte in den späteren, nach 1555 veröffentlichten Zenturien den Namen des mythischen Helden auf den fünften Sohn von Heinrich II., Hercule, den künftigen Herzog von Alançon, der im März 1555 geboren wurde, angewendet. Er ist es in diesem Quatrain, dem das Reich hinterlassen würde und der in Italien dauerhaft siegreich sein würde, was seinem Vater und Großvater letztlich versagt blieb. «Enseigne» bedeutet nicht nur «Zeichen»: Nach dem französischen Wörterbuch des 16. Jahrhunderts von Edmond Huguet wird auch eine Kompanie von Fußsoldaten «enseigne» genannt. In diesem Sinn verwendet es Nostradamus, wenn er sagt «Von Arras, Bourges und Embrun [kommen] große Regimenter» (C 4.3.1 «D'Arras & Bourges, de Brodes grans enseignes») und «Aus dem tiefsten Spanien [kommt] eine Truppe» (C 10.48.1 «Du plus profond de l'Espaigne enseigne»). Entsprechend ist im dritten Vers des vorliegenden Quatrains von den Truppen die Rede, die der große Ogmion nach Italien führen wird.

Obwohl der Ogmion der Gallier viel mit Herkules gemeinsam hatte, war er kein kraftstrotzender Mann, sondern ein kahlköpfiger Alter mit der von der Sonne gegerbten Haut eines Seemannes. Dieser gallische Herkules wurde mit einem großen Anhang von Menschen dargestellt, die er mit sich zog. Die Menschen waren mit an ihren Ohren festgemachten Bernstein- und Goldkettchen, die in der durchlochten Zunge des Gottes befestigt waren, mit ihm verbunden; sie folgten Ogmion an dieser schwachen Fessel willig. Die Gallier verbanden mit diesem Gott die Macht des Wortes, und deshalb wurde er auch als alter Mann dargestellt, denn erst im Alter erreiche die Kunst der Beredsamkeit ihren Höhepunkt. Ihrer Auffassung nach war es die kunstvolle, wohl überlegte und überzeugende Rede, mit der er die Hindernisse aus dem Weg räumte und seine Aufgaben erledigte. Sein Bogen war die gekonnte Rede; seine Pfeile standen für die geschliffenen Formulierungen.

Diese Vorstellungen beruhen auf dem Glauben der keltischen Welt an die Wirksamkeit der geformten, dichterischen Rede, die in engem Zusammenhang mit Beschwörung, Wortmagie und Zauber stand. In der Rezeption der Renaissance erhielt der mittlerweile französische Herkules wieder stärker die Züge des griechischen Vorbilds, aber die Ketten und die Bedeutung seiner Sprache blieben bestehen.

Ein Universum voller Zeichen

VON DINGEN, DIE AM HIMMEL GESEHEN WERDEN   Das große Interesse, das in den 1550er Jahren in Frankreich der Wahrsagerei und vor allem der Erklärung von Prodigien entgegengebracht wurde, bestärkte Nostradamus in seinem Projekt, sich der umfassenden Deutung der Vorzeichen zu widmen, um den Schleier von der Zukunft zu ziehen. In der Perspektive der prophetischen Zeichendeuter zeigte Gott durch das massive Auftreten von Omen in dieser Zeit sein großes Interesse gegenüber den Dingen auf Erden. Sie waren freilich auch ein Indiz dafür, dass eine gottgewollte Entwicklung ins Stocken geraten war. Es bestand die Gefahr, dass die Menschheit den falschen Weg einschlug. Selbstredend waren es die reformatorischen Ideen, die zu dieser beängstigenden Schlussfolgerung führten: Nach einer Reform der Kirche riefen die Intellektuellen allenthalben, aber es sollte kein Abfall vom rechten Glauben sein, wobei je nach Standpunkt das Festhalten an der Papstkirche oder die Ideen von Reformatoren als Ausdruck des drohenden Abfalls galten. Gott griff ein, um der Menschheit zu zeigen, dass sie an einer Weggabelung angekommen war. Die Zeichen, die er sandte, waren Hinweise auf kommendes Ungemach, sollte die Entwicklung in falschen Bahnen weiterlaufen. Es ging um nichts weniger als um den Platz des Menschen in der Welt.

Wie kaum ein anderer Autor seiner Epoche hat Nostradamus die prophetische Bedeutung von Prodigien ausgebeutet. Bis über die Grenze des Erträglichen hinaus quellen seine Almanache und die *Prophéties* über von Vorzeichen und Monstern, und dennoch scheinen seine Leser ihrer nie überdrüssig geworden zu sein. Der Grund liegt darin, dass sie einerseits die Sensationslust bedienen, andererseits in einen Rahmen eingeflochten sind, der anhand der Vorzeichen und der zeichenhaften monströsen Geburten die Geschichte schlechthin erklärt. Wie die Zeichen die Verhängnisse der Geschichte begleiten und markieren, erscheint das Drama des Daseins als göttlich begleitet. Hinter all dem Schrecken der Existenz ruht eine verborgene Ordnung, und sei es eine, welche sich kundtut, indem sie die Ordnung der Natur durchbricht – ein zweifelhafter Trost im Jammertal des Erdendaseins.

Neben Missgeburten, die, wie wir gesehen haben, schon 1554 zwecks Deutung zu ihm gebracht wurden, spielen im Werk von Nostradamus vor allem meteorologische Prodigien eine bedeutende Rolle, wie das Regnen von Kieselsteinen, Milch, Blut oder Feuer. Himmelserscheinungen im Allgemeinen stehen ebenso im Vordergrund, seien es «visionäre» Ereignisse wie sich bekämpfende Tiere, einzelne Waffen oder ganze Heere im Himmel, aber auch Naturerscheinungen wie das Auftreten von mehreren Sonnen, die Finsternisse von Sonne und Mond und das Erscheinen von Kometen oder Meteoriten. Zuletzt werden auch die astrologischen Konstellationen als «Zeichen am Himmel» betrachtet. Die ganze Welt wird zu einem Schaukasten der Wunderzeichen; man muss sie erkennen und richtig auslegen, um den Gang der künftigen Geschicke der Menschheit zu erfassen.

In der Auslegung von Prodigien bedient sich Nostradamus des gängigen Interpretationskanons der Tradition. Seine Schreckensankündigungen sind so gesehen nichts Besonderes; sie unterscheiden sich nicht von anderen. Originell werden sie allein durch überraschende Kombinationen und vor allem durch den Stil, in den er sie verpackte. Überall in seinem Werk sind die Vorzeichen anwesend, auch dort, wo nicht explizit auf sie verwiesen wird. Es ist die finstere Poesie der Zeichen, die den Quatrains ihren Rhythmus und ihre Faszination verleiht.

Nostradamus' wichtigste Quelle für Vorzeichen war das zu seiner Zeit verbreitete Werk von Julius Obsequens, *De Prodigiis*, das 1553 bei Jean de Tournes in Lyon erschien.[26] Wir wissen, dass Nostradamus das Werk in seiner Bibliothek besaß. Obsequens, ein Autor des 4. Jahrhunderts, stellte eine Sammlung von Vorzeichen auf, die er der *Römischen Geschichte* des Titus Livius entnahm. Den fehlenden ersten Teil komplettierte Conrad Lycosthenes für die Basler Erstausgabe von 1552 mit Hilfe des Buches von Titus Livius. Der außergewöhnliche Erfolg, den das Werk von Obsequens vor allem unter den französischen Autoren des 16. Jahrhunderts erlebte, zeigt, welchen Stellenwert die Prodigien in der Renaissance nicht nur in der Volkskultur, sondern vor allem in Kreisen der Gebildeten einnahmen.

Betrachten wir einige typische Beispiele, in denen Nostradamus Vorzeichen nach antikem Vorbild verarbeitet hat und sie als Prophezeiungen künftigen Geschehens darstellt:

C 1.64

De nuict Soleil penseront avoir veu
Quand le pourceau demy-homme on verra,
Bruict, chant, bataille au ciel battre apperceu
Et bestes brutes à parler lon orra.

Paraphrase: Die Leute werden meinen, nachts die Sonne gesehen zu haben, wenn man das halb menschliche Schwein sehen wird, wenn man Zeuge eines Getöses, Gesangs und eines im Himmel kämpfenden Heeres sein wird und wenn man wilde Tiere sprechen hören wird.

Hier präsentiert Nostradamus ein ganzes Arsenal an Vorzeichen: Eine Sonne, die des Nachts gesehen wird, die Missgeburt eines Wesens, halb Mensch, halb Schwein, eine Schlacht im Himmel und sprechende wilde Tiere. Die Nostradamisten, in Unkenntnis der Prodigienliteratur und der Bedeutung der Geschichte der Deutung von Vorzeichen, meinen freilich, die abenteuerlichsten Dinge in diesem Quatrain erkennen zu können: Sie reichen von Kanonendonner und modernen Luftschlachten bis zu Soldaten mit Gasmasken oder Piloten mit Sauerstoffmasken (das halb menschliche Schwein). In Wahrheit handelt es sich um nichts anderes als die Aneinanderreihung klassischer Prodigien. Die Vorzeichen finden sich alle in der Sammlung des Julius Obsequens. So heißt es bei Obsequens, im Jahr 166 v. Chr. habe man in Casinum einige Stunden lang die Sonne nachts gesehen [71].[27] Von Lärm und Gesang im Himmel berichtet er [73] ebenso wie von Waffen und Kämpfen, die im Himmel gesehen wurden, beispielsweise aus Compsa im Jahr 154 v. Chr. [76]. In Zusammenhang mit den militärischen Auseinandersetzungen von Mark Anton mit dem Senat im Jahr 43 v. Chr. hörte man schrecklichen Lärm und sah kämpfende Waffen verschiedenster Art sich vom Boden in den Himmel erheben [129]. Sprechende Tiere gehören zu den besonders häufigen antiken Wunderzeichen; Obsequens berichtet davon in zahlreichen Fällen [53, 63, 69, 74, 85, 86, 103]. Auch Schweine mit menschlichem Kopf zählten zum Inventar der Prodigien: In Tarquinii wurde ein solches Monster im Jahre 210 v. Chr. geboren [37], in Sinuessa erschienen gleich zwei in den Jahren 198 und 200 v. Chr. [46, 48].

Für alle diese Vorzeichen, sogar für das Monster, halb Mensch, halb Schwein, musste Nostradamus nicht unbedingt auf Berichte aus dem Altertum zurückgreifen. In einem Werk in Versform über die Überschwemmung Roms im Dezember 1495 beschrieb der Kanoniker Giuliano Dati unter den zahlreichen Vorzeichen für das Ereignis die Geburt eines Schweins mit einem menschlichen Kopf und einer Henne mit vier Beinen.[28] Solche Wunderzeichen wurden zu Nostradamus' Zeit allenthalben und häufig berichtet, was sich an zeitgenössischen Abbildungen und Meldungen, oft auf Einblattdrucken, belegen lässt.

C 4.43
Seront oys au ciel armes batre:
Celuy an mesme les divins ennemis
Voudront loix sainctes iniustement debatre:
Par foudre & guerre bien croyans à mort mis.

Paraphrase: Man wird im Himmel Waffen kämpfen hören. Im selben Jahr werden die Feinde des Göttlichen unrechtmäßig die heiligen Gesetze bekämpfen wollen. Die Rechtgläubigen werden durch Blitz und Krieg zu Tode kommen.

Hier ist wiederum das Wunderzeichen von kämpfenden Waffen im Himmel der Vorbote eines Glaubenskampfes. Unter den Feinden des Göttlichen könnte man die Feinde der Christenheit verstehen, also die Bedrohung durch die Türken. Da es aber speziell um einen unrechtmäßigen Aufruhr gegen die «göttlichen Gesetze» geht, scheint Nostradamus auf die Verfolgung der Katholiken durch die Protestanten oder umgekehrt anzuspielen, je nachdem wer mit den Rechtgläubigen («bien croyans») gemeint war. Die Erwähnung des Blitzes im letzten Vers ist metaphorisch gemeint und soll darauf hindeuten, dass diese Überfälle plötzlich und unerwartet erfolgen.

Den gesamten Quatrain 41 der zweiten Zenturie hat Nostradamus einem Abschnitt aus dem Prodigienbuch von Obsequens entlehnt:

C 2.41
La grand' estoile par sept jours bruslera,
Nuée fera deux soleils apparoir,
Le gros mastin toute nuit hurlera,
Quand grand pontife changera de terroir.

Paraphrase: Der große Stern wird sieben Tage lang brennen, aus dem Nebel werden zwei Sonnen erscheinen. Der große Hund wird die ganze Nacht hindurch heulen, wenn der große Priester seinen Ort wechseln wird.

Nach Obsequens standen diese Zeichen in Verbindung mit Ereignissen, die auf die Ermordung Cäsars im Jahr 44 v. Chr. folgten: «Ein Stern brannte sieben Tage lang. Drei Sonnen leuchteten. […] Nachts vernahm man das Heulen von Hunden vor dem Haus des *pontifex maximus* (Oberpriesters) Lepidus. Der größte dieser Hunde wurde von den anderen zerfleischt, was ein Vorzeichen für die schändliche Gemeinheit des Lepidus war» [128]. Brind'Amour gibt zu bedenken, dass Lepidus Cäsar im Amt des Oberpriesters folgte. Er musste deshalb in das Domizil Cäsars, in den alten Königspalast auf dem Forum, umziehen. Vielleicht verstand Nostradamus diesen Umstand mit dem Ausdruck «den Ort wechseln».[29]

Man kann die historischen Grundlagen und die Quellen für die Verwendung von Prodigien bei Nostradamus nicht genug betonen. Denn es sind vor allem die merkwürdigen Vorzeichen, die verblendete Interpreten dazu veranlassen, sie in verantwortungsloser Weise als Prophezeiungen von verheerenden, noch zu erwartenden Kriegsereignissen darzustellen; sie eignen sich freilich ausgezeichnet dafür, wenn man sie als tatsächliche Ereignisse versteht, als Umschreibungen des im 16. Jahrhundert schlicht nicht Beschreibbaren, weil Unbekannten. So ist bei Nostradamus einmal vom gro-

ßen Feuer die Rede, das drei Nächte lang vom Himmel fallen werde
(C 1.46.2 «Grand feu du ciel en troys nuicts tombera»), dann von einer goldenen Flamme, die vom Himmel auf die Erde fällt (C 2.92.1 «Feu couleur
d'or du ciel en terre veu»), von einer brennenden Fackel, die am Himmel
gesehen wird (C 2.96.1 «Flambeau ardant au ciel soir sera veu»), oder von
einer mächtigen Flamme, die plötzlich emporspringt» (C 6.97.3 «Instant
grand flamme esparse sautera»). Lässt man außer Acht, dass er sich hier aus
dem Vorratskorb konventioneller Vorzeichen bedient, und unterstellt man,
dass alle diese Aussagen auf Visionen zurückgehen, wäre es verführerisch,
darin Kriegshandlungen mit modernen Waffen zu erblicken. Aber die Analyse von Werk und Denken von Nostradamus belehrt uns eines Besseren;
sie führt uns in die astrologisch-prophetische Literatur der Epoche, in der
identische Darstellungen an der Tagesordnung waren.

Wunderzeichen dieser Art können durchaus auf tatsächliche Beobachtungen zurückgehen, etwa auf den Fall von Meteoriten. Obsequens berichtet von solchen Naturschauspielen mehrfach. Er spricht in diesem Zusammenhang wie Nostradamus von «Feuer, das sich im Himmel verstreut»
[44], von «brennenden Fackeln, die vom Himmel fallen» [31, 66] oder
«über den Himmel schweben» [101] oder die einfach nur «am Himmel gesehen werden» [43, 69, 70, 71, 83, 88, 105, 111, 113, 128, 131]. Nostradamus übernimmt das Bild vom Feuer oder der Fackel am Himmel häufig,
vielleicht auch deshalb, weil er selber am Abend des 10. März 1554 Zeuge
des Niedergangs eines Meteoriten in Salon wurde. Auf dem Hintergrund
des Glaubens an Vorzeichen verwundert es nicht, dass diese Erscheinung
enormen Eindruck auf den Propheten hinterlassen hat.

Sonnen- und Mondfinsternisse galten selbstverständlich auch als Wunderzeichen, und Nostradamus widmete einer Mondfinsternis sogar ein eigenes Buch.[30] Ein Beispiel dazu aus den *Prophéties*:

C 3.34
Quand le defaut du Soleil lors sera,
Sus le plain jour le monstre sera veu:
Tout autrement on l'interpretera,
Cherté n'a garde: nul n'y aura pourveu.

Paraphrase: Wenn die Sonnenfinsternis nahe sein wird, am helllichten
Tag wird man das Wunderzeichen sehen. Man wird es ganz anders
interpretieren. Man hütet sich nicht vor der Teuerung, keiner wird
Vorsorge getroffen haben.

Hier wird das Wort «monstre» in seiner allgemeinsten Bedeutung als Prodigium verwendet. Nostradamus sagt ausdrücklich, dass die Wunderzeichen *interpretiert* werden müssen, um verstanden zu werden. Allerdings muss man sie *richtig* verstehen. Er wirft den Menschen Sorglosigkeit angesichts bevorstehender Gefahren vor, die durch eine Sonnenfinsternis unweigerlich angekündigt werden. Diese Sonnenfinsternis am helllichten Tag erwähnte er auch noch einmal beim Monat Januar in seinem Almanach für 1556. Im Jahr 1556 gab es in der Tat eine Sonnenfinsternis; sie ereignete sich allerdings am 2. November, war aber nur im Süden Indiens zu sehen. Das konnte Nostradamus, als er die Finsternis berechnet oder aus den Ephemeriden entnommen hatte, allerdings nicht wissen. Die geographische Lage der Zone, in der die Finsternis zu sehen sein würde, konnte nicht berechnet werden. Interessant ist das Fazit, das Nostradamus in der letzten Zeile mitteilt: «Man hütet sich nicht vor der Teuerung, keiner wird Vorsorge getroffen haben.» Sollte er wirklich die Finsternis von 1556 gemeint haben, dann könnte man hier sogar eine eingetroffene Prophezeiung vermuten: Im Jahr 1557 kam es in Frankreich zu einer schrecklichen Dürre, was dazu führte, dass sich der Preis für Getreide verdreifachte.[31]

Allerdings brachten auch die frühesten Interpreten die Verse nicht mit dieser Sonnenfinsternis und der im Jahr darauf folgenden Dürre in Beziehung. Chavigny verbindet den vorliegenden Quatrain mit der Sonnenfinsternis vom 9. April 1567. An diesem Tag «sah man eine sehr große Sonnenfinsternis, die nach den Ephemeriden und Finsternissen von Cyprian Leowitz zehn Punkte betrug».[32] In einer unveröffentlichten Prognostik von 1562 kündigt Nostradamus diese Sonnenfinsternis mit den Worten an:

Um den 9. April 1567 werden die Tage ziemlich unruhig sein. Um die Mittagszeit wird man den ganzen Himmel mit Sternen bedeckt sehen. Und so wird man sie plötzlich zur Mittagsstunde so sehen wie zur Mitternacht. O welche grausamen Begebenheiten! O welch unheilvolles Unglück wird sich ereignen![33]

FINSTERNISSE UND KOMETEN Finsternisse sind, entgegen der landläufigen Meinung, keine seltenen Ereignisse. Im Jahr 1540 ereignete sich innerhalb von zwei Wochen zuerst eine Mondfinsternis, dann eine Sonnenfinsternis. Von diesem Phänomen und seinen Folgen berichten zwei Quatrains:

C 3.4

Quand seront proches le defaut des lumieres,
De l'un à l'autre ne distant grandement,
Froid, siccité, danger vers les frontieres,
Mesme où l'oracle a prins commencement.

Paraphrase: Wenn die Finsternisse der Lichter nahe sein werden, die
eine von der anderen nicht weit auseinander liegend, wird es Kälte,
Dürre und Gefahren an den Grenzen geben, auch dort, wo das Orakel
seinen Anfang genommen hat.

C 3.5

Pres, loing defaut de deux grands luminaires
Qui surviendra entre l'Avril & Mars.
O quel cherté! mais deux grands debonaires
Par terre & mer secourront toutes pars.

Paraphrase: Kurze Zeit, lange Zeit nach den Finsternissen der beiden
großen Lichter, die zwischen März und April stattfinden werden, o
welche Teuerung [wird es geben]! Aber zwei große Wohltäter werden
allen Regionen über Land und Meer zu Hilfe eilen.

Am 22. März 1540 fand eine fast vollständige Mondfinsternis, anschließend
am 7. April eine Sonnenfinsternis statt. Die beiden Finsternisse ereigneten
sich in der Tat «nicht weit auseinander», und zwar «zwischen April und
März», wie Nostradamus des Reimes wegen chronologisch verkehrt herum
formuliert. Mit den Gefahren an den Grenzen meint der Prophet wahrscheinlich die Grenzen der Christenheit, Gefahren, die sich also bis nach
Griechenland hin ausdehnen, «wo das Orakel seinen Anfang genommen
hat» – eine Anspielung auf das berühmteste aller Orakel in Delphi. Die Beschreibung ist gut gewählt, zumal die Sonnenfinsternis vom 7. April 1540
zuerst in Norditalien und an der Adria sichtbar war und später im Balkan
und in Südosteuropa. Der Kernschatten der Finsternis, der den Bereich der
Gefahren absteckt, erstreckte sich also über die Grenzen der Christenheit
bis nach Griechenland.[34]

Auch das Auftreten einer Mond- und einer Sonnenfinsternis im Abstand
von 15 Tagen ist keine Seltenheit. Allerdings verteilen sich diese doppelten
Finsternisse über die ganze Erde. Zeuge davon in einer bestimmten Region
zu werden kommt deshalb äußerst selten vor. Weil es sich aber um kein sin-
guläres Ereignis handelt, eignet es sich bestens zur prophetischen Inter-

pretation. Zwischen März und April traten in der Vergangenheit drei Mal solche doppelten Finsternisse auf: Am 30. März 1661[35] eine Sonnenfinsternis, gefolgt von einer schwachen Mondfinsternis am 4. April; am 31. März 1679 eine Sonnenfinsternis und am 15. April eine ebenfalls schwache Mondfinsternis; am 19. März 1912 abermals eine sehr geringe Mondfinsternis und eine ringförmige Sonnenfinsternis am 4. April. Die Interpreten haben aber noch andere, ihnen passend erscheinende Daten auf Lager. Im 17. Jahrhundert bringt Jaubert den Vierzeiler C 3.4 mit dem Jahr 1556 in Verbindung.[36] Die Ephemeriden von Stadius weisen für den 1. November eine Sonnenfinsternis – es ist die «Finsternis am helllichten Tag» aus C 3.34 – und für den 16. November eine Mondfinsternis aus, jene Mondfinsternis im Übrigen, der Nostradamus sein Werk *Les significations de l'Eclipse* gewidmet hatte. Raffinierterweise führt Jaubert nicht den folgenden Quatrain C 3.5 an, in dem diese Zuordnung obsolet werden würde, zumal deutlich zwei ganz andere Monate genannt sind. Alle Chroniken der Zeit jedenfalls berichten übereinstimmend über eine extreme Trockenheit in Frankreich im Jahr 1556. Nur wenige Jahre nach Jaubert bezieht ein anonymer Interpret den Quatrain C 3.4 auf das Jahr «1652, in dem es zwei große Finsternisse der Sonne und des Mondes gab, große Krankheiten wegen der Dürre, mehrere Gefangennahmen an den Grenzen […]».[37] Die Anwendbarkeit prophetischen Materials auf unterschiedlichste Zeiten ist unerschöpflich …

In C 8.15 kommt Nostradamus auf die beiden Finsternisse zurück:

C 8.15
Vers Aquilon grands efforts par homasse
Presque l'Europe & l'uniuers vexer,
Les deux eclypses mettra en telle chasse,
Et aux Pannons vie & mort renforcer.

Paraphrase: Gegen Norden wird es große Gewalt durch ein Mannweib geben, sodass fast ganz Europa und das Universum drangsaliert werden. Die beiden Finsternisse werden sie auf die Jagd schicken und den Pannoniern Leben und Tod verstärken.

Pannonien war die alte römische Provinz zwischen dem Ostrand der Alpen und der Donau. Zur Zeit von Nostradamus verstand man unter Pannonien die Gebiete von Dacien und Transsylvanien. Obwohl das Subjekt nicht klar ist, auf das sich der Ausdruck «wird auf die Jagd schicken» bezieht, scheinen die beiden Finsternisse ein Vorzeichen für das Mannweib zu sein, das durch sie auf die Jagd geschickt werden wird. Wen mag Nostradamus mit dem

Mannweib gemeint haben? Im Almanach für 1563 verwendet er zum Monat Januar denselben Ausdruck: «Und in diesem Monat wird es eine nie gehörte unmenschliche Grausamkeit geben, und sie wird von einer Frau, die eher ein Mannweib ist, begangen werden, die die Zuhörer sehr in Angst versetzen wird.» Brind'Amour vermutet hinter dem grausamen Mannweib Isabella, die Tochter des polnischen Königs Sigismund.[38] Sie heiratete 1539 Johann Zápolya, den König von Pannonien, der ein Verbündeter des Osmanenführers Süleyman I. war. Zápolya starb im Juli 1540. Isabella wandte sich an Süleyman um Hilfe gegen den Kanzler des Königreichs, Martinuzzi, der mit Hilfe von Erzherzog Ferdinand die Macht an sich reißen wollte. Süleyman führte in der Folge mehrere Feldzüge im mittleren Donaugebiet durch, wodurch sich die Präsenz der Türken in diesem Gebiet auf lange Zeit hin festigte und die Osmanen zu einer permanenten Bedrohung für «Europa und das Universum» wurden.

C 4.67
Lors que Saturne & Mars esgaux combust,
L'air fort seiché longue traiection:
Par feux secrets d'ardeur grand lieu adust,
Peu pluye, vent chault, guerre, incursions.

Paraphrase: Wenn Saturn und Mars zusammen verbrannt werden, wird die Luft sehr trocken sein, und eine lange Kometenbahn wird zu sehen sein. Durch geheime Feuer wird ein großer Ort von der Glut gebräunt. Wenig Regen, heißer Wind, Krieg, Überfälle.

Hier bezeichnen die astronomischen Daten eine Konjunktion von Saturn und Mars in der Nähe der Sonne («gleichermaßen verbrannt»)[39] oder eine Konjunktion aller drei Planeten. Der Ausdruck «longue traiection» steht in Zusammenhang mit einem Kometen. Dieser Ausdruck wurde schon im Altertum zur Beschreibung von rasch dahinfliegenden Himmelskörpern mit Feuerstreifen, wie Kometen, Sternschnuppen, Meteoriten, verwendet. In seinem Almanach für 1559 spricht Nostradamus von den «trajections» des «Himmels und der Kometenerscheinungen».[40] Eine Konjunktion von Saturn und Mars im Zeichen Widder in der Nähe der Sonne fand Mitte März 1556 statt. Nostradamus scheint sich auf den Kometen vom Frühjahr 1556 zu beziehen. In diesem Jahr herrschte eine enorme Trockenheit, deren Ursache manche Chronisten dem Kometen unterschoben. Im selben Jahr wurde die Stadt Anagni in der Nähe Roms eingenommen. Vielleicht hatte Nostradamus mit dem Ausdruck «ein großer Ort von der Glut gebräunt» diesen Umstand im Sinn.[41]

Mit wissenschaftlichen Mitteln ließen sich zu Nostradamus' Zeiten Kometen nicht vorausberechnen. Seine «Vorhersagen» von Kometen, «Feuerpfeilen» und «laufenden Sternen»[42] waren Beschreibungen von solchen Himmelserscheinungen, *nachdem* sie eingetreten waren. Die schrecklichen Ereignisse, die sie nach sich zogen, projizierte Nostradamus in erprobter Manier auf künftige vergleichbare Phänomene am Himmel. Seine Aussagen zu Kometen in den Almanachen zeigen darum eine gewisse Vorsicht: Hier verheißt er schließlich ihr Auftreten in ganz bestimmten Monaten, was von jedem Leser überprüft werden könnte. So heißt es in der *Grand' Pronostication* für 1557, im Sommer erscheine «ein Komet, der ein wenig sichtbar und ein wenig unsichtbar» sei. Im Almanach für 1559 schreibt er zum Monat Juli: «Der Komet wird erscheinen, er wird sich in einer Nacht mehr als 60 Grad fortbewegen, plötzlich verfinstern und nur von wenigen Menschen gesehen werden.»[43] Und im Almanach für 1556 lesen wir: «Der geschweifte Stern, der nur halb sichtbar sein wird, wird Blutvergießen ankündigen, das von ihm kommen wird.»[44]

Die Kometen sind demnach «ein wenig sichtbar, ein wenig unsichtbar», sind nur halb sichtbar, verfinstern sich plötzlich oder erscheinen nur wenigen Menschen. Mit solchen Aussagen schützt sich Nostradamus vor denen, die behaupten könnten, sie hätten gar keinen Kometen gesehen: Wenn man keinen Kometen sieht, heißt das noch lange nicht, dass kein Komet da war. In den *Prophéties* braucht er diese Vorsicht nicht mehr walten lassen, da die Weissagungen nicht auf eine bestimmte Zeit festgelegt werden können. In ihnen wimmelt es nur so von brennenden, geschweiften, fliegenden Sternen als Ankündigung von großem Unheil.

C 2.43
Durant l'estoyle chevelue apparente,
Les trois grands princes seront faits ennemis:
Frappé du ciel Paix: terre tremulente:
Po, Tymbre undants, serpants sur le bort mis.

Paraphrase: Während der Erscheinung des geschweiften Sternes werden die drei großen Prinzen zu Feinden. Der Frieden wird vom Blitz getroffen werden. Die Erde wird beben, der Po und der Tiber werden über die Ufer treten, Schlangen werden am Ufer ausgesetzt.

Hier handelt es sich um eine Ansammlung von Vorzeichen, die um 44 v. Chr. die Auseinandersetzungen zwischen den Triumviri Antonius, Octavianus und Lepidus und das Ausbrechen des Bürgerkrieges zwischen

Cäsar und Antonius ankündigten. Julius Obsequens hat sie aufgezählt [128]: Gegen Norden erschien um die elfte Stunde ein geschweifter Stern, zahlreiche Erdbeben fanden statt, an der Tibermündung in Ostia blieben durch die zurückströmende Flut die Fische auf dem Trockenen tot zurück, der Po trat über die Ufer und hinterließ eine Vielzahl von Schlangen an den Uferbänken. Brind'Amour interpretiert «frappé du ciel Paix» als einen Blitz, der im Tempel des Friedens einschlagen wird.[45] Viele Blitzeinschläge in Tempeln wurden aus Rom berichtet, allerdings keiner, der den Tempel des Friedens getroffen hätte. Es scheint mir wahrscheinlicher, dass Nostradamus die Aussage im übertragenen Sinn gemeint hat: Ein Frieden wird vom Blitz getroffen und bricht auseinander.

In anderen Vierzeilern, in denen von Kometen die Rede ist, hören wir von «Durst und Hunger, wenn der Komet laufen wird» (C 2.62.4 «[...] soif, faim, quand courra la comete»), vom «Dolch des Himmels» (C 2.70.1 «Le dard du ciel fera son extendu»), von der «brennenden Fackel, die man im Abendhimmel sehen wird» (C 2.96.1 «Flambeau ardent au ciel soir sera veu»), vom «laufenden Feuer» und dem «langen Funken» (C 2.46.4 «Au ciel veu feu courant, longue estincele») oder vom «bärtigen Stern» (C 5.59.4 «[...] estoille en barbe»): Poetische Verkleidungen von Unheil verheißenden astronomischen Vorzeichen.

MONSTER UND MISSGEBURTEN   Von den Missgeburten als Vorzeichen ist bei Nostradamus ebenfalls häufig die Rede. Ein kurzer Blick in die Almanache und Prognostica offenbart einen wahren Aufmarsch an Furcht erregenden Monstern. Da begegnet uns zuerst die Missgeburt von Senas, einer kleinen Ortschaft in der Nähe von Orgon, die man im Schicksalsjahr 1554 zu Nostradamus brachte. Sie hatte ihn so sehr beeindruckt, dass sie auch in den *Prophéties*, freilich als künftige Erscheinung, Aufnahme fand: «Wenn bei Orgon ein abstoßendes Monster geboren wird» (C 1.90.4 «Quand monstre hideux naistra pres de Orgon»). Schon im Almanach für das Jahr 1554 erwähnt er ein Monster, das Chavigny mit der Missgeburt von Senas und dem Quatrain C 1.90 in Verbindung bringt: «In der Nähe unseres Landes bei der Durance wird ein ebenso wildes wie seltsames Ereignis stattfinden, wie es selten in einem Menschenleben gesehen wurde. Das wird vier oder fünf Meilen[46] von Avignon entfernt sein; eine Angelegenheit von großem Vorzeichencharakter.»[47] Und in der *Prognostication nouvelle* für das Jahr 1555 lesen wir: «Gegen Ende dieses Monats [Januar 1555] werden mehrere menschliche und tierische Monster geboren werden, auch wird es in der Provence, Bourgogne, Languedoc, Guienne und in ganz Frankreich Tumulte geben.»[48]

Für den Frühling 1556 verheißt Nostradamus: «Es werden, sowohl menschliche wie tierische, wundersame Monster geboren werden, die für die folgenden Jahre zu verstehen geben werden, was sich ereignen wird.»[49] Und für das letzte Viertel des Monats Juni kündigt der Prophet viele Prodigien an: «Auf ähnliche Weise wird dieses letzte Viertel derart voll von zahlreichen wundersamen Vorzeichen sein, dass ich alles in Gottes Hände lege.»[50] In zwei weiteren Prophezeiungen zu diesem Thema aus dem Almanach für 1559 schlägt der Seher von Salon einen apokalyptischen Unterton an:

Es werden verschiedene Monster, sowohl menschliche wie tierische, geboren werden, auch welche mit zwei Köpfen, die ein Vorzeichen für die Teilung des Reiches sein werden, das besser vereint wurde durch den großen Großen. [...] Das, worüber man verhandeln wird, kann nicht ans volle Tageslicht gelangen, bis ein ungeheuerliches Monster nahe dem großen Chaos geboren wird, das riesig und schrecklich sein wird und das ankündigt, was in jener Stadt in diesem Jahr 1559 geschehen wird.[51]

Der erste Vers des Quatrains für den Mai aus dem Almanach für das Jahr 1563 ist gleichsam ein Telegramm ominöser Geschehnisse: «Die Erde bebt, ermordet, Vorzeichen, Monster» («Terre trembler, tué, prodige, monstre»).[52] Auch die Zenturien der *Prophéties* erweisen sich als wahres Kuriositätenkabinett seltsam deformierter Wesen.

C 1.65
Enfant sans mains iamais veu si grand foudre:
L'enfant royal au jeu d'œsteuf blessé:
Au puy brises fulgures alant mouldre,
Trois sous les chaines par le milieu troussés.

Paraphrase: Wenn ein Kind ohne Hände geboren werden wird und man einen so großen Blitz wie nie zuvor sehen wird, dann wird sich das königliche Kind beim Ballspiel verletzen. Drei in der Mitte Aneinandergekette <drei Gefangene> werden [das Getreide] in der vom Blitz geschlagenen Grube mahlen.

Das Vorzeichen für die Verletzung des königlichen Kindes und die Sklavenarbeit von drei Gefangenen in einer Mahlgrube ist hier die Geburt eines Kindes ohne Hände; auch hierbei handelt es sich um ein Prodigium aus dem klassischen Repertoire. Obsequens berichtet mehrere ominöse Fälle von

Kindern, die ohne Hände geboren wurden. Im zweiten Vers ruft Nostradamus offenbar den Tod des Dauphins im August 1536 in Erinnerung, der sich nach einem Ballspiel übel fühlte und bald darauf verstarb. 1536 war auch die Zeit der Invasion Karls V. in der Provence. Der Verpflegungsnotstand unter den Kaiserlichen, den die Taktik der verbrannten Erde Franz' I. hervorgerufen hatte, zwang das Heer, nach Nahrungsmitteln zu suchen. Mühlen wurden, wie zeitgenössische Chronisten berichten, systematisch stillgelegt oder zerstört, und die Gegenpartei versuchte sie, wahrscheinlich auch mit Hilfe von Gefangenen, wieder in Gang zu bringen.

Missgeburten ohne Hände begegnen uns an mehreren Stellen wieder in C 1.65.1 («Enfant sans mains, jamais veu si grand foudre»), C 2.54.3 («Fille sans main: trop different domaine») und, wenn man der Korrektur von Brind'Amour folgt, die mir einleuchtend scheint, in C 2.62.4 («*Sans* main, soif, faim, quand courra la comete»).[53]

Bei Nostradamus als einem aufmerksamen Beobachter der Zeitgeschichte kann man auch den Auftritt berühmter historischer Monster erwarten. Tatsächlich findet sich auch das Monster von Ravenna, das 1512 für so großes Aufsehen sorgte, in einem Vierzeiler seiner *Prophéties*:

C 2.32
Laict, sang grenoilles escoudre en Dalmatie,
Conflit donné, peste pres de Balenne:
Cry sera grand par toute Esclavonie,
Lors naistra monstre pres & dedans Ravenne.

Paraphrase: Es regnet Milch, Blut, Frösche in Dalmatien, es wird eine Schlacht geben, in der Nähe von Balenne[54] wird die Pest auftreten, groß wird der Schrei [der Verzweiflung] in ganz Sclavonien sein, dann wird ein Monster nahe bei und in Ravenna geboren werden.

Das Monster von Ravenna erscheint Nostradamus als dermaßen bedeutend, dass er es mit wunderbaren meteorologischen Erscheinungen in Verbindung bringt. So seltsam sie klingen mögen, im Fundus antiker Wunderzeichen gehörten sie zu den häufigsten. Obsequens berichtet allein 14 Fälle von Milchregen und 12 Fälle von Blutregen. Gleichfalls wurden Frösche, die vom Himmel fielen, seit der Antike beobachtet. Schon Herakleides Lembos (181–146 v. Chr.) berichtet in seinen Geschichtsbüchern über einen Froschregen von derartiger Intensität, dass sämtliche Häuser und Straßen mit Fröschen übersät waren. Claudius Aelianus (geb. ca. 170) beschrieb in seinen 17 Büchern über das Tierleben einen Froschregen in der Nähe von Neapel, und auch Athenaios von Naukratis, der vielseitige Literat des 2./3. Jahrhunderts, habe einen Froschregen beobachtet, wie Plutarch zu berichten weiß.[55] Die Chroniken der Zeit berichten von starken Regenfällen im Jahr 1511 und von einer Pestepidemie in der Region des heutigen Südkärnten und Slowenien, also in der damaligen Provinz Sclavonia.[56]

Welche Katastrophen der Auftritt von Missgeburten nach sich zieht, verdeutlicht Nostradamus in einem Vierzeiler der 9. Zenturie, der ebenfalls auf Ravenna gemünzt ist:

C 9.3
De magna vaqua à Ravenne grand trouble,
Conduicts par quinze enserrez à Fornase:
A Rome naistront deux monstres à testes double
Sang, feu, deluge, les plus grands à l'espase.

Paraphrase: Von Magnavacca bis Ravenna großer Aufruhr, von fünfzehn [Leuten] angeführt, die in Fornase eingeschlossen werden. In Rom werden zwei Monster mit zwei Köpfen geboren werden, Blut, Feuer, Überschwemmung, die Größten werden zerstreut.

Magnavacca war der antike Name für das heutige Porto Garibaldi, ein Städtchen an der Adria, 30 km nördlich von Ravenna. Zu Lebzeiten von Nostradamus hieß der Ort noch Magnavacca; erst 1919 erhielt er, zur Erinnerung an die Einschiffung Garibaldis im August 1849, seinen modernen Namen. Die Comacchio-Täler um Magnavacca bilden eine der bedeutendsten Lagunen in Italien und reichen bis in die Nähe von Ravenna. Einer der Kanäle, die zum Meer führen, heißt heute noch Magnavacca. In allen Ausgaben beginnt die erste Zeile mit «La magna vaqua [...]» was wenig Sinn macht. Richtig muss es heißen «*De* magna vacca [...]».

Fornase hieß eine kleine Ortschaft an der Mündung eines Armes des Po, der den gleichen Namen trug. Die Ortschaft und der Name sind heute verschwunden. An ihrer Stelle hat sich das Po-Delta weit in das Adriatische Meer aufgeschüttet. Auf den zeitgenössischen Karten, etwa von Antonio Lafreri, auf der Italienkarte von Giacomo Castaldi im *Theatrum Orbis Terrarum* von Abraham Ortelius oder auf der Karte von Istrien und der Umgebung von Mercator war das Städtchen oder zumindest die Flussmündung als Porto del Fornase eingezeichnet. Auf der Karte Friauls von Giovanni Antonio Magini von 1620 heißt die Flussmündung noch «Porto del Po» oder «Porto delle Fornaci». Danach taucht diese Ortsbezeichnung nicht mehr auf.

Man muss sich natürlich fragen, warum Nostradamus eine so unbedeutende Ortschaft in seine Weissagungen mit aufgenommen hat. Man könnte spekulieren, dass er auf seiner Italienreise, als er in Venedig war, daran vorbeigekommen ist und sie ihm deshalb in Erinnerung blieb. Verblüffend muss ihre Erwähnung auf die Leser gewirkt haben, die zufällig den Flecken kannten. Wahrscheinlich ist allerdings auch, dass eine gute kartographische Sammlung zu seinem Handwerkszeug als Chronist des Weltgeschehens gehörte. Beim Studium der Umgebung von Ravenna und Magnavacca stach ihm vielleicht Fornase ins Auge. Es eignete sich nicht nur für den Reim; der poetische Geist von Nostradamus ließ sich auch vom Klang des Namens leiten, in dem «fornaise» («Ofen») mitschwingt. Die Eingeschlossenen in der Stadt Fornase sind also zugleich Eingeschlossene in einem Ofen, wo sie verbrannt werden sollen, was uns zu einigen Parallelen führt. In der ersten Zeile im Quatrain für den Januar des Almanachs für 1557 heißt es: «Der Unwürdige wird den großen geschmückten Ofen fürchten.» Und in zwei Vierzeilern aus derselben Zenturie (C 9.17 und C 9.53) geht es um Leute, die in einen Ofen eingeschlossen und verbrannt werden.

In jedem Fall handelt es sich bei dem Quatrain um Unruhen in Ravenna und der Umgebung. Die Verse könnten sich auf den Sieg Ludwigs XII. über die Truppen der Liga bei der blutigen Schlacht von Ravenna am 11. April 1512 beziehen, mit dem das Auftreten des Monsters von Ravenna in Verbindung gebracht wurde. Auf einer dritten Ebene gelesen könnte «eingeschlossen in einen Ofen» als Metapher für die eingekesselten Kämpfer der Liga gemeint sein.

Man versteht, warum Nostradamus in seinen prophetischen Werken so große Bedeutung auf Vorzeichen legte, wenn man Agrippa von Nettesheims theoretisches Gerüst für die Prodigien heranzieht. Agrippa beschrieb die Gründe, warum sich Prodigien in so außerordentlicher Weise für eine prophetische Betrachtung der Geschichte eignen:

Die Sorge der Himmlischen für Fürsten, Völker und Länder ist so groß, dass ihnen durch Sterne, durch Vorzeichen und Wunderzeichen Vorbedeutungen und Mahnungen erteilt werden. Wenn sich in den vorangegangenen Zeiten dasselbe oder etwas Ähnliches zeigte, so muss auch dies und was darauf folgte in Erwägung gezogen werden, und es ist danach entweder dasselbe oder Ähnliches zu prophezeien, denn dieselben Dinge haben dieselben Zeichen und ähnliche haben ähnliche.[57]

Wunderzeichen sind «von den Himmlischen» gesandt, wenn sie sich um bedeutende, ein Kollektiv betreffende Ereignisse sorgen. Darum betreffen sie

Länder und Völker und freilich vor allem die sie führenden Herrscher. Auch die Art und Weise, wie die Omen zu interpretieren seien, macht Agrippa unmissverständlich deutlich: Wenn auf ein bestimmtes Vorzeichen in der Vergangenheit ein bestimmtes Ereignis folgte, ist davon auszugehen, dass beim neuerlichen Auftreten desselben oder eines ähnlichen Zeichens sich derselbe oder ein ähnlicher Vorfall ereignen wird. Zudem empfiehlt Agrippa, die Deutung von Prodigien durch das astrologische Urteil zu untermauern.

Getreu diesem Schema geht Nostradamus vor. Ereignet sich ein Vorzeichen, setzt er es mit früheren Prodigien in Beziehung, betrachtet die astrologischen Umstände und zieht daraus seine Schlüsse für künftige Entwicklungen. Beispiele für diese Vorgehensweise sind sein Flugblatt über den Meteoriten, der 1554 bei Salon niederging, und sein Werk über die Mondfinsternis vom September 1559. Allerdings hatte Nostradamus mit seinen Almanachen und den *Prophéties* Größeres vor. Darin ging es ihm selten um aktuelle außergewöhnliche Erscheinungen, die als Wunderzeichen herhalten konnten, sondern vielmehr um künftige. So wird das System, nach dem ähnliche Prodigien ähnliche Geschehnisse nach sich ziehen, insgesamt dem prophetischen Ansatz untergeordnet: Nostradamus sagt nicht nur zukünftige Angelegenheiten voraus, er prophezeit auch die ihnen vorausgehenden Wunderzeichen. Der Bezug zum klassischen Altertum ist dabei zentral. Episoden, die durch Zeichen angekündigt worden sind, erhalten exemplarischen Charakter. Sie stellen das Paradigma für künftige Verbindungen von Zeichen und Ereignissen dar.

Die literarische Wirkung einer solchen Schilderung ist ungleich größer, als wenn Nostradamus nur künftige Begebenheiten nennen würde. Mit den vom Himmel gesandten Zeichen bindet er göttliche Kräfte in das historische Geschehen ein. Der Hauch des Schicksalhaften, des Unausweichlichen schwebt über allen Zeilen. Poetisch ist dieser Ansatz zweifellos reizvoller, und Nostradamus, dem belesenen Humanisten, immer darauf aus, gelehrte Anspielungen auf die antike Geschichte einflechten zu können, kam er sehr gelegen.

DIE KRÄHE AUF DEM ZIEGELHAUFEN

C 4.93
Un serpent veu proche du lict royal,
Sera par dame, nuict chiens n'abayeront:
Lors naistre en France un Prince tant royal,
Du ciel venu, tous les Princes verront.

Paraphrase: Eine Schlange, die für eine Frau gemeint ist, wird nahe dem königlichen Bett gesehen. Nachts werden die Hunde nicht bellen. Dann wird in Frankreich ein königlicher Prinz geboren, der vom Himmel kam. Alle Prinzen werden kommen, [um ihm ihre Aufwartung zu machen].

In Rom erzählte man sich, im Jahr 63 v. Chr. habe sich eine Schlange in das Bett von Atia, der Nichte Cäsars, in der Nähe des Apollon-Tempels verkrochen. Neun Monate darauf gebar sie Oktavian, den späteren Imperator Augustus. Auf ihrem Körper soll sich seitdem ein Mal in der Form einer Schlange bewahrt haben. Auf Grund dieser Legende hielt man später Augustus für einen Sohn des Gottes Apollon. Nostradamus lässt verstehen, dass der «königliche Prinz» aus Frankreich, den er mit dieser Legende in Beziehung setzt, ebenfalls göttlicher Herkunft sei, er komme «vom Himmel».

C 4.55
Quand la corneille sur tout de brique ioincte,
Durant sept heures ne fera que crier:
Mort presagee de sang statue taincte,
Tyran meurtri, aux Dieux peuple prier.

Paraphrase: Wenn die Krähe auf dem Ziegelhaufen sieben Tage lang schreien wird, wird eine blutende Statue den Tod verheißen. Der Tyrann wird ermordet werden, und die Menschen werden zu den Göttern beten.

Sueton berichtet die Anekdote von der blutenden Statue und von der Krähe, die sieben Tage lang schrie. Beides waren Vorzeichen für den gewaltsamen Tod Domitians im Jahr 96. In diesem Fall gibt Nostradamus nur dieses Ereignis wieder, ohne es mit einem aktuellen in Beziehung zu bringen. Es wirkt gleichsam als paradigmatischer Vorfall aus eigener numinoser Kraft durch die Anwesenheit starker Bilder in äußerster Verdichtung: Vorzeichen, Tyrannenmord, Erleichterung des Volkes. So lässt sich der Vierzeiler als mythisches Versatzstück auf Künftiges anwenden. Dabei mag Nostradamus aber auch nur die symbolische Bedeutung im Sinn gehabt haben: Das Verschwinden eines äußeren Übels bringt Ruhe und Frieden und lässt alles wieder gut werden.

Wie weit gespannt die Anleihen bei der römischen Geschichte in den Zenturien sind, lässt sich anhand zahlreicher Vierzeiler zeigen. Bisweilen lassen sich Gruppen von Quatrains ausmachen, die ein Thema der Antike ausführlich behandeln. Man kann anhand einiger Beispiele zeigen, welche

Techniken Nostradamus einsetzt, um das antike Geschehen in seiner Bedeutung für aktuelle Ereignisse zu gewinnen, und wie dadurch das auf sein altehrwürdiges Vorbild bezogene Ereignis eine Aura des Erhabenen, des Unausweichlichen erhält, weil es auf dem Grund der abendländischen Kultur fußt und es gleichsam direkt aus dem Ferment emporwächst, aus dem sich das Selbstverständnis des neuen humanistischen Weltbilds speist.

Antike Welt als Matrix der Zukunft

«EIN GROSSER FEIND DES GANZEN MENSCHENGESCHLECHTS»

C 9.17
Le tiers premier pis que ne fit Neron,
Vuidez vaillant que sang humain respandre:
Rédifier fera le forneron,
Siecle d'or mort, nouveau Roy grand esclandre.

Paraphrase: Der dritte Erste wird schlimmer sein, als es Nero war. Das Blut der Tapferen wird vergossen, den Schmelzofen wird er wieder errichten lassen. Das goldene Zeitalter ist tot – neuer König, großer Skandal.

Auf das goldene Zeitalter von Augustus folgten Tiberius, Caligula und Claudius, allesamt für ihre Grausamkeit berüchtigt. Der Schlimmste aber war Nero, der Nachfolger des Claudius. Einem künftigen König bescheinigt Nostradamus in diesem Vierzeiler, schlimmer zu sein als Nero, den er als Vorbild nimmt.[58] Nero war berühmt für seine Grausamkeiten gegenüber den Christen. Er ließ sie kreuzigen, köpfen und am liebsten den wilden Tieren vorwerfen. Die Geschichte weiß aber nichts von Schmelzöfen, die er errichtet haben soll. Wie diese in die Strophe Eingang gefunden haben, lässt sich anhand des folgenden Vierzeilers belegen:

C 9.53
Le Neron ieune dans le trois cheminees,
Fera de paiges vifs pour ardoir ietter:
Heureux qui loing sera de tels menees,
Trois de son sang le feront mort guetter.

Paraphrase: Der junge Nero wird in die drei Öfen die lebenden Pagen in die Glut werfen lassen. Glücklich, wer weit von solchen Umtrieben entfernt ist. Drei von seinem Blut werden ihm auflauern und ihn töten.

Nostradamus verarbeitet hier die alttestamentliche Geschichte der drei Männer im Feuerofen aus Daniel 3. Die Männer Sadrach, Mesach und Abed-Nego entstammten vornehmen jüdischen Familien und waren die Gefährten Daniels am Hof des Königs Nebukadnezar, wo sie als Pagen dienten (Daniel 1,3–7). Als sie sich weigerten, vor dem goldenen Standbild des Königs niederzufallen, ließ er sie in einen Feuerofen werfen. Die biblische Geschichte wird mit Nero vereint, dem gleich drei Öfen für die Pagen zur Verfügung stehen. Es ist der Schmelzofen, den jener aus C 9.17, «der schlimmer sein wird als Nero», wieder errichten lassen wird.

Wie Nero als Vorbild für einen künftigen brutalen Herrscher dient, geht aus dem folgenden Quatrain hervor:

C 9.76
Avec le noir Rapax & sanguinaire,
Yssu du peaultre de l'inhumain Neron,
Emmy deux fleuves main gauche militaire,
Sera meurtry par Ioyne chaulveron.

Paraphrase: Mit dem schwarzen räuberischen und blutdürstigen Mann, entsprungen dem Hurenlager des unmenschlichen Nero, zwischen zwei Flüssen, wenn zur Linken ein Heer steht, wird er von einem jungen Lehenserben <oder Kahlköpfigen> ermordet werden.

Nostradamus bedient sich in diesem Vierzeiler zweier Worte aus dem okzitanischen Dialekt seiner Heimat: «Peautre» oder «peaultre» konnte sehr viele verschiedene Bedeutungen annehmen; sie reichten von Ruder, Schaluppe und einer Art Metall (was sich im englischen «pewter», ursprünglich eine Legierung aus Zinn, wieder findet) bis hin zu einem alten Bett, einer Strohmatte und dem Ort, an dem sich das schändliche, niederträchtige Volk («peautraille») versammelte. Hier ist sicher das verwerfliche Bett Neros, im übertragenen Sinn seine Schändlichkeit gemeint. «Emmy» steht für «zwischen», «in der Mitte». «Chauveron» oder «chaulveron» ist nach Le Pelletier der altfranzösische Ausdruck für den legitimen Erben von Gütern.[59] Der Begriff könnte auch von «chauve» (kahlköpfig) kommen und nur wegen des Reimes in diese unbekannte Form gebracht worden sein. In diesem Vierzeiler wird zur dichterischen Emphase, durch die ein furchtbarer

König gekennzeichnet werden soll, das «Hurenlager Neros» heraufbe-
schworen.

Der hier auftretende «blutdürstige grausame Schwarze» begegnet uns in
einer anderen Zenturie wieder:

C 4.47
Le noir farouche quand aura essayé
Sa main sanguine par feu, fer, arcs tendus,
Trestous le peuple sera tant effrayé,
Voyr les plus grans par col & pieds pendus.

Paraphrase: Wenn der schwarze grausame [Mann] seine blutgierige Hand
mit Feuer, Schwert und gespanntem Bogen geübt haben wird, dann
werden alle Menschen derart verängstigt sein, [wenn sie] die Größten am
Hals oder an den Füßen aufgehängt sehen.

Mit seinen Kriegern überzieht diese Tyrannengestalt das Land mit Schrecken und lässt in barbarischer Weise Ritter und Aristokraten öffentlich hän-
gen. Brind'Amour meint, «le noir» (der Schwarze) beziehe sich auf einen
Mann mit einem schwarzen Bart.[60] Das ist bildhaft gedacht, wie das bei unserem Autor angemessen ist, und tatsächlich findet sich auch ein «Mann mit
schwarzem Bart» in den Zenturien wieder, aber das scheint eine andere Figur zu sein, wie wir noch sehen werden. Im vorliegenden Fall speist sich das
Bild aus dem Bedeutungshof, den er der Figur des Kaisers Nero entnommen hat. Nero ist der Prototyp für den ruchlosen Tyrannen, «der
Schwarze» ist von seiner Brut und seinem Sinn, sein geistiger Abkömmling
sozusagen. Nero bedeutet auf Italienisch schwarz. Nero als Modell des Bösen schlechthin kann also auch als «der Schwarze» bezeichnet werden, ohne
dass damit ein schwarzer Mann beziehungsweise ein Mann mit schwarzem
Bart gemeint sein muss. Gemeint ist lediglich: ein grausamer Herrscher.

C 6.38
Aux profligez de paix les ennemis,
Apres avoir l'Italie superee:
Noir sanguinaire, rouge sera commis,
Feu, sang verser, eau de sang colorée.

Paraphrase: Die Feinde des Friedens werden sich gegen die
Unterlegenen [wenden], nachdem sie Italien besiegt haben. Der
blutrünstige Schwarze wird sich mit dem Roten verbünden. Es wird

Krieg [Feuer] geben, Blut wird vergossen, das Wasser von Blut gefärbt sein.

Der «blutrünstige Schwarze» schließt einen Bund mit einem Mann aus dem gehobenen Klerus, worauf die rote Kardinalsrobe hinweist. Hier scheint ein Bündnis mit dem Papst gemeint zu sein.

Wir sehen, wie bei Nostradamus der Name Nero und seine Umschreibung als der «blutrünstige Schwarze» zum Synonym für einen gewalttätigen, gefühllosen und bestialischen Herrscher wird. Im Almanach für 1554 zum Monat Juni lesen wir: «Ein neuer Nero oder Tiberius wird von neuem emporkommen. Er wird so viele neue Unterdrückungen hervorrufen, dass man nach einem neuen Harmodios oder Aristogeiton suchen wird. Aber sein Reich wird seiner Gewalt wegen von kurzer Dauer sein.»[61] Harmodios, ein Athener aus dem Geschlecht der Gephyräer, verschwor sich mit Aristogeiton gegen die Tyrannen von Athen, die Brüder Hipparchos und Hippias. Sie ermordeten 514 v. Chr. Hipparchos, was zu einer grausamen Reaktion von Hippias gegen zahlreiche Bürger führte. Hier bringt Nostradamus mit den Tyrannen von Athen zur Charakterisierung des «neuen Nero» ein weiteres Exempel aus dem reichen Schatz seiner humanistischen Bildung ins Spiel. An zwei anderen Stellen beschwört er mit ähnlichen Vergleichen das Aufkommen eines zunächst friedvollen und wohltätigen Herrschers, den er mit dem Adoptivkaiser Trajan vergleicht, der sich aber zu einem grausamen Tyrannen wandelt. In der Zusammenfassung des Gesamtjahres im Almanach für 1555 heißt es: «Einer wird acht Jahre lang ein Trajan sein, dann wird er ein Nero werden.»[62] Im Almanach für das Jahr 1556 dasselbe Thema zum Monat Juli: «Jener, der während seines Lebens Mitleid und Barmherzigkeit geübt hat, wird mit einem Mal ein Tyrann, der mehr Grausamkeit anwendet als seine Verfolger.»[63]

Meist hatte Nostradamus jemanden im Visier, wenn er ihn mit so harten und unmissverständlichen Worten kennzeichnete. Auf wen kann der «neue Nero» und der «grausame Schwarze» gemünzt gewesen sein? Ein erster Hinweis findet sich in der *Prognostication nouvelle, & prediction portenteuse* für 1555. Dort schreibt er in einem Abschnitt über Spanien: «Das *aerarium* <das öffentliche Vermögen> des spanischen Monarchen wird so leer und erschöpft sein, dass er gezwungen sein wird, es wie Nero zu machen und auf Plünderungen zurückzugreifen.»[64] Sueton zufolge habe Nero durch teure Bauwerke die Staatsfinanzen verbraucht, worauf er sich «auf Gemeinheit und Raub» verlegte. Als Nostradamus diese Zeilen schrieb, war Karl V. mit seiner Politik weitgehend gescheitert, auch militärisch war er letztlich erfolglos geblieben, und Spanien befand sich in einer schweren Finanzkrise.

Karl beschloss abzudanken und überließ seinem Sohn Philipp II. 1555 die Niederlande und ein Jahr später die spanischen und italienischen Besitzungen. Als wacher Beobachter der Politik zog Nostradamus die richtigen Schlüsse, ohne dass man dafür prophetische Gaben bemühen müsste: Das spanische Haus Habsburg machte 1558 erstmals Staatsbankrott.

Waren es Karl V. und Philipp II., die großen Gegenspieler der französischen Könige Franz I. und Heinrich II., die Nostradamus als neuen Nero und blutrünstigen Schwarzen bezeichnete? Eine Bestätigung dafür findet sich in anderen Vierzeilern:

C 10.9
De Castillon figuieres iour de brume,
De femme infame naistra souverain Prince:
Surnom de chausses perhume luy posthume,
Onc Roy ne fut si pire en sa province.

Paraphrase: In Figueras in Kastilien wird zur Wintersonnenwende ein mächtiger Herrscher von einer schändlichen Frau geboren werden. Der Kleine wird nach seinem Tod den Beinamen von Schuhen tragen. Niemals gab es einen so schlimmen König in seinem Land.

Zunächst evoziert Nostradamus die Erinnerung an einen anderen grausamen, maßlosen und tyrannischen römischen Kaiser, an Gajus Cäsar, genannt Caligula, was so viel wie «Soldatenstiefelchen» bedeutet. Caligula, der Sohn des Feldherrn Germanicus, wuchs unter den in Germanien stationierten Truppen auf. Sie gaben ihm diesen «Beinamen von Schuhen», weil er als Knabe in der Kleidung eines gemeinen Soldaten, also mit Soldatenschuhen an den Füßen, im Lager umherlief. Vielleicht intendiert Nostradamus mit der Aussage «luy posthume», dass der Beiname Caligula ihm erst nach dem Tod seines Vaters verliehen wurde.

Die ersten beiden Verse hingegen bezieht Nostradamus wieder auf seinen Vorzeigetyrannen Nero. Die «schändliche Frau» bezeichnet nicht die Mutter des Caligula[65], sondern die Mutter Neros. Nero wurde von Agrippina, Tochter des Germanicus und Schwester Caligulas, geboren. Sie ist «die schändliche Frau» des Quatrains, die wegen einer Verschwörung gegen Caligula auf die Pontischen Inseln vor der Küste Latiums verbannt wurde. Nach ihrer Rückkehr auf Geheiß ihres mittlerweile zum Kaiser aufgestiegenen Oheims Claudius erwirkte sie die Adoption ihres Sohnes Nero durch Claudius und ihre eigene Erhebung zur Augusta – ein Ehrentitel für Frauen des Kaiserhauses. Im Jahr 54 vergiftete sie Claudius und ließ Nero

zum Kaiser ausrufen. Ein weiterer Hinweis auf diese Anspielung im Vierzeiler ist die Feststellung, der mächtige Herrscher würde am «iour de
brume», also zur Wintersonnenwende, geboren. Nero wurde Sueton zufolge am 15. Dezember 37 geboren. In dem zu Nostradamus' Lebzeiten, vor
der gregorianischen Kalenderreform gegen Ende des 16. Jahrhunderts
noch gültigen julianischen Kalender markierte dieses Datum die Wintersonnenwende.

Die Anspielungen auf das Haus Habsburg, das den Kaiser des Heiligen
Römischen Reiches stellte, als Gegenspieler des Hauses Valois sind nicht zu
übersehen, denn «der mächtige Herrscher» wird von der «schändlichen
Frau» in Kastilien geboren. Das ist ein brisantes politisches Statement.
Nostradamus weist dem Kaiser und seinen Nachkommen die Rolle des Bö-
sen zu und dem französischen König, wie wir gesehen haben, den Part des
Retters und Großen Monarchen.

RÖMISCHER RITUS UND UTOPISCHE HOFFNUNG   Das Nero-Motiv und
seine Verzweigungen zeigen, wie Nostradamus mit historischem Material
umgeht. Er stellt durch offensichtliche und versteckte Anspielungen einen
Dialog her zwischen antiken Vorbildern und aktuellen Ereignissen; so
knüpft er ein Netz von Beziehungen auf sprachlicher und inhaltlicher
Ebene, das als eine Einheit wirkt, in der die mitgeteilten Geschehnisse als
unausweichlich dargestellt werden. Aus der Logik der Entsprechungen
folgt die Logik der Prognose. Die Motive werden gleichsam zu künftigen
Ereignissen hochgerechnet. Ein unmittelbarer, zwar akausaler, aber notwendiger Zusammenhang besteht zwischen den Prodigien und den auf sie
folgenden Geschehnissen, während das geschichtliche Vorbild sowohl als
Paradebeispiel als auch als das dargestellte Ereignis an sich gilt, das im Lauf
der Geschichte in neuem Gewand immer wiederkehrt. Das Vorbild präfi-
guriert demnach nicht nur eine spätere Begebenheit, es *ist* gleichsam mit ihr
identisch. Die auf einem solchen Geschichtsverständnis basierende poetische Verdichtung lässt zwangsläufig Leseweisen auf mehreren Ebenen zu.

In einer Gruppe von Quatrains wird ein sehr interessanter antiker Stoff
verarbeitet, der unmittelbar mit dem Selbstverständnis und der Tätigkeit
des Propheten zu tun hat. Es geht um die Rolle der Weissagung, speziell um
eine Zeremonie, durch die der König von einem Augur, einem Weissager
und Mitglied eines staatlichen Divinationskollegiums, feierlich in sein Amt
eingesetzt wird. Auch Nostradamus ist ein Augur von Königen, ein Prophet
der Herrscher und Mächtigen. Wenngleich er nicht an einem Hof als Ratgeber fungiert, sind doch die Monarchen und Prinzen als Lenker der Ge-

schicke der Reiche und der Völker, sind die Widrigkeiten ihrer Regierungen, die Mäander ihrer Schicksalsläufe *das* Thema seiner prophetischen Texte. Aus einer Gruppe der Quatrains der fünften Zenturie (C 5.6, C 5.74, C 5.75, C 5.77, C 5.79) wird deutlich, wie Nostradamus das Wechselspiel zwischen der Vorlage und einem damit verbundenen aktuellen Anliegen zu einer prophetischen Projektion verarbeitet.

C 5.77
Tous les degrez d'honneur Ecclesiastique
Seront changez en dial quirinal:
En Martial quirinal flaminique,
Puis un Roy de France les rendra vulcanal.

Paraphrase: Alle Grade kirchlicher Ehren werden vom Priester des Jupiter zum Priester des Quirinus und vom Priester des Mars zu jenem des Quirinus verwandelt. Danach wird ein französischer König sie vulkanisch machen <sie verwandeln>.

Die Römer kannten so genannte Eigenpriester (*flamen*), die für bestimmte Gottheiten zuständig waren. Es gab Priester für die zwölf untergeordneten Gottheiten (*flamen minores*), die aus plebejischen Geschlechtern stammten, und Priester für die drei höheren Gottheiten (*flamen maiores*). Nostradamus evoziert die römische Triade der Priester der höheren Gottheiten: *flamen Dialis, flamen Martialis, flamen Quirinalis*, also die Eigenpriester für Jupiter, Mars und Quirinus. In der römischen Doktrin der hierarchischen Gliederung der priesterlichen Ordnung (*ordo sacerdotum*) steht zuoberst der König, dann der Priester des Jupiter, gefolgt von dem des Mars und jenem des Quirinus; erst an fünfter Position folgt der Oberpriester (*pontifex maximus*). Der König ist der Mächtigste in der priesterlichen Hierarchie, er steht über dem *Dialis*, der als Priester des Universums gilt. Ihm folgt der *Martialis*, da Mars der Vater des Gründers von Rom ist. Quirinus wurde aus Cures, der Hauptstadt der Sabiner nördlich von Rom, geholt und dem römischen Reich einverleibt. Mit diesem Namen bezeichnete man den Romulus nach seiner Erhebung zum Gott. Aufgabe des *pontifex maximus* war es, Richter und Schiedsrichter in göttlichen und menschlichen Angelegenheiten zu sein.

Nostradamus spricht von einer Art Verwandlung der christlichen Kirchenordnung hin zu einer heidnischen nach römischem Vorbild. In jedem Fall geht es um eine Reform, an deren Ende die Schaffung eines neuen Klerus steht.

Schwer einzuschätzen ist, wie ernst Nostradamus solche Aussagen meinte. Man darf den poetischen Charakter der *Prophéties* nicht aus den Augen lassen. Vielleicht reizten ihn die lateinischen Begriffe für ein manieristisches Wortspiel, und man liest schon beim Versuch der Dekonstruktion eines Quatrains mehr heraus, als der Autor hineingelegt hat. Allerdings haben wir hier das Glück, die Quelle rekonstruieren zu können, aus der Nostradamus geschöpft hat.[66] Es handelt sich um die berühmte Geschichte Roms von Titus Livius (59 v. Chr.–17. n. Chr.) in 142 Büchern von den Anfängen bis zum Tod des Drusus. Darin berichtet Livius von der Einsetzung der drei *flamines maiores* durch den sagenhaften König Numa Pompilius. Nostradamus hat sich für weitere Quatrains von der Erzählung des Livius[67] über die Berufung und Aufgaben der Priester inspirieren lassen. Nur zwei Vierzeiler davor lesen wir:

C 5.75
Montera haut sur le bien plus à dextre,
Demourra assis sur la pierre quarrée,
Vers le Midy posé à sa senestre,
Baston tortu en main bouche serrée.

Paraphrase: Er wird hoch hinaufsteigen mehr zur Rechten. Dort wird er auf dem quadratischen Stein sitzen bleiben. Er wird nach Süden blicken zu seiner Linken, den gekrümmten Stab in der Hand, den Mund verschlossen.

Livius erzählt, wie Numa als oberster aller Priester sich von einem Augur auf die Burg führen ließ. Dort nahm er auf einem Stein Platz, das Gesicht nach Süden gewandt. Zu seiner Linken ließ sich der Augur mit verhülltem Haupt nieder. Er hielt in seiner Rechten den *lituus*, seinen zeremoniellen gekrümmten Stab. Dieser feierliche Akt der Einweihung von Numa Pompilius (*inauguratio*) wird von Nostradamus im vorliegenden Quatrain exakt wiedergegeben.

Livius beschreibt bei der Zeremonie der Einweihung weiter, wie der Augur die Stadt und das Gebiet um Rom (*ager Romanus*) ins Auge fasste, die Götter anrief und von Ost nach West die vier Himmelsbezirke einteilte. Die Seite nach Süden hin nannte er die rechte, die nach Norden die linke, und er merkte sich einen Gegenpunkt am Horizont. Diesen Akt finden wir übrigens bereits in einem Vers der zweiten Zenturie, wo vom Gebiet um Rom die Rede ist, das der Augur «auslegt» (C 2.99.1 «Terroir Romain qu'interpretoit augure»). Das Adjektiv in C 5.75.2, das den Stein als «quadratisch» bezeichnet, auf den sich Numa niedersetzt, scheint auf eine nicht korrekte

Übersetzung der Textstelle bei Livius zurückzugehen: Es bezieht sich nicht auf eine Eigenschaft des Steines, sondern vielmehr auf das mit dem *lituus* nach den Himmelsrichtungen abgegrenzte viergeteilte Beobachtungsfeld (*templum*) des Auguren, in dem er die Vorzeichen beobachten würde, die in der Regel aus dem Vogelruf und Vogelflug bestanden. Während dieser Ausschau nach dem Omen musste absolute Stille herrschen. Deshalb sagt Nostradamus im letzten Vers, dass der Mund geschlossen war. Den Rest der Zeremonie der *inauguratio* gibt er in einem anderen Vierzeiler der fünften Zenturie wieder:

C 5.6
Au Roy l'Augur sur le chef la main mettre,
Viendra prier pour la paix Italique:
A la main gauche viendra changer le sceptre,
Du Roy viendra Empereur pacifique.

Paraphrase: Der Augur legt die Hand auf das Haupt des Königs, und er wird für den Frieden in Italien beten. Das Zepter wechselt in die linke Hand. Aus dem König wird ein friedlicher Kaiser.

Im weiteren Verlauf der Zeremonie der *inauguratio* schildert Livius, wie der Augur seinen gekrümmten Stab von der rechten in die linke Hand wechselte und die Rechte auf das Haupt von Numa Pompilius legte. Dabei sprach er folgendes Gebet: «Vater Jupiter, wenn es göttlicher Wille ist, dass dieser Numa Pompilius, dessen Haupt ich halte, König von Rom sei, dann sollst du uns bestimmte Zeichen erscheinen lassen innerhalb der Grenzen, die ich gezogen habe.» Der Augur legte nun die Zeichen fest, die er geschickt haben wollte. Die Zeichen erschienen, und Numa stieg als bestätigter König vom Beobachtungsplatz des Auguren herab.

In den drei Vierzeilern C 5.6, C 5.75, C 5.77 hat Nostradamus den gesamten Vorgang in der Beschreibung des Livius nacherzählt. Seine Vertrautheit mit den Techniken des antiken Auguriums zeigt sich auch an einem weiteren Vierzeiler:

C 3.26
Des rois & princes dresseront simulacres:
Augures creuz esleuéz, aruspices:
Corne victime d'orée, & d'azur, d'acre,[68]
Interpretés seront les extispices.

Paraphrase: Sie werden Statuen von Königen und Prinzen errichten. Es wird Augurien mit erhobenem Krummstab und Haruspizien geben. Die Hörner der Opfertiere werden vergoldet und aus Lapislazuli und Perlmutt sein. Die Zeichen in den Eingeweiden werden interpretiert werden.

Hier beschreibt Nostradamus eine Szene aus dem alten Rom: Bei den Statuen von Herrschern werden reich geschmückte Opfertiere dargebracht, und die Auguren halten ein *haruspicium*, die Opferschau ab, wobei außergewöhnliche Zeichen an den Eingeweiden der Opfertiere, vor allem an der Leber, interpretiert werden.

In der Gruppe von Quatrains, in denen die Zeremonie der *inauguratio* beschrieben wird, bleibt vor allem die letzte Zeile von C 5.77 rätselhaft und weicht von der Vorlage ab. In ihr heißt es, dass nach der Verwandlung der kirchlichen Ehren gemäß heidnischem Vorbild anschließend ein französischer König sie «vulkanisch» – oder dem Vulcanus zugehörig – machen würde. Was kann der Prophet damit gemeint haben? Vulcanus gehörte zu den niederen Gottheiten, und es macht wenig Sinn, dass ein französischer König diesen Wandel hin zum Niedersten vollziehen oder unterstützen würde. Vulcanus war aber der Gott des Feuers und der Schmiedekunst; durch Metonymie kann darunter das Feuer selbst verstanden werden. Nostradamus verwendet Vulcanus noch an zwei Stellen in den Zenturien, einmal in Zusammenhang mit Leichen, die verbrannt werden (C 9.74.4 «Et à Vulcan corps morts sepulturer»), das andere Mal innerhalb einer Gruppe von Vierzeilern, die sich alle auf alchemistische Operationen beziehen, wo er vom «Quecksilber, das zur Nahrung des Feuers wird» (C 4.29.3 «De Vulcan Hermes sera faicte pasture») schreibt. Auch in seinem Horoskop für den Prinzen Rudolf von Habsburg spricht er in alchemistischen Begriffen davon, dass in Bergwerken «Mond <Silber> und ein Teil schimmernder Sonne <Gold>» gefunden würde, «die durch Vulcanus <Feuer> getrennt werden».[69] In allen drei Fällen steht der Gott Vulcanus für Feuer in seiner verwandelnden Kraft, die vor allem in der Alchemie eine so zentrale Bedeutung besitzt. Anscheinend meint Nostradamus, dass ein französischer König den entscheidenden Anstoß zur Reform der kirchlichen Ordnung geben wird; sie wird sich ändern nach antikem Vorbild, aber am Ende wird es dem König vorbehalten bleiben, sie zu etwas Neuem zu verwandeln, was seinen symbolischen Ausdruck im verwandelnden Feuer findet.

Auf Grund dieser Analyse kann man nun darangehen, die gesamte Gruppe der Quatrains zu betrachten, die über die Beschreibung der Einweihung des römischen Königs auf das Erscheinen jenes mächtigen französischen Königs zu Nostradamus' Zeiten verweisen, der diese Reform der religiösen Ordnung vorantreiben wird. Wir kommen zum eigentlichen Anfang der Gruppe, zu Quatrain 74 der fünften Zenturie – ein Quatrain, der erst im Licht der dargestellten Vierzeiler seine Erklärung findet:

C 5.74
De sang Troyen naistra coeur Germanique
Qui deviendra en si haute puissance:
Hors chassera estrange Arabique,
Tournant l'Eglise en pristine preeminence.

Paraphrase: Von trojanischem Blut und deutschem Herzen wird einer geboren, der zu sehr hoher Macht gelangt. Vertreiben wird er das fremde arabische Volk und der Kirche ihre ursprüngliche Vorherrschaft zurückgeben.

Die erste Verszeile stellt eine Reihe von syntaktischen Problemen, die nur annäherungsweise gelöst werden können. Meint Nostradamus, wie Dumézil vorschlägt: Aus trojanischem Blut wird ein deutsches Herz geboren?[70] Könnte gemeint sein: Von trojanischem Blut wird einer im Herzen Deutschlands geboren? Am wahrscheinlichsten erscheint mir die Lösung in meiner Paraphrase: Von trojanischem Blut *und* deutschem Herzen. Denn hier geht es um einen mächtigen Monarchen, einen Herrscher aus Frankreich, aber einen, der seinen Einflussbereich auch auf Deutschland ausdehnt. Dieser einflussreiche Monarch soll die Araber verjagen. Die Araber waren damals bereits aus Europa zurückgedrängt; sie stehen hier nur stellvertretend für die von Osten drohenden Völker islamischen Glaubens, was durch die letzte Verszeile bestätigt wird, in der die vornehmste Aufgabe des Souveräns genannt wird: Sie besteht in der Wiederherstellung der früheren Vorherrschaft der Kirche. Auffallend ist, dass der Herrscher nicht als König bezeichnet wird. Nostradamus lässt offen, ob es sich nicht sogar um einen Kaiser handeln kann. Woher soll dieser Monarch «von trojanischem Blut» und «deutschem Herzen» kommen?

Von trojanischem Blut sind die Römer, aber auch die französischen Könige führen ihre Abstammung auf Troja zurück. Nach Lemaire des Belges sind die französischen Könige Nachfahren von Francus, dem Sohn des tapfersten der trojanischen Helden, Hektor.[71] Nostradamus verwendet die Redewendung «von trojanischem Blut» gerne und oft. In den meisten Fällen bezieht er sie auf das französische Königshaus. Es gibt eine sehr aufschlussreiche Passage in der *Prognostication nouvelle* für 1555, die den hier besprochenen Quatrain und die gesamte Gruppe von Vierzeilern um die Darstellung der *inauguratio* entscheidend erhellt und die ich deshalb vollständig zitieren will. In den Weissagungen zum Dezember 1555 heißt es:

In diesem Jahr 1555 und in einigen der folgenden Jahre wird das große und unschätzbare gallische Reich, wie einstmals Führer und Haupt des Universums, und sein unumschränkter Lenker auf die höchste und vollkommenste Stufe der Ehren, des Ruhms und der Unsterblichkeit für die Nachwelt erhoben werden. Und dass dies wahr ist, wird man unfehlbar daran erkennen, dass die dreifache Krone recht nahe sein wird, sodass seit seinem Nachfolger Brennus, der einst die Römer in arge Bedrängnis brachte, niemals ein derartiger Krieg war, wie ihn dieser führen wird, der seine Truppen und Streitkräfte nach der Art des makedonischen Zeitalters zurückführen wird. Und das gesamte Reich wird in derartig hohen Ehren und Glück blühen, dass man sehen und erkennen wird, welches das vollkommene trojanische Blut ist. Und nicht zufrieden damit, wird die wahre Personifikation des Mars weiter Erfolg haben in den beiden Teilen der unwandelbaren Welt, sowohl im Süden als auch im Norden, sodass er nicht nur Gestalter des gesamten gallischen Reiches, einschließlich des Landes des keltischen, belgischen und aquitanischen Teils wird, sondern auch durch den Sieg in Deutschland *HENRICUS CAESAR GERMANICUS AUGUSTUS* genannt werden wird. Aber er wird seine Eroberungen bewahren müssen. Darin liegt die große Schwierigkeit.[72] Mehr noch, in wenigen Jahren wird man das seinem Nachfolger entsprossene martialische trojanische Blut bevorzugen, und man wird im Universum singen: *esse sub Francigenis undique Germaniam* [überall ist Deutschland den Franzosen unterworfen].[73]

Nostradamus singt in diesen Zeilen ein erstaunliches Loblied auf seinen König, Heinrich II., dem er die Weltherrschaft verspricht. Man kann verstehen, warum ihn Heinrich II. auf Grund dieses Almanachs an den Hof eingeladen hatte. Nostradamus stellt ihn als Vereiner, Ordner und Lenker des «dreigeteilten Frankreichs» dar, wie Cäsar in seinem *De bello gallico* Gallien in die Bereiche der Belgier, Aquitanier und Kelten teilte. Aber damit nicht genug: Der unaufhaltsame Aufstieg, den er Heinrich prophezeit, führt die Franzosen siegreich über ihre Grenzen hinaus. Nostradamus verspricht ihm den Sieg im heiß umkämpften Italien, indem er ihn mit Brennus[74] vergleicht, dem Fürsten des keltischen Stammes der Senonen, unter dessen Führung die Gallier 387 v. Chr. bis nach Rom vorrückten. Sie siegten an der

Allia und nahmen Rom mit Ausnahme des Kapitols ein. Nostradamus verspricht ihm sogar die Wiederkunft des makedonischen Zeitalters, der glorreichen Epoche unter Philipp II. (359–336 v. Chr.) und Alexander dem Großen (336–323 v. Chr.), als die Makedonen an die Spitze der Welt traten. Er verheißt seinem König Triumphe im Süden und im Norden und nicht zuletzt einen Sieg gegen Deutschland, was ihm nach römischer Sitte neben seinem eigenen und den Herrschernamen Cäsar und Augustus den Ehrennamen Germanicus einbringt. Offenbar durch seine Eroberungen in Italien und Deutschland winke ihm die dreifache Krone – eine davon wird die Kaiserkrone sein.

Nostradamus erweist sich hier als treuer Bewahrer der prophetischen Tradition, die von einem Großen Monarchen aus Frankreich kündet, von einem Weltherrscher, unter dessen Führung ein neues Zeitalter, eine neue Ordnung eintritt. An seinen Siegen und seinem Emporkommen wird man erkennen, dass es der französische Herrscher ist, der von «vollkommenem trojanischen Blut» ist. Für Frankreich kündigt er eine lange glorreiche Zukunft an, denn man wird weiterhin das aus ihm hervorgegangene «martialische trojanische Blut» bevorzugen. Diese Aussage stellt er in Zusammenhang mit der Unterwerfung Deutschlands unter die französische Herrschaft. Also stellt er implizit auch die Kaiserkrone in Aussicht, die danach für lange Zeit den französischen Königen vorbehalten bleiben soll. Nur unter dieser Perspektive wird auch klar, wie er die Analogie zur Zeremonie der *inauguratio*, wie in C 5.6 dargestellt, gemeint hat. Es erhellt sich nämlich eine Eigenheit; im Gegensatz zur Vorlage bei Livius heißt es in der letzten Zeile (C 5.6.4): «Du Roy viendra Empereur pacifique». Aus dem König wird ein Kaiser, und zwar ein Kaiser, der den Frieden herbeiführen wird.

Kehren wir zurück zum Quatrain C 5.74. Nun ist klar, was Nostradamus in den ersten beiden Zeilen gemeint hat: einen mächtigen französischen Monarchen, der gleichsam mitten ins Herz Deutschlands eindringt! Von diesem Weltherrscher wird das erwartet, was ihm die Propheten seit Jahrhunderten zugedacht haben: die Neuordnung der Welt und das Vorantreiben einer grundlegenden Reformation der Kirche, was im Rest des Vierzeilers dargestellt wird. Man kann in diesem thematischen Zusammenhang auch die beiden C 5.74 unmittelbar vorangehenden Quatrains anführen. In diesen beklagt er das Emporkommen des islamischen Glaubens, dass man «Gift in den Glauben mischen» werde (C 5.72.3), dass die Kirche Gottes verfolgt und ihre Tempel geplündert würden von Horden islamischen Glaubens (C 5.73). Aufgabe des Großen Monarchen wird es sein, nicht nur die katholische Kirche zu reformieren, sondern ihr ihre «ursprüngliche

Vorherrschaft» zu sichern, indem er die islamischen Völker endgültig besiegt und zurückschlägt.

In Zusammenhang mit den anderen Quatrains dieser Gruppe ergibt sich nun das Bild, wie sich Nostradamus die Arbeit des Großen Monarchen vorgestellt hat. Er inspiriert sich an antiken Riten und vermischt die Figuren von Priester, Prophet und Augur. Er beschwört eine pathetische Zeremonie herauf, die ihm eines Weltherrschers würdig erscheint – wie könnte ihn ein Papst salben, wenn es doch der Große Monarch ist, der Kirche und Papsttum in die Erneuerung führen wird! Der Weltherrscher gebietet über eine andere Ordnung, die nicht mehr die herkömmliche Kirchenordnung und politische Ordnung ist. Sie inspiriert sich – wie könnte es für den Humanisten Nostradamus anders sein – am römischen Vorbild. Die weithin bekannte Prophezeiung vom Großen Monarchen steht, wie wir gesehen haben, in der joachimitischen Tradition gewöhnlich mit dem Auftreten des Engelpapstes zusammen. Diese Figur ist hier in dem antiken Rahmen unterdrückt. Aber es geht eindeutig hervor, dass Nostradamus die religiöse *und* die weltliche Erneuerung, die mit den beiden Gestalten verknüpft ist, im Sinn hatte. In der *Prognostication nouvelle* für 1555 erwähnt Nostradamus entsprechend, kurz vor dem zitierten Abschnitt, das in diesem Zusammenhang übliche Johannes-Zitat von dem «einen Hirten und einer Herde».[75] Sonst ist Nostradamus aber allein dem kenntnisreichen Rückgriff auf das Altertum verpflichtet. Die Römer leiteten ihre mythische Abstammung aus Troja her, und die französische Literatur der Renaissance aktualisierte diese Herkunft als eine direkte Abstammungslinie des französischen Monarchen von den römischen Heroen. Die Idee der Übertragung der Herrschaft (*translatio imperii*) machte in der Renaissance aus den französischen Königen die legitimen Nachfolger der römischen Kaiser. Aus dieser Vorstellung speiste sich auch der Anspruch auf die Kaiserkrone des Heiligen Römischen Reiches.

Den Abschluss dieser Gruppe von Vierzeilern bildet der folgende Quatrain:

C 5.79
Par sacree pompe viendra baisser les aisles,
Par la venue du grand legislateur:
Humble haussera, vexera les rebelles,
Naistra sur terre aucun aemulateur.

Paraphrase: Durch einen heiligen Umzug bei der Ankunft des großen Gesetzgebers wird er ihren Mut sinken lassen. Die Demütigen wird er erhöhen, die Rebellen knechten. Auf Erden wird keiner seinesgleichen <eigentlich: kein Nacheiferer> mehr geboren.

Nostradamus beginnt mit dem Triumphzug des «großen Gesetzgebers» («grand legislateur») durch die Hauptstadt eines besiegten Landes, wieder nach antikem Vorbild. Beim Anblick der ihm in einem Zug von Pomp und Glorie zujubelnden Menge sinkt den Besiegten endgültig der Mut. Großmütig wird sich der Herrscher für die Bescheidenen einsetzen und die Aufständischen drangsalieren. Er wird der größte, der erhoffte und erwartete Weltherrscher sein. Niemals wird auf Erden einer geboren, der ihm nacheifern könnte.

Die hier besprochene Gruppe von Vierzeilern enthält nicht per se Prophezeiungen. Vor dem Hintergrund der poetischen Wiedergabe einer Zeremonie aus der römischen Geschichte knüpft Nostradamus ein Geflecht von Bezügen, aus dem weniger eine prophetische Intention als eine alte Sehnsucht nach der entscheidenden politischen und religiösen Erneuerung auftaucht. An dieser Stelle begegnen sich Weissagung und Utopie, die Nostradamus in dem für ihn charakteristischen Rückgriff auf antike heidnische und humanistische Ideale zum Ausdruck bringt.

«DIE MAUERN WERDEN VON ZIEGELN ZU MARMOR VERÄNDERT» Im obigen Beispiel ist soeben dargelegt worden, wie die Rezeption der Antike in den Zenturien zum Tragen kommt. Sie hat aber viel weitreichenderen Einfluss auf die Gestaltung des Werkes genommen, als aus einem isolierten Exempel hervorgehen kann. Tatsächlich ist Nostradamus' Text durchdrungen von Anspielungen auf die römische Geschichte.

Römische Kaiser geben sich ein Stelldichein: Nero taucht drei Mal in der neunten Zenturie auf (C 9.17.1, C 9.53.1 und C 9.76.2), wir vernehmen von Claudius, «der nicht regieren kann» (C 6.84.1), von Caligula als Sohn von Agrippina, der «schändlichen Frau» (C 10.9). Der große Widersacher der Römer, der Karthager Hannibal, begegnet uns namentlich zwei Mal (C 2.30.1, C 3.93.3), aber in anderen Quatrains werden verschiedene Feldzüge von ihm beschrieben, so die berühmte Schlacht am Trasimenischen See, als er 217 v. Chr. die römischen Truppen in den See trieb (C 6.39, C 8.47), oder seine Kampagne während des zweiten Punischen Krieges (C 1.9, C 2.60, C 2.78). Viele bedeutende Gestalten des alten Roms bevölkern den Text unseres Autors: Sie reichen von Numa Pompilius, einem der sagenhaften Könige und Nachfolger des Romulus, von dem wir bereits gehört haben, bis zu Domitian oder – wenn wir die Vorlagen für die Entlehnungen zugrunde legen – vom ersten Buch von Titus Livius bis zum letzten der Kaiser-Biografien von Sueton.[76]

Nostradamus verwendet die Fragmente aus der römischen Geschichte als gelehrte Verweise. Dem Leser ist es überlassen, sie aufzudecken, um auf Grund der darin geschilderten Ereignisse auf die von dem Propheten intendierten künftigen Geschehnisse schließen zu können. Diese Vorgehensweise praktiziert Nostradamus auch ausführlich in seinen Almanachen: Ereignisse und Herrscher aus der Antike sind Modell und Vorbild für künftige Geschehnisse und Regenten. Schon in seinem ersten Almanach für 1550 spricht er von großen, schrecklichen Veränderungen, dass man meinen könnte, das Zeitalter von Marius und Sulla sei wiedergekehrt; es ist eines seiner Lieblingsbeispiele, um auf die barbarische Zeit grausamster Bürgerkriege zu verweisen, die Nostradamus täglich selbst erlebte.

Im Senat standen sich in den 80er Jahren des 1. Jahrhunderts v. Chr. die Parteien der Optimaten, Mitglieder der gefestigten Aristokratie, und der Popularen gegenüber, verarmte Aristokraten und Neureiche, die versuchten, mit Teilen der Bevölkerung und Volkstribunen eine stärkere Machtposition zu erreichen. Es kam zu einem erbitterten Streit zwischen dem Optimaten Sulla, einem mitreißenden Soldatenführer, und den Anhängern des Marius. Marius setzte Sulla als Oberbefehlshaber ab. Sulla marschierte mit seinen Legionen nach Rom und nahm die Stadt gewaltsam; es kam zum Bürgerkrieg. Marius floh bis nach Afrika. Als Sulla im Osten gegen Mithridates Krieg führte, nahm Marius an der Spitze eines Heeres von aufständischen Samnitern Rom ein und übte maßlose Rache an den Anhängern Sullas. Aber Sulla kehrte zurück, gewann die militärische Oberhand und ließ die Rebellen liquidieren. Tausende Anhänger von Marius wurden Opfer der berüchtigten Proskription: Ihre Namen wurden öffentlich auf dem Forum bekannt gemacht. Sie waren damit vogelfrei, und jeder, der einen von ihnen tötete, erhielt eine Belohnung.

Verborgen hinter gelehrten Anspielungen tritt uns auch Augustus aus einem Quatrain entgegen:

C 10.89
De brique en mabre seront les murs reduicts,
Sept & cinquante années pacifique:
Ioye aux humains, renoué l'aqueduict,
Santé, grands fruicts, ioye & temps melifique.

Paraphrase: Die Mauern werden von Ziegeln zu Marmor verändert. Es gibt 57 friedliche Jahre. Die Menschen freuen sich, und der Aquädukt

wird erneuert. Gesundheit, reiche Ernte <wörtlich: große Früchte>,
Freude und honigsüße Zeiten.

Die Verschönerung Roms unter seiner Herrschaft pries Augustus mit den
Worten, er habe die Stadt aus Ziegeln in Empfang genommen und sie in
Marmor hinterlassen.[77] Mit diesem berühmten Ausspruch eröffnet Nostradamus den Quatrain. Die 57 Jahre einer sorgenfreien Herrschaft entsprechen genau der Regierungszeit des Augustus, gezählt vom Tod Cäsars im
Jahr 44 v. Chr. bis 14 n. Chr. Unter der Regierungszeit des Augustus werden
drei Aquädukte erneuert oder neu errichtet, die *Aqua Julia* um 33 v. Chr.
und die *Aqua Virgo* um 22 v. Chr. sowie die *Aqua Alsietina* um 2 v. Chr.
Wahrscheinlich bezieht sich Nostradamus auf die *Aqua Virgo*, eine 26 km
lange Wasserleitung, die zum Marsfeld führte und im Auftrag von Augustus' lebenslangem Freund Agrippa (63–12 v. Chr.) errichtet wurde; auch
darüber berichtet Sueton. Nostradamus gibt die glücklichen Zeiten unter
der Herrschaft des Augustus durch zwei Einzelereignisse wieder, die eine
künftige Epoche unter einer sorgenfreien Regierung kennzeichnen.

Wir haben drei Themenkreise kennen gelernt und ihre Repräsentanten:
Nero als Inkarnation des Bösen, Augustus steht für das goldene Zeitalter,
Sulla und Marius geben das Modell für Bürgerkriege ab. Nostradamus
interessierte sich aber nicht nur intellektuell für die römische Geschichte; er
hatte ein Faible für Altertümer. In seinen langen Wanderjahren besuchte er
viele Stätten, wo es noch Reste aus römischer Zeit gab, und die Provence
selbst, wo er geboren wurde und sich später wieder niederließ, war reich an
antiken Denkmälern. Entsprechend häufig treten sie in den Zenturien in
Erscheinung: Tempel verschiedener Gottheiten, Grabstätten, Aquädukte,
römische Theater usw. Natürlich verarbeitete er auch die herausragenden
römischen Bauwerke bei seiner Heimatstadt Saint-Rémy.

C 4.27
Salon, Mansol, Tarascon de SEX. l'arc,
Où est debout encor la piramide,
Viendront livrer le Prince Dannemarc
Rachat honni au temple d'Artemide.

Paraphrase:
In Salon, in Saint-Paul-de-Mausole, in Tarascon, dort, wo sich der Bogen
des Sextus befindet, und dort, wo noch die Pyramide aufrecht steht,
werden sie den Prinzen von Dänemark freilassen. Beschämendes
Lösegeld im Tempel der Artemis.

Wie bereits dargestellt befindet sich bei Saint-Rémy das gallo-römische Julierdenkmal, das man für ein Grabmal hielt und das deshalb im Volksmund als Mausoleum bezeichnet wurde. Von ihm erhielt das Kloster, das im 11. Jahrhundert in der Nähe errichtet wurde, den Namen Saint-Paul-de-Mausole. In den Setzstuben des 16. Jahrhunderts waren noch häufig n und u in den Worten austauschbar. Mansol oder Mausol ist die Kurzbezeichnung dieser Lokalität. Die Abkürzung «SEX.» im vorliegenden Vierzeiler gibt den Beginn der umlaufenden Inschrift auf dem Juliermonument wieder. Vollständig lautet sie: SEX·L·M·IVLIEI·C·F·PARENTIBVS·SVEIS· (*Sextus Lucius Marcus Iuliei Gai filiei parentibus sueis*) – «Sextus, Lucius und Marcus, die Söhne von Gaius Julius, [haben dieses Monument] ihren Eltern [gewidmet].»[78] Anders löste Nostradamus die Inschrift, wie uns sein Sohn César überliefert; er las sie als *Sextus Laelius, maritus Iuliae, istam columnam fecit parentibus sueis*: «Sextus Laelius, der Gatte von Julia, hat diese Säule für seine Eltern errichtet.»[79] Nostradamus war anscheinend der Ansicht, dass auch der neben dem Mausoleum stehende Triumphbogen demselben Sextus zuzuschreiben sei, deshalb die Bezeichnung «de SEX. l'arc».

Die Orte in dem Quatrain befinden sich alle um den kleinen Gebirgszug der Alpilles in der Provence: Salon im Südosten, Saint-Rémy im Norden, Tarascon im Nordwesten. Es ist deshalb anzunehmen, dass die Pyramide, von der die Rede ist, ebenfalls in diesem Gebiet zu suchen ist. Tatsächlich gab es eine ganze Reihe von antiken Monumenten in dieser Region, die im Volk den Namen «Pyramide» trugen, etwa in Arles, Avignon und La Penne-sur-Huveaune. Nostradamus jedenfalls meint eine völlig andere und ungewöhnliche Pyramide, die ganz in der Nähe von «Les Antiques» (Julierdenkmal und Triumphbogen) bei Saint-Rémy steht. In der Gegend gibt es drei Zonen, wo seit den Tagen des Altertums Quadersteine abgebaut werden: Baux-de-Provence, Fontvieille und Saint-Rémy. Zwischen dem Kloster Saint-Paul-de-Mausole und der heute ausgegrabenen gallo-römischen Stadt Glanum, auf der anderen Straßenseite von Les Antiques, befinden sich die ältesten Steinbrüche; sie haben die größte Vielfalt an geologischen Schichten aufzuweisen. Dort konnte auch feineres und widerstandsfähigeres Material gewonnen werden, das für den Schmuck der wichtigsten Bauwerke wie des Triumphbogens, des Mausoleums und verschiedener Tempel Verwendung fand. Einer dieser Steinbrüche war unter dem Namen «die Pyramide» («la pyramide») bekannt. Der Name stammt von einem eindrucksvollen, 23 Meter hohen, heute noch mit der Unterschicht verbundenen Monolithen, wie Nostradamus schreibt: «Wo noch die Pyramide aufrecht steht». Man kann die zweite Zeile des Quatrains zweifach verstehen: Setzt man sie mit der vorangehenden in Verbindung, dann erweist sich der

Hinweis auf die Pyramide als nähere Ortsbezeichnung für den Bogen des Sextus, also die Zone der antiken Denkmäler bei Saint-Rémy; bezieht sie sich auf die dritte Verszeile, dann handelt es sich um die exakte Stelle, an der die Auslieferung des Prinzen stattfinden soll.

Ein Tempel der Artemis (die römische Diana), wo das Lösegeld gezahlt werden soll, steht in Arles, ein anderer in Nîmes. Wahrscheinlich hatte Nostradamus Arles im Sinn, weil die Stadt in dem umschriebenen geographischen Bereich südwestlich der Alpilles liegt. Auf den Tempel der Artemis in Arles bezieht sich auch die mythisch-historische Szene, die Nostradamus in den letzten beiden Versen in Erinnerung ruft. Karl der Große ließ in Arles eine Kirche errichten, die man im Volksmund Notre-Dame-du-Temple nannte, weil man sie mit dem heidnischen Tempel der Diana in Zusammenhang brachte, dem schönsten Tempel Frankreichs, der nach dem Modell des Diana-Tempels von Ephesos errichtet worden war. Im 11. Jahrhundert wurde der karolingische Bau zur Kathedrale Saint-Trophime ausgestaltet. Der Legende zufolge besiegte Karl der Große die Sarazenen in der Gegend von Glanum am Fuße der Alpilles. Der «Prince Dannemarc» ist wohl Ogier der Däne, eine Gestalt der Heldensage um Karl den Großen, bekannt aus dem Rolandslied. Ogiers Vater, Gottfried von Dänemark, überließ Karl dem Großen seinen Sohn Ogier als Geisel, um sich vom Tribut, den er dem französischen König schuldete, zu befreien. Bei Karls Sieg über die Sarazenen erwies sich Ogier als besonders tapfer. Karl schlug ihn dafür zum Ritter und befreite ihn auf diese Weise.[80]

DIE VERBORGENE ANWESENHEIT DES ALTERTUMS   Nostradamus fesselten die Geheimnisse, die sich mit den römischen Bauwerken verbanden. Wahrscheinlich hat er schon als Junge in den alten Gemäuern gestöbert, ein paar Scherben, vielleicht römische Münzen gefunden. Geschichten von sagenhaften Schätzen, die sich unter den verfallenen Gebäuden befinden sollten, machten überall die Runde. In der Umgebung von Saint-Rémy erzählte man sich darüber hinaus viele Sagen von geheimnisvollen verborgenen Reichtümern. Die Landschaft rund um Les Baux auf der Anhöhe der Alpilles gab dafür den rechten Rahmen: Wilde, von der Natur aufgetürmte Felsenmassen in bizarren Formationen, die Fabelwesen gleichen, Verkarstungen mit engen Schluchten und Grotten, die das Gestein hinunter in das «Höllental» durchfurchen. Hier befindet sich nach alter Sage der Eingang zur Feengrotte (*Trau di Fado*), der Zufluchtsort der Zauberin Taven, und die mysteriöse versunkene Stadt Freta, in der sich ein märchenhafter Schatz befunden haben soll, bewacht von einem Fabelwesen, einer goldenen Ziege.

Auf diese Höhlen in der Nähe des Mausoleums des Paul spielt Nostradamus in einem Quatrain an (C 10.29.1 «De Pol mansol dans caverne caprine»). Auch direkt unter den gallo-römischen Bauwerken des Ehrenbogens oder des Julierdenkmals vermuteten die Bewohner der Gegend verborgene Schätze:

C 7.1.1–2
L'Arc du thresor par Achilles deceu
Aux procrées sceu la quadrangulaire:

Paraphrase: Der Bogen des Schatzes wird durch Achilles getäuscht,
die Nachfahren des viereckigen [Bauwerkes] wissen davon.

Der «Bogen des Schatzes» ist der Triumphbogen von Les Antiques bei Saint-Rémy; das viereckige Bauwerk bezeichnet das Juliermonument. Es handelt sich übrigens um das am besten erhaltene römische Denkmal in der Provence. Auf seinem viereckigen Sockel kann man vier großflächige Reliefs mit Kampfszenen sehen. Auf einem dieser Reliefs ist der Tod des Achilles oder seines Freundes Patroklos zu erkennen. Diese Abbildung täuscht gleichsam die Betrachter des Bauwerks, weil vom Schatz unter dem Triumphbogen abgelenkt wird. Die Nachfahren sind jene, die das viereckige Bauwerk gestiftet haben, wie man von der oben dargestellten Inschrift weiß. Nostradamus lässt seine Leser verstehen: Irgendwo unter den Monumenten verbirgt sich der Schatz, von dem die Nachfahren der Erbauer wussten.

Den Fund eines sagenhaften Schatzes in antiken Ruinen thematisierte Nostradamus sogar in seinem Horoskop für den Prinzen Rudolf von Habsburg. Ihm weissagte er, es werde eine Zeit kommen, in der er antike Ruinen wieder aufbauen lassen werde, um sie als Festungen und Schanzen zu verwenden. Während dieser Arbeiten würden in verschiedenen Bauwerken mehrere bedeutende Funde gemacht. Die Schätze, die man entdecken wird, werden von unschätzbarem Wert sein.[81]

Der breite Raum, den das Thema der antiken Schätze bei Nostradamus einnimmt, zeigt, wie lebendig ihm das Altertum vor Augen stand. Es war eine versunkene Welt, aber keine verschwundene. Sie war lebendig, lediglich ein paar Handbreit unter den Fußsohlen der Menschen verborgen. Das alte Rom war nur ein zeitlich fernes Reich, das durch die Schriften antiker Autoren in der Fantasie wiederbelebt wurde; in den Überresten seiner grandiosen Monumente war es anwesend. Darin verbarg sich seine glorreiche Geschichte, die mit jeder Inschrift, die zutage gefördert wurde, mit jedem Fragment einer Statue, mit dem Fund von Lampen, Schmuck und Münzen lebendig wurde. So sehr war Nostradamus von solchen Entdeckungen faszieniert, dass er eine ganze Reihe von Versen seiner Zenturien diesem Thema gewidmet hat.

Ein Vierzeiler bezieht sich auf die zahlreichen Entdeckungen von alten Säulen und Obelisken in Rom, als im 16. Jahrhundert die Suche nach Altertümern im Schwange war:

C 9.32.1–2
De fin porphire profond collon trouvée
Dessouz la laze escripts capitolin

Paraphrase: In der Tiefe wird eine Säule aus feinem Porphyr entdeckt, unter dem flachen Stein auf dem Kapitol findet man Inschriften.

Porphyr galt als seltenes, kostbares und königliches Gestein. Die Entdeckung von Porphyrsäulen wird in zwei weiteren Quatrains thematisiert: In einem werden «zwei Säulen aus Porphyr gefunden» (C 10.93.4 «Pres deux colonnes trouvées de Porphire»), im anderen wird durch ein Erdbeben eine Porphyrsäule zum Vorschein kommen (C 1.43.3–4 «Le champ mué, le pilier de porphyre, / Mis, translaté sus le rochier noilleux»). Naturkatastrophen wie Erdbeben oder Überschwemmungen förderten tatsächlich bisweilen Reste antiker Bauwerke und Utensilien zutage. In C 8.29 wird nach einem Erdbeben unter einem römischen Tempel ein Schatz entdeckt. Mit diesem Schatz verbindet sich eine berühmte Legende, die in Südfrankreich überall sehr bekannt war und zahlreiche Abenteurer auf den Plan rief, die sich auf die Suche nach den sagenhaften Reichtümern machten.

Bevor wir uns diesem Vierzeiler zuwenden, betrachten wir zwei andere Quatrains (C 8.28 und C 9.12), die den Rahmen zu dieser Erzählung abgeben. Als das keltische Volk der Tectosagen aus der Provence 279 v. Chr. bei einem Feldzug nach Griechenland Delphi einnahm, soll ein enormer Schatz erbeutet und zurück in die Heimat gebracht worden sein. Die Legende erzählt, dass die Statuen als verflucht galten und deshalb in einen heiligen See geworfen wurden.

C 8.28
Les simulachres d'or & d'argent enflez,
Qu'apres le rapt lac[82] au feu furent iettez,
Au descouvert estaincts tous & troublez,
Au marbre escripts, prescrips interjetez.

Paraphrase: Die Statuen aus Gold und Silber, die nach dem Raub in die Flammen und in den See geworfen wurden, sind nach ihrer Entdeckung verlöscht und trübe. Auf den Inschriften auf Marmor sind Überschriften eingeschoben.

C 9.12
Le tant d'argent de Diane & Mercure
Les simulachres au lac seront trouvez:
Le figulier cherchant argille *pur*,
Lui & les siens d'or seront abbreuvez.

Paraphrase: Der große Schatz und Statuen von Diana und Merkur werden im See gefunden werden. Auf der Suche nach reiner Tonerde werden der Töpfer und die Seinen im Gold schwimmen <wörtlich: reichlich trinken>.

In C 9.12 lässt Nostradamus einen Töpfer, der nach frischer, reiner Tonerde auf dem Grund eines Sees gräbt, einen Schatz und Götterstatuen finden. Die Bezeichnung «argille neufve» (neuer Ton), wie in allen Ausgaben steht, ist sicher falsch, weil sie keinen Reim auf Mercure ergibt. Ich habe deshalb zu «argille *pur*» («reiner Ton») korrigiert. «Argent» ist im Sinne von Schatz und nicht von Silber oder Geld gemeint.[83] Die Bildnisse der Götter Diana und Merkur sind eine Anspielung auf die von den Tectosagen im See versenkten Statuen, von denen in C 8.28 die Rede ist. Beide Gottheiten spielten bei den keltischen Völkern Galliens eine besondere Bedeutung, wenngleich sie auch nicht dieselben Götter wie die der Römer sind, die mit diesen lateinischen Namen bezeichnet wurden. Nach der *interpretatio romana* – der von Tacitus geprägte Ausdruck für die Gleichsetzung fremder mit römischen Gottheiten – gaben die Römer den fremden Göttern die Namen ihrer eigenen Gottheiten. So nannte Cäsar den Hauptgott der Gallier Mercurius.

Nun kommen wir zu dem Quatrain, der eindeutig auf diesen berühmten Goldschatz verweist:

C 8.29
Au quart pillier *con*sacre[84] à Saturne,
Par tremblant terre & deluge fendu
Soubs l'edifice Saturnin trouvee urne,
D'or Capion ravy & puis rendu.

186

Paraphrase: Bei der vierten Säule, jener, die dem Saturninus geweiht ist,
bricht durch Beben und Überschwemmung die Erde auf. Man findet
unter dem Gebäude des Saturninus eine Urne. [Darin befindet sich] das
von Caepio geraubte Gold, das dann zurückgegeben wird

Saturninus, der lateinische Name von Sernin, starb als erster Bischof von
Toulouse unter Kaiser Decius um 250 den Märtyrertod: An einen Opfer-
stier gebunden wurde er zu Tode geschleift. Saturninus wurde der Schutz-
heilige von Toulouse und gab zu einem Kult Anlass, der in Gallien und Spanien weite Verbreitung fand. Über seinem Grab wurde vom 11. bis zum
13. Jahrhundert die mächtige Basilika von Saint-Saturnin oder Saint-Sernin
errichtet. Die Legende will es, dass sich unter der Kirche, verborgen in einer Urne, das berühmte «Gold von Toulouse», das so genannte *aurum
tolosanum*, befunden haben soll. Es waren die von den Tectosagen aus Griechenland geraubten Reichtümer an Gold, Silber und Statuen, die zum heiligen Schatz der Stadt Toulouse wurden.

In einem Überraschungscoup im Jahr 106 v. Chr. nahmen die Römer, die
kurz davor im Agenois geschlagen worden waren, Toulouse ein. Der römische Konsul Quintus Servilius Caepio raubte die Reichtümer der Stadt, die
Schätze, die im Apollon-Tempel aufbewahrt wurden, und das ungemünzte
Gold, das als Votivgabe im Tempel hinterlassen wurde. Caepio ließ seine
ungeheure Beute mit siebenhundert Tragtieren nach Marseille schaffen.
Auf dem Weg dahin verschwand der Schatz. Eine Quelle berichtet, die Es-
korte sei von Räubern überfallen und der Schatz geraubt worden. Andere
vermuteten allerdings, der raffgierige Caepio habe seine Beute heimlich
beiseite geschafft und in der Region um Toulouse vergraben. Ihm wurde
Veruntreuung vorgeworfen, und er musste ins Exil nach Smyrna gehen; in
seinem weiteren Leben ereilte Caepio noch so manches Unglück. Man erzählte sich auch, dass viele Tectosagen bereits auf ihrer Rückkehr von Delphi durch die Pest dahingerafft wurden. Die Legende bildete sich, dass der
Schatz verwünscht war und alle an ihm Beteiligten vom Unglück getroffen
wurden. Deshalb wurde der Ausdruck *aurum tolosanum* ein Synonym für einen Unglück bringenden unredlich erworbenen Gewinn.

An anderer Stelle verbindet Nostradamus das Motiv des Schatzes mit
dem Fund von Gebeinen einer bedeutenden Persönlichkeit aus dem alten
Rom.

C 5.7
Du Triumvir seront trouvez les oz,
Cherchant profond tresor ænigmaique.

187

Ceulx d'alentour ne seront en repoz,
De concaver marbre & plomb metalique.

Paraphrase: Auf der Suche in der Tiefe nach einem verborgenen
rätselhaften Schatz werden die Gebeine eines Triumvir gefunden werden.
Die Menschen aus der Umgebung werden nicht ruhen, Marmor und
metallisches Blei auszugraben.

Das Triumvirat war eine Kommission von drei Männern für politische
oder religiöse Angelegenheiten; beispielsweise gab es Triumvirate zur Kontrolle von Gefängnissen (*triumviri capitales*) oder zur Beaufsichtigung von
Polizei und Feuerwehr (*triumviri nocturni*). Von solchen gewählten Kol-
legien zu unterscheiden sind Bündnisse von drei Männern aus eigenem
Entschluss. Das erste Triumvirat schlossen Cäsar, Crassus und Pompejus,
das zweite und zugleich berühmteste Antonius, Octavianus und Lepidus,
das nachträglich gesetzlich sanktioniert wurde: Den drei Männern wurde
43 v. Chr. konsularische Amtsgewalt zur Wiederherstellung des Staates
übertragen.

In seinem Almanach für 1553 erwähnt Nostradamus beide Triumvirate,
den Bürgerkrieg (49–45 v. Chr.) zwischen Cäsar und Pompejus, der zum
Ende des ersten Triumvirats führte, und die Niederwerfung der Cäsarmör-
der durch das zweite Triumvirat.[85] Welchen der Triumviri hatte Nostradamus im Sinn, und was meinte er mit «Marmor und Blei» in der letzten
Zeile? Eine Antwort gibt er selber in einem anderen Quatrain:

C 9.84
Roy exposé parfera l'hecatombe,
Apres avoir trouvé son origine:
Torrent ouvrir de marbre & plomb la tombe,
D'un grand Romain d'enseigne Medusine.

Paraphrase: Der König wird ein großes öffentliches Opfer darbringen,
nachdem er seinen Ursprung gefunden hat. Ein Strom wird das Grab
eines großen Römers aus Marmor und Blei, welches das Zeichen der
Medusa trägt, öffnen.

Im alten Rom war die Hekatombe ein großes öffentliches Opfer, bei dem
ursprünglich 100 Ochsen dargebracht wurden. Nostradamus verwendet
den Begriff öfter (C 2.16.4, C 5.18.2, C 10.74.2, Almanach für 1561,
PP 189), immer im Sinne einer erhabenen Opferhandlung im Zusammen-

hang mit Siegesfeierlichkeiten. Das Medusenhaupt als dämonenabwehrendes Bild kam in Rom in den verschiedensten Bereichen vor, etwa auf Schildern, auf Gebäuden und auf Sarkophagen. Auch auf dem Julierdenkmal bei Saint-Rémy, das Nostradamus als Grabmonument verstand, sind im Scheitelpunkt der Bögen im Zwischengeschoss Medusenhäupter angebracht. Unter dem «großen Römer» kann ein Heerführer oder ein Konsul gemeint sein. Jedenfalls wird in diesem Quatrain mit den Worten «Marmor und Blei» eindeutig ein Grab bezeichnet; Nostradamus meint einen marmornen römischen Sarkophag mit Bleibeschlägen. Also bezieht sich die letzte Zeile von C 5.7 ebenfalls auf einen Sarkophag, wie es scheint jener, in welchem die «Gebeine des Triumvir» gefunden werden, der uns offenbar in C 9.84 wieder als der «große Römer» entgegentritt.

Ein interessantes Dokument erhellt die hier besprochenen Quatrains. Es handelt sich um eine Konsultation Nostradamus' von Schatzgräbern, die im Oppidum Constantine ihr Glück versuchen wollten. Das Manuskript von Nostradamus[86] über diese Beratung befand sich im Besitz des bekannten französischen Humanisten und Historikers der Provence, Nicolas Fabri de Peiresc (1580–1637). Er hatte es wohl mit der Sammlung von Nostradamus' Briefen von dessen Sohn César erhalten und mit einem Kommentar versehen. Nostradamus beschreibt eine tiefe Felsspalte beim gallo-römischen Oppidum Constantine, das sich auf einem Hügel bei Lançon-de-Provence wenige Kilometer südlich von Salon am Nordufer des Etang de Berre befindet. Unter der Herrschaft Cäsars zur Zeit des Prokonsuls Marcus Antonius sei dieser tiefe Schacht aufgefüllt worden. Er versicherte den Schatzsuchern, sie würden dort die Knochen des Haupts der Triumviri finden. In der Vergangenheit hätte man schon dort nach Schätzen gesucht, aber man habe «unter dem weißen Ton, der den Fels trägt, nur Marmor und metallisches Blei gefunden». Auf der rechten Seite befinde sich der «verborgene Abgrund», und sie müssten sich «bei 33 Klafter vorsehen», dort würde «der Schatz der Dame mit dem weißen Zeichen liegen».[87]

Nostradamus spielt auf den Triumvir Marcus Antonius (ca. 82–30 v. Chr.), den Liebhaber der Cleopatra an. Nach dem Tod Cäsars hatte sich Antonius, der sich eine Zeit lang in Gallia Narbonensis, der Region der heutigen Provence, aufhielt, des Staatsschatzes bemächtigt. Allerdings beging er in Ägypten Selbstmord und wurde auch dort begraben. Nostradamus vermischt verschiedene Erzählstränge, ohne die historische Wahrheit zu beachten, indem er in seiner Konsultation implizit durchblicken lässt, der Triumvir Marcus Antonius hätte einen Schatz im Oppidum Constantine verborgen und auch sein Grab befinde sich dort.

In seinem Kommentar zur Konsultation bestätigt Peiresc, dass ein gewisser Monsieur Fricasse den Schacht im Oppidum Constantine sondiert und auf seinem Boden die Tonerde gefunden habe sowie eine Medaille eines Kaisers aus Kupfer und Silber. Allerdings sei der Zugang schwierig, weil er voller riesiger Hornissen sei. Würde man sie töten, würden alle im Abgrund ersticken. Man müsste sie mit Hilfe von Kirchenmännern exorzieren, dann würde man leicht den Eingang zum Schatz finden. Gefunden hat ihn indes niemand, weder den Zugang noch den Schatz.

Wahrscheinlich sind schon vor Fricasse zu Lebzeiten von Nostradamus Abenteurer in den Schacht gestiegen, um nach Reichtümern zu suchen, welche die lokale Legende dort unten vermutete. Mehr als weißen Ton scheint man nicht an die Oberfläche befördert zu haben. Nostradamus hat diese Hoffnungen und vergeblichen Versuche poetisch verarbeitet, auch in einem weiteren Vierzeiler:

C 1.21
Profonde argille blanche nourrir rocher,
Qui d'un abysme istra lacticineuse,
En vain troublés ne l'oseront toucher,
Ignorant estre au fond terre argilleuse.

Paraphrase: Der weiße Ton aus der Tiefe, der milchfarbig durch eine Kluft sickern wird, nährt den Felsen. Die Menschen, umsonst beunruhigt, werden nicht wagen, ihn anzufassen, unwissend, dass es sich im Grunde nur um Tonerde handelt.

Einem Brief vom Januar 1562 an zwei Schatzsucher aus Toulouse, Dominique Saint-Étienne und Jammot Pathon, die in Spanien mit Hilfe der astrologischen und hellsichtigen Fähigkeiten des Propheten ihr Glück versuchen wollten, schließt Nostradamus sechs Quatrains an. Im ersten verwendet er, ähnlich wie hier, das schöne poetische Wort von der «Tonerde, die die Mutter des Felsens» sei («l'argille, qui du rocher est mere»).[88] Nostradamus beantwortet zwar ausführlich ihre Anfragen, aber Glück verheißt er ihnen bei ihrer Unternehmung letztlich nicht; zu sehr verbindet sich bei ihm jede spannende Schatzsuche mit der Verwünschung, wie sie dem *aurum tolosanum* anhängt. Er warnt die Schatzsucher vor einer Verletzung der Augen durch einen Pflock beim Öffnen der Schatztruhe, ein Motiv, das bei einem weiteren verwünschten Schatz in den *Prophéties* auftaucht:

C 1.27
Dessoubz le chaine Guien du ciel frappé,

Non loing de là est caché le tresor
Qui par longs siecles auoit esté grappé,
Trouvé mourra, l'oeil crevé de ressort.

Paraphrase: Unter der vom Blitz getroffenen Eiche in der Guyenne, nicht weit davon entfernt ist der Schatz versteckt, der vor vielen Jahrhunderten geraubt wurde. Derjenige, der ihn findet, wird sterben, das Auge durchstochen von der Schließfeder [der Schatztruhe].

Ein vor langer Zeit geraubter Schatz wird wieder gefunden. Aber es haftet Unheil an ihm: Der Entdecker würde sich beim Öffnen der Truhe mit der Schließfeder das Auge ausstechen.

Das Thema der verborgenen Schätze durchzieht auch die Almanache von Nostradamus wie ein roter Faden. Allein in dem Abschnitt der kleinen täglichen Prognostica in seinem Almanach für 1566 ist an sieben Tagen davon die Rede, dass ein Schatz oder etwas Verborgenes gefunden würde. Es war die große Zeit der Schatzsucher. Jeder hoffte, beim Wühlen in der von alten Ruinen übersäten Erde sein Glück zu machen. Nostradamus spricht auch davon, dass die Schätze große Gefahren mit sich bringen und den Tod einiger nach sich ziehen (Almanach für 1561, Herbst). Aber an anderer Stelle bringt das Entdecken der Schätze nur Freude mit sich: Die Schatzsucher würden «nicht ihre Zeit verlieren, weil sie das finden würden, was ihnen große Freude bereiten wird» (Almanach für 1566, Winter).

Die Behandlung der Schätze und der Schatzsucher bei Nostradamus ist ein Spiegelbild der Zeit. Er reagiert damit auf Erzählungen, Legenden und Hoffnungen, die im Volk umgingen, bestärkte und förderte sie aber auch in entscheidender Weise durch seine Autorität als Prophet. Über das durch Naturkatastrophen wie Erdbeben und Überschwemmungen hervorgerufene Erscheinen von Altertümern hat Nostradamus sicher auch Berichte von Augenzeugen vernommen. Ein solcher Fall ist in die Geschichte eingegangen, und Nostradamus hat ihn in seinen Zenturien verarbeitet:

C 10.6
Gardon Nyme eaux si hault déborderont,
Qu'on cuydera Deucalion renaistre:
Dans le collosse la plus part fuyront,
Vesta sepulchre feu estaint apparoistre.

Paraphrase: In Nîmes werden die Wasser des Gardon so hoch über die Ufer treten, dass man meint, Deukalion würde wieder geboren. Die meisten werden ins Amphitheater fliehen, [unter dem Tempel der] Vesta erscheint ein Grab und das ausgelöschte Feuer.

Der Quatrain hat wie viele andere verschiedene Schreibweisen im Lauf der Zeit erlebt. In den ältesten Ausgaben beginnt er mit «Sardon Nemaus si hault deborderont». Nîmes hieß bei den Römern Nemausus, und da es zweifellos um eine Überschwemmung geht, veränderte man die erste Verszeile entsprechend. Bei Sardon handelt es sich um einen Druckfehler für den um Nîmes fließenden Fluss Gardon oder Gard. Schon der Autor des *Eclaircissement* bringt den Vierzeiler mit der berühmten und verheerenden Überschwemmung von Nîmes im Herbst 1557 in Verbindung.[89]

Die Stadt liegt in einer Region, die außerordentlich trocken ist, in der aber vor allem im Herbst bisweilen ungeheure Unwetter niedergehen. Der Fluss Gardon führt nördlich an Nîmes vorbei. Bei den enormen Unwettern in der Vergangenheit wurde Nîmes seiner Lage wegen immer wieder Opfer von Überschwemmungen, als die Wasser in den Schluchten des Gardon über die Ufer traten, beispielsweise in den Jahren 1399 und 1403. In der Provence ging deshalb das Sprichwort um, Nîmes müsse durch Wasser und Montpellier durch Feuer untergehen. Am 9. September 1557 gab es nach furchtbaren Unwettern eine gewaltige Überschwemmung in Nîmes. Durch die metaphorische Wiedergeburt Deukalions evoziert Nostradamus die Heftigkeit der Überschwemmung: Deukalion, der Sohn des Prometheus, rettete sich allein mit seiner Gemahlin Pyrrha aus der von Jupiter zur Vernichtung des Menschengeschlechts gesandten Wasserflut. Hatte Nostradamus diese Überschwemmung vorhergesehen? Mitnichten – er hat sie vielmehr als Vorlage für seinen Quatrain benutzt, denn sie trug sich genau zu jener Zeit zu, als er mit der Redaktion der Zenturien 8 bis 10 beschäftigt war. Die Menschen kletterten auf die Mauern des alten römischen Amphitheaters, das erstaunlich gut erhalten ist und dem Kolosseum in Rom ähnelt; daher die Bezeichnung «collosse» bei Nostradamus. Von der Mittagsstunde bis abends um acht ging am 9. September 1557 ein unglaubliches Gewitter über Nîmes nieder, verbunden mit Hagel und Blitzen, die in mehreren Häusern einschlugen. Bereits befürchtete man den völligen Untergang und die endgültige Zerstörung der Stadt. Von den Hügeln im Nordwesten flossen Sturzbäche herab und durchbrachen an mehreren Stellen die Stadtmauern. Die Wassermassen schwemmten die Erde in derart gewaltigem Ausmaß weg, dass zahlreiche antike Monumente, Gräber, Säulen, Gedenksteine, Lampen, Urnen, Fußböden, Mosaike und Medaillen zum Vorschein kamen.[90] Der Tempel der Vesta im letzten Vers bezieht sich auf den Diana-Tempel in Nîmes, der dem Historiker des 16. Jahrhunderts Jean Poldo d'Albenas zufolge einst ein Vesta-Tempel gewesen sein soll.[91] In ihren Tempeln hüteten die Vestalinnen das heilige Feuer, das niemals ausgehen durfte. Die Katastrophe der Flut wird bei Nostradamus literarisch verstärkt durch das Bild des verloschenen Feuers.

C 7.41

Les os des pieds & des mains enserrez,
Par bruit maison long temps inhabitee,
Seront par songes concavant deterrez,
Maison salubre & sans bruit habitee.

Paraphrase: Die Knochen der Füße und Hände sind angekettet. Wegen des Lärms ist das Haus lange Zeit unbewohnt. <Die Knochen> werden auf Grund von Träumen [gefunden und] ausgegraben. Daraufhin ist das Haus heil und ohne Lärm bewohnt.

Hier hat Nostradamus einen Brief des Plinius resümiert. In dem berühmten Brief an seinen Freund Sura berichtet Plinius d. J. von einem merkwürdigen Spukgeschehen im Haus des Philosophen Athenodorus: In Athen stehe ein Haus, in dem man nachts immer schreckliches Kettenrasseln höre. Zuerst klang es wie von ferne, aber mit der Zeit wurde das Geräusch lauter, und schließlich erschien sogar ein Gespenst – ein dünner, bleicher alter Mann mit langem Bart und den eisernen Fesseln eines Gefangenen. Die Hausbewohner wurden krank und konnten die Heimsuchung durch den Geist nicht länger ertragen, sodass sie das Weite suchten. Das geräumige Haus stand billig zur Miete, doch keiner wollte es haben. Der Philosoph Athenodorus wunderte sich über den geringen Preis, zog aber dennoch ein.

Die erste Nacht im neuen Heim wollte der Philosoph beim Schreiben zubringen. Doch bald schon wurde er von dem Kettengerassel gestört. Der Stoiker ließ sich aber nicht aus der Ruhe bringen, bis das Gespenst vor seinem Schreibpult erschien. Er bedeutete der Erscheinung zu warten, bis er mit seiner Arbeit fertig sei. Schließlich folgte er dem Gespenst in den Innenhof des Hauses, wo es verschwand; er markierte die Stelle und gab den Stadtverwaltern am nächsten Tag den Auftrag, dort graben zu lassen. Man entdeckte einige eilig verscharrte Knochen in Ketten. Athenodorus ließ die Knochen nach der Sitte bestatten, und von Stund an hatte der Spuk ein Ende.

Gegenwart als Geschichte der Zukunft

REFORMATION UND RELIGIONSKONFLIKTE   Die religiösen Spannungen, die von den politischen Parteien instrumentalisiert wurden und Frankreich wie Europa in immer größere Bedrängnis stürzten, nehmen im prophetischen Werk von Nostradamus einen bedeutenden Platz ein. Nostradamus selbst hat man beides zum Vorwurf gemacht, seinen Katholizismus und seine Neigung zum Protestantismus. Auf welcher Seite stand Nostradamus wirklich? Wir haben gesehen, wie er in jungen Jahren in Agen des Protestantismus verdächtigt wurde. Geht man von seinen veröffentlichten Schriften aus, muss man ihn indessen dem Lager der Befürworter der Papstkirche zuordnen. Immer wieder trifft man in den *Prophéties* und Almanachen auf Aussagen, die sich gegen Abspaltungen, neue Sekten und religiösen Aufruhr wenden. In C 1.45 will man sogar einen direkten Angriff auf Théodore de Bèze (1519–1605), den zweiten Mann nach Calvin und Führer der französischen Protestanten, erkannt haben:

C 1.45
Secteur de sectes grand peine au delateur:
Beste en theatre, dressé le ieu scenique:
Du faict antique ennobli l'inventeur:
Par sectes monde confus & scismatique.

Paraphrase: Der Verfolger der religiösen Sekten wird dem Denunzianten eine große Belohnung zahlen. Man wird das Tier im Theater vorführen und die Bühne herrichten. Der Urheber dieses antiken Spektakels wird geadelt werden. Die Welt wird durch Sekten chaotisch und geteilt sein.

Nach Buget soll der Ausdruck «beste en theatre» eine anagrammatische Verschleierung des Namens Théodore de Bèze sein.[92] Buget ist sich sicher, dass Nostradamus hier Bèze gemeint hat, zumal dieser mit «Besze» unterschrieb, was «beste» («Tier») sehr ähnlich sei. Chavigny habe aus Diskretion nicht auf das Wortspiel verwiesen. Letzteres ist sehr unwahrscheinlich, weil Chavigny ohnedies Nostradamus als glühenden Katholiken porträtierte. Warum sollte er nicht einen Führer der Protestanten auf diese Weise angreifen?

Dennoch ist die Zuordnung sicher falsch, zumal Nostradamus, wenn er ein Anagramm verwendet, es auch perfekt gestaltet. Außerdem kommt das Wort «beste» in den Zenturien und in den Prosaprophezeiungen häufig vor und immer im Sinne von «Tier». Außer Zweifel steht, dass der Quatrain gegen Abspaltungen in der Kirche gerichtet ist. Nostradamus beschwört in gewohnter Manier eine antike Szene: Man bereitet das Amphitheater für eine Aufführung vor, bei der Ketzer von wilden Tieren gejagt und getötet werden. Im ersten Vers klingt vielleicht eine Art Kopfgeld an, das man im Juni 1530 in Paris ausgeschrieben hatte: Wer einen Hugenotten denunzierte, konnte 20 Goldécus Belohnung erhalten. Sosehr in diesen Versen die Gefahr durch Häresien für eine in Chaos und Spaltungen versinkende Welt angesprochen wird, so sehr widert Nostradamus die Hexenjagd gegen Andersdenkende an. Die kaltblütigen Übergriffe gegen die Hugenotten rufen in ihm Assoziationen zu den barbarischen Christenverfolgungen des Altertums wach.

In zwei Quatrains zeigt Nostradamus dem Protestantismus gegenüber Sympathie; zumindest nimmt er eine neutrale Haltung ein:

C 3.67
Une nouvele secte de Philosophes,
Mesprisant mort, or, honneurs & richesses,
Des monts Germains ne seront limitrophes:
A les ensuivre auront apui & presses.

Paraphrase: Eine neue Sekte von Philosophen, die Tod, Gold, Ehren und Reichtümer verachten, wird nicht nur in der Nähe der deutschen Gebirge bleiben; sie wird von der Unterstützung und dem Eifer der Menschen, die ihr folgen werden, profitieren.

C 3.76
En Germanie naistront diverses sectes
S'approchans fort de l'heureux paganisme:
Le cueur captif & petites receptes,
Feront retour à payer le vray disme.

Paraphrase: In Deutschland werden verschiedene Sekten entstehen, die dem glücklichen Heidentum nahe stehen. Zufrieden damit, die Herzen zu gewinnen, und zufrieden mit kleinen Erträgen, werden sie zur Praxis zurückkehren, den wahren Zehnt zu zahlen.

In C 3.67 bietet er ein neutrales Bild der Lage: Deutschland ist der Ursprungsort von Sekten. Eine von ihnen, die nicht allein auf Deutschland beschränkt bleiben wird, zeichnet sich durch Verachtung von Tod, Reichtümern, weltlichen Ehren aus. Augenfällig spielt er hier auf Luther und seine Anhänger an. Erstaunlich ist, dass er die Mitglieder dieser Sekte als «Philosophen» bezeichnet. Er hat alles andere im Sinn als eine Herabwürdigung. Wenn man den Vierzeiler insgesamt betrachtet, klingt es nicht so, als solle dieser Ausdruck sarkastisch gemeint sein, zumal die Wiedertäufer, auf die er in diversen Quatrains anspielt, die ihre Klientel unter Bauern und Handwerkern rekrutierten, alles andere als Philosophen waren. Bemerkenswert ist das Schicksal eines so eindeutig auf die ketzerischen Sekten in Deutschland zu Nostradamus' Lebenszeit bezogenen Quatrains: Die «nouvele secte de Philosophes» wurde von der Nazi-Propaganda im Dritten Reich mit dem Nationalsozialismus gleichgesetzt und sein Siegeszug über die Grenzen Deutschlands hinaus als von berufenem prophetischem Mund vorhergesagt dargestellt.[93]

In C 3.76 wiederholt Nostradamus die Ansicht, dass Deutschland die Brutstätte neuer Sekten ist. Auch hier finden wir erstaunlicherweise einen verständnisvollen Unterton, obwohl er im *Widmungsbrief an Heinrich II.* [43] die dem Heidentum sich annähernden Sekten eher an den Pranger stellt und von der «heidnischen Sekte der neuen Ungläubigen» spricht. Die Reformierten klagten den Klerus der Habgier an, und dass er den Gläubigen mehr Geld abverlangen würde, als es angemessen war. Sie stellten dem «falschen Zehnt» («fausse dîme») den «wahren Zehnt» («vraie dîme») entgegen, wie man ihn in den Anfängen der Kirche erhoben hatte.

Allerdings findet sich in der ersten Zenturie beispielsweise auch ein ausgesprochen anticalvinistischer Quatrain:

C 1.47
Du lac Leman les sermons facheront:
Des jours seront reduicts par des sepmaines,
Puis mois, puis ans, puis tous defailliront:
Les magistrats damneront leur loys vaines.

Paraphrase: Die Predigten vom Genfer See werden die Menschen verdrießen. Die Tage werden durch die Wochen verkleinert werden, danach die Wochen durch die Monate, dann die Monate durch die Jahre, dann werden alle zugrunde gehen. Die Behörden werden ihre nichtigen Gesetze <ihre sinnlose Religion> verdammen.

Die merkwürdige Reduktion der Zeitmaße entlehnte Nostradamus einer Weissagung der Tiburtinischen Sibylle aus dem *Mirabilis Liber*. Dort heißt es in Zusammenhang mit dem Erscheinen des Antichrist, der viele Illusionen durch seine magischen Künste hervorrufen wird, in umgekehrter Abfolge verglichen mit Nostradamus: «Und die Jahre werden verkleinert werden wie die Monate, die Monate wie die Wochen, die Wochen wie die Tage und die Tage wie die Stunden.»[94] Die Idee nimmt Nostradamus noch einmal im Almanach für das Jahr 1561 in einer sehr eigenwilligen und unverständlichen Formulierung auf, die wie eine misslungene Komprimierung von C 1.47 erscheint: «Sehr bald werden die Stunden und die Minuten von den Ohren zu Grunde gehen und [die Menschen] verdrießen, und man wird die Stunden fallen lassen, um die Minuten anzugeben».[95]

Auf Genf als das Zentrum des Calvinismus spielt Nostradamus auch in seinem Almanach für das Jahr 1554 an, wenn er von «der Stadt der neuen Sekte und der neuen Verwaltung» spricht, die Gefahr laufe, belagert zu werden.[96] Nostradamus verheißt den Abtrünnigen des Glaubens keine glückliche Zukunft; immer wieder prophezeit er ihnen Schreckliches. Im Almanach für das Jahr 1560 lautet der letzte Vers des Quatrains für September: «Die Sekten werden bis aufs Knochenmark abgenagt werden.»[97] Diese Einstellung offenbart der Prophet im Übrigen gegen alle Formen anderen Glaubens als des christlichen. In gleicher Weise werden dem Islam oder der «barbarischen Religion» schlimme Dinge vorhergesagt. Finsternisse würden im Jahr 1561 ihre grauenvollen Wirkungen in vielen Orten der Welt entfalten, was zu den größten Katastrophen für Religion und Glauben führen wird, die man seit der Spaltung in Sekten und Dogmen gesehen habe.[98] Damit hatte Nostradamus nicht Unrecht, aber in jener Zeit war es keine Kunst, eine solche Entwicklung vorherzusagen.

Man muss die düsteren Aussichten für alle Formen des religiösen Dissidententums nicht unbedingt als prokatholische, antiprotestantische Haltung von Nostradamus auslegen. Er verfolgte tagtäglich die zunehmenden Spannungen zwischen Katholiken und Hugenotten, erlebte Ausschreitungen und Pogrome, vor allem gegen die protestantischen Mitbürger. Am Vorabend der Religionskriege stiegen schon zu Jahresbeginn 1561 die Übergriffe auf die Hugenotten rapide an. Der Prophet selbst, wie viele Intellektuelle vom Pöbel des Protestantismus verdächtigt, wurde in diesem Jahr zur Zielscheibe des aufgebrachten Mobs und musste aus Salon fliehen. In seinen Prophezeiungen ist er nicht mehr als ein Chronist seiner Zeit, und zumal ein Ende der gegenwärtigen Spannungen nicht absehbar war, war es nur folgerichtig, dass er vor der künftigen Ausdehnung und den verheerenden Wirkungen der Auseinandersetzungen warnte.

Nostradamus spart bei seinen schrecklichen Prophezeiungen auch die Papstkirche nicht aus. Er verkündet neue Streitigkeiten und Schismen durch Kardinäle (C 5.46.1 «Par chapeaux rouges querelles & nouveaux scismes»), einen Angriff der Araber auf den Kirchenstaat vom Meer aus (C 5.25.1–2 «Le prince Arabe Mars Sol, Venus, Lyon / Regne d'Eglise par mer succombera»), das Ende des Friedens zwischen Kirchenmännern und Soldaten,[99] Verfolgung der Christen und die Plünderung der Kirchen (C 5.73.1–2 «Persecutee sera de Dieu l'Eglise, / Et les saincts Temples seront expoliez»), ungeheures Blutvergießen unter Klerikern (C 8.98.1–2 «De gens d'Eglise sang sera espanché, / Comme de l'eau en si grand abondance») usw. Einmal wird er sogar derart explizit, dass die Prophezeiung wie eine Verwünschung klingt, als wolle Nostradamus der Kirche die Pest an den Hals wünschen oder ihren Untergang beschwören: «Peste à l'Eglise par le nouveau Roy ioinct» (C 1.52.3).[100] Eine Verwünschung war freilich nicht intendiert. Aber die für den Propheten typische merkwürdige Satzstellung hätte Anlass dazu geben können, eine solche zu vermuten. Der überzeugte Katholik und ausgesprochene Gegner der Hugenotten, Chavigny, wagte es nicht, diese Aussage, die so gar nicht in das Bild seines Helden Nostradamus passte, das er zu vermitteln trachtete, in seinen *Janus François* aufzunehmen, oder er wurde von der Zensur daran gehindert. Jedenfalls ersetzt er den Vers durch ein Sternchen.[101]

Zweifellos suchte Nostradamus seine Schutzherren in den Reihen des katholischen Klerus. Beredtes Zeugnis dafür geben die Widmungsbriefe in seinen prophetischen Werken ab. Den ersten Almanach mit Versen, die *Prognostication nouvelle* für 1555, widmete er dem Dompropst von Cavaillon, Joseph des Panisses. Eine Arbeit über die Pest[102] dedizierte er dem Bischof von Macôn und Protonotar des Apostolischen Stuhls, Ammanien de Foix, mit dem er in Korrespondenz stand. Sein Werk über die Mondfinsternis von 1559 wurde dem Bischof von Viviers, Jacopo Maria Sala, zugeeignet. Der *Almanach pour l'an 1563* war Fabrice de Serbellon (Fabrizio Serbelloni), einem Mailänder Edelmann, Cousin von Papst Pius IV. (1559–1565) und Militärgouverneur von Avignon gewidmet. Darin vergleicht er Fabrizio Serbelloni mit dem römischen Feldherrn Fabricius, der den König von Epirus aus Italien vertrieben hatte: In gleicher Weise, aber «mit weit weniger Soldaten wie dieser, hat er <Serbellon> die zornigen Aufständischen und die Tyrannen der neuen Sekte von der Erde vertrieben».[103]

In Papst Pius IV. selbst scheint Nostradamus besonders große Hoffnungen gelegt zu haben. Ihm widmete er seinen Almanach für 1562. Im Dedikationsbrief macht er ihn auf zwei Konjunktionen im Jahr 1561 im Zeichen Krebs aufmerksam, zuerst von Saturn und Mars und danach von Saturn und Jupiter. Auf sie folge eine weitere Konjunktion von Saturn und Jupiter im Löwen im September 1563. Die Konjunktionen wären so furchtbar wie die großen Konjunktionen, die alle 960 Jahre stattfinden würden und für den Glauben «viele traurige und unglaubliche Ereignisse» voraussagten.[104]

Im Almanach für 1561 sagt Nostradamus dem Papst große Erfolge und die Befriedung und Vereinigung der Christenheit vorher:

Die Heiligkeit unseres Heiligen Vaters, Papst Pius IV., finde ich durch den Tag seiner Wahl und durch den Tag und die Stunde der Besteigung des Stuhls, dass er lange auf seinem Stuhl verbleiben wird, in günstigen Umständen und glücklichem Gedeihen, von jedem geliebt [...] und er wird die Regierung und das Volk Roms gesund, sicher, frei und in ruhigem Frieden erhalten, und durch seine Heiligkeit wird die Christenheit wieder vereint und in vollständigen Frieden versetzt werden. [...] Obwohl einige Astrologen mit ihren Berechnungen angenommen haben, dass Krebs am Tag und zur Stunde der Wahl das aufsteigende Zeichen <der Aszendent> war, das einen unübertrefflichen Schatz in Bezug auf die römische Kirche anzeigt, habe ich durch meine Berechnungen Steinbock herausgefunden, der Anfang ohne Ende bedeutet, was auch vor seiner Wahl am Tag des heiligen Martin gilt.[105]

Papst Pius IV. erscheint für Nostradamus als ein Hoffnungsträger in hoffnungsloser Zeit. Mit ihm verband er wie viele Prophetiegläubige den Wunsch, es möge endlich der verheißene Engelpapst auf den Stuhl Petri gelangen, dem eine grundlegende Reform der Kirche, die Vereinigung der Christenheit und Friede auf Erden gelingen möge. Seit Jahrzehnten diskutierte und stritt man um eine Reform, das Konzil von Trient tagte seit 1545, aber nichts war geschehen. Der erste Papst, der tatsächlich einen Willen zur Reform zeigte, war Marcellus II. (1555), doch er verstarb nach wenigen Wochen Amtszeit. Ihm folgte Paul IV. (1555–1559), dessen Anschauungen von der humanistischen Reformbewegung vollkommen abwichen. Er hatte schon Jahre vor seiner Wahl die Inquisition in Rom eingeführt, die er als Papst mit Enthusiasmus ausbaute. Er führte ein autokratisches Regime und dachte nicht daran, das Trienter Konzil wieder aufzunehmen. Pius IV. schließlich ließ zahlreiche Repressivmaßnahmen seines Vorgängers widerrufen und lenkte die Kirche wieder auf den von dessen Vorgängern eingeschlagenen Kurs. Von diesem Papst konnte man endlich wieder entsprechende Reformfortschritte erwarten. Er nahm es in Angriff, das seit 1552 suspendierte Tridentinum fortzusetzen und im Dezember 1563 zum Abschluss zu bringen. Wie sehr Nostradamus auf die Weisheit und Weitsicht des Papstes hoffte, wird auch aus seinem Widmungsbrief an Fabrice de Serbellon vom 20. Juli 1562 deutlich, in dem er schreibt: «Ich möchte nur sagen, dass die ewige Güte Gottes unserem allerheiligsten Vater, dem Pontifex Maximus, Eurem Cousin, die Augen der Intelligenz öffnen möge [...].»

Buget vermutet, Nostradamus wollte sich, indem er seinen Almanach dem Papst widmete, vor den Folgen des Edikts von Orléans schützen, in dem die Herstellung von Almanachen reglementiert wurde und die Texte zuvor den Bischöfen zur Prüfung vorgelegt werden mussten. Das Edikt von Orléans wurde am 31. Januar 1561 erlassen. Der Erlass forderte die christlichen Fürsten dazu auf, niemanden zu dulden, der mit seinen Almanachen und Prognostica zukünftige Dinge unter Heranziehung der Astrologie «gegen das ausdrückliche Gebot Gottes» vorhersage. Verleger und Buchhändler mussten unter Androhung körperlicher Strafen und Gefängnis alle Almanache und Prognostica, die sie herauszugeben gedachten, von erzbischöflicher oder bischöflicher Stelle genehmigen lassen. Hinter diesem Dekret stand der mittlerweile zum Staatskanzler avancierte Michel de l'Hôpital. Er hatte 1559 in Begleitung von Marguerite von Savoyen Salon besucht und sich sehr abfällig über Nostradamus geäußert. Die Administration der französischen Justiz war damit einem Mann in die Hände gegeben, der dem Okkulten, der Astrologie und Nostradamus persönlich feindlich gesinnt war.

Im Frühjahr 1561 überziehen katholische Pogrome gegen die Hugenotten die Provence. Am 4. April zieht eine Horde von 500 mit zugespitzten, mit Nägeln beschlagenen Stöcken bewaffneten katholischen *Cabans* durch die Straßen von Salon. Ihren Namen erhielten sie von den großen grauen Mänteln, die sie im Winter trugen. Nostradamus wird des Lutheranismus verdächtigt. Das bedeutet nicht, dass der Prophet tatsächlich mit der protestantischen Sache sympathisiert; es ergeht ihm vielmehr wie vielen Intellektuellen, die ihrer liberalen Gesinnung wegen in die Nähe der Reformierten gerückt werden. Tatsächlich stehen viele der geistigen Sphäre der Reformation nahe.

Nostradamus flieht vor der Aggression der Cabans nach Avignon, wo er über zwei Monate bleibt, bis der Präfekt der Provence Claude de Savoie, Comte de Tende, die Ruhe wiederherstellt.[106] In Avignon trifft er die Verleger Pierre Brotot und Antoine Volant aus Lyon. So bedeutend ist er mittlerweile geworden, dass er als Autor nicht mehr zu seinen Verlegern reisen muss; diese kommen vielmehr zu ihm. Mit Brotot und Volant bespricht er die Bedingungen für die Veröffentlichung der *Prognostication pour 1562*. Pierre Brotot war der Sohn von Jean Brotot, mit dem Nostradamus in guten Geschäftsbeziehungen stand. Vor seinem Tod hatte Jean Brotot noch Iacobus Securivagus gebeten, einige Epigramme für die Arbeiten von Nostradamus zu schreiben. In einem Brief warnt Securivagus den Propheten, in diesen schwierigen Zeiten besonders vorsichtig zu sein und das Maß zu wahren.

Dieses Maß hatte er vielleicht in den Augen des elfjährigen Königs Karl IX. – oder vielmehr in den Augen seines Kanzlers Michel de l'Hôpital – bereits überschritten; zumindest scheint er sich nicht an die Vorschrift im Erlass von Orléans gehalten zu haben. Zur Zeit als sein Almanach für 1562 in den Verkauf geht, am 23. November 1561, verfügt der König die Festnahme des Propheten. Für den Gouverneur der Provence, den Herzog von Tende, ist dies keine einfache Entscheidung, zumal er zeitlebens Nostradamus sehr zugetan war. Nostradamus singt seit 1555 in verschiedenen Publikationen sein Loblied und widmet ihm den Almanach für 1560. Am 16. Dezember 1561 fordert Claude de Tende Nostradamus bei seinem Besuch in Salon auf, ihn zu begleiten. Er bringt ihn auf sein Schloss Marignane, wo Nostradamus sicher nicht wie ein Gefangener, sondern wie ein Freund und illustrer Gast behandelt wird. Dem König vermeldet sein Gouverneur, er habe den Astrologen aus Salon gefangen gesetzt und ihm verboten, weitere Almanache und Prognostica zu verfassen. Nostradamus habe versprochen, dieses Verbot zu achten.[107] Wie wir wissen, hielt er sich nicht daran: Auch in allen folgenden Jahren veröffentlichte er weiterhin immer aufwendigere Almanache.

Die nach wie vor unverminderte Produktion von Almanachen in Frankreich zeigt, wie wenig der Erlass im Allgemeinen befolgt wurde. Darüber hinaus zog sich Nostradamus relativ simpel aus der Affäre. In jedem seiner Almanache schloss er die lapidaren Worte an «Dieu sur tout» – Gott steht über allem, auch über den Sternen, und so er will, lässt er die Dinge ganz anders kommen, als sie der beste Mathematiker berechnen mag. Die kurze Formel reichte den kirchlichen Behörden stets, um ihm die Druckerlaubnis zu gewähren.

In jedem Fall wird der König seine Entscheidung, Nostradamus festsetzen zu lassen, wohl bald rückgängig gemacht haben. Denn kurz nach dieser Episode finden wir Nostradamus wieder in Salon, wo er fieberhaft an seinen astrologischen Projekten weiterarbeitet. Nostradamus brütet sogar über dem Horoskop von Karl IX., seinem König, der ihn von Tende hatte festnehmen lassen. Im Oktober stellt er es fertig. Die Königinmutter erwartet es bereits sehnsüchtig. Er arbeitet auch an den Horoskopen der beiden Söhne von Hans Rosenberger und an ihren «Revolutionen» (Transiten) für das Jahr 1562. In dieser Zeit plant er sogar eine Reise an den Hof. Er will es sich nicht nehmen lassen, das Horoskop des jungen Monarchen selbst zu übergeben. Außerdem wird er von Adeligen in der Umgebung des Königs nur wenige Monate davor aufgefordert, an den Hof zu kommen.[108] Nostradamus entscheidet sich jedoch, auf diese Reise zu verzichten. Der Einbruch des Winters und die religiösen Tumulte in vielen Regionen des Landes halten ihn davon ab.

Es gibt durchaus Dokumente, die Nostradamus tatsächlich in die Nähe des protestantischen Gedankengutes rücken. In einigen Briefen drückt Nostradamus unmissverständlich seine Sympathie für Ideen der reformierten Kirche aus. Diese Briefe wechselt er mit deutschen Korrespondenten, mit dem Augsburger Patrizier Hans Rosenberger und dessen Mittelsmann, Lorenz Tubbe aus Greifswald, einem jungen Studenten der Rechte in Bourges.[109] Besonders mit Lorenz Tubbe entwickelt sich im Zuge des Briefwechsels ein vertrautes, freundschaftliches Verhältnis. Als es im Frühjahr 1562 zu neuerlichen Ausschreitungen in Salon kommt, bei denen wieder die Protestanten gejagt werden, schreibt Nostradamus am 13. Mai an Tubbe, die Leute, «die man verdächtigt, der christlichen Religion anzugehören», seien von Salon geflohen;[110] er allein sei mit seiner Familie zurückgeblieben. Interessant ist, dass er die Protestanten als die Angehörigen der «christlichen Religion» bezeichnet und sich gleichsam zu ihnen zählt, denn er sei trotz der Verfolgungen daheim geblieben. Mehrfach in seinen Briefen nennt er die Protestanten «Christen», während er die Katholiken als «Papisten» tituliert. Vor allem verachtet er die Gewalttätigkeit der Papisten, deren Opfer er selbst zu werden drohte.

Indessen ist Nostradamus auch in diesen privaten Bekundungen keinesfalls zum Lager der Reformierten übergelaufen. An Hans Rosenberger schreibt er in einem Brief vom 9. September 1561: «Ich mache Euch auf meinen Almanach für das nächste Jahr 1562 aufmerksam, den ich Papst Pius IV. gewidmet habe.»[111] Er erwähnt gegenüber Hans Rosenberger ausdrücklich, dass er den Almanach dem Papst gewidmet hat. Wollte er ihm als Sympathisant des Lutheranismus erscheinen, hätte er dies wohl unterlassen.

Es steht außer Zweifel, dass Nostradamus in das Kreuzfeuer beider Parteien gelangte und dass einige Pamphlete gegen ihn dem Lager der Protestanten zuzurechnen sind. So wurde er auch zur Zielscheibe von Conrad Badius, dem Pamphletisten aus Genf, der 1562 eine Schmähschrift in Versform unter dem Titel *Les Vertus de nostre Maistre Nostradamus* verfasste. Badius war spezialisiert auf antipapistische Pamphlete. Er reihte Nostradamus zu Beginn des ersten Religionskriegs unter den Feinden der Reformation und der protestantischen Partei ein.

Die protestantische Gegnerschaft hatte sich Nostradamus indes gleichsam ohne sein Zutun eingehandelt. Seit 1560 sang der bedeutende Hofdichter Pierre de Ronsard in überschwänglicher Manier das Loblied des großen, von Gott erfüllten Propheten Nostradamus. Ronsard vereinnahmte damit Nostradamus für die Sache der Katholiken, was zu verstärkter Kritik von hugenottischer Seite führte.

César de Nostredame sah die Neigungen seines Vaters anscheinend richtiger. Als er dem provenzalischen Humanisten Peiresc die Sammlung von lateinischen Briefen an und von seinem Vater überließ, die Jean Dupèbe 1983 veröffentlicht hat, appellierte er an diesen «mit einer feierlichen Bitte, kraft einer ehrenhaften Beschwörung diese zu bewahren, unantastbar, sie zu untersuchen und zu korrigieren in jenen Punkten, die eine gewisse Bitterkeit enthalten könnten, und [...] sie keiner Menschenseele, wer auch immer es sein mag, zukommen zu lassen [...]».[112] Was César umständlich und pathetisch formuliert, ist seine Furcht, die posthume Reputation seines Vaters als eifriger Katholik, die Chavigny und César gefördert hatten, könne Schaden erleiden, wenn seine durchaus wohlwollende Einstellung zum Protestantismus, die aus einigen Briefen unmissverständlich hervorgeht, bekannt würde. Der Sohn möchte dies mit allen Mitteln verhindern. Zum Glück für die Nachwelt hat er sich nicht entschlossen, die Briefe zu vernichten; dafür scheint er seinen Vater doch zu sehr verehrt zu haben. Aber immerhin geht er so weit, Peiresc nahe zu legen, die Korrespondenz seines Vaters «zu untersuchen und zu korrigieren», um die Ehre der Familie und das Bild eines über jeden Verdacht erhabenen Katholiken zu erhalten. Wir können ebenfalls von Glück sagen, dass Peiresc dieser Aufforderung nicht nachkam und uns die Briefe im Original erhalten geblieben sind.

Nostradamus konnte also beiden Lagern zugerechnet werden, und in der Tat stand er irgendwo zwischen den Religionen.[113] Er hat, was die religiöse Gesinnung angeht, nie so unmissverständlich und nachhaltig Position bezogen, dass eine eindeutige Zuordnung möglich wäre. Wie seine prophetischen Texte, die viele Leseweisen zulassen, bleibt auch seine schriftlich geäußerte religiöse Einstellung von Anspielungen durchsetzt im Ungefähren und kann auf verschiedene Weise interpretiert werden. Seine Arbeit verlangte allerdings auch diplomatisches Geschick in diesen Angelegenheiten. Mit der katholischen Seite musste er sich arrangieren, wenn er weiterhin seine Almanache veröffentlichen wollte. Letztlich hoffte er auch, dass es einer starken Kirche gelingen würde, den Vormarsch des Islam zu stoppen. Gleichzeitig hoffte er auf einen Papst, der echten Reformwillen aufbringen würde: Eine Kirche unter Führung eines wahren *pastor angelicus* würde selbstverständlich jene Veränderung und Erneuerung erfahren, die auch er herbeisehnte und die er bis zu einem gewissen Grad in den Ideen der Protestanten wieder fand. Wie seine Vorstellungen hierzu genau aussahen, lässt sich nur annähernd rekonstruieren. Aber Nostradamus war vor allem der dem antiken Geistesgut zugewandte humanistische Gelehrte. Seine enge geistige Verbundenheit mit dem Florentiner Hermetismus von Ficino und Pico ließ ihn die wahre Religion als ursprünglich geoffenbarte Weisheit der ältesten Theologie (*prisca theologia*) auffassen. Deshalb zeigen seine religiösen Überzeugungen, die man in seinen Briefen wieder findet und an manchen Stellen in seinen Büchern, einen Menschen, der Vorstellungen aus dem Lager der Reformation mit einem Überbau an neoplatonischen Ideen vermischt, die an antike heidnische Spiritualität anschließen.

DIE BEDROHUNG DURCH DIE TÜRKEN   Eines der großen Themen der Zeit war die Bedrohung durch die Türken. Es nimmt in den *Prophéties* entsprechend viel Raum ein. Die Kämpfe zwischen dem Vorderen Orient und dem Abendland hatten eine alte Geschichte, aber sie waren im 16. Jahrhundert nach wie vor akut und alles andere als entschieden. Sie gaben darum einen idealen Stoff für die typische nostradamische prophetische Deutung ab, da sich im historischen Rückgriff gegenwärtige Umstände und künftige Entwicklungen komprimieren ließen.

C 5.54
Du pont Exine, & la grand Tartarie,
Vn Roy sera qui viendra voir la Gaule,
Transpercera Alane & l'Armenie,
Et dedans Bisance lairra sanglante gaule.

Paraphrase: Vom Schwarzen Meer und der großen Tatarei wird ein König nach Gallien kommen. Er wird durch Alanien und Armenien ziehen und in Byzanz seinen blutigen Stock lassen.

Ein namenloser mächtiger Herrscher aus der Tatarei wird hier beschworen, der auf seinem Zug in den Westen sein von Blut triefendes Zepter in Byzanz lassen wird. Es ist das Bild der unbeschreiblichen Angst des Westens vor den wilden barbarischen Horden aus Asien, die das Abendland und die christliche Religion terrorisieren.

Zu Nostradamus' Lebzeiten konnte die Gefahr durchaus benannt werden. Selim I. (um 1467–1520) führte eine grausame Herrschaft als Feind der Schiiten und zwang die iranischen Safawiden 1514 zur Abtretung eines Teils von Aserbaidschan. 1516–1517 eroberte er das nördliche Mesopotamien und Syrien und brach die Herrschaft der Mamelucken in Ägypten (1517). Zur großen Gefahr für das christliche Europa wurde sein einziger Sohn Süleyman I., der Prächtige (auch Soliman genannt, 1494–1566). Er erweiterte das Osmanische Reich nach Westen durch die Eroberung von Belgrad (1521), Rhodos (1522), Ungarn (1526) und nach Osten gegen Persien durch die Einnahme von Bagdad (1534).

Die Flotte seiner Admiräle Cheireddin («Barbarossa») und Dragut beherrschte das Mittelmeer. Im September 1526 besiegte er König Ludwig II. von Ungarn bei der berühmten Schlacht von Mohacz. Er drang widerstandslos in Buda ein, machte reiche Beute einschließlich der Bibliothek von Matthias Corvin und setzte als König Johann Zápolya ein. Als Erzherzog Ferdinand, der Bruder Karls V., Zápolya 1528 eine Niederlage zufügte, kehrte Süleymans Heer nach Ungarn zurück. Buda wurde neuerlich eingenommen und Wien 1529 belagert. Die Belagerung Wiens gab er am 14. Oktober auf. 1532 drang er in die Steiermark ein, verwüstete sie und kam bis nach Graz, konnte sich aber nicht der Stadt bemächtigen. Er entschied sich zu einem Waffenstillstand mit Ferdinand, damit er seinen Feldzug in Persien weiterführen konnte, wo er 1534 Bagdad einnahm.

Cheireddin Barbarossa (Cheir-ed-Din, ca. 1467–1546), der Inbegriff des Schreckens der Meere, war der türkische Herrscher von Algier. Mit seinem Bruder Horuk (Ardusch, 1473–1518) eroberte er 1515 Algerien. Nach Horuks Tod unterstellte sich Cheireddin dem türkischen Sultan und unterwarf Tunis. Seine gefürchteten Piratenzüge bedrohten und beunruhigten alle christlichen Mittelmeerländer. Im Golf von Arta schlug er den Dogen von Venedig, vernichtete 1540 eine christliche Flotte bei Kreta, kam 1542 mit starker Seemacht Franz I. zu Hilfe und wirkte bei der Einnahme Nizzas 1543 mit. Der zweite gefürchtete Admiral der türkischen Flotte war Dragut (Torgut Reis, 1585–1565). Er plünderte unter Cheireddin Barbarossa von Algier aus die italienischen Südküsten und entriss 1551 den Maltesern Tripolis.

Barbarossas Kontrolle über Tunis währte nicht lange. Schon wenige Monate später nahm das Heer Karls V. die Stadt wieder ein. 1537 führte Barbarossa eine nicht sehr glückliche Kampagne in der Adria durch. Er machte die Küste Apuliens unsicher, belagerte aber Korfu ohne Erfolg. Nach dem Tod Zápolyas (1541) bemächtigte sich Süleyman Budas, und Barbarossa eroberte das Schloss von Messina (1543), schloss sich der französischen Flotte an und nahm mit ihr Nizza ein. Szegedin, überfallen und geplündert von den Kaiserlichen, wurde 1552 zurückgewonnen, ebenso Temesvar.

C 3.31
Aux champs de Mede, d'Arabe, & d'Armenie,
Deux grands copies trois foys s'assembleront:
Pres du rivage d'Araxes la mesnie
Du grand Solman en terre tomberont.

Paraphrase: In den Ebenen von Medien, Arabien und Armenien werden sich zwei große Armeen drei Mal zusammenschließen. Nahe dem Ufer des Araxes werden die Truppen des großen Süleyman besiegt werden.

Nostradamus inspiriert sich in diesem Quatrain an den Feldzügen Süleymans im Osten seines Reiches. Medien ist ein Hochland im Nordwesten Irans; der Fluss Araxes liegt an der Grenze zwischen der Türkei und dem Iran sowie zwischen Armenien und Aserbaidschan. Drei Mal werden die türkischen Truppen sich mit persischen Heeren messen und besiegt werden. Es war eine nicht unberechtigte Hoffnung im Westen, dass sich Süleyman in seiner Expansionspolitik bei einem Krieg mit seinen östlichen Nachbarn in Asien aufreiben würde.

Die Vorstöße Süleymans in Ungarn und bis vor die Tore Wiens finden ihr Echo im folgenden Vierzeiler:

C 10.61
Betta, Vienne, Emo*n*e, Sacarbance,
Voudront livrer aux Barbares Pannone:
Par picque & feu enorme violance,
Les coniurez descouvers par matrone.

Paraphrase: Betta, Wien, Emona, Scarabantia möchten Pannonien den Barbaren preisgeben. Durch Kämpfe und Schlachten wird es Gewalt ohnegleichen geben. Die Verschwörer werden von einer Frau entdeckt werden.

Mit Betta ist offenbar Poetovio, eine römische Kolonie an der Drau in Pannonien gemeint (heute Ptuj-Pettau), wo im Jahr 69 Vespasian zum Kaiser proklamiert wurde. Wo im Original Emorte steht, habe ich zu Emone korrigiert. Es handelt sich um Emona, ebenfalls eine römische Kolonie in Pannonien, das heutige Ljubljana (Laibach). Die dritte römische Kolonie, Scarabantia, lag südwestlich des Neusiedler Sees im heutigen Burgenland. Die erwähnten römischen Siedlungen Emona, Poetovio, Scarabantia, Vindobona (Wien) liegen entlang einer wichtigen römischen Straße, die von dem Knotenpunkt Aquileia bis nach Wien führte; zur Zeit des Augustus verlief sie entlang der Grenze zwischen den Provinzen Noricum und Pannonia. Welche Rolle die Matrone, nach römischer Auffassung eine Gattin oder ehrbare Hausfrau, spielt und vor allem wer damit gemeint sein könnte, bleibt ein Rätsel. Vielleicht muss man den letzten Vers in Zusammenhang mit dem besprochenen Quatrain C 8.15 sehen, in dem es ebenfalls um kriegerische Handlungen in Pannonien geht, bei denen ein «Mannweib» eine zentrale Rolle spielt. Im Anschluss an Brind'Amour konnte möglicherweise Isabella, die Frau von König Johann Zápolya, dem Verbündeten des Osmanenführers Süleyman, als das «Mannweib» identifiziert werden. Vielleicht hatte Nostradamus Isabella auch als die Matrone in diesem Vierzeiler im Sinn, der inhaltlich die gleiche Thematik behandelt.

C 1.28

La tour de Boucq gaindra fuste Barbare,
Un temps long temps apres barque hesperique:
Bestail, gens, meubles, tous deux feront grant tare:
Taurus & Libra, quelle mortelle picque!

Paraphrase: Bei der Tour de Bouc wird das Schiff der Barbaren die Segel hissen zu einer Zeit lange nach dem spanischen Schiff. Die beiden Flotten werden eine große Einziehung von Tieren, Menschen und Möbeln veranstalten. Vom Stier zur Waage, welch tödlicher Kampf!

Der Turm Tour de Bouc steht bei Port-de-Bouc westlich von Marseille an der Einfahrt in den Étang-de-Berre. Er wurde während der Kampagne Karls V. in der Provence im August 1536 von den kaiserlichen Truppen erstürmt, also in der Zeit zwischen April und September oder, wie sich Nostradamus astrologisch ausdrückt, «vom Stier zur Waage». Längere Zeit nach den Spaniern hissten tatsächlich die Barbaren ihre Segel vor Port-de-Bouc, nämlich 1543, als Barbarossas Schiffe im Bund mit Franz I. lange Zeit vor Marseille und Toulon ankerten.

C 1.71

La tour marine troys foys prise & reprise
Par Hespagnols, barbares, Ligurins:
Marseille & Aix, Arles par ceux de Pise:
Vast, feu, fer, pille Avignon des Thurins.

Paraphrase: Der Turm am Meer wird drei Mal eingenommen und wieder gewonnen werden durch Spanier, Barbaren und Ligurier. Durch die Leute von Pisa wird es in Marseille, Aix und Arles Zerstörungen, Brände, Massaker und Plünderungen geben, [so wie in] Avignon durch die Leute von Turin.

Bei diesem Turm am Meer könnte man abermals an den Tour de Bouc denken, aber er ist nicht dreimal eingenommen worden, schon gar nicht von
Spaniern, Barbaren und Liguriern. Wahrscheinlich hat Nostradamus den
Tour Saint-Jean an der Hafeneinfahrt von Marseille im Sinn. Dieser mächtige Turm, der dem ganzen Viertel den Namen gab, wurde nach den Johan-
nitern, die dort ihre Niederlassung hatten, benannt. Unterhalb des Turms
spannte man die Eisenkette, wenn man den Hafen bei einem Ansturm
schließen wollte.[114] Marseille wurde in der Tat dreimal eingenommen: 735
durch die Sarazenen, 1252 durch Karl von Anjou und 1423 durch Alfons V.
von Aragonien. Barbaren und Spanier waren also dabei, indes keine Ligurier. Nostradamus vermischt in diesem Vierzeiler wieder geschickt verschiedene Zeiten und Ereignisse, die gleichsam an einem Ort in Dialog miteinander treten. Die ligurische Flotte erinnert an die Schiffe von Andrea
Doria (1468–1560), dem Genueser Admiral, der in Diensten wechselnder
Herren bedeutende Seeschlachten schlug. Seit 1522 stand er im Sold der
Franzosen, denen er bei der Wiedergewinnung Genuas 1527 half. Aber
schon bald danach überwarf er sich mit Franz I. und schloss sich Karl V. an,
für den er einige bedeutende Siege gegen die Türken errang. 1536 errich-
tete er eine Seeblockade gegen Marseille. Auch an die Kampagne Karls von
Bourbon in der Provence ist zu denken, der sich auf die Seite des Kaisers geschlagen hatte und 1524 Marseille belagerte. Die beiden letzten Verse
scheinen sich indes auf die Invasion der Provence 1536 durch das kaiserliche
Heer zu beziehen, das von Piemont aus – deshalb die Erwähnung der Leute
von Turin und von Pisa – nach Frankreich vorstieß.

Auf das Motiv der Überfälle von Barbaren auf europäische Küsten und
Städte treffen wir häufig bei Nostradamus. Die Übergriffe der Flotten von
Cheireddin Barbarossa und Dragut waren zu Lebzeiten des Propheten
grausame Realität und eine ständige Bedrohung. Daran änderten auch ge-
legentliche Bündnisse von europäischen Herrschern mit den Osmanen
nichts, denn Erstere hatten auch nur im Sinn, die Schlagkraft der orientalischen Truppen für ihre eigenen Zwecke einzusetzen.

Bei Nostradamus steht das Wort «Barbar» gewöhnlich für einen Nicht-
christen. In vielen Fällen sind die Völker islamischen Glaubens gemeint,
Araber und vor allem die Türken, die die unmittelbarste und aktuellste Bedrohung darstellten. Barbarische Völker hatten jedoch schon seit dem
Niedergang der antiken Welt Europa heimgesucht und Verwüstungen angestellt. Die Plünderungszüge der Hunnen ab dem 4. Jahrhundert reichten
bis nach Norditalien, nach Paris und Orléans. Die Awaren drangen im 6.
und 7. Jahrhundert bis nach Pannonien vor. Im 7. Jahrhundert eroberten die
Omajjaden-Kalifen die gesamte Iberische Halbinsel und gründeten das

Emirat von Córdoba. Bald danach tauchten Normannen und Waräger vor den atlantischen Küsten Frankreichs und Spaniens auf und gelangten auch an die Mittelmeerküsten bis nach Pisa. Die Magyaren machten im 9. und 10. Jahrhundert ganz Frankreich unsicher, führten Raubzüge bis nach Süditalien und Nordspanien durch. Wenn Nostradamus von den Beutezügen der Barbaren spricht, dann scheint es beinahe so, als ob in seinen Zeilen ein Widerhall all der Leiden jahrhundertelanger Einfälle fremder Völkerschaften mitschwingt, auch wenn er die aktuellen Übergriffe im Visier hat. Die Barbaren treten als Freibeuter unter der schwarzen Flagge auf (C 9.60.1 «Conflict Barbar en la Cornette noire»), sie fahren mit Schlachtschiffen voller Rudersklaven aller Altersgruppen (C 10.97.1 «Triremes pleines tout aage captif»), und auf ihren Raubzügen bringen sie vielen den Tod, «ohne Wein bringen sie die Weinernte ein», wie sich Nostradamus euphemistisch ausdrückt (C 9.80.4 «Puy les Barbares sans vin feront vendanges»).

C 2.4
Depuis Monech jusques au pres de Secile,
Toute la plage demourra desolée:
Il ny aura faulxbourgs, cité, ne ville,
Que par Barbares pillée soit & vollée.

Paraphrase: Von Monaco bis in die Nähe von Sizilien wird die ganze Küste verwüstet sein. Es wird kein Dorf und keine Stadt geben, die nicht von den Barbaren geplündert und beraubt werden würde.

C 7.6
Naples, Palerme, & toute la Cecile,
Par main barbare sera inhabitee:
Corsique, Salerne & de Sardeigne l'Isle,
Faim, peste, guerre, fin de maux intemptée.

Paraphrase: Neapel, Palermo und ganz Sizilien werden durch die Hand der Barbaren bewohnt sein. In Korsika, Salerno und auf der Insel Sardinien werden Hunger, Pest, Krieg herrschen; kein Ende der Übel in Sicht.

Die beiden Quatrains spielen auf die Überfälle von Barbarossa auf dem Weg nach Nizza, das er an der Seite der Franzosen erobert, und auf seine Rückkehr an. César de Nostredame beschreibt, wie die Christenheit bei dieser Expedition in Angst versetzt wurde. Die Türken hatten Rhegium (heute

Reggio) am Südzipfel Italiens gegenüber der Insel Sizilien geplündert und Ostia bedroht. Sie segelten von Hafen zu Hafen bis nach Toulon. Nachdem sie Nizza im Sturm erobert hatten, schenkte ihnen Franz I. als Dank für ihre Hilfe alle türkischen Sklaven auf seinen Galeeren. «Da aber das Schwein auch in Purpur gekleidet nicht aufhört, Schwein zu sein, und der Barbar nicht aufhört, Barbar zu bleiben», weiß César weiter zu erzählen, richtete Barbarossa auf seiner Rückkehr in Sizilien noch größere Zerstörungen an und nahm Christen als Gefangene mit «in die Barbarei».[115]

Im Übrigen hat schon Lichtenberger in Kapitel XXV seiner *Prognosticatio* die Feld- und Raubzüge der türkischen Herrscher Revue passieren lassen. Unter anderem erwähnt er als ihren 13. Herrscher Doglosius, der jene Städte und Landstriche eroberte, auf die Nostradamus in diesen Vierzeilern zu sprechen kommt: Rhodos, Sizilien, Kalabrien, Apulien, die Abruzzen, Kampanien, Sardinien, Korsika.[116] Es sind immer dieselben Wege, auf denen die Flotten der Türken segeln, immer dieselben Städte und Landstriche, die ihren Plünderungen ausgesetzt sind. Die Geschichte wiederholt sich. So wird ein historischer Bericht ohne viel Zutun zu einem prophetischen Text.

Schon lange vor dem Überfall auf Nizza stellten die türkischen Schiffe eine große Bedrohung im Mittelmeerraum dar, spätestens als Barbarossa und Horuk 1515 Algerien eroberten.

C 5.78
Les deux unis ne tiendront longuement,
Et dans treze ans au Barbare Sattrappe:
Aux deux costez feront tel perdement,
Qu'un benira le Barque & sa cappe.

Paraphrase: Die beiden Verbündeten werden nicht lange zusammen bleiben, und nach dreizehn Jahren gegen den barbarischen Statthalter werden sie an zwei Küsten so starke Verluste erleiden, dass einer das Schiff und seinen Umhang segnen wird.

Dreizehn Jahre lang, von 1534 bis 1547, hielt das Bündnis zwischen Kaiser Karl V. und Papst Paul III., um sich gegen Barbarossa, den «barbarischen Statthalter» der Türken, zur Wehr zu setzen. Barbarossa hatte dem christlichen Europa an den Küsten viele Niederlagen beigebracht. Kurz nachdem er Tunis erobert hatte, entschloss sich Karl V. zu einer Expedition gegen ihn. 1535 landete er an der Küste von Tunis und erstürmte Goletta. Barbarossa musste sich nach Istanbul zurückziehen und setzte seine Kriegszüge als türkischer Admiral fort; es ist das Thema, das wir bereits bei der Besprechung des Quatrains C 6.78 kennen gelernt haben. Vor dem Aufbruch erhielt der Kaiser den feierlichen Segen des Papstes, was Nostradamus in seiner typischen zweideutigen Manier im letzten Vers anspricht. Man kann ihn so lesen, dass «ein Schiff und sein Umhang» gesegnet wird, gemeint ist aber, dass Karl V. und seine Schiffe vom «Schiff des heiligen Petrus in seinem Ornat» den Segen erhalten.

C 1.74
Apres sejour vogueront en Epire:
Le grand secours viendra vers Anthioche:
Le noir poil crespe tendra fort à l'Empire,
Barbe d'ærain se rostira en broche.

Paraphrase: Nach einem Aufenthalt in Epirus werden sie weitersegeln. Die große Hilfe wird bei Antiochia kommen. Der Mann mit dem schwarzen krausen Haar wird hart gegen das Reich vorgehen; Barbarossa wird ihn auf dem Spieß braten.

Hier wird Barbarossa wörtlich als «der eherne Bart» («barbe d'ærain») tituliert. Aber ist damit wirklich der türkische Admiral gemeint? Immerhin gehörte ein anderer, der Angst und Schrecken verbreitete, dem Geschlecht der *Aenobarbi* («Rotbärte») an, nämlich Nero, der Tyrann schlechthin. Nero führte wie sein Vater Domitius den Beinamen Aenobarbus. Der Inhalt des Quatrains stellt indes eindeutig den Bezug zum Orient her durch die syrische Stadt Antiochia und das Einzugsgebiet der Züge Cheireddin Barbarossas mit dem Landstrich Epirus an der Küste des Ionischen Meeres. Für Nostradamus war die doppelte Bedeutung von «barbe d'ærain» als Gefahr für friedliche und zumal christliche Menschen ein Glücksfall. Geschichte als Reservoir für Projektionen in die Zukunft durch die Wiederkehr der Motive lässt sich hier an einem Beinamen verdeutlichen, ein Beiname, der Nostradamus' Prophezeiungen jene Doppelbödigkeit verleiht, die für ihre Wirkung unverzichtbar ist.

Als Gegner der Türken hatten sich die französischen Könige keine besonderen Lorbeeren erworben, zumal Franz I. sogar mit ihnen paktiert hatte. Als sich seine Hoffnungen auf Heinrich II. als Weltherrscher zerschlagen hatten und Frankreich mit dem unmündigen Karl IX. in eine Zeit ungewisser dynastischer Verhältnisse steuerte, hegte Nostradamus keine großen Hoffnungen mehr in die Könige seines Landes als Sieger über die Barbaren. Diese gewandelten Ansichten werden in den späteren Zenturien deutlich.

C 10.95
Dans les Espaignes viendra Roy trespuissant,
Par mer & terre subiugant *le* Midy:
Ce mal fera, rabaissant le croissant,
Baisser les aisles à ceux du Vendredy.

Paraphrase: In Spanien wird ein mächtiger König emporkommen, der
den Süden zu Land und zu Wasser unterwerfen wird. Er wird [ihnen]
übel mitspielen, [das Banner mit der] Mondsichel erniedrigen und den
Moslems die Flügel stutzen.

Einem spanischen König dagegen traut der Prophet die Unterwerfung der
moslemischen Welt zu. «Jene des Freitags» («ceux du Vendredy») sind natürlich die Moslems, deren Feiertag der Freitag ist. Offensichtlich verbindet er seine Hoffnungen in dieser Hinsicht mit Philipp II. (1556–1598),
dem Sohn und Nachfolger Karls V., was ihn nicht davon abhält, wie wir gesehen haben, an anderer Stelle (etwa C 10.9) die spanischen Könige als
Gegenspieler Frankreichs zu verunglimpfen.

C 5.53
La loy du Sol & Venus contendus
Appropriant l'esprit de prophetie:
Ne l'un ne l'autre ne seront entendus,
Par Sol tiendra la loy du grand Messie.

Paraphrase: Die Lehre der Sonne <Christentum> und die Lehre der
Venus <Islam> wetteifern, indem sie sich den Geist der Prophetie
aneignen. Weder der eine noch der andere wird verstanden werden. Die
Lehre des großen Messias der Sonne <Christentum> wird Bestand
haben.

Der ideologischen Überlegenheit des Christentums wird in diesem Vierzeiler Ausdruck verliehen. Zwar lässt Nostradamus zwei Propheten in beiden
Lagern auftreten, die nicht verstanden werden. Die wahre Lehre sei allerdings die des Messias der Christen, und darum werde sich die christliche
Religion durchsetzen.
    Zur Zeit von Nostradamus war das auch gegenwärtig wieder kontrovers
diskutierte Thema vom Kampf der Kulturen[117] als einer Auseinandersetzung zwischen der christlichen und der islamischen Weltanschauung alltägliche Realität und wurde auch als ein Kampf, der zu einer Entscheidung

drängt, erfahren. Der von US-Präsident George W. Bush nach den Anschlägen islamischer Terroristen am 11. September 2001 in New York und Washington geprägte Begriff von der «Achse des Bösen» für die Länder, die islamistische Terroristen beherbergen und schützen, wäre in Europa seit dem Zeitalter der Kreuzzüge als passende propagandistische Bezeichnung der Gefahr durch islamische Völker zweifellos begrüßt worden. Wir sehen, wie alt die Konflikte und die mit ihnen verbundenen Motive sind, die das kollektive Unbewusste der Bewohner des Okzidents besetzen. Leicht lassen sich deshalb aus den Vierzeilern, die diesem Themenkreis gewidmet sind, Ereignisse herauslesen, die in die gegenwärtige weltpolitische Lage passen. Nostradamus hat diese Ereignisse nicht vorhergesehen; die Interpretierbarkeit unter dieser Perspektive bestätigt vielmehr seinen geschichtsphilosophischen Ansatz, wonach beispielhafte Geschehnisse ihre Tauglichkeit als Vorbilder über Jahrhunderte nicht verlieren müssen.

DER MYTHOS VOM GROSSEN IMPERIUM

C 5.45
Le grand Empire sera tost desolé
Et translaté pres d'arduenne silve:
Les deux bastards par l'aisné decollé,
Et regnera Aenobarb, nez de milve.

Paraphrase: Das große Reich wird ganz verwüstet sein und wird in die Nähe der Ardennen übertragen. Die beiden unehelichen Kinder werden durch den Erstgeborenen enthauptet, und Aenobarbus mit der Nase eines Falken wird regieren.

Barbarossa begegnet uns abermals in diesem Quatrain, in dem das zentrale Thema die Übertragung des Reiches (*translatio imperii*) ist. Unter der *translatio imperii* verstand man zunächst die Abfolge der vier Weltreiche von Babylon über Persien und Griechenland nach Rom. Im Mittelalter herrschte die Vorstellung von der Übertragung des Kaisertums von den Römern auf die fränkischen, dann auf die deutschen Könige. Als Fortsetzung dieser Übertragungslinie galt das Heilige Römische Reich deutscher Nation, wodurch das Kaisertum in seiner Abstammung von den Römern begründet wurde. Entsprechend heißt es bei Nostradamus: «Das heilige Reich wird nach Deutschland kommen» (C 10.31.1 «Le sainct Empire viendra en Germanie»[118]).

Bei Nostradamus spielt die geographische Komponente in der *translatio imperii* eine wichtige Rolle, wobei es ihm an verschiedenen Stellen um eine Ausweitung oder um eine Einschränkung des Reichs geht. Nostradamus spricht hier vom Kaiserreich in einer kritischen Phase: Es wird so klein werden, dass es in die Nähe der Ardennen verlegt wird. Südwestlich der Ardennen liegt Reims, wo die Erzbischöfe, die seit 940 zugleich Grafen, später Herzöge waren, starken Einfluss auf die französische Politik ausübten. 1179 erlangten sie das ausschließliche Recht, die Könige von Frankreich zu krönen, weil sie im Besitz der Sainte-Ampule waren, eines von einer Taube zur Taufe Chlodwigs 496 gebrachten Gefäßes mit himmlischem Salböl, das zur Salbung der Könige diente. Auch die Kaiser des Heiligen Römischen Reiches wurden in Reims gekrönt. In Nostradamus' Fantasie zieht sich das Reich auf seinen mythischen Ort der Salbung zurück, zu einer Zeit, in der Barbarossa das Reich bedrängt.

In Zusammenhang mit diesem Vierzeiler muss man auch den folgenden betrachten:

C 1.32
Le grand empire sera tost translaté
En lieu petit, qui bien tost viendra croistre,
Lieu bien infime, d'exiguë comté,
Où au milieu viendra poser son sceptre.

Paraphrase: Das große Imperium wird demnächst an einen kleinen Ort verlegt werden, der sich bald vergrößern wird; ein ziemlich kleiner Ort, eine kärgliche Grafschaft, in deren Mitte [der Kaiser] sein Zepter hinstellen wird.

Zum Thema der *translatio imperii* gehört das Zepter oder der Stock des heiligen Petrus (*baculus sancti Petri*). Dieser Stock wurde den Deutschen durch die ersten Päpste als Symbol der Kaiserwürde (*dignitas imperialis*) übergeben. Im Lauf der Jahrhunderte wanderte er von einer Stadt zur anderen. Auch hier wie in C 5.45 wird das Reich in eine kleine Grafschaft verlegt, von wo aus es anwächst und sich vergrößert. Von der Idee der *translatio imperii* hat sich Nostradamus aus seiner Lektüre der Prophezeiungen im *Mirabilis Liber* inspirieren lassen; sie spielt in der *Prognosticatio* von Lichtenberger eine große Rolle: Kapitel XIII beschreibt, wie die durch den Stock des heiligen Petrus symbolisierte Kaiserwürde den Deutschen übergeben wurde.

In einem Vierzeiler führt Nostradamus die Veränderung des Kaiserreiches mit einem wunderbaren Vorzeichen zusammen:

C 1.43

Avant qu'avienne le changement d'empire,
Il aviendra un cas bien merveilleux:
Le champ mué, le pilier de porphyre,
Mis, translaté sus le rochier noilleux.

Paraphrase: Vor der Veränderung des Reiches wird ein recht
erstaunliches Ereignis eintreten: Das Feld wird gerüttelt werden, die
Porphyrsäule wird hingestellt und auf einen knorrigen Felsen überführt
werden.

Nostradamus hat zweifellos ein Erdbeben als Omen im Sinn («un cas bien
merveilleux»), bei dem eine Porphyrsäule wie durch Wunderhand auf einen
knorrigen Felsen gestellt wird. Es ist das Vorzeichen für eine *translatio imperii*, von der im ersten Vers die Rede ist und bei der in vergleichbarer Weise
der Stock des heiligen Petrus auf den Boden des neuen Reiches gestellt
wird.

Anhand dieses Quatrains lässt sich wiederum zeigen, wie leicht man bei
unserem Autor auf die falsche Fährte geführt werden kann. Roger Prévost
interpretiert den Quatrain folgendermaßen: Im Jahr 1564 wird der neue
Kaiser des Heiligen Römischen Reiches, Maximilian II., gekrönt. Auf seiner
Rundreise durch Frankreich lässt Karl IX. einen Obelisken ausgraben und
aufstellen, den man im Garten eines gewissen Herrn Daloste in Arles gefunden hat.[119] Das klingt auf den ersten Blick überzeugend und scheint in
der Tat auf den Text zu passen. Aber dieser Text wurde ein Jahrzehnt vor den
beschriebenen Ereignissen verfasst. Eine Weissagung? Eher ein Fall von zu
unüberlegter Erklärung – Prévost lässt sich von Signalworten leiten: «Veränderung des Reiches», «Porphyrsäule auf den Felsen gestellt». Diese reichen ihm, um ihm, dem kenntnisreichen Historiker, ein Jahr in Erinnerung
zu rufen, das auf diese Geschehnisse zu passen scheint. Er unterlässt es allerdings, den Quatrain erst insgesamt zu analysieren, um festzustellen, was
Nostradamus *tatsächlich* geschrieben hat. Wenn er das Auffinden eines Obelisken beschreiben wollte, dann hätte er wahrscheinlich «pilier *trouvé*» geschrieben wie in C 10.93.4, wo von den «colonnes trouvées» die Rede ist.
Stattdessen geht es um ein wunderbares Vorzeichen.

Über den Horizont der Zeit

Unsere Gewissheit begründet die Sicherheit der vergangenen und
gegenwärtigen Geschehnisse als sichere Anzeichen für künftige Ereignisse.

Nostradamus, *Almanach für 1565*

CHRONOLOGIE ALS MYTHISCHES WELTVERSTÄNDNIS   Aus der bisherigen Darstellung wird deutlich, wie Nostradamus seine Versprophezeiungen konstruiert. Die wichtigsten Elemente hierfür sind astrologische Konstellationen, Vorzeichen und historische Ereignisse, die meist dem klassischen Altertum entnommen werden. In einer Art Räderwerk werden diese mit den großen Themen seiner Zeit und den Motiven aus der prophetischen Tradition verzahnt. Um tiefer in die große Anlage der *Prophéties* eindringen zu können, wenden wir uns nun der Frage zu, welche geistesgeschichtlichen Ideen dieser Art der Geschichtsbetrachtung zugrunde liegen und wie sie in Nostradamus' Denken Eingang gefunden haben und sein Werk strukturieren.

Im Zeitalter der Renaissance besaß man nur ein ungefähres Verständnis von Geschichte, wie wir sie heute auffassen. Der Erste, der zu einer neuen, tatsächlich historisch zu nennenden Geschichtsbetrachtung aufrief, war Joseph Scaliger (1540–1609) mit seinem bedeutendsten Werk *Opus novum de emendatione temporum*, das 1583, ein Jahr nach der gregorianischen Kalenderreform, erschien. Scaliger zeigte, dass die antike Geschichte nicht allein auf der Geschichte der Griechen und Römer beruhte, sondern auch die der Perser, Babylonier, Ägypter und der Juden, die bislang als «heilige Geschichte» nur am Rande Beachtung fand, mit einschließt. Mit großer Genauigkeit verglich er die noch erhaltenen Geschichtswerke und Chronologien jeder Zivilisation. Mittels der verschiedenen Chronologien entwarf er eine zusammenhängende Geschichte im Lichte des kalendarischen Verständnisses, welches das kopernikanische System ermöglicht hatte. Bis zu diesem Zeitpunkt bestand Geschichte aus einer Ansammlung von isolierten Einzelbetrachtungen, ohne System und ohne Zusammenhang, dadurch auch ohne klassifizierende Übersicht, die ein echtes historisches Verständnis hätte befördern können.

Im frühen christlichen Denken wurde die Geschichte nach dem Ordnungsprinzip der vier Reiche gegliedert. Diese Ansicht geht auf das 7. Kapitel des Daniel-Buches zurück: Daniel berichtet darin von einem Traumgesicht, in dem ihm vier riesige monströse Tiere erschienen. Das vierte Tier war von besonders schrecklichem Aussehen; es zertrat alles mit seinen Füßen, hatte eherne Klauen und riesige eiserne Zähne, die alles zermalmten. Die Tiere symbolisieren die vier Weltreiche, deren Dauer von Gott vorherbestimmt sei. Das vierte und schrecklichste Tier steht für das vierte Reich auf Erden, die Herrschaft des Bösen, die unmittelbar dem Ende der Welt und dem Endgericht vorangehe. Der Kirchenvater Hieronymus empfahl, die Geschichte nach der Daniel-Vision als vier sich ablösende große Monarchien aufzufassen. Noch im 16. Jahrhundert hielt man generell an diesem Schema fest; sogar bei dem progressiven protestantischen Historiker Johannes Sleidanus (1506–1556) findet man noch dieses Modell der Weltchronik. Melanchthon fügte das Vier-Reiche-Schema in den übergeordneten Rahmen einer auf 6000 Jahre begrenzten Weltzeit ein – eine Idee, die dem Talmud entstammt. Er sah die Geschichte in drei Abschnitte von je 2000 Jahren eingeteilt: 1. die Zeit der «Öde», von der Schöpfung bis Abraham, 2. die biblische Geschichte des Alten Testaments bis zu Christus – in dieser Epoche lösten sich die vier Reiche der Assyrer, Perser, Makedonen und Römer ab –, 3. das Zeitalter Christi, 2000 Jahre von Christi Geburt bis zum Jüngsten Gericht. Das letzte der vier Reiche, das der Römer, ragte aus der alttestamentlichen Epoche in die Zeit Christi. In diesem Schema musste die römische Monarchie weiter fortdauern, zumal ihr Ende mit dem Ende der Welt zusammenfallen würde. Deshalb waren Carion und Melanchthon davon überzeugt, der Weiterbestand der Welt sei in der Tatsache begründet, dass das Römische Reich weiter bestand. Infolgedessen wurde im Mittelalter das Deutsche Reich zum Römischen Reich und die Erhaltung des Deutschen Reiches war nichts weniger als die Voraussetzung für den Fortbestand der Welt!

Die Magie der Zahlen begleitet die Menschen seit der Frühzeit der religiösen und philosophischen Spekulationen. In der jüdisch-christlichen Tradition stand selbstverständlich das Datum für das Ende der Welt im Mittelpunkt des Interesses. Da man früh die Idee von einer überschaubaren Anzahl gleich langer Perioden entwickelte, blieb nur ein Problem zu lösen: das Datum für den Ausgangspunkt der Berechnung, das heißt das Datum für die Schöpfung. Die Autorität auf diesem Gebiet hatte freilich die Bibel inne, und in ihr finden wir eine Reihe von chronologischen Angaben, die allen Hypothesen über die Dauer der Welt und den Zeitpunkt ihres Endes zugrunde liegen. Im 5. Kapitel der Genesis wird der Stammbaum von Adam bis Noah mit den Lebensjahren der Patriarchen versehen. Zum Zeitpunkt der Sintflut war Noah 600 Jahre alt (Genesis 7,11). Weiterhin gibt es Angaben über die Nachkommen von Noah bis zu Abraham (Genesis 11,10–32), der sich im Alter von 75 Jahren aus Haran auf den Weg nach Kanaan machte (Genesis 12,4). Von diesem Zeitpunkt bis zum Auszug aus Ägypten verstrichen 430 Jahre (Exodus 12,40–41). Diese Chronologie wurde zur Grundlage für die Berechnung des Schöpfungsjahres, eine Beschäftigung, der sich über die Jahrhunderte Theologen und Gelehrte mit großem Eifer widmeten.

In seinem *Brief an Heinrich II.* entwickelt Nostradamus ein recht verworrenes Konzept vom Schicksal der Welt. Der Brief wurde zu zwei verschiedenen Zeiten komponiert. Einen ersten Abschnitt hat Nostradamus am 14. März 1557 abgeschlossen [10]; am Ende [127] datiert er den Brief: Salon, 27. Juni 1558. Nostradamus veröffentlicht den Brief, ohne die Widersprüche auszumerzen, die sich durch die beiden Datierungen ergeben. Er fügt sogar noch zusätzliche Widersprüche zwischen den beiden Teilen des Briefes ein, die zu weiteren Missverständnissen führen. Der Brief enthält zwei verschiedene, an der Bibel orientierte chronologische Systeme, bei denen der Autor zu unterschiedlichen Schlussfolgerungen gelangt. Einige der Unstimmigkeiten müssen wir nicht Nostradamus anlasten; sie beruhen auf Druckfehlern bei den Zahlen durch den sehr sorglosen typographischen Umgang, der das gesamte Werk von Nostradamus belastet.

Auf der Suche nach dem Jahr der Schöpfung entfernt sich Nostradamus im ersten Teil des Briefes [28], wie er selber sagt, von dem weithin anerkannten Resultat des Eusebius, der das Jahr 5200 v. Chr. angenommen hatte.[120] Im ersten System [*Brief an Heinrich II.* 22–29] kommt man bei Addition der Zahlen der Abschnitte, die Nostradamus angibt (von Adam bis Noah, von Noah bis Abraham usw.), zum Jahr 4757 v. Chr. als dem Jahr der Erschaffung der Welt. Allerdings könnte sich da bereits ein Fehler eingeschlichen haben, zumal Nostradamus den Zeitraum von Adam bis Noah mit 1242 Jahren angibt. Nach dem Kapitel 5 Genesis ergeben sich für die Zeitspanne von Adam bis zur Sintflut insgesamt 2242 Jahre. Sollte es sich um einen Druckfehler handeln, was wahrscheinlich ist, dann muss das Schöpfungsjahr nach dem ersten System auf 5757 v. Chr. korrigiert werden.

Im zweiten Abschnitt des Briefes [91–101] präsentiert Nostradamus eine neue Zahlenreihe. Sein Ergebnis für das Schöpfungsjahr lautet nun: 4173 v. Chr. Aber seine Rechnung stimmt nicht. Zählt man die von Nostradamus angegebenen einzelnen Zeitabschnitte zusammen, dann erhalten wir eine andere Zahl, nämlich 4092 v. Chr. Wie ist das möglich, zumal der Prophet, wie er selber schreibt, die Zahl «aus der Heiligen Schrift zusammengestellt» [101] habe? Ein Blick auf seine Ziffern verrät die Fehler: Zunächst legt er den Zeitraum zwischen Adam und Noah auf 1506 Jahre fest – sicher ein Schreibfehler, nicht etwa deshalb, weil er sich von der Zahl der ersten Skala unterscheidet (da hatte er 1242 Jahre statt der 2242 der Genesis festgehalten), sondern weil man nach der massoretischen Tradition des Genesis-Buches, auf die er sich stützt, auf 1056 Jahre käme. Hier hat sich wohl ein Zahlendreher eingeschlichen. Im weiteren Verlauf hält sich Nostradamus an die Zahlen der Bibel. Am Ende seiner Skala nennt er allerdings vom Auszug aus Ägypten bis zum Tempelbau Salomos übereinstimmend mit der Bibel (1 Könige 6,1) 480 Jahre und springt sofort zu seiner letzten Zahl von 490 Jahren vom Tempelbau bis zu Jesus Christus. Dabei vergisst er, dass der Tempel Salomos zerstört wurde und nach der Rückkehr aus der Babylonischen Gefangenschaft nach 536 v. Chr. der zweite Tempel errichtet wurde; Nostradamus unterschlägt die Zeitspanne zwischen dem ersten und dem zweiten Tempel. Korrigiert man die Periode zwischen Adam und Noah von 1506 auf die biblischen 1056 Jahre, dann muss man für den unterschlagenen Abschnitt zwischen den beiden Tempeln 531 Jahre addieren – was sich wiederum mit der biblischen Tradition deckt –, um das von Nostradamus angegebene Schöpfungsjahr 4173 v. Chr. zu erhalten.

Diese Fehler und die Tatsache, dass Nostradamus zwei verschiedene Chronologien bietet, haben für Heerscharen von inspirierten Interpreten Stoff für Spekulationen geliefert. Für sie sind freilich alle Zahlen gewollt, und sie machen sich keine Gedanken darüber, sie kritisch zu beleuchten. Sie kleben am Buchstaben wie an den Ziffern und lesen aus ihnen geheimnisvolle Codes, Hinweise auf eine mysteriöse Verschlüsselungstechnik. Sie vermuten das Schloss zur Schatztruhe in der Hand zu halten, und doch ist es nur ein Beweis für die Unzulänglichkeiten der Setzer, die bisweilen nachlässige Arbeitsweise von Nostradamus und vor allem für seine eigene Unentschlossenheit, sich für eine der unterschiedlichen Traditionen der Chronologie zu entscheiden. Nostradamus verschweigt diese Unschlüssigkeit nicht; bevor er das zweite System vorstellt, warnt er: «Die Aufzählung der Zeit, die sich ergibt, ist überhaupt nicht oder sehr wenig konform mit der oben angeführten» [88].

Und wenig konform mit den Zahlen bleiben auch seine weiteren Aussagen zu diesem Thema, das ihn außerordentlich fasziniert haben muss. Im Almanach für 1566 finden wir eine weitere chronologische Tabelle unter dem Titel «Die Zeitalter der Welt nach der Zählung der Hebräer». Hier lautet das Ergebnis 4056 v. Chr. für das Jahr der Schöpfung! In anderen Almanachen gibt er für das laufende Jahr auch das entsprechende Datum *Anno Mundi* an, woraus man auf das intendierte Schöpfungsjahr schließen kann; in zwei Almanachen erhält man so für die Erschaffung der Welt das Jahr 5000 v. Chr., in fünf anderen Almanachen ist es das Jahr 3967 v. Chr. Dieses letzte Datum speist sich aus der Vorstellung, die Schöpfung habe exakt 4000 Jahre vor dem Tod Christi 33 n. Chr. stattgefunden.

Tatsache ist, dass im 16. Jahrhundert unglaublich viele unterschiedliche

Jahreszahlen für den Zeitpunkt der Schöpfung genannt wurden und die Gelehrten weit davon entfernt waren, in diesem Punkt zu einer Übereinstimmung zu kommen. Schon die Vorläufer von Nostradamus waren sich über die chronologischen Zuordnungen nicht nur untereinander uneins, sie gaben selber auch verschiedene Chronologien an oder änderten ihre Berechnungen im Laufe des Lebens. Die Praxis, die wir bei Nostradamus vorfinden, unterschiedliche Chronologien der Weltgeschichte zu präsentieren, war nicht unüblich. Es bleibt allerdings auffällig, bei einem einzelnen Autor so verwirrend viele verschiedene Daten vorzufinden. Nostradamus lässt die Diskrepanzen zu, er nimmt in Kauf, seine Leser zu verwirren, anstatt eindeutig Position zu beziehen. Es ist die Unsicherheit mit der Materie, die dazu den Ausschlag gegeben hat. Der Prophet erkennt, dass die Chronologie der Welt keine umstößliche wissenschaftliche Tatsache darstellt, und er versucht selber die unterschiedlichen Möglichkeiten für die Projektion der so gewonnenen Daten für die noch verbleibende Zeit auszuloten.

GESCHICHTE AUS DEM BLICKWINKEL DER EWIGKEIT Vergangenes, Gegenwärtiges und Zukünftiges sind bei Nostradamus miteinander vermischt, wie wir anhand der Analyse der *Prophéties* gesehen haben. Er huldigt einem zyklischen Geschichtsbild, in dem das Ineinander der Zeiten nach einem System der diachronen Analogien geordnet wird. Zukünftiges wird unter dieser Perspektive zur Wiederholung des immer schon Dagewesenen. Voraussagen werden gewissermaßen zu Bestätigungen für die Theorie der Zyklen, und sie fußen auf einem übergeordneten Ordnungsschema, dessen sich Nostradamus bedient und das astrologische Wurzeln hat. Es handelt sich um ein einflussreiches System, das die Auffassung vom Fortgang der Geschichte geprägt und lange Zeit hindurch bestimmt hat. Darüber hinaus eignete es sich sowohl für die Einordnung vergangener und gegenwärtiger Ereignisse als auch für die Vorhersage künftiger.

Geschichte wurde in jener Zeit in der christlichen Tradition als Gesamtgeschichte der Existenz der Welt aufgefasst. Man rechnete von der Schöpfung bis zum Jüngsten Tag. Nostradamus strebte wie viele seiner Zeitgenossen eine Chronosophie an, gleichsam eine Geschichtsbetrachtung *sub specie aeternitatis*, die die gesamte Dauer der Weltexistenz von der Schöpfung bis zu ihrem Ende überblickt; zu ihr gehört ganz selbstverständlich auch die «Geschichte der Zukunft». Die *Chronographie* ist die Beschreibung von Ereignissen, deren Zeuge man ist oder die man von zuverlässigen Zeitzeugen und Quellen in Erfahrung bringt. In der *Chronologie* werden die Fakten und Ereignisse aus der Vergangenheit auf der Zeitachse lokalisiert, und die *Chronometrie* beschäftigt sich mit der Messung der Zeitintervalle zwischen festgestellten Ereignissen oder Fakten. Diese Elemente der Zeitbetrachtung werden in der *Chronosophie* zu einer Integration von Vergangenem und Gegenwärtigem zusammengeführt. Daraus soll die Beschreibung künftiger Ereignisse abgeleitet werden, um die Geschichte der Vergangenheit und Gegenwart zu vervollständigen.

Es war dem Geschick des Chronosophen überlassen, den Zeitpunkt der jeweiligen Gegenwart auf diesem Zeitkontinuum zu platzieren. Von ihm hing ab, wie viel Zeit der Menschheit noch bis zum Ende der Welt verbleiben würde. Aber die Grundlage jeder Chronosophie musste eine Vorgehensweise sein, mit der die Zukunft – bisweilen auch eine sehr ferne Zukunft – mit einiger Wahrscheinlichkeit, wenn nicht absoluter Sicherheit vorhergesagt werden konnte.[121]

Wie keine andere Wissenschaft schien sich die Astrologie dafür zu eignen, der Chronosophie die wissenschaftliche Basis zu liefern. Diese Verbindung ergab sich fast zwangsläufig. Die Gestirne Sonne und Mond waren bereits die Grundlage für die Einteilung in die Zeitmaße von Tagen und Monaten: der Tag durch den scheinbaren Umlauf der Sonne um die Erde und der Monat durch die Phasen des Mondes in 29½ Tagen von einem Neumond zum nächsten. Die längeren, periodisch sich wiederholenden Umläufe der Planeten konnten für ein übergeordnetes Kalendersystem herangezogen werden. Zudem bestand kein Zweifel daran, dass die Planeten und Sterne den höheren Sphären des Himmels zuzurechnen waren und direkt dem Willen Gottes unterstanden. Sie begleiten die Welt vom Anbeginn der Schöpfung, als Gott sie schuf, und man war der Ansicht, sie würden von Engeln regiert. Die harmonische, zyklische Gleichförmigkeit ihrer Bewegungen, die dennoch eine Vielfalt an Konstellationen erlauben, die sich abermals zyklisch wiederholen, gab die ideale Folie ab, auf welcher die Geschehnisse auf der Erde in Korrelation gebracht werden konnten.

Zur Begründung einer derartigen «astralen Chronosophie» mussten allerdings bestimmte Voraussetzungen gelten. Diese schuf die Theorie der Astrologie: Die Himmelskörper wirken auf alle unbelebte und belebte Materie, einschließlich den Menschen; beim Menschen beeinflusst die himmlische Kausalität nicht nur den Körper, sondern auch – wenn auch nur indirekt – den Intellekt und den Willen; verschiedene Himmelskörper besitzen unterschiedliche Qualitäten, üben unterschiedliche Einflüsse aus und stehen mit verschiedenen Individuen, Menschen, Institutionen, Berufen, Regionen und Zeiten in Verbindung. Auf diese Weise entstand eine astrologische Anthropologie, Soziologie und Geographie: Alle feststellbaren Unterschiede sind das Ergebnis der sichtbaren Wirkung der qualitativen

Verschiedenartigkeit der Himmelskörper und ihrer Beziehungen zueinander.

Die Chronosophie interessiert sich allerdings nicht für die speziellen
Wirkungen der Himmelskörper. Ihre Perspektive ist auf eine Art «Kalender
der Weltzeit» angelegt. Sie sucht nach Möglichkeiten, die Zeit, die Gott
seiner Schöpfung zugedacht hat, zu periodisieren und diese Perioden mit
der astrologischen Theorie zu begründen. Darum kann die astrologische
Chronosophie nicht von Chronologie und Chronometrie getrennt werden.
Astrologie als Chronosophie ist in Wahrheit eine Theologie der Geschichte. Sie stellt der Geschichte die Gründe ihres Weges und Wandels bereit, die außerhalb der Welt der Menschen angesiedelt sind.

DIE SCHWINGUNG DER ACHTEN SPHÄRE   Für die Astronomen des Mittelalters war die Welt aus Sphären aufgebaut. Die äußerste nannten sie das
primum mobile; sie war für die Rotation des Himmelsgewölbes um die Erde
verantwortlich. Darunter befanden sich, in immer größerer Nähe zur Erde,
die sieben Planetensphären für Saturn, Jupiter, Mars, Sonne, Venus, Merkur und Mond.

Seit der Antike kannte man die so genannte Präzessionsbewegung. Unter Präzession versteht man die langsame Wanderung des Frühlingspunktes
durch die Sternbilder. Im Mittelalter vertrat man die Auffassung, dass die
Veränderung des Frühlingspunktes nicht auf einer gleichförmigen Bewegung basierte, sondern vielmehr eine Schwingung sei. Auf diese Ansicht
gründete man die Theorie der Oszillation der Tagundnachtgleichen und
schrieb sie der Bewegung einer neuen achten Sphäre zu, die nach den Planetensphären und vor jener des *primum mobile* eingefügt wurde. Man ging
davon aus, dass die Schwingung der achten Sphäre mit der Schöpfung begann und mit ihrem Ende aufhören würde.

Im 9. Jahrhundert war es der arabische Astronom Thâbit ibn Qurra, der
sich intensiv mit der Theorie der Oszillation der Tagundnachtgleichen beschäftigte. Er errechnete einen Fortschritt der Bewegung von 360° innerhalb von 4182 arabischen Jahren, was 4056,95 julianischen Jahren entspricht. In den *Alfonsinischen Tafeln* ist von zwei Bewegungen die Rede, einer
gleich bleibenden und einer oszillierenden. Während für eine vollständige
Revolution der gleich bleibenden Bewegung 49000 julianische Jahre angegeben werden, dauert die Revolution der Oszillation 7000 Jahre – auffällig
ist, dass diese spekulativen Zahlen auf der Zahl sieben basieren. Im 16. Jahrhundert hielt man die Siebenzahl und Vielfache von sieben für «berühmt
und erhöht, sowohl durch die Heilige Schrift wie durch die profane Philo-

sophie».[122] Die 7000 Jahre der Oszillation der Tagundnachtgleichen wurden gleichgesetzt mit der Dauer der Welt. Diese Vorstellung ließ sich mit der Idee der Millennien in Beziehung setzen, wonach der Bestand der Welt eine Vielzahl eines Jahrtausends ausmache. Die sieben Jahrtausende konnten auch in sieben Perioden unterteilt werden, die mit den großen Veränderungen auf der Welt in Verbindung gebracht wurden. Die Bewegungen des Fixsternhimmels zog schon Pietro d'Abano (Petrus Aponensis, 1257–1316) als Erklärung für die sich abwechselnden Perioden des Aufstiegs und des Verfalls von Zivilisationen heran.

WELTJAHRE UND GROSSE KONJUNKTIONEN Seit der Antike spekulierte man aber auch noch über eine andere Form der Periodisierung der Geschichte, über das «große Jahr» oder das Weltjahr. Es gab verschiedene Ansätze, wobei ein großes Jahr nach mystischen Zahlenspekulationen errechnet wurde oder sich aus dem Vielfachen der Umlaufzeit eines Planeten ergab usw. Man kannte aber vor allem die Vorstellung, dass ein Weltjahr in Entsprechung zu einem Erdenjahr stehen müsse. Zumal sich zuerst die jüdischen Astronomen damit auseinander setzten, erhielt das Weltjahr eine Länge von 354 Jahren, entsprechend den 354 Tagen eines Mondjahres, nach dem die Juden ihren Kalender erstellten.

Zuerst wurde diese Doktrin von Abraham Avenazra in seinem *Liber rationum* niedergelegt.[123] Dabei werden die sieben Himmelskörper bei ihm von den sieben Erzengeln (Gaffiel, Satkiel, Samael, Michael, Annael, Raphael, Gabriel) geführt. Diese «Planetengeister» regieren nach Gottes Anordnung die Welt in sieben Zeitabschnitten von jeweils 354 Jahren und 4 Monaten, allerdings in umgekehrter Reihenfolge verglichen mit den Tagen der Woche, beginnend mit Saturn, gefolgt von Venus Jupiter, Merkur, Mars, Mond und Sonne.

Der deutsche Abt und Humanist Johannes Trithemius (1462–1516) übernahm das System 1508 in seiner *Chronologia mystica*, die großen Einfluss auf die Chronologie der Renaissance ausübte.[124] Als Ausgangspunkt seiner Berechnungen nahm Trithemius den Tag der Schöpfung, die Tagundnachtgleiche am 15. März 5208 v. Chr. Seine Geschichtskonstruktion beginnt mit der Zeitherrschaft Orifiels (Saturn) als Engel des ersten Reiches, die von der Schöpfung bis *Anno Mundi* (AM) 354 und 4 Monate dauert. Dieser Zyklus zeichnet sich durch rüde Menschen aus. Auf sie folgt die Zeitherrschaft von Anael (Venus) von AM 354 bis 708, in welcher die Menschen das Land zu kultivieren beginnen. Erst unter Zachariel (Jupiter) von AM 708 bis 1063 erscheint Adam als erster sterblicher Mensch und mit ihm die Unterscheidung von Gut und Böse. Die Sintflut lässt Trithemius mit dem 5. Erzengel Samael (Mars) AM 1656 auftreten. Unter dem Einfluss des 7. Erzengels Michael (Sonne) bricht die Zeit der großen Erfindungen an, der bedeutenden Fortschritte in den Wissenschaften der Mathematik, Astronomie und Magie (AM 2126–2480). Damit ist der erste Zyklus der Weltzeitalter abgeschlossen. Es beginnt die zweite Periode, die abermals mit der Chronokratie Orifiels (Saturn) ihren Anfang nimmt. In dieser Epoche wird die Erde in Regionen aufgeteilt, der Babylonische Turm wird gebaut, es entstehen die Sprachen, und die Menschen verteilen sich in alle Teile der Welt (AM 2480–2834). Unter der Herrschaft der folgenden Erzengel bis zum Abschluss der zweiten Periode entsteht die Musik, die Menschen geben sich der Wollust hin, der Gott Abrahams verkündet das Gesetz der Beschneidung, und es folgt das Zeitalter der Idolatrie und des Aberglaubens. In diesem Zeitabschnitt tritt Moses auf, der «äußerst weise Führer der Hebräer». In Italien regiert Janus, dann Saturnus, und Kadmos erfindet die griechischen Buchstaben. Es folgt die Zeit Trojas; Saul wird der erste König der Juden. Die Propheten treten auf, Lykurg gibt den Lakedämoniern die Gesetze, das Reich der Assyrer unter Sardanapal und das der Makedonier gehen beide unter. Rom wird AM 4484 unter der Zeitherrschaft Gabriels (Mond) gegründet. Die Juden kommen aus der Babylonischen Gefangenschaft, und in Makedonien regiert Alexander der Große (AM 4834–4960). Zu Beginn des dritten Zyklus wird im 245. Jahr der Zeitherrschaft des Orifiel (Saturn) Jesus Christus geboren: «Unter der ersten Regierung des Orifiel wurde die Welt erschaffen, unter seiner dritten barmherzig erlöst, wieder eingesetzt und erneuert.»[125]

Als Trithemius seine Abhandlung verfasste, stand die Welt zum dritten Mal unter der Herrschaft Samaels (Mars). Es war eine Epoche des Schreckens, zahlreicher Kriege und der Bildung von Häresien und neuer Sekten. Trithemius beklagt, unter Samael und dem Mars habe die Sintflut stattgefunden, bei seiner ersten Wiederkehr die Zerstörung Trojas, während seines dritten Zyklus (1171–1525) die große Niederlage für die Einheit der Christenheit. Die Regierung Samaels würde nicht zu Ende gehen, ohne dass bedeutende Anzeichen für eine neue Ordnung der Religion zu sehen sein würden. Am 4. Juni 1525 würde abermals Gabriel (Mond) die Zeitherrschaft übernehmen. Trithemius ist vorsichtig und gibt zu bedenken, es würde eines Propheten bedürfen, um diese zu beschreiben. Hier endet das Buch des Abtes von Sponheim.

Freilich lädt ein derartiges System zur Prognose ein. Die den Planeten und ihren Chronokratoren zugeschriebenen Eigenschaften und die damit korrespondierenden Geschehnisse in der Vergangenheit, wie sie auch Trithemius beschreibt, dienen als Grundlage für Spekulationen, wonach in der

Zukunft bei ihrer Wiederkehr vergleichbare große Ereignisse und Veränderungen auftreten.

Vor allem auf den arabischen Astrologen Albumasar geht die überaus große Bedeutung zurück, die man den Konjunktionen der beiden oberen Planeten, Saturn und Jupiter, zumaß. Albumasars Buch *De magnis coniunctionisbus* übte einen enormen Einfluss auf die prophetischen Spekulationen auf astrologischer Basis im Zeitalter der Renaissance aus. Der Planet Saturn benötigt für einen Umlauf ca. 30 Jahre, Jupiter ca. 12 Jahre. Etwa alle 20 Jahre begegnen sich die Planeten auf ihrer Bahn, es kommt zur Konjunktion, wobei sich der Ort ihres Zusammentreffens jeweils um 242° 25' nach vorne verlegt. Erfolgt die erste Konjunktion am Anfangspunkt der Ekliptik bei 0° im Widder, werden alle folgenden zwölf Konjunktionen im Trigon der drei Feuerzeichen Widder, Löwe und Schütze stattfinden. Langsam verlagern sich die Konjunktionen so alle 240 Jahre von einem Trigon zum nächsten: Vom Feuer-Trigon zum Trigon der Erdzeichen (Stier, Jungfrau, Steinbock), dann zum Luft-Trigon (Zwillinge, Waage, Wassermann), schließlich zum Wasser-Trigon (Krebs, Fische, Skorpion). Die jeweils 13. Konjunktion nach 240 Jahren, die zum ersten Mal in einem neuen Trigon stattfindet, wird als «große Konjunktion» (*magna coniunctio*) bezeichnet. Die Rückkehr zum Ausgangspunkt nach Durchlaufen aller vier Trigone erfolgt alle 960 Jahre; diese Konjunktion nennt man die «größte» (*maxima coniunctio*).

Albumasar leitet von den Übergängen von einem Trigon in ein anderes alle 240 Jahre eine Zeitherrschaft der Trigone ab. Während der jeweiligen Periode untersteht die Welt einem dominanten Zeichen, wobei sich die Wirkung der Trigone im Besonderen auf verschiedene geographische Zonen bemerkbar mache. So bedeutet eine Ära von 240 Jahren der Saturn-Jupiter-Konjunktionen im Feuer-Trigon eine Zeit besonderer Stärke für die Reiche des Orients. Im Erd-Trigon kommt die Stärke dem Okzident zu, im Luft-Trigon den Völkern des Nordens und im Wasser-Trigon jenen des Südens. Nach Albumasar sind Saturn und Jupiter gemeinsam verantwortlich für Religion, Prophetie, Imperien, Königreiche und Dynastien.[126] Von besonderer Gefahr für die Stabilität in der Welt sah er darum jene Zeiträume an, in denen die Konjunktion in ein neues Trigon eintritt: Das seien die Perioden großer Umwälzungen und Veränderungen. Eine Universalgeschichte, die auf Grund solcher Konjunktionen konstruiert wird, ist deshalb primär eine Geschichte des Wandels religiöser Ideen, des Aufstiegs und Falles von Staaten, Regenten, Dynastien, siegreicher und verlorener Schlachten.

Für die Chronosophie ergab sich aus dieser Lehre der Konjunktionen ein aufschlussreicher Zusammenhang: Der Zeitrahmen für die größten

Konjunktionen überschneidet sich einerseits fast mit der Idee des Millenniums, wodurch man diese beiden Einteilungen unserer historischen Zeit zu harmonisieren bestrebt war; zweitens lässt er sich bestens mit der Idee des Weltjahres in Einklang bringen.

PIERRE D'AILLY UND DIE ASTROLOGISCHEN ZYKLEN Eine zentrale Rolle für die Vermittlung der astrologischen Ideen in der Chronosophie und ihre Verbindung zur Prophetie für das Zeitalter der Renaissance nimmt Pierre d'Ailly (Petrus de Alliaco, 1350–1420) ein. Er bekam in Paris seine Ausbildung als Theologe, war Diplomat und päpstlicher Legat und wurde später Kardinal.[127] Das prägende Ereignis im Leben des Pierre d'Ailly war das Große Abendländische Schisma (1378–1415) mit der Wahl von zwei, später drei rivalisierenden Päpsten und dem Bruch der Einheit der christlichen Welt. Es war sein Wunsch, diese tief greifende und gefährliche Krise der Kirche historisch verstehen und einordnen zu können.

Dabei entwickelte er eine außergewöhnliche astrologische und theologische Geschichtsdeutung. Sie wurde zu einem System der Weltgeschichte, das auch den prospektiven Aspekt umfasste, die künftige Entwicklung bis zum Ende der Zeit. Berühmt und viel diskutiert ragt darin seine Vorhersage heraus, vom Jahr 1789 an werde eine neue, nicht mehr christliche Art zu denken und zu leben um sich greifen. In dieser Zeit werde die «Sekte des Antichrist» die Welt erobern.

D'Ailly war kein Astrologe im eigentlichen Sinn. Vom Deuten eines Geburtshoroskops, der so genannten judiziellen Astrologie, hatte er wohl nur die oberflächlichsten Kenntnisse; er hatte auch kein Interesse daran. Ihn fesselten die großen Zusammenhänge zwischen den Sternen und den Abläufen auf der Erde. Er gelangte zu der festen Überzeugung, Gott habe das Zusammenspiel zwischen Weltgeschichte und Sternenlauf als große Harmonie eingerichtet. Nichts weniger wollte er als die Grundlagen und Gesetze dieses Zusammenspiels aufdecken.

Im *Opus maius* des Roger Bacon (ca. 1214–ca. 1294) stieß d'Ailly auf die astrologische Theorie der großen Konjunktionen, die ihn faszinierte. Er begann sich mit dem Werk Albumasars auseinander zu setzen, um dessen Idee für seine eigene groß angelegte Konzeption der Chronosophie zu übernehmen. Als Theologe berief sich d'Ailly auf die bekannte eschatologische Stelle des Lukas-Evangeliums über die «Zeichen an Sonne, Mond und den Sternen» (Lk 21,25), die er als Rechtfertigung für seine Behauptung nahm, mit Hilfe der Astrologie die letzten Dinge entschlüsseln, ja selbst den Zeitpunkt für die Apokalypse berechnen zu können.

Im Abendländischen Schisma erkannten viele die dem apokalyptischen Geschehen vorangehende Glaubensspaltung – kein Wunder, dass d'Ailly und viele seiner Zeitgenossen von der Überzeugung umgetrieben waren, unmittelbar vor dem Ende der Zeiten zu stehen. Die Kirchenspaltung galt ihm als Symptom dafür. Damals glaubte er noch nicht, dass der Mensch den Zeitpunkt des Endes vorhersagen könne, auch nicht mit Hilfe der Astrologie.

Indes, die Wirklichkeit holte d'Ailly und seine Thesen ein. Der Antichrist erschien nicht, das Schisma aber blieb. An diesem Punkt folgte die klassische Reaktion auf das Ausbleiben einer mit großer Überzeugung vertretenen Prophezeiung: Die eigenen Ansichten werden nicht etwa verworfen und als Irrweg eingesehen; vielmehr wird der Fehler der eigenen Unzulänglichkeit zugeschrieben, die einen veranlasste, nicht sorgfältig genug vorgegangen zu sein. Die Prophezeiung oder das zugrunde liegende System musste genauer betrachtet werden, um zu einer richtigen Einschätzung zu gelangen. Die Psychologen nennen dieses Verhalten die Reaktion auf kognitive Dissonanz. Anstatt im Glauben erschüttert zu sein, stellt man sich mit größerer Intensität und glühenderem Eifer als zuvor in den Dienst dieses Glaubens.[128]

Pierre d'Ailly stürzte sich mit verstärkter Hingabe in sein Thema und gelangte zu der Überzeugung, der Mensch könne mit der Hilfe Gottes das Schisma überwinden und durch eine Kirchenreform sollte sich die Apokalypse aufschieben lassen. Zwischen 1400 und 1414, dem Beginn des Konzils zu Konstanz und dem Ende des Schismas, verfeinerte er diese neue Sichtweise. Nun wandte er sich der Astrologie zu, die er zur wissenschaftlichen Untermauerung seiner Ansichten heranzog, und gelangte zu dem Schluss: Der Antichrist wird kommen – allerdings erst im Jahre 1789.

D'Aillys Chronosophie gründet auf Albumasars Lehre von den großen Konjunktionen sowie auf dessen Theorie über die Saturnumläufe. Er unterschied drei Arten von Konjunktionen: Die *coniunctio maxima* ist die erste Konjunktion im Element Feuer (beginnend mit der ersten im Zeichen Widder). Sie leitet einen neuen Zyklus von 960 Jahren ein. Als *coniunctio media* (mittlere Konjunktion) bezeichnet er die erste Konjunktion in einem neuen Element, alle übrigen Konjunktionen von Saturn und Jupiter nennt er *coniunctiones minimae* (kleinste Konjunktionen).

Die allgemeine astrologische Periodizität bringt d'Ailly mit der christlichen Chronologie und Chronosophie in Übereinstimmung. Nach seinen Berechnungen erfolgte die erste *coniunctio maxima* 320 Jahre nach der Schöpfung; die dritte AM 2240 war der Auslöser für die Sintflut; die sechste im Jahr 5120 nach der Schöpfung kündigte die Geburt Christi an. Wie anpassungsfähig die astrologischen Zyklen in den chronosophischen Model-len tatsächlich waren, zeigt sich an dieser Entsprechung: Jesus wurde nicht zur sechsten größten Konjunktion geboren, sondern erst 225 Jahre danach. Es wurde die Ansicht vertreten, dass die Effekte der Himmelserscheinun-gen lange Zeit hindurch wirken beziehungsweise erst nach einer bestimm-ten Zeit ihre Wirkung entfalten. Eine solche Theorie gerät freilich nie in Konflikt mit der Wirklichkeit. Wenn sich ein vorausgesagtes Geschehen nicht einstellt, heißt das nur, dass sich der Effekt der Himmelserscheinung noch nicht ausgebildet hat. Diese Entwicklung kann Jahre, bei großen peri-odischen Abläufen sogar Jahrhunderte in Anspruch nehmen.

Für die Periodisierung geschichtlicher Epochen zieht d'Ailly neben den großen Konjunktionen das System der zehn Saturnumläufe heran. Jeweils zehn Umläufe des Saturn bilden nach Albumasar eine historische Einheit von 300 Jahren. Nach Ablauf von zehn Saturnumläufen soll der Wiederein-tritt (Ingress) des Saturn in das Zeichen Widder mit auffälligen, die Ge-schichte prägenden Ereignissen zusammenfallen. D'Ailly berechnet solche Ingresse für die Jahre 312 und 12 v. Chr. sowie für 289 und 589 n. Chr. Die wesentlichen historischen Ereignisse, welche er mit ihnen in Verbindung bringt, werden durch das Auftreten bedeutender Persönlichkeiten mar-kiert: Alexander der Große, Jesus, Mani und Mohammed. Für die folgenden beiden Ingresse in den Jahren 889 und 1189 erstellt d'Ailly einen Zu-sammenhang mit politischen, religiösen und weltanschaulichen Umwäl-zungen. Ersteren sieht er in Bezug auf die Einnahme Spaniens durch die Sa-razenen und ihre Zurückdrängung durch die Europäer; Letzteren verbindet er mit der Bekehrung der Livländer, dem Pontifikat von Innozenz III. (1198–1216), der Ermordung Thomas Beckets (1170), der Einnahme Kon-stantinopels während des 4. Kreuzzugs (1204), dem 4. Laterankonzil (1215), mit der Regierung Kaiser Friedrichs I. (1152–1190) und der Herr-schaft der Tataren. Über den Ingress von 1489 berichtet d'Ailly nichts; jener von 1789 wird für ihn zum Auftakt für das Weltende.

Als drittes Ordnungsschema für seine Geschichtskonstruktion zieht Pierre d'Ailly die Theorie von der Oszillation der Tagundnachtgleichen heran. Die Umkehrpunkte dieser Oszillationsbewegungen betrachtete er als allen anderen historischen Perioden übergeordnet. Zumal die *Alfonsini-schen Tafeln* für das Jahr 1789 einen solchen Umkehrpunkt aufzeigten, hielt er diese durch den Ingress des Saturn bereits festgestellte Jahreszahl für be-sonders bemerkenswert. Nach den Berechnungen von d'Ailly soll auch nach der Theorie der großen Konjunktionen die Ankunft des Antichrist im Jahr 1789 erfolgen, wenn die *coniunctio maxima* von 1695 ihren ganzen Effekt entfaltet wird.

Im Lauf der Geschichte wurden derart viele Daten für das Ende der Welt genannt, dass die eine oder andere merkwürdige Korrespondenz mit einschneidenden Ereignissen nicht unwahrscheinlich ist. So errechnete der Schweizer Theologe Felix Hemmerlin (1388/9–ca. 1460) im Jahr 1456 das Ende der Welt für das Jahr 1492: Es ist das Jahr der Entdeckung Amerikas und wurde, sehr viel später freilich, als fiktives Ende einer «alten Welt» und Beginn der Neuzeit angesehen. D'Aillys Datum 1789 ist ungleich berühmter geworden. Prophetiegläubige geraten auch heute noch über diese Voraussage ins Schwärmen, doch es handelt sich nicht um mehr als einen seltsamen Zufall. Zuletzt darf man ja den Inhalt der Prophezeiung nicht aus dem Auge verlieren: D'Ailly hatte den Antichrist angekündigt und das darauf folgende Ende der Welt. Der Antichrist trat nicht in Erscheinung; was kam, war die Französische Revolution, und auch die Welt blieb weiter bestehen.

VON TURREL UND ROUSSAT ZU NOSTRADAMUS   Die chronosophischen Ansätze, die Pierre d'Ailly in sein System vereinigt hat, nahmen viele zum Vorbild, auch Nostradamus. Wir haben bereits gesehen, welche große Bedeutung die Theorie der Konjunktionen von Saturn und Jupiter im 15. und 16. Jahrhundert innehatte. Lichtenberger machte sie populär, und die Traktate über die Sintflut von 1524 stützten sich auf sie. Im 16. Jahrhundert zog der französische Theologe und Astrologe Pierre Turrel (gest. nach 1531) die Oszillation der achten Sphäre für seine endzeitlichen Berechnungen heran. Turrel schrieb mehrere astrologische Werke und gab 1523 und 1525 Almanache heraus; es wird behauptet, er habe die Niederlage Franz' I. bei Pavia vorausgesagt. 1528 veröffentlichte er in Lyon ein Prognosticum über den Einfluss der Sterne auf Burgund.[129] Im September 1531 beendete er ein Werk, das großen Einfluss auf Nostradamus haben sollte. Das Werk trägt den Titel *Die Periode, oder das Ende der Welt, beinhaltend die Neigung der irdischen Dinge durch die Wirkung und den Einfluss der Himmelskörper.*[130] Die Dauer der Welt berechnet Turrel nach mehreren periodischen astronomischen Beobachtungen, zunächst nach der Oszillation der achten Sphäre. Den *Alfonsinischen Tafeln* entnimmt er die Dauer der Welt von 7000 Jahren. Er teilt diese Periode in vier Abschnitte von jeweils 1750 Jahren. Die erste Abteilung entspricht symbolisch dem Frühling, dem Kindesalter, dem Zeichen Widder, der Sonne und dem Wasser-Trigon, die zweite dem Sommer, der Jugend, dem Zeichen Krebs, dem Jupiter und dem Luft-Trigon, die dritte dem Herbst, dem Erwachsenenalter, dem Zeichen Waage, dem Saturn und dem Erd-Trigon, die letzte korrespondiert mit dem Winter, dem

Alter, dem Steinbock, dem Planeten Mars und dem Trigon des Feuers. Die Planeten, die den Kardinalzeichen der Trigone entsprechen, werden zugleich zu den Aszendenten der bedeutenden Persönlichkeiten, die zu den jeweiligen Wechseln der Abschnitte aufgetreten sind: Adam hatte den Aszendenten Widder, Moses den Krebs, Jesus die Waage, und der Antichrist zu Beginn der vierten Mutation wird den Steinbock als Aszendenten haben. Für die historischen Markierungen der vier Perioden folgt Turrel dem Zeitschema des Eusebius: Schöpfung (5200 v. Chr.), Sintflut (3450 v. Chr.), Exodus (1700 v. Chr.), Zerstörung Jerusalems (50 n. Chr.) und das Weltende im Jahr 1800.

Den zweiten Teil seines Werkes widmet er dem Zyklus der «großen Jahre» von 354 Jahren und vier Monaten. Das Ende der Welt sollte nach Turrels Berechnungen 270 Jahre nach dem Zeitpunkt, an dem er sein Buch verfasste, eintreten. An anderer Stelle stützt er sich auf die Lehre von den 10 Saturnrevolutionen und weissagt das Kommen des Antichrist 25 Jahre nach dem Jahr 1789, dem ominösen Datum, das bereits Pierre d'Ailly als kritischen Wendepunkt in der Geschichte der Welt verkündet hatte.

Auf die große Ähnlichkeit der Auffassungen von Nostradamus mit denen von Turrel hat schon Eugène Bareste hingewiesen.[131] Aber Nostradamus entlehnte seine Ideen nicht direkt dem Werk des Astrologen von Dijon, sondern über die Vermittlung des *Buches über den Zustand und die Veränderung der Zeiten* des Kanonikers und Okkultisten aus Langres Richard Roussat.[132] Wie Pierre Brind'Amour detailliert nachweisen konnte, war dieses Buch die unmittelbare Quelle für Nostradamus' eigene Chronosophie als Grundlage seiner astrologischen Prophezeiungen. Roussat übernahm die Argumentation von Turrel und paraphrasierte dessen Werk. Nostradamus kannte Roussats Buch, bevor er sich an die Arbeit für die *Prophéties* machte, wie aus dem *Brief an César* hervorgeht.

Hatte Nostradamus im *Brief an César* noch verkündet, dass «wir uns noch im siebenten Jahrtausend befinden» [46], so erscheint das siebente Jahrtausend im *Brief an Heinrich II.* erst in der Zukunft hereinzubrechen:

Trotzdem hoffe ich die Jahre, Dörfer, Städte und Gegenden, wo sich das meiste zutragen wird, schriftlich niederzulegen, auch für das Jahr 1585 und das Jahr 1606, beginnend mit dem gegenwärtigen Zeitpunkt, das ist der 14. März 1557, und sehr weit darüber hinaus bis zum Herannahen[133], das nach dem Beginn des siebenten Jahrtausends sein wird, wie gründlich berechnet wurde. [10–11]

Nostradamus schöpft in verwirrender Weise aus vielen Quellen, und es gelingt ihm nicht, ein kohärentes Bild seiner chronologischen und chronosophischen Ideen zu vermitteln.

Im Dedikationsbrief an Papst Pius IV. im *Almanach Nouveau* für 1562 erklärt Nostradamus das Konzept der großen Konjunktionen und vergleicht ihre Effekte mit einer Konjunktion der beiden «bösartigen» Planeten Saturn und Mars, die in diesem Jahr stattfand. 1562 erfolgte auch eine Konjunktion von Saturn und Jupiter; sie war wohl der Anlass für diesen Vergleich:

[…] verbunden mit dieser Konjunktion von Saturn und Mars, wie deutlicher durch den Inhalt des Vorworts, das Eurer Heiligkeit gewidmet ist, beschrieben wurde, ist Jupiter erniedrigt. Das kündigt für die Religion mehrere bedrückende und unglaubliche Ereignisse an, nicht unähnlich den großen Konjunktionen durch Saturn und Jupiter zu Beginn des Widders, die alle 960 Jahre stattfinden, und durch die zweite [Art], die zu Beginn jedes Trigons stattfindet, das sind jene, die etwa alle 240 Jahre aufeinander folgen, zumal diese bösartigen Konjunktionen stets ungefähr zwölf Mal und manchmal dreizehn Mal in jedem Trigon erfolgen, jedoch [dann] von einem Trigon in das andere eintreten. Aber wahrhaftig, diese Konjunktionen, die aufeinander folgen, kündigen große Dinge an, besonders für die wesentlichen Inhalte der Kirche.[134]

Im Textteil dieses Almanachs für das Jahr 1562 weissagt Nostradamus in Zusammenhang mit der Konjunktion eine Periode schwerer Prüfungen für die Kirche:

Seit diesem Jahr [1562] wird es in kirchlichen Dingen zu einem Zögern kommen. Aber wahrhaft in jener Zeit, in der die große Konjunktion von Saturn und Jupiter stattfinden wird, wird die Zeit der Tränen sein, des Umbruchs in das Gegenteil und jämmerlicher Ereignisse. […] Der erste Verfall fand im Jahr 1425 statt, als verschiedene Veränderungen in den wesentlichen Inhalten der Kirche beobachtet wurden; und diese nun <die Konjunktion von 1563>, die der zweite [Verfall] im gegenüberliegenden Trigon ist, darf man nicht beiseite schieben, wegen der oben genannten Konjunktion.[135]

1425 fand die Konjunktion von Saturn und Jupiter im Zeichen Skorpion statt. Da der Skorpion über Deutschland regiert, bringt Nostradamus diese Konjunktion mit dem Entstehen der protestantischen Häresie in Deutschland in Verbindung. Roussat hatte den Beginn des Eintritts der Konjunktionen in das neue Wasser-Trigon für 1402 angegeben und die Dauer des Wasser-Trigon-Zyklus bis in das Jahr 1641 reichen lassen. Das steht allerdings im Widerspruch zum Übergang in das Feuer-Trigon, der erst im Jahr 1702, also 60 Jahre danach, erfolgen soll.[136] In jedem Fall begann die Periode der Konjunktionen, unter deren Einfluss das 16. Jahrhundert stand, im Wasser-Trigon durch eine große Konjunktion im Skorpion. Deshalb leben die Menschen «gegenwärtig unter dem Wasser-Trigon, in so großem Zerwürfnis, Leiden und Ängsten», wie Roussat schreibt; denn diese Konjunktion habe die «verfluchte, verdammenswerte und schädliche skorpionistische Ketzerei hervorgebracht». Sie sei nach der Natur des Skorpions und erschiene «von vorne süß, zustimmend, gefällig, jedoch von hinten beißend, sehr bitter und stechend». Ihre Natur sei es, zu «täuschen, insbesondere zu lügen, schlecht zu machen, zu applaudieren und mit großer Heuchelei und Verstellung zu hintergehen».[137]

Als Nostradamus den Almanach für das Jahr 1562 verfasste, waren die Spannungen zwischen Katholiken und Anhängern des reformierten Glaubens bereits außer Kontrolle geraten. Es war der Vorabend des Ausbruchs der Religionskriege. Im Frühjahr 1561 überzogen katholische Pogrome gegen die Hugenotten die Provence. Die Parteigänger der Reformation, vor allem Intellektuelle und Adelige, hatten in der Heimatstadt des Sehers lutherische Kirchenlieder eingeführt, die ihre Kinder sangen. Sie wurden zum Auslöser jener brutalen Übergriffe durch eine Horde Katholiken, vor denen Nostradamus in Avignon Zuflucht suchen musste. Nostradamus erlebte den religiösen Bürgerkrieg leidvoll am eigenen Leib. Um in diesem Jahr die Eskalation zwischen den verfeindeten Lagern vorherzusagen, wie er das im *Almanach* für 1562 tat, musste man wahrhaft kein Prophet sein:

Für die religiösen Tumulte befürchte ich, dass ihnen das zustoßen wird, was durch die Konjunktion von Saturn und Jupiter angedroht wird. Sie werden es wie der Pelikan machen, der das Feuer in der Nähe des Nests seiner Kleinen mit seinen Flügeln löschen möchte und es dadurch nur stärker anfacht.[138]

CHRONOSOPHISCHE KONZEPTE IN DEN *PROPHÉTIES*   Wir kehren nun an den Ausgangspunkt unserer Beschäftigung mit den *Prophéties* zurück, wo ich die Rolle der Astrologie in dem Werk dargestellt habe. Diese Rolle geht freilich um vieles tiefer. In den Zenturien finden sich alle chronosophischen

Konzepte auf astrologischer Basis, die von Albumasar, Messahala, Thâbit Ibn Qurra über Pierre d'Ailly, Pierre Turrel und Richard Roussat zu Nostradamus gelangt sind. Beginnen wir mit den großen Konjunktionen von Jupiter und Saturn:

C 1.50
De l'aquatique triplicité naistra
D'un qui fera le jeudy pour sa feste:
Son bruit, loz, regne, sa puissance croistra:
Par terre & mer aux orients tempeste.

Paraphrase: Aus dem Wasser-Trigon wird einer geboren werden, der den Donnerstag zu seinem Feiertag machen wird. Sein Ansehen, sein Lob, sein Reich und seine Macht werden wachsen. Er wird den Menschen im Orient den Krieg zu Wasser und zu Land bringen.

Während der großen Konjunktionen im Wasser-Trigon, also in der Epoche, in der Nostradamus lebte, kündigt er die Geburt eines Häretikers an, der eine religiöse Sekte gründen wird. Während bei den Christen der Sonntag, bei den Juden der Samstag und bei den Muslimen der Freitag der Feiertag ist, zeichne sich dieser Religionsgründer dadurch aus, dass er den Donnerstag zum Feiertag erhebt. Der Donnerstag war Jupiter geweiht, also handelt es sich bei dem Ketzer um einen Mann, der vom Planeten Jupiter dominiert wird, ein so genannter Jovialist. Zu dieser Gruppe gehören vor allem die Kirchenmänner und Kleriker: Roussat schreibt, der Jupiter herrsche über «Bischöfe, große Prälaten, Gesetzgeber, Juristen, gerechte, ehrliche, wahrhaftige, gutwillige, liberale, willfährige, zuverlässige, gutartige, sittsame und religiöse Menschen».[139] Und Nostradamus berichtet beispielsweise in seinem Almanach für 1561 zum Monat März über einen «gewissen sehr bedeutenden Jovialen, das heißt einen sehr Großen in der kirchlichen Hierarchie».[140]

Dieser Sektengründer wird indes von Nostradamus nicht negativ betrachtet. Er trägt nicht die Züge eines Ketzers, sondern eines mächtigen Reformators. Er tritt als entschiedener Streiter für die Sache des Christentums gegen die Ungläubigen im Osten auf. Hier ist die alte Hoffnung auf einen *pastor angelicus* mit intendiert, wobei die grundlegende Erneuerung und Reform der katholischen Kirche durch den neuen Feiertag ausgedrückt wird.

C 1.51

Chef d'Aries,[141] Juppiter & Saturne,
Dieu eternel quelles mutations!
Puis par longs siecles son maling temps retourne:
Gaule & Italie, quelles esmotions!

Paraphrase: Jupiter und Saturn [in Konjunktion] in den ersten Graden
des Zeichens Widder. Ewiger Gott, welche Umwälzungen! Danach, nach
langen Jahrhunderten, wird sein schlimmer Zyklus wiederkehren <die
Zeitherrschaft des Saturn>. In Gallien und in Italien, welche
Aufregungen!

Nostradamus bezieht sich auf die alle 960 Jahre stattfindende *coniunctio
maxima* von Saturn und Jupiter in den ersten Graden des Widders. Die
nächste, vom Zeitpunkt der Abfassung der *Prophéties* aus betrachtet, sollte
nach Pierre d'Ailly 1695 stattfinden; Roussat sah sie für das Jahr 1702,
gefolgt von «mehr als äußerst großen Veränderungen und Umwälzungen».[142]

Vergleichbar drückt sich Nostradamus in seinem Almanach für 1561 aus,
in einem Abschnitt zum Monat April, der implizit auf eine große Konjunktion Bezug nimmt:

Es wird wuchern von Sekten, die einander abwechseln. Alles wird von
unwissenden Menschen gemacht werden, aber überschüttet mit frivolen
Worten, die fordern werden, aber nicht wissen, was. Die Strafe wird
folgen, aber ziemlich spät, im Jahr 1607. Es wird einen noch größeren
Gegensatz geben, der sich nicht von dem unterscheiden wird, der 1504
auftrat.[143]

Nostradamus verweist auf die große Konjunktion von 1504 im Zeichen
Krebs, die in vielen astrologischen Prognostica und in prophetischen Texten eine wichtige Rolle spielte. Johann von Lübeck hatte schon im Jahre
1474 als Folge dieser großen Konjunktion die Geburt des Antichrist für
1506 verkündet, und in Antonio Arquatos *Eversione Europae* spielen im Jahr
1504 die große Konjunktion und eine Mondfinsternis eine zentrale Rolle.
Bei ihm heißt es, die vollen Wirkungen dieser Konstellationen würden sich
um das Jahr 1507 mit dem Umsturz Europas entfalten. Einer der Lehrer
von Kopernikus an der Universität von Krakau, Johann von Glogau, erwartete als Wirkung der Konjunktion Veränderungen in Glaubensgemeinden
und Religionen, Wechselfälle in Königreichen, Überschwemmungen von

Flüssen und Meeren, die Gefahr von Kriegen und lebensbedrohende Zustände für viele Menschen.[144]

Richard Roussat schrieb, er sehe, wie sich von Tag zu Tag die Ketzer vermehrten. Einen unter ihnen aber gab es, «der um die Konjunktion von Saturn und Jupiter unter dem Wendekreis des Krebses, im Jahr unseres Herrn 1504 gezeugt wurde, der im Alter von etwa 30 Jahren für die Christenheit außerordentlich schädlich war». Diese Saturn-Jupiter-Konjunktion fand nach Roussat im Wasser-Trigon im Zeichen Fische statt.[145] Vielleicht meint Roussat mit diesem Ketzer Johannes Calvin. Der wurde zwar erst 1509 in Noyon geboren, aber «im Alter von etwa 30 Jahren» machte er sehr von sich reden: In dieser Zeit verfasst er sein wichtiges Werk *Institutio Religiones Christianae*, das in der Fassung von 1559 das grundlegende und maßgebende Kompendium der reformierten Glaubenslehre wurde. Chavigny bemerkt in einer Marginalie seines Manuskripts zur Aussage von Nostradamus im Almanach für 1561, im Jahre 1504 wäre «das Königreich Navarra wegen einer Glaubensspaltung besetzt worden».[146]

C 1.56
Vous verrés tost & tard faire grand change,
Horreurs extremes & vindications:
Que si la Lune conduicte par son ange,
Le ciel s'approche des inclinations.

Paraphrase: Ihr werdet bald und später große Veränderungen sich vollziehen sehen, extremes Entsetzen und Bestrafungen. Denn wenn der Mond von seinem Engel geführt wird, wird sich der Himmel dem Ende seiner Bewegung nähern.

In diesem Quatrain nimmt Nostradamus auf das Konzept der großen Jahre Bezug, in denen für jeweils 354 Jahre und 4 Monate ein Planet und dessen Engel die Führung über die Welt innehaben. Mit der Zeitherrschaft des Mondes unter dem Erzengel Gabriel vermischten sich Hoffnungen und Ängste. Als zum letzten Mal der Mond die Geschicke der Welt leitete, wurde Rom gegründet, und die großen Propheten und Philosophen traten auf. Roussat hoffte deshalb, dass nun Gabriel wieder der Welt helfen würde, denn er habe die bedrohliche Herrschaft von Mars unter Samael abgelöst und vielleicht könne wieder eine Welt bedeutender Ideen und prophetischer Sendung entstehen.[147] Schon Pierre d'Ailly vertrat die Ansicht, der Mond im Zeichen der Waage regiere über die Christen. Aber dieses wechselhafte Gestirn bedeute unter den Menschen auch «erstaunliche Vielfalt,

Unbeständigkeit, Ungleichheit, Glaubensbruch, Gewalt und Verformung», was auch die «Geburt vieler Monster nach sich zieht».[148]

Auf diese mit der Zeitherrschaft des «von seinem Engel geführten Mondes» verbundenen Gräuel spielt hier Nostradamus an. Der letzte Vers paraphrasiert in äußerster Kürze seine oben zitierte Aussage im *Brief an César* [46], wo die Rede vom Ende der Bewegung des Firmaments ist. Gemeint ist der Augenblick, in dem die Neigung der achten Sphäre wegen der Oszillation der Tagundnachtgleichen im Begriff ist, zu Ende zu gehen, was auch das Ende der Welt bedeuten würde.

C 1.25
Perdu, trouvé, caché de si long siecle
Sera pasteur demi dieu honoré:
Ains que la Lune acheve son grand cycle,
Par autres veux sera deshonoré.

Paraphrase: Verloren, gefunden, verborgen durch so lange Jahrhunderte wird der halbgöttliche Hirte geehrt werden. Bevor der Mond seinen Zyklus vollenden wird, wird er durch andere Gelübde entehrt werden.

Unter dem «halbgöttlichen Hirten» versteht Nostradamus Jesus, den «guten Hirten», der Mensch und Gott zugleich war. Er vermittelt in diesem Vierzeiler die Ansicht, dass die auf ihn zurückgehende Religion, die nach und nach verloren gegangen, wieder gefunden worden und lange Zeit verborgen geblieben war, wieder geachtet und anerkannt werden wird. Aber noch bevor der Zyklus der Zeitherrschaft des Mondes im Jahr 1887 zu Ende geht, wird die christliche Religion durch andere Kulte entehrt werden. Der Quatrain ist eine Reflexion über die erstarkende Bewegung der Protestanten und verschiedener Bekenntnisgemeinden im Christentum.

Wie die Konjunktionen von Saturn und Jupiter im Wasser-Trigon wird der Zyklus des Mondes in den *Prophéties* als Zeitangabe für die Gegenwart und für die unmittelbare Zukunft verwendet. Im folgenden Vierzeiler beklagt der Prophet den gegenwärtigen Verlust des Ansehens der Wissenschaften und der Gelehrsamkeit:

C 1.62
La grande perte, las que feront les letres,
Avant le ciel de Latonia parfaict:
Feu, grand deluge, plus par ignares sceptres,
Que de longs siecles ne se verra refaict.

Paraphrase: Der große Verlust, ach!, den die Geisteswissenschaften erleiden werden, bevor der Zyklus des Mondes vollendet sein wird, durch Feuer, durch eine große Überschwemmung und noch mehr durch unwissende Herrscher; ein Verlust, der erst nach langen Zeitaltern wieder behoben sein wird.

Latona, wie es in fast allen Ausgaben der *Prophéties* heißt, ist ein Fehler. Korrekt muss es Latonia heißen, ein anderer Name für die Mondgöttin Diana, die Tochter der Latona. Neben dem Feuer vom Himmel und den Überschwemmungen hat Nostradamus schon im *Brief an César* [40] den Niedergang der Geisteswissenschaften während des gegenwärtigen Zyklus des Mondes vorhergesagt. Hier benennt er den Grund für den Verfall: Es sind vor allem die «ignoranten Zepter», also die unwissenden Herrscher, die der Gelehrsamkeit im Weg stehen werden. Mag sein, dass Nostradamus den Niedergang der Bildung durch die Thronbesteigung Heinrichs II. im Auge hatte. Unter Franz I. wurden die Intellektuellen gefördert, während Heinrich nur das Militär im Sinn hatte. Schon als Kronprinzen interessierten ihn nur Körperertüchtigung, Zweikampf oder das Zähmen von Pferden, und er verachtete die Gelehrten. Eine Weissagung aus der *Prognostication nouvelle* für 1558 nimmt das Thema auf: «Den Merkurialisten wird großer Fleiß im Studium und in der höchsten Doktrin und Gelehrsamkeit vorhergesagt, aber auch Verachtung und Zerstörung derselben.»[149] Unter den Merkurialisten – Menschen, die besonders unter dem Einfluss des Planeten Merkur stehen – verstanden die Astrologen der Renaissance vor allem die Gebildeten.[150]

C 3.97
Nouvelle loy terre neufve occuper
Vers la Syrie, Judée & Palestine:
Le grand empire barbare corruer,
Avant que Phebe son cycle determine.

Paraphrase: Die neue Lehre [neue Religion] wird ein neues Land einnehmen bei Syrien, Judäa und Palästina. Das große Imperium der Barbaren wird zugrunde gehen, bevor Phoebe <Diana als Mondgöttin> ihren Zyklus beenden wird.

Auch hier wird der Mondzyklus von Nostradamus als Zeiteingrenzung des beschriebenen Geschehens gewählt. Noch vor 1887 wird der Untergang des türkischen Imperiums geweissagt. Die «neue Religion», die das neue

Land einnehmen wird, muss man in Zusammenhang mit dem Jovialisten aus C 1.50 sehen. Die neue Religion ist unter diesem Blickwinkel die erfolgreich reformierte katholische Kirche unter der Führung eines Engelpapstes, die über die Barbaren triumphieren wird.

C 1.48
Vingt ans du regne de la Lune passés,
Sept mil ans outre tiendra sa monarchie:
Quand le Soleil prendra ses iours lassés
Lors accomplir, miner ma prophetie.[151]

Paraphrase: Nachdem zwanzig Jahre des Reichs des Mondes vergangen sind, wird dieser über die siebentausend Jahre hinaus seine Herrschaft bewahren. Wenn die Sonne [ihre Herrschaft] über die ihr verbleibenden Tage wieder aufnehmen wird, dann wird sich meine Prophezeiung erfüllen und enden.

Wie Roussat festgestellt hat, dauert die gegenwärtige Zeitherrschaft des Mondes von 1533 bis zum Jahr 1887, was dem Jahr 7086 nach Erschaffung der Welt entspricht. Nostradamus schrieb die Strophe 1554 oder 1555. Die zwanzig verstrichenen Jahre der Herrschaft des Mondes führen zurück in das Jahr 1534 oder 1535, also ungefähr zum gleichen Jahr, das Roussat als Beginn des Mondzyklus angegeben hatte. Aus Gründen der Metrik und der passenden poetischen Ausdrucksform hat Nostradamus vielleicht darauf verzichtet, exakt dasselbe Jahr anzugeben wie in seiner Quelle. Der Mondzyklus dauert bis in das Jahr 7086 nach der Schöpfung, also in der Tat «über die siebentausend Jahre hinaus». Den genauen Zeitpunkt für die Erfüllung und das Ende seiner Prophezeiung lässt Nostradamus hingegen in der Schwebe. Mit solchen Widersprüchen muss man bei Nostradamus leben; sie gehören zu seinem Werk wie der merkwürdige Ton, die eigentümliche Wortwahl und die Zerstückelung von Informationen. Sie sind gleichsam sein Markenzeichen, und er unternimmt keine Anstrengungen, sie auszumerzen.

C 3.92
Le monde proche du dernier periode
Saturne encor tard sera de retour:
Tanslat empire devers nation Brodde,
L'oeil arraché à Narbon par Autour.

Paraphrase: Die Welt ist nahe ihrer letzten Periode, der langsame Saturn wird wiederkehren. Das Imperium wird in die Nation Brodde verlegt. Das Auge wird in Narbonne durch einen Habicht ausgehackt werden.

Die ersten beiden Verse inspirieren sich an der Idee des letzten Weltzeitalters, mit Saturn als Herrscher des Goldenen Zeitalters, wie sie in der 4. Ekloge von Vergil besungen wurde:

Nun ist gekommen die letzte Zeit nach dem Spruch der Sibylle;
Neu entspringt jetzt frischer Geschlechter erhabene Ordnung.
Schon kehrt wieder die Jungfrau, Saturn hat wieder die Herrschaft,
Schon steigt neu ein Erbe herab aus himmlischen Höhen.[152]

«Tard Saturn» bedeutet nicht etwa der späte Saturn, sondern im Sinne des Lateinischen *tardus* der langsame oder säumige Saturn, weil seine Revolution von allen Planeten am längsten dauert. Von der Wiederkehr eines neuen Weltzeitalters spricht Nostradamus in ähnlichen Worten auch im *Brief an Heinrich II.* [121]: «Und nachdem die Zeit lange gedauert hat, wird die Erneuerung der Herrschaft Saturns und ein Goldenes Zeitalter nahe sein.» Im zweiten Teil wird das Thema der *translatio imperii* wieder aufgenommen. Die Ortsangabe Brodde lässt sich nicht eindeutig lösen. Schon Le Pelletier vermutete dahinter die *Brodiontii*, die Bewohner der Alpenregion, in der sich die Stadt Embrun befindet, lateinisch Eburodunum oder Ebrodunum. An anderer Stelle kehrt der Begriff «brodes» in Zusammenhang mit den Bergen im Jura wieder (C 8.34.2–3 «Sus la montaigne de Iura Secatombe / Delves & brodes septiesme million»). In diesem Fall wäre es wieder eine *translatio imperii* in ein kleines Randgebiet, ein Thema, dem wir bereits in den Quatrains C 5.45.2 und C 1.32.1–3 begegnet sind.

Das Auge im letzten Vers ist ein Symbol eines Königs oder Prinzen. Schon im *Orus Apollo* schreibt Nostradamus, die Ägypter hätten die zwei höchsten Tugenden eines Königs durch ein Zepter mit einem Auge darüber, als Zeichen seiner noblen Herkunft, dargestellt.[153] Im *Widmungsbrief an Heinrich II.* [3] vernehmen wir vom Propheten, er fühlte sich vor «das Antlitz des höchsten Auges und des ersten Monarchen des Universums» transportiert.

Dem mythischen Goldenen Zeitalter, das als kleiner Junge aus der Dunkelheit des letzten ehernen Zeitalters hervorbricht, wie es Vergil in der 4. Ekloge schildert, widmet sich Nostradamus in einem weiteren Vierzeiler:

C 5.41

Nay sous les ombres *de* iournée nocturne,
Sera en regne & bonté souveraine:
Fera renaistre son sang de l'antique urne,
Renouvellant siecle d'or pour l'airain.

Paraphrase: Geboren unter den Schatten des nächtlichen Tages, wird er an Herrschaft und Güte unübertrefflich sein. Sein Blut wird aus dem antiken Gefäß wieder geboren werden, und er wird das Goldene Zeitalter anstelle des ehernen erneuern.

Hier verbindet er das Auftreten eines Großen Monarchen mit dem mythischen Bild der Wiederkehr eines Goldenen Zeitalters, wenn man es am wenigsten erwarte, mitten im ehernen Zeitalter. Es handelt sich um den Spross einer bedeutenden Dynastie, deren Linie bis zu den konstituierenden Gestalten des Altertums zurückreicht. Wahrscheinlich hat er einen bedeutenden französischen König, den künftigen Großen Monarchen, im Sinn, dessen Abstammung, wie wir gesehen haben, auf Troja zurückgeführt wurde.

C 1.16

Faulx à l'esta*i*ng[154] joinct vers le Sagitaire,
En son haut AUGE de l'exaltation,
Peste, famine, mort de main militaire,
Le siecle approche de renovation.

Paraphrase: Die Sense <Saturn> mit dem Zinn <Jupiter> vereint im Schützen und erhöht auf seinem Kulminationspunkt [bedeutet] Pest, Hunger, Tod durch kriegerische Auseinandersetzung; das Zeitalter geht seiner Erneuerung entgegen.

Es handelt sich um eine Anspielung auf eine Konjunktion von Saturn und Jupiter im Schützen. Die Planeten sind durch ihre Symbole dargestellt: die Sense für den Saturn und das Metall Zinn für Jupiter. «Auge» bedeutet den Kulminationspunkt eines Planeten. Im 16. Jahrhundert lag dieser Punkt der höchsten Erhöhung des Planeten Saturn bei 24° im Schützen. Der Punkt der Erhöhung wandert in einem Jahrhundert um 2°. Die Inspiration für seinen Vierzeiler entnahm Nostradamus einer Beschreibung von Roussat, der diese Konjunktion fälschlicherweise für 1641 angegeben hatte:

Es wird das Feuer-Trigon kommen, und deshalb werden Saturn und Jupiter sich im Feuerzeichen Schützen vereinigen, das, wie schon gesagt wurde, in seinem Trigon das stärkste ist und folglich der Vater des Verderbens, des Todes, der Wehklagen, Schmerzen, Ängste und des Verlustes. Saturn im Feuerzeichen wird auf seinem Kulminationspunkt erhöht und emporgehoben sein […] Weder er <Jupiter> noch die anderen Planeten werden die Boshaftigkeit und Gemeinheit des genannten Saturn mildern und unterdrücken können. Deshalb werden in diesem Zeitalter Pest, Hunger und alle Arten von Verderbnis, sowohl am Körper als auch an Gütern, reichlich vorhanden sein.[155]

Häufig bedient sich Nostradamus für Zeitangaben der Saturnumläufe. Er verwendet sie für die Periodisierung in Abschnitten von 30 Jahren, die ungefähre Dauer einer Revolution des Saturn. Aber auch der für die Chronosophie bedeutende Zyklus von zehn Saturnrevolutionen findet bei Nostradamus seinen Niederschlag. Seine Quelle, Richard Roussat, beschäftigte sich im Anschluss an Turrel und Pierre d'Ailly vor allem mit der Saturnperiode, die 1789 zu Ende gehen würde und die mit dem Ende der Oszillation der achten Sphäre sowie einer *coniunctio maxima* zusammenfalle, was mithin als überaus überzeugende Ankündigung der letzten Tage galt.

Nostradamus nimmt darauf Bezug in einer kuriosen Passage im *Widmungsbrief an Heinrich II.* [103–108]. Er beginnt den Abschnitt mit der Feststellung, er habe «die vorliegenden Prophezeiungen kalkuliert und berechnet, alles nach der Ordnung der Kette, die seine Revolution beinhaltet, alles gemäß astronomischer Lehre und nach meinem natürlichen Instinkt» [103]. Dann listet er für die Planeten Saturn, Jupiter, Mars, Venus und Merkur Zeiträume auf, in denen sie rückläufig sind. Schließlich präsentiert er das Horoskop zu einem bestimmten, nicht genannten Termin und gibt die Lage der Planeten in den Tierkreiszeichen an: Saturn im Steinbock, Jupiter im Wassermann, Mars im Skorpion, Venus in Fische, Merkur in einem Monat in Steinbock, Wassermann und Fische, Mond im Wassermann, der Drachenkopf in Waage, der Drachenschwanz[156] im gegenüberliegenden Zeichen [105–106]. Diese Positionen folgen auf eine Konjunktion von Jupiter und Merkur mit einem quadratischen Aspekt zwischen Mars und Merkur, und der Kopf des Drachen sei bei einer Konjunktion von Sonne und Jupiter. Daraus zieht der Prophet folgende Schlussfolgerung:

Beginnend in diesem Jahr wird eine größere Verfolgung der christlichen Kirche sein, als sie jemals in Afrika stattgefunden hat, und diese [Verfolgung] wird bis zum Jahr 1792 dauern, wenn man glauben wird, es wäre eine Erneuerung des Weltalters. Danach wird das römische Volk beginnen, sich wieder aufzurichten, und wird einige finstere Schatten vertreiben und ein wenig von seiner alten Klarheit zurückgewinnen, nicht ohne große Spaltungen und fortwährende Veränderungen. [107–108]

Wöllner und Noll-Hususm konnten nachweisen, auf welches Datum Nostradamus in diesem Abschnitt verweist.[157] Nach den Ephemeriden von Cyprian Leowitz, die Nostradamus vorlagen, waren die Planeten zu den angegebenen Perioden im Jahr 1606 rückläufig. Die Gestirnspositionen entsprechen dem 28. Januar 1606 (julianisch). Diesen Tag mag Nostradamus ausgewählt haben, weil an ihm der erste Neumond des Jahres stattfand. Tatsächlich befand sich der Merkur während eines Monats in den Zeichen Steinbock, Wassermann und Fische. Nach Leowitz lag er am 1. Januar bei 29° im Steinbock, bewegte sich am folgenden Tag in den Wassermann und erreichte am 21. Januar das Zeichen Fische. Die Jupiter-Mars-Konjunktion sowie das Quadrat zwischen Mars und Merkur fand nach Leowitz am 4. Januar statt, die Konjunktion von Sonne und Jupiter am 18. Januar.

Sicher hat Nostradamus diese Beschreibung so umständlich vorgenommen, ohne einfach das anvisierte Datum zu nennen, um zu zeigen, dass er für seine Prophezeiungen umfangreiche Kalkulationen angestellt hat: Es ist der Nachweis seiner «wissenschaftlichen» Tätigkeit, eine Rechtfertigung gegenüber seinen Kritikern und die Demonstration, welche Anstrengungen seinen prophetischen Werken zugrunde liegen. Nostradamus war von der Möglichkeit einer auf vielen verschiedenen astrologischen Zyklen basierenden Chronosophie als Grundlage seiner «Geschichte der Zukunft» fasziniert. Wöllner und vor allem Dinzinger[158] wollen weitere Zyklen im Werk des Sehers von Salon ausfindig gemacht haben. Nostradamus scheint aber nicht über die intellektuellen Fähigkeiten verfügt zu haben, ein so weitläufiges mathematisches System kohärent zu gestalten. Vor allem bei der astrologischen Methode der Berechnungen wies er eklatante Defizite auf. Wie es scheint, hat er in der Hauptsache lediglich auf die bekannten hier dargestellten Perioden zurückgegriffen und sie wenig systematisch und ohne vertieftes philosophisches Fundament eingesetzt.

C 1.54

Dix revolts faits du malin falcigere,
De regne & siecles faict permutation:
Le mobil signe à son endroit si ingere,
Aux deux egaux & d'inclination.

Paraphrase: Nach zehn Umläufen des unheilvollen Sensenträgers <Saturn> kommt ein Wandel des Reiches und des Zeitalters. Der Planet nimmt den Platz an der Stelle im beweglichen Zeichen <Waage> ein, der ihm zukommt, dort wo zwei <Tag und Nacht> gleich sind und [die Sonne] von gleicher Inklination.

Saturn wird in seiner anthropomorphen Abbildung als alter Mann mit einer Sense dargestellt und in den entsprechenden Texten als Sensenträger bezeichnet. Bei Roussat lesen wir von «der Bosheit des Sensenträgers Saturn».[159] Im Quatrain auf den Monat März im Almanach für 1561 schreibt Nostradamus: «Außerhalb des Tempels Mars und der Sensenträger».[160] Saturn galt wie Mars als gefährlicher, böser, verschlagener Planet. Wer unter dem Einfluss des Saturn stand, musste sich vorsehen. Der griechische Gott Saturn war einerseits Herrscher des Goldenen Zeitalters, andererseits entmachtet und zur Unfruchtbarkeit verdammt. Als der höchste, dem Leben fernste Planet entspricht der Saturn diesem Bild vom Gott der Extreme. Er brachte die Melancholie. Die Humanisten verstanden sich als Melancholiker, unter dem Einfluss dieses gefährlichen Planeten stehend. Als Angst vor dem Saturn trugen sie Jupiter-Amulette.

Alle Ausgaben beginnen den Quatrain mit den Worten «Deux revolts [...]» (zwei Umläufe). Brind'Amour verbessert zu «Dix revolts [...]» (zehn Umläufe), denn ganz offensichtlich spielt Nostradamus hier auf die Theorie der Saturnzyklen von 300 Jahren an. Gemäß dieser Doktrin erneuert sich nach einem Zyklus das Zeitalter, und bestehende Reiche werden umgestürzt. Der Effekt des Endes eines Saturnzyklus und des Anbeginns eines neuen Zeitalters wird hier durch den Eintritt des Planeten in das bewegliche Zeichen Waage zur Tagundnachtgleichen verstärkt. Die Veränderungen wurden als besonders intensiv angesehen, wenn sich das Ende des Zyklus in einem beweglichen Zeichen ereignete. Nostradamus spricht von dem Platz in der Waage, der Saturn *zukommt*. Dieser eigentliche Platz des Saturn liegt bei 23° in der Waage; das ist, astrologisch gesprochen, sein Ort der Erhöhung.

Der Quatrain ist also nicht mehr als die Darstellung der Theorie der zehn Saturnumläufe und ihrer Folgen nach Ansicht der astrologischen Lehrmeinung. Es lässt sich allerdings nicht ausschließen, dass Nostradamus tatsächlich meinte, es stünden noch zwei Saturnumläufe («deux revolts») aus, bis ein Zyklus abgelaufen und eine Erneuerung des Zeitalters stattfinden würde. Das würde die Prophezeiung auf das Jahr 1615 beziehen, sechzig Jahre nach 1555, dem Jahr der Abfassung dieses Vierzeilers. Zu diesem Datum gibt es allerdings bei unserem Autor nur einen möglichen Hinweis, wenn er Aufstände und Religionskriege nach dem Ablauf von zwei bis drei Saturnrevolutionen, also nach 60 bis 90 Jahren, prophezeit:

C 9.72
Encor seront les saincts temples pollus,
Et expillez par Senat Tholosain,
Saturne deux trois cicles revolus.
Dans Avril, May, gens de nouveau levain.

Paraphrase: Die heiligen Tempel werden noch geschändet werden und ausgeplündert durch den Senat von Toulouse. Saturn wird zwei oder drei Zyklen durchlaufen. Im April und Mai werden sich die Menschen von neuem erheben.

Im Almanach für 1563 terminiert unser Autor die Wiedererlangung des Ansehens der katholischen Kirche nach vier Revolutionen des Saturn, also nach 120 Jahren.[161] Im Almanach für 1566 sagt er verschiedene Krankheiten vorher, die sich nach dem Ablauf von zwei Saturnrevolutionen ereignen würden; ebenfalls nach zwei Saturnrevolutionen würden die gegenwärtigen Religionskriege zu einem Ende kommen.

C 9.73
Dans *Fez* entrez Roy celulee Turban,
Et regnera moins evolu Saturne,
Roy Turban blanc Bizance *vainqu*eur ban,
Sol, Mars, Mercure ensemble pres la hurne.

Paraphrase: In Fez wird der König mit dem blauen Turban seinen Einzug halten. Er wird regieren, wenn der Saturn weniger als eine Revolution [vollendet haben wird]. Der König mit dem weißen Turban wird in Byzanz als Sieger öffentlich verkündigt werden. [Das geschieht, wenn sich] Sonne, Mars und Merkur gemeinsam im Wassermann befinden.

Inhaltlich geht es in diesen Versen um zwei orientalische Könige, die durch einen weißen und einen blauen Turban gekennzeichnet sind. «Célulée» oder «cérulée» ist eine Entlehnung aus dem Lateinischen: *caeruleus* (die klassische Form) beziehungsweise *caeluleus* (die archaische Form) – Himmelblau. In den meisten Ausgaben beginnt die erste Zeile mit «Dans Fois [...]», was keinen Sinn macht. Der anonyme Kommentator von 1659 war sich über die Bedeutung des Wortes «Foys», wie er schreibt, zunächst nicht sicher. In einer zweiten Arbeit, die er nach 1659 schrieb, verbesserte er zu «Fez», da aus dem Inhalt hervorgeht, dass es sich um eine Örtlichkeit handeln muss.[162] In der dritten Zeile heißt es in allen Ausgaben «Bizance coeur ban», was ebenfalls keinen Sinn macht und obendrein die Metrik des Reimes bricht. Offensichtlich ging es Nostradamus darum, darzustellen, wie zwei Herrscher von orientalischen Ländern in zwei unterschiedlichen Regionen als Sieger auftreten; «Bizance *vainqu*eur ban» ist damit die sicher richtige Verbesserung.[163] Die Farben der Turbane geben die Herkunft ihrer Träger an. Der blaue Turban beschreibt den persischen Herrscher: An anderer Stelle in den Zenturien spricht Nostradamus vom «persischen Blau» (C 6.80.4 «Que bleux pers croix à mort deschassera»). Der weiße Turban bezeichnet den türkischen König.

In einem Abschnitt aus dem Almanach für 1566 nimmt sich Nostradamus des gleichen Themas an, wodurch der fragliche Quatrain in seinem Sinn verdeutlicht wird. Der Mars im Löwen im Juli 1566 bedeute große Niederlagen für die Türken sowie für die Araber, und er fährt fort:

Durch sehr offenkundigen Anschein durch jene Konjunktion in 21 Jahren, 7 Monaten, 14 Tagen, beginnend im Januar, wird der Anfang des Wandels von Byzanz nach Thrakien durch große Spaltungen angezeigt. Die Reiche werden von byzantinischem Blut getränkt, ein Verbannter wird das Reich besetzen. Da ist eine Verlegung des Reiches angezeigt, und deshalb ist der Verfall der Mohammedaner nach Ablauf von 960 Jahren angekündigt; und nach 72 Jahren beginnt ein großer Zwist zwischen dem weißen und dem blauen Kopf oder zwischen der weißen und der blauen Farbe, und es wird ihnen ein großes Ereignis widerfahren.

Die Schicksalsschläge der muslimischen Völker im Jahr 1566[164] deuten für Nostradamus auf größere Umwälzungen in der Zukunft. Diese schließen eine Verlegung des Reiches durch die siegreiche Rückkehr eines Verbannten ein, der Byzanz erobern wird. Es geht hier offensichtlich um den König mit dem weißen Turban aus dem Quatrain C 9.73.3, der in Byzanz als Sieger ausgerufen wird. Stattfinden soll das Ereignis in 21 Jahren, 7 Monaten, 14 Tagen, und zwar «beginnend im Januar». Nostradamus beendete seinen Almanach im Frühjahr 1565. Somit hatte er den Januar 1586 im Sinn, und tatsächlich befanden sich im Januar 1586, wie im letzten Vers des Quatrains angegeben, Sonne, Mars und Merkur im Wassermann.

Die Arbeit an den letzten drei Zenturien war im Juni 1558 abgeschlossen. Damit deckt sich der Termin für Januar 1586 auch mit der Aussage im Vierzeiler, dass die beschriebenen Ereignisse in weniger als einer vollständigen Saturnrevolution eintreten werden. Der Ausdruck, Saturn sei «mois evolu» (weniger entwickelt), könnte auch ursprünglich «mois revolu» (weniger umgelaufen) gelautet haben. In beiden Fällen ist damit angezeigt, dass ein Datum in weniger als 30 Jahren vom Zeitpunkt der Abfassung des Vierzeilers gemeint ist.

In der zitierten Passage aus dem Almanach für 1566 bringt unser Autor noch ein weiteres astrologisches Periodenmaß ins Spiel, die 960 Jahre, die Zeitspanne zwischen zwei größten Konjunktionen von Saturn und Jupiter. Hier ist aber nicht wirklich der Termin einer neuen *maxima coniunctio* gemeint. Nostradamus verwendet diese Periode gleichsam als mythisch begründete Dauer für das islamische Reich. Begonnen hatte es im Jahr der Hedschra, der Auswanderung Mohammeds von Mekka nach Medina. Das war der Beginn der islamischen Zeitrechnung und entspricht dem Jahr 622 n. Chr. Um das Jahr 1582 soll also der Verfall der muslimischen Reiche einsetzen; 72 Jahre später soll es zu einer großen Auseinandersetzung zwischen zwei muslimischen Führern kommen. Nostradamus hegte die Hoffnung, dass sich die orientalischen Völker selber aufreiben und somit ihren Verfall herbeiführen würden, wie wir bereits aus C 3.31 gesehen haben – eine Hoffnung, die im Übrigen nicht unbegründet war: Schon im Jahr 1534 begann eine Periode von Kriegen zwischen Persien und den Türken, die nach und nach zum Niedergang des Osmanischen Reiches führten, der um das Jahr 1560 einsetzte. Im Almanach für das Jahr 1565 begegnet uns das Thema abermals. Nostradamus spricht hier von einem Krieg in Persien «zwischen denen, die den weißen, und jenen, die den blauen Turban tragen».[165]

Analyse berühmter «eingetroffener Voraussagen»

DER TOD HEINRICHS II. Ein erstes Fazit über das prophetische Werk von Nostradamus lässt sich nun ziehen. Michel de Nostredame ist fest in der prophetischen Tradition seiner Epoche verwurzelt. Er kennt die verbreiteten Anthologien von Prophezeiungen, lässt sich von diesen Texten inspirieren, entnimmt ihnen Motive und Argumente. Zugleich beschäftigt er sich intensiv mit der astrologischen Prognostik. Hier sind es in erster Linie die chronosophischen Modelle mit zyklisch wiederkehrenden Gestirnskonstellationen, die er zu einer Periodisierung der Zeit heranzieht. Seine eigene

Geschichtskonstruktion verdankt alles den Arbeiten von Albumasar, Abraham Avenazra, Thâbit ibn Qurra in der Vermittlung über Pierre d'Ailly, Pierre Turrel und vor allem Richard Roussat. Während die Chronosophen sich überwiegend darauf beschränken, die bedeutenden Neuerungen und Wandlungen im Laufe der Geschichte anhand des astrologischen Systems festzustellen, geht Nostradamus wie keiner vor ihm ins Detail. Auf dem Schreibtisch in seinem Studierzimmer – sein *musaeolum*, sein kleines Museum, wie Chavigny überliefert[166] – liegen die Geschichtswerke der Antike und die Chroniken des Mittelalters und seiner Zeitgenossen aufgeschlagen. Sie werden ihm zur Fundgrube für beispielhafte Ereignisse und für beispielhaftes Verhalten des Menschen, vor allem unter der Perspektive seiner Unzulänglichkeiten, aus der heraus die Bezeichnung «Mensch» nur bedingt passend erscheint.

Nostradamus, der Sammler von Rezepten für Kosmetika und Diätmittel, verlegt sich auf das Sammeln von Exempeln der Widerwärtigkeit der Spezies Mensch. Er ist nahezu 50 Jahre alt, als er sich die Frage stellt, welchen Nutzen die körperliche Schönheit, welchen Gewinn der Versuch haben kann, die Gesundheit durch bessere Ernährung zu erhalten, angesichts einer abstoßenden, mörderischen, in einen Strudel des Unmenschlichen treibenden Wirklichkeit. Seinem Geist, dem die Bögen nicht groß genug gespannt sein können, genügt nicht die Arbeit eines Chronisten. Auch das Handwerk des Mahners und Predigers als Apologet einer Konfession liegt ihm fern. In der Poesie findet er den rechten Klang für das Unaussprechliche, das seine Gedankenwelt okkupiert, und er entwickelt das Handwerkszeug, um seiner überbordenden Fantasiewelt den angemessenen Ausdruck zu verleihen. In der Poesie verdichtet er Motiv und Vorbild mit astrologisch begründeter Notwendigkeit, knüpft aus den Versatzstücken des Erlebten, Gehörten, Gelesenen ein Netzwerk der Zusammenhänge und Entsprechungen, ein Feuerwerk der Bezüge, das zeitlose Gültigkeit beansprucht.

Die Kernfrage ist dabei noch gar nicht berührt, ob der selbst ernannte Prophet denn auch ein solcher war. Begegnet ist uns das Zukünftige noch nicht, bestenfalls als marginale Möglichkeit, als zufälliges Produkt aus der Fülle der Weissagungen und Bedeutungsebenen der Texte. Und das, obgleich Nostradamus das unausweichliche Eintreffen seiner Prophezeiungen immer wieder betont, in den Almanachen die Jahre und Monate dafür angibt und in einigen Fällen bei den *Prophéties* die Zeitpunkte oder Epochen der Verwirklichung seiner Voraussagen vermerkt. Die Bewunderer des Propheten sind von seiner Gabe überzeugt, und es sind vor allem einige wenige Quatrains, die ihre Gewissheit zementieren. Das sind die berühmten «Treffer», die den Ruhm von Nostradamus begründet haben und immer noch als

Aushängeschilder für seine außerordentlichen Fähigkeiten gelten. Wenden wir uns diesen Parade-Quatrains zu.

Der am meisten gefeierte Vierzeiler ist zweifellos C 1.35, in dem der Meister den Tod König Heinrichs II. im Anschluss an ein Turnier vorhergesagt haben soll:

C 1.35
Le lyon jeune le vieux surmontera,
En champ bellique par singulier duelle:
Dans caige d'or les yeux luy crevera:
Deux classes une, puis mourir, mort cruelle.

Paraphrase: Der junge Löwe wird den alten im Zweikampf auf dem Schlachtfeld besiegen. Im goldenen Käfig wird er ihm die Augen ausstechen. Von zwei Flotten setzt sich eine durch, dann stirbt [er] einen grausamen Tod.

Am 1. Juli 1559 durchbricht die Lanze von Gabriel de Lorges, Graf von Montgomery, während eines Turnierkampfes bei einem Fest in der Rue Saint-Antoine in Paris das Visier von König Heinrich II. und verletzt ihn schwer an einem Auge. Am 10. Juli verstirbt der König an den Folgen dieser Verletzung. Eine erstaunlich präzise Vorhersage?

Analysieren wir die Übereinstimmungen zwischen dem Vierzeiler und dem tragischen Geschehen. Heinrich war gerade 40 geworden, also keineswegs alt, Montgomery war 29. Einem einfachen Kapitän der schottischen Garde den gleichen Titel des Königs der Tiere zu geben wie Heinrich, scheint vermessen und ist sicher unangebracht. Das Ereignis fand keineswegs auf einem Kriegsschauplatz statt, sondern während Ritterspielen anlässlich eines Festes. Der «goldene Käfig» wird von den Exegeten als der goldene Helm des Königs oder zumindest als das goldene Visier angesehen. Allerdings ist nirgends überliefert, dass der König einen goldenen Helm trug. Indes hätten die Chronisten bei einem derart schicksalhaften Unfall sicher nicht vergessen, einen so ungewöhnlichen und auffälligen Helm zu erwähnen. Man kann im Übrigen den Vers auch so lesen, dass sich der Kampf der beiden Löwen in einem goldenen Käfig abspielt. Beim Turnier wurde außerdem nur das rechte Auge verletzt, nicht beide, und die Schlussfolgerung über die Flotte («classe» von lat. *classis*) bleibt in Zusammenhang mit der Turnierverletzung völlig unerklärbar.

In Wahrheit beschreibe nach Pierre Brind'Amour der Quatrain, streng nach nostradamischer Manier, etwas ganz anderes, nämlich ein Vorzeichen am Himmel.[167] Zu den häufigsten Prodigien zählten Kampfszenen, die am Himmel gesehen wurden und die bei Nostradamus viel Raum einnehmen. In seiner Chronik der Vorzeichen berichtete Conrad Lycosthenes, dass im Jahre 1547 in der Schweiz in der Luft der Kampf zweier Heere gesehen wurde.[168] Zur gleichen Zeit hätte man auf der Erde zwei Löwen beobachtet, die sich heftig attackierten, bis der eine dem anderen den Kopf abriss.

Caspar Peucer (1525–1602) beschreibt ein ähnliches, aber sehr komplexes Phänomen, das 1534 in der Stadt Schleswig zur Mittagsstunde gesehen wurde. Im klaren Himmel wurden Löwen beobachtet, die aus verschiedenen Seiten zu einem Kampf zusammenkamen. Nahe bei ihnen erschien ein schuppenbepanzerter Ritter, der bedrohlich eine Lanze schwang; zu seinen Füßen lag der abgeschlagene Kopf eines Mannes. Kurze Zeit später erschien das Bild einer Stadt an einem Gewässer, die durch Truppen zu Schiff und zu Land belagert wurde.[169] Diese Prodigien sind im Quatrain zwar nicht exakt verarbeitet, aber man erkennt viele Elemente daraus in den Versen wieder. Allem Anschein nach hat Nostradamus aus der Erinnerung an solche Prodigienberichte seine Verszeilen komponiert. Er bediente sich eines Vorzeichens als Verweis auf einen vergleichbaren Wettkampf zwischen zwei irdischen Protagonisten, deren Wappen den Löwen tragen. Wenn wir annehmen, dass der «goldene Käfig» sich tatsächlich auf einen Helm bezieht, dann ist die Waffe, die das Visier des Gegners durchschlägt, ein Vorzeichen für einen künftigen Sieg. Im Jahr 1554, als Nostradamus diese Verse schrieb, war Heinrich II. 35 Jahre alt und damit der junge Löwe, und Karl V., der 54 war, mit seinem goldenen Helm der alte Löwe. Gemeint hatte Nostradamus also das Gegenteil dessen, was die Interpreten hineinlesen: die Erscheinung eines bedeutungsvollen Vorzeichens, das seinem König Heinrich II. einen künftigen Sieg über Karl V. verheißt.

Roger Prévost schlägt eine historische Lösung des Vierzeilers vor, die es wert ist, näher geprüft zu werden.[170] Die beiden Löwen sind für ihn Isaak Angelos und sein Bruder Alexios, die Herrscher von Byzanz. Die Szene habe sich während des 4. Kreuzzugs im Jahr 1204 abgespielt: Während der Belagerung von Konstantinopel ließ Alexios seinen älteren Bruder blenden und ins Gefängnis werfen. Zu dieser Zeit vereinte Alexios seine Flotte mit jener der Kreuzfahrer, um den entscheidenden Angriff auf Konstantinopel zu führen. Prévost verweist zusätzlich auf die ersten beiden Verse des Quatrains C 8.69.1–2, wo in aller Deutlichkeit in denselben Worten die beiden Protagonisten beim Namen genannt werden:

C 8.69.1–2
Aupres du ieune le vieux ange baisser,
Et le viendra surmonter à la fin.

Ange ist der französische Name für die Herrscherdynastie der Angeloi.
Übersetzt man die Zeilen im Kontext der Lösung von Prévost, müssten sie
lauten: «Neben dem jungen Angelos wird der alte erniedrigt, und er wird
ihn am Ende überwinden.» Die richtige Aufklärung und ein wichtiger Hinweis für die Entzifferung des Quatrains C 1.35? Man muss das bezweifeln.
Prévost unterschlägt bewusst die beiden fehlenden Zeilen des Quatrains,
denn mit ihnen bekommt er eine völlig andere Wendung:

C 8.69
Aupres du jeune le vieux ange baisser,
Et le viendra surmonter à la fin.
Dix ans esgaux aux plus vieux rabaisser,
De trois deux l'un huictiesme seraphin.

Paraphrase: Neben dem jungen Engel wird der alte sinken, und er wird
ihn am Ende übertreffen. Zehn Jahre [sind sie] gleich, dann wird der
Ältere herabgesetzt. Von dreien zwei, einer [ist] der achte Seraphim.

Im Ganzen betrachtet spricht dieser sehr merkwürdige Vierzeiler eindeutig
von Engeln. Das «ange» ist sicher nicht im Sinne des Namens eines Herr-
schergeschlechts gemeint, sondern im Sinne von «Engel». Darauf verweist
die Erwähnung des achten Seraphim – eine Erscheinungsform eines Engels
nach der Engelshierarchie – im letzten Vers. Zumal die Tradition nur vier
Seraphim kennt, scheint der Verweis auf einen achten unverständlich. Offenbar bezieht sich Nostradamus auf die von ihren Engeln geführten Planeten im chronosophischen System der Zeitherrschaften. Saturn galt als alter
Planet; demnach könnte mit dem «alten Engel» der ihn regierende Orifiel
gemeint sein. Nach der Zeitherrschaft des Saturn folgt jene der Venus unter
Anael. Die Venus galt als schöne junge Göttin; demnach wäre der die Venus
führende Erzengel Anael der «junge Engel». Mag sein, dass Nostradamus
unter dem «zehn Jahre gleich» im dritten Vers auf eine zehnjährige Über-
gangsphase anspielt, indem die Zeitherrschaft von Saturn (Orifiel) zu Ende
geht und jene der Venus (Anael) im Aufgang begriffen ist. Im System der
Chronokratoren gibt es die sieben Planeten mit ihren Engeln. Der achte
Seraphim erscheint als eine Art Vollender, ein übergeordneter Engel, und
ist womöglich der Verweis auf die von ihm beherrschte achte Sphäre des

Fixsternhimmels, die in den Spekulationen um das Ende der Zeit eine so wichtige Rolle spielte.

Dieser Vierzeiler, in dem Nostradamus chronosophische Konzepte verarbeitet, ist völlig ungeeignet, um die Hypothese von Prévost zu unterstützen, wonach C 1.35 eine Szene aus der Zeit des 4. Kreuzzugs beschreibt, und von einem «Zweikampf auf dem Schlachtfeld» zwischen Alexios Angelos und seinem Bruder sowie von einem goldenen Käfig kann keine Rede sein. Vollständig wird sich der Parade-Vierzeiler nicht auflösen lassen, aber im Grunde genommen haben die Zeitgenossen des Propheten und Nostradamus selbst das Rätsel um den gefeierten Quatrain beantwortet. Niemand hat zu Lebzeiten von Nostradamus diesen Vierzeiler mit dem Tod des Königs in Verbindung gebracht, selbst Nostradamus nicht! Jean de Vauzelles, der Prior von Montrotier, will vielmehr in einem anderen Quatrain den Tod Heinrichs II. erkannt haben:

C 3.55
En l'an qu'un œil en France regnera,
La court sera en un bien fascheux trouble:
Le grand de Bloys son ami tuera:
Le regne mis en mal & doute double.

Paraphrase: Im Jahr, da ein Auge Frankreich regieren wird, wird sich der Hof in einer ziemlich unangenehmen Misere befinden. Der Große von Blois wird seinen Freund töten. Dem Reich wird übel zugesetzt, und die Angst wird verdoppelt.

Der zuvorkommende Interpret tat das, was die Nostradamisten bis zum heutigen Tage machen: Er las etwas, das nicht da steht, um zu seinen Schlussfolgerungen zu gelangen: Statt «le grand de Bloys» las er «le *grain* de Bloys». «Grain» bedeutet Korn, Getreide. Da der Graf von Montgomery, der den unglücklichen Lanzenstoß gegen König Heinrich ausgeführt hatte, Gabriel de Lorges hieß, konnte nun sein Name als «l'orge» (die Gerste) gelesen werden. Gerste und Getreide – für den Prior war der Fall klar, den er stolz Nostradamus brieflich mitteilte. Das Schreiben von Jean de Vauzelles ist uns nicht erhalten geblieben; Nostradamus aber hielt dessen Interpretation für so bedeutend, dass er seine Antwort in seiner *Prognostication nouvelle* für 1562 veröffentlichte. Die Antwort zeigt, wie er selber seinem Mythos Vorschub leistete, und erlaubt gleichzeitig einen Einblick in den Mechanismus der «inspirierten Interpretation», die schon zu Lebzeiten von Nostradamus anhob. Es ist eine überschwängliche Dankesbezeugung:

An den Herren, Bruder und besten Freund, den ich auf dieser Welt besitze, Ritter eines wahren Eifers[171]. Obwohl ich Euch nie gesehen habe, noch Ihr mich, außer durch den Austausch von Briefen, die der eine dem anderen geschrieben hat, gibt es eine große Übereinstimmung unseres Geistes, durch die ich erkannt habe, dass ich nie meine Almanache und Prognostica so gut unter verdeckten und undurchsichtigen Worten verbergen konnte, dass Ihr diese nicht sofort entdeckt und verstanden hättet so gut wie ich selbst, wie als ich geschrieben hatte: *Seitdem ein Auge Frankreich regieren wird, und wenn das Getreide von Blois seinen Freund töten wird,* [...] und in unzähligen anderen Passagen. Das hat in mir eine derart große Freundschaft zwischen uns beiden hervorgebracht, dass ich nie ruhen werde, bis wir uns persönlich kennen gelernt haben.[172]

Nostradamus hofiert den glücklichen Interpreten, der bemerkt habe, was es bedeute, als der Prophet geschrieben habe «Le *grain* de Bloys son amy tuera». Wir erkennen daraus zwei Dinge: Wer wenn nicht Nostradamus selbst wusste, auf welche Ereignisse seine Weissagungen gemünzt waren? Und Nostradamus beglückwünscht einen Entdecker, der einen Fehler in eine Zeile hineingelesen hat – aus dem Wunsch, sie einem Ereignis zuordnen zu können, den Quatrain richtig verstanden zu haben –, indem er diesen Fehler in seinem Dankesbrief wiederholt. In allen Ausgaben der *Prophéties* heißt es unmissverständlich «le *grand* de Bloys» und niemals «le *grain* de Bloys». Weder der Prior von Montrotier noch der Astrologe aus Salon können wirklich guten Gewissens meinen, einen Druckfehler ausgemacht zu haben. Dieser Quatrain C 3.55 also ist es, den Nostradamus, durch Jean de Vauzelles darauf gestoßen, im Nachhinein als seine Voraussage für den Tod Heinrichs II. ansah und keinesfalls C 1.35.

Jean-Aimé de Chavigny, der die *Prognostication nouvelle* für 1562 mit der Danksagung an de Vauzelles kannte, gibt einen entsprechenden Kommentar zu einer Prosaweissagung aus dem Almanach für das Jahr 1552, in der Nostradamus schrieb: «Bestimmt wird das Getreide der Grund für großen Aufruhr sein!» Chavigny kommentiert: «Er meint den Grafen von Montgomery, Seigneur de Lorges, der bei einem Turnier und öffentlicher Vergnügung 1559 in Paris König Heinrich II. tötete, durch dessen Tod in Frankreich die Aufstände und Bürgerkriege ausbrachen.»[173] In seinem *Janus François* kommt er auf die Prosaweissagung zurück und wiederholt die Gleichsetzung von «Grain» (diesmal mit Majuskel geschrieben) im Sinne von «orge».[174] Dennoch folgt Chavigny nicht der von seinem Meister applaudierten Lösung von Jean de Vauzelles. Er zieht den Quatrain C 3.55 im

Janus François an zwei Stellen heran: Einmal die ersten beiden Verse als Weissagung der Erhebung des Herzogs Franz von Guise zum königlichen Heerführer im Jahr 1560, das andere Mal die letzten beiden Verse als Voraussage der Ermordung des Herzogs im Jahr 1563.[175]

Hätte Nostradamus wirklich den bevorstehenden Tod von Heinrich II. im Juli 1559 vorausgesehen, dann hätte er den König in seinem Almanach für das Jahr 1559 nicht als strahlenden Sieger dargestellt, der im Norden eine neue Stadt mit dem Namen *Henricpolis* («Heinrichstadt») errichten würde.[176] César, der Sohn des Propheten, war der Erste, der in seiner 1614 veröffentlichten *Histoire et Chronique de Provence* den Quatrain C 1.35 auf den Tod Heinrichs münzte. Seitdem beherrscht diese Deutung die Beweisführung der Nostradamisten. Keiner erkannte auch über 40 Jahre nach dem Tod von Nostradamus in diesen Versen die Voraussage des Todes von Heinrich II., und der Meister selbst wollte nichts davon wissen. Erst als César darauf aufmerksam macht, lesen alle Nostradamisten dasselbe aus diesen Zeilen. Das ist wie mit Bildern, die man in einem rauschenden Muster zu erkennen glaubt. Sobald man sie entdeckt hat, kann man gar nicht anders, als sie zu sehen.

«DER SCHWARZE MÖNCH IN GRAU» Am 20. Juni 1791 entschieden sich König Ludwig XVI. und die Königin Marie-Antoinette, aus den Tuilerien zu fliehen, wo sie von den Revolutionstruppen festgehalten wurden. Sie wollten nach Montmédy gelangen, um von dort nach Belgien zu entkommen. Abends gelangten sie durch eine unbewachte Tür in den Gemächern des Haushofmeisters, der bereits die Flucht ergriffen hatte, ins Freie; der Ausbruch gelang. Tags darauf erreichten sie Varennes-en-Argonne, wo die Flucht bereits ihr Ende fand. Sie wurden erkannt und von neuem verhaftet. Hat Nostradamus dieses Ereignis mehr als zweihundert Jahre vor seinem Eintreffen vorhergesagt? Die Nostradamisten sind davon überzeugt.

C 9.20
De nuict viendra par la forest de Reines,
Deux pars vaultorte Herne la pierre blanche.
Le moyne noir en gris dedans Varennes,
Esleu cap. cause tempeste, feu sang tranche.

Wörtliche Übertragung: Nachts wird [er] durch den Wald von Reines kommen, zwei Richtungen Vaulorte, Herne, der weiße Stein. Der schwarze Mönch in Grau in Varennes, ausgewählt Cap. wird Aufstand, Feuer, Blut und Abschneiden verursachen.

Der Vierzeiler hat unter den Anhängern des Propheten Ausbrüche der Freude verursacht. Bareste versteigt sich zu der Aussage: «Dieser prophetische Quatrain ist so bemerkenswert, dass er alleine ausreichen würde, um seinen Autor unter jene außergewöhnlichen Genies einzureihen, die wir bewundern, ohne sie zu verstehen.»[177] Was besagen diese Verse, dass ihr Schöpfer eine derartige Eloge verdient? Nach Bareste[178] verließ Ludwig XVI. *in der Nacht* vom 20. auf den 21. Juni Paris, er kam *durch den Wald von Reines*, wo sich der große Weg befinde, der nach *Varennes* führt. In «deux pars» bezeichne Nostradamus mit dem alten Wort «part» für Gatte, Gemahl, den Mann und die Frau. «Vaultorte» sei ein altes Wort, das Umweg bedeute. Tatsächlich sei der Weg über Sainte-Menehould und Varennes, um nach Montmédy zu gelangen, ein Umweg. «Herne la pierre blanche» sei eine bildliche Darstellungsweise, um eine Königin durch das Anagramm «herne» für «reine» (Königin) zu umschreiben, die in Weiß gekleidet sei. Das Wort «noir» (schwarz) sei ein Anagramm für «roi» (König). Bei dem ersten Anagramm tauscht Bareste das *h* zu einem *i*, beim zweiten lässt er den Buchstaben *n* wegfallen; er beruft sich dabei auf ein Wörterbuch, das ausdrücklich erlaubt, bei Anagrammen einen Buchstaben zu wechseln, zu unterdrücken oder anzufügen. Der dritte Vers sei demnach zu lesen: «Ein frommer König (oder einer, der die Frömmigkeit eines Mönchs besitzt), in Grau gekleidet (seine Kleidung war eisengrau, sagen die Autoren der *Revolutionen von Paris*), wird in die Stadt von Varennes kommen.» Das Wort «cap.» in der letzten Zeile sei eine Abkürzung für Capet, das französische Königsgeschlecht der Kapetinger. «Esleu Capet» bedeute «ein Kapetinger ist als konstitutioneller König gewählt». Diese Wahl verursache «in Frankreich Aufstände, Feuer, Blut und das Abschneiden (als Anspielung auf das Abschneiden des Kopfes) des Schwarzen oder des Königs». Nostradamus hatte alles vorhergesehen und in einen einzigen Vierzeiler gepackt: Die misslungene Flucht des Herrscherpaares bis hin zur Umwandlung des Staates in eine konstitutionelle Monarchie, samt den Schrecken der Revolution und der Hinrichtung des Königs durch die Guillotine.

Fast dreißig Jahre nach Bareste übernimmt Le Pelletier diese Deutung in seinem zweibändigen Werk *Les Oracles de Michel de Nostredame*, von wo aus sie ihren Siegeszug durch die Bücher der Epigonen antritt.[179] Le Pelletier hat nur geringfügige Änderungen anzubieten: «La forest de Reines» bedeutet bei ihm, dass König und Königin aus «der Türe der Königin» (von lat. *fores*, Tür) flohen; sie seien aus einer Geheimtüre in den Gemächern der

Königin entkommen. Zu «esleu cap.» präzisiert Le Pelletier, gemeint sei die Transformation des antiken absoluten Königtums der Kapetinger in eine konstitutionelle Monarchie. Diese Umwandlung in eine konstitutionelle Monarchie durch ein Dekret der Nationalversammlung wurde am 3. September 1791 von Ludwig XVI. akzeptiert.

Der Kulturhistoriker Georges Dumézil beanstandet die Versuche, die Worte nicht in ihrer gewöhnlichen Bedeutung zu akzeptieren, sondern sie vielmehr mit prätentiösen linguistischen Manövern als Anagramme, Kürzel, Übernahmen aus dem Lateinischen und Griechischen usw. umzudeuten, bis sie sich den gesuchten Ereignissen anpassen lassen. Die konstitutionelle Monarchie sei zudem keine Wahlmonarchie. Niemals war die Rede davon, den König zu «wählen», also unter mehreren möglichen Kandidaten auszuwählen wie im Heiligen Römischen Reich. «Der verdächtig gewordene, ohne Wahl wieder eingesetzte König wurde lediglich aufgefordert, als Repräsentant der Dynastie die Verfassung zu respektieren.»[180]

Betrachten wir die Elemente des Quatrains. Zunächst ist da das Wort oder die Abkürzung «cap» im letzten Vers, in manchen Ausgaben ohne, in anderen mit einem Punkt versehen. Im Französischen des 16. Jahrhunderts wurde das Wort «cap» als eine Art Kurzform für «capitaine» in der Bedeutung von Haupt, Hauptmann, Chef und Anführer verwendet: Ein Militärtribun wurde «cap d'esquadre» genannt.[181] In C 9.30.3 ist es ein Heerführer aus Byzanz, der in Straßen jammervolle Schreie ausstößt, weil seine Stadt attackiert wird («Cap de Bisance rues crier helas»), und an anderer Stelle begegnet uns das Wort als Bezeichnung des Befehlshabers eines Schiffes, der im Dunklen einer Seeschlacht die Übersicht verliert (C 7.37.4 «Leryn, stecades nefs, cap dedans la nerte»). «Cap» als Abkürzung oder Kurzform für «capitaine» steht demnach für einen Hauptmann, Heerführer oder Feldherrn, auch im Sinne eines Admirals als Befehlshaber eines Schiffes oder einer Flotte wie «der Feldherr, der große Beute machen wird» (C 7.28.1 «Le capitaine conduira grande proye»). Einen solchen Hauptmann lässt Nostradamus im Almanach für 1561 auftreten:

Durch Nachlässigkeit, Missachtung, Ausschweifung und andere Verachtung der Feinde wird ein gewisser großer Heerführer beim Wachehalten auf der Flucht gefangen genommen, und die Seinen werden durch das schneidende Schwert erschlagen – Feuer, Rauch und Flammen.[182]

Das Ergebnis der Nachlässigkeit des großen Heerführers («grand Capitaine») erinnert übrigens in frappierender Weise an die Worte im letzten

Vers des Varennes-Quatrains mit den Worten «feu sang tranche». Im Almanach lautet die Passage: «[…] ars du glaive trenchant, feu, fumée & inflammation» («erschlagen durch das schneidende Schwert – Feuer, Rauch und Flammen»).

Zweimal tritt bei Nostradamus ein «tapferer Hauptmann» auf, einmal «bei einem nächtlichen Kampf» (C 4.83.1 «Combat nocturne le vaillant capitaine») und ein andermal wieder sehr ähnlich der Formulierung im vierten Vers des Varennes-Quatrains: «Dem tapferen Hauptmann wird der Kopf abgeschlagen» (C 4.92.1 «Teste tranchee du vaillant capitaine»). Es ist offensichtlich, dass Nostradamus mit der Aussage «Esleu cap. cause tempeste, feu sang tranche» gemeint hat: «Der ausgewählte Hauptmann wird Aufstände, Feuer, Blut und Hinrichtungen verursachen» – von einem «gewählten Kapetinger» keine Spur, schon gar nicht von einem Geistlichen.[183]

Wie steht es aber um die merkwürdigen Worte *vaultorte* und *Herne*? Zu Lebzeiten von Nostradamus veröffentlichte Charles Estienne erstmals 1552 seinen *Guide des chemins de France*, ein Werk über die Reiserouten in Frankreich mit kurzen topographischen Angaben. Dieser älteste «Reiseführer» erfreute sich in kürzester Zeit einer so großen Beliebtheit, dass er viele Auflagen erlebte und in Raubdrucken weitere Verbreitung fand. «Deux pars vaultorte Herne la pierre blanche» – dieser zweite Vers im Varennes-Quatrain, der nicht den Regeln der Syntax folgt, erschien schon Dumézil als eine Art Wegbeschreibung. Tatsächlich findet sich das merkwürdige *vaultorte*, das Bareste und Le Pelletier als ein altes Wort für «Umweg» verstanden, bei Estienne als Bezeichnung eines Ortes. Estienne beschreibt hintereinander mehrere Reiserouten, wie man nach *Renes* (Rennes) gelangen kann:[184]

1. *Nach Vittray, die erste Stadt in der Bretagne.* Saint George.
   Durchquere den Wald von Mayenne
   Vaultorte
   Heruee
   Fougeres
2. *Der kürzeste Weg nach Rennes.* Mayenne la luzet
   Sainct George
   Vaultorte
   Heruée. Heideland, in dessen Mitte eine Ulme steht, wo sich eine Standarte befindet, die die Grenze zwischen Maine und der Bretagne anzeigt.
   Fougeres
   Sainct Aulbin du Cormier. Ehemals eine Stadt. Die Gegend, wo die

Schlacht von Sainct Aulbin stattfand.

Lossray. **Der Wald von Rennes** [*La forest de Renes*]

3. Nach Rennes über Angers.

Varennes

4. Nach Montfort:

Renes

Vesin

L'hermitage

La pierre blanche

Die Übereinstimmungen zwischen dem Varennes-Quatrain und den Topo-
nymen, die Estienne in seinen Wegbeschreibungen erwähnt, sind frappierend: *La forest de Renes, Vaultorte, Herne*[185], *Varennes* und sogar *la pierre blanche*![186]

Von den leicht abweichenden Schreibweisen darf man sich nicht irritieren
lassen; sie waren damals allgemein üblich. Selbst Estienne schreibt die Orte
in seinem Buch unterschiedlich, etwa einmal «Vaultorte», ein andermal
«Vaultortu». Vaultorte und Herne (Ernée) liegen nur zwei Meilen voneinander entfernt. La Pierre Blanche ist ein Ort bei Saint-Hilaire-des-Landes,
nur wenige Kilometer von Herne entfernt. Ebenfalls in dieser Zone, in der
Nähe von Lossray, befindet sich der Wald von Rennes-en-Grenouille, den
man auch «Reines» schrieb. Alle diese Orte liegen nicht etwa auf dem Weg,
den Ludwig XVI. auf seiner Flucht von Paris eingeschlagen hat, sondern im
Westen Frankreichs, in der Provinz Maine. Auf dem weiteren Weg nach Süden in Richtung Touraine gelangt man schließlich, folgt man dem Itinerarium von Estienne, nach Varennes. Es ist einer von mehreren Orten in
Frankreich, die diesen Namen tragen, aber gewiss nicht Varennes-en-Ara-
gonne, wo man den König und die Königin auf ihrer Flucht ertappte. Bei den
Worten «deux pars» wird es sich wahrscheinlich um einen Fehler des Setzers
handeln. Richtig ist wohl «de par», zumal es sich von Rennes über Vaultorte,
Herne und Pierre Blanche um Etappen auf einem Weg handelt.

Die Übereinstimmungen zwischen den Wegbeschreibungen von Estienne und den Versen von Nostradamus werden noch frappierender, wenn
man den Vierzeiler unmittelbar vor dem Varennes-Quatrain betrachtet:

C 9.19

Dans le milieu de la forest Mayenne,

Sol au Lyon la fouldre tombera,

Le grand bastard yssu du grand du Maine,

Ce iour fougeres pointe en sang entrera.

Paraphrase: In der Mitte des Waldes von Mayenne, wenn die Sonne im Löwen steht, wird der Blitz einschlagen. Der große Bastard, entsprungen von dem Großen von Maine, wird an jenem Tag mit der von Blut getränkten Speerspitze in Fougeres eintreten.

Aus denselben oben zitierten Wegbeschreibungen entnahm Nostradamus noch die Ortsangaben «la forest Mayenne», «Maine» und «Fougeres», die alle in der gleichen geographischen Zone wie die Ortschaften aus dem Varennes-Quatrain liegen.

Wie aber kommt «der schwarze Mönch in Grau» ins Spiel? Der kommt direkt aus der prophetischen Tradition, genau genommen aus der *Prognosticatio* von Lichtenberger, in der es heißt: «Es wird ein grauer Mönch emporkommen, der ein Täuscher und Heuchler sein wird, der durch falsche Zeichen viele Menschen verführen wird und der Grund für Blutvergießen sein wird.»[187] Er ist der schwarze und graue Mönch, weil er erkennbar sein wird an «kleinen schwarzen Flecken auf seinem Körper».[188] Dieser Mönch ist einer der falschen Propheten als Vorläufer des Antichrist.

Des Rätsels Lösung um diesen Parade-Quatrain ist so typisch für Nostradamus wie letztlich entwaffnend. Der Prophet bediente sich wie gewohnt am legendären und am realen Fundus. Er nahm eine eschatologische Figur mit sinistren Absichten, die schreckliche Zustände hervorruft, und stellte ihr Auftreten in einen konkreten örtlichen Rahmen, den er in einem Reiseführer nachgeschlagen hat. Die korrekte Bedeutung des Quatrains liegt nunmehr auf der Hand, voilà:

Paraphrase C 9.20: Nachts wird er durch den Wald von Rennes kommen, durch Vaultorte, Herne und Pierre Blanche. Der schwarze Mönch in Grau in Varennes, zum Hauptmann ausgewählt, wird Unruhe, Feuer, Blut und Hinrichtungen verursachen.

Hat Nostradamus vielleicht unbewusst die Orte ausgewählt, weil er irgendwann einmal im *Guide* von Estienne geblättert hatte und sie irgendwo in seinem Geist abgelegt waren? Dagegen spricht der Umstand, dass die Orte in seinem Quatrain in der richtigen Reihenfolge wie in den Wegbeschreibungen der Vorlage auftreten. Dagegen spricht auch, dass er auf dieselbe Quelle für zwei Vierzeiler hintereinander zurückgegriffen hat. Es hat vielmehr den Anschein, als ob Nostradamus sich bewusst auf das Buch gestützt hat, um sich vielleicht von Gegenden ein Bild zu machen, die er nicht kannte und die er in seine Prophezeiungen mit einzubinden gedachte. Betrachten wir diese Möglichkeit für einen Augenblick genauer.

Speziell die neunte Zenturie scheint von vielen Wegbeschreibungen inspiriert zu sein. Vier Quatrains hintereinander (C 9.56 bis C 9.59) führen eine Reihe von auffälligen Ortsangaben an:

C 9.56.1–2
Camp pres de **Noudam** passera **Goussan ville**,
Et a **Malotes** laissera son enseigne

Paraphrase: Ein Feld bei Noudam, [er] wird durch Goussanville kommen und bei Malotes seine Kompanie zurücklassen.

C 9.57.1
Au lieu de **DRUX** un Roy reposera

Paraphrase: Am Ort Drux wird sich ein König ausruhen.

C 9.58
Au costé gauche à l'endroit de **Vitry**,
Seront guettez les trois **rouges** de France,
Tous assommez **rouges**, noir non meurdry,
Par les **Bretons** remis en asseurance.

Paraphrase: Auf der linken Seite am Eingang von Vitry wird man den drei Roten Frankreichs auflauern. Alle Roten werden totgeschlagen, der Schwarze wird nicht getötet. Er wird von den Bretonen in Sicherheit gebracht.

C 9.59.1
A **la Ferté** prendra **la Vidame**

Paraphrase: Bei der Ferté wird er die Vidame nehmen

Im *Guide* von Estienne findet sich folgende Wegbeschreibung nach Mortaigne:[189]

Nach Mortaigne:
Houdan
Goussainville
Marolles

Cerisy
Dreux
Loigny
Vitry, auf der linken Seite
Brezolles
Rouges maisons
La Ferté au Vidame

Noudam, Goussan ville, Malotes und Drux bei Nostradamus entsprechen den Ortschaften Houdan, Goussainville, Marolles und Dreux im Buch von Estienne. Auffallend ist wiederum der Umstand, dass die Orte in den vier Quatrains in derselben Abfolge auftreten, wie sie in der Wegbeschreibung «nach Mortaigne» im *Guide* genannt werden. Nostradamus übernimmt auch den Tonfall eines Reiseverlaufs, indem er in C 9.56.1 von einem «Feld bei Noudam» schreibt und dass jemand durch den Ort Goussan ville kommen werde. In C 9.57.1 legt ein König, wie es scheint ebenfalls auf einer Reise, in Drux eine Rast ein. Der erste Vers von C 9.58 ist eine Kopie aus der Vorlage: Bei Estienne heißt es «Vitry, *a costé gauche*» («Vitry, auf der linken Seite»), und Nostradamus schreibt «Au costé gauche à l'endroit de Vitry» («Auf der linken Seite am Eingang von Vitry»). Im selben Vierzeiler erwähnt der Prophet zweimal die «Roten», und die Bretonen spielen eine Rolle. Bei Estienne folgt passenderweise eine Ortsbeschreibung «Rouges maisons», die unseren Autor vielleicht zu einer Konstruktion, die auf die Farbe Rot zurückgreift, verleitet haben mag. Diese Wegbeschreibung findet sich bei Estienne unmittelbar vor der Beschreibung des «Herzogtums Bretagne» («La Duché de Bretaigne»). Auch der Varennes-Quatrain (C 9.20) und C 9.19 beschäftigten sich mit dieser Gegend im Westen von Paris an der Grenze der Provinzen. Den letzten Ort auf dem Itinerarium mit dem Namen «La Ferté au Vidame» entfremdet Nostradamus zu zwei getrennten Begriffen. Durch diese geringfügigen Eingriffe erhalten die Toponyme eine mysteriöse Aura und haben entsprechend viele Interpreten aufs Glatteis geführt.

Die folgenden beiden Quatrains muss man ebenfalls gemeinsam betrachten:

C 9.86
Du **bourg Lareyne** parviendront droit à **Chartres**
Et feront pres du **pont Anthoni** pause,
Sept pour la paix cauteleux comme Martres
Feront entree d'armee à Paris clause.

Paraphrase: Von Bourg-la-Reine werden sie direkt nach Chartres gelangen, und sie werden an der Brücke von Antony eine Rast einlegen. Sieben werden um des Friedens willen verschlagen werden wie Marder. Sie werden mit den Waffen in das verschlossene Paris eindringen.

C 9.87
Par la **forest du Touphon essartée**,
Par **hermitage** sera posé le temple,
Le Duc d'**Estampes** par sa ruse inventée,
Du **mont Lehor**i prelat donra exemple.

Paraphrase: Durch den gerodeten Wald von Torfu, bei der Einsiedelei wird der Tempel errichtet werden [auf Grund] der erdachten List des Herzogs von Etampes; der Prälat von Montlehery wird ein Beispiel geben.

Sämtliche Ortsnamen der beiden Vierzeiler finden sich auf der Wegbeschreibung nach Etampes im *Guide* von Estienne:[190]

Le bourg la Royne
Le pont Antony
Longiumeau
Montlehery
Chartres, *unterhalb von Montlehery*
Torfou, *Der Wald von Torfu, der heute gerodet ist*
Estrechy le larron
L'hermitage, früher ein Räuberlager
Estampes

Bourg-la-Reine und Antony sind Vororte im Süden von Paris. Die Brücke in Antony überquert den Fluss Bièvre. Vielleicht ist Nostradamus bei seinem Besuch am Hof selber über diesen Weg nach Paris gekommen. Auch hier in C 9.86.1–2 handelt es sich um den Bericht über einen Reiseweg. Sicher trug es dazu bei, dass Leser aus den jeweiligen Regionen überrascht waren, wie genau der Prophet über ihre Umgebung Bescheid wusste. Ein Beispiel ist die Erwähnung des mittlerweile gerodeten Walces von Torfu in C 9.87.1, was Nostradamus seiner zuverlässigen Quelle entnehmen konnte, zumal Estienne bei Torfu den Zusatz macht: «Der Wald von Torfu, der heute gerodet ist» («La forest de Torfou, pour le iourdhuy destruicte»). Über die Stadt Montlehery bemerkt Estienne an anderer Stelle,[191] dass man sie früher «Mont le herry» nannte. Vielleicht inspirierte Nostradamus die Aussage von Estienne zur Einsiedelei, es handele sich um ein «früheres Räuberlager» («ancienne briganderie»), zu dem an den listigen Odysseus gemahnenden Einfallsreichtum des Herzogs von Estampes.

Neben dem *Guide* von Estienne griff Nostradamus sicher auf andere geographische Werke zurück, um gewisse Quatrains örtlich perfekt zu positionieren, zumal sich auch andere Reisewege in den Zenturien finden lassen.

C 8.48

Saturne en Cancer, Jupiter avec Mars,
Dedans Fevrier Caldondon salvaterre:
Sault Castallon assailly de trois pars,
Pres de Verbiesque conflit mortelle guerre.

Wörtliche Übertragung: Saturn im Krebs, Jupiter mit Mars, im Februar Caldondon gerettetes Land. Saltus Castulonensis wird von drei Seiten angegriffen. In der Nähe von Verbiesque gibt es einen tödlichen Krieg.

Der Vierzeiler beginnt mit der astrologischen Zeitangabe, wenn sich Saturn im Krebs und Jupiter in Konjunktion mit Mars befinden. Von der Abfassung der Verse bis zum Ende des 17. Jahrhunderts traten diese Konstellationen viermal gemeinsam auf, in den Jahren 1593, 1622, 1651 und 1680. Wahrscheinlicher erscheint mir, dass die astrologische Angabe eine beispielhafte Konstellation der Vergangenheit bezeichnet. Von September 1503 bis Mai 1504 befanden sich, wie es wörtlich bei Nostradamus heißt, «Saturn im Krebs, Jupiter mit Mars»: Alle drei Planeten bewegten sich die meiste Zeit in unmittelbarer Nähe zueinander im Zeichen Krebs und gingen durch Retrogradationen verschiedene Konjunktionen ein. Im Oktober 1503 und im Januar 1504 fanden Konjunktionen von Jupiter und Mars statt. Ihnen folgte im Juni 1504 die große Konjunktion von Jupiter und Saturn im Krebs, der in vielen Prognostica, wie wir gesehen haben, eine herausragende Bedeutung zugeschrieben wurde. Antonio Arquato zufolge war diese der Grund für den Umsturz Europas, und auch Nostradamus rief die mit ihr verbundenen Verhängnisse in Erinnerung. Wenn Nostradamus einen vergleichbaren Zusammenhang im Auge hatte, wenn Mars und Jupiter eine Konjunktion eingehen, während sich alle drei Planeten im Krebs befinden, könnte er Juni 1622 gemeint haben, als Saturn sich im Krebs befand und eine Jupiter-Mars-Konjunktion in diesem Zeichen stattfand.

Verwirrend auf den ersten Blick ist das, was Nostradamus für diesen Termin weissagt. Eindeutig geht es um einen Konflikt und einen tödlichen Krieg in der Nähe von Verbiesque, wie aus der letzten Zeile hervorgeht, und um einen Angriff auf Castallon von drei Seiten, wie es in der Zeile davor heißt. Gänzlich rätselhaft mutet indes die zweite Zeile an, in der wörtlich steht: «In Februar Caldondon gerettetes Land». Was soll das bedeuten? Einen Hinweis auf die Lösung gibt das einleitende «dedans», das immer örtlich gemeint ist im Sinne von «innen», «im Inneren», aber nicht zeitlich. Ist mit Fevrier vielleicht gar nicht der Monat Februar gemeint, und steckt hinter dem merkwürdigen «salvaterre» («gerettetes Land») etwas ganz anderes? Die uneinheitliche Orthographie speziell bei Ortsbezeichnungen lässt eine überraschende Lösung zu. Bei Virbiesque handelt es sich um einen Ort im spanischen Baskenland (Virbiesca, heute Briviesca) auf dem berühmtesten der Pilgerwege nach Santiago de Compostela. Verfolgen wir den Pilgerweg weiter, dann löst sich das Rätsel rasch. Wir stoßen auf drei weitere Orte: Puerto de Piedrafeda, dessen lateinischer Name Portus Montis Februarii («Fevrier») lautet, Zalduendo («Caldondon») und Salvatierra! Der einzige Ort, der sich nicht in dieser Gegend befindet, ist Saltus Castulonensis, ein zu Zeiten der Römer strategisch wichtiger Berg bei der Stadt Castulo im Süden Spaniens. Nostradamus datiert einen Angriff auf Saltus Castulonensis und Kriegshandlungen in der Nähe von Briviesca durch astrologische Konstellationen. Offenbar vermutete Nostradamus den Saltus Castulonensis ebenfalls in Nordspanien, zumal er diese Gegend genauer bezeichnet, indem er die Orte in der Nähe entlang des Pilgerpfades nach Santiago erwähnt.

Eine Bestätigung für diese Lösung liefert der Quatrain 86 derselben Zenturie:

C 8.86
Par Arnani Tholoser Ville Franque,
Bande infinie par le mont Adrian,
Passe riviere Hutin par pont la planque,[192]
Bayonne entrer tous Bichoro criant.

Paraphrase: Durch Hernani, Tolosa, Villafranca kommt ein riesiger Trupp über den Monte San Adrian. Der Fluss Hutin [Hurin] wird auf einer Brücke überquert, während sie schreiend nach Bayonne und Bigori eindringen.

Auch die hier erwähnten Ortschaften liegen auf dem Weg nach Santiago: Hernani, Tolosa, Villafranca del Oria, Monte San Adrian, Bayonne. In dieser Region liegen übrigens auch die Ortschaften Pau, Nay und Oloron, die in derselben Zenturie erwähnt werden (C 8.1.1 «PAU, NAY, LORON plus feu qu'à sang sera»), und die Brücke Ponteroso aus dem besprochenen Quatrain C 8.49.4 findet sich ebenfalls auf dem berühmten Pilgerweg nach Santiago. Bichoro könnte für Bigori, eine Region im Bearn im französischen Baskenland stehen, aber möglicherweise rufen die Menschen «Bichoro»: Nach Torné-Chavigny bedeute «bichoro» im baskischen Dialekt der Gegend «Streit», «Entzweiung».

Wie Jacques Halbronn nachgewiesen hat,[193] stützte sich Nostradamus nicht nur auf Estienne, sondern auch auf das ältere Buch *Livre des Saints Voyages*, das von Estienne teilweise mit verarbeitet wurde. Das *Livre des Saints Voyages* ist ein Buch der Pilgerrouten. Nostradamus scheint sich besonders an den darin beschriebenen Pilgerwegen nach Santiago des Compostela inspiriert zu haben. Für einige seiner Quatrains mit spanischen Ortsbezeichnungen waren die *Saints Voyages* zweifellos seine unmittelbare Vorlage, so auch für diesen Vierzeiler. In der Beschreibung einer Pilgerroute nach Santiago findet sich in dem Werk, nach Verlassen des französischen Reiches («Fin du Royaume de France»), die Ortsfolge: Der Fluss Hurin, Arnany, Villeneufve, Toulouzette, Ville Franque, Segove, Mont Saint-Adrian. Die Schablone ist offensichtlich.

Vielleicht gingen Nostradamus mit der Zeit die Orte aus, weil er so viel wie möglich, vor allem in Frankreich und den benachbarten Regionen, abdecken und den Wirkungskreis seiner *Prophéties* ausweiten wollte. Auch die Reaktion auf einen entsprechenden Wunsch von Verlegern oder Verehrern ist möglich. Deswegen durchforstete er geographische und landeskundliche Werke, um Weissagungen, die er einer bestimmten Region zugedacht hatte, anhand der exakten Orte zu beschreiben. Je mehr Regionen direkt angesprochen wurden, desto größer war der potenzielle Leserkreis. Zum anderen kann es auch nötig geworden sein, Orte zu finden, die sich für Reime eignen würden. Tausend Vierzeiler zu sehr ähnlichen Themen – das kann ermüdend wirken; da war frisches Material sehr erwünscht. Als Grundlage dafür eignete sich nichts besser als Ortsbezeichnungen. Sicher stützte er sich auf Atlanten. Möglicherweise lag ihm die berühmte große Karte von Europa von Gerhard Mercator (1512–1594) vor, die zuerst 1554 erschien. Neben den *Saints Voyages* und dem *Guide* von Estienne griff er wohl auf andere, nicht identifizierte geographische Bücher zurück, entnahm ihnen Wege und Ortschaften, die er nicht kannte, somit aber mit erstaunlichen Details zu beschreiben wusste. Durch die Entlehnung der oft merkwürdigen zusätzlichen Angaben («auf der linken Seite») und unerwarteten Toponyme («der weiße Stein», «der gerodete Wald») aus den

Reisebeschreibungen seiner Vorlagen erhöhte er die Rätselhaftigkeit der Aussage. Diese Art der Arbeit war freilich auch ein Gewinn für die Poesie, die von dem Wechsel und der Verschiedenheit lebt. Immerhin konnte er auf diese Weise einen harmlosen Vierzeiler gestalten, der sich so chamäleonhaft präsentiert, dass er bis heute von Heerscharen von Nostradamisten für die Prophezeiung eines markanten Ereignisses in der tragischen Geschichte Ludwigs XVI. gehalten wird.

DER VERRATENE KÖNIG Ein anderer Quatrain genießt unter den Verehrern unseres Autors gleiche Berühmtheit wie der Varennes-Quatrain. Auch er soll die Vorwegnahme von Ereignissen um Ludwig XVI. und die Französische Revolution beinhalten:

C 9.34
Le part soluz mary sera mittré,
Retour conflict passera sur la thuille:
Par cinq cens un trahyr sera tiltré
Narbon & Saulce par couteaux avons d'huille.

Verzichten wir für einen Augenblick auf die Paraphrase und rekapitulieren wir die Ausführungen der Interpreten. Nach Bareste hat Nostradamus auch in diesem Vierzeiler weitere Einzelheiten über das Schicksal Ludwigs XVI. exakt vorausgesagt.[194] Die darin geäußerten Prophezeiungen hält er für noch überraschender als jene des Varennes-Quatrains. Im ersten Vers sei Ludwig XVI. als «der Gatte allein» («le part soluz») angesprochen, der eine Art Mitra tragen solle: Wie man weiß, wurde ihm am 20. Juni 1792 die rote Jakobinermütze aufgesetzt. Bei der Rückkehr des Königs gab es tatsächlich einen bewaffneten Konflikt. Dann sei angedeutet, dass sich der König bei seiner Rückkehr in die Tuilerien begab («passera sur le thuille») und dass er von allen verraten wurde («par cinq cens un trahyr»); die Zahl 500 stehe dabei als Umschreibung für eine unbegrenzte Menge. Das weitaus Erstaunlichste sei aber, dass Nostradamus im letzten Vers die Namen von zwei Personen nenne, die Ludwig verraten hatten: der Minister Narbonne und ein gewisser Herr Sauce, der Krämer, bei dem die königliche Familie auf der Flucht nach Varennes die Nacht verbrachte und der am folgenden Tag seine Gäste denunzierte. Bareste korrigiert diesen Vers zu: «Narbon & Saulce par *quartauts* avons d'huille», das heißt «Saulce, der das Öl in Quartaut-Mengen verkauft». Ein «quartaut» (Vierteltonne) wird heute noch als Fassgröße mit 57 Liter Volumen für Burgunderweine verwendet.

Le Pelletier, der diese Exegese übernimmt, bietet zu einer Reihe von Worten noch eine besondere Auslegung, um die Verse mit den Geschehnissen, die sie vorgeblich abbilden, in Übereinstimmung zu bringen. «Par couteaux avons» im letzten Vers bestehe aus lateinischen Ausdrücken mit folgenden Bedeutungen: *per*, unter, in der Mitte von; *custos*, Wache, Wächter; *avus*, Großvater, Ahne. Er löst den Vierzeiler folgendermaßen: Dem betrübten Ehegatten allein wird bei seiner Rückkehr die Jakobinermütze aufgesetzt. Es wird eine Attacke durch fünfhundert Menschen auf die Tuilerien geben: Gemeint sind die fünfhundert Föderierten aus Marseille, die an der Spitze der Pariser Aufständischen den Sturm auf die Tuilerien in der Nacht vom 9. auf den 10. August 1792 anführten. Er wird von einem Adligen mit dem Namen Narbonne verraten, und ein Sohn und Enkel von Kerzen- und Ölhändlern namens Sauce wird ihn «in die Mitte von Wachen setzen lassen», also gefangen nehmen lassen.

In diesen Vierzeiler haben sich sicherlich zahlreiche Irrtümer eingeschlichen, weil viele syntaktische Fehler auffallen. Außerdem ist der Text der letzten Zeile weitgehend verstümmelt und unverständlich. «Soluz» im ersten Vers scheint eher auf das Lateinische *solutus* – von *solvere* (auflösen, trennen, losbinden) – zu verweisen als auf *solus* (allein). «Mary» wird als eine alte Schreibweise von «marri» («betrübt») wiedergegeben, aber Nostradamus verwendet dasselbe Wort an anderer Stelle im Sinne von «Gatte», etwa in der zehnten Zenturie: «Der Gatte und die Mutter werden die Schwiegertochter verschmähen» (C 10.55 «Mary & mere nore desdaigneront»). Was um alles in der Welt soll «durch Messer haben wir Öl» («par couteaux avons d'huille») in der letzten Zeile bedeuten? Hier wurde zweifellos wie so oft ein u mit einem n vertauscht. Schon in der Ausgabe von 1605 findet sich die Änderung «par conteaux». Dumézil schließt sich dieser Schreibweise an, trennt aber das Wort und kommt zu folgender Lösung: «par conte aux savons d'huille» («Durch Rechnung von Seifen auf Ölbasis»).[195] Prévost bietet eine andere Leseweise an: «par conte aux anons d'huille»,[196] wobei er «anons» vom Lateinischen *annona* (Lebensmittelversorgung) ableitet.

Und wie steht es um die beiden Herren Narbonne und Sauce? Nostradamus kannte die Gegend um die Stadt Narbonne sehr gut, er hatte dort eine Zeit lang als Arzt praktiziert.[197] Wir wissen, dass er im Jahr 1559 abermals in Narbonne zu tun hatte und auf dem Weg dahin einen Krankenbesuch beim Kardinal Lorenzo Strozzi in Béziers einlegte. Entsprechend häufig taucht Narbonne in seinen Zenturien auf, allerdings ausschließlich als Bezeichnung für die südfranzösische Stadt. Oft nennt er sie in Zusammenhang mit anderen Städten der Gegend wie Carcassonne und Perpignan. Seine gute Kenntnis der Region zeigt sich etwa im Vierzeiler C 8.22, in dem er zwei kleine Städte erwähnt: Gruissan an der Küste vor Narbonne und Tuchan auf dem Weg nach Perpignan. Kurz vor Perpignan befindet sich auch das Städtchen Salses oder Salces. Es ist offensichtlich, dass «Narbon & Saulce» im vierten Vers unseres Quatrains die Namen dieser beiden Städte sind.

Prévost platziert den Vierzeiler in das Jahr 1503. Frankreich und Spanien hatten ihren geheimen Plan gebrochen, sich Italien untereinander aufzuteilen; sie hatten «die Aufteilung aufgelöst» («le part soluz»). Der Kardinal Georges d'Amboise, der sich um die Außenpolitik Frankreichs kümmerte, war verärgert, als er bei der Papstwahl unterlag. «Marri sera mitré» bedeute deshalb, derjenige, der die Bischofsmütze trägt, wird sehr unzufrieden sein. König Ludwig XII. entschied sich, als Reaktion die Stadt Salces bei Perpignan an der spanischen Grenze zu belagern. Es handelte sich um einen Angriff in einer Gegend, wo die Häuser Ziegeldächer haben: «die Auseinandersetzung wird bei den Ziegeln stattfinden» («conflict passera sur la thuille»). Die Spanier fingen den Nachschub an Lebensmitteln ab, der für die Franzosen bestimmt war. Man sprach von Verrat. Deshalb wurde der Feldmarschall de Rieux, der fünfhundert Männer des französischen Heeres befehligte, durch den Grafen von Dunois ersetzt. Den Bericht über diese Ereignisse konnte Nostradamus den *Chroniques de Louis XII, 1499–1508* von Jean d'Auton oder dem *Rozier historial de France* von 1522 entnehmen. Aus diesen Werken geht auch hervor, dass der Nachschub für das französische Heer durch eine Vereinbarung vom 27. September 1503 «14 Ladungen Öl und 25 Zentner Kerzen» beinhaltete, wodurch auch der letzte Vers des Quatrains eine befriedigende Erklärung erfahren dürfte.

EIN BERG WIRD ZUM BALLON

C 5.57
Istra de mont Gaulsier & Aventin,
Qui par le trou advertira l'armee:
Entre deux rocs sera prins le butin,
DE SEXT. mansol faillir la renommée.

Paraphrase: Es wird einer hervorgehen vom Mont Gaussier und Aventin, der durch das Loch die Armee warnen wird. Zwischen zwei Felsen wird die Beute gemacht. Beim Mausoleum des Sextus wird der Ruhm erlöschen.

Eine fehlerhafte Leseweise hat Nostradamisten dazu verleitet, in diesem Vierzeiler die Vorwegnahme der Erfindung des Heißluftballons durch die Brüder Montgolfier im Jahr 1782 zu erkennen. Das Loch, von dem die Rede ist, sei das Loch des Ballons über der Gondel. Es sei aber auch, wie der Nostradamist John Hogue zu berichten weiß, das Spähloch im Himmel, als der französische General Etienne mit Hilfe eines Ballons die Stellung der feindlichen österreichischen Armee bei der Schlacht von Fleurus am 26. Juni 1794 ausspionieren ließ.[198] Aventin, einer der sieben Hügel Roms, stehe für den Heiligen Stuhl, und «Sext» bedeute Papst Pius VI. (*sextus*), der zu jener Zeit Papst war (1775–1799). Diesem Papst würde der Schatz des Vatikans («die Beute») einige Jahre nach der Schlacht von Fleurus durch die siegreichen Revolutionstruppen gestohlen werden, zumal der Kirchenstaat 1798 aufgelöst und zur Römischen Republik wurde und der Papst in Gefangenschaft geriet. Andere Exegeten sehen in «Aventin» vielmehr die Worte «a vent» («mit dem Wind») verborgen, also einen weiteren Hinweis auf den Heißluftballon.

Wie üblich genügen den «inspirierten Interpreten» einige Reizwörter und kreative Auslegungen, um zu einer Entschlüsselung zu gelangen. Um den eigentlichen Sinn der Worte machen sie sich keine Gedanken. Wo diese Interpreten «mont Gaulfier» lesen, steht in Wahrheit «mont Gaulsier». Ein Irrtum beim Lesen ist immerhin durchaus möglich. Wie gezeigt, wurde bei der altertümlichen Setzweise ein s innerhalb eines Wortes als ſ gesetzt, ein Zeichen, das sich sehr leicht mit einem f verwechseln lässt. Gemeint ist freilich ohne Zweifel der Mont Gaussier (alte Schreibweise: Gaulsier), eine 307 m hohe Erhebung der Alpilles unweit von Nostradamus' Geburtsstadt Saint-Rémy, den Vincent van Gogh in einem seiner Gemälde (*Der Mont Gaussier mit dem Mas de Saint-Paul*) unsterblich gemacht hat. Der letzte Vers zeigt eindeutig, dass es Nostradamus um die Beschreibung eines Geschehens geht, das sich in der unmittelbaren Umgebung von Saint-Rémy abspielt. Wir begegnen wieder dem Juliermonument (das Mausoleum) mit der Abkürzung «SEXT.» in der Inschrift wie in C 4.27.1 («Salon, Mansol, Tarascon de SEX. l'arc»). Wenn man beim Juliermonument und dem Triumphbogen in Richtung Süden auf die Kette der Alpilles blickt, erkennt man am Bergkamm, unmittelbar neben dem Mont Gaussier, einen charakteristischen Felsen mit zwei großen Löchern, von denen eines mannshoch ist; dieser Felsen ist als «Rocher des deux Trous» («Felsen der zwei Löcher») bekannt.[199] Ein idealer Aussichtspunkt und Platz für Warnsignale.

Der Aventin, einer der sieben Hügel Roms, scheint als eine typische Form nostradamischer Assoziation in diesen Quatrain geraten zu sein. Der Aventin besteht aus zwei kleinen Plateaus, die durch ein enges Tal getrennt sind, wodurch sich eine topographische Ähnlichkeit zum Mont Gaussier und zum Rocher des deux Trous ergibt, die durch die Schlucht Vallon de Saint-Clerg voneinander getrennt sind. Auch ein anderer Zusammenhang ist denkbar: Auf dem Aventin stand ein Tempel der Diana, und ein Diana-Tempel beziehungsweise ein Tempel der griechischen Artemis, die der römischen Diana entspricht, spielt in unserem Vergleichs-Quatrain C 4.27.4 eine Rolle. Die Warnung durch das Loch im Felsen ist zweifellos eine Reminiszenz an ein Ereignis aus dem Jahr 1536: Durch Signale aus einem Loch im Rocher des deux Trous neben dem Mont Gaussier wurde ein Handstreich gegen eine Abteilung der Truppen Karls V. während seiner versuchten Invasion in der Provence ausgeführt.

An diesem Vierzeiler lässt sich wieder gut die Arbeitsweise des Propheten nachvollziehen. Örtlichkeiten, die dazu angetan sind, durch ihre Geschichte oder durch ihre Bezeichnungen Assoziationen zu wecken, führt er so zusammen, dass sich Zeiten und Geschehnisse überschneiden, die durch ihre Ähnlichkeit in seinen Augen einen inneren Zusammenhang besitzen. Das so vermischte historische Material bildet eine Art Ferment, das zu vielfältigen Spekulationen verleitet. Es ist nicht immer einfach, die Elemente zu isolieren, aus denen die Strophen der *Prophéties* zusammengesetzt sind; es wäre vermessen zu glauben, dass dies bei allen Versen gelingen kann. Jedoch gibt es viele einzelne Komponenten, die mit großer Sicherheit zugeordnet werden können, weil sie zur Formensprache und zum Arbeitsschema von Nostradamus passen. Bei den hier besprochenen «berühmten Quatrains» genügt es durchaus, diese Faktoren freizulegen und zu analysieren, um zu einem Grundverständnis von Sinn und Aufbau der Verse zu gelangen. Es genügt auch, um zu zeigen, dass in diesen Vierzeilern nichts von dem vorweggenommen ist, was die Nostradamisten in ihnen zu erkennen glauben: Weder den Tod Heinrichs II. als Folge der Turnierverletzung oder die Flucht Ludwigs XVI. nach Varennes und den Verrat durch den Krämer Sauce noch die Erfindung des Heißluftballons hatte Nostradamus vorausgesehen oder gar vorausgesagt. Und wie steht es mit Napoleon?

«EIN KAISER WIRD IN DER NÄHE ITALIENS GEBOREN WERDEN» In verschiedenen Vierzeilern will man den Widerschein des großen Napoleon erkannt haben. Sozusagen der klassische unter den Napoleon-Quatrains ist der folgende:

C 8.57
De soldat simple parviendra en empire,

De robe courte parviendra à la longue:
Vaillant aux armes en eglise ou plus pyre,
Vexer les prestres comme l'eau fait l'esponge.

Paraphrase: Vom einfachen Soldaten wird er im Imperium an die Macht gelangen, von der kurzen Robe wird er zur langen wechseln. Tapfer mit Waffen, [aber] gegen die Kirche wird er noch schlimmer sein. Er wird die Priester schikanieren, wie es das Wasser mit dem Schwamm macht.

Für Bareste und Le Pelletier sind die Übereinstimmungen derart frappierend, dass sie kaum eines Kommentars bedürfen.[200] Der einfache Leutnant Napoleon Bonaparte trat an die Spitze des Imperiums und tauschte die kurze Kleidung eines Konsuls mit dem langen Kaisermantel. Geschickt und tapfer auf soldatischem Gebiet, bevormundete er die Kirche, wie es das Wasser mit dem Schwamm macht, indem er sie erhöhte und erniedrigte, wie es ihm beliebte.

Auf den ersten Blick scheinen diese Zeilen in der Tat auf Napoleon zu passen. Aber sie tun es nicht, weil Nostradamus die Machtergreifung von Napoleon vorausgesehen hatte, sondern weil er beispielhafte Verse verfasst hat, die in ihrer Aussage so allgemein sind, dass sie auf zahlreiche Herrscher und Usurpatoren anwendbar werden. Die Elemente sind simpel und bauen aufeinander auf. Der zentrale Bestandteil ist der Aufstieg vom Soldaten zum Kaiser. Vorbilder gab es in der von Nostradamus so sehr geliebten römischen Geschichte genug in der langen Reihe der tapferen und grausamen Soldatenkaiser, die irgendwo in fernen Provinzen von ihren Truppen zu Herrschern ausgerufen wurden und meist froh sein konnten, wenn sie ein Jahr auf dem Thron überlebten. Als Soldaten trugen sie die kurze, kniefreie Uniform. Einige unter ihnen haben sich als Verfolger der Christen hervorgetan, allen voran Decius, den die Donauarmee 249 zum Augustus ausrief; unter ihm wurden alle Christen zum Opfern vorgeladen. Den Richtern blieb es überlassen, wie sie diejenigen bestrafen wollten, die sich weigerten zu opfern: Verbannung, Güterkonfiskation, Hungertod, Steinigung, Verbrennen, Enthauptung oder eine andere Strafmaßnahme. Viele fielen von ihrem Glauben ab und brachten einem göttliche Ehre beanspruchenden Kaiserbild Weihrauch dar. Vielleicht hatte Nostradamus, als er diesen Quatrain schmiedete, Maximinus Thrax (235–238) im Sinn. Maximinus war ein Bauernsohn und stammte, wie sein Beiname sagt, aus Thrakien. Nachdem ihn seine Truppen zum Kaiser erhoben hatten, tat er sich durch eine terrorisierende und provozierende Politik gegenüber den oberen Schichten hervor. Als er Rom in ein wirtschaftliches Desaster stürzte und auch noch

Christenverfolgungen anzettelte, wurden Gegenkaiser erhoben. Sein Ende fand Maximinus Thrax wie die meisten von seiner Sorte: Er wurde von seinen eigenen Soldaten erschlagen.

Es waren solche historische Figuren und die mit ihnen verbundenen Berichte, die Nostradamus verleiteten, den Quatrain vom tapferen und grausamen Soldatenkaiser zu schmieden. Selbstverständlich würde dieser allgemein formulierte Text auf viele Herrscher der Vergangenheit und Zukunft passen; genau dies intendierte unser Autor. Im 17. Jahrhundert wollte beispielsweise Théophile de Garencières in dem Vierzeiler ein Porträt von Oliver Cromwell erkennen.[201] Selbst heute noch ließen sich Militärputschisten durch diesen Quatrain treffend charakterisieren.

Auch der folgende Vierzeiler gehört zu den klassischen Napoleon-Quatrains:

C 1.60
Un Empereur naistra pres d'Italie,
Qui à l'Empire sera vendu bien cher:
Diront avecques quels gens il se ralie,
Qu'on trouvera moins prince que boucher.

Paraphrase: Ein Kaiser wird in der Nähe Italiens geboren werden, der dem Reich teuer zu stehen kommen wird. Die Menschen werden sagen: «Mit welchen Leuten sich der zusammentut!», er, den man weniger als Herrscher denn als Schinder betrachten wird.

Mit diesem Vierzeiler ergeht es uns ganz ähnlich wie mit dem eben besprochenen, und in der Tat handelt es sich um dasselbe Thema. Es geht um einen grausamen Kaiser, woraus mehr oder weniger zwangsläufig folgt, dass er sich in den Augen seiner Untertanen mit schlechter Gesellschaft umgibt und dem Reich teuer zu stehen kommt. Der Kaiser wird «in der Nähe Italiens» geboren werden. Diese letzte Aussage reichte den Nostradamisten, um darin Napoleon zu erkennen, denn er wurde auf Korsika, also in der Nähe Italiens, geboren. Mit den letzten beiden Versen hatten sie jedoch ihre liebe Mühe, denn sie passten nicht in das Bild, das man sich von Napoleon machte. Bareste umgeht das Problem, indem er nur die ersten beiden Zeilen heranzieht und die anderen unterschlägt.

Wir treffen hier wieder nur auf zwei unabhängige Bestandteile, auf einen grausamen Kaiser und auf die Tatsache, dass er in der Nähe Italiens geboren wird. Schon dadurch wird deutlich, dass er mit dem Soldatenkaiser aus C 8.57 in engem Zusammenhang steht. Man muss die Aussage nur noch mit der historischen Sachlage in Verbindung bringen, dass zahlreiche der spät-römischen Soldatenkaiser aus der Gegend von Illyrien und Pannonien stammten, also aus dem Gebiet Jugoslawiens, Kroatiens, Sloweniens, Süd-ungarns und dem Südosten Österreichs. Der erste Soldatenkaiser panno-nisch-illyrischer Abstammung war der erwähnte Decius, der den Aufstieg der Illyrer einleitete. Er und viele seiner Nachfolger, darunter auch der Thraker Maximinus Thrax, waren Kaiser, «die in der Nähe Italiens» gebo-ren wurden. Auf Decius und Maximinus trifft alles zu, was wir in diesem Quatrain zu lesen bekommen. Decius' Versuch, die altrömische Tradition zu erneuern, ging auf Kosten der Christen, was «dem Reich teuer zu ste-hen» kam. Dem Reich teuer zu stehen kam allerdings auch die Politik von Maximinus Thrax, der die Wirtschaft brutal ausbeutete, um die Verdopp-lung des Soldes für sein Heer zu finanzieren. Beide konnte man mit Recht «weniger als Herrscher denn als Schinder» betrachten.

In seinem Almanach für 1554 spricht Nostradamus von einem neuen Diktator, «der trunken vor Rachsucht und Wollust und gefühllos wie Maxi-minus» sei.[202] Möglicherweise meinte er nicht Maximinus Thrax, sondern Maximianus, den Mitregenten des Diokletian. Dessen Strenge und Bruta-lität, vor allem bei den Christenverfolgungen, schildert Petrus Crinitus in seiner *De honesta disciplina* in einem Abschnitt, der unmittelbar auf die Be-schreibung der geheimen Zusammenkünfte der gnostischen Sekten folgt, die Nostradamus als Vorlage für den Quatrain C 1.42 diente.[203] Auch Maxi-mianus, der in Sirmium in Pannonien, also «in der Nähe Italiens» geboren wurde, kommt als Vorbild für den Quatrain in Frage.

Nostradamus bedient sich in gewohnter Weise an der reichen Farbpa-lette der römischen Geschichte, um den Prototyp eines aus dem gewöhn-lichen Volk zu imperialer Macht gelangten, kaltblütigen Herrschers zu por-trätieren – ein literarisches Gemälde, das bestens geeignet ist, Assoziationen zu wecken. Es ist durchaus möglich, dass Nostradamus Herrscher aus seiner Zeit im Auge hatte, die er anhand des antiken Vorbildes charakterisierte. In gleicher Weise wirkte das Muster weiter und veranlasste seine Leser, es mit den Mächtigen in ihrer jeweiligen Gegenwart in Beziehung zu setzen.

In jüngster Zeit läuft ein anderer Vierzeiler diesen beiden Vorgängern den Rang als «bester» Napoleon-Quatrain ab:

C 8.1
PAU, NAY, LORON plus feu qu'à sang sera,
Laude nager, fuir grand eaux surrez:
Les agassas entrée refusera,
Pampon, Durance les tiendra enserrez.

Paraphrase: In Pau, Nay und Oloron wird es mehr Feuer als Blut geben. Ein Großer wird durch die Aude schwimmen und vor dem Wasser auf eine Anhöhe fliehen. Das Hochwasser wird dem Pampon den Einlass verwehren, die Durance wird sie gefangen halten.

Die drei Städte im französischen Baskenland Pau, Nay und Oloron, die im ersten Vers genannt werden, gelten überzeugten Nostradamisten wie Stewart Robb als ein Anagramm für «Napoleon Roy», König Napoleon.[204] Es bedarf einiger «kreativer» Eingriffe in die Gestaltung des Anagramms, um zu diesem Ergebnis zu gelangen. War es aber einmal gefunden, konnten Schwärme von Epigonen nicht anders, als ebenfalls den Namen Napoleons hinter den Städtenamen verborgen zu erkennen. Da gibt es aber eine Reihe von Merkwürdigkeiten um dieses angebliche Anagramm. Der «Entdecker» des Anagramms ist der vielleicht berühmteste Exeget der *Prophéties*, der Curé de la Clotte, Henri Torné-Chavigny, ein glühender Verehrer von Nostradamus, der in vielen Veröffentlichungen so außerordentliche Lösungen für die poetischen Prophezeiungen seines Meisters gefunden haben will, dass der auf der Hand liegende wahre Sinn der Worte nicht wieder zu erkennen ist. In seinen *Lettres du grand prophète* wundert er sich, dass keiner vor ihm auf das offensichtliche Anagramm «Napaulaion roi» aus C 8.1.1 gestoßen sei.[205] Aber halt – Torné-Chavigny meint keineswegs Napoleon I., der nach St. Helena verbannt wurde, wo er 1821 starb; er meint vielmehr den Helden seiner eigenen Gegenwart, Napoleon III., den Neffen Napoleons I., der 1852–1870 Kaiser des *Second Empire* war![206]

Warum aber hatten nicht schon Bareste und vor allem Le Pelletier, der zahlreiche Quatrains Napoleon I. und Napoleon III. zuschreibt, dieses Anagramm gefunden? Ganz einfach: weil es als Anagramm ungeeignet ist. Napoleon heißt eben nicht «Napaulaion», auch wenn das Wort ausgesprochen so ähnlich klingen mag. Außerdem geht das von Torné-Chavigny vorgeschlagene Anagramm nicht auf: Auf Pau, Nay, Loron lässt sich bestenfalls «Napaulyon ro» oder «Napaulon roy» bilden. Auch das trifft nicht den Namen der gewünschten Person. Ich bin sicher, dass der einfallsreiche Poet aus Salon nicht um eine perfekte Umschreibung oder ein passendes Anagramm verlegen gewesen wäre, hätte er denn jemals gewusst, dass dereinst in Frankreich ein Kaiser mit Namen Napoleon den Thron besteigen würde. Ein Kaiser! Auch dies ist ein Hinweis, auf welch schwachen Beinen das Anagramm steht. Napoleon erhielt den Kaisertitel, weil man den Königstitel unbedingt vermeiden wollte. Der Titel war durch den Königsmord an Ludwig XVI. belastet; durch den Kaisertitel sollte das dynastische Prinzip fortgeführt werden und eine erbliche Kaiserwürde an die Stelle des Königtums treten. Ein Anagramm, das als Ergebnis nicht «Napoleon roi» (König Napoleon), sondern vielmehr «Napoleon empereur» (Kaiser Napoleon) aufweisen würde, wäre weitaus überzeugender gewesen.

Der Quatrain ist auf Grund einiger linguistischer Merkwürdigkeiten durchaus schwer zu interpretieren. Offenkundig geht es zunächst um kriegerische Auseinandersetzungen in der Region Bearn, wo die Städte Pau, Nay und Oloron liegen – eine Gegend, auf die Nostradamus in anderen Vierzeilern zurückkommt (C 8.85, C 8.86). Es geht auch um die Flucht eines bedeutenden Mannes über den Fluss Aude. In der zweiten Zeile heißt es in allen Ausgaben «[...] fuir grand aux surrez». Mit «surrez» meint Nostradamus Erhebungen, abgeleitet vom Lateinischen *surrigo* (erheben, in die Höhe richten). Der Mann, der durch die Aude schwimmt, flieht also auf eine Anhöhe. Eine Bestätigung für diese Leseweise bringt die folgende Zeile, in der das unbekannte Wort «agassas» zu vielen Fehlspekulationen geführt hat. Im Okzitanischen bedeutet «agas» ansteigendes Wasser oder Hochwasser.[207] Es handelt sich um ein Pluralwort, das Nostradamus in diese merkwürdige Form brachte, um der Metrik zu genügen. Das Ansteigen des Wassers verwehrt den Eintritt. Nun bringt Nostradamus dieses Hochwasser mit zwei Flüssen in Beziehung, einmal mit der Aude, die von den Pyrenäen nach Carcassonne fließt, zum anderen mit dem Fluss Durance in der Provence. Wenn Pampon eine Stadt bezeichnen soll, die durch das Hochwasser eingeschlossen wird, könnte Pamplona in Spanien oder Pampelonne nördlich von Albi gemeint sein. Aber beide Städte liegen nicht in der Nähe der genannten Flüsse. Vermutlich ist deshalb mit Pampon eine Person gemeint, dem durch die Überschwemmung der Einlass verwehrt wird. In C 8.97.1 ist von «le Pompotan» und in C 10.100.2 von «le pempotam» die Rede, was eine griechisch-lateinische Wortneubildung zu sein scheint, die eine überaus mächtige Person bezeichnet. Pampon könnte eine der Metrik angepasste Kurzform dieser Charakterisierung sein.

DIE «HITLER»-QUATRAINS Moderne Nostradamisten wollen in dem von Nostradamus öfter verwendeten Begriff «Hister» den Namen «Hitler» erkannt haben. Als die Nazi-Propaganda während des Zweiten Weltkriegs Nostradamus-Interpretationen in Umlauf brachte, die als Voraussage eines Sieges Deutschlands unter Hitler ausgelegt wurden, mussten die Texte des Nostradamus auch für einen psychologischen Gegenschlag herhalten.[208] In einer Propaganda-Publikation der englischen Geheimdienste findet sich ein erfundener Quatrain:

Hister quen luitte et fer au fait bellique
Aura portez plus grand que luy le pris
De nuit au lit six luy feront la picque
Nud sans harnois subit sera surprins.

Übersetzt wurde der Quatrain als: «Hister, der in seinem kriegerischen
Kampf mehr Siege (Preise) davongetragen hat, als für ihn gut war; sechse
werden ihn in der Nacht ermorden. Nackt, ohne Harnisch überrascht,
unterliegt er.»[209] Mit einer Person hat indes die Verwendung von «Hister»
bei Nostradamus nichts zu tun, und die Interpreten, die darin Hitler sehen
wollen, sind offensichtlich nicht in der Lage zu erkennen, dass Hister (oder
Ister) ein Toponym ist, das nur in Zusammenhang mit Ortsbeschreibungen
verwendet wird. Am Begriff Hister ist überhaupt nichts Geheimnisvolles; es
handelt sich um nichts weiter als den lateinischen Namen für die Donau. Im
Quatrain für Januar 1557 lesen wir: «Bar. Hister, Malte […]» («Die Barbaren an der Donau, in Malta […]»). Im Vierzeiler für Oktober 1558 heißt es:
«Pluye, vent, classe Barbare Ister, Tyrrhene» («Regen, Wind, die Flotte der
Barbaren auf der Donau und im Tyrrhenischen Meer»). Es geht jeweils um
die ständige Bedrohung durch die Türken im Mittelmeer und im Donau-
raum. «Man wird sagen, sie sind vom Rhein und von der Donau gekommen» (C 4.68.3 «Du Ryn & Hister qu'on dira sont venus»), heißt es in einem Vers der *Prophéties*.

Im Almanach für 1554 erklärt Nostradamus den Begriff deutlich: «In
diesem letzten Viertel [des Mondes] wird ein ziemlich gebildeter Mann entlang des Flusses Hister, genannt Donau, spazieren gehen. Die Erde wird
durchbrechen, und er wird in dem genannten Fluss ertrinken».[210] Der Passus ist noch aus einem anderen Grund von großem Interesse: Er erlaubt uns
nämlich einen seltenen Einblick in die Arbeitsweise des Propheten, wie ich
sie hier dargestellt habe. Die gleiche Geschichte, die uns der Prophet als
Weissagung für den November des Jahres 1554 präsentiert, hatte er bereits
als geschichtliches Ereignis im *Excellent & moult utile opuscule*, das er 1552
fertig stellte, mitgeteilt. Er spricht darin von Versen, die «auf Latein durch
Gaspar Ursinus Vellius geschrieben wurden, einen Berater am Hof in Wien.
Als er eines Abends entlang der Donau spazieren ging, brach die Erde
durch, und er stürzte und ertrank.»[211] Die Rede ist von dem schlesischen
Humanisten, Dichter und Historiographen der Habsburger, Caspar Ursinus, genannt Velius (1493–1539). Er ertrank unter mysteriösen Umständen
bei Wien in der Donau. Nostradamus hat nicht einfach auffällige Ereignisse
der Vergangenheit ins Futur gesetzt, um damit Stoff für seine Prognostica
zu haben; der Aufsehen erregende Tod hält vielmehr als beispielhafter

Schicksalsschlag für ein Unglück her, das einem Gebildeten in der Zukunft zustoßen werde: Die Musterfunktion ausgefallener Begebenheiten steht im Vordergrund.

EIN PLAGIAT GEGEN DIE TÖRICHTEN KRITIKER Zu den Merkwürdigkeiten gehört der einzige lateinisch geschriebene Vierzeiler in den *Prophéties*, der entweder als C 6.100 aufgenommen wird oder außerhalb der Zählung unmittelbar nach der 6. Zenturie steht. Es handelt sich um eine Warnung an Astrologen und an alle Ungebildeten, sich mit seinen Prophezeiungen auseinander zu setzen. Man fragt sich, warum er die Astrologen angreift, obwohl er selber einer war. Man fragt sich auch, warum er seine Prophezeiungen ausgerechnet in französischer Sprache geschrieben hat. Wäre es nicht sinnvoller gewesen, sie gleich lateinisch zu verfassen, um die Dilettanten auszuschließen?

Für die meisten Nostradamisten gilt dieser Vierzeiler als Beispiel der hohen poetischen Kunst ihres Meisters, vor allem auf Grund seiner vollendeten Formulierung in lateinischer Sprache. Für viele ist er auch Dreh- und Angelpunkt ihrer abstrusen «Entzifferungen». In Wahrheit sind diese Verse eine offensichtliche Reaktion auf die Kontroversen, von denen wir gehört haben. Der Quatrain ist gegen die Astrologen vom Schlag eines Laurens Videl gerichtet, die ihn hassten und ihm eine persönliche prophetische Inspiration absprachen. Aber vor allem stammt er überhaupt nicht aus der Feder von Nostradamus! Der Prophet hatte ihn in seinem Crinitus gefunden und mit wenigen Änderungen getreu daraus kopiert.

Der Vierzeiler ist überschrieben mit *Legis cautio contra ineptos criticos* (Sicherheitsübereinkommen gegen die törichten Kritiker) und lautet bei Nostradamus:

Qui legent hosce versus, maturè censunto:
Profanum vulgus, & inscium ne attrectato:
Omnesque Astrologi, Blenni, Barbari procul sunto:
Qui aliter faxit, is rité sacer esto.

Paraphrase: Jene, die diese Verse lesen, sollen reiflich darüber nachdenken. Die profanen und unwissenden Menschen mögen sie nicht anrühren. Und alle Astrologen, Tölpel und Barbaren sollen verschwinden. Derjenige, der anders handelt, soll verdammt sein.

Das Original in *De honesta disciplina* von Petrus Crinitus finden wir unter demselben Titel.[212] Es lautet:

Quoi legent hosce libros, maturè censunto:
Profanum volgus, & inscium ne attrectato:
Omnesque legulei, blenni, barbari procul sunto:
Qui aliter faxit, is rité sacer esto.

Nur zwei Wörter ersetzt Nostradamus: Statt «Bücher» schreibt er «Verse», und statt «Gesetzeskrämer» (*legulei*) schreibt er «Astrologen». Sogar einen grammatischen Fehler hat er getreu kopiert,[213] den freilich die von Ehrfurcht ergriffenen Nostradamisten immer noch ebenso getreu abschreiben. In ähnlicher Weise baute unser Autor möglichen Kritikern seiner Übersetzung *Paraphrase de C. Galen* vor, indem er im Widmungsbrief einen Zehnzeiler «gegen die dummen Übersetzer» einfügte.[214]

Als belesener Humanist kopiert Nostradamus bisweilen nur seine literarischen Vorlagen und verändert sie leicht, um sie seinen Zwecken anzupassen. Man darf nicht dem Irrtum verfallen, zu meinen, dass Nostradamus damit seine Leser täuschen oder betrügen wollte. Bei allem zur Schau gestellten Kenntnisreichtum an Schriften antiker Autoren waren die Gelehrten der Renaissance bescheiden in dem Sinne, dass sie die Meinung ihrer großen Vorbilder über alles stellten. So wurden häufig Aussagen eines antiken Schriftstellers wörtlich übernommen, denn was die großen Autoritäten sagten, galt schlichtweg als nicht besser darstellbar.

NOSTRADAMISTISCHER INTERPRETATIONSWAHN Wir haben gesehen, wohin die kreativen Auslegungen der Nostradamisten führen. Sie erfinden ein ganzes System von «Beweisen», um den Text ihrer subjektiven Lösung anzupassen. Zumal viele inspirierte Interpreten von ihrem Gegenstand nahezu besessen sind, nimmt diese Vorgehensweise gelegentlich pathologische Züge an. Beispielhaft führe ich hier nur eine der traurigsten Entfaltungen von prophetischem Interpretationswahn an. Sie stammt vom deutschen Autor Wolfgang-Hermann Krone. Sein Fall führt uns vor Augen, welche Resultate erzielt werden, wenn man sich unter dem Drängen endzeitlicher Ängste den Schriften des Nostradamus zuwendet. Krone war 1989 durch eine ans Pathologische grenzende Auslegungsleistung von zwei Quatrains des Nostradamus zu der Erkenntnis gelangt, der Dritte Weltkrieg stehe unmittelbar bevor. So dringend war sein Anliegen, dass er Angst hatte, keine Zeit mehr zu haben, einen Verlag zu finden, der vor den schrecklichen Ereignissen seine warnende Erklärung abdrucken würde. Darum versandte er seine beiden Arbeiten *Sonne Orient* (1989) und *Großes Feuer. Ein Vierzeiler des Nostradamus. Ein Morgen des dritten Weltkriegs* (1989) als Fotokopien.[215] Krone schaffte es, in acht Verszeilen (C 2.91 und C 5.62), die klassische Vorzeichen und astrologische Anspielungen enthalten, grauenhafte Kriegsereignisse sekundengenau hineinzulesen:

C 5.62
Sur les rochers sang on verra pleuvoir,
Sol Orient, Saturne Occidental:
Pres d'Orgon guerre, a Rome grand mal voir,
Nefs parfondrees, et prins le Tridental.

Paraphrase: Auf den Felsen wird man Blut regnen sehen, wenn die Sonne im Osten und der Saturn im Westen stehen wird. In der Nähe von Orgon wird es Krieg geben, in Rom wird man großes Übel sehen. Schiffe werden untergehen, und das Tridens <eine Galeere mit einem Dreizack als Schiffsschnabel> wird aufgebracht.

C 2.91
Soleil levant un grand feu lon verra,
Bruit et clarte vers Aquilon tendants.
Dedans le rond mort et cris l'on orra,
Par glaive feu, faim, mort les attendants.

Paraphrase: Bei Sonnenaufgang wird man ein großes Feuer sehen, mit Lärm und Strahlen nach Norden ausgerichtet. Inmitten des Feuerballs wird man die Schreie der Sterbenden hören. Die Zeugen werden durch Schwert, Feuer und Hunger getötet werden.

In C 5.62 erkennen wir den Topos des Blutregens als klassisches Vorzeichen. Dieses Omen trete auf, wenn Sonne und Saturn in Opposition stehen, was sich jedes Jahr wiederholt. Dann werde es bei Orgon, ganz in der Nähe von Salon, kriegerische Handlungen geben. Zugleich soll es Konflikte in Rom geben, und Schiffe werden untergehen. In C 2.91 ist das große Feuer ebenfalls ein Prodigium, das Nostradamus Julius Obsequens nachgebildet hat und das im Jahr 91 v. Chr. den Ausbruch des Bürgerkriegs in Rom ankündigte: «Bei Sonnenaufgang strahlte am Himmel gegen Norden ein Feuerball, der von einem lauten Donnern begleitet wurde» [114]. Nostradamus verwendet seine Vorlage, um sie mit dem schrecklichen Feuertod von Menschen in Verbindung zu bringen.

Nach einer nicht nachvollziehbaren, überaus fantastischen «Deutung» von C 5.62 auf astrologischer Basis errechnet Wolfgang-Hermann Krone ein Weltkriegsgeschehen, ausgelöst durch atomar bewaffnete U-Boote in Asien, für den 14. Juli 1990: «Deshalb ist der 14. Juli 1990 nicht nur ein Tag des dritten Weltkriegs. Er ist ein Tag der astronomischen, aber auch der astrologischen Unausweichlichkeit.» Noch skurriler werden die Auslegungen für den Quatrain C 2.91. In diesem will Krone einen furchtbaren nuklearen Angriff auf Europa für den 5. August 1990 erkennen. Er kommt zu dem Ergebnis: «Wir haben die Sicherheit der richtigen Entschlüsselung von Jahr, Monat, Tag und Zeitpunkt.» Der Nuklearangriff hätte demnach am 5. August 1990 um 2 Uhr 16 Minuten und 53 Sekunden über Helsinki, Stockholm und Trondheim beginnen sollen, um 4 Uhr 12 Minuten und 13 Sekunden hätte Rom nuklear zerstört sein müssen, kurz darauf Paris (4:34:31 Uhr) und London (4:36:03 Uhr).

Wir stehen hier vor einem der extremsten Beispiele, wohin das bedingungslose Akzeptieren eines Textes als prophetischer Wahrheit führen kann, wie die eigene Angst entfacht und die kollektive Furcht geschürt wird. Man erkennt zugleich, dass die Unkenntnis der kulturgeschichtlichen Rolle von Prodigien erst solche Blüten der Exegese zu treiben imstande ist.

DATIERTE WEISSAGUNGEN Die bedeutenden «Treffer» in den berühmten, von den Nostradamisten ehrfürchtig verehrten Quatrains haben sich als Luftbauten erwiesen, als Hirngeburten kreativer Uminterpretation. An ihnen zumindest lässt sich nicht nachweisen, dass Nostradamus über die Fähigkeit der Vorausschau verfügte. Indes, es gibt noch eine weitere, wenn auch sehr kleine Gruppe von Vierzeilern, die für diese Untersuchung geeignet erscheinen: Das sind all jene Verse, in denen angebliche künftige Vorfälle mit einer genauen Jahreszahl verbunden werden. Schon im *Brief an Heinrich II.* hat Nostradamus, wie wir gesehen haben, einige Ereignisse mit Jahreszahlen versehen.

In der *Pronostication nouvelle* für 1558 verkündet er großes Elend angesichts einer Mondfinsternis. Dieses würde bis zum Jahr 1562 andauern. Am 14. Mai des Jahres 1562 würden sich die kriegerischen Auseinandersetzungen zum Frieden wandeln.[216] Zum Frieden wandelte sich 1562 nichts, ganz im Gegenteil: Am 30. März brach der erste Religionskrieg aus. Erst nach der Ermordung von Franz von Guise (1519–1563) im Februar 1563 kam es am 19. März desselben Jahres zum Friedensschluss mit dem Erlass von Amboise.

Über die Wirkung einer anderen Mondfinsternis von 1559 schreibt Nostradamus:

Die weltlichen wie die geistlichen Könige, Herrscher und Monarchen der Erde, sollten warnen, dass sie <die Mondfinsternis> durch Ungläubige die christliche Religion betrifft und gewisse Ereignisse androht, wie ein anderes, aber viel grauenerregenderes und unheilvolleres Geschehen im Jahr 1605 kommen wird, dessen Wirkung, obwohl die Zeit bis dahin noch sehr lange ist, nichtsdestoweniger jenem dieses Jahres nicht unähnlich sein wird, wie ausführlicher in der Interpretation der zweiten Zenturie meiner Prophezeiungen erklärt wurde.[217]

Nostradamus wählte das Jahr 1605, weil in diesem Jahr im September eine Mondfinsternis stattfinden würde, gefolgt von einer totalen Sonnenfinsternis am 12. Oktober.[218] Die daraus resultierenden furchtbaren Ereignisse konnten also vergleichbar mit denen der Mondfinsternis von 1559 sein. Er kündigte große Tragödien für die christliche Religion an, die durch Ungläubige ausgelöst würden. Diese Ungläubigen konnten islamische Völker sein oder Protestanten. Für beide Fälle lassen sich keine auffallenden historischen Ereignisse finden, die auf das Jahr 1605 passen würden. Die blutigen Religionskriege waren vorbei. Zwar war noch der so genannte Zweite Türkenkrieg im Gange, den Kaiser Rudolf II. mehr schlecht als recht führte. Aber dieser Krieg hatte schon 1593 begonnen und konnte demnach keine Folge der Mondfinsternis von 1605 sein.

Wenden wir uns nun den Jahreszahlen in den prophetischen Quatrains zu:

C 6.2
En l'an cinq cens octante plus & moins,
On attendra le siecle bien estrange:
En l'an sept cens, & trois cieux en tesmoings,
Que plusieurs regnes un à cinq feront change.

Paraphrase: Im Jahr 1580 mehr oder weniger wird man das Zeitalter sehr seltsam vorfinden. Die Himmel sind Zeugen, dass im Jahr 1703 mehrere Reiche – eines bis fünf – eine Umwälzung erfahren werden.

Nostradamus nennt hier die Jahreszahlen, indem er die 1000 weglässt, wie es üblich war und wie man es beispielsweise heute noch im Italienischen macht: 580 und 703 bedeuten mithin 1580 und 1703. Diese Jahreszahlen stehen in Zusammenhang mit großen Konjunktionen von Saturn und Jupiter. Im Jahr 1580 «mehr oder weniger» ereignete sich eine große Konjunktion, nämlich im Mai 1583 im Zeichen Fische. Aus diesem Grunde hatten viele Astrologen und Propheten bedeutende Umwälzungen für die 1580er Jahre angekündigt. Cyprian Leowitz beispielsweise beschrieb in seinem Werk *De conjunctionibus* die Wirkung der großen Konjunktion von 1583 und wie ihr eine Ansammlung nahezu aller Planeten im Widder gegen Ende März und Anfang April 1584 folgte.[219] Kurz darauf gab es eine Sonnenfinsternis bei 20° im Stier in unmittelbarer Nähe des Sternes Algol; dieser Stern im Sternbild des Perseus ist auch als das Medusenhaupt bekannt und galt als äußerst gewalttätiger und gefährlicher Stern. Als Herrscher betrachtete Leowitz den Planeten Venus, der mit den fünf Planeten im Widder in Verbindung stehe. Aus einer derart alarmierenden Konstellation leitete Leowitz das Auftauchen eines riesigen Kometen ab sowie zahlreiche Vorzeichen für schreckliche Ereignisse, die sich als Folge der Himmelserscheinungen zutragen würden.

Im Almanach für das Jahr 1558 schreibt Nostradamus: «Unzählige andere Parteien werden entstehen, nicht nur in diesem Jahr, sondern beinahe bis zum Jahr 1585, für das ich noch größere Tumulte vorhersehe, als es jemals gab.»[220] Im *Widmungsbrief an Heinrich II.* hatte Nostradamus die Jahre 1585 und 1606, wie wir gesehen haben, gesondert hervorgehoben als Jahre, in denen sich Besonderes ereignen würde.

Auch die Ereignisse zum Jahr 1703 im Quatrain stehen in Zusammenhang mit einer *maxima coniunctio*. Gemäß Roussat würde die in seiner Zeit nächste größte Konjunktion von Saturn und Jupiter mit dem Wechsel in das Feuer-Trigon im Zeichen Widder im Jahr 1702 stattfinden, was tatsächlich im Mai der Fall war.[221] Er sah für dieses Ereignis umfangreiche Veränderungen und Umstürze in den Reichen der Welt voraus. Zweifellos bezieht sich Nostradamus auf diese beiden Konjunktionen. Somit können die Prophezeiungen über die Jahre «um 1580» und 1703 nicht als ureigene Weissagungen des Nostradamus gelten. Es handelt sich vielmehr um die konventionelle astrologische Deutung von großen Konjunktionen in der Tradition von Albumasar und Pierre d'Ailly, wie sie im 16. Jahrhundert überall geläufig war und wie wir sie in gleicher Weise bei Kollegen des Propheten wie Postel und Leowitz wieder finden können.

Betrachten wir trotzdem kurz die tatsächlichen Ereignisse um das Jahr 1580 und 1703. Chavigny bringt die Aussage aus dem Almanach von 1558 über die Tumulte von 1585 mit dem letzter der Religionskriege, «dem schlimmsten von allen», in Zusammenhang.[222] Der siebente Religionskrieg fand im Jahr 1580 statt, gefolgt vom achten und letzten von 1585 bis 1598. Wenn man die Religionskriege zur Grundlage nimmt, dann hätte Nostradamus mit vielen Jahreszahlen «Treffer» landen können. Die ganzen letzten vier Jahrzehnte des 16. Jahrhunderts waren in Frankreich vom Bürgerkrieg mit religiösem Hintergrund geprägt. So gesehen hätte beinahe jede Jahreszahl zwischen 1560 und 1600 mit Aufständen, kriegerischen Auseinandersetzungen usw. in Zusammenhang gebracht werden können, ganz gleich welche Nostradamus nennen würde. Mit dem Jahr 1702 oder 1703 lassen sich indes keine besonderen Vorkommnisse verbinden.

Über die ersten Jahre des 17. Jahrhunderts hat Nostradamus mehrere datierte Weissagungen hinterlassen.

C 8.71
Croistra le nombre si grand des astronomes
Chassez, bannis & livres censurez.
L'an mil six cens & sept par sacre glomes,
Que nul aux sacres ne seront asseurez.

Paraphrase: Die Anzahl von Astronomen, die gejagt, verbannt und deren Bücher zensiert werden, wird stark ansteigen. Im Jahr 1607 werden [die Astronomen] nicht mehr sicher sein, nicht einmal bei den heiligen Zeremonien mit den *glomi*.

Das merkwürdige Wort «glomes» bezieht sich auf ein besonderes Gebäck, das bei Opferhandlungen Verwendung fand.[223] Nostradamus sagt für das Jahr 1607 eine Verfolgung von Astrologen voraus. Mehrfach hat er vor dem Niedergang der Gelehrsamkeit gewarnt, wie wir in C 1.62.1 gesehen haben. Schon in seinem *Brief an César* [40] schrieb er von dem «so großen und unvergleichlichen Schaden», den die Geisteswissenschaften erleiden würden. Augenscheinlich sah er den Verfall der Geisteswissenschaften verbunden mit einer Ausgrenzung der gelehrten Astrologen. Dieses Thema tritt auch in der vierten Zenturie auf:

C 4.18
Des plus letrés dessus les faits celestes
Seront par princes ignorants reprouvés:
Punis d'Edit, chassés, comme scelestes,
Et mis à mort là où seront trouvés.

Paraphrase: Einige unter den gelehrtesten Astrologen werden von unwissenden Prinzen getadelt und durch ein Edikt bestraft werden. Sie werden gejagt wie Kriminelle und getötet werden, wo man sie finden wird.

Nostradamus hat nicht nur viel persönliche Kritik an seinen astrologischen Prognostica erfahren, er hat auch den Widerstand bestimmter akademischer Kreise gegen die Astrologie und die scharfen Reaktionen von Seiten der Regierung mit diversen Erlässen gegen die Schreiber von Almanachen erlebt. Die «Voraussage» einer Verfolgung und Verdammung von Astrologen spiegelt persönliche Erlebnisse dieser Art. Nostradamus fürchtete vor allem um die gelehrte Astrologie, deren Meisterschaft ihm bekanntlich von Laurens Videl, La Daguenière und dem Autor der *Premiere invective* abgesprochen wurde. Der Verfall der Astrologie als hoher intellektueller Kunst setze sich in dem Maße fort, in dem die vulgäre Astrologie überhand nehme. Er sah dies auch in Zusammenhang mit dem Wiedererstarken der okkulten Wissenschaften und der Alchemie, die zu stärkeren Auseinandersetzungen und Widerständen führen würden, unter denen auch die gehobene Form der astrologischen Wissenschaft zu leiden haben würde. Gegen Ende seines Lebens fühlte sich der große Prophet und Astrophile von Salon, diese zum Mythos gewordene Figur Nostradamus, so sehr von diesen Entwicklungen abgestoßen, dass er sich weigerte, seinen Kindern die Astrologie beizubringen, wie aus einer interessanten Passage in seinem Almanach für 1566 hervorgeht.

Die Angriffe gegen die Astrologie erscheinen Nostradamus als eine Gefahr der unmittelbaren Zukunft. Im Grunde war es nur eine Verschlechterung der ohnehin bereits schwieriger gewordenen Situation für die Astrologie als Wissenschaft. Nostradamus hatte indes einen nicht unerheblichen Anteil daran. Scharlatane überschwemmten in Scharen den Markt mit ihren fragwürdigen Almanachen und Prognostica; viele schwammen auf der Welle der Erfolge des Propheten von Salon. Sie kopierten ihn, und die Verleger hatten nichts Eiligeres zu tun, als Plagiate, betrügerische Nachahmungen und gefälschte astrologische Weissagungen, Machwerke der plattesten Art bisweilen, unter dem Namen des Nostradamus auf den Markt zu werfen. Die Masse an billigen Imitationen und von pseudo-astrologischen Werken unausgebildeter Schwindler brachte die wissenschaftlichen Arbeiten, die von hoher mathematischer Kunst und philosophischem Tiefgang geprägt waren, in Verruf. Am Hof machte man sich Gedanken darüber, wie man die ausufernde Wahrsagerei wieder in den Griff bekommen könnte. Die Divination war stets ein propagandistisches Instrument der Herrschenden gewesen; nun drohte sie so allgemein und gemein zu werden, dass ihre Wirkung nicht mehr vorhersehbar war. Sie wurde zur Gefahr, die durch Erlässe gebannt werden sollte, wie zur Zeit des 5. Laterankonzils, als der Klerus gegen die Prophezeiungen der Priester und Prediger einschreiten musste. Nostradamus war einer der wichtigsten Auslöser für jene Zustände, deren Eintreten er bedauerte.

Verfolgungen und Unterdrückungen der Astrologen sagte Nostradamus in C 8.71.3 auch für das Jahr 1607 voraus. Eine prophetische Vorwegnahme lässt sich allerdings nicht erkennen. Es gab in diesem Jahr in dieser Hinsicht nichts Auffälliges. Vielmehr scheint für Nostradamus das Jahr 1607 ein Jahr der Umbrüche, der Aufstände und von Widrigkeiten verschiedenster Natur zu sein. Den Abschnitt aus dem Almanach für 1561 habe ich bereits zitiert, in dem Nostradamus ein göttliches Strafgericht wegen des Überhandnehmens von Sekten für das Jahr 1607 ankündigte. Er verglich dabei das Geschehen mit jenem von 1504, als eine große Konjunktion im Krebs stattgefunden hatte. Schon damals hatten zahlreiche Astrologen für die darauf folgenden Jahre, in denen sich der Einfluss der gefährlichen Konjunktion bemerkbar machen würde, gewaltige Umwälzungen bis hin zur Geburt des Antichrist vorausgesagt. Roussat hatte, wie wir gesehen haben, eine solche besonders gefährliche und verderbliche Konjunktion für das Jahr 1641 im Feuerzeichen Schütze angekündigt. Tatsächlich gab es eine Saturn-Jupiter-Konjunktion im Schützen bereits im Dezember 1603.[224] Im Herbst des folgenden Jahres kam es zu einer dreieckigen Gruppierung von Saturn, Jupiter und Mars im Schützen – ein Feuerdreieck im Feuer-Trigon. Die Astrologen schlossen deshalb auf das Erscheinen eines Kometen.

Offensichtlich geht die Bedeutung, die Nostradamus dem Jahr 1607 als einem Jahr der Umwälzungen zuschreibt, auf die Nachwirkung der großen Konjunktion im Schützen und weiterer bedrohlicher Konstellationen im Feuer-Trigon zurück. Ein deutliches Zeichen dafür ist der Umstand, dass er für dieses Jahr nicht allein eine Unterdrückung der Astrologie und das Wuchern von Sekten verkündigte, sondern auch eine enorme Katastrophe durch ein riesiges, zerstörerisches Feuer. Im Almanach für 1555 schreibt er zum Monat Juni: «Am Ende dieses Monats und in einem Teil des folgenden wird man in mehreren Ländern meinen, dass sich der Weltbrand des Vesuvs oder Phaetons ein weiteres Mal ereigne. Wiewohl ein Teil seines Feuers unfehlbar 1607 kommen wird.»[225]

Noch ein weiteres Mal erscheint das Jahr 1607 in einem Vierzeiler:

C 6.54
Au poinct du iour au second chant du coq,
Ceux de Tunes, de Fez, & de Bugie,
Par les Arabes, captif le Roy Maroq,
L'an mil six cens & sept, de Liturgie.

Paraphrase: Bei Tagesanbruch, beim zweiten Hahnenschrei, werden die Leute von Tunis, Fez und Bejaja durch die Araber [angegriffen]; der König von Marokko wird im Jahr 1607 der christlichen Zeitrechnung gefangen genommen.

Der Begriff «Liturgie» im letzten Vers steht hier, um zu verdeutlichen, dass die Jahresangabe im Sinne der christlichen Zeitrechnung gemeint ist. Eigentlich ist dieser Hinweis unnötig, zumal der Prophet bei anderen Jahreszahlen ohnehin diese Zählweise voraussetzt; er fügt ihn allein des Reimes und der poetischen Variabilität wegen ein. Nostradamus hat sich in diesen Zeilen jedoch schwer zu komplettierende Weglassungen erlaubt, und die Satzzeichensetzung gestattet verschiedene Auslegungen des Gesagten. Zunächst gibt es kein Verb, wodurch man erfahren könnte, was die Leute von Tunis, Fez und Bejaja bei Tagesanbruch machen oder was ihnen widerfahren soll; am wahrscheinlichsten erscheint mir ein Angriff auf diese Städte. Auch ist nicht klar, ob der marokkanische König in dieser Zeit ein Gefangener sein wird oder ob er von den Arabern gefangen genommen wird. Von einem kann man jedoch getrost ausgehen, ohne dem Schöpfer dieser Zeilen Unrecht anzutun: In diesen Versen geht es um Auseinandersetzungen an der nordafrikanischen Küste, an denen die Araber beteiligt sind, und um einen König von Marokko, der in Gefangenschaft gerät. Im Jahr 1607 passierte jedenfalls nichts dergleichen.

C 10.91

Clergé Romain l'an mil six cens & neuf,
Au chef de l'an fera election:
D'un gris & noir de la Compagne yssu,
Qui onc ne fut si maling.

Paraphrase: Zu Beginn des Jahres 1609 wird der römische Klerus einen Grauen und Schwarzen wählen, der aus einer [religiösen] Gemeinschaft hervorgegangen ist. Niemals gab es einen bösartigeren Mann.

Der Vierzeiler ist nur in dieser verstümmelten Form auf uns gekommen. Der letzte Vers besteht lediglich aus sieben Silben; weder reimt sich «maling» auf «election»[226] noch «neuf» auf «yssu». Trotzdem ist im vorliegenden Fall die Aussage eindeutig. Nostradamus prophezeit die Wahl eines bösartigen Papstes für Anfang 1609. In diesem Jahr wurde kein Papst gewählt. Dabei lag die Chance, einen «Treffer» zu landen, recht hoch. In den

15 Jahren von 1590 bis 1605 wurden nicht weniger als sechs Päpste gewählt, zwischen September 1590 und Januar 1592 allein vier, im Jahr 1605 gab es zwei Papstwahlen.

Wenn man die Bezeichnung «de la Compagne yssu» als «de la Compagnie Jesus» liest, dann könnte Nostradamus auf einen unangenehmen Papst aus den Reihen der Jesuiten anspielen und auf einen, der aus einer religiösen Gemeinschaft hervorgegangen ist, in der man sich grau und schwarz kleidet. Ich denke allerdings, dass Nostradamus etwas anderes im Sinn hatte. Der Schlüssel liegt wieder in der Charakterisierung «grau und schwarz», wie im berühmten Varennes-Quatrain. Die Wahl eines «Grauen und Schwarzen» zum Papst und die Feststellung, dass «es nie einen Bösartigeren gab», sind Hinweise auf den grauen Mönch mit den schwarzen Flecken aus der *Prognosticatio* von Lichtenberger: Nostradamus stellt in Aussicht, dass dieser falsche Prophet und Vorläufer des Antichrist auf den Stuhl Petri gelangt.

Ein weiteres Datum aus dem 17. Jahrhundert ist erwähnenswert. Im Almanach für 1555 schreibt Nostradamus zum Monat Mai:

Der Angriff, der durch französische Christen gegen die Barbaren geführt wurde, wird auf die Zerstörung der Christen selbst zurückschlagen. Denn im Jahr 1655 werden die Barbaren alles innehaben. Was das betrifft, kann ich mich kaum der Tränen erwehren, obwohl die Zeit [bis dahin] noch lang ist. Denn die Macht der Bewohner des Südens wird zu einem so gewaltigen Reich anwachsen, dass es zu bezweifeln ist, ob nicht die Barbaren in weniger als hundert Jahren alles besetzen bis hierhin; aber das wird keiner mehr erleben, der heute lebt.[227]

Die hier angekündigte enorme Ausweitung eines islamischen Reiches im Westen mit der Besetzung Frankreichs bis zum Jahr 1655 steht in merkwürdigem, doch auffallendem Gegensatz zu der Weissagung im Almanach für 1566, die ich weiter oben untersucht habe. Darin kündigte Nostradamus den Niedergang der islamischen Reiche für 1582 oder 960 Jahre nach der Hedschra an. Für weitere 72 Jahre später, also für 1654, verhieß er eine große Auseinandersetzung zwischen zwei muslimischen Herrschern, mit der sich die Hoffnung auf eine interne Aufreibung der islamischen Welt verband. Dieselbe Zeit, zwei völlig konträre Weissagungen – doch keine von beiden zutreffend.

C 1.49

Beaucoup beaucoup avant telles menées
Ceux d'Orient par la vertu lunaire
L'an mil sept cens feront grand emmenées,
Subjugant presques le coing Aquilonaire.

Paraphrase: Viel später als jene Ereignisse, <die in dem vorangegangenen
Quatrain angesprochen wurden>, werden die Leute aus dem Orient
durch die Macht des Mondes im Jahr 1700 große Expeditionen
durchführen und beinahe den gesamten Norden Europas unterwerfen.

Die erste Zeile bezieht sich auf den bereits besprochenen Quatrain C 1.48,
in dem allerdings keine Ereignisse dargestellt werden, sondern vielmehr
nur allgemein von der Erfüllung der Prophezeiungen nach dem Ablauf von
sieben Millennien die Rede ist. Im Vordergrund steht dort die Zeitherrschaft des Mondes, die nach Roussat von 1533 bis 1887 dauert. Es ist diese
Herrschaft des Mondes, die den Osmanen, deren Bannerzeichen die Mondsichel ist, besondere Macht verleihe. Wöllner vermutet, dass Nostradamus
das Jahr 1700 wegen der Sonnenfinsternis vom 13. September 1699 in 0°
Waage ausgewählt hat.[228]
    Was geschah im Jahr 1700 wirklich? Nachdem sich Sultan Mehmed IV.
in der Schlacht bei St. Gotthard an der Raab 1664 den Österreichern geschlagen geben musste und der Großwesir Kara Mustafa zwischen dem
13. Juli und dem 12. September 1683 Wien vergeblich belagert hatte, begann der Niedergang der Osmanen. Mustafa II. gelang es immerhin, bis in
den Banat und nach Siebenbürgen vorzudringen und Temesvár einzuneh-
men. In Karlowitz an der Drau wurde am 26. Februar 1699 Frieden mit Österreich, Polen und Venedig geschlossen und im Jahre 1700 auch mit Russ-
land. Immerhin gab es noch einmal «große Expeditionen» gegen den
Norden Europas, allerdings später, als der Prophet vorhersagte, und diese
führten keineswegs dazu, dass die Osmanen beinahe den ganzen Norden
unterwarfen. Es war vielmehr ein letztes Aufflackern vor herben und endgültigen Rückschlägen. Unter Ahmed III. brach 1711 der Krieg mit Russ-
land aus. Der Zar musste sich in der Schlacht am Pruth geschlagen geben,
einen Waffenstillstand mit den Türken schließen und ihnen die Stadt Asow
überlassen. Aber schon im August 1716 besiegte Prinz Eugen von Savoyen
bei Peterwardein die fast doppelt so starke osmanische Streitmacht. Im
Oktober desselben Jahres verloren die Osmanen Temesvár und im August
1717 Belgrad an Österreich.

C 3.77

Le tiers climat soubz Aries comprins
L'an mil sept cens vingt & sept en Octobre,
Le Roy de Perse par ceux d'Egypte prins:
Conflit, mort, perte: à la croix grand opprobre.

Paraphrase: Im dritten Klima, das unter dem Einfluss des Widders steht,
wird im Oktober 1727 der König von Persien von den Ägyptern
gefangen genommen. Es wird eine Schlacht geben, Tod und Niederlage.
Dem Christentum wird eine große Demütigung widerfahren.

In der Zone des dritten Klimas liegen Alexandrien und Unterägypten. Die
Gebiete in diesen Breitengraden unterliegen dem Einfluss des Widder;
dazu zählen auch Syrien, Palästina, Idumaea und Judäa. Persien untersteht
dem Zeichen Stier. Offenbar meint Nostradamus, dass der persische König
bei einer Expedition in den Nahen Osten oder nach Ägypten 1727 gefangen
genommen wird. Wöllner vermutet abermals in einer Sonnenfinsternis am
3. September 1727, deren Zentralitätszone von der Nordwestküste Afrikas
durch die Sahara bis zum Indischen Ozean reichte, die Wahl des Jahres und
des Monats.[229] Wiederum lassen sich die angegebenen Daten und die vorausgesagten Ereignisse nicht mit der geschichtlichen Realität in Einklang
bringen.

Johann Christoph Adelung, der Nostradamus für einen Scharlatan und
Betrüger hielt, bemerkt in seiner *Geschichte der menschlichen Narrheit* 1789
herablassend: «Ich will den sehen, der es unternehmen mag, in Ansehung
dieser und anderer ähnlicher Weissagungen die Ehre des Propheten aus der
Geschichte zu retten. Diese hätten also schon längst einem jeden die Augen
über den Träumer öffnen können, wenn dem Aberglauben und der Leichtgläubigkeit mit einer solchen Öffnung der Augen gedient wäre.»[230]

Zum Ende des vergangenen Jahrhunderts fieberten die Nostradamisten
einem Datum entgegen, für das der Meister eine kryptische Prophezeiung
hinterlassen hatte. Die angekündigten Ereignisse sollten 1999 stattfinden,
am Ende eines Jahrtausends. Freilich waren sie dazu angetan, endzeitliche
Ängste zu schüren:

C 10.72

L'an mil neuf cens nonante neuf sept mois,
Du ciel viendra un grand Roy d'effrayeur:
Resusciter le grand Roy d'Angolmois,
Avant, apres Mars regner par bon heur.

Paraphrase: Im Jahr 1999 und sieben Monaten wird vom Himmel ein großer Schreckenskönig kommen. Er wird den großen König von Angoulême wieder auferstehen lassen. Davor und danach wird Mars glücklich regieren.

Mit «Roy d'Angolmois» ist keineswegs ein König der Mongolen gemeint, wie einige inspirierte Interpreten selbstsicher verkünden. Es geht natürlich um die Grafschaft Angoulême im Herzogtum Aquitanien, die 1220 an das Haus Lusignan kam, 1308 von König Philipp IV. eingezogen wurde und mehrfach Apanage königlicher Nebenlinien war. Franz I., selbst Sohn eines Grafen von Angoulême aus dem Hause Valois-Orléans, erhob Angoulême 1515 zum Herzogtum für seine Mutter Louise von Savoyen.

Ganz offensichtlich hat Nostradamus, wenn er vom «großen Schreckenskönig» am Himmel spricht, ein astronomisches Ereignis im Sinn, das ihm als Vorzeichen dient. Am 11. August 1999 fand in Mitteleuropa eine totale Sonnenfinsternis statt; nach dem julianischen Kalender wäre das Datum der Sonnenfinsternis der 29. Juli 1999, wie der Prophet schrieb, «im Jahr 1999 und sieben Monaten». Lassen wir für den Augenblick das beiseite, was Nostradamus als Folge der Himmelserscheinung geweissagt hat: War es denn überhaupt möglich, das Datum einer Sonnenfinsternis, die erst in 450 Jahren stattfinden würde, mit solcher Genauigkeit zu berechnen? Oder müssen wir diese Leistung einem präkognitiven Eindruck zuschreiben?

Sonnen- und Mondfinsternisse sind weder außergewöhnlich noch selten. Durchschnittlich treten in 1000 Jahren etwa 1543 Mondfinsternisse (davon 716 totale und 827 partielle) und etwa 2375 Sonnenfinsternisse (659 totale, 773 ringförmige, 838 partielle und 105 ringförmig-totale) auf. Etwa alle anderthalb Jahre erfolgt eine totale Sonnenfinsternis, wobei der Mond in einem dünnen, quer über die Erde verlaufenden Streifen mit seinem Kernschatten für ein paar kurze Augenblicke die Sonne vollständig verdeckt. Der Streifen einer totalen Sonnenfinsternis ist zwischen einem und maximal 200 Kilometer breit und mehrere tausend Kilometer lang.

Am 11. August 1999 begann die totale Sonnenfinsternis von der Küste der Normandie um 12:16 Uhr Sommerzeit und führte weiter über Nordostfrankreich, den Süden Belgiens und Luxemburg. Um 12:33 Uhr erreichte der Kernschatten das Rheintal im Süden Deutschlands. In Stuttgart dauerte die totale Finsternis zwei Minuten und 17 Sekunden; der Kernschatten erreichte eine Breite von 109 Kilometern. Um 12:41 Uhr verließ der Kernschatten Deutschland, zog weiter über die östlichen Alpen nach Ungarn, Rumänien, das Schwarze Meer, den Osten der Türkei, über den Irak, Iran, Pakistan bis nach Indien, wo der Mondschatten die Erde wieder verließ.

Tatsächlich ist es möglich, dass ein Astrologe im 16. Jahrhundert die letzte Sonnenfinsternis vor dem Jahr 2000 mit annähernder Genauigkeit berechnen konnte. Die Bewegungen von Sonne und Mond waren seit Ptolemäus bekannt, ebenso die Bewegung der Knotenlinie des Mondes. Allerdings waren nur wenige, die so genannten «mathematischen Astrologen», in der Lage, derart komplexe Rechenaufgaben zu lösen. Wir wissen, dass die Rechenkünste von Nostradamus beschränkt und fehlerhaft waren. Aber auch ohne die erforderlichen mathematischen Fähigkeiten konnte Nostradamus den Zeitpunkt einer weit in der Zukunft liegenden Sonnenfinsternis vorherbestimmen. Dafür stand ihm die Saros zur Verfügung: Die Saros ist eine Periode von 18 Jahren, 11 Tagen und 8 Stunden, nach der sich Finsternisse über einen Zeitraum von mehreren Jahrtausenden zyklisch wiederholen. Schon die Chaldäer kannten den Saros-Zyklus für die periodische Wiederkehr von Mondfinsternissen. Man erkannte bereits in der Antike, dass sich der Zyklus ebenso auf Sonnenfinsternisse anwenden lässt. Allerdings ändern sich die Bedingungen allmählich: Es gibt Finsternisse, die aus dem Zyklus herausfallen, und andere, die hinzutreten. Im Mittel verbleibt eine Mondfinsternis etwa 1000 Jahre im Zyklus, eine Sonnenfinsternis etwa 1200 Jahre. Die zwei bis fünf Sonnenfinsternisse, die jährlich stattfinden, gehören zu einer ganzen Anzahl verschiedener Saros-Zyklen, die nebeneinander laufen.

Ohne besonderen Rechenaufwand konnte eine Finsternis durch den Saros-Zyklus auf den Tag genau über Tausende von Jahren hinaus vorausbestimmt werden. Was man in der Renaissance noch nicht konnte, war die Berechnung des jeweiligen Sichtbarkeitsbereiches und des exakten Zeitpunktes einer Finsternis. Dafür waren Rechenoperationen über den Lauf von Sonne und Mond mittels der Himmelsmechanik nötig, die zu jener Zeit noch nicht entwickelt waren. Erst der Mathematiker Leonhard Euler (1707–1783) stellte die Grundlagen dafür bereit.

Die Finsternis vom August 1999 gehörte zu dem relativ jungen 145. Zyklus, der am 4. Januar 1639 begann und erst im 20. Jahrhundert totale Finsternisse lieferte. Zu Nostradamus' Zeiten gab es aber noch partielle Finsternisse aus dem auslaufenden 109. Zyklus (der bis zum 5. April 1837 ging). Ein unerfahrener Prognostiker konnte auf die Idee kommen, die Daten dieses Zyklus hochzurechnen. Das Ergebnis wäre der 13. Juli 1999 gregorianisch (30. Juni julianisch), also einen Mondmonat früher, aber immerhin recht genau.

Aus der Analyse der Vorgehensweise des Nostradamus geht hervor, dass er nicht seine paranormalen, sondern seine Rechenkünste bemühte, um zu diesem Ergebnis zu gelangen. Das Himmelszeichen beschreibt er poetisch als «großen Schreckenskönig» und setzt es nach bekannter Manier in Verbindung mit irdischen Umwälzungen, in diesem Fall mit dem Auftauchen eines Kriegerkönigs nach dem Vorbild Franz' I., Graf von Angoulême.

VIERTER TEIL

POET UND VISIONÄR

Wenn das Feuer der Begeisterung nachgelassen hat,
verstehen viele Dichter selbst nicht recht, was sie geschrieben haben.

Agrippa von Nettesheim, *De occulta philosophia*

Astrologe und Wahrsager

SPONTANE WEISSAGUNGEN UND KONSULTATIONEN Die prophetischen Fähigkeiten des Nostradamus werden entweder fraglos akzeptiert oder rundweg abgelehnt. Während die Nostradamisten der Chimäre echter Prophezeiungen in jeder Verszeile der *Prophéties* nachlaufen, sehen ihre eingefleischten Gegner nirgends die Zukunft vorweggenommen. Beide Herangehensweisen vergeben sich so eine wichtige Frage, die unbedingt geklärt werden muss. Es ist die Frage, ob Nostradamus wirklich über präkognitive Fähigkeiten verfügte. Ihre Beantwortung ist für die Einschätzung der Persönlichkeit des Sehers von Salon von großer Bedeutung. Von den starrköpfigen Gegnern ist nicht zu erwarten, dass sie ernsthaft eine Antwort auf diese Frage suchen. Sie definieren sich geradezu als Gegner durch die strikte Ablehnung jeglicher Möglichkeit von Vorausschau; Nostradamus ist ihr Paradebeispiel für einen Scharlatan und Betrüger und für die Unmöglichkeit, Künftiges vorherwissen zu können. Die Nostradamisten ihrerseits bemühen sich ebenso wenig um eine Klärung, zumal ihnen ihre abenteuerlichen Auslegungen der Quatrains als Beweis genügen. Im Übrigen sind sie viel zu sehr mit ihren eigenen Darstellungen beschäftigt, als dass sie sich wirklich um Wesen und Bedeutung von Persönlichkeit und Werk von Michel de Nostredame kümmern könnten.

Die historisch-kritische Forschung unterlässt es, die Frage nach den paranormalen Fähigkeiten überhaupt zu stellen. Entweder interessiert dieser Aspekt überhaupt nicht, weil Nostradamus lediglich als Figur der Literatur- und Ideengeschichte betrachtet wird, oder er wird in der überheblichen Haltung der rationalen Wissenschaft als unerheblich oder *als a priori* unmöglich beiseite geschoben. Auf diese Weise kann man Nostradamus nicht umfänglich gerecht werden.

Wenn wir die «okkulten Praktiken» und die prophetische Selbstdarstellung des Nostradamus betrachten, dürfen wir nicht der Versuchung verfallen, sie von der Warte einer vermeintlichen kulturellen und wissenschaftlichen Überlegenheit aus zu verstehen. Nicht nur gilt es, Nostradamus in seine Zeit und seinen kulturellen Kontext zu stellen, sondern man muss auch die Möglichkeit in Betracht ziehen, dass psychophysische Dispositionen und bestimmte rituelle Handlungen jene paranormalen Eindrücke begünstigen könnten, die der Prophet zu erleben vorgibt.

Eine wichtige Quelle zur Einschätzung, ob Nostradamus Dinge vorhergesagt hatte, die sich bewahrheiteten, sind seine Almanache. Es ist ihr Sinn und Zweck, nicht auf eine unbestimmte Zukunft bezogen zu sein, sondern vielmehr auf das Jahr, für das sie verfasst wurden. Die Weissagungen in den Almanachen sind sogar noch weiter eingegrenzt auf die Monate, darin auf die Phasen des Mondes, sogar auf bestimmte Tage. Außerdem sind diese Prophezeiungen in Prosa viel leichter verständlich und offensichtlich als die undurchdringlichen Zenturien der *Prophéties*.

Laurens Videl attackiert die seherischen Gaben mit einem Argument, das Nostradamus sicher getroffen hat, denn er greift zur Begründung auf den ersten Aphorismus aus dem *Centiloquium* des Pseudo-Ptolemäus zurück, jenen Abschnitt, den Nostradamus als die Grundlage für die Rechtfertigung seines prophetischen Stils genommen hat. Videl schreibt, nach Ptolemäus müssen «jene, die Einzelheiten vorhersagen wollen, göttlich inspiriert sein».[1] Aber das sei Nostradamus gewiss nicht, zumal für einen Tag, an dem viele Adelige und hohe Herren getötet wurden, in seinem Almanach das Gegenteil vermerkt stehe: «großzügige Geburt».

Durch solche spezifischen Aussagen wurde Nostradamus angreifbar. Die Weissagungen zu den einzelnen Tagen, Monaten, Jahreszeiten ließen sich stets überprüfen. Schon bei einem kursorischen Blick über den Verlauf der Ereignisse war es seinen Kritikern aufgefallen, dass er bisweilen richtig lag, aber häufig auch vollkommen daneben. Seine «Treffer» verteilten sich zufällig, wie sie jedem auch ohne die geringsten paranormalen Fähigkeiten gelingen. Buget hat sich die Arbeit gemacht, nach Analogien zwischen den Ausführungen im Almanach für 1563 und den wichtigsten Ereignissen des Jahres 1563 zu fahnden. Er fand keinen Hinweis auf die Belagerung von Orléans, den Tod des Herzogs von Guise, das Edikt von Amboise und die Zurückgewinnung von Le Havre aus der Hand der Engländer durch Karl IX. Die meisten vorhergesagten Ereignisse stünden sogar in schroffem Gegensatz zu den Geschehnissen dieses Jahres und der folgenden, bis zum zweiten Religionskrieg. Auch in den monatlichen und täglichen *présages* konnte er keine korrekten Weissagungen finden. Allein im Kommentar zum 27. Februar fand er einen Eintrag, der passend sein konnte, wenngleich er sich auf vieles anwenden ließ: «Welch verabscheuungswürdige Schandtat!» Es ist der Tag, nach dem der Herzog von Guise ermordet wurde.

Laurens Videl kritisiert auch die Hintertürchen, die sich Nostradamus offen hält, zumal er sich besonders über die «unfehlbare Sicherheit», mit der die von ihm geweissagten Dinge eintreten sollen, ärgert. Im Almanach für 1552 steht die Voraussage von Nostradamus: «Dem unsterblichen Gott möge es gefallen, dass Krieg, Hunger, Unfruchtbarkeit, ungewöhnliche Witterung und der Tod von Vieh, was mit Sicherheit eintreffen wird, nicht so sein wird, wie es deutlich angezeigt ist.»[2] Videl kommentiert:

Ist es nicht die Tat eines Dummkopfs, im genannten Prognosticum für das Jahr 1552, wenn du den höchsten unsterblichen Gott bittest, dass Krieg, Hunger, Unfruchtbarkeit und das Sterben von Vieh, was sicher kommen wird, nicht so sein soll? Nachdem du sagst, dass es sicher eintreffen wird, warum stellst du dann Gebete an, dass es nicht kommen möge? Zeigst du damit nicht, dass du dir selbst widersprichst?[3]

Diese Art des Umgangs mit den eigenen Weissagungen ist natürlich problematisch, aber man darf sie nicht überbewerten. Der Rekurs auf die göttliche Fügung ist eine Konvention und eine Absicherung gegenüber möglichen Einwänden gegen die Almanache von kirchlicher Seite. Freilich bleiben die unglücklichen Formulierungen bestehen und liefern so den Kritikern Material an die Hand.

In Lyon hatte Nostradamus seine wichtigsten Verleger. Bei mehreren Besuchen pflegte er jahrelange Freundschaft mit vielen bedeutenden Persönlichkeiten der Stadt. In seiner *Pronostication nouvelle pour l'an 1558* spricht der Prophet im Widmungsbrief an Guillaume de Gadagne, den Seneschall von Lyon, von einem seiner Aufenthalte in Lyon. Er wohnte als dessen Gast in einem der schönsten Renaissance-Bauwerke der Stadt, dem Hôtel de Gadagne auf dem rechten Ufer der Saône. Heute beherbergt der imposante Bau das historische Museum der Stadt. Die Familie Gadagne, mächtige Bankiers aus Florenz, die das Anwesen 1545 erwarb, war für ihre rauschenden Feste bekannt. Die gehobene Gesellschaft ging in diesem Haus ein und aus, und viele Honoratioren und Gelehrte der Stadt machten Nostradamus ihre Aufwartung. Sie kamen nicht nur aus Neugier, um den berühmten Astrologen und Propheten kennen zu lernen, sie konsultierten ihn auch als Wahrsager.

Ein Bericht von einer spontanen Voraussage anlässlich einer Abendgesellschaft ist uns von einem Augenzeugen erhalten, Gabriel de Saconay, dem Domherren aus Lyon, der in vielen Schriften die Hugenotten bekämpfte. Die Einladung, bei der Nostradamus seine Prophezeiung machte, fand wahrscheinlich in dem Haus statt, das der Humanist und kaiserliche Kammerdiener Pierre Sala (1457–1529) errichtet hatte und das unter dem Namen «l'Antiquaille» («alter Plunder») bekannt war. Saconay zufolge fand die Gesellschaft in einem der angenehmsten und am höchsten gelegenen Häuser der Stadt statt. Das Haus lag auf einem Hügel mit herrlichem Blick über die Stadt. Nostradamus wird gerne diesen Ort aufgesucht haben, denn Sala hatte auf seinem Gelände Ausgrabungen veranlasst, bei denen man zahlreiche römische Altertümer zutage gefördert hat. Heute sind ein Amphitheater und mehrere Bauwerke freigelegt; von Salas Haus ist allerdings nur ein Portal übrig geblieben. An seiner Stelle befindet sich nun die Klinik Hôpital de l'Antiquaille, ein maroder kafkaesker Bau, von dessen Fenstern aus man aber noch jene Aussicht genießen kann, die Nostradamus zu seiner spontanen Weissagung inspiriert haben muss. Im Jahr 1572, als er zum Dekan des Domkapitels von Saint-Jean aufstieg, veröffentlichte Gabriel de Saconay ein Buch, in dem er vom Besuch des Sehers erzählt:

Nach dem Abendessen streckte er <Nostradamus> seinen Kopf aus dem Fenster und verharrte eine Zeit lang in Kontemplation der Stadt, die er fast vollständig überblicken konnte. Nachdem er befragt wurde, was er wohl denke, antwortete er: Ich betrachte diese schöne Kirche von Saint-Jean, deren Zerstörung kommen wird, und stünde sie nicht unter dem Schutz Gottes wegen des Gottesdienstes, den man dort in so religiöser Weise feiert, würde schon in Kürze nicht mehr Stein auf Stein stehen bleiben. Wie kann man gegenwärtig sagen, dass Satan nicht mit von der Partie war, als diese Bedrohungen angezettelt wurden, da er nun einmal seinem Favoriten Nostradamus so guten Rat erteilt hat.[4]

Saconay zufolge boten die Protestanten zwei Jahre nach der Prophezeiung von Nostradamus den Maurermeistern viel Geld, um die große Kirche von Saint-Jean in Lyon niederzureißen. Es fehlte nicht mehr viel, und sie wären handelseinig geworden. Aber in der Hauptsache, so Saconay, war es der Güte Gottes zuzuschreiben, dass diese und viele andere Kirchen «gegen die Anstrengungen der Hölle, welche die Taten der Ketzer sind», bewahrt wurden.[5] Hatte Nostradamus eine Vorahnung, dass die Kirche Gefahr lief, von fanatischen Protestanten geschliffen zu werden, dass sie aber dennoch diesem Schicksal entgehen würde? Möglich wäre es durchaus.

Während ihrer Rundreise durch Frankreich kam Katharina von Medici mit ihrem Sohn König Karl IX. und Heinrich von Navarra im November 1564 durch Salon. Dort konsultierte sie abermals den berühmten Propheten. Bei ihrem Besuch forderte Katharina den Seher von Salon auf, die Horoskope für Karl IX. und für sie selbst zu erstellen. Bei dieser Gelegenheit prophezeite Nostradamus dem König ein langes Leben, was übrigens im Gegensatz zu der schon zu Lebzeiten des Nostradamus umlaufenden Geschichte steht, der Prophet habe der Königin bei seinem Besuch am Hof in Paris 1555 zu verstehen gegeben, sie würde alle ihre Söhne als Könige erleben. Um die alarmierenden Gerüchte einzudämmen, die durch das Königreich gingen, schrieb Katharina nach dieser Unterredung in Salon dem Konnetabel Anne de Montmorency in einem Brief, Nostradamus habe dem König versprochen, «er würde so lange leben wie sie, und er sagte, dass er neunzig Jahre erreichen werde, bevor er stirbt».[6] Karl IX. lebte nach dieser Aussage noch zehn Jahre; als er am 30. Mai 1574 starb, war er gerade einmal 24 Jahre alt geworden.

Möglicherweise ist Nostradamus bei der Tour des Königs durch Frankreich noch einer Einladung des Königs nach Arles nachgekommen, zumal sich der Hof nur einen Tag in Salon aufhielt, aber drei Wochen in Arles blieb. César de Nostredame berichtet jedenfalls, dass der König nach seinem Vater schicken ließ und dieser von seinem Besuch in Arles durch den König und die Königinmutter reich entlohnt zurückkehrte. Ob Nostradamus bei dieser Gelegenheit oder schon beim Zusammentreffen in Salon die Titel «Conseiller et Médecin Ordinaire du Roy» («Berater und Leibarzt des Königs») erhalten hat, kann nicht entschieden werden.[7] Die Prophezeiungen für den jungen König Karl IX. müssen unter dem Gesichtspunkt von Anstand und Etikette betrachtet werden. Einem vierzehnjährigen Jungen, der in einer sehr schwierigen Zeit den Thron Frankreichs bestiegen hatte – als verschiedene politische Kräfte versuchten, sich für den Kampf um die Macht in die beste Position zu bringen –, vorauszusagen, er habe nur noch wenige Jahre zu leben, scheint vermessen. Freilich bedeutet das keineswegs, Nostradamus hätte es besser gewusst und nur der gebotenen Höflichkeit wegen ein sehr langes Leben prophezeit. Nostradamus wurde von Katharina zu seinen Weissagungen aufgefordert; er stand also durchaus unter Erwartungsdruck. Aber der Prophet hat sich immer wieder auch selbst als «Hoforakel» angeboten, wollte unbedingt das Horoskop für den jungen Monarchen stellen. Hätte er wirklich eine Ahnung von der kurzen Lebensdauer auch dieses Sohnes von Katharina gehabt, hätte er es wahrscheinlich vorgezogen, kein Horoskop zu erstellen und darüber zu schweigen.

Aus einem Brief des spanischen Botschafters Don Francès de Alava an seinen König Philipp II. vom 5. Februar 1565 aus Toulouse geht hervor, was Nostradamus Katharina noch bei diesem letzten Treffen vorhergesagt habe:[8] Im Jahr 1566 werde ein allgemeiner Frieden auf Erden herrschen, im französischen Reich sei es außerordentlich ruhig. Katharina habe ihm dies berichtet mit einem derart seligen Gesichtsausdruck, «als hätte es ihr der heilige Johannes oder der heilige Lukas gesagt». Diese Weissagung steht in markantem Gegensatz zu den Aussagen in seinem Almanach für 1566, wo es gleich zu Beginn heißt:

In diesem Jahr 1566 sehe ich sehr große Gewalt, Angriffe und Schrecken in Dingen der Religion und die Besitztümer der Kirche betreffend: So stark, dass es kaum jemanden geben wird, der sich zu der einen oder einer anderen Religion bekennen wird. [...] Denn trotz der

Anstrengungen der Herrscher, ihre Reiche zu befrieden, wird der Großteil dieses Jahres fürchterlicher sein auf Grund dieses neuen Feindes, der seit langer Zeit kommen und sich nähern musste. Er wird nicht weniger zu fürchten sein als das Grauen eines Unwetters, wegen der Angst, die er mit sich bringen wird.[9]

Die unterschiedlichen Aussagen können zweifach bewertet werden. Entweder hat der spanische Botschafter einen falschen Bericht abgeliefert, oder Nostradamus gab bei persönlichen Konsultationen, speziell mit gekrönten Häuptern, diplomatische Versionen seiner Voraussagen, wobei er auch nicht davor zurückschreckte, für eine bestimmte Periode den Frieden zu versprechen, obgleich er bereits die schrecklichsten Kriege prophezeit hatte. Tatsächlich stimmte eher die private Version, die der spanische Botschafter kolportierte, als die Voraussagen im Almanach. 1566 war es relativ ruhig, obwohl man von einem allgemeinen Frieden auf Erden weit entfernt war: Der zweite Religionskrieg brach im darauffolgenden Jahr aus.

Die Klienten des Nostradamus im 16. Jahrhundert legten vor allem in das Auffinden von Schätzen große Hoffnungen. Mit seinen vielen Hinweisen in den *Prophéties* und den Almanachen auf vergrabene und versteckte Preziosen hat Nostradamus die diesbezüglichen Erwartungen selber angefacht. Dominique Saint-Étienne und Jammot Pathon, zwei Abenteurer aus Toulouse, wollten in Spanien nach einem Schatz suchen. Am 20. Januar 1562 beantwortet Nostradamus ihr Begehren in einem eleganten Brief, dem er sechs Quatrains anschließt.[10] Er stellt ein Horoskop für den angeblichen Schatz und schickt die beiden Männer nach Aragonien in die Provinz Teruel, wo sie ihn finden würden. Nostradamus nimmt die Gelegenheit wahr, im Vorratskorb der Geschichte des Altertums zu wühlen. Es handele sich um nichts weniger als um den Schatz von Cnaeus und Sextus, den Söhnen des Pompejus, den sie rasch verstecken mussten, als sie von den Anhängern Cäsars in Spanien verfolgt und schließlich besiegt wurden. Dabei macht er widersprüchliche Angaben, wo dieser Schatz zu finden sei. Er spricht von der Feldmark Batestania (*ager Batestanus*) in der Nähe von Saragossa, wo die Kämpfe Cäsars gegen die Söhne des Pompejus stattgefunden haben sollen. Wenn er darunter das Bastetanien meint, von dem Plinius in seiner *Naturgeschichte* spricht, dann muss man danach in einer ganz anderen Region suchen, nämlich in Südspanien in den Provinzen Almeria, Murcia und Granada. Die Kämpfe Cäsars gegen Cnaeus und Sextus fanden allerdings allesamt noch weiter im Süden Spaniens statt, in der Provinz Baetica. Cnaeus hatte in Spanien eine große Armee aufgestellt und nötigte so Cäsar, persönlich einzugreifen. Im Jahr 45 v. Chr. unterlagen die Brüder ihm bei

Munda (das heutige Montilla) südlich von Córdoba. Dieses Gebiet hieß damals Sedetania.

Wo immer sich der Ort befinden sollte, den Nostradamus meinte, jedenfalls sei dieser an den Überresten von Altertümern erkennbar, die er den Schatzsuchern in spe in allen Einzelheiten beschreibt: Im Westen könne man Trümmer aus Marmor sehen, Statuen von Kühen und Stieren, sowie Urnen, tönerne Vasen und glänzende Bänder aus Porphyr und Jaspis, auf denen ein Löwe, der ein Schwert im Maul trägt, zu sehen sei. Unter den Ruinen eines Tempels verberge sich der Eingang zu einem sehr tiefen Schacht, der mit einem mächtigen quadratischen Stein verschlossen sei, um zu verhindern, dass der Eingang gefunden würde, wenn man den Stein zerschlägt. Im Inneren des Schachtes fänden sich eine Urne und eine ewig brennende Lampe; in der Nähe der Urne ruhe ohne Zweifel der gewaltige Schatz von antiken Münzen aus reinstem Gold und Silber sowie von Gemmen und Edelsteinen.

In den anschließenden Gedichtstrophen beschreibt er abermals den Ort, an dem der Schatz zu finden sei. Der erste Quatrain lautet:

Aux latomies le rocher voulant fendre
En la plaineur del pegno palomero,
Foudre tombant, ou deux se viendrond rendre
L'or en l'argille, qui du rocher est mere.

Paraphrase: In den Steinbrüchen wollen sie den Felsen spalten, in der Ebene, wo sich der Peña Palomera befindet. Der Blitz schlägt ein, wo sich zwei hinbegeben werden, [dort findet sich] das Gold in der Tonerde, die die Mutter des Felsens ist.

Der Schatz befinde sich nach diesen Versen nicht, wie Dupèbe vermutet,[11] *auf* der «Peña Palomera», also auf dem Gipfel der kleinen Gebirgskette der Sierre Palomera in der Provinz Teruel in Aragonien in 1529 Metern Höhe. Er liege vielmehr in der Ebene, aus welcher der Peña Palomera emporragt. Der Berg ist als Orientierungspunkt eingeführt, und tatsächlich handelt es sich um eine markante Erhebung, von deren Gipfel aus man nahezu die gesamte Provinz Teruel überblicken kann. Der Blitz wird als himmlisches Zeichen eingeführt, das den Schatzgräbern den Weg zu den Ruinen mit dem Eingang in den Schacht weisen soll. Vielleicht hat sich Nostradamus in der Wahl einer Örtlichkeit in der Nähe von Caesaraugusta (Saragossa) von der Tatsache leiten lassen, dass in jener Stadt bis in die Zeit des Claudius Münzen in großer Zahl geprägt wurden.

Wir erkennen, wie Nostradamus Elemente aus den Motiven vom Auffinden verborgener Altertümer in den *Prophéties* mit einfließen lässt, etwa die Urne und das ewige Licht, das zu den Erzählkreisen um die Vesta-Tempel gehört. Auch hier wissen wir nichts über den Ausgang der Geschichte. Vielleicht haben die Schatzsucher ihr Vorhaben wegen der widersprüchlichen Aussagen oder wegen der Schwierigkeiten mit dem riesigen Verschlussstein aufgegeben.

DER DEUTER DES SCHICKSALS   Der zur Zeit des Briefwechsels in Italien lebende Sigismund Woyssell aus Bratislava korrespondierte mehrfach mit dem Propheten aus Salon. Nur ein Brief von ihm aus Padua ist auf uns gekommen.[12] Ihn hatte Nostradamus gebeten, über berühmte Astrologen in Italien zu berichten. Woyssell schmeichelt dem Propheten mit der Antwort, er habe von keinem reden gehört, nur einer sei in aller Munde, jener äußerst berühmte Nostradamus. Wie viele andere Korrespondenten bemängelt er die obskure Ausdrucksweise des Meisters als Antwort auf eine vorangegangene Anfrage und bittet um größere Klarheit. Von ihm besitzen wir auch eine Reaktion auf Voraussagen, die ihm der Meister hatte zukommen lassen. Woyssell drückt die Hoffnung aus, Nostradamus habe sein neues Horoskop fertig gestellt, denn nichts hätte gestimmt von dem, was er ihm bislang vorhergesagt habe. Woyssell führt dies auf einen geringfügigen Fehler in der angegebenen Geburtszeit zurück. Besonders beunruhigt ihn die Tatsache, dass ihm Nostradamus bei einer vorangegangenen Unterredung viele positive Dinge für das Ende des Jahres 1559 in Aussicht gestellt hat. Nun muss er in seinem Horoskop eher von Unglück lesen. Namentlich verwirrt und beängstigt ihn die Aussage: «Hütet Euch in diesem Jahr 1559 vor einem 23. Tag.» Ängstlich bittet er um einen genaueren Hinweis, welchen Monat Nostradamus gemeint habe.

Woyssell lässt bei aller Kritik durchscheinen, dass indes vielleicht nicht der Mangel an prophetischer Gabe an den Interpretationsproblemen schuld sei, sondern die falsche Geburtszeit, die Nostradamus zur Grundlage nahm. Dennoch ist der Adressat äußerst beunruhigt: Er glaubt dem Propheten so oder so. Schon damals betrachtete keiner Nostradamus in seiner Eigenschaft als Wahrsager als einen reinen Astrologen. Seine prophetischen Aussagen würden auch jenseits der Auslegekunst von Gestirnständen zutreffen. Natürlich darf dann auch die Frage erlaubt sein, ob er eines Horoskops bedurfte, um seine Weissagungen zu stellen – wäre er in diesem Fall der außerordentliche Prophet, der zu sein er in den *Prophéties* und Almanachen vorgibt und für den ihn seine Verehrer bis auf den heutigen Tag halten? Und hätte er durch seine Fähigkeiten zuletzt nicht «wissen» müssen, dass die angegebene Geburtszeit falsch war?

Der Bischof von Apt, Petrus Forlivianus, bittet Nostradamus im November 1557, sein Horoskop zu stellen.[13] Er möchte einen Rat über das Verhalten seiner Neffen bekommen, und er will über künftiges Glück und Unglück seiner Kinder aufgeklärt werden. Freilich möchte er auch seine eigene Lebenserwartung erfahren und Antworten bekommen auf aktuelle Probleme, die ihn bedrücken, und Entscheidungen, die anstehen: Ist der römische Boden oder jener der Provence besser für ihn, und hat er mit einer Verfolgung zu rechnen? Leider kennen wir die Antwort von Nostradamus nicht, weil sich dann nämlich etwas über die Güte der Weissagung sagen ließe, denn über das Leben dieses Klienten ist uns einiges bekannt, beispielsweise, dass er nach diesem Brief nicht mehr allzu lange zu leben hatte: Forlivianus starb am 5. Februar 1559.

Ebenfalls im November 1557 wendet sich aus Italien ein gewisser Johannes Cibo Boerius, wahrscheinlich ein Mitglied der bedeutenden Genueser Familie Cibo, an den Propheten.[14] Wie der Brief von Petrus Forlivianus kann dieses Schreiben als Standardbeispiel für die Fragen und Begehren der Klientel des Nostradamus gelten. Nach einer Einleitung mit den üblichen Lobeshymnen auf den Ruf des Meisters formuliert Cibo Boerius seine Anliegen. Er möchte von Nostradamus wissen, erstens ob seine Schwester im Kloster der heiligen Brigitte in England lebe, zweitens wie lange er selbst noch zu leben habe, drittens ob es von Vorteil wäre, sein Anwesen in Sturlano zu verkaufen, viertens ob unter den Ruinen eines alten Palastes in dem erwähnten Anwesen ein Schatz verborgen sei, fünftens ob sich auf dem Anwesen in Sturlano Wasserquellen entdecken ließen.

Auch hierzu ist die Antwort des Sehers nicht erhalten. Die Wünsche des Bittstellers hingegen klingen uns auch heute noch völlig vertraut, und sie klangen schon viele Jahrhunderte vor Nostradamus vertraut. Als Plutarch in der Spätantike das Orakel von Delphi aufsuchte, lauteten seine Fragen: Soll ich heiraten? Soll ich die Reise antreten? Soll ich Geld anlegen?[15] Nichts hat sich geändert an den Motiven der Menschen, Wahrsager oder Astrologen aufzusuchen. Durch die Jahrtausende lauschen die Orakel aller Zeiten und Kulturen den gleichen banalen, egozentrischen, am materiellen und irdischen Glück ausgerichteten Fragen ihrer Klienten: Werde ich lange zu leben haben? Wo finde ich unbekannt verzogene Personen? Und natürlich: Wie kann ich die besten wirtschaftlichen und finanziellen Erfolge erzielen, wo kann ich Reichtümer entdecken? Das Orakel ist die letzte Hoffnung für die Benachteiligten, dem Schicksal ins Handwerk zu greifen. Aufspüren von Verborgenem – dafür waren nach hergebrachter Ansicht die Astrologen und Wahrsager in hervorragender Weise geeignet. Damals waren es Wasserquellen, antike Schätze, Goldadern; heute sind es Erdölvorkommen, Lotteriezahlen, Börsenkursentwicklungen.

Am 20. Dezember 1561 brachen über 300 bewaffnete Männer in die große Kathedrale von Orange ein. Sie zerstörten die Altäre, Bilder, Taufbecken und den großen Weihwasserkessel aus Metall. Am folgenden Tag verbrannten sie die aus einigen Kirchen entwendeten Altaraufsätze und zogen Heiligenfiguren und Kruzifixe durch den Schmutz. Die Chorherren hatten die Gefahr kommen sehen und zwei Monate vorher eine Inventarliste der kostbaren Kultgegenstände aufstellen lassen.[16] Ihren Schatz ließen sie aus der Kirche schaffen und vertrauten ihn einem Mitbruder an; der verbarg ihn in seinem Haus. Im Zuge der chaotischen Übergriffe aufgebrachter Hugenotten verschwand der Schatz.

Die Kanoniker von Orange verdächtigten zwei unter ihnen, mit den Protestanten gemeinsame Sache zu machen. Im Februar 1562 wenden sie sich an Nostradamus, damit er die Schuldigen benenne. Nostradamus erstellt ein Horoskop für den Zeitpunkt des Raubes.[17] Zunächst beschreibt er die Beratungen der Kanoniker vom Oktober des vorangegangenen Jahres, wie der Kirchenschatz am besten zu schützen sei. Man sei unentschlossen gewesen, ob man die Gegenstände nach Avignon oder an einen anderen Ort in Sicherheit bringen solle. Zwei hätten die Auffassung vertreten, man solle sie verkaufen und den Gewinn untereinander aufteilen. Es seien auch Stimmen laut geworden, die vorschlugen, die goldenen und silbernen Reliquare zu Barren einzuschmelzen und dann zu veräußern. Diese Ansinnen seien abgelehnt worden und man habe sich entschlossen, den Kirchenschatz einem der Brüder anzuvertrauen. Zwei von den Brüdern, die mit der Entscheidung nicht einverstanden waren, hätten zu den Waffen gegriffen «wie Soldaten». Nostradamus beschuldigt die Kanoniker, sie hätten «die Schafe dem Wolf anvertraut». Darauf prophezeit Nostradamus die Bestrafung der Schuldigen. Das größte Unglück werde über alle jene, die an dem Raub beteiligt waren oder von ihm wussten, und über ihre Familien hereinbrechen. Die Pest käme über ihre Stadt, es sei denn, das Diebesgut würde nicht nur den Wächtern zurückgebracht, sondern wieder an seinen Platz in der Kirche gestellt. Gott würde an jenen seine Rache üben, die seinen heiligen Tempel profaniert haben, und er schließt einen Ratschlag an: «Lasst deshalb diesen Brief von mir in Gegenwart aller Brüder verlesen, öffnet ihn, wenn alle anwesend sind, und dann werden sich sogleich die Gesichter der Schuldigen durch große Beschämung und Verwirrung, die sie nicht unterdrücken können, verändern.»

Sicher hatten die verzweifelten Brüder von Orange die Namen der

Schuldigen erwartet. Nostradamus nennt sie nicht und zieht sich elegant und mit großer psychologischer Meisterschaft aus der Affäre. Nostradamus wusste, dass die gestohlenen Gegenstände der Obhut eines Aufsehers unterstanden. Es lag nahe, dass der Aufseher selbst mit anderen Brüdern des Konvents an dem Diebstahl beteiligt war. Nostradamus kannte den Verdacht seiner Auftraggeber; seine Stellungnahme bestätigt ihre Befürchtungen, und er greift zu einer geschickten Finte. Er liefert einen «wissenschaftlichen» Beweis für die Schuld einiger Mitbrüder, indem er behauptet, diesen Sachverhalt aus dem Horoskop lesen zu können. Anstatt Namen zu nennen, veranlasst er die öffentliche Verlesung seines Briefes in Anwesenheit aller Domherren. Auf die Schuldigen musste das wie eine Anklage wirken. Er verließ sich darauf, dass es sich nicht um völlig durchtriebene Verbrecher handelte; ihre unbewussten Reaktionen auf die Verlesung würden sie entlarven.

Eines ist klar, Nostradamus beherrschte die Kunst des Wahrsagens: Das Verarbeiten von bewusst oder unbewusst gelieferten Informationen, die Bestätigung eigener Verdachtsmomente, schließlich die klare Einschätzung einer Situation und die Anwendung von Menschenkenntnis als ein Instrument psychologischen Einfühlungsvermögens. Er wusste, wie er die Drohung mit Unglück und göttlicher Strafe am wirksamsten einsetzen konnte.

Er wusste auch, dass er durchaus in der Lage war, mit seinen Weissagungen unmittelbare psychische Reaktionen hervorzurufen. Ein interessantes Dokument zeigt, wie sehr seine wahrsagerische Tätigkeit auf die politische und gesellschaftliche Situation wirken konnte: Nostradamus hatte zu Beginn des Jahres 1563 einige Briefe an nicht bekannte Adressaten in Toulouse geschrieben, in denen er die Warnung ausstößt, die Stadt laufe Gefahr, am 15. Februar dieses Jahres eingenommen zu werden. Hasserfüllt berichtet der Protestantenführer Théodore de Bèze, man habe auf Grund der Weissagung von Nostradamus die Wachen verstärkt und in der Stadt verteilt. Das Volk sei über die vielen bewaffneten Männer derart in Aufruhr geraten, dass wenig gefehlt hätte und ein Aufstand hätte die Stadt völlig zerstört, «ohne Kardinal, Präsident, Ratsherren oder die anderen Machthaber der Stadt zu verschonen».[18] Bèze schließt an, man sehe daraus, was man davon habe, wenn man «solchem Lumpenpack von Prognostikern und Wahrsagern, bestrafenswert nach jedem göttlichen und menschlichen Recht und vor allem durch ein Edikt der Stände von Orléans, Glauben schenkt», und er beklagt, dass «solcher Unrat die Länder und Republiken ruiniert und dass in Frankreich, mehr als in den anderen Reichen der Welt, die guten und heiligen Erlässe nur auf dem Papier existieren».

Man darf den Einfluss und die Macht nicht unterschätzen, über die

Nostradamus in den späten Jahren seines Wirkens verfügte. Er war in der Lage, durch seine Prophezeiungen das hervorzurufen, was er als Weissagung verkündete. Die Versuchung war freilich groß, auf die politischen Geschicke des Landes einzuwirken, und wahrscheinlich hatte er das auch teilweise im Sinn, als er Katharina von Medici Weissagungen über das Schicksal ihrer Söhne, der Könige Frankreichs, offenbarte und mit großem Eifer und Nachdruck am Horoskop Karls IX. arbeitete. Vor allem in seinen Horoskopen für die Reichen und Mächtigen offenbart sich diese Machtposition, die Möglichkeit, auf Gesinnungen und Entscheidungen Einfluss zu nehmen.

Entsprechend war mit der Tätigkeit der Wahrsager eine hohe moralische Verantwortung verbunden. Die wenigsten werden in der Lage gewesen sein, ihr gerecht zu werden. Ob es Nostradamus war, kann nicht abschließend entschieden werden. Die vielen schmeichelnden und Glück verheißenden Voraussagen, die er vor allem seiner betuchten und adeligen Klientel in Aussicht stellte, können sowohl auf psychologisches Geschick verweisen, aber auch auf die Begabung, seinen Ruf opportunistisch auszunutzen. Ein Wahrsager, der Gelingen und Glück verheißt, wird allemal gefragter sein als einer, der Niederlagen und Misserfolge verkündet. In dieser Hinsicht besteht ein erstaunlicher Gegensatz zwischen den Weissagungen in seinen Almanachen und in den Zenturien und denjenigen bei privaten Konsultationen: Seine veröffentlichten Prophezeiungen stellen weitgehend eine Ansammlung von Katastrophen dar, und zwar nicht nur in kollektiver Hinsicht, sondern auch einzelne Personen betreffend, denen Nostradamus bevorzugt Misserfolg, Niederlage, Verwundung, Gefangennahme und Tod voraussagt; in den privat geäußerten Weissagungen stehen Gelingen, Glück und Reichtum im Vordergrund. Die Diskrepanz ist verständlich. Es sind die Schrecken, die im Medium des Buches die Leser anziehen. Die Angst, der Nervenkitzel lässt sie nach den Prognostica greifen. Im persönlichen Kontakt, im Medium des Briefes, ist es die hoffnungsvolle Verheißung einer glücklichen oder zumindest besseren Zukunft, die zu überzeugen weiß, da man selber von dem Unglück ausgenommen wird, das nur die anderen ereilt. Nostradamus hat es gut verstanden, seinen «Markt» so zu bedienen, dass ihm in den unterschiedlichen Medien der Erfolg sicher sein konnte.

Aber Nostradamus nutzt die verzweifelte Situation seiner Bittsteller nicht aus. Er verbindet seine Arbeit mit dem Versuch, sich in die Lage seines Klienten zu versetzen und ihm mit der Weissagung verbundene psychologische Ratschläge zu erteilen. Die Konsultation für die Kanoniker von Orange ist eine Meisterleistung an psychologischem Scharfsinn. Hans Rosenberger beschwört er: «Gebt nicht Eure Unternehmungen auf.» Ebenso sagt er zu den Schatzsuchern, die ihr Glück in Spanien versuchen wollen: «Entsagt nicht euren begonnenen Taten.» Er hält es für wichtig, sich nicht das Schicksal diktieren zu lassen, sondern vielmehr, in der aktiven Gestaltung des eigenen Lebens, dem Schicksal gleichsam die Hand zu reichen. In einem Brief an Rosenberger paraphrasiert er ein Wort Vergils: «Das Glück streichelt deine Anstrengungen» (*Aspiret tuo fortuna labori*). Der eigene Tatendrang erst führt zu einer Kooperation mit dem Schicksal. Nostradamus erinnert seine Klienten immer wieder daran, nicht ihre menschliche Bedingung zu vergessen; wir bleiben stets dem Willen Gottes unterworfen. Vor allem die in Auftrag gegebenen Horoskope müssen, wenn sie auch als hellsichtige und prognostische Schriften angelegt sind, mit noch größerem Recht als Dokumente einer subtilen psychologischen Beratung angesehen werden.

ASTROLOGISCHE BERATUNG: DER FALL ROSENBERGER Zu den vielen wohlhabenden Klienten des Nostradamus zählte der Augsburger Patrizier Hans Rosenberger (1510–1565). Er war im Besonderen an Konsultationen mit dem Propheten interessiert, bewunderte ihn, war fasziniert von «der Wahrheit seiner Weissagungen» in seinen Almanachen.[19] Rosenberger besaß Bergwerke in Tirol, Kärnten und in der Steiermark, die ihm Sorge bereiteten. Er hatte viel Geld in die Gruben investiert, und der Ertrag, den sie bislang abwarfen, erwies sich als mager. Er befragte Nostradamus zu allen Aspekten seines künftigen Lebens und zur Entwicklung seiner Söhne Hans und Karl. Glück und Unglück, Ehrungen und Anfeindungen, Erfolge und Misserfolge sollte ihm der Prophet aufzeigen. Vordringlich interessierte ihn freilich die prekäre Lage in seinen Minen. Nostradamus nahm sich des Auftrags der einflussreichen ausländischen Persönlichkeit sehr gewissenhaft an; immerhin hatte sein Klient mit der Zunft der Astrologen bereits große Erfahrungen gesammelt: Er hatte sich sein Horoskop von deutschen und italienischen Meistern dieser Kunst stellen lassen, wohl ohne große Befriedigung erfahren zu haben. Nostradamus wusste, dass zu den von Rosenberger konsultierten Kollegen auch Cyprian Leowitz (1524–1574), der Hofmathematicus des Pfälzer Kurfürsten Ottheinrich, zählte, der viele bedeutende gelehrte Werke zur Astrologie veröffentlicht hat.[20] Wenn auf einen Astrologen die damals übliche Bezeichnung «Mathematiker» passte, dann auf Cyprian Leowitz. Unermüdlich stellte er Berechnungen an, kalkulierte Planetenpositionen, erstellte Ephemeriden, füllte Tabellen über Tabellen mit Zahlen. Seine akkuraten Kalkulationen brachten ihm Lob und Bewunderung ein – kein Wunder, dass Nostradamus, der mit astronomischen Berechnungen seine liebe Mühe hatte, Interpolationen vergaß oder falsch ausführte, von den Leistungen dieser Koryphäe eingeschüchtert war.[21]

Nostradamus war sich seiner Defizite wohl bewusst. Keineswegs wollte er seine Berechnungen mit jenen von Leowitz messen; lieber war es ihm, gleich die Kalkulationen des deutschen Astrologen heranzuziehen. Offenbar war er durch zahlreiche Irrtümer und die heftige Kritik von Kollegen wie Laurens Videl verunsichert und wollte sich bei bedeutenden Klienten, was die rechnerische Seite der Horoskopstellung anging, keine Blöße geben. Gern ließ er sich die Daten zukommen, vorgeblich um sie mit seinen zu vergleichen, vielleicht aber auch um seine Fehler auszumerzen. Für die Berechnung der Jahresrevolutionen des jungen Königs Karl IX. bittet er die Königinmutter Katharina von Medici in einem Brief, der sogar veröffentlicht wurde, ihm die astrologischen Daten zu übermitteln, damit er diese mit seinen vergleichen könne.[22] Beim König konnte er sich nicht erlauben, seine Interpretationen auf falsche Kalkulationen zu gründen.

Bisweilen präsentierte Nostradamus mehrere Berechnungen, die gleichberechtigt nebeneinander standen. Es handelte sich dann um Kalkulationen von Horoskopen nach unterschiedlichen Methoden. Für Rosenbergers Sohn Karl stellte er seine Berechnungen nach der indischen, der babylonischen[23] und nach seiner eigenen Methode an. Die «Revolutionen» (Transite) für Hans Rosenberger berechnete er nach der indischen Methode und nach jener seiner Vorfahren.[24] Die privaten Methoden, nach seiner eigenen Art oder nach jener seiner Ahnen, konnten natürlich nicht nachgeprüft und verworfen werden, da er allein sie kannte. Damit wähnte sich Nostradamus auf der sicheren Seite und auch von einem so bedeutenden Astrologen wie Leowitz nicht mehr angreifbar.

Für Rosenberger, der von astrologischen Gutachten nicht genug bekommen konnte, erstellte er dessen Horoskop drei Mal. Die Horoskope sind nicht identisch, sowohl was die Position der Häuser als auch was die Stellung der Planeten anbelangt. Nostradamus behauptete, es stets mit wachsender Sorgfalt berechnet zu haben. Die Anwesenheit von Leowitz in der Entourage von Rosenberger ließ ihm keine Ruhe. Er wollte, auch was die mathematische Seite der Arbeit anbelangt, seine Meisterschaft unter Beweis stellen. Das dritte dieser Horoskope kalkulierte er nach seiner eigenen Methode, auf die indische Weise und nach der «Art aller Astronomen», worunter er zweifellos die verbreitete chaldäische Methode meinte.[25]

Rosenberger und vielen anderen Korrespondenten war es jedenfalls egal, nach welcher Art er seine Berechnungen anstellte und welche Zahlen im Horoskop eingetragen waren. Ihnen ging es allein um die Deutung, und dabei schlug der Prophet aus Salon seine Mitkonkurrenten um Längen aus dem Feld. Rosenberger jubelt über seine detaillierten Voraussagen, auch wenn er bedauert, viele der dunkel formulierten Sätze nicht verstehen zu können.

Der Fall Rosenberger zeigt auch, wie schwierig sich der Austausch zwischen dem Propheten und seinen Klienten gestaltete. Der Kontakt mit Rosenberger war über Lorenz Tubbe aus Pommern zustande gekommen, einen deutschen Studenten der Rechte, der bei einem Bekannten von Nostradamus, dem Arzt Jean Liparin in Bourges logierte. Anfangs bereiteten die Schrift und die Sprache des Astrologen Tubbe erhebliche Probleme, und nicht nur ihm: Hieronymus Schorer schickte die Ausführungen über sein Horoskop zurück, weil sie nicht lesbar waren.[26] Die Handschrift des Propheten war sehr klein und unleserlich; Tubbe verstand zudem kein Französisch. Als er die Briefe französischen Freunden vorlegte, war es auch diesen kaum möglich, die Schrift zu entziffern, und was ihnen zu entziffern gelang, blieb ihnen unverständlich. Tubbes Auftraggeber Rosenberger sprach weder Französisch noch Latein. Deshalb bat Tubbe im April 1560 um eine lateinische Korrespondenz, die er Rosenberger ins Deutsche übersetzen würde.[27] Später ging der Prophet auf dieses Ansinnen ein, verfasste seine Episteln in lateinischer Sprache und ließ sie von einem Kalligraphen ins Reine schreiben. Das Ergebnis kann man sich lebhaft vorstellen: Nostradamus setzte seine verschrobenen Texte in einem Latein.sch auf, das sich nur schwierig korrekt übersetzen ließ, oder er diktierte seinem Sekretär einen Brief mit merkwürdigen Wendungen auf Französisch, der ihn dann mehr schlecht als recht ins Lateinische übertrug. Lorenz Tubbe schließlich übersetzte das, was er zu verstehen glaubte, ins Deutsche. Wie viel von dem, was Nostradamus gemeint hat, schließlich bei seinem Klienten ankam, ist schwer zu beurteilen.

Was hat Nostradamus seinen Klienten geweissagt? Als ein erstes Beispiel können uns Kommentare zum Horoskop und zu den Transiten von Hans Rosenberger in Briefen an den Augsburger Patrizier vom 9. September und vom 15. Oktober 1561 dienen, in denen er Zusammenfassungen seiner Stellungnahmen präsentiert. Das Manuskript des Geburtshoroskops und der Revolutionen ist hingegen verloren gegangen. Die Revolution für 1562 verspreche Rosenberger «neue und unerhörte Reichtümer», die er in seinen Gruben finden würde, Metalle aller Art, aber vor allem Silber und Bronze:

Und diese Entdeckungen werden so groß und so reichlich sein, dass Ihr in diesem Jahr so viel zusammentragen werdet, wie Ihr in vorangegangenen Schaden und Verluste erlitten habt. Hier ist der einzige

Ratschlag, mein sehr vornehmer Herr, den ich Euch mit Nachdruck gebe und auf dem ich so oft beharre: Gebt Eure begonnenen Unternehmungen nicht auf. Sie kommen, sie kommen, sie sind nicht mehr fern, diese herrlichen Tage, die Saturn verspricht! Aber ich bin ehrlich mit Euch: Nicht weit vom Blei findet sich das reine Silber. Ich verspreche Euch so viele Silberadern, wie ich Zuneigung und Respekt für Euch empfinde [...] Bevor Euch mein Brief erreicht, oder nicht viel später, werdet Ihr erstaunliche, vollkommen unerhörte Dinge erfahren betreffend die Entdeckung einer sehr reichhaltigen Silberader, als auch einiger anderer, von der eine zunächst klein erscheinen wird und deshalb leicht von den Bergleuten und Untersuchern übersehen werden könnte.[28]

Er beschwört Rosenberger, seine Bergarbeiter dazu anzuhalten, nach der unscheinbaren Ader Ausschau zu halten, denn sie sei eine unerschöpfliche Quelle. Dann führt er die alte volkstümliche Vorstellung von den Elementargeistern ein, die als «Bergmännlein» die Grubenarbeiter in Angst und Schrecken versetzen. Während der Suche nach der Ader wird ein Elementargeist erscheinen und die Arbeiter vor Angst erstarren lassen, aber rasch verschwinden. Es folgen weitere Anweisungen: Seine Leute sollen vor Sonnenaufgang arbeiten und auf der Suche nach neuen Adern der Venus im Osten folgen. Ohne Unterlass sollen sie bis Mitte Mai 1562 in östliche Richtung arbeiten, dort würden die Adern liegen.

In der Tat fanden Rosenbergers Arbeiter eine Silber- und eine Kupferader. In einer anderen Ader ereignete sich eine Explosion, was die Grubenarbeiter als gutes Omen deuteten. Rosenberger bestätigte, dass diese Entdeckungen, sowie sein Ärger mit den religiösen Autoritäten im vorangegangenen Sommer, mit den Weissagungen übereinstimmen würden.

In seinem zweiten Brief einen Monat später[29] macht Nostradamus einige weitere Angaben, die er aus dem Geburtshoroskop von Rosenberger zieht, an dem er arbeitet. Er verspricht ihm Erfolg auf der ganzen Linie, weil sein Glückspunkt[30] Erfolg in familiären Dingen und in der Metallurgie, mit Mineralien, Bergwerken, vergrabenen Schätzen und verborgenen Dingen im Allgemeinen, bei Immobiliengeschäften, im Bauwesen und in der Landwirtschaft bedeute. Abermals beschwört er ihn, seine Unternehmungen mit den Bergwerken nicht aufzugeben, und er macht wieder genaue Zeitangaben über die Entdeckung von Edelmetall-Adern: am Donnerstag, dem 3. oder 4. Oktober,[31] oder schon in den davor liegenden Monaten. Das Silber sei nicht weit vom Blei entfernt und in gleicher Fülle wie das Blei vorhanden. Es werde derart viel Silber geben, dass man das Blei vernachlässigen

könne. Von Tag zu Tag würden ihm und seinen Kindern bessere und glück-
lichere Dinge zufallen. Ähnliche Erfolge in den Angelegenheiten der
Metallurgie und der Bergwerke sehe er für seinen Bruder voraus. Endlich
sei das Ende aller Verhängnisse gekommen: Das Glück zeige sein wohlwol-
lendes Gesicht.

Nostradamus spart nicht mit dramatischen Effekten: So viel Silber, dass
man weniger wertvolle Metalle nicht mehr zu beachten braucht. Hatte er
Recht? Er hatte sich gründlich geirrt. Schon als sich Lorenz Tubbe am
4. November 1559 zum ersten Mal an Nostradamus wandte, damit dieser
das Horoskop von Hans Rosenberger erstelle und auslege, waren die Brüder Hans und Marquard Rosenberger (1526–1565) praktisch bankrott. Der
astrologiegläubige Kaufmann legte all seine Hoffnungen in den berühmten
Wahrsager aus Salon. Er hatte, wie viele reiche Händlerfamilien aus Augsburg, den Herrschern Ferdinand I. und Maximilian II. große Summen Gel-
des geliehen. Andere der bedeutenden Augsburger Handelshäuser aus jener
Zeit waren Gläubiger des französischen und des spanischen Königshauses;
ihre Pleiten standen in ursächlicher Beziehung zur Zahlungsunfähigkeit des
Königs von Frankreich und zum Staatsbankrott in Spanien. Ferdinand und
Maximilian schützten die Brüder Rosenberger zwar vor ihren Geldgebern,
dennoch mussten diese nur wenige Monate später, im März 1560, vor ihren
Gläubigern fliehen.

An der misslichen finanziellen Lage änderte sich nichts. Als sich am
19. Januar 1562 Tubbe aus Augsburg an Nostradamus wendet, berichtet er,
dass sich die Dinge für Hans Rosenberger wegen seiner hohen Schulden
nicht gebessert hätten.[32] Er habe den Versuch einer Umschuldung mit seinen Gläubigern unternommen. Was die Bergwerke betrifft, hoffe er, dass er
sich von diesen Unternehmungen verabschiede – keine fantastischen Edelmetallfunde, sondern vielmehr die letzte vage Hoffnung, aus dem Desaster
einigermaßen herauszukommen. Die Hoffnung freilich blieb, und auch aus
ihren Verstecken versuchten die Brüder Rosenberger weiter durch Geschäfte ihr Schicksal zu wenden. Da war der Rat eines Mannes wie Nostradamus sehr erwünscht.

Nostradamus hatte es geschickt eingerichtet, in seinen Weissagungen
Glück und Unglück zu vermischen. Während er Hans Rosenberger für
1562 die enormen Edelmetallfunde, Glück und Reichtum prognostizierte,
verhieß er ihm in der ersten Analyse seines Horoskops, die sein Auftraggeber im März 1561 in Händen hielt, für den gleichen Zeitraum Verlust und
Unglück![33] Rosenberger war entsetzt:[33] Saturn im Zeichen Waage zeige von
Anfang Juli 1561 bis Juli 1563 zahlreiche Verluste, Schaden, Schmälerung
der Güter, viel Unheil, Konspirationen, Anklagen und Beleidigungen sei-

ner Ehre und Würde. Trotz der offensichtlichen Widersprüche blieb Rosenberger jedenfalls von Nostradamus überzeugt. In seiner verzweifelten Lage schrieb er an ihn:

Ich weiß wohl, dass Gott dem Volk Israel in der Babylonischen Gefangenschaft einen Propheten gesandt hat, damit er ihm seine Befreiung prophezeie und es tröste. Und ich sage mir, dass die göttliche Vorsehung Euch in gleicher Weise gesandt hat, mich in meinem großen Unheil, mit dem ich zurzeit überhäuft werde, durch Eure Briefe zu trösten.[34]

Wir wissen nicht, wie der Austausch zwischen dem Augsburger Unternehmer und seinem französischen Astrologen weiterging; wir wissen nur, dass sich der vorhergesagte Erfolg nicht einstellte, bevor beide Brüder Rosenberger im Jahr 1565 verstarben. Leider endet die Korrespondenz mit Rosenberger und Tubbe mit einem langen und kulturgeschichtlich sehr interessanten Brief vom 13. Mai 1562, den Nostradamus an Lorenz Tubbe schrieb.[35] Nostradamus war in Aufruhr ob der Wirren der Religionskriege in der Provence und schilderte Tubbe in allen Einzelheiten die Gräuel, die sich vor seiner Haustür ereigneten.

DAS URTEIL VON PIERRE GASSENDI   Es gibt ein außerordentlich aufschlussreiches Dokument über die astrologische Wahrsagung von Nostradamus, das wert ist, dargestellt zu werden. Es stammt nicht von einem Unbekannten, sondern ist das Urteil eines scharfsinnigen Denkers, des bekannten französischen Naturforschers und Philosophen Pierre Gassendi (1592–1655). Nostradamus hatte Antoine Suffren, einem 1543 geborenen späteren Doktor der Rechte in Avignon, das Horoskop gestellt. Sein Sohn Jean-Baptiste, Advokat am Parlament in Aix und Richter in Salon, erhielt eines Tages Besuch von Gassendi. Er zeigte ihm Nostradamus' Kommentar über das Horoskop seines Vaters. Gassendi befragte seinen Gastgeber ausführlich über dessen Vater, den dieser noch in guter Erinnerung hatte, zumal er ein junger Mann war, als dieser verstarb. Mit dem kühlen Blick des Analytikers verglich Gassendi die Aussagen des Astrologen und die tatsächlichen Gegebenheiten:

Er wird einen langen, ein wenig gekräuselten Bart tragen; aber jener pflegte immer rasiert zu sein. *In der Mitte seines Lebens wird er bräunliche Zähne haben;* aber solange er lebte, bis zu seinem Tode blieben sie sehr weiß. *In seinem Alter wird er gebeugt sein, etc.*; aber sogar am Ende seines Lebens hielt er sich äußerst aufrecht. *Mit 19 Jahren oder ein wenig früher wird er sich durch eine Erbschaft, die anderswoher kommt, bereichern*; aber er erhielt nur das Erbe seines Vaters. *Er wird unter hinterhältigem Verhalten seiner Brüder leiden*, und weiter unten, *mit 37 Jahren wird er von seinen Halbbrüdern verletzt werden*; aber er hatte niemals einen Eruder, und sein Vater hatte nur eine einzige Frau. *Er wird eine Frau im Ausland nehmen*; aber er nahm eine aus dem Heimatland, nämlich aus Salon. *Mit 27 Jahren wird er einen unehelichen Sohn bekommen*; davon hat man aber nie reden gehört. *Mit 25 Jahren, unter dem Einfluss mehrerer Lehrer, wird er sich dem Studium der Theologie hingeben.* Mehr noch: *Er wird sich mehr als alles andere mit den Naturwissenschaften und auch durch die Magie, mit der okkulten Philosophie beschäftigen. Er wird sich auch eifrig der Geometrie, der Arithmetik und der Redekunst widmen, Fächer, die er mit extremer Strebsamkeit und mit rascher Sorgfalt verfolgen wird – die freien Künste, die er mit der größten Liebe vorantreiben wird*; aber jener hat niemals all diesen Dingen spezielle Aufmerksamkeit geschenkt, sondern er widmete sich vollständig dem Studium der Jurisprudenz, von dem Nostradamus kein Wort sagt, ebenso wenig wie über sein Amt im Parlament, das er infolgedessen in Aix antrat, genau mit 25 Jahren. *Als Alter wird er sich ebenso sehr der Navigation wie der Musik und den Musikinstrumenten hingeben*; aber er selbst hatte niemals ein derartiges Interesse, und weder als Junger noch als Alter ist er jemals mit einem Schiff gefahren. Schließlich: *Er wird nicht das Alter von 75 Jahren überschreiten*; aber jener überschritt nicht einmal das 54. Jahr seines Lebens, davon sagt Nostradamus nichts. Er starb nämlich im Jahr 1597, obwohl er nach der Voraussage hoffen konnte, bis zum Jahr 1618 zu leben.[36]

In der Tat ist dieses Dokument ein harter Schlag für alle, die an die außergewöhnlichen Fähigkeiten der Weissagung bei Nostradamus glauben. Was soll man von einem Propheten halten, der derart eklatant falsche Voraussagen zu einem persönlichen Lebensweg macht? Wie kann man von ihm erwarten, dass er die Geschicke der Menschheit in vielen Einzelheiten voraussieht?

Bislang war die Wissenschaft, was die Einschätzung der Horoskope von Nostradamus betrifft, auf solche Berichte aus zweiter Hand oder auf die erhaltene Korrespondenz angewiesen. Da diese Briefe von Nostradamus ausgewählt und für eine Veröffentlichung bestimmt waren, geben sie sicher nicht das gesamte Spektrum der Interaktion mit seinen Klienten wieder; noch weniger kann ein abschließendes Urteil über die Güte der darin enthaltenen Weissagungen gefällt werden. Ein einmaliges Dokument, das Klarheit über diese Frage verschaffen kann, war früher unbekannt oder noch nicht wissenschaftlich ausgewertet: das Horoskop für den künftigen Kaiser des Heiligen Römischen Reiches, Rudolf II. Dieses einzigartige Zeugnis erlaubt uns den tiefsten Einblick in die Tätigkeit von Nostradamus als Astrologe, Prophet und Wahrsager.

Das Horoskop für Rudolf von Habsburg

DIE MANUSKRIPTE Nostradamus konnte mit der Schöpfungslust des Dichters auf begnadete Weise fabulieren, wenn es darum ging, ein Horoskop auszulegen. Über das Horoskop von Hans Rosenbergers Sohn Hans schreibt er dem Augsburger Unternehmer: «Ich war gezwungen, einige Dinge zu verschweigen; hätte ich alles in meinen Worten gesagt, was ich sagen wollte, würde ich eher ein Epos schreiben, wie die *Ilias*, denn ein Geburtshoroskop.»[37]

Ein veritables Kunstwerk wurde das Horoskop für den Habsburger-Prinzen Rudolf, den Sohn Maximilians II. (1527–1576) und späteren Kaiser Rudolf II. Nostradamus arbeitete nicht weniger als 14 Monate an den Berechnungen und an der Interpretation. Sein Gutachten besteht aus 46 Kapiteln und einer Sammlung von 28 Aphorismen. Bis vor kurzem war nur ein Manuskript der deutschen Übersetzung dieses Horoskops bekannt, das in der Königlichen Universität von Stockholm aufbewahrt wird. Es umfasst unglaubliche 238 Seiten an Kommentaren.[38] Angelegt hatte Nostradamus seine Arbeit noch großartiger: Ursprünglich wollte er 100 oder 200 Aphorismen verfassen, aber er musste die Arbeit abbrechen, zumal die Post früher als vorgesehen abging.

Im Jahr 1992 gelang Paul Berthold Rupp eine ungemein wertvolle Entdeckung in der Oettingen-Wallerstein-Bibliothek der Universitätsbibliothek Augsburg: das Original des Manuskripts der Nativität (Geburtshoroskop) des Prinzen Rudolf.[39] Von der Arbeit wurde eine lateinische und eine deutsche Übersetzung angefertigt. Während das französische Original in Augsburg zurückblieb, gelangten nur die lateinische und die deutsche Version nach Wien. Markus Fugger (gest. 1594) hat wohl teilweise die Verhandlungen mit Wien geführt. Als sein Enkel Marquard Fugger die Bibliothek seines Großvaters an die Grafen von Oettingen verkaufte, wurde 1653 ein Katalog erstellt, in dem das französische Exemplar zum ersten Mal nachweisbar ist. Im Katalog findet sich die Notiz: *La nativité avec la parfaicte invention du degrez de l'horoscope par Michel Nostradam*. Diese Bibliothek ist gemeinsam mit der Sammlung der Grafen von Oettingen in die Oettingen-Wallerstein-Bibliothek Augsburg gelangt.[40] Die Handschrift umfasst 107 Blätter und ist in einer französischen Kursive des 16. Jahrhunderts mit zahlreichen lateinischen Einschüben abgefasst. Die französischen Abschnitte weisen den typischen Duktus und Stil von Nostradamus auf, mit für ihn charakteristischen Redewendungen. Auch die lateinische Übersetzung des Horoskops ist noch erhalten; das Manuskript wird in der Herzog-August-Wilhelm-Bibliothek in Wolfenbüttel aufbewahrt.[41] Diese Handschrift enthält auch die zusätzlichen 28 Aphorismen wie die deutsche Fassung von Stockholm. Das lateinische Manuskript ist bis auf die zusätzlichen Aphorismen eine getreue Übersetzung der Augsburger Fassung in einer sehr schönen, klar lesbaren kalligraphischen Schrift. Wie das Exemplar nach Wolfenbüttel kam, ist nicht bekannt. Vielleicht erreichte letztlich nur die deutsche Version den Hof in Wien, denn dieses Exemplar wird wohl mit der Schwedenbeute in Prag um 1630 nach Stockholm gelangt sein.

Das Horoskop für den Prinzen Rudolf stellt eine einmalige und bedeutende historische Quelle für die Nostradamus-Forschung dar. Bislang waren alle drei Manuskripte unbekannt oder zumindest wissenschaftlich noch nicht ausgewertet. Ich habe diese Handschriften studiert und kann so zum ersten Mal detailliert ein umfangreiches Horoskop von Nostradamus untersuchen, das für eine berühmte Person der Geschichte erstellt wurde, was uns in die Lage versetzt, die Angaben des Propheten an der Realität zu überprüfen.

Die Augsburger Handschrift stellt einige schwierige Probleme an den Leser, die dem Kenner von Nostradamus allerdings geläufig sind. Der Stil ist dunkel und verworren, Syntax und Grammatik gelinde gesagt merkwürdig, die fast vollständige Abwesenheit von Zeichensetzung und Akzenten vereinfacht nicht das Textverständnis. Die lateinischen Einschübe sind häufig fehlerhaft und von eigenartiger Schreibweise und Grammatik, die sicher zum Teil auf den Sekretär zurückzuführen ist, der nach Diktat von Nostradamus schrieb. Der anonyme Übersetzer, der die lateinische Fassung des gesamten Horoskops besorgte, versuchte die Fehler auszumerzen. Diese Fassung ist grammatikalisch überwiegend korrekt; allerdings hatte er zweifellos selber bisweilen Probleme zu verstehen, was der Autor meinte. Bei den Zitaten folge ich dem französischen Original; die Angaben der Folios in eckiger Klammer beziehen sich demnach auf das Manuskript Augsburg. Wo es mir angebracht erschien, die Übersetzungen heranzuziehen, weise ich gesondert darauf hin.

Das Horoskop berechnete Nostradamus nach der Geburtszeit am 18. Juli 1552 (julianisch) um 18 Uhr 45.[42] Nostradamus geht ganz nach der astrologischen Lehre vor und behandelt zunächst die Planeten im Horoskop, die einzelnen Häuser, schließlich die Positionen der Planeten in den Häusern, die Bedeutung der Planeten in Bezug auf den Tierkreis, die Aspekte der Planeten zueinander und die Bedeutung der Fixsterne. In einem lateinischen Abschnitt über die Bedeutung der Häuser im Horoskop [fol. 82r] macht Nostradamus explizit deutlich, er wolle nicht die gängige Methode der alten und modernen Astrologen verwerfen und folge der klassischen Auslegung der Bedeutung der Häuser. An anderer Stelle beruft er sich auf seine eigenen Berechnungsmethoden und Auslegungen und stellt sich gegen die herkömmliche astrologische Theorie. Wir kennen dieses schwankende Verhalten bereits aus seinen Almanachen.

An dem Horoskop lässt sich ermessen, wie bedeutend solche Auftragsarbeiten für den mittlerweile berühmten Astrologen von Salon geworden waren und mit welcher Akribie, mit welchem Detailreichtum und ungewöhnlich großem Arbeitsaufwand er an diese Kommissionsarbeiten heranging. Natürlich handelt es sich auch um eine kulturgeschichtliche Quelle ersten Ranges, die das Ansehen und die Bedeutung von Nostradamus als astrologischem Ratgeber von Weltruf an den Höfen Europas unterstreicht. Man kann durch sie zudem die Vorgangsweise des Astrophilen aus Salon bei der Auslegung von Horoskopen studieren. Dabei interessiert besonders die Frage, inwiefern Nostradamus sich bei der Auslegung von Gestirnständen und Aspekten auf die gängige astrologische Theorie stützt oder über diese hinausgehend auf seine ureigenen prophetischen Inspirationen vertraut. Tatsächlich erweist sich das Horoskop als eine Mischung von konventioneller astrologischer Auslegekunst und originellen Einfällen, ganz so wie Nostradamus seine Almanache und die *Prophéties* verfasste, als ein Konglomerat aus astrologischer Lehre und prophetischer Eingebung.

Vorsichtig muss man bei der Prüfung der Frage vorgehen, ob Nostradamus mit seinen darin enthaltenen Weissagungen richtig oder falsch lag. Die Voraussagen können nicht unkommentiert den bekannten biografischen Daten Rudolfs II. und den geschichtlichen Ereignissen gegenübergestellt werden. Man muss die Einschätzung der Voraussagen in einem solchen Horoskop relativieren; schließlich haben wir es nicht mit einem Blindgutachten zu tun: Nostradamus wusste, für wen er Charakter und künftiges Leben darlegen sollte. Es ist davon auszugehen, dass er bei der Deutung von Nativitäten für gekrönte Häupter nicht alles niedergeschrieben hat, was vielleicht nach astrologischer Lehrmeinung oder auf Grund seiner Inspirationen passend gewesen wäre. Unangenehme Weissagungen konnten leicht unangemessen erscheinen und die Ungnade des Autors nach sich ziehen. Andererseits muss man davon ausgehen, dass ein Gutteil der positiven Weissagungen darin auf das Konto des Wunsches gehen, seinen noblen Adressaten ein möglichst günstiges Schicksal in Aussicht stellen zu wollen. Als Nostradamus im August 1565 die Auslegung des Horoskops fertig stellte, war Prinz Rudolf 13 Jahre alt und als ältester Sohn Maximilians II. zum Thronfolger bestimmt. Es gehörten keine paranormalen Fähigkeiten dazu, ihm die Krone vorherzusagen. Allerdings versprach Nostradamus auch seinem Bruder Ernst den Thron,[43] der aber Zeit seines Lebens nur Erzherzog blieb, während von dem 1557 geborenen Bruder Matthias, der tatsächlich nach Rudolf das Zepter übernahm, bei ihm überhaupt nicht die Rede ist.

SPEZIFISCHE EIGENSCHAFTEN UND PERSÖNLICHKEITSMERKMALE[44] Zur Physiognomie macht Nostradamus diverse Anmerkungen. Der Native habe einen wohlgestalteten und zierlichen Körper, schöne, gesunde Augen und dichtes herabwallendes Haar [fol. 26rv], «mittelbraune, gekräuselte Haare, große Augen, eine mittelgroße Statur» [fol. 89v]. In einem weiteren Abschnitt über die körperliche Erscheinung zeigt sich zugleich die verworrene Schreibweise des Propheten – der reinste Horror für jeden Übersetzer. Ich gebe sie möglichst wörtlich wieder, um das Ausmaß der Merkwürdigkeit zu wahren:

Und da die Sonne sich ausgerechnet im 4. Grad des Löwen aufhält, wegen der vier Fixsterne, die sich in den Nase des Löwen befinden ist – was die Beschaffenheit Eures Körpers betrifft – anzeigt, dass Ihr ein Gesicht von einzigartiger Schönheit habt, ganz glatt und wohlbeleibt geschmückt, aber mit einem anmutigen, menschlichen, freundlichen Aussehen, vermischt mit einer Dreistigkeit. In Eurem Zorn [habt Ihr] ein vollkommen schreckliches und wildes Aussehen und Erscheinungsbild, die Nase klein und breit, aber von höchster Schönheit geformt, der ganze Körper von einzigartiger Anmut, der Mund ist etwas beeinträchtigt und verletzt, die Zähne sehr schön, mittelgroße Ohren, die Schultern breit und von hagerer Art, die Schulterblätter von großem Umfang, Breite und ähnlicher Beschaffenheit, aber zart, und nicht ohne natürliche Zeichen am Körper zu haben, die jenen von Cäsar,[45] seinem Vater, vergleichbar sind, die gegenwärtig und in Zukunft viel stärker auffallen werden. [fol. 17v]

Von den körperlichen Merkmalen konnte Nostradamus zum Teil bereits gewusst haben, da der Prinz tatsächlich als von zierlichem Körperbau beschrieben wurde. Lässt man die schmeichelhaften Elemente der Charakterisierung beiseite, hat er sich für den Rest seiner Beschreibung offensichtlich am Bild des Vaters, Kaiser Maximilian II., orientiert. Darauf deutet auch seine abschließende Aussage hin, Rudolf werde im Lauf der Jahre seinem Vater immer ähnlicher werden.

Den Ausdruck «der Mund ist etwas beeinträchtigt und verletzt» hat der Übersetzer der lateinischen Fassung in Kenntnis des berühmten vorspringenden Habsburgerkinns entsprechend passend übersetzt als «der Mund etwas hervorragend» [Ms Wolfenbüttel, fol. 19r]. Wahrscheinlich hat Nostradamus genau das gemeint, wollte es aber ein wenig umschreiben, wodurch eine unglückliche Formulierung entstand.

So anmutig und schön, wie Rudolf vom Astrologen Nostradamus beschrieben wird, war er freilich nicht. Auf den Porträts der Künstler am Prager Hof tritt uns kein beschönigter und majestätischer Kaiser entgegen; die Bilder zeigen vielmehr die Brüche, die durch diese Persönlichkeit gingen. Schon die konventionellen Porträts lassen einen körperlich und seelisch verfallenden Menschen erkennen. Die Schwächen des Kaisers sind nicht verdeckt: Man erkennt den charakteristischen Vorbiss der Habsburger, aber auch ein aufgedunsenes, merkwürdig verzogenes Gesicht und vor allem seine hervorquellenden Augen. Die von Nostradamus erwähnten «großen Augen» gehören zu den Versatzstücken einer schönen Physiognomie. Keinesfalls meinte er die unnatürlich vergrößerten Augen des kranken Kaisers, wie sie auf den Bildern zu sehen sind, die einen depressiven und leidenden Menschen zeigen.

Was die Psyche des künftigen Kaisers anbelangt, zeichnet Nostradamus diverse Porträts. Eines davon ist das Bild des guten Menschen: Nobel und von reiner und geradliniger Ehrlichkeit sei er, ohne Arglist und Bosheit, er liebe jeden und werde allen, die er kennen lerne und «die für seine Reiche, Grafschaften und Fürstentümer Gewinn bringend sein werden», viel Gutes tun. «Es wird kein Tag vergehen, an dem Ihr nicht versuchen werdet, einen neuen Freund zu gewinnen und diesen lange zu erhalten» [fol. 26r].

Was das Gewinnen von Freunden betrifft, tat sich Rudolf eher schwer. Er war ein schwieriger und verschrobener Mensch, der sich zusehends vom äußeren Leben und von den politischen Tagesgeschäften zurückzog und sich lieber in der Abgeschiedenheit seiner Kunst- und Kuriositätensammlungen aufhielt.

An anderer Stelle hebt Nostradamus das cholerische Temperament hervor. Er zeichnet das Bild eines Mannes, der zu heftigen und unkontrollierbaren Zornausbrüchen neigt. Rudolf könne sich nicht beherrschen, verfalle in Zornausbrüche, die so hitzig und heftig würden, dass sie sogar häufig zu einer Fieberkrankheit führen würden, die sich in Melancholie verwandle. «Jedenfalls werdet Ihr aus dem Zorn Vorteil ziehen, denn er zeigt, dass Ihr durch die Kühnheit und den glühenden Mut, aus heiterem Himmel und unerschrocken, große Reiche erobern werdet» [fol. 16v]. Im Anschluss an eine Krankheit, deren Herkunft auf den Urgroßvater zurückgehe, verheißt Nostradamus dem Prinzen:

Wahr ist, dass sich danach Euer Gesicht in süßerer und menschlicherer Natur wieder finden wird und zeigen wird, dass Ihr ein sehr großes Herz und Mut besitzt, im Ganzen nobel, königlich, kühn und vermessen seid, eloquent, den überheblichen Spott verachtend, hochmütig, stolzen Herzens und von freier Rede, forsch, unerbittlich, unbarmherzig in Eurem Zorn und in Eurer Wut sehr gefährlich. [fol. 15v.]

Nostradamus überträgt den Zug zum Cholerischen auf das Bild eines von mythischem Zorn bewegten Imperators: «Die barbarischen Satrapen werden vor Euch zittern, so sehr, dass sie glauben, ein zweiter Hannibal sei wieder auferstanden» [fol. 16v].

Stolz und hochmütig war der junge Rudolf, als er von seiner achtjährigen Erziehung (1563–1571) am spanischen Hof nach Wien zurückkehrte. Später war er weltabgewandt und tatenscheu. Zu Wutanfällen neigte der zusehends psychisch erkrankende Kaiser Rudolf II. tatsächlich Ende des Jahres 1600, in einer Phase der Bedrängnis, kam es zu einem vehementen Anfall von unkontrollierbarer Tobsucht: Rudolf versuchte zuerst einen Minister, dann sich selbst zu erdolchen. Die Domestiken entrissen ihm die Waffe. Da warf sich der Kaiser gegen eine Glasscheibe. Mit einer Scherbe wollte er sich die Kehle durchschneiden. Die Diener mussten ihn abermals überwältigen.

Der mächtige, Angst einflößende Herrscher war Rudolf indes keinesfalls. Im Gegenteil, er war ein Zauderer, stets unentschlossen in kriegerischen Dingen, wie wir bei der Besprechung seiner Herrschaft noch sehen werden. Seine Feinde, vor allem die Osmanen, fürchteten sich nicht vor ihm, wagten vielmehr immer neue Vorstöße nach Westen. Der zweite Hannibal, den der Seher in mythischer Überhöhung beschwört, ist die Projektion seines ureigenen Hoffnungsbildes. Aus diesen Zeilen spricht Nostradamus' alte Sehnsucht nach dem Großen Monarchen, nach dem Befreier des Abendlandes. Seine damit in Zusammenhang stehende Charakterisierung von Rudolf als einem listigen und verschlagenen Herrscher, der seine

Durchtriebenheit geschickt einzusetzen weiß [fol. 79r], könnte von der geschichtlichen Realität nicht weiter entfernt sein. An anderer Stelle bemerkt er: «Der Skorpion in der Himmelsmitte wird der Grund dafür sein, dass Ihr die meiste Zeit traurig, gedankenvoll und nachdenklich sein werdet» [fol. 29v]. Mit dieser Aussage lag er richtig; ein «melancholischer», trauriger, gedankenvoller Charakter war Rudolf auf jeden Fall.

An anderer Stelle schreibt Nostradamus über die Bedeutung von Mars im sechsten Haus:

Dieser Aspekt besitzt mehrere absurde Bedeutungen, vollkommen entfernt von einem König und dem königlichen Wesen, seiner Qualität und seinem Zustand. Es ist deshalb überhaupt nicht nötig, sie schriftlich niederzulegen, auch nicht um gewissen Leuten die Möglichkeit zu geben, Gerüchte zu streuen. [fol. 55rv]

Man erkennt an diesen Abschnitten, in welcher Verlegenheit sich Nostradamus befindet. Auf der einen Seite mag er dem noblen Horoskopeigner die unheilvollen Bedeutungen nicht zumuten; auf der anderen Seite zeigt sich darin auch die Redlichkeit des Astrologen im Umgang mit seiner Arbeit. Er möchte seine Ehre als Sterndeuter nicht angetastet sehen, indem er gewisse astrologische Aspekte unter den Tisch fallen lässt. Er entscheidet sich für eine diplomatische Version, wodurch unselige Bedeutungen entweder durch Interpretation zusätzlicher Aspekte neutralisiert werden oder einfach durch das alles überstrahlende Wesen eines zum König bestimmten Menschen, der ohnehin dazu auserkoren ist, «die Sterne zu dominieren». Auffällig ist jedenfalls, dass bestimmte der elegant unterdrückten Bedeutungen dieser Aspekte auf die «Gefahr, schwachsinnig und wahnsinnig zu werden», hindeuten, also auf das Schicksal, das Rudolf tatsächlich beschieden war.

KRANKHEITEN, ALTER UND TOD   Für das Jahr 1568 wird Rudolf «eine gewisse fiebrige Krankheit» vorausgesagt «oder eine andere Krankheit mit kaltem Zittern und von Hitze. Angezeigt ist auch der Tod von jemandem ziemlich Nahestehenden und eine bestimmte Sache von Brüdern, von der Mutter, durch Krankheit werden sie in Gefahr sein» [fols. 7v–8r]. Außerdem lesen wir: «Das Jahr 1568 bedroht den Vater <Maximilian II.> und die Brüder mit kalten und heißen Erkrankungen durch Saturn und Mars in der Jungfrau, aber Jupiter im Skorpion beschützt vor allem Unglück und vor lebensgefährlicher Krankheit» [fol. 10r].

Nostradamus sieht also für das Jahr 1568 eine allgemeine Bedrohung der

Familie durch Krankheiten. Besondere Erkrankungen in diesem Jahr sind allerdings nicht überliefert. Bei der großen Verwandtschaft und der unbestimmten Formulierung, es sei der Tod von «jemandem ziemlich Nahestehenden» angezeigt, ist die Wahrscheinlichkeit eines Treffers nicht gering. Immerhin, im Jahr 1568 starb sein Cousin, der Infant Don Carlos, aus Philipps II. erster Ehe.

Eure Majestät wird von drei Qualen stark beeinträchtigt werden, die Euch in Eurem Leben zustoßen werden und die Eure hervorstechendsten Krankheiten sein werden. Die erste ist in Eurem Alter von 13 und 14 Jahren angezeigt durch ein Quadrat von Saturn zum Mars, mit kalten und heißen Fieberschüben.[46] [fol. 19v]

Dieselbe fiebrige Erkrankung sagt er Rudolf auch im Alter zwischen 21 und 24 Jahren voraus. Dazu komme eine Erkrankung der unteren Extremitäten, die zu einem «großen Hindernis einer Unternehmung würde, was zu großen Verlusten in dieser Unternehmung» führe. Der astrologische Aspekt, auf den dies zurückgeführt wird (Saturn und Mars im Quadrat), sei darüber hinaus auch dafür zuständig, dass Rudolf mehrfach «in der Einsamkeit nutzlosen Überlegungen» nachhänge und ihn allgemein zu «grüblerisch und gedankenverloren» mache. «Weil Saturn extrem kalt und eisig ist und Mars heiß und brennend, besteht die Gefahr, dass bei Euch im mittleren Alter von 36 Jahren ein Nervenleiden entsteht» [fol. 9ır].

Die Lebensalter, in denen Rudolf diese Krankheiten heimsuchen sollen, richten sich nach der astrologischen Lehre von den klimakterischen[47] Jahren, in denen ein Mensch besonders gefährdet sei. Diese kommen alle sieben Jahre vor (also im 7., 14., 21. usw. Lebensjahr) und – allerdings weniger gefährlich – alle neun Jahre. Diese gefahrvollen Epochen – besonders das 63. Jahr – in einem Menschenleben in Stufen von sieben Jahren sind seit der Antike überliefert. Nostradamus warnt Rudolf, dass alle sieben Jahre «ein Wandel in der Eigenschaft und dem Zustand der Natur» stattfinde, dasselbe alle neun Jahre, aber weniger ausgeprägt. Er erteilt ihm den Rat, in diesen Jahren seine Ärzte zu konsultieren, damit eventuelle Krankheiten vermieden werden können. Nostradamus weissagt ihm, dass ein solches Ereignis durch Haustiere und wilde Tiere geschehe und ihm auch ein Reitunfall bevorstehe. Dieser Unfall beziehungsweise eine andere lebensgefährliche Krankheit sagt der Seher für das Alter von 48 Jahren voraus. «Wenn Gott Euch die Gnade erweist, dass Ihr jenen Zeitpunkt überschreitet, wird Euer Leben lange dauern» [fol. 20v].

Hier erweist sich Nostradamus wieder einmal als vorsichtiger und geschickter Prognost. Er sagt etwas vorher, das aber durch das Eingreifen Gottes möglicherweise abgewendet werden kann. Da man annahm, dass Gott besonders bei Fürsten und Königen seine Gnade walten lässt, konnten solche Abschwächungen oder implizite Widerrufe des Geweissagten gefahrlos eingebaut werden, ohne als plumper Scharlatan zu gelten.

Nostradamus sieht Leberleiden in der Jugend, im Alter Steinbeschwerden und ein Nierenleiden sowie eine melancholische Verfassung und eine Geisteskrankheit vor dem 40. Lebensjahr [fol. 88rv]. Rudolf müsse große Krankheiten mit Todesgefahr erleiden sowie andere Todesgefahren ohne Krankheiten, wie einen Aufruhr, der ihn im klimakterischen Alter von 27 Jahren bedrohen würde. Er müsse sich da völlig heraushalten. Jemand möchte einen anderen durch Schwert und fliegendes Feuer verletzen, und das Wurfgeschoss werde in die Richtung Rudolfs abgefeuert [fol. 20v]. Ein solches Ereignis ist ebenso wenig historisch verbürgt wie ein Reitunfall oder ein durch Tiere hervorgerufenes Unglück; wie der Prophet schreibt, bestehe «die Gefahr eines Sturzes vom Pferd und die Gefahr, von einem Pferd oder von anderen gezähmten wilden Tieren gebissen zu werden». Speziell in den klimakterischen Jahren soll er auf kein Pferd steigen, das ihm als Geschenk übergeben werde, und sich nicht mit wilden und gezähmten Tieren einlassen. Diese Gefahren bestünden, bis er sein 33. Lebensjahr überschritten habe. «Während jener Zeit wird Euch etwas Großes zustoßen, und Ihr werdet deshalb niemals daran zweifeln und nicht sagen, ich hätte es nicht schriftlich niedergelegt. Aber was die himmlischen Bilder weissagen, muss auch eintreten» [fols. 66v–67r].

Nostradamus ist sich absolut sicher, dass die astrologische Theorie stimmt. Was immer die Konstellationen androhen, würde zweifellos eintreten. Und was ist davon eingetreten? Zu Beginn der Türkenkriege, um das Jahr 1592, erkrankte Rudolf, wie man heute annimmt, an Schizophrenie. Eine andere These, die sich allerdings nicht belegen lässt, geht davon aus, dass er an der Syphilis litt, die er sich bei den «kaiserlichen Frauenzimmern» zugezogen hatte und deren Spätfolgen zu Erkrankungen des Nervensystems und des Gehirns, mit der Folge einer geistigen Umnachtung, führten. In jedem Fall zeigte sich Rudolf schon in den frühen 1570er Jahren zusehends durch die Krankheit psychisch beeinträchtigt. Folgen der Krankheit waren, dass er anfangs zu übertriebener Selbstdarstellung neigte. Euphorie und Unansprechbarkeit wechselten sich ab; später verweigerte er Audienzen. Er litt unter Unentschlossenheit, Größenwahn, Selbstzweifeln und Einsamkeit. Mit fortschreitendem Alter führte seine Krankheit zu schweren Depressionen, Verfolgungswahn und Tobsucht.

Mit den Hinweisen auf seine wechselhaften Stimmungslagen, auf das

Nervenleiden und die Gefahr einer Geisteskrankheit, aber auch auf ein Nierenleiden hat Nostradamus richtig gelegen. Indes muss man feststellen, dass der Seher sehr viele Krankheiten vorhersagte und auch hier die Wahrscheinlichkeit groß ist, dass sich der Native die eine oder andere während seines Lebens zuziehen würde. Die meisten beschriebenen Erkrankungen sind nicht so spezifisch dargestellt, dass man von einer korrekten Vorhersage sprechen könnte. Nostradamus terminiert die Krankheiten allerdings in der Hauptsache während der klimakterischen Jahre. Rudolfs Leiden verschlimmerte sich zeit seines Lebens und führte immer wieder zu Krisen und Rückfällen, die keinesfalls nur auf die klimakterischen Jahre beschränkt blieben.

Im 39. Lebensjahr bekomme Rudolf Rheuma an den Augen und um diese Zeit sterbe seine Mutter plötzlich [fol. 61v]. 39 Jahre alt wurde Rudolf im Jahr 1591. Von «Rheuma an den Augen» wissen wir nichts. Seine Mutter, Maria von Spanien (1528–1603), die Schwester Philipps II., die jahrelang versucht hatte, ihren Sohn mit der kleinen Tochter ihres Bruders zu verheiraten, verstarb erst zwölf Jahre später.

Saturn im Zeichen Fische im zwölften Haus in Opposition zum achten Haus bedeute einen sehr schlechten Schlaf im Alter. Der Grund dafür sei die Gicht, die seine Füße, Knie und die Hände befallen werde. Mit der Gicht hatte der Prophet selber viel zu kämpfen, und im Alter litt Rudolf tatsächlich an der Gicht – aber so erging es auf Grund ihrer Ernährungsgewohnheiten fast allen Adeligen und Herrschern in jenen Tagen.

Aus den zahlreichen und gefährlichen Erkrankungen, die Nostradamus aufführt, könnte man den Eindruck gewinnen, Rudolf werde oft krank sein und schwere und gefährliche Leidenszeiten erleben. Ein anderer Aspekt stehe hingegen für ein robustes Leben voller Tatkraft [fol. 62r]; außerdem weiß der Astrologe zu berichten: «Die meiste Zeit werdet Ihr am ganzen Körper und an der gesamten Persönlichkeit gesund und heiter sein, und Eure Majestät werden den Tod, den Untergang und den vollkommenen Verfall Eurer Feinde sehen, hören und erfahren» [fol. 46r]. Er spricht auch von einem «langen Leben, Gesundheit des Körpers bis zum Alter von 52 Jahren» und vom Erreichen eines sehr hohen Alters [fols. 34v–35r]. Die Widersprüche ergeben sich dadurch, dass Nostradamus jeweils die einzelnen Aspekte des Horoskops bespricht und nicht eine zusammenfassende Analyse aller Punkte präsentiert.

Die Frage nach dem Tod war für die Klienten der Astrologen von zentraler Bedeutung. Nostradamus nähert sich diesem heiklen Thema mehrfach. An einer Stelle schreibt er: «Ihr werdet außerhalb des Ortes Eurer Geburt sterben» [fol. 16r]. Womit er Recht behielt: Rudolf wurde in Wien geboren und starb in seiner Wahlheimatstadt Prag.

Die Besprechung von Art und Zeitpunkt des Todes selbst beginnt Nostradamus mit einer gelehrten Einleitung: «Aber auch nicht *ein* Astrologe, keiner auf der Welt, konnte jemals etwas über den Tod eines Kaisers vorhersagen, ausgenommen Askletarion, der von Deutschland aus Domitian das Jahr, den Tag und die Stunde vorhersagte» [fol. 22v]. Es hat den Anschein, als möchte Nostradamus durch diesen Hinweis der Pflicht entgehen, dem künftigen Herrscher sein Todesjahr vorauszusagen. Allein Askletarion war so unvorsichtig, es zu tun, wofür er ein schlimmes Ende nahm.[48] Er hatte den Fehler begangen, dem grausamen Domitian den Tod durch Mord vorherzusagen. Der Kaiser wollte sich an ihm rächen und fragte ihn, wie sein eigener Tod aussehen würde. Askletarion antwortete, er selbst würde bald von Hunden zerrissen werden. Domitian wollte die Prophezeiung widerlegen und ließ ihn verbrennen. Seine Hinrichtung ließ er genau überwachen, damit keine Hunde in die Nähe kämen. Ein Sturm oder ein Gewitter löschte jedoch das Feuer, und der halb verbrannte Leib des Astrologen wurde von einem Rudel wilder Hunde zerrissen. Domitian war von da an überzeugt, dass auch sein von Askletarion prophezeiter Tod nicht mehr lange auf sich warten lassen würde. Ängstlich ließ er die Sterne beobachten. Als am 18. September 96 Mars und Saturn im Wassermann in Konjunktion standen, war er sicher, dass der Zeitpunkt seines Todes gekommen war; am selben Tag wurde er durch die Hand eines Mörders niedergestreckt.

Aber Nostradamus führt die Gestalt des Askletarion nicht ein, um der Frage nach dem Todesjahr zu entgehen, sondern vielmehr, um sich mit dem kühnen Astrologen der Antike zu vergleichen und seine eigene außergewöhnliche Stellung als Prophet hervorzuheben. Denn selbstverständlich gibt er Auskunft über die Lebensdauer des künftigen Kaisers Rudolf und auch über jene seines Vaters, des gegenwärtigen Kaisers Maximilian II. Für Rudolf prophezeit er: «Es ist Euch ein langes Leben versprochen, zum Beispiel 72 Jahre» [fol. 54v]. Und gegen Ende des Manuskriptes wiederholt er: «Wenn Gott es gestattet und Euch die Natur nicht Unrecht tut, wird Euer Leben vier Mal achtzehn Jahre betragen» [fol. 91r]. Rudolf wurde nur 60 Jahre alt (1552–1612).

Interessant ist die vorsichtige Formulierung. Gott wird zwar bei so kritischen Aussagen gerne mit ins Spiel gebracht, zumal er die Sterne regiert und damit auch in astrologische Gewissheiten eingreifen kann. Aber Nostradamus lässt nicht allein Gottes Gnade über die Lebensdauer des künftigen Kaisers entscheiden; auch die Natur bekommt ihr Recht daran. Was soll man von dem kryptischen Hinweis, «wenn die Natur Euch nicht Unrecht tut», halten? Hier scheint Nostradamus das astrologische Urteil, das er stets als sicher und unabänderlich verteidigt, auf eine bislang unbekannte Weise zu relativieren. Er gestattet der Natur, einem Menschen Unrecht zu tun, sich mithin gegen das von den Sternen vorgeschriebene Schicksal zu stellen. Führt Nostradamus hier durch die Hintertür den Zufall wieder ein? Gerade diesen wollte die Kunst der Astrologie vertrieben und endgültig besiegt haben: In ihrem System war alles von den Sternen bestimmt; daneben gab es nur noch Platz für die Wirkung der Gnade oder des Zorns Gottes. Interessant ist die Offenheit, mit der Nostradamus ein derart heikles Thema behandelt. Nur wenige Zeilen davor hat er verkündet, dass niemals außer Askletarion jemand den Tod eines Monarchen vorhergesagt habe. Er scheut sich allerdings nicht, ziemlich genau das Todesjahr des Prinzen Rudolf zu nennen und das Todesjahr des regierenden Kaisers niederzulegen, die Begräbnisfeierlichkeiten, die Trauer und sogar die Grabinschriften zu beschreiben. Das zeugt von beträchtlicher Selbstsicherheit. Es zeigt, dass Nostradamus bei aller zur Schau gestellten Höflichkeit mit Heldenlob, glorreichen Taten, außerordentlicher Weisheit und leiblicher Schönheit, die er dem Sohn des Kaisers angedeihen lässt, nicht davor zurückschreckt, delikate Themen anzusprechen. Er erfüllt sie sogar mit anmaßender Autorität, indem er die Zeit als Zeugen für die Wahrheit seiner Prophezeiungen anruft.

EINSTELLUNG ZUR RELIGION   Im 42. Lebensjahr Rudolfs (es handelt sich abermals um ein klimakterisches Jahr) trete eine Person von «charakterlosem Gewissen und schlechter Religion» auf, die ihn zur Verachtung der Religion verleite. Nostradamus warnt ihn: «Denn nach der perfekten [astrologischen] Berechnung ist es angezeigt, die heiligen und göttlichen Gesetze zu befolgen, ohne sie aufzugeben, und Eure Reiche werden von Tag zu Tag Früchte tragen und sich vergrößern» [fols. 46v–47r].

Rudolfs Vater, Maximilian II., war bereits in seiner Jugend lutherisch beeinflusst. Auch nach seiner Zeit in Spanien, wo er von 1549–1551 Statthalter war, neigte er weiterhin dem Luthertum zu und strebte nach einem Ausgleich der Konfessionen. Er war mit einer glühenden Katholikin, seiner Cousine Maria, der Tochter Karls V., verheiratet. Zeit seines Lebens versuchten Maria und die katholischen Kräfte in der Familie und in Europa auf ihn einzuwirken, aber Maximilian blieb seinen ketzerischen Tendenzen treu. Diese religiösen Spannungen zwischen den Eltern Rudolfs scheint Nostradamus im Blick gehabt zu haben, als er dem Prinzen voraussagte, er würde mächtige Gegner in Fragen der Konfession haben und auch zwischen ihm und seiner Frau werde es bei diesem Thema zu Unstimmigkeiten kommen, allerdings ohne zu einer Scheidung oder Trennung zu führen [fol. 46v].

Die katholischen Kräfte unter den Habsburgern setzten durch, dass Rudolf am spanischen Hof streng katholisch erzogen und damit dem Einfluss seines Vaters entzogen würde. Rudolf und sein Bruder Ernst kamen am 17. März 1564 in Barcelona an. Nur vier Monate später wurde ihr Vater nach dem Tod Ferdinands I. zum Kaiser gewählt. In diesem Zeitraum erhielt Nostradamus den Auftrag, für die beiden Söhne Maximilians das Horoskop zu erstellen. Nostradamus war darüber informiert, dass sie ihre Ausbildung in Spanien erhielten, und er spielt an anderer Stelle im Horoskop auf diese Erziehung in Spanien an.

Was meinte Nostradamus mit dem Befolgen der «heiligen und göttlichen Gesetze»? In Anbetracht der unklaren Haltung von Nostradamus betreffend die wahre Religion muss die Passage mit gewisser Vorsicht interpretiert werden. Die Formulierung ist erstaunlich allgemein und kann unterschiedlich ausgelegt werden. Wird Rudolf an der katholischen Lehre festhalten oder vielmehr dem Protestantismus als der wahren Religion zuneigen? Eindeutig formuliert Nostradamus seinen Standpunkt nicht. An einer Stelle schreibt er: «Eure Majestät werde vom siebenten bis etwa zum 40. Lebensjahr in den guten Lehren der göttlichen Wissenschaften eines Glaubens, eines Gesetzes und einer perfekten christlichen und reinen evangelischen Religion ausgebildet» [fol. 46v]. Zumal Rudolf zum Zeitpunkt, als Nostradamus dies schrieb, in Spanien katholisch indoktriniert wurde, hatte unser Autor mit der «christlichen und reinen evangelischen Religion» wohl die katholische Lehre gemeint. Andererseits haben wir gesehen, dass Nostradamus von den des Protestantismus Bezichtigten als von jenen sprach, «die der christlichen Religion verdächtigt» wurden; hier wird die «christliche Religion» also zum Synonym für den reformierten Glauben.

Jedenfalls hat Nostradamus im Horoskop für Rudolf sein Anliegen geschickt formuliert. Es stünde ihm schlecht an, einem künftigen Herrscher, der als Bewahrer des katholischen Glaubens erzogen wird, offen ein Liebäugeln mit der lutherischen Lehre zu empfehlen. Der diplomatische Wortlaut ließ sich jedenfalls für beide Seiten auslegen, ohne in den Geruch einer ketzerischen Bemerkung zu kommen, und würde auch dem Vater nicht missfallen. Nostradamus' eigene Zerrissenheit in Fragen der konfessionellen Ausrichtung erfuhr in den Jahren der religiösen Bürgerkriege eine noch stärkere Ausprägung, als sie ohnehin schon gegeben war. Wir haben gesehen, dass Nostradamus zwischen den Konfessionen stand und seine religiösen Überzeugungen von der neuplatonischen und hermetischen Philosophie durchsetzt waren. Es mutet deshalb überhaupt nicht merkwürdig an, dass Nostradamus zu dieser Empfehlung an Rudolf eine Warnung über den anonymen Verführer zum falschen Glauben hinzufügt, in der eine antike, heidnische Religionsauffassung aus ihm spricht: «Hütet Euch, Sire, ihn <den Verführer> anzuhören, denn die Götter und die Menschen würden Euch im Stich lassen» [fol. 47r]. Wohlgemerkt, nicht *Gott* würde ihn im Stich lassen, sondern die *Götter*! Hier spricht Nostradamus mit dem warnenden Mund eines antiken Orakels. Wie Nostradamus die Haltung Rudolfs zur Religion letztlich gemeint hat, lässt sich schwer rekonstruieren. Vermutlich war er von den Versuchen Maximilians II. angetan, die Gegensätze zwischen den Konfessionen zu überwinden. Weder wollte dieser Papist noch Lutheraner, sondern nur Christ sein. So strebte er nach einer Wiedervereinigung der Konfessionen durch Reformen wie die Priesterehe und die Rücksicht auf den Augsburger Religionsfrieden. Hinter seiner Religionspolitik stand die Hoffnung auf eine ausgleichende, christliche Universalreligion. Nostradamus hoffte in Rudolf auf die Fortführung dieser Bemühungen, von denen auch eine befriedende Wirkung auf das von den Religionskriegen zerrissene Frankreich ausgehen könnte. Hier, wie an vielen die Herrschaft betreffenden Aussagen, lässt sich zwischen der Auslegung der Gestirnspositionen, ureigenen Inspirationen und den Sehnsüchten und Hoffnungen des Autors schwer unterscheiden. Die Aussage, der Großteil seiner engsten Freunde würden Kleriker sein, und die daran angeschlossene Behauptung, in der Religion werde Rudolfs höchste Erhöhung erfolgen [fol. 50r], zeigen, welche eminenten Hoffnungen Nostradamus in den künftigen Kaiser legte, dass er als der Große Monarch die Einheit des Christentums wieder herstellen möge.

Rudolfs engste Freunde waren hingegen gewiss keine Geistlichen. Diese umschwirrten zwar ständig den Hof, wie der Nuntius des Papstes, der ihn auf die katholische Linie einschwören sollte, aber das waren eher Feinde denn Freunde. Rudolfs höchste Erhöhung erfolgte zudem keineswegs in Sachen der Religion: Er erfüllte nicht die Hoffnung der katholischen Führerschicht in Europa, er würde in seinen Glaubensansichten weniger schwankend sein als sein Vater. Es hatte wenig genutzt, ihn in Spanien vom religiösen Freigeist seines Vaters fern zu halten. Bei Ketzerverbrennungen durch die spanische Inquisition in Toledo machte Rudolf in jungen Jahren die Erfahrung der Grausamkeit der Gegenreformation. Sie hat ihn tief geprägt und sein Verhältnis zur katholischen Religion getrübt. Zeit seines Lebens verabscheute er Glaubensfehden und blieb in seinen religiösen Ansichten gespalten. Der Papst konnte nicht beklagen, dass er zu den Kreisen der Reformierten überlief. Viel schlimmer: Rudolf wandte sich einem ganz anderen Glauben zu – dem Okkultismus, der Magie, der Geisterbeschwörung und der Alchemie mit ihrem Unterbau an antiken heidnischen religiösen Vorstellungen.

LIEBSCHAFTEN, FAMILIE, EHE, KINDER Skorpion in der Himmelsmitte bedeute, dass sich der Native mit vielen Frauen, mit verheirateten und unverheirateten, abgeben werde. Daraus würden große Eifersuchtsszenen entstehen und verschiedene Unannehmlichkeiten [fol. 30r]. Schon in jungen Jahren werde er Umgang mit schönen Frauen haben, «aber sie werden arm sein und Behinderungen sowie verborgene Krankheiten haben» [fol. 53v]. Der Stand der Venus in ihrem eigenen Haus bedeute, dass Rudolf sich mit vielen königlichen, aber auch mit nicht standesgemäßen Frauen ergötzen wird. Der Aspekt deute auch auf Unanständigkeiten hin und auf Herumschweifen in Liebesdingen in der Jugend.

<Der Aspekt> zeigt wahrhaftig, dass Eure Majestät weder innerhalb der Ehe noch außerhalb irgendeine Regel oder ein Maß einhält. Ihr lasst Euch darin vielmehr durch Eure Fantasie und Euren natürlichen Instinkt leiten denn durch zögernde Überlegung. [fol. 58v]

Wenn er nicht mit Kriegführen beschäftigt sei, dann werde sich Rudolf der «hemmungslosen Liebe» hingeben: «Ihr werdet zügellose Liebesspiele und Ausgelassenheit und Frechheit bei der Zeugung bevorzugen» [fol. 59v]. Damit nicht der Eindruck entstehe, Rudolf sei pervers, beeilt sich Nostradamus aber hinzuzufügen: «Aber Ihr werdet stets Gott und seine Vorschriften und Gebote beachten» [fol. 60r]. Den Mond im Haus des Merkur bringt Nostradamus mit der Vorliebe für sehr junge Mädchen in Verbindung [fol. 61v]. Eine interessante Deutung gibt Nostradamus für Venus im Haus des Mondes:

Bisweilen seid Ihr von einer Raserei zur Zeugung erregt, sodass Ihr weder auf Angehörige noch auf Blutsverwandte noch auf Bündnisse achtet, um Euren Willen zur Zeugung von Kindern zu erfüllen, oder Ihr werdet auch keinerlei Achtung haben und Rücksicht nehmen, auch weil Eure Majestät mit mehreren Angelegenheiten und Sachen beschäftigt sein wird. Deshalb werdet Ihr weder konstant sein noch fest zu einer Meinung stehen, sondern häufig wechselhaft und veränderlich sein. [fols. 82v–83r]

Was Nostradamus nur wenig verblümt als eine zeitweilige Besessenheit von einem Zeugungswunsch beschreibt, ist die Charakterisierung Rudolfs als eines Menschen, der manchmal von seinen Trieben überwältigt wird und auf der Suche nach immer neuen Sexualpartnerinnen keinen Unterschied macht, ob sie aus seiner Verwandtschaft stammen oder nicht und ob sie – wie er an einer anderen Stelle bemerkt – seinem Stand entsprechen oder nicht. Hinter dieser triebhaften Besessenheit stehe nicht allein ein wechselhafter Charakter in Liebesdingen, sondern eine allgemeine Sprunghaftigkeit.

Ob die Aussagen bezüglich Rudolfs ausschweifenden Sexuallebens zutreffend sind, lässt sich historisch nicht einwandfrei belegen. Die Geschichten über wüste Ausschweifungen, denen er sich periodisch hingegeben habe, über seine Vorliebe schon in jungen Jahren als Erzherzog und später als König von Ungarn für «kaiserliche Frauenzimmer», bei denen er seine sinnlichen Begierden stillte, über seine Neigung für käufliche Frauen und zahlreiche Liebschaften mit nicht standesgemäßen Frauen beruhen in der Hauptsache auf Hofklatsch und wurden in der sensationsgierigen Literatur über Rudolf aufgebläht. Da die These von der Syphilis-Erkrankung des Kaisers auf zu schwachen Beinen steht, kann keine Übereinstimmung gefunden werden mit der Aussage des Propheten, er werde sich in der Pubertätszeit bei einer Frau mit «verborgenen Krankheiten» anstecken.

Die Frau, die Rudolf ehelichen wird, werde «nicht fremd dem Land oder einem verbündeten Land und nahe blutsverwandt sein» [fol. 27r]. Der Zeitpunkt der Hochzeit sei unfehlbar festgelegt, aber auf Grund von Saturn in den Fischen werde eine solche Hochzeit nicht vor dem 30. Lebensjahr Rudolfs erfolgen [fol. 28r]. Nostradamus lässt sich über die künftige Frau des Prinzen an verschiedenen Stellen sehr ausführlich aus. Das wichtige Ereignis der Hochzeit und Ehe hat Nostradamus nach eigenem Bekunden mehrfach berechnet und nicht versäumt, die Werke aller Autoritäten, der arabischen, griechischen und «barbarischen», zu konsultieren, und er gelangt nach sorgfältiger Prüfung zu dem Ergebnis, Rudolf könne «nicht ohne Heirat und Kinder sterben» [fol. 27v]. Er werde «ein glückliches und erfreuliches Alter mit seiner Frau erleben, die schön, nobel und vollkommen königlich sein wird» [fol. 58r].

Hier irrte Nostradamus abermals. Rudolf ist durchaus gestorben, ohne geheiratet zu haben; Kinder allerdings hatte er. Seine Mutter drängte ihn ständig zur Ehe. Rudolf war nämlich, seit er mit 19 Jahren den spanischen Hof verließ, mit der damals fünfjährigen Infantin Isabella Clara Eugenia, einer Tochter Philipps II., verlobt. Aber er wollte von Heirat nichts wissen: Die Astrologen hatten ihm geweissagt, dass ihm sein legitimer Thronerbe einst die Krone entreißen würde. Rudolf setzte deshalb alles daran, keinen legitimen Erben in die Welt zu setzen, und widerstand allen Versuchen seiner Umgebung, allen voran seiner Mutter, ihn zu einer Ehe zu bewegen. Später machte er Catarina da Strada zu seiner Mätresse. Sie war die Tochter von Jacopo da Strada, der bedeutende Teile der kaiserlichen Kunstsammlungen zusammentrug und der Oberaufseher seiner Sammlungen war. Catarina schenkte ihm sechs Kinder.

Über die künftigen Kinder Rudolfs weiß Nostradamus viel Erfreuliches, aber auch Unerfreuliches zu berichten. Zu diesem Thema sind seine Aussagen wieder sehr widersprüchlich. Rudolf werde «viele gute, taugliche und hübsche Kinder» [fol. 54v] haben und es würden «sehr schöne Kinder sein, die äußerst große Macht, Würde, Autorität und unübertreffliche Erhabenheit erlangen» würden [fol. 56v]. Seinen Kindern werden riesige Güter und Länder vorhergesagt. Er werde Söhne und Töchter haben, und «die Töchter werden große Könige und die Söhne große Königinnen heiraten» [fol. 40r].

Man muss nicht über prophetische Fähigkeiten verfügen, um dem erstgeborenen Sohn eines Kaisers Kinder vorherzusagen, die später Könige und Königinnen ehelichen werden, um damit in den meisten Fällen richtig zu liegen, speziell wenn man die geschickte Heiratspolitik der Habsburger im Auge behält. Trotzdem hatte sich Nostradamus bei dieser konventionellen Voraussage geirrt, denn Rudolfs Lebensauffassung als Herrscher fällt aus dem Rahmen des zu Erwartenden. Rudolf hatte nur uneheliche Kinder, keines davon erlangte «Macht, Würde, Autorität und unübertreffliche Erhabenheit», und keines heiratete einen König oder eine Königin.

Die positiven Aussichten über die Nachkommen kontrastieren mit negativen: Einige seiner Kinder würden noch im Jugendalter sterben oder sich zumindest in großer Todesgefahr befinden. Diejenigen, die durch Krankheiten davonkommen werden, würden sehr widerstandsfähig und böse werden und vielen hart zusetzen [fol. 45v].

Die Sterne verheißen Euch größere Dinge, und ein größeres Reich ist nicht möglich, glücklich und begünstigt in allen Dingen, ausgenommen Eure Kinder, obwohl sich zeigt, dass sie jener Anzahl sein werden wie die von Cäsar, Eurem Vater, aber dass sie nicht so lange leben werden, und abgesehen von den Kindern wird Euer Glück vollkommen königlich sein. Aber Euren Kindern wird kein großes Glück beschieden sein, nicht nur dass sie von ihren Gebieten, Monarchien, Grund und Boden, Fürstentümern, Reichen und Lehensgütern vertrieben würden, aber es wird ihnen auch, sobald sie erwachsen geworden sind, gewisses Unglück durch Krankheiten und andere Unfälle zustoßen, so sehr, dass die Gefahr besteht, dass eines nach dem anderen zu Grunde geht. [fol. 16r]

Waren die Kinder Rudolfs zuvor noch in Ansehen, Macht und Ehebündnis-

sen vom Glück begünstigt, werden sie nun als vom Unglück verfolgt dargestellt. Nostradamus behauptet auch, Rudolf werde etwa so viele Kinder haben wie sein Vater. An anderer Stelle macht er die von Saturn ungünstig as-
pektierte Venus hingegen dafür verantwortlich, dass Rudolf nicht viele
Kinder haben werde [fols. 40v–41r]. Maximilian II. hatte 15 Kinder; Catarina gebar Rudolf sechs Kinder. Ob und wie viele weitere Kinder er mit anderen Frauen hatte, ist nicht bekannt. Über Rudolfs erstgeborenen Sohn
macht Nostradamus folgende Angaben:

Venus im siebten Haus bedeutet, [...] wenn Ihr Euren ersten Sohn haben
werdet, wird dieser allen Lobes wert sein, aber wegen der Mutter dieses
Kindes zeigt sich, dass Ihr große Trauer, Verdruss und Schmerzen haben
werdet, und das wird zu jener Zeit sein, wenn dieses Kind beginnen wird,
erwachsen zu werden. Aber sicher wird danach Eure Trauer vollkommen
in Freude, Beglückung und vollendete Fröhlichkeit verwandelt. [fols.
57v–58r]

Man kann diese Aussage mit der folgenden in Verbindung bringen:

Wenn Saturn das zweite Trigon Eurer Nativität durchmessen hat, was
um Euer Alter von 52 bis 57 Jahren sein wird, werdet Ihr Schmerzen,
Leiden, Verdruss, Kummer, Tränen und Betrübnis erfahren, durch den
Verlust von Kindern, den Eure Majestät erleiden wird, aber die Trauer
wird danach in Freude verwandelt. [fol. 83rv]

Trauer, Verdruss und Schmerzen hatte Rudolf tatsächlich, aber nicht wegen
Catarina da Strada, der Mutter seines Sohnes, sondern wegen des erstgeborenen Sohnes selbst, denn dieser war keinesfalls «allen Lobes wert». Im Jahr
1603 erwog Rudolf, seinen erstgeborenen Sohn, Don Julius, zu legitimieren, um sich seiner Brüder zu erwehren, die nach seinem Thron trachteten.
Aber das Horoskop des Sohnes war derart vernichtend, dass er davon Abstand nahm. Tatsächlich wurde Julius ein Epileptiker und entwickelte sich
zu einem bösartigen, perversen Menschen. Während eines Anfalls verge-
waltigte er im Jahr 1608 seine Mätresse, brachte sie auf bestialische Weise
um und stürzte sich danach aus dem Fenster eines Zimmers, in das man ihn
gesperrt hatte, in den Tod. Rudolf war zu diesem Zeitpunkt 58 Jahre alt. Die
Betrübnis verwandelte sich allerdings nicht in Freude. Es war die Zeit des
Reichstags zu Regensburg, eine der schwärzesten Phasen seines Lebens.
Rudolf war von Todesgedanken und unheilvollen Vorahnungen umgetrieben. In diesem Jahr musste er auf Österreich ob und unter der Enns, Mäh-

ren und Ungarn verzichten. Es war der Anfang vom Ende seiner Herrschaft.

DER «BRUDERZWIST» Mehrere Male kommt Nostradamus auf die Brüder des Propheten zu sprechen. Die Beziehung zu den Brüdern wird als problematisch dargestellt. Der Herr des sechsten Hauses im dritten Haus deute darauf hin, dass Rudolf Brüder haben werde, die «befleckt und kränkelnd» sein werden und die «niederere Arbeiten ausführen werden als die, welche einem Königssohn angemessen sind» [fol. 41r].

Obwohl seine Brüder nicht in jene höchsten Ämter erhoben wurden, die einige von ihnen sich gewünscht hatten, erlangten sie durchaus Positionen, die Königssöhnen angemessen waren. Ernst (1553–1595) wurde Statthalter der Spanischen Niederlande (1593–1595), Maximilian (1558–1618) Statthalter von Tirol (1595–1618), Albrecht VII. (1559–1621) folgte Ernst als Statthalter der Niederlande, Wenzel (1561–1578) wurde Großprior des Johanniterordens in Kastilien, Friedrich (1562–1563) und Karl (gest. 1565) verstarben als Kleinkinder. Den ehrgeizigen Matthias (1557–1619) hielt Rudolf kürzer, aber der stürzte ihn schließlich und wurde selber Kaiser (1611–1619).

Unter seinen Brüdern würde Rudolf der beste von allen sein. Durch ihn würden die Brüder große Reichtümer und Ländereien erhalten, und er selbst müsse wegen der Brüder und der nahen Verwandten viel reisen [fols. 36v–37r]. An diese Aussage schließt Nostradamus an:

Und durch die Bedeutung des zwölften Hauses wird angezeigt, dass die Brüder dieses Königs zusammen eine große Feindschaft hegen.
Allerdings zeigt es, dass Eure Brüder so hohe Ehren in Reichen, Monarchien, Fürstentümern und Herrschaft erlangen, dass sie über Euch Macht haben werden. [fol. 37r]

Auf die Feindschaft mit den Brüdern kommt Nostradamus an anderen Stellen zurück: Rudolf werde mit seinen Brüdern entzweit sein [fol. 40v], es werde ihn «gegenseitige Feindschaft mit den Brüdern plagen» [fol. 41r], auch der Aspekt von Mars im sechsten Haus bedeute «Hass und Auseinandersetzungen mit Brüdern, Schwestern und nahen Blutsverwandten» [fol. 55r]. Die Brüder liefen Gefahr, sich gegenseitig zu überfallen und einander zu töten, «was mehr als einmal in Eurem Leben geschehen wird» [fol. 55v].
Diese Bemerkungen lassen aufhorchen, denn in der Tat war Rudolf mit seinen Brüdern, vor allem mit Matthias, zutiefst verfeindet – eine Feind-

schaft, die ihn die Krone kosten sollte. Das Verhängnis nahm seinen Anfang mit dem väterlichen Testament: Maximilian II. hinterließ Rudolf alles; seine anderen Söhne wurden mit großzügigen Geldsummen abgefunden. Doch damit wollten sich die Brüder Rudolfs nicht begnügen, auch sie wollten regieren. Rudolf misstraute dem verbissenen Katholiken Matthias, den er für impulsiv und selbstgefällig hielt, und vertraute ihm keine Regentschaft an. Dadurch zog er sich den lebenslangen Hass von Matthias zu. Es kam zu dem berühmten, von Franz Grillparzer in einem Theaterstück thematisierten *Bruderzwist im Hause Habsburg*. Nach dem Tod von Ernst im Jahr 1595 blieben Rudolf nur noch drei Brüder, Matthias, Maximilian und Albrecht. Matthias war nunmehr der rechtmäßige Erbe. Wenn er Rudolf aus dem Weg räumen könnte, ließen sich seine drei Kronen von Ungarn, Böhmen und des Römischen Reiches auf die Brüder verteilen. Was ihr Vater um jeden Preis verhindern wollte, strebten die Brüder unter Federführung des rachsüchtigen Matthias an. Am Ende gelang der brüderliche Angriff; Rudolf wurde seiner Ämter und Kronen beraubt. Matthias wurde zum Kaiser, der die Interessen seiner geschwisterlichen Rivalen Maximilian und Albrecht berücksichtigte.

Hatte Nostradamus den berühmten Bruderzwist vorausgesehen? Man ist versucht, dem zuzustimmen. Aber es ist Nostradamus selbst, der die diesbezüglichen Aussagen relativiert. Zum einen weitet er die Hinweise auf eine allgemeine astrologische Disposition zu Streitigkeiten zwischen den Verwandten Rudolfs aus: Es werden, um sein 25. und 26. Lebensjahr, wenn sich Saturn im Schützen befinde, große Kriege und Aufstände zwischen seinen Brüdern und nahen Verwandten stattfinden. Diese Kriege werden «groß, wild, blutig und von einer abscheulichen Unmenschlichkeit sein» [fol. 68v]. Zum anderen weiß er von Freundschaft und Harmonie mit seinen Brüdern zu künden. So schreibt er in einem Satz, der auf die Ankündigung gefährlicher Auseinandersetzungen zwischen den Brüdern folgt, von «anderen abweichenden Bedeutungen», die «Liebe zwischen Brüdern» anzeigen würden [fol. 55v]. Ein weiterer Aspekt im Horoskop prophezeie sogar «Friede, Eintracht und Übereinstimmung mit Brüdern, Schwestern und königlichen Blutsverwandten» [fol. 61r].

Damit stehen wir abermals vor dem Problem, gegenteilige und einander ausschließende Aussagen bewerten zu müssen. In jedem Fall ist es dadurch nicht mehr möglich, in dem Horoskop die prophetische Vorwegnahme des historisch gewordenen Streits zwischen Rudolf und seinem Bruder Matthias erkennen zu können. Wir müssen die diesbezüglichen Aussagen Nostradamus' als zufällige Übereinstimmung abtun, die durch gegenteilige Behauptungen entwertet und aufgehoben wird.

Die Erwähnung von Streitigkeiten um das 25. und 26. Lebensjahr ist annähernd richtig, da Rudolf im Oktober 1576, zwei Monate nach dem Tod seines Vaters, seine dritte Krone als Römischer Kaiser erhielt. Rudolf war 24 Jahre alt. Schon kurz danach gab es Auseinandersetzungen mit Matthias; allerdings kam es nicht zu Kriegen zwischen den Brüdern, schon gar nicht zu solchen, die «groß, wild, blutig und von einer abscheulichen Unmenschlichkeit» sein würden. Von der eigentlichen Entmachtung Rudolfs durch Matthias in den letzten Jahren seines Lebens hören wir indes von Nostradamus nichts. Im Gegenteil: Rudolf werde ein vom Glück begünstigter Herrscher sein, der bis zu seinem Lebensende ein glanzvolles Reich errichtet haben würde.

ERBSCHAFTEN, REICHTÜMER UND GLÜCK   «Während Eures ganzen Lebens, bis ins höchste Alter werdet Ihr sehr zufrieden und äußerst vom Glück begünstigt sein» [fol. 51r]. Zu diesem Urteil gelangt Nostradamus vor allem durch die Deutung des so genannten Glückspunktes. Der Glückspunkt im Horoskop markiert den Stand der Sonne bei der Zeugung. Er wird ausführlich und in konfuser Weise erörtert, wobei sich Nostradamus dafür rechtfertigt, den Glückspunkt in die Himmelsmitte zu verlegen, obwohl er nach der Berechnung eigentlich nicht dort liegen würde. Nach der astrologischen Lehrmeinung zeigt die Himmelsmitte die berufliche Zielrichtung eines Menschen an; sie steht für Karriere, gesellschaftliche Position und sein Wirken in der Öffentlichkeit. Nur an dieser Stelle könne sich der Glückspunkt für den künftigen bedeutenden Monarchen befinden. Nostradamus versichert, dass «in Bezug auf das Leben dieses Kindes, welches der zukünftige höchste König ist […] der Glückspunkt in der Himmelsmitte liegt, und [das bedeutet,] dass sich etwas sehr Großes ereignen wird». In allen seinen Unternehmungen wird Rudolf vom Glück begünstigt sein. Nichts wird er unternehmen, was nicht eine große Tat wird.

Rudolf war in Wahrheit ein unglücklicher Mensch, was sowohl seinen seelischen Zustand als auch sein politisches Geschick betraf. Er führte sein Reich in eine große Krise und verlor es schließlich. Aus der Erklärung des Glückspunktes können wir abermals die Hoffnungen des Nostradamus herauslesen, Rudolf möge doch der lang ersehnte Große Monarch sein, dem jene Umwälzungen und Befriedungen gelingen, deren Europa so sehr bedurfte. Das konnte nur verwirklicht werden, wenn das Glück ihm hold sein würde. So hat der Prophet keine Skrupel, den Glückspunkt, der nach seiner Berechnung auf 17° 0' Schütze liegt,[49] an den dafür passenden Punkt im Horoskop, an die Himmelsmitte bei 20° 0' im Skorpion zu verlegen.

Mit Anbruch des neuen Jahrhunderts wuchs der Druck auf den unschlüssigen Kaiser. Die Türken blieben eine ständige Bedrohung, und der Papst wollte endlich sehen, dass der Kaiser die Alchemistenstuben verlasse, die Spiritisten und Astrologen aus dem Hradschin verbanne und seine Pflichten als Verteidiger der Christenheit an die Hand nehme. Sein Bruder Matthias intrigierte vehement mit dem Ziel, seinem Bruder die Kronen zu entreißen. Man warf ihm vor, die Grundvoraussetzung für den Fortbestand des Kaiserreichs nicht erfüllt zu haben: für legitime Nachfolger zu sorgen. In politischer Hinsicht begann der Stern Rudolfs immer weiter zu sinken, bis ihm am Ende nichts mehr bleiben würde.

Von bedeutenden Erbschaften ist im Horoskop immer wieder die Rede. Die Waage zeige an, dass Rudolf «große Reiche, Herzogtümer, Fürstentümer und Lehensgüter erben» werde [fol. 30v]. Nach dem «äußerst sicheren und wahrhaften astrologischen Urteil» werde er eine «sehr große Erbschaft» im Jahr 1570, «weder später noch früher» erlangen [fol. 44v]. Die größte seiner Erbschaften werde ihm um die Jahre 1589 und 1590 zufallen [fol. 31r].

Es war zu erwarten, dass Rudolf Erbländer erhalten würde, sobald er König wurde. Aber die Daten stimmen nicht mit jenen überein, die Nostradamus nennt. 1572 wird Rudolf zum König von Ungarn, 1575 zum König von Böhmen und 1576 zum Kaiser des Römischen Reichs gekrönt.

Doch Nostradamus hat noch größere und fernere Länder als Erbschaften im Sinn:

Es wird Euch jemand Reiche von riesiger Ausdehnung hinterlassen, die jenseits der Säulen des Herakles liegen, und Ihr werdet über alle christlichen und barbarischen Könige und Monarchen erhoben werden. [fol. 35r]

Unter den fabelhaften Erbländern verspricht er ihm überseeische Besitztümer. Es war die Zeit der großen Entdeckungen, die Zeit, in der sich vor allem Spanien und Portugal in Mittel- und Südamerika («jenseits der Säulen des Herakles») ihre immensen Kolonien einverleibten. Offenbar spielt Nostradamus auf die enge Verwandtschaft Rudolfs mit dem spanischen Königshaus an und sagt ihm das Erbe von Kolonien in der Neuen Welt voraus. Die nachfolgenden Erklärungen deuten in dieselbe Richtung: Auf Rudolf würden zahlreiche neue Länder und Fürstentümer «der Frauen wegen und vor allem seiner Ehegattin wegen» zukommen [fol. 42r]. Nostradamus versteigt sich zu den Bemerkungen: «Der größte Reichtum, den Ihr besitzen werdet, wird das sein, was Euch die Verstorbenen hinterlassen werden, was annähernd ein Drittel der Erde sein wird» [fol. 50v]. Rudolf «wird der Herr nahezu des gesamten Erdkreises sein» [fol. 51r].

Nostradamus vermutete offenkundig, Rudolf werde, wie sein Vater, in die spanische Linie heiraten. Diese Mutmaßung lag durch die Verwandtschaftsbeziehungen und die bekannte schlaue österreichische Heiratspolitik nahe. Allerdings hatte, als Nostradamus am 20. Juli 1565 seine Arbeit am Horoskop abschloss, Philipp II. von Spanien nur einen Sohn. Seine erste Tochter, die schließlich auch im zarten Kindesalter mit Rudolf verlobt wurde (ohne dass er sie jemals heiratete), Isabella Clara Eugenia, erblickte erst über ein Jahr später, am 12. August 1566, das Licht der Welt.

In Spanien und Portugal regierten jene Linien, die über ungeheure Besitztümer in den neu entdeckten Gebieten in Südamerika verfügten. Nostradamus nahm an, Rudolf würde durch eine geschickte, von seiner spanischen Mutter eingefädelten Heirat zu einem vergleichbar weltumspannenden Reich gelangen wie Karl V., von dem der Ausspruch überliefert ist: «In meinem Reich geht die Sonne nie unter.» Das Reich Rudolfs blieb hingegen auf die Gebiete von Österreich, Ungarn und Böhmen beschränkt. Die bedeutenden Erbschaften «durch Frauen» blieben aus, vor allem weil Rudolf unverheiratet blieb.

Mit Reichtümern aller Art sah der Prophet den Nativen gesegnet. Bei der Besprechung des Saturn im zweiten Haus gemeinsam mit dem Drachenschwanz (absteigender Mondknoten) vermutet er «einen großen Verlust von Gold und Silber und allen beweglichen Gütern». Aber Rudolf brauche sich keine Sorgen machen. Auch wenn der Verlust groß sei, in Wahrheit sei er gering, denn mit dem unglaublichen Reichtum des Königs an Minen mit Edelmetallen könne sich «in seiner Zeit niemand vergleichen». Der Verlust sei nicht mehr, als «wenn man einem dicht behaarten Hund zwei oder drei Haare ausgerissen hätte». Um Geld und Gold brauche er sich keine Sorgen machen; aus allen Teilen der Welt würden ihm Schätze gebracht werden. Unschätzbare Reichtümer seien ihm durch das Horoskop versprochen. Wenn das geschehe, sei «Eure Majestät nahe der Eheschließung», und «die Buffets werden mit Gold und Silber gedeckt sein» [fol. 63r].

Das große Problem, das schon Karl V. und Philipp II. in Spanien sowie Franz I. und Heinrich II. in Frankreich gedrückt hatte, waren Geldsorgen. Sie konnten die Summen nicht mehr aufbringen, um ihre Expansionspolitik mit den damit verbundenen aufwendigen Kriegen zu finanzieren, und standen deshalb bei den reichen Händlern und Bankiers tief in der Kreide. Für Rudolf solle sich, nach den Angaben des Nostradamus, alles zum Besseren wenden. Je mehr Kriege er führe, desto mehr Reichtümer werde er erlangen. Aber Rudolf wollte keine Kriege führen, und jene, die er führen musste, kosteten ihn nur und brachten ihm wenig ein. Er litt wie seine Vorgänger unter notorischer finanzieller Knappheit, zumal vor allem die Kriege gegen die Osmanen die Staatsfinanzen arg schmälerten.

«EIN GROSSER SUBTILER GEIST» Rudolf verfüge über «eine außergewöhnliche Intelligenz und ein großes Verständnis und eine rasche Auffassungsgabe» [fol. 61v]. Nostradamus spricht auch von einem «großen subtilen Geist von großem Gedächtnis und einer sehr guten Auffassungsgabe» [fol. 16v]. Merkur im siebten Haus bedeute, dass «dieser König Freude an Berechnungen und den Zahlen haben wird» [fol. 59r]. Er werde alle seine ebenbürtigen Gefährten in Wissen und Fleiß übertreffen [fol. 56r], viele Sprachen sprechen und sich für die Wissenschaften interessieren [fol. 12r]. Mars im Haus des Merkur deute darauf hin, dass Rudolf ein «äußerst weiser Autor» werde und dass er die unterschiedlichsten Sprachen seiner Reiche erlernen würde [fol. 56r].

Der junge Rudolf erwies sich als durchaus intelligent, sprach mehrere Sprachen und zeigte an den unterschiedlichsten Dingen Interesse. Er befasste sich mit antiken Schriftstellern und konnte bald auf Latein korrespondieren. Als er aus Spanien zurückkehrte, sprach er Deutsch, Spanisch, Latein, Französisch und ein wenig Böhmisch.

Interessant sind die Beschreibungen, in denen Nostradamus Rudolfs Neigung zu den Wissenschaften hervorhebt. Er sieht Rudolf intensiv den schönen Wissenschaften und der Philosophie hingegeben [fol. 27r]. Mars im Sextil mit Merkur werde dazu führen, dass Rudolf sich mit «den Geisteswissenschaften und den okkulten Wissenschaften beschäftigen» wird und sie «im Geheimen studieren und erlernen» [fol. 90v] wird. «Ihr werdet die Magie und die okkulte Philosophie verstehen wollen, um sich ihrer für Eure Gesundheit zu bedienen» [fol. 19r]. Sonne in ihrem eigenen Haus und im Haus von Mars und Merkur bedeute ebenso: «Ihr werdet den Wunsch haben, die Magie und die okkulte Philosophie kennen und verstehen zu lernen» [fol. 57v].

Rudolfs Fächer waren neben den antiken Autoren Geschichte und Philosophie sowie Reiten und Fechten. In allen Disziplinen zeigte er sich lernbegierig. Schon in jungen Jahren entwickelte er eine Leidenschaft für Astrologie und hätte sich gerne auch in Mathematik unterrichten lassen. An den Künsten und Wissenschaften war er sehr interessiert, und vor allem bildete er im Lauf seines Lebens einen immer intensiveren Hang zu Magie und Okkultismus aus. Ob er diese geheimen Künste so intensiv förderte, weil er sich für seine Gesundung etwas davon versprach, ist indes unwahrscheinlich. Rudolf war verschroben und von der Wunderkammer der Seltsamkeiten fasziniert. An seinem Prager Hof förderte er Alchemisten, umgab sich mit bedeutenden Gelehrten der Hermetik und Magie. Bei der Erklärung der Konjunktion von Sonne und Merkur, die kurz vor seiner Geburt stattgefunden habe, verheißt ihm Nostradamus:

[...] ein überaus tiefes Verständnis aller Wissenschaften, besonders der Geisteswissenschaften und der okkulten Wissenschaften und einiger die okkulte Philosophie betreffenden, derart, dass das hohe Ansehen Eures Ruhmes durch Euer ganzes Reich hallen und sich später auf das ganze Universum ausdehnen wird, so, dass man diesen König ansehen wird, wie man in Rom einen Mark Anton und einen Mark Aurel für einen Philosophen gehalten hat. Wenn man sich dagegen verwahren möchte, die kleinen Dinge mit den sehr großen zu vergleichen, wird man sehen, dass es sich [in Wahrheit] darum handelt, die sehr kleinen Dinge mit den übermäßig großen zu vergleichen, weil er <Rudolf II.> der dreimal Größte sein wird. [fol. 92r]

Die Eloge, die Nostradamus mit dem Vergleich von Rudolfs zukünftiger philosophischer Gelehrsamkeit mit Mark Anton und Mark Aurel einleitet, gipfelt in der Aussage, er werde seine antiken Vorbilder darin noch übertreffen. Dabei bezeichnet er bewusst Rudolf nicht nur als Größten (*maximus*), sondern als «dreimal Größten» (*ter maximus*): Es handelt sich um eine Anspielung auf Hermes Trismegistos, den Stammvater der Hermetik und der okkulten Wissenschaften, dessen griechisches Epitheton, *trismegistos*, «der Dreimalgroße» bedeutet.

Der von Nostradamus geschilderte Platz in der Geistesgeschichte gebührt Rudolf tatsächlich, zwar nicht als Gelehrter, aber als der große Mäzen der Künstler, der Okkultisten, Alchemisten, Schwarmgeister und Medien. Er versammelte sie alle an seinem Hof in Prag. Vor allem für die Astrologie und die Alchemie begeisterte er sich so sehr, dass er sich selber als Alchemist betätigte. Es ist überliefert, dass man Rudolf II. wirklich den Beinamen «Hermes Trismegistos Germanicus» gab.[50] Nach Prag kamen Okkultisten, Astronomen und Alchemisten wie John Dee, Edward Kelley, Michael Sendivogius, Johannes Kepler, Heinrich Khunrath, Martin Ruland, Michael Maier, Tycho Brahe, Denis Zacharias, Nicholas Bernaud, Oswald Croll, Bavor Radowsky von Hustiøan, Václav Lavín von Ottenfeld, Thaddaeus Budek von Falkenberka und Thaddaeus Hájek. Rudolf II. gründete sogar eine «Akademie für Alchemie». In dieser Atmosphäre gedieh jenes hermetischokkulte Gedankengut, das Johann Valentin Andreae zur Gründung der Bruderschaft der Rosenkreuzer inspirierte.[51] Rudolf traf keine Entscheidung mehr, ohne die Sterne zu befragen. Besucher wurden erst vorgelassen, wenn ihr Horoskop gestellt war. Edward Kelley, das zwielichtige Medium des englischen Hermetikers John Dee (1527–1608), versprach ihm, den Stein der Weisen zu finden und damit Blei in Gold verwandeln zu können. Es kreisten Legenden um den «Kaiser als Alchemisten», er habe ein geheimes Elixier besessen und es sei ihm tatsächlich gelungen, unedle Metalle in Gold zu verwandeln. Gerüchten zufolge habe man nach seinem Tod fantastische Mengen Goldes in seiner Schatzkammer gefunden. Hier vermischt sich die Kunde von den wunderbaren Gold- und Silberarbeiten in seinen Sammlungen mit der Legende von geglückten alchemistischen Metallverwandlungen.[52] Wie ernst es dem Kaiser mit der Alchemie war, zeigt, dass er alle an seinem Hof angestellten alchemistischen Versuche lateinisch in einem Folianten niederschreiben ließ. Außerdem wurden Adeptengeschichten von seinem Hofpoeten Mardochäus de Delle in deutsche Reime gebracht, und sein Kammerdiener Hans Marquard malte dazu die Abbildungen der Prozesse.[53]

Von der Liebe zu schönen Dingen, Kunst und Edelsteinen ist im Horoskop ebenfalls die Rede: Mars im zweiten Dekan der Zwillinge «lässt ihn die antiken Dinge lieben, die Architektur und sich für die Zeit der Römer begeistern» [fol. 12r]. Venus im siebten Haus, dem Haus der Erhöhung dieses Planeten, mache den Nativen musikalisch und zu einem großen Maler und er würde sich an den Künsten überaus erfreuen [fol. 89r]. Venus im zweiten Dekan des Zeichens Krebs bedeute, dass er es sich gerne gut gehen lasse, mit Männern trinke und alle Genüsse in vollen Zügen leben werde. Er werde die Frauen, Edelsteine, Schmuck, Putz und Kleidung lieben, «was diesen König zu einem glücklichen macht» [fol. 12r]. Er werde «Freude an schönen, wohlriechenden Dingen und an Edelsteinen haben» [fol. 54v].

Rudolf hatte einen besonderen Hang zum Luxus ausgefallener Kunstobjekte. Für außerordentliche und rare Stücke gab er Unsummen aus. Seine Sammlerleidenschaft für hervorragende Kunstwerke ist legendär. Er sammelte nicht nur Bilder und Plastiken, sondern auch wertvolle Silber- und Goldschmiedearbeiten, Juwelen, Schmuck, kunstvoll bearbeitetes Kristall, ausgefallene Rüstungen und Kuriosa aller Art, die nicht schauerlich genug sein konnten. So verwahrte er sogar verunstaltete Föten in Glasbehältern. Für Juwelen hatte er eine besondere Neigung; bisweilen schliff er selber Edelsteine.

DIE GLORIE EINES HERRSCHERS Wie es sich für einen künftigen Herrscher geziemt, nehmen in Nostradamus' Text die Voraussagen über den Verlauf von Rudolfs Herrschaft breiten Raum ein. Jupiter im Löwen beglücke die Handlungen Seiner Majestät: «Geringer werden die Taten Eurer Majestät nicht sein als die erinnerungswürdigen Taten Eures Schutzherrn Karl V., des Unvergleichlichen unter allen christlichen Kaisern, nach Verdienst höher als der Himmel» [fol. 10v]. Rudolf werde «fortwährend König, nobel, weise, klug und liberal sein, wie ein zweiter Alexander» [fol. 9r]. Rudolfs Herrschaft war insofern nobel und weise, als er versuchte, sich aus allen Kriegshandlungen herauszuhalten. Dieser Standpunkt erwuchs allerdings nicht aus diplomatischer Raffinesse, sondern vielmehr aus Schwäche, Unentschlossenheit und einem generellen Widerwillen gegen politisches Handeln jeglicher Art.

Saturn wird ihm eine gewisse Unentschlossenheit in kriegerischen Dingen verleihen, gleichsam wie ein zweiter Fabius Maximus, aber mit besonnener Geduld, Verschwiegenheit, Sparsamkeit, verbunden mit Freiheit, weil dieser Native viele und ungeheure Auslagen machen wird. [fol. 5v]

Fabius Maximus Quintus Verucosus Cunctator (285–203 v. Chr.) gehörte zur Delegation, die die Karthager vor die Entscheidung zwischen Krieg und Frieden stellte. Hannibal rückte daraufhin in Italien ein. Nachdem die Römer unter dem ungeduldigen Gajus Flaminius am Trasimenischen See eine Niederlage erlitten hatten, wurde Fabius Maximus zum Diktator ernannt. Er vermied trotz Kritik aus den eigenen Reihen hartnäckig eine Konfrontation mit den Karthagern und führte bloß einige notwendige Operationen zur Verteidigung durch. Darauf geht sein anfangs negativ belegter Beiname Cunctator («der Zauderer») zurück. Durch seine Hinhaltetaktik verhinderte allerdings Fabius weitere schwere Niederlagen Roms.[54]

Nostradamus verwandelt das zaudernde Wesen Rudolfs durch den Vergleich mit Fabius in ein positives Persönlichkeitsmerkmal. Zaudern und Zögern, eine allgemeine Unentschlossenheit, die bis zu Lähmung in politischen Entscheidungen führte, war tatsächlich ein hervorstechender Wesenszug Rudolfs. Er geriet ihm allerdings nicht zum Vorteil, sondern stürzte sein Reich vielmehr in große Gefahren und führte schließlich zu seiner Entmachtung. In späteren Jahren wurde Rudolf immer absonderlicher und menschenscheuer. Er verhielt sich politisch desinteressiert, vernachlässigte die Regierungsgeschäfte, aber an seinen Herrschaftsvollmachten hielt er fest. Es war diese Haltung, die ihn in schwere Auseinandersetzungen mit seinen jüngeren Brüdern geraten ließ, die die Notwendigkeit einer engagierten Regierung vertraten. Die Passivität des Kaisers führte das Reich an den Rand des Verderbens. Seine Brüder sahen sich gezwungen, ihn sukzessive zu entmachten. Ein wichtiger Punkt für Nostradamus ist Rudolf als Besieger der Barbaren. Nur als solcher konnte er seinem Bild vom Großen Monarchen entsprechen, und deshalb lässt er sich zu Lobreden seiner künftigen Bedeutung hinreißen, wie etwa:

Das Reich ist den Deutschen bestätigt, und [sie sind] wieder eingesetzt, wenn es jemals der Fall war, dass ein Prinz geboren wurde für die Wiederherstellung des Reichs der Christen und für die Zerstörung der Flotte der Barbaren und ihr Zurückweichen, um sehr weit von Afrika zurückgedrängt zu werden. Sie werden gezwungen sein, ganz Europa zu verlassen und auch die Provinzen, Regionen, Dörfer und Städte, über die dieser Monarch seine Flügel ausbreiten und ausdehnen wird, vor allem über das erste und das zweite Klima. Durch das Gedeihen seines Erfolges, verbunden mit der Verheißung aller zusammen vereinten Himmel, [ob er] will oder nicht will, wird sich [sein Einfluss] ausbreiten, wo Steinbock und Wassermann[55] ihre Herrschaft haben, in Indien, Ariana, Gedrosien, Mazedonien, Illyrien, Thrakien, Bosnien, Albanien, Bulgarien, Griechenland, Masowien, Litauen, Sachsen, Hessen, Thüringen, Steiermark, die Orkney-Inseln und die Städte Jülich, Köln, Brügge, Mechelen, Gent, Oxford, Wilna, Brandenburg, Wien, Konstanz, Tortosa, Faenza; und darüber hinaus verheißen Euch die Himmel, o Sire, dass Ihr alle Regionen und Provinzen unter Eure Herrschaft bringt, die dem Herrn und Gebieter Eures Aszendenten, der Saturn ist, zugehören, weil er ja Steinbock und Wassermann [regiert]. [fols. 14rv]

Rudolf werde diese und weitere Regionen in Asien [fols. 14v–15r] «besitzen etwa zur Mitte Eures Lebensalters, obgleich ich glaube, dass der größte Teil der Regionen und Provinzen des ersten, des zweiten und des dritten Klimas lange Zeit unter der Herrschaft Eures königlichen Zepters stehen wird» [fol. 15r].

Kein Zweifel, Nostradamus sah in Rudolf einen wahren Weltherrscher, dessen Einfluss sich im Osten bis weit nach Asien erstrecken, aber auch viele Teile Süd- und Nordeuropas umfassen würde. Es ist gleichsam das Versprechen eines Wiederauferstehens des Reiches Alexanders des Großen und des Römischen Reiches zur Zeit seiner größten Ausdehnung. Eine derartige Herrschaft im Osten setzte freilich eine endgültige Unterwerfung der Türken und auch der Perser voraus. Die Chance dazu wurde Rudolf möglicherweise tatsächlich geboten, aber Rudolf ergriff sie nicht: Beim Reichstag in Augsburg 1582 wurde ihm vom russischen Gesandten der Vorschlag unterbreitet, gemeinsam mit der Armee des Zaren Iwan IV. (1547–1584) gegen die Türken und Tataren ins Feld zu ziehen und sie vernichtend zu schlagen. Das Angebot war eine ungewöhnliche Gelegenheit – Rudolf hätte als Befreier des christlichen Europa in die Geschichte eingehen können. Aber Rudolf zögerte lange, wie es seine Art war. Aus Trägheit oder Unentschlossenheit vertat er diese Chance zu einem mächtigen Bündnis und entschiedenem Handeln, wie sie von einem Kaiser erwartet wurden. Stattdessen beschäftigte ihn allein der Gedanke, wie er das verhasste Wien verlassen und sich endlich in Prag einrichten konnte. Im Frühjahr 1583 verlegte er seinen Regierungssitz nach Prag. 1588 schlug Zar Boris Godunow (1598–1605) eine neuerliche Allianz gegen die Türken und Perser vor; Rudolf schlug sie abermals aus.

Auf die Bedrohung durch die Türken hat Rudolf häufig ausweichend und abwartend reagiert. Zwar ließ er sich von seinen Hofmalern als Eroberer und Sieger über die Osmanen in einer eindrucksvoll kunstfertigen, vergoldeten Rüstung malen, aber niemals setzte er sich an die Spitze eines Heeres, um die «Barbaren», wie Nostradamus schreibt, aus Europa zu vertreiben. Fantasie und Wirklichkeit klafften bei Rudolf diametral auseinander.

Mit besonderem Nachdruck kommt Nostradamus immer wieder auf das 31. Lebensjahr Rudolfs zurück. Um diese Zeit sieht er wesentliche Ereignisse. Die Bedeutung dieses Lebensjahres hängt mit der Beendigung eines Saturnumlaufs seit dem Zeitpunkt der Geburt zusammen. Die Wiederkehr des Saturn an seine ursprüngliche Position im Horoskop wurde mit Umwälzungen und Veränderungen im Leben des Nativen in Zusammenhang gebracht:

Nachdem Saturn die erste Revolution seines kleinen Kreislaufs vollendet haben wird, was im Alter von 31 Jahren der Fall sein wird, werden sich Eure Lebensart, Euer Stil und Zustand ändern, und Ihr werdet Euch gezwungenermaßen mit wichtigeren Angelegenheiten Eures Reiches beschäftigen, obwohl Cäsar <Maximilian II.> noch immer am Leben sein wird. Er wird das Kaiserreich und Ihr werdet die [König-]Reiche haben, die Euch nach dem Gesetz der Erbfolge zufallen werden. [fol. 85v]

Rudolf werde sich im Alter von 30 oder 31 Jahren (1582, 1583) zu Wasser und noch mehr zu Lande gegen Feinde stellen, die versuchen würden, die Gegend, in der er geboren wurde, anzugreifen. Mit großen Anstrengungen

werde es ihm gelingen, die Angreifer zurückzuschlagen [fol. 94r]. In dieser
Zeit würde sich «eine Vielzahl von Heerführern und Prinzen» dem Herrscher zur Verfügung stellen, sich selbst, ihre Besitztümer und Ehren anbie-
ten [fols. 37v–38r].
Maximilian war zu diesem Zeitpunkt bereits tot und Rudolf Kaiser.
Nostradamus hat wohl einen Türkenangriff auf Wien im Sinn, denn er sieht
auch «für die vornehmste Stadt Österreichs eine traurige Belagerung» voraus, die allerdings noch weit in der Zukunft liege [fol. 96v]. 1529 hatte Süleyman der Prächtige Wien schon einmal vergeblich belagert und bei seinem Rückzug die Umgebung gebrandschatzt. Seitdem gab es immer wieder
Vorstöße des osmanischen Heeres nach Ungarn. Die Gefahr eines neuerlichen Angriffs auf Wien war durchaus gegeben, wenngleich es ein weiteres
Jahrhundert dauern sollte, bis es 1683 zur zweiten, ebenfalls erfolglosen Belagerung Wiens kommen sollte.
Weiter schreibt Nostradamus, nach dem 31. Lebensjahr erfolge der
größte Aufstieg. Rudolf werde «fast ganz Deutschland, den größten Teil des
keltischen Galliens, einen Teil Belgiens und den Süden unter seinem Schutz
haben» [fol. 37r]. Das sei der Zeitpunkt, an dem Rudolf offenbar seine einmalige Stellung als bedeutender Herrscher unter Beweis stellen werde,
denn «im 31. Lebensjahr wird er auf nichts warten und keinem Ratschlag
folgen außer seinem eigenen Kopf» [fol. 38r].
Was genau Nostradamus im Sinn hatte, bleibt weitgehend im Dunkeln.
Aber zweifellos handelt es sich um eine verwickelte kriegerische Handlung:

Es ist wahr, da er sich oft zu sehr auf seine Kräfte verlässt und gewisse
bedeutende Angelegenheiten nicht vorhergesehen hat, die von großer
Bedeutung sein werden, wird er eine Unternehmung machen und einen
Angriff ausführen, der danach einen schlechten Ausgang an Stelle eines
guten Endes nimmt, und das [wird] geschehen im 31. Lebensjahr. [fols.
21v–22r]

Nostradamus ist überzeugt, Rudolf werde seine Rolle als Kriegsherr bestens
erfüllen, denn Saturn im Zeichen Fische bedeute Vorliebe zu kämpfen, anzugreifen, seine Kräfte und Armeen zu verstärken, die Angelegenheiten des
Krieges im Allgemeinen. «Die Schwierigsten, Gefährlichsten und Unzu-
gänglichsten wird er mit einer Großmut des Herzens, mit unerschrocke-
nem und ruhigem Geist angreifen» [fol. 9rv].
Rudolf hatte, wie wir wissen, anderes im Sinn. Er wollte niemanden angreifen. Das Kriegsgeschäft war ihm abhold. Während seiner Regierung
versuchte Rudolf stets, Blutvergießen zu vermeiden und ein Herrscher der

Versöhnung zu sein. Als Feldherrn bei seinen Truppen suchte man ihn vergeblich.

Wie problematisch die einzelnen Darlegungen im Horoskop sind, zeigt sich an zwei diametral entgegengesetzten Behauptungen für das Jahr 1590. Im ersten Teil seiner Arbeit verheißt Nostradamus dem künftigen Kaiser, im Jahr 1590 werde es viele gute Dinge für Rudolf geben, «und es wird der Beginn Eurer größten Reiche sein» [fol. 24v]. Weiter unten in seinem Text behauptet er, es stehe für Rudolf im Jahr 1590 eine schlimme Zeit bevor, wenn Saturn in das Zeichen Krebs eintritt. Zweieinhalb Jahre müsse er mit neuen Unruhen und Angriffen von Feinden rechnen. Diese Zeit ende um das Jahr 1593; dann würden alle Verluste und Schäden aus der Vergangenheit korrigiert werden [fol. 71v].

Nostradamus irrte mit beiden Aussagen. Ab 1593 spitzte sich die militärische Bedrohung des Reiches zu. Im August 1593 erklärte ihm der Sultan den Krieg, und es kam zum so genannten Zweiten Türkenkrieg, einer bis 1606 dauernden bewaffneten Auseinandersetzung. Wieder stellte sich Rudolf dem Feind nur zögerlich entgegen und vermied es, selber seine Streitmacht anzuführen. Zumal weder Wien noch Prag unmittelbar bedroht waren, sah er keine Veranlassung dazu. Zu Beginn wurde das habsburgische Heer von den überlegenen osmanischen Truppen mehrfach geschlagen. Dennoch gab es militärische Erfolge, vor allem in Ungarn. Aber Rudolf II. war weit davon entfernt, die Türken entscheidend zu besiegen oder sie gar aus Europa zu verdrängen; viel mehr interessierte es ihn, die Triumphe seiner Feldherrn von den Hofmalern als seine eigenen verewigen zu lassen.

Ganz im Gegensatz zur wahren Sachlage spricht Nostradamus von «großen Siegen, Heldentaten und Tapferkeit und ausgezeichnetes Gedeihen in Dingen der väterlichen Nachfolge»; Rudolf sei «ständig beim Kriegführen und niemals beim Ausruhen» [fol. 13v].

Rudolf würde keinen Krieg führen, den er nicht als Sieger beenden würde. Die meisten seiner Kriege würde er «gegen die orientalischen Gegenden führen», er würde siegreich sein, und «der Triumph wird von den Leuten Seiner Majestät besungen werden»; und Nostradamus fügt pathetisch hinzu: «Lang ist es her, dass ein König oder ein Monarch auftritt, der so begünstigt und glücklich in Kriegsangelegenheiten war, wie es Eure Majestät sein wird» [fols. 20v–21r].

Bei solchen Aussagen stellt sich natürlich die Frage, wie viel Wunschdenken von Seiten des Autors mit eingeflossen ist. Nostradamus verbreitet hier die großen Hoffnungen seiner Generation, dass ein starker Monarch auftreten möge, der endlich die Türken besiegt. Der Triumph über die Osmanen war nicht nur ein außenpolitisch vordringliches Ziel des Okzidents;

es verband sich damit ein ganzes Bündel an mythischen Vorstellungen, die mit dem Sieg über die Feinde der Christenheit die Möglichkeit zu einer wahren Erneuerung und einem glanzvollen Wiederauferstehen der heruntergewirtschafteten Papstkirche versprachen. Vielleicht muss man darin aber nicht nur eine aus den Ängsten und Hoffnungen des Zeitgeists geborene Idee sehen: Möglicherweise verband Nostradamus nüchterne politische Propaganda mit diesen Voraussagen und wollte dem vermeintlichen künftigen Kaiser suggerieren, er möge das erfüllen, was ihm in seiner hohen Stellung als natürlicher Auftrag zukommt, und die Türkenfrage entschieden angehen.

Zerschlagen hatte sich die Hoffnung des Nostradamus auf einen französischen Herrscher als Weltmonarchen, der die vom Osten drohenden Völker islamischen Glaubens vertreiben und die Kirche in ihre ursprüngliche Vorherrschaft wieder einsetzen würde, wie er es im Vierzeiler C 5.74 der *Prophéties* und in der *Prognostication nouvelle* für 1555 beschrieben hatte. Heinrich II., dem er diese Rolle zugedacht hatte, war verstorben, ohne sie erfüllt zu haben. Die schwierige Nachfolge, mit dem unmündigen Karl IX. nach dem frühen Tod seines Bruders Franz II., hatte Frankreich in dynastische Streitigkeiten gestürzt und gipfelte in den religiösen Bürgerkriegen. Von Frankreich war ein glanzvoller Weltherrscher Mitte der 1560er Jahre nicht mehr zu erwarten. Während Spanien unter Karl V. in Fragen der Konfession unbeugsam reaktionär geblieben und damit auch als Neugestalter des Weltgefüges ausgefallen war, vertraute Nostradamus nunmehr auf die deutsche Linie des Hauses Habsburg, seit 1558 die Kaiserkrone auf Ferdinand I. (1558–1564) übergegangen war. Damit hatte Deutschland als legitimer Erbe des Römischen Reichs nach der Vorstellung der *translatio imperii* wieder das Imperium in der Hand. Die Kaiserwürde hatte Karl V. seinem Bruder Ferdinand bereits im September 1556 übertragen; die Krönung zum Römischen Kaiser fand am 24. März 1558 statt. In den späteren Zenturien der *Prophéties*, die Nostradamus im Sommer 1558 fertig gestellt hatte, begrüßt er bereits die neue Entwicklung mit den Worten: «Das heilige Reich wird nach Deutschland kommen» (C 10.31.1 «Le sainct Empire viendra en Germanie»). Zweifellos versprach er sich von den deutschen Kaisern eine entschiedene Haltung gegen die Bedrohung aus dem Osten, gepaart mit einer reformfreudigen und vermittelnden Einstellung zwischen Protestantismus und Katholizismus. Schon Maximilian II. hatte in dieser Hinsicht zu Hoffnung Anlass gegeben, und nun stattete Nostradamus dessen Sohn Rudolf mit seinen höchsten Erwartungen aus. Auf ihn projizierte er die mit einem Endzeitkaiser verbundenen Sehnsüchte.

Eine derartige Erhöhung kann freilich nicht ohne Anfeindungen vor sich gehen. So sieht Nostradamus heftige Anstürme auf den Weltmonarchen Rudolf zukommen, denen er aber standhalten wird:

Er wird also fürwahr von einem hohen Grad der Würde auf einen noch höheren berufen werden, aber er wird durch seine Verwandten die größten Ärgernisse erfahren, und er wird einst in die höchsten Gefahren verwickelt sein. Und es wird eine Zeit kommen, in der Ihr auf eine höhere Ebene der Ehre, Autorität, imperialer Gewalt und aller erdenklichen irdischen Macht gestellt werdet. Sobald sich Eure Majestät auf diesem höheren Thron hinter einem riesigen und hohen Berg eingesetzt finden wird, wird ein Wirbelsturm aufkommen, der mit aller Macht versuchen wird, Euch gewaltig zu belästigen und zu quälen und Euch von Eurem höheren Thron herabstürzen zu lassen; vergeblich wird der Ansturm sein. [fol. 32rv]

Diese Zeilen zeigen den Grad der Erregung und des Engagements ihres Autors. Sie sind beschwörend, prophetisch, mit nahezu biblischem, apokalyptischem Duktus geschrieben.

In den letzten Abschnitten des Manuskripts spielt die astrologische Auslegung eine untergeordnete Rolle. Nostradamus nimmt wieder die Pose des Almanachschreibers an und berichtet von Aufständen, Religionsstreitigkeiten, dem Auftreten von Tyrannen, von Hungerkatastrophen, Überschwemmungen und vom Tod verschiedener bedeutender Personen, als ließe sich das alles aus dem Geburtshoroskop herauslesen. In seinen Visionen sieht er bewaffnete Konflikte, «die kaum geringer sein werden als der Trojanische Krieg» [fol. 102r], und er spricht in jenen Rätseln, die wir aus seinen prophetischen Werken kennen, etwa vom Löwen, der kommen wird, um die Aufständischen zu verschlingen [fol. 102v]. Von einem riesigen Heer ist die Rede, größer, als man seit den Tagen Karls V. jemals davon gehört hat. Durch einen verheerenden Seesturm kämen die meisten Soldaten um; das geschehe, wenn Rudolf 33 oder 34 Jahre alt sei: «In dieser Zeit wird sich ein derart großes Erdbeben ereignen, dass es keine Städte und keine Häfen geben wird, die nicht überflutet und mit den Kadavern der Toten angefüllt sein werden.» Nostradamus schließt die Schreckensmeldungen mit einem für ihn typischen paradoxen Satz ab, dazu angetan, die Wut seiner Kritiker zu entflammen: «Gott steht über allem. Er allein kann alles zum Guten wenden, aber das wird so kommen» [fol. 103v].

In diesem Abschnitt spricht er auch von einer verheerenden Pestepidemie in Europa «von September 1587 bis zum Beginn des Jahres 1588». Es wird sein, «wie wenn man Salpetersäure getrunken hätte, und außerhalb, als ob man sich damit gewaschen hätte, so werden sie zerfressen werden. Ich schätze, dass dieses Jahr einer Krankheit ähneln wird, von der Thukydides im Krieg der Peloponnesier und Athener erzählt» [fol. 106r]. Nostradamus spielt auf die berühmte Pestbeschreibung im Hauptwerk des Geschichtsschreibers Thukydides (um 460–um 400 v. Chr.) *Der Krieg der Peloponnesier und Athener* (2, 47–54) an. Thukydides gelingt darin eine erschütternde Schilderung der Pestepidemie von Athen, bei der er selber an der Seuche erkrankte.

Drei Jahre vor der Pestepidemie wird die Kirche von ihrem höchsten auf den niedersten Platz herabfallen. Gemeint ist die Kirche der römischen Religion, die papistisch oder evangelisch genannt wird. Das verspreche ich Euch, Sire, für einige Jahre davor, bis zu den Jahren 1588, 1589 und 1590. Was zuvor in Österreich, Frankreich und in ganz Deutschland, in Italien und Spanien den höchsten Triumph feierte und von allen verehrt wurde, wird in vollkommenem Niedergang und Verfall stehen. Es wird sich keiner finden, der die Messe lesen oder den Beruf des Priesters bekleiden wird. Ich versichere Euch, Sire, das wird eine äußerst schlechte Zeit sein. [fol. 106v]

Es sind die bekannten Schreckensbilder aus der prophetischen Tradition, die als Folge eines Strafgerichts in Form von Kriegen, Seuchen und Erniedrigung der Kirche hereinbrechen sollen, die Nostradamus dem von ihm angekündigten Endzeitkaiser gleichsam ins Stammbuch schreibt.

Als Deuter der Nativität des Prinzen Rudolf erscheint Nostradamus als gründlicher Astrologe, bemüht, jeden Aspekt ausführlich zu beurteilen. Er erweist sich auch als findiger Interpret, wenn es darum geht, ungünstigen Aspekten positive Seiten abzugewinnen, und er scheut sich nicht davor, Änderungen im Horoskop vorzunehmen, wenn er dies für opportun hält. Diese Vorgehensweisen begründet er mit seiner Autorität als Prophet, dessen Inspiration über die mechanische Deutung eines Geburtsbildes weit hinausgeht. Darum ist diese Arbeit ein Paradebeispiel für die Fusion von Astrologie und Prophetie, die bei Nostradamus so ausgeprägt in Erscheinung tritt. Was die vielen detaillierten Voraussagen betrifft, gibt es einige wenige, die erstaunlich zutreffend scheinen, einige zufällige Treffer, einige richtige Angaben, die sich zwangsläufig ableiten ließen, weil die charakterisierte Person der vorgesehene Erbe des Kaiserreichs war, und es gibt viele eklatante Fehleinschätzungen. Rudolf II. war eine so untypische Herrscherpersönlichkeit mit einer sehr eigenwilligen Biografie, bei dem zutreffende spezifische Aussagen ungewöhnlicher Art sofort ins Auge fallen würden. Dort wo Ansätze dazu im Horoskop aufzutauchen scheinen, etwa beim Bruderzwist oder bei der Geisteskrankheit, werden sie durch gegenteilige Bekundungen wieder aufgehoben. Nostradamus offeriert Möglichkeiten, die an anderer Stelle relativiert werden oder denen sogar widersprochen wird. Mithin kann diese Arbeit keinesfalls als Beleg für paranormale Fähigkeiten ihres Autors herangezogen werden.

In den zugrunde liegenden großen Themensträngen wird die Absicht von Nostradamus deutlich, Rudolf II. als den kommenden Weltherrscher darzustellen. Da der Auftritt dieser mythischen Gestalt für ihn wie für seine Zeitgenossen als nahe bevorstehend galt, war sein Versuch verständlich, den künftigen Kaiser mit den entsprechenden Attributen auszustatten. Vermutlich beharrte der Prophet so sehr darauf, weil er um den Einfluss seiner Weissagungen wusste. Wenn sie vielleicht auch nicht direkt in die Hände des jungen Prinzen gelangen würden, konnte er davon ausgehen, dass bedeutende Höflinge und Berater des Herrschers seinen Text lesen und übersetzen lassen würden und dass Kaiser Maximilian II. das Horoskop studieren würde. So gesehen übernahm Nostradamus die Rolle einer verborgenen, aber – wie er hoffte – vielleicht doch wirksamen Kraft im Spiel der Weltpolitik, indem er einen suggestiven Text ablieferte, der nicht zuletzt auf die Beeinflussung der Überzeugungen und der Handlungen des Adressaten zielte, um das voranzutreiben, was Europa so nötig hatte und was die unterschwelligen utopischen Sehnsüchte erfüllen würde.

Okkultist und Geisterbeschwörer

Magier ist, wer die Welt in ihrer Tiefe zu lesen vermag, der die den verschiedenen Ebenen angemessenen Sprachen kennt und zu den Dingen sprechen kann, indem er die passenden Formeln verwendet und sie so gehorchen machen kann.

Giordano Bruno

DIE ANRUFUNG DES SCHUTZGEISTES   Wir haben Nostradamus als astrologischen Berater kennen gelernt. Betrachten wir nun seinen Einsatz okkulter und spiritistischer Methoden. In seiner Praxis als Wahrsager betrieb Nostradamus eine merkwürdige Art der Onomantie, der Wahrsagung aus dem Namen. Die Technik geht auf hebräische Wurzeln zurück und ist wohl auf der Grundlage der kabbalistischen Kunst der Gematrie entstanden. Zumal die hebräischen Buchstaben Zahlenwerte besitzen, konnte der Zahlenwert von Wörtern durch Addition der Quersumme der Buchstaben bestimmt werden. Der so gewonnene Wert ließ eine Reihe von okkulten Schlussfolgerungen zu. Eine Abart dieser Technik wurde Ende des 10. Jahrhunderts im *Liber Alchandrei* entwickelt; Richard Roussat gab das Buch 1541 unter dem Titel *Liber Arcandam* neu heraus. Die darin beschriebene merkwürdige und komplizierte onomantische Methode, von einigen als ein Zusatz zur herkömmlichen Astrologie aufgefasst, wurde von den wissenschaftlichen Astrologen als absurd abgelehnt.[56] Dabei werden die Buchstaben des Vornamens des Horoskopeigners und des Vornamens seiner Mutter, die einen lateinischen Zahlenwert besitzen (I, V, X, L, C, D, M) addiert. Die Summe wird anschließend durch die Zahl 29, wegen der 29 Konstellationen der Sterne, dividiert. Der Rest der Division wird dann auf die Zeichen des Tierkreises angewandt. Die Zeichen werden in zwei oder drei Konstellationen aufgeteilt, sodass insgesamt 29 entstehen. Man beginnt mit der ersten Konstellation am Kopf des Widders und zählt die verbleibenden Konstellationen nach der erhaltenen Zahl ab. Das Tierkreiszeichen, bei dem man endet, sei das Zeichen des Schicksals. Im Fall des Hans Rosenberger und seiner Mutter Clara Ehinger[57] sieht diese Operation wie folgt aus: Ioannes und CLara. Es ergibt sich die Zahl 151 (CLI). Bei der Division durch 29 bleibt als Rest 6. Die sechste Konstellation nach dem Kopf des Widders ist der Kopf des Zeichens Zwillinge: Dieses Zeichen stehe demnach für das Schicksal des Betreffenden. Nostradamus wandte diese Technik für die Horoskope von Hans Rosenberger und seiner Söhne Hans und Carl an.

Aber er zog auch eine andere okkulte Betrachtung von Namen heran. Weil in den unsicheren Zeiten vor Ausbruch der Religionskriege ein sicherer Kurier zum Transport der Post schwer zu finden war, vertrauten Nostradamus und Tubbe ihre Briefe zumeist dem in Lyon lebenden deutschen Händler Christoph Kraft an, einem Gläubiger der Familie Rosenberger. Die Integrität und Ehrlichkeit des Kuriers erforschte Nostradamus nicht nur aus dessen Horoskop, sondern auch aus der Bedeutung seines Nachnamens.[58] Überhaupt scheint sich Nostradamus nicht auf die Vorgabe des *Liber Arcandam* verlassen zu haben und nicht nur den Vornamen, sondern auch den Nachnamen des Nativen und der Mutter für die Auslegung der Horoskope herangezogen zu haben.[59] Außerdem behauptete er umgekehrt, eine ganze Reihe von anderen Namen der Familie von Hans Rosenberger aus den astrologischen Berechnungen abgeleitet zu haben, deren Richtigkeit ihm Rosenberger bestätigt habe.[60]

Nostradamus war sich wohl bewusst, durch solche Methoden auf die Kritik seiner Kollegen zu stoßen. In einem Brief sagt er über die onomantische Verwendung des Namens der Mutter bei der Erstellung eines Horoskops: «Der eine oder andere wird fragen, was haben denn die Mütter hier zu suchen? In jedem Fall behindern sie nichts, was durch die astrologische Berechnung gewonnen wird. Etwas mehr Zucker in der Konfitüre kann nichts schaden; wie mir dünkt, würde es eher ein Vorteil sein.»[61] Nostradamus verharmlost die Verwendung von zweifelhaften Wahrsagetechniken. Sie spielen in seinem System keine zentrale Rolle und werden von ihm gleichsam als Hilfswissenschaften der seriösen und sorgfältigen astrologischen Arbeit behandelt.

Darüber hinaus hat Nostradamus die Physiognomie seiner Kunden studiert. Im Renaissance-Weltbild der Entsprechungen kam es damals in Mode, die morphologischen und physiognomischen Übereinstimmungen zwischen Pflanzen und Menschen und zwischen Tieren und Menschen zu erforschen. Die Ähnlichkeiten dienten als Grundlage für eine Charakterologie. Giambattista della Porta (1538–1615) formte daraus einen Erklärungsrahmen für Eigenschaften und Persönlichkeitsmerkmale der Menschen auf Grund ihrer äußeren Erscheinungsform. Als ihm Hans Rosenberger als Bezahlung einen Silberkelch und eine Medaille mit seinem Konterfei übersendet, findet Nostradamus, dass Rosenbergers Erscheinungsbild vollkommen mit seinem aus der astrologischen Berechnung gewonnenen Urteil übereinstimmt. Es handele sich um einen melancholischen Menschen, der unter gewissen Umständen zu Wutausbrüchen neige – übrigens ein Urteil, das er auch über Rudolf von Habsburg gefällt hat.[62] In seinen späteren Texten zu den Transiten von Rosenberger berücksichtigte er die aus seiner Physiognomie gewonnenen Kenntnisse.[63]

Im Jahr 1562 traf Nostradamus einen alten Freund und Schüler in Avignon wieder, den Anwalt und leidenschaftlichen Alchemisten François Bérard.[64] Im März führte er mit dem 25 Jahre jüngeren Bérard eine lange Unterhaltung. Er versprach ihm, sein Horoskop zu erstellen und sich um einen geheimnisvollen magischen Ring zu kümmern. In dieser Zeit war der Religionskrieg in der Provence in vollem Gange. Bérard war Anwalt für den päpstlichen Legaten am Avignonenser Hof und befand sich nach eigenen Bekunden den größten Gefahren für sein Leben, seine Ehre und seine Reputation ausgesetzt, wie er in einem Brief schrieb. Wir wissen nicht, welche Gefahren ihm drohten, doch offensichtlich waren sie imminent. Unbedingt wollte er, dass ihm Nostradamus den versprochenen beschützenden magischen Ring anfertigen und schicken würde.

Am 13. August erinnerte er Nostradamus an sein Versprechen: Er solle ihm ein Astrolabium schicken sowie ein hermetisches Buch, ein wenig Ambra, sein Geburtshoroskop stellen und ein astrologisches Gutachten über «die Befragung meines Ringes» anfertigen; zudem erwartete er von Nostradamus eine astrologische Auslegung eines Horoskops, das Bérard selber über eine Bekanntschaft erstellt hatte, die bald Avignon verlassen müsse, und die Auslegung des Horoskops eines seiner Verwandten, Paul Séguin. Vor allem aber beschwörte ihn Bérard mit suggestiven Worten, er möge ihn gleichsam als seinen Famulus aufnehmen, sodass er mit ihm die okkulten Wissenschaften erforschen könne. Nachdem am 17. August der Brief von Bérard in Salon eingegangen war, führte Nostradamus neun Nachtwachen hintereinander durch, um seinen Schutzgeist anzurufen. Am 27. August war er mit diesen Ritualen fertig, und er beantwortete den Brief seines Freundes. Diesen Brief überbrachte er selbst, zumal der Inhalt zu kompromittierend war, um ihn einem Kurier anzuvertrauen. Außerdem suchte Nostradamus für seinen Almanach für das Jahr 1563 einen neuen Verleger in Avignon, da Lyon in der Hand der Reformierten war. Den fand er in Pierre Roux, der bereits zwei seiner Almanache in den Jahren 1555 und 1556 veröffentlicht hatte.[65] Der Brief, den Nostradamus Bérard zu treuen Händen überbringt, porträtiert ihn in seiner Praxis als Wahrsager. Darin erklärt der Prophet vor allem, welcher Techniken er sich bediente, um den Fragen gerecht zu werden, die Bérard an ihn gestellt hatte. Diese Schilderungen erfolgen in einer sehr klaren Prosa, während die Orakel, die er in lateinische Verse fasst, undurchdringlich und nur zum Teil verständlich sind; Bérard jedenfalls kapiert gar nichts. Seine Reaktion ist uns ebenfalls in einem Brief erhalten.[66] Er schreibt, er habe nicht das Geringste von dem verstanden, was Nostradamus ausdrücken wollte. Würde er nicht klarer und offener schreiben, wäre es für ihn hoffnungslos, irgendetwas zu begreifen. Was hatte Nostradamus seinem Freund in dem lateinischen Brief[67] mitgeteilt, das so unverständlich war? Nach einleitenden Worten schreibt Nostradamus:

Erhalte nun, was ich während der neun vergangenen Nächte von Mitternacht bis etwa vier Uhr morgens, sitzend, die Schläfen mit Lorbeer bekränzt, mit einem blauen Stein in der Hand, von diesem guten Geist über deinen Ring empfangen habe, wie wenn ich auf dem [delphischen] Dreifuß sitzen würde. Auf diese Weise, nachdem ich mir die Feder eines Schwans geholt habe (der Geist hat drei Mal einen Gänsekiel abgelehnt), hat er mir diese Worte diktiert. Wie überwältigt von poetischer Raserei brach ich in folgende Verse aus.

Es folgt ein erstes Gedicht, dessen Anfangsbuchstaben als Akrostichon den Namen des Empfängers seiner Epistel, FRANCISO BERARDO, bilden.[68] In diesen sehr dunkel und verworren formulierten Versen geht es mehr oder weniger um Folgendes: Ein Geist namens Parpalus tritt auf, der sich zwar mit dem dargebrachten Opfer zufrieden zeigt, den magischen Ring jedoch noch nicht bereitstellen oder hergeben wolle. Der angerufene Geist verwehrt Bérard den Zugang zu fragwürdigen magischen Praktiken wie zu denen eines gewissen Magiers namens Leontaeus. Aber es gibt andere okkulte Künste wie die Alchemie, zu denen Bérard Zugang habe. Der Ring würde ihm erst zufallen, «wenn der Widder die Felsen teilen» und die Feigenbäume von Kolchis schütteln wird. Durch diesen Ring werde er beschützt sein und die Götter würden milder gestimmt durch ein Opfer, das im November dargebracht werden soll, wenn das Schiff am Horizont versinke.

Nostradamus spielt hier auf die Argonautensage an. Das «Goldene Vlies» war ein Widderfell, das Jason und seine Mitstreiter in Aia in Kolchis eroberten. Auf ihrer Heimkehr mit dem Widderfell fuhren die Argonauten durch den Bosporus, durch die zusammenschlagenden Felsen, die Symplegaden, die seither stillstehen («wenn der Widder die Felsen teilen wird»). Die Argonautensage wurde von den Alchemisten als Symbol der geheimen Prozesse der Verwandlung unedler Metalle in Gold umgedeutet. Einem Bericht von Suidas aus dem 11. Jahrhundert zufolge habe ein Adept in Kolchis am Fluss Phasis aus «Jungfernerde» Silber und Gold hergestellt. Die geheime Anleitung zur alchemistischen Herstellung von Gold und Silber sei auf Hammelhäute geschrieben worden; man nannte sie das «Goldene Vlies». Mit dem am Horizont untergehenden Schiff meint Nostradamus das Sternbild Argo, benannt nach dem Schiff der Argonauten. Das Sternbild geht im November unter, wenn jenes des Schützen aufgeht.

Der Name Parpalus für einen Geist ist ebenso wenig verbürgt wie jener des Leontaeus[69] für einen Magier. Es kann sich allerdings um eine bewusste oder unbewusste Übernahme aus dem Emblembuch von Andreas Alciatus (1492–1550) handeln, das Nostradamus kannte.[70] Im Text zum Emblem 97 «Über die Spitznamen der Professoren» (*Doctorum Agnomina*) ist von einem Professor Parpalus die Rede, der mit seiner mächtigen Stimme sogar Säulen zum Zerbersten bringe und deshalb von seinen Schülern «der Pelikan» genannt werde. Möglicherweise hat Nostradamus absichtlich den Geist so genannt, womit er ihn mit würdevoller Autorität und einer lauten und herrischen Stimme ausstattete.

Nach dem Gedicht schließt Nostradamus ein Gebet für seinen treuen Achates, François Bérard, an. Dann betet Nostradamus – die Schläfen mit Lorbeer umwunden und einen Lorbeerkranz auf dem Haupt – zu seinem Schutzgeist, den er als «Engel, der mein Beschützer ist», anspricht: «Mache, dass ich nur das Wahre ankündige nach dem Lauf der Sterne, wie wenn es vom ehernen [delphischen] Dreifuß käme.» Er bittet seinen Genius um die Gunst Christi, der Jungfrau und des Erzengels Michael, seines unbesiegbaren Schutzherren. Dann bittet er ihn, es möge ihm die große Kunst der Alchemisten gelingen, die Transmutation der Metalle und die Erzeugung des Lebenselixiers, damit er es den Kaisern und Königen darbringen könne, um ihr Leben zu verlängern.[71]

Was ihm der Schutzengel «in seinen Träumen» antwortete, fasst Nostradamus in einem weiteren Gedicht, das diesmal das Akrostichon NOST-RADAMUS formt. In diesen Versen geht es um die richtige alchemistische Operation, beschrieben mit einer Vielzahl von typisch hermetischen Symbolen und Anspielungen auf die griechische Mythologie.

Schließlich folgen abschließende Verse mit dem Akrostichon MICHAIL NOSTRADAMUS. Sie beinhalten Offenbarungen über das Schicksal von Bérard, seine Lebensdauer, seinen Tod, über seine Feinde und den magischen Ring, den ihm die Götter zum Lohn zukommen lassen würden. Dafür ist eine magische Figur aus Gold herzustellen, und es müssen Statuen in einem Wald als Opfer aufgestellt werden. Verlangt wird auch eine Räucherung aus Storaxharz und Myrrhe, vermischt mit reinem Blut. Aus einem Baumstamm muss ein mit Lorbeer dekorierter Behälter angefertigt werden. Weiter heißt es: «Es wird Nacht sein, wenn der Lohn kommt und die goldenen Zeitalter eröffnet, und er wird eine Schwanenfeder mit sich führen.» Die Ringe werden «Meister des Lohns» sein, nachdem im Pyropus[72] ein wilder Dämon eingeschlossen sein wird. Der Ring wird aus dem reinsten Gold gewonnen, wenn der Sensenträger [Saturn] in die Waage eintreten wird. Weiter lässt Nostradamus seinen Freund wissen:

Und das sind die Dinge, hochgelehrter Bérard, die ich durch den guten Geist erfahren konnte, wie in der Grotte [eines Orakels], nach dem äußerst tiefgründigen Urteil der Sterne. Dafür musste ich abwarten, bis Mars im Osten stand, was in der ersten Stunde nach Mitternacht der Fall war, als der Mond in Konjunktion mit dem Drachenschwanz und die Sonne in glücklicher Konjunktion mit dem Schwanz des Löwen stand, und als Merkur ein Quadrat mit der rechten Schulter des Orion bildete. Deshalb hast du nun gut daran getan – zumal du dich durch eine einzigartige Weisheit, durch eine Gelehrsamkeit ohnegleichen, durch Tugend, Eloquenz und das Wissen um die okkulten Dinge auszeichnest –, den Entschluss zu fassen, dich mit diesen schwierigen und fern des Gewöhnlichen liegenden Fragen gleichsam dem Orakel Apollons anzuvertrauen.

Alle Dinge, die Bérard wissen möchte, könne er durch gewissenhafte Untersuchung erlangen. Die Sterne verhießen ihm die größten Dinge. Was die Geheimwissenschaften anbelangt, müsse er sich indes noch gedulden. Noch könne er auf diesem Gebiet nicht das erreichen, was er gerne möchte, zumal Saturn im Krebs ihn daran hindere. Nichtsdestoweniger wird er den gewünschten Schutz durch den Ring und den in ihm eingeschlossenen Geist gewinnen, und er wird ihm ein glückliches Leben gewähren. Abschließend schreibt Nostradamus, er habe ihm auf seinen Wunsch hin ein wenig kostbare Ambra zukommen lassen. Es handele sich um die wahre Ambra, mit deren Hilfe Medea die Alten verjüngte. Ebenso lieh der Prophet Bérard ein Astrolabium, das ihm Claude de Tende, der Gouverneur der Provence, geschenkt hatte, und er drückt die Hoffnung aus, bald sein Horoskop und seine Jahresrevolution fertig zu stellen.

DER MAGISCHE RING Die Herstellung des Ringes wird als komplexe alchemistische Operation der Verwandlung der unreinen Metalle in das reinste und höchste, das reine Gold, dargestellt. Nur auf diese Weise könne ein sehr hoher und günstiger (ein «solarer») Geist in den Ring eingeschlossen werden. Offenbar soll ein Dämon eingeschlossen werden, der in der Lage ist, die Metalle rot zu färben. Hier ist der Zustand der *rubedo* (Rötung) in der Alchemie angesprochen. Es handelt sich dabei um die höchste Stufe im alchemistischen Prozess, den so genannten Gold- oder Sonnenzustand, der nur durch eine mühevolle Vereinigung des Gegensätzlichen erreicht werden kann.

Die schwer verständlichen Formulierungen von Nostradamus lassen keine eindeutige Übersetzung zu, aber es hat den Anschein, als ob er ausdrücken will, dass der Geist durch ein Bild oder eine physische Charakteristik in den Ring gezwungen wird. Wahrscheinlich spielt er auf die so genannten Characteres an: Das sind graphische Symbole, die aus Schriftzeichen entwickelt wurden und Entsprechungen zu bestimmten Intelligenzen und Dämonen darstellen. Sie wurden auf Talismane und Amulette graviert, um die Kraft des betreffenden Dämons zu bannen. Die ältesten Characteres sind schon von den Zauberpapyri aus hellenistischer Zeit bekannt. Nach den Angaben des arabischen Gelehrten Thâbit ibn Qurra aus dem 9. Jahrhundert fertigten Ärzte magische Siegel an, in denen Planetenkonstellationen eingraviert wurden. 1301 soll der katalanische Arzt und Alchemist Arnold von Villanova (1235/1240–1311) mit einem solchen magischen Siegel Papst Bonifaz VIII. von einer Nierenkolik geheilt haben. Agrippa von Nettesheim vertrat die Ansicht, die Characteres seien Ableitungen von den Urbildern der dargestellten himmlischen Kräfte.[73] Somit sollte der Ring die Wirkung eines mit okkulten Zeichen versehenen Talismans haben, wie er in der hermetischen Magie eines Pico und Ficino nach dem *Picatrix* gebräuchlich war.

In diesem umfangreichen und in höchstem Maße manieristischen Brief tritt uns ein bislang unbekannter Nostradamus entgegen. Er stellt sich selbst als Prototyp des Okkultisten dar. Kaum ein Klischee wird ausgelassen: Orakelwesen, Räucherung, Anrufung von Geistern, Magie, Astrologie, Alchemie – das ganze Spektrum der Geheimwissenschaften wird in diese Zeilen komprimiert. Nostradamus porträtiert sich selbst wie später Goethe seinen Faust in der Studierstube. Er entfaltet die Variationsbreite des Magiers wie in einem Kondensat aus der *Occulta philosophia*, dem großen Grundlagenwerk der magischen Künste von Agrippa von Nettesheim. Das ganze magische Weltbild von rituellen Vorbereitungen über die Anrufung von Geistern und alchemistische Operationen bis hin zur Herstellung von magischen Ringen versteht er in seine Epistel zu verpacken. Der Brief ist gespickt mit Andeutungen und gelehrten Reminiszenzen an Horaz, Cicero, Vergil, Ovid und die griechische Mythologie. Nostradamus schlüpft in die mythische Rolle des Aeneas, sein Freund Bérard, wie er schreibt, in die des Achates, des engsten Freundes des Aeneas.

Im *Brief an César* [11–12] schreibt Nostradamus, die Propheten hätten über Vermittlung Gottes und der Schutzengel den Geist der Weissagung erhalten. Das prophetische Vermögen, das dem guten Genius unterstehe, komme auf ihn zu wie die Strahlen der Sonne. Das Ritual der Anrufung seines Schutzgeistes und des Geistes des Ringes ist nach dem antiken Vorbild der apollinischen Inspiration gebildet, ganz so, wie er es in den ersten beiden Quatrains der *Prophéties* (C 1.1 und C 1.2) beschrieben hatte. Nostradamus bezeichnet sich selbst als Orakel, vergleicht sich mit dem Apollon-Orakel von Delphi, wo die Priesterin auf dem ehernen Dreifuß hockte und in der gotterfüllten Raserei weissagte. In der Tat war sein Ruhm zu jener Zeit, als der Brief an Bérard geschrieben wurde, bereits so groß, dass er als Sprachrohr Apollons und als Orakel Frankreichs gepriesen wurde.

Der blaue Stein, den Nostradamus bei diesem Ritual bei sich trägt, erhellt sich aus einem Abschnitt über Orakel und Wahrsagung in einem Werk über Träume von Hieronymus Cardanus (1501–1576), in dem es um die Notwendigkeit geht, die prophetische Raserei zu zügeln. Dafür müsse man bestimmte Speisen und Getränke zu sich nehmen, die richtigen Stunden auswählen und einen Stein bei sich tragen, der beruhigt und die Seele heiter stimmt. Besonders geeignet seien Smaragd, Hyazinth, Saphir und Topas, wenn man sie in der Nähe des Herzens trägt.[74] Zumal er in Träumen von dem Engel Antwort erhalten habe, spricht Nostradamus auch einen Ritus der Inkubation an: der antike Tempelschlaf zum Zweck, Offenbarungen zu erhalten. Die Vorbereitung hierfür erfolgte durch die Bekränzung mit Lorbeerzweigen. Schließlich durchzieht das Element alchemistischer Symbole und Operationen den gesamten Brief. Das ist ein interessanter Aspekt, da Nostradamus' Haltung zur Alchemie gespalten war. In seinen frühen Jahren hat er sich wohl mit ihr beschäftigt: Sein frühes Interesse an Pharmazeutik und Spagirik setzt eine Auseinandersetzung mit der Alchemie voraus; sein Buch über Kosmetika und Diätetika ist ohne ein gewisses Interesse an Alchemie nicht denkbar. Dennoch nahm Nostradamus meist eine entschieden negative Haltung der Alchemie gegenüber ein. Im *Excellent & moult utile opuscule* spricht er von «geschwätzigen alchemistischen Betrügern und Lügnern»,[75] und im *Widmungsbrief an César* [26] rückt er die Alchemie als eine unheilvolle Kunst in die Nähe der Magie. Er warnt darin seinen Sohn, er möge sich nicht mit solchen «Träumereien und Nichtigkeiten» abgeben, die «den Körper entkräften und die Seele ins Verderben stürzen».

Genau das, wovor er César warnt, macht er sich im Brief an Bérard zu Eigen und stellt es als hohe und fruchtbare Kunst dar. Vielleicht darf man in der Warnung an César die Ansicht herauslesen, dass die Alchemie eine mächtige und gefährliche Kunst sei, die in den Händen von Scharlatanen zu Missbrauch und charakterlichem Verfall führen kann; nur der Meister, der wahre Eingeweihte vermag sich ihrer zu bedienen, ohne Schaden zu nehmen. Nur er vermag es, durch alchemistische Operationen einen magischen Ring herzustellen, in den ein dienstbarer Geist eingeschlossen werden soll. Solche magischen Ringe, die nach genauen und komplizierten Anweisungen erzeugt werden mussten, waren weit verbreitet. Bonetus de Latis, der Astrologe von Papst Alexander VI. (1492–1503), beschrieb in seinem für den Papst verfassten Traktat *Der astronomische Ring* (*Annulus astronomicus*) einen solchen auf dem Finger zu tragenden Ring, auf dem sich die Zeichen des Tierkreises befinden, die Grade, die zwölf Monate, die Position und Höhe der Sonne, der Aszendent, die Höhe der Sterne, die Position der Planeten, der Breitengrad der Städte und die Höhe der Türme. Der Ring stellte somit ein Miniatur-Astrolabium dar.

Aus dem Brief an Bérard wird nicht eindeutig klar, ob es den geheimnisvollen Ring bereits gibt oder ob er erst herzustellen ist. Da seine Herstellung beschrieben wird und wie sich Bérard in Zukunft die in ihm eingeschlossene Macht zu Nutze machen kann, scheint der Ring noch nicht zu existieren. Aus Briefen von Bérard an Nostradamus geht indes hervor, dass es einen solchen Ring bereits gab.[76] Nostradamus scheint selbst im Besitz eines magischen Ringes gewesen zu sein, wie aus einiger Bemerkungen in seiner Korrespondenz hervorgeht. Wahrscheinlich handelte es sich um den Goldring mit Karneol, den er im Testament seinem Sohn César vermacht.[77] Magie durch Spiegel und Ringe, um die astralen Tugenden einzufangen, zählte Scaliger, der Lehrmeister des Nostradamus, zur mittleren Magie. Die unterste Stufe war nach seinen Vorstellungen die Magie durch Beschwörung, während die höchste, die göttliche Magie, etwa jene Art war, wie sie die Heiligen Drei Könige betrieben hätten, um von der Geburt des Heilands zu erfahren.[78] Eine wichtige Grundlage für die Anfertigung von magischen Ringen liefert Agrippa von Nettesheim, dessen Werk Nostradamus für seinen Brief an Bérard als Vorlage diente.[79] Nach Agrippa überträgt der richtig gefertigte Ring seine Kraft und wirkt auf den Gemütszustand des Besitzers; außerdem schützt er gegen Krankheiten, Gift, Feinde und böse Geister und vermag prophetische Träume hervorzurufen. Wichtig ist die korrekte Zeit für die Herstellung des Ringes: Ein Glück verheißender Stern sollte aufsteigen und mit dem Mond in Konjunktion stehen. Der Ring muss aus einem Material angefertigt werden, das einem bestimmten Stern zugeordnet ist. Dann werden ein Stein und ein Kraut genommen, die ebenfalls zu dem Stern in Entsprechung stehen. Der Stein wird, nachdem ihm das Kraut unterlegt wurde, in dem Ring befestigt; schließlich müssen Namen und Characteres in den Ring graviert werden. Moses soll auf diese Weise als ägyptischer Magier Liebes- und Vergessenheitsringe angefertigt haben. In der Antike wurden magische Ringe gegen Schlangenbisse, Zauberei und böse Geister hergestellt. Dass magische Ringe nicht nur zum Schutz oder zu hehren Zwecken eingesetzt wurden, berichtet Platon. Der spätere lydische König Gyges sei im Besitz eines Ringes gewesen, durch den er unsichtbar wurde und zugleich alles sah, sobald er das eingravierte Zeichen gegen die flache Hand drehte. Auf diese Weise schändete er die Königin, tötete den König und alle, die ihm hinderlich waren, und machte sich im Schutz seines Ringes zum König von Lydien.

OKKULTE PRAXIS UND LITERARISCHE KONVENTION Im Zentrum des Briefes an Bérard steht die Art und Weise, wie Nostradamus die okkulten Informationen erhält. Es geht mithin in erster Linie um den Enthusiasmus, die göttliche Eingebung. Wie ist diese Darstellung einzuschätzen? Brind'-Amour meint, dass es sich bei der dargestellten Art der Divination nicht um eine literarische Konvention, sondern um eine wirkliche Praxis von Nostradamus handelte, und er führt, um seine Ansicht zu unterstützen, die beiden ersten Quatrains der Zenturien an, in denen sich der Prophet als antikes

Orakel präsentiert.[80] Hat Nostradamus tatsächlich sein Haupt mit Lorbeer
bekränzt, einen magischen Stein in der Hand gehalten und so in neun aufeinander folgenden Nachtwachen seinen Schutzgeist angerufen, der dann
mit der Feder eines Schwans durch seine Hand verworrene Orakel dichtete? Setzte er sich wirklich, wie in den einleitenden Quatrains der Zenturien beschrieben, nach einer Libation in wallenden Gewändern mit einem
Zweig in der Hand auf einen Bronzestuhl, bis die Stimme des Genius erschien, um die Zukunft vorherzusagen? Ich bin der Auffassung, dass es sich
bei diesen Schilderungen nicht vollständig, aber doch weitgehend um literarische Fiktion handelt. Gerade die beiden Quatrains und die Darstellung
im Brief an Bérard verdanken alles den Texten des Altertums; sie entsprechen der gängigen Vorstellung in der Renaissance vom Wesen eines Magiers nach antikem Vorbild. Nostradamus greift auf die antiken Quellen zurück, um sich selbst im Bild eines *vates* und eines Orakelpriesters
darzustellen. Aus diesen Zeilen spricht keine lebendige Schilderung eines
Handlungsablaufs, wie man sie bei vergleichbaren zeitgenössischen Beschreibungen praktischer Magie vorfindet, so etwa in den Aufzeichnungen
von John Dee.[81] Es handelt sich vielmehr um ein fantastisches Konglomerat
von übernommenen Bildern, Spiegelungen von Versatzstücken antiker Di-
vinationsrituale, die der poetischen Exposition seines Themas dienen. Ein
Beispiel dieser Art ist auch der allgemeine Quatrain in der *Prognostication
nouvelle* für 1555, der ebenfalls als Einleitung zu einem Werk gedacht ist und
nicht als Reportage über die Tätigkeit des Sehers:[82]

D'Esprit divin l'ame presage atteinte
Trouble, famine, peste, guerre courir,
Eaux, siccité, terre & mer de sang teinte,
Paix, tresve, à naistre Prelats, Princes mourir.

Paraphrase: Angerührt von göttlichem Geist weissagt die Seele von
Aufruhr, Hunger, Seuche, Krieg, Überschwemmung, Dürre, von der
Erde und dem Meer, die von Blut getränkt sind, von Frieden und
Waffenstillstand, von der Geburt von Prälaten und vom Tod von
Prinzen.

In vier Versen resümiert hier Nostradamus sein gesamtes prophetisches
Werk. Man hat nicht das Gefühl, einen autobiografischen Bericht zu lesen,
der die Prophezeiungen kommentiert, sondern vielmehr eine literarische
Exposition, eine Einführung in einen Text, die den Inhalt umreißt und vor-
wegnimmt. Der Autor berichtet, was der Leser von seinem Werk zu erwar-

ten hat. Auch die Orakel, die Nostradamus im Brief an Bérard als Schreib-medium des Geistes (der Genius führt die Feder!) absondert, scheinen das Resultat poetischer Konstruktion und nicht der Raserei eines Wahrsagers zu sein. Er fasste, wie einst die Sibylle von Cumae, seine Orakel in Akrosti-cha. Schon Cicero bezweifelte, dass man im Zustand der Raserei fähig ist, Gedichte mit Akrosticha zu bilden; das Resultat sei vielmehr das eines Au-tors denn eines Begeisterten. Diese Kritik scheint auch auf Nostradamus zuzutreffen. Die Hinweise auf alchemistische Operationen dürften im Hin-blick auf die sonst sehr kritische Einstellung von Nostradamus ebenso eine literarische Darstellung seiner selbst als Magier und Adept der Alchemie sein und nicht die Aufforderung, tatsächlich alchemistische Experimente durchzuführen. Lediglich die Nachtwachen, auf die Nostradamus immer wieder in seinen Werken zu sprechen kommt, scheinen authentisch zu sein. In ihnen gewann er wohl seine Inspirationen, die er anschließend poetisch ausfeilte.

Schließlich muss man die Frage stellen, warum Nostradamus sich die Ar-beit macht, einen so komplexen, rätselhaften und aufwendigen Brief zu ver-fassen, wenn er es dann ohnehin vorzieht, ihn seiner Brisanz wegen persön-lich zu übergeben. Hätte er bei diesem Besuch nicht alles, was er Bérard geschrieben hatte, persönlich sagen können? So wäre die Gefahr, dass der Brief in falsche Hände gelangen könnte, überhaupt nicht aufgetreten. An-ders liegen die Dinge, wenn man Nostradamus nicht so sehr als praktischen Magier, als Hellseher, Wahrsager, Astrologen und Propheten betrachtet, sondern als Poeten des Okkulten. Nostradamus scheint an der literarischen Darstellung mehr interessiert zu sein als an der Praxis – freilich auch an der literarischen Darstellung seiner selbst. Einen Hinweis darauf bilden die ver-schrobenen Formulierungen, die der Prophet verwendet. Sie sollen selber undurchdringlich, geheimnisvoll, vieldeutig, eben «okkult» wirken. Unver-ständlichkeit im sprachlichen Ausdruck war von alters her das probate Mittel, als Eingeweihter zu erscheinen. Der Brief ist so verfasst, als wäre er für eine Veröffentlichung bestimmt, und das scheint tatsächlich seine In-tention gewesen zu sein. Die Sammlung lateinischer Briefe, die er César hinterließ und die sein Sohn Peiresc anvertraute, war sorgfältig ausgewählt und insgesamt zur Veröffentlichung vorbereitet. Ein Kalligraph hatte sie in Reinschrift gebracht. Es handelt sich um eine Zusammenstellung, aus der das Spektrum der Tätigkeiten von Nostradamus und die weit reichenden Korrespondenzen zu bedeutenden Persönlichkeiten, wohlhabenden Bür-gern, Fürsten und Königen hervorgeht. Die Sammlung fungierte gleichsam als Beweis für die Bedeutung, die der Prophet schon zu Lebzeiten als wieder erstandenes Orakel über die Grenzen seiner Heimat hinaus genoss. Mithin muss der Brief an Bérard auf verschiedenen Ebenen gelesen werden: Er richtet sich sowohl an den Bittsteller als auch an eine anonyme Leserschaft, der Nostradamus als humanistisch gebildeter Meister der okkulten Wissenschaften, als profunder Kenner der Geschichte und Praxis von Hermetik und Magie erscheinen wollte.

Nostradamus war nicht der selbstbewusste Prophet, der auszieht und ungeprüft seine Eingebungen verkündet, wie er dem oberflächlichen Leser der *Prophéties* erscheinen mag. Ein von Gott erwählter Seher wollte er gerne sein, und er unternahm alle Anstrengungen, sich als solcher zu gebärden. Aber es lässt sich eine gewisse Unsicherheit gegenüber seinen Fähigkeiten feststellen. Allenthalben finden wir die Anzeichen von Selbstzweifeln. Die häufige Rechtfertigung seiner Sehergabe bestätigt diesen Befund. Um größere Akzeptanz zu gewinnen, stellt er sie auf verschiedene Grundsteine: ererbte Fähigkeit, astrologische Kalkulation und göttliche Inspiration. Desgleichen nagen an ihm die Zweifel beim Erstellen von Horoskopen. Er berechnet sie nach mehreren Methoden, auch nach seiner eigenen Art oder einer von seinen Ahnen ererbten Vorgehensweise, um unangreifbar zu sein. Den Grund für die Krankheit von Kardinal Lorenzo Strozzi, dem Bischof von Béziers, erkundete er auf verschiedene Weise: «Auf dem Weg der Medizin unter Einschluss der Chirurgie, im Einklang mit der judiziellen und natürlichen Astrologie, ohne einige andere geheime Erkenntnisse, die nicht zu verachten sind, zu unterlassen.»[83] Mit den anderen, «nicht zu verachtenden geheimen Erkenntnissen» spielt der Seher auf seine paranormalen Fähigkeiten an. Man wird das Gefühl nicht los, dass hinter dieser nach außen gekehrten Sorgfalt durch Anwendung verschiedener Methoden zur Gewinnung von Informationen auf anomale Art ein Gefühl der Unsicherheit steht. Er kann seinen eigenen Einsichten nicht vertrauen. Er muss sie vor sich selber rechtfertigen.

Seine Bekundungen lassen überall eine Mischung von Zweifeln und dem Wunsch, besonders gebildet erscheinen zu wollen, verspüren. Zweifellos war Nostradamus sehr kenntnisreich, jedoch verwendet er das Spektrum seines Wissens auch als Selbstbestätigung. Gleichermaßen scheint mir die Bestätigung von außen für ihn ein wesentlicher Motivationsfaktor gewesen zu sein. Nostradamus verfügte über viele Talente und einen reichen Schatz an Wissen. In seiner privaten Korrespondenz wird er zum Chamäleon: Er erscheint jedem so, wie der ihn gerne sehen möchte. Sein Freund Bérard, der Alchemie zuneigend, sah in ihm einen großen Magier und Okkultisten, blickte zu ihm auf wie zu einem antiken Orakel. Genau so präsentierte sich Nostradamus ihm als Alchemist, obwohl er Alchemie verdammte, als Meister der Magie, die sonst bei ihm kaum eine Rolle spielt. Aber er schreibt nicht nur für ihn, auch für künftige anonyme Leser, denn seine ausgewählten Briefe sollten veröffentlicht werden. In der literarischen Selbstdarstellung verblüfft er die Leser mit einem erstaunlichen Arsenal an magischen und hermetischen Kenntnissen und erscheint ihnen als hoch gebildeter Kenner der hermetischen Philosophie, als Eingeweihter und als Medium. Seinen deutschen Korrespondenten Rosenberger und Tubbe zeigt er sich als Sympathisant der Protestanten; katholischen Empfängern seiner Widmungsbriefe, wie Fabrice de Serbellon und Papst Pius IV., stellt er sich als Mitstreiter für die katholische Sache dar. Für die französische Leserschaft seiner *Prophéties* spart er nicht mit Verheißungen von Unglück und Niederlagen für Kaiser Karl V.; im Horoskop für Rudolf von Habsburg lobt er die «erinnerungswürdigen Taten» seines Großonkels Karl V., des «unvergleichlichen unter allen christlichen Kaisern».

Um die Frage möglicher präkognitiver Eindrücke von Nostradamus abschließend zu klären, müssen wir uns der wissenschaftlichen Erforschung dieser umstrittenen Fähigkeit widmen. Das kann im Rahmen dieser Untersuchung freilich nur in Form eines kurzen Exkurses erfolgen.

Exkurs über die Möglichkeit der Präkognition

Denn um die zukünftigen Ursachen zu wissen,
werfe ich die Visionen weit in das, was kommen wird.

Nostradamus, *Brief an César*

EXPERIMENTELLE VORAHNUNGEN Die Parapsychologie hat reiches Fallmaterial von spontanen Vorahnungen, besonders über so genannte Wahrträume zusammengetragen. Viele Berichte sind anekdotischer Natur und genügen darum nicht den Kriterien exakter Forschung. Systematisch untersuchte der Freiburger Parapsychologe Hans Bender die Träume der Schauspielerin Christine Mylius, die behauptete, immer wieder von Ereignissen zu träumen, die sich später bewahrheiteten. Seit Beginn der 1950er Jahre bis zu ihrem Tod im Jahr 1982 sandte sie ihre Träume in regelmäßigen Abständen an Benders Institut. Sobald sie signalisierte, dass ein Ereignis eingetreten war, das in einem oder mehreren Träumen seine Schatten vorausgeworfen hatte, begannen die Freiburger Untersucher mit dem Nachweis der Richtigkeit. Auf diese Weise ließen sich Erinnerungstäuschungen und Ausschmückungen vermeiden. In 25 Jahren kamen mehr als 2800

Träume zusammen – ein einmaliges Material, das seiner Auswertung in parapsychologischer und psychodynamischer Hinsicht noch fast vollständig harrt. Bender und seine Mitarbeiter konnten durch exakte Zeugenbefragungen einige Ereignisse rekonstruieren, von denen Christine Mylius vorher geträumt hatte, zumal sie sehr spezifische und ungewöhnliche Details enthielten.[84] Es handelte sich stets um Vorkommnisse, die sie selbst oder ihr nahe stehende Personen betrafen.

Spontane präkognitive Eindrücke sind unklar und auch von den Erlebenden selten als solche zu erkennen. Allein die Beunruhigung, die manchmal mit ihnen einhergeht, hinterlässt den Eindruck, eine Vorahnung erlebt zu haben. Obwohl diese Erlebnisse selten auftreten und häufig nur unklare Empfindungen beinhalten, zählt die Präkognition zu den am besten abgesicherten paranormalen Fähigkeiten. In zahlreichen quantitativen statistischen Experimenten, bei denen die spätere zufällige Auswahl von vorgegebenen Zielsymbolen vorhergesehen werden sollte, die über Jahrzehnte mit mechanischen und elektronischen Zufallsmaschinen durchgeführt wurden, konnten statistisch signifikante Trefferquoten nachgewiesen werden.[85] Amerikanische Forscher unterwarfen 309 Präkognitions-Experimente, die zwischen 1935 und 1987 durchgeführt wurden, der modernen Methode der so genannten Meta-Analyse. Die Daten, mit denen die Computer gefüttert wurden, bestanden aus annähernd 2 Millionen Einzelsitzungen mit mehr als 50 000 Versuchspersonen. Die Untersuchung erbrachte ein überwältigendes Ergebnis zugunsten der Existenz von Präkognition.[86]

Eine Sache ist die Feststellung der Möglichkeit, Zukünftiges vorausahnen zu können, eine andere die Art und Weise, wie Präkognition wahrgenommen wird. Tatsächlich kann man nicht von «Vorauswissen» oder von «Vorausschau» sprechen. Eine Kenntnis um künftige Dinge im Sinne einer kognitiven Sicherheit des Wissens gibt es nicht. In der Phänomenologie der Präkognition spielen zwar bildhafte Eindrücke in Form von Visionen, Halluzinationen oder Träumen eine wichtige Rolle, die präkognitive Information ist darin aber meist in einem umfassenderen visuellen Eindruck eingebettet. Sie ist Teil von Vorstellungsbildern, die sich aus Fantasien und Erinnerungen speisen, und kann vor dem Eintreten nicht aus diesen herausgelöst werden. In den weitaus häufigsten Fällen von Präkognition wird das künftige Geschehen nicht *konkret* wahrgenommen, sondern nur als dumpfes Gefühl erlebt; man spricht dann von einer Ahnung oder einer Vorahnung. Die Ahnung ist eine unerklärliche Bedrückung, eine innere Unruhe, bisweilen verbunden mit dem Gefühl der Angst. Auf der untersten Stufe scheint die Ahnung noch nicht einmal von einem Gefühl begleitet zu sein, sondern ist ein vollkommen unbewusst ablaufender Prozess. Diese

Grundform der Präkognition ist wohl auch dafür zuständig, dass bei statistischen Experimenten überzufällig oft das richtige Symbol gewählt wird, denn die Probanden haben kein Voraus*wissen* oder eine Voraus*schau* der Zielsymbole. Sie wählen intuitiv oder zufällig. Der Trefferüberhang lässt darauf schließen, dass diese vollkommen unbewusste Wahl von einem anomalen Prozess beeinflusst wird, der in die Entscheidungsfindung eingreift.

Schon Mitte der 1950er Jahre war William Cox bei einer scharfsinnigen statistischen Analyse zu einem interessanten Ergebnis gekommen.[87] Er verglich über einen langen Zeitraum hinweg die Passagierzahlen von Eisenbahnzügen, die verunglückt waren, mit der durchschnittlichen Anzahl von Passagieren an zehn anderen Tagen. Am Tag des Unfalls waren statistisch signifikant weniger Fahrgäste in den Wagons als an den anderen Tagen. Offenbar haben viele Menschen ohne ihr Wissen Vorahnungen und lassen sich unbewusst von ihnen leiten. Den experimentellen Nachweis dafür liefern jüngste Versuche.

Emotionen gehören zu jenen menschlichen Ausdrucksweisen, die sich besonders gut durch physiologische Messungen nachweisen lassen. Zeigt man ängstlichen Menschen hintereinander eine Reihe von aufregenden und neutralen Bildern, wobei sie jeweils wissen, ob das nächste Bild ein affektiv aufwühlendes ist, dann beschleunigt sich ihr Herzschlag schon vor dem Erscheinen des Bildes in auffälliger Weise. Doch was passiert, wenn man nicht weiß, was für ein Bild auftauchen wird? Dieser Frage ging der amerikanische Parapsychologe Dean I. Radin in eleganten Experimenten nach.[88] Es gelang ihm nachzuweisen, dass Menschen auch dann messbare physiologische Reaktionen zeigen, unmittelbar bevor ihnen ein emotional aufwühlendes Bild gezeigt wird, *ohne* dass sie dies vorher wussten. Eine präkognitive Information wird vom Organismus registriert, ohne die Bewusstseinsschwelle zu erreichen. Radin geht davon aus, dass wir uns unbewusst dieser Informationen bedienen und sie gleichsam automatisch in unser Entscheidungsverhalten einfließen. Somit wären Vorahnungen, die unterhalb der Bewusstseinsschwelle liegen, Teil eines allgemeinen biologischen Systems. Einschränkend muss man allerdings festhalten, dass sich diese Versuche ausschließlich auf Ereignisse beziehen, die in der unmittelbaren Zukunft liegen.

KRIEGSPROPHEZEIUNGEN Präkognition als kaum wahrnehmbare körperliche Reaktion oder als dumpfe Ahnung unterscheidet sich markant von den Weissagungen über das Schicksal der Menschen, die in allen Zeiten Propheten zugeschrieben wurden. Gibt es vielleicht besonders begabte Menschen, die mit erstaunlicher Genauigkeit künftige, ein Kollektiv betreffende Ereignisse vorherwissen? Prophezeiungen dieser Art betreffen in der überwiegenden Mehrzahl der Fälle wie bei Nostradamus Katastrophen und Kriege. Die wenigen wissenschaftlichen Analysen zu solchen Fällen liefern generell ein enttäuschendes Ergebnis. Bemerkenswert unter den Kriegsprophezeiungen sind allein die Aussagen eines «prophetischen Franzosen» vom August 1914. Zu Beginn des Ersten Weltkriegs nahm eine deutsche Kompanie im Elsass einen französischen Zivilisten fest, der im Beisein der Soldaten vom Leutnant der Kompanie verhört wurde. Der unbekannte Mann präsentierte sich als Prophet. Seine Weissagungen hielt der bayerische Landwehrmann Andreas Rill in zwei Feldpostbriefen an seine Familie fest. Leider ist von den beiden Feldpostbriefen nur einer erhalten geblieben. Der zweite vom 30. August 1914 wurde zwischen 1946 und 1947 von einem Pater fotografiert; seitdem fehlt von ihm jede Spur. Es ist darum schwer nachzuweisen, ob dieser Brief ein Originaldokument von 1914 ist. Eine umfangreiche kriminaltechnische Untersuchung der Authentizität des ersten Briefes vom 24. August 1914 bestätigte die Echtheit dieses Dokuments.[89] Die Prophezeiungen sind insofern bemerkenswert, als mehrere kollektive Ereignisse mit Jahresangaben versehen wurden, die bisweilen erstaunlich gut auf die historischen Ereignisse des Ersten und Zweiten Weltkriegs sowie der Zwischenkriegszeit und des Emporkommens des Nationalsozialismus passen. Allerdings finden sich darin auch viele falsche Weissagungen. Darüber hinaus mischen sich bekannte prophetische Motive aus der Überlieferung mit okkulten und theosophischen Spekulationen, beispielsweise über die Flucht des Papstes aus Rom und den Auftritt von «sieben dunklen Männern», die das Unheil bringen. Ein endzeitlicher dritter Krieg, den der anonyme Prophet angekündigt hatte, ist stark von überlieferten Bildern abhängig und sein Termin bereits verstrichen.

Der Prophet sagte die Niederlage Deutschlands beim Ersten Weltkrieg voraus und dass 1915 Italien Deutschland den Krieg erklären würde. Dann komme eine Revolution und alle Menschen würden zu Millionären, aber man werfe das viele Geld zum Fenster hinaus. Um «zirka 32» komme aus der niederen Stufe ein ungemein strenger Mann, der in Deutschland alles gleich mache. Die Zeit, in der alles nach dem Diktat dieses Mannes gehe, dauere neun Jahre. Er werde den Leuten mehr nehmen, als er gibt; «um diese Zeit verliert das Recht sein Recht», und jeden Tag würden neue Gesetze gemacht. Danach komme «die Zeit 38; werden überfallen und zum Kriege gearbeitet». Italien werde im Zweiten Weltkrieg auf der Seite Deutschlands kämpfen, aber viele deutsche Soldaten würden in Italien ihr

Grab finden. «Deutschland wird zerrissen, und ein neuer Mann tritt zutage, der das neue Deutschland leitet und aufrichtet.» Wenn «an der Jahreszahl vier und fünf» steht, dann wird «Deutschland von allen Seiten zusammengedrückt, und das zweite Weltgeschehen ist zu Ende». Und schließlich: «Der Mann und das Zeichen verschwinden, und es weiß niemand wohin.»

Trotz dieser bemerkenswerten Aussagen über den Verlauf des Ersten Weltkriegs, die Inflationszeit, die Zwischenkriegszeit und über den Zweiten Weltkrieg muss man sie im Verhältnis zu den falschen Angaben sehen, um den Wert einer solchen Prophezeiung richtig einzuschätzen. Beispielsweise ist die Rede davon, dass sich die Schweiz an Deutschland anschließt und England der ärmste Staat in Europa wird. Dann ist im Widerspruch zu den anderen Jahresangaben die Rede davon, dass «im Jahre 40» der Aufstieg käme und gute Zeiten bevorstünden. Diese Jahreszahl wurde übrigens später zweimal ausgebessert zu 43 und 49.

Historisch zutreffenden Voraussagen stehen unzutreffende gegenüber, richtigen Jahreszahlen falsche. Die Einschätzung dieser durchaus einzigartigen Prophezeiung ist dennoch nicht unproblematisch. Die Treffer und die Fehler haben qualitative Bedeutungen, die sich nicht quantitativ erfassen lassen. Erschwerend tritt hinzu, dass die Prophezeiungen von einem einfachen Soldaten niedergeschrieben wurden, der dem Gespräch des Propheten mit dem Kommandanten der Kompanie gelauscht hatte. Der gefangene Franzose sprach angeblich mehrere Sprachen, doch wissen wir nicht, wie gut sein Deutsch war. Quellen möglicher Fehler können die vielleicht nicht einwandfreie deutsche Darstellung durch den Franzosen und die mögliche falsche oder zumindest fehlerhafte Erinnerung des Briefschreibers an den Inhalt sein. Immerhin bleibt eine Reihe von Mitteilungen zurück, die auf echte präkognitive Eindrücke über kollektive Ereignisse zurückgehen können.

Was nachweisbar präkognitive Eindrücke über bevorstehende Kriege betrifft, stehen die Bekundungen des «prophetischen Franzosen» bei aller angebrachter Zurückhaltung einsam auf weiter Flur. Ein großer Nachteil für die endgültige Bewertung der Aussagen liegt in ihrer Überlieferung: Einzig die beiden Briefe, von denen einer mittlerweile verloren gegangen ist, bleiben als stumme Zeugen. Wäre die Weissagung 1914 oder kurz danach veröffentlicht worden, würden wir einen unumstößlichen Beweis für ihr Alter besitzen; aber es gibt auch keine anderen, unabhängigen Quellen aus der Zeit, die eine zusätzliche Bestätigung für die Briefe bedeuten würden. Die Faktenlage ist ziemlich dürftig, und so muss diese einmalige Prophezeiung mit aller Vorsicht kommentiert werden.

Der französische Parapsychologe Eugène Osty analysierte im Nachhinein Äußerungen von Sensitiven, die sie in den unmittelbar dem Ausbruch des Ersten Weltkriegs vorangehenden Jahren gemacht hatten. Kein Einziger hatte den Krieg vorausgesagt. Zu einem vergleichbaren Ergebnis kam der flämische Dichter Maurice Maeterlinck bei seiner Untersuchung von 83 angeblichen Prophezeiungen über die Zeit des Ersten Weltkriegs, in denen nirgends das verheerende Kriegsgeschehen eine Rolle spielte:[90]

Es ist wirklich kaum zu begreifen, dass diese Katastrophe, während sie bereits nahte und in ihrem Schoß unzählbares Unglück trug, nicht klarer den drohenden Schatten auf uns geworfen hat. Ein Geheimnis von diesem Gewicht hätte auf allen Existenzen lasten und Vorahnungen und Enthüllungen hervorrufen müssen. Nichts Derartiges. Sorglos kamen und gingen wir unter dem drohenden Unglück, das uns von Jahr zu Jahr, von Tag zu Tag, schließlich von Stunde zu Stunde näher kam, und sahen es erst, als es bereits unsere Häupter berührte.

Vergeblich und unzulänglich waren auch Versuche, aus dem reichen Propheten- und Legendenschatz der Vergangenheit jene Aussagen zu isolieren, die auf den Weltkrieg «passen könnten», um ihn dann als richtig vorhergesagt darzustellen. Wie kläglich diese Bemühung verlief, wird deutlich anhand der Schlussfolgerungen für den Verlauf und das Ergebnis des Krieges, die Grobe-Wutischky nach dem ersten Kriegsjahr 1915 veröffentlichte.[91] Er sah Deutschland als strahlende Siegermacht und überhaupt einen völlig falschen Verlauf der Ereignisse.

In Ostys Untersuchung zeigten sich allerdings zahlreiche präkognitive Eindrücke, die bestimmte Einzelpersonen betrafen, die gewaltsam sterben würden und die in der Tat dem folgenden Krieg zum Opfer fielen. In seiner Analyse von Kriegsprophezeiungen betreffend den Ersten und den Zweiten Weltkrieg kam auch der niederländische Parapsychologe W. H. C. Tennhaeff zu dieser Erkenntnis.[92] In den meisten Fällen wurden keine ein Kollektiv betreffende Ereignisse vorweggenommen, sondern nur Umstände, die bestimmte Personen betrafen. Präkognition scheint weitgehend an das persönliche Einzelschicksal gebunden zu sein.

DAS ELEND DER GROSSEN PROPHETEN Wie steht es um die Aussagen von vergleichbaren Propheten wie Nostradamus, die angeblich detaillierte Weissagungen gemacht haben, die später genau so eintrafen? Es gibt einige, von denen das behauptet wird, aber eine nähere Betrachtung offenbart ein deprimierendes Ergebnis. Die meisten Voraussagen lassen sich aus dem Strom der Überlieferungen und literarischen Verarbeitungen von in die

Zukunft projizierten Ängsten und Hoffnungen der Menschen ableiten, welche die prophetische Tradition bilden. Es sind die gleichen Motive und großen Themen, die seit den Zeiten der biblischen Propheten mit jeweils den Epochen angepassten, charakteristischen Veränderungen durch die Zeitalter gereicht werden. Viele Prophezeiungen fußen auf lokalen Legenden und Wandersagen, die einer Person zugeschrieben werden, ohne dass sich dafür Belege finden ließen. Ein berühmtes Beispiel aus dem deutschsprachigen Raum sind die Weissagungen des so genannten «Mühlhiasl» aus dem Bayerischen Wald. Dieser als «Waldprophet» bekannt gewordene Mann soll ein gewisser Matthias Lang gewesen sein, der in der zweiten Hälfte des 18. Jahrhunderts als Klostermüller in Apoig, in der Nähe von Straubing, gelebt habe. Unter den Prophezeiungen, die der Mühlhiasl gemacht habe, finden sich wahrhaft erstaunliche Zeichen, die dem eschatologischen Geschehen oder einem großen apokalyptischen Krieg vorangehen sollen: Es werde eine Zeit kommen, wo «die Welt abgeräumt wird und die Menschen wieder wenig werden», diese Zeit sei nahe, wenn «die Bauern mit gewichsten Stiefeln im Stall stehen», wenn sich «die Bauern wie Stadtmenschen kleiden und die Stadtmenschen wie die Narren», wenn «farbige Hüte aufkommen», wenn «die eiserne Straße über die Donau gebaut wird und der eiserne Hund in der Donau heraufbellt», wenn «die Leute in der Luft fliegen können und die Wägen ohne Ross und Deichsel fahren». In dieser Zeit würde «die Religion so klein, dass man sie in einen Hut hineinbringt», dann würde «so viel Geld gemacht, dass man es nicht mehr kennen kann, und obwohl es lauter Papierstücke sind, bekommen die Leute nicht genug davon». Wenn alle diese Vorzeichen eintreffen, käme der endzeitliche Krieg, bei dem «die Welt abgeräumt wird». Es folge darauf eine schöne Zeit; heilige Männer tun viele Wunder, und die Leute glauben wieder.

Beängstigend und wahrhaft erstaunlich klingen die über 200 Jahre alten Weissagungen des einfachen bayerischen Müllers, und als solche werden sie vom Großteil der Mühlhiasl-Forschung und vor allem von den Kompilatoren von Endzeitprophezeiungen verbreitet. Das Bild vom außergewöhnlichen Propheten stürzte der Historiker und Heimatkundler Reinhard Haller vom Sockel. Er war der Einzige, der die Quellen mit wissenschaftlicher Akribie prüfte und zu einem niederschmetternden Ergebnis gelangte.[93] Haller konnte nachweisen, dass die erste schriftliche Niederlegung der Mühlhiasl-Prophezeiung erst nach dem Ersten Weltkrieg, im Februar 1923, durch Pfarrer Johann Evangelist Landstorfer (1883–1949) im *Straubinger Tagblatt* erfolgte. Landstorfer hatte von vielen Menschen kolportierte, einzelne volkstümliche Prophezeiungen aus dem Bereich des Bayerischen Waldes gesammelt und fasste sie als Fragmente einer einzigen

Weissagung auf, die er einem gewissen «Mühlhiasl» unterschob. In Wahrheit schöpfte er aus dem in jedem Volk vorhandenen Legendenschatz an Weissagungen mit besonderem Lokalkolorit und schrieb sie einer Kunstfigur zu. In der Folge verpassten Landstorfer und seine Nachfolger diesem erfundenen Propheten eine Biografie. In Pfarrbüchern, Sterbebüchern, Matrikeln und anderen Archivalien fanden sie Hinweise, die auf eine real existierende Person schließen ließen: Matthias Lang, geboren 1753, Klostermüller zu Apoig. Indes hat dieser Matthias Lang mit einem Propheten Mühlhiasl nichts zu tun. Haller konnte jenseits jeden Zweifels nachweisen, dass die Geschichtlichkeit eines Propheten Mühlhiasl ein von Wunschdenken geleitetes Konstrukt ist, eine Fiktion, zu deren Aufrechterhaltung vor Betrug nicht zurückgeschreckt wurde. Ein Mühlhiasl ist archivalisch nicht nachweisbar. Die «passende» Person Matthias Lang wurde in Wahrheit auf den Namen Matthäus getauft. Ein «Hias» oder «Hiasl» konnte allerdings nur ein Matthias sein; ein Matthäus wäre «Mattheis» oder «Hois» gerufen worden. Erst in späteren Urkunden findet sich auch der Name Matthias. Um die nun einmal entdeckte historische Person Matthäus/Matthias Lang mit der erfundenen des Mühlhiasl gleichzusetzen, fälschte ein so genannter Mühlhiasl-Forscher die Klosterliteralien Windberg. Wo das Wort «Klostermüller» erscheint, fügte er mit Bleistift den Zusatz «Mühl Hiasl» hinzu. Im Kirchenbuch der Pfarrei Hunderdorf eine ähnliche Quellenmanipulation: Der Geburtseintrag «Lang Matthäus» wurde nachträglich durch den Zusatz «Mühlhiesl» erweitert. Reinhard Haller konnte sogar die Handschrift der beiden Heimatkundler identifizieren, die auf diese Weise versuchten, nachfolgende Generationen von Historikern zu täuschen.

Was Landstorfer an Aussagen von Gewährsleuten gesammelt hat und was in den nachfolgenden Jahrzehnten durch zahlreiche zusätzliche Mühlhiasl-Weissagungen angereichert wurde, ist ein dynamischer, im Volksgut verankerter prophetischer Strom von Aussagen und Motiven, der sich in ähnlicher Form in den unterschiedlichsten Gegenden findet. Die Weissagungen gehen keineswegs auf eine oder wenige bestimmte Personen zurück, die visionäre präkognitive Eindrücke hatten; sie wurden vielmehr von Menschen erzählt und weitergetragen, die gut fabulieren konnten. An die besten unter ihnen erinnerte man sich lebhaft, sodass man sie für die Urheber der Weissagungen hielt. Sie machten sich das Erzählgut in einer Weise zu Eigen wie Märchen- und Geschichtenerzähler und wurden in der Erinnerung der Menschen zu den «Propheten», die sie niemals waren. Auf diese Weise wurden viele der Mühlhiasl-Motive auch anderen «Sehern» zugeschrieben, etwa den «Propheten» aus dem Rheinland Bernhard Rembold (1689–1783) und Johannes Peter Knopp (1714–1794) sowie Wessel Dietrich Eilert (1764–1833), genannt «der alte Jasper», aus Westfalen. Die Erstveröffentlichungen dieser Weissagungen erfolgten zwischen 1846 und 1859, mehr als ein halbes Jahrhundert vor der Mühlhiasl-Sammlung von Landstorfer, aber viele Jahrzehnte nach der ersten Eisenbahnstrecke, die 1814 in England eingerichtet wurde. Seit den 1840er Jahren kam es in ganz Europa zu einem enormen Aufschwung im Eisenbahnbau. Die «selbst fahrenden Wagen» und die «eiserne Straße», die beim Mühlhiasl als Vorzeichen für das «Weltabräumen» gelten, waren schon damals «Weissagungen», die erst nach ihrem «Eintreffen» gemacht wurden. Als Vorboten großen Unheils legte man Rembold die Aussage in den Mund, es würden Wagen fahren, ohne von lebendigen Geschöpfen gezogen zu werden, Eilert und Knopp sprachen von Wagen, die sich fortbewegten, ohne mit Pferden bespannt zu sein. Eine Seherin aus dem Sundgau[94] soll prophezeit haben, wenn eine eiserne Straße errichtet werde und darauf «Teufelswagen» fahren, dann würde das Verderben seinen Lauf nehmen und die Kirchen und Schulhäuser würden zu Spitälern werden.

Das Motiv beschränkt sich freilich nicht auf den deutschen Raum. Über die Kriegsvorzeichen in den Ende des 19. Jahrhunderts veröffentlichten Weissagungen des Landpfarrers Souffrant aus der Vendée (gest. um 1830) heißt es: «Wenn die Wagen ohne Pferde fahren werden, wenn das Wort innerhalb einer Sekunde von einem Punkte der Welt zum anderen gehen wird, wenn die Legitimisten ‹Anhänger der Bourbonen› so wenig sein werden, dass sie sich im Schatten einer Eiche werden versammeln können.»[95] Abgesehen von der Tatsache, dass zum Zeitpunkt der Veröffentlichung das Telefon ebenfalls längst erfunden war, ist auch der letzte Teil dieser «Weissagung» eine typische, bis hin zum Mühlhiasl verbürgte Redewendung. Die Sundgauer Seherin sagte analog dazu: «Der Preuße wird den besten Teil erwählen, aber später wird er wieder so klein werden, dass er unter dem Eichenbaume Platz findet.» Beim Mühlhiasl wird die Religion so klein, dass sie in einen Hut hineinpasst.

Der Legendenschatz der prophetischen Tradition schöpft aus den Umständen und Missständen der jeweiligen Gegenwart. Erst als die Erfindung von auf Schienen fahrenden Zügen Wirklichkeit wurde, verband das kollektive Unbewusste der Menschen seine Furcht vor den Neuerungen mit einer größeren und allgemeinen Existenzangst und schrieb sie als Weissagungen sagenhaften und realen Personen der Vergangenheit zu. In vielen Sätzen der Kunstfigur Mühlhiasl spiegelt sich die Klage über den kulturellen Umbruch auf dem Land in der Mitte des 19. Jahrhunderts, die Veränderungen in den Moden und im Baustil, Teuerungen, Waldrodungen usw.

Wir sehen aus diesem Beispiel, wie hartnäckig die prophetische Tradition ist und wie hartnäckig versucht wird, ihr wahrhafte präkognitive Vorwegnahmen des Künftigen zuschreiben zu wollen. Wir können diesen Vorgang verfolgen anhand des Wandels, den die dem endzeitlichen Geschehen vorangehenden Zeichen in der prophetischen Überlieferung aufweisen. Im Zeitalter der Renaissance waren es Verstöße gegen eine gottgewollte *Natur*ordnung: Missgeburten, eigentümliche Himmelserscheinungen usw. In den folgenden Jahrhunderten sind es Verstöße gegen eine *Kultur*ordnung. Die neuen Vorzeichen betreffen den sittlichen Verfall und den Abfall vom Hergebrachten. Durch den ungeheuren technischen Aufschwung kommt ein weiteres Element hinzu: Die neuen Errungenschaften werden als Teufelswerk verdammt, dem ein göttliches Strafgericht in Form eines endzeitlichen Krieges folgen soll. Im Zeitalter der Vernunft hatten die alten Vorzeichen ausgedient, denn sie erfuhren nach und nach eine wissenschaftliche Erklärung. Dadurch verloren sie das Geheimnisvolle und Beängstigende, das sie begleitete. Was indes geheimnisvoll und beängstigend wurde, das waren die ungeheuren technischen Fortschritte, als in immer rascherer Folge erstaunliche Entdeckungen auf die Menschen zukamen und das Leben radikal veränderten. Das Unbehagen an diesem mephistophelischen Fortschritts-Feuerwerk äußert sich in der Tatsache, dass die Neuerungen, die am eindrucksvollsten die Lebensumstände verändert hatten, zu Vorzeichen drohenden Unheils wurden.

In den zeitgemäßen Vorzeichen, die als prophetische Versatzstücke gehandhabt werden, spiegelt sich die Neuerungsfeindlichkeit, ein tiefer Pessimismus gegen jegliche Art von Fortschritt. Das kollektive Unbewusste der Menschheit ahnte darin, dass Fortschritt den «siegreich fortschreitenden Kampf des Geistes gegen das Leben» bedeutet, wie Ludwig Klages verkündet hatte. Es benutzte deshalb diese Vorzeichen als prophetische Requisiten. Die Geschichte der Pseudo-Prophezeiungen des Mühlhiasl dient als Lehrstück, das sich auf zahlreiche Weissagungen anwenden lässt: Sie bedienen sich unterschiedlichster Überlieferungen und werden zum Ausdrucksmittel für zeitgemäße Existenzängste. Diese Ängste sind durchaus real, und ihre Wirkweise im kollektiven Unbewussten der jeweiligen Zeit ist nicht zu unterschätzen; sie führen sogar dazu, dass «Experten» für fiktive Propheten auf den Plan treten, die durch fragwürdige Forschungen ein historisches Fundament für Phantome schaffen. Diese Experten und Forscher sind selbst Teil der Legende, Teil des Systems «prophetische Überlieferung», weil sie in der Tiefe angerührt sind von jener Angst und jener Hoffnung, die sich unter dem prophetischen Rätselwort verbirgt. Und so kommt es, dass sie die Fakten biegen und verändern, bis sie zu ihrem Idealbild der «faktisch gewordenen Legende» passen.

Im Gehirn des Sehers

EIN PSYCHISCHER AUTOMATISMUS? Die Wissenschaft hat den Nachweis erbracht, dass Präkognition tatsächlich existiert, jedoch äußerst selten ist, sich in den meisten Fällen nur als unbestimmte Ahnung äußert und im Normalfall überhaupt nicht bewusst wahrgenommen wird. Bildhafte oder auditive präkognitive Eindrücke treten besonders selten auf. Sie betreffen gewöhnlich Personen, zu denen der Erlebende in einem emotionalen Verhältnis steht. Solche anomale Wahrnehmungen sind meist in einem Strom von Erinnerungen, Fantasien und Halluzinationen eingebettet und von diesen nicht zu unterscheiden. Es gibt nur sehr vereinzelte Fälle von Vorschau über Ereignisse, die ein Kollektiv betreffen oder die keinen persönlichen Bezug zu dem Erlebenden haben. Überwiegend handelt es sich darüber hinaus um anekdotische Berichte, deren Richtigkeit sich nicht zweifelsfrei überprüfen lässt.

Es bleibt die Möglichkeit einer außergewöhnlichen paranormalen Begabung, wie sie verschiedenen Propheten unterstellt werden müsste. Vor der kritischen Forschung konnte keine derartige Ausnahmeerscheinung bestehen. Wenn Nostradamus tatsächlich präkognitive Eindrücke hatte, dann waren sie sicher selten, und auch er konnte nicht unterscheiden, was reine Fantasie und visuelle oder auditive Halluzination war. Auch angesichts der Realität der Präkognition ist es völlig abwegig anzunehmen, Nostradamus hätte ungeheuer viele einzelne Ereignisse aus vielen Jahrhunderten vorhergesagt. Freilich lässt dieser Befund keine Entscheidung darüber zu, ob Nostradamus über außergewöhnliche paranormale Fähigkeiten verfügt hat: Es gibt keine eindeutige Bekundung, die ohne jeden Zweifel als echter präkognitiver Eindruck bezeichnet werden kann. Das muss nicht heißen, dass Nostradamus keine paranormalen Erfahrungen hatte; es heißt nur, dass wir keine Beweise dafür haben. Jedenfalls lassen sich eingetroffene Weissagungen nicht in auffälliger Weise – eventuell allerdings vereinzelt – in seinen veröffentlichten Werken, seinen Briefen, Konsultationen und Auslegungen von Horoskopen nachweisen.

Seine eigene Gewissheit, über prophetische Gaben zu verfügen, muss nicht auf präkognitive Erlebnisse zurückgehen. Es gibt eine ganze Bandbreite psychischer Erfahrungen, die fälschlicherweise als paranormale Erlebnisse eingestuft werden, weil sie außergewöhnlich sind. Möglicherweise verfügte Nostradamus über eine natürliche Veranlagung zu Halluzinationen und Visionen, die zu einer solchen Einschätzung führte. Veränderte Bewusstseinszustände begünstigen subjektive Überzeugungen paranormaler

Erlebnisse, sie fördern allerdings auch das Auftreten von tatsächlichen paranormalen Eindrücken telepathischer, hellsichtiger oder präkognitiver Art.[96] Nostradamus erwähnt an verschiedenen Stellen die langen Nachtwachen, die er für das Schreiben seiner prophetischen Texte abhält. Möglicherweise hat er die Fruchtbarkeit des veränderten Bewusstseinszustands durch sensorische Deprivation und Schlafentzug entdeckt, wobei er halluzinatorische Erfahrungen machte. Der Bericht im zweiten Quatrain der ersten Zenturie von einer Stimme, die er vernahm, scheint auf eine eigene Erfahrung zurückzugehen. Von der Stimme ist wiederholt die Rede, und sie entstammt nicht den Vorlagen, auf die er sonst zur Ausgestaltung seines Bildes vom Zustand der Weissagung zurückgreift. Wie er schreibt, komme die Stimme aus dem Saum des Gewandes. Es handelte sich also nicht um eine innere Stimme, eine Stimme im Kopf, sondern vielmehr um eine Stimme, die er als von außen kommend empfand, als ob sie im Raum entstünde. Diese Beschreibung kann freilich deshalb gewählt sein, weil der Fremdheitscharakter dieser Stimme so überzeugend war. Das ist typisch für einen psychischen Automatismus: Visionen und Halluzinationen werden so real erlebt, als ob sie von außen kämen. Der Erlebende meint, eine reale Erscheinung zu sehen oder die Stimme eines Geistes zu vernehmen, obwohl es sich um unwillkürliche Produktionen aus dem eigenen Unbewussten handelt. Psychische Automatismen bringen in fantastischen und dramatischen Einkleidungen vergessenes, verdrängtes und konfabuliertes Material hervor. Es handelt sich um eine differenzierte geistige Tätigkeit, die sich ohne Wissen des Subjekts vollzieht. Die Besonderheit liegt in der Fähigkeit der unterbewussten, vom Ich dissoziierten seelischen Schichten zu intelligenten Äußerungen und zu Mehrleistungen einer erhöhten Wahrnehmungsfähigkeit (Hyperästhesie), gesteigerten Gedächtnisleistungen (Hypermnesie) und dem Auftauchen von nie bewusst wahrgenommenen, dennoch unterbewusst gespeicherten Inhalten (Kryptomnesie). Jedoch werden durch die Automatismen bisweilen auch Informationen transportiert, die sich nicht allein in diesen Kategorien von erhöhten Wahrnehmungs- und Erinnerungsleistungen erklären lassen. Ein kleiner bestaunenswerter Bestandteil verbleibt: Im Zustand der automatischen Produktion, in dem die Kontrolle des Wachbewusstseins ausgeschaltet ist, zeigt die Psyche eine gesteigerte Fähigkeit zu telepathischen, hellsichtigen und präkognitiven Eindrücken.[97]

Wenn Nostradamus eine Disposition zu Automatismen hatte oder diese durch bestimmte Techniken hervorrufen konnte, dann kann auch das so genannte automatische Schreiben in seinem Werk eine Rolle gespielt haben.

Die Literaturgeschichte kennt viele Beispiele von Vorformen des automatischen Schreibens, etwa bei Harriet Beecher-Stowe, William Blake, Johann Wolfgang von Goethe und Rainer Maria Rilke. Sie behaupteten, einige ihrer Werke seien quasi ohne eigenes Zutun geschrieben worden, manchmal nach einer Art «innerem Diktat».

Durch psychische Automatismen können höchst komplexe literarische Produktionen ohne bewusstes Zutun entstehen. Die 1968 verstorbene irische Schriftstellerin Geraldine Dorothy Cummins verfasste zwischen 1923 und 1943 auf diese Weise neun historische Romane aus der Zeit des Frühchristentums. Nach dem Urteil von Fachleuten sprechen aus diesen Texten bemerkenswerte historische, theologische und geographische Kenntnisse, die der Autorin nicht bewusst gewesen sein können. Wahrscheinlich kamen viele Informationen als kryptomnestische Erinnerungen, befördert durch den veränderten Bewusstseinszustand beim automatischen Schreiben, in ihre Werke. Sie war Tochter eines Professors und hat wohl viele Einzelheiten in ihrer Jugend beiläufig, aber nicht bewusst aufgenommen. Im frühen 20. Jahrhundert erregten die Romane einer mittelmäßig gebildeten Frau aus St. Louis, Pearl Leonore Curran, einiges Aufsehen. Bei Versuchen mit dem automatischen Buchstabieren erschien ein Wesen, das sich Patience Worth nannte und ihr die Texte eingab, zunächst indem sie mit ungeheurer Geschwindigkeit automatisch buchstabierte. Später hörte Leonore Curran die Stimme des Geistes, oder sie diktierte auf Grund eines halluzinatorisch wahrgenommenen Textes. Patience Worth verfasste ihre Romane in einwandfreiem Englisch, obwohl sie nur Slang sprach. Historische Romane schrieb sie in einem korrekt archaisierten altertümlichen Englisch. Es handelt sich um Romane, die durchweg auf einem hohen Niveau stehen; Leonore Curran wäre nicht imstande gewesen, diese bewusst hervorzubringen. Eines ihrer Werke trug ihr sogar den begehrten Pulitzer-Preis ein.

Kann eine ähnliche Veranlagung bei Nostradamus vorgelegen haben? Einige Aussagen über seine prophetischen Fähigkeiten legen das nahe. In der *Grand' Pronostication pour 1557* spricht er davon, dass er weder bei Tag noch bei Nacht Ruhe findet durch die prophetischen Eindrücke. Es sei die vehemente Hitze, die den prophetischen Fähigkeiten innewohnt, die diese Unruhe bewirke.[98] Im *Widmungsbrief an César* schreibt er:

Was die verborgene Weissagung betrifft, die man durch den subtilen Geist des Feuers empfängt, der bisweilen den Verstand erregt, während er mit der Kontemplation der Sterne während der Nachtwachen beschäftigt ist, wurde ich auf diese Weise überrascht zu prophezeien, und deshalb schrieb ich und weissagte ohne Furcht, überhaupt nicht befallen von achtlosem Geschwätz. [17]

Während er bei seinen Nachtwachen auf den Sternenhimmel starrt, überfällt ihn die Eingebung. Die Worte kommen unwillkürlich über ihn, und er schreibt sie furchtlos nieder. Diese Bemerkung scheint ein Hinweis darauf zu sein, dass sie ihm ohne sein Zutun, ohne bewusste Kontrolle zuströmen. Seine Prophezeiungen sind schrecklich; sie als visionäre Erlebnisse bewusst wahrzunehmen würde zu Furcht führen, zur Hemmung. Er schreibt gleichsam hemmungslos, der Geist galoppiert ihm davon. Aber was sich da an bilderreichem dichterischem Ausfluss aus ihm ergießt, sei kein achtloses Geschwätz, sondern vielmehr hohe Prophetie. Diese Beschreibung würde für eine automatische oder semi-automatische Produktion sprechen. Auch im Brief an seinen Freund Bérard lesen wir: «Wie erregt von poetischer Raserei brachen diese Verse aus mir heraus.»[99] Dort hat er umständliche rituelle Vorkehrungen beschrieben, die zum poetisch-prophetischen Erguss führten. Während seine Verse weitgehend literarische Konstruktionen zu sein scheinen, waren die Nachtwachen das Mittel, um sich in den geeigneten Bewusstseinszustand zu versetzen, welcher der Eingebung die Schleusen öffnete. Dann schrieb seine Hand, geführt von seinem guten Genius, die schwer verständlichen lateinischen Verse. Hier scheint Nostradamus direkt auf eine Art automatischen Schreibens anzuspielen.

Im *Brief an Heinrich II.* [7] spricht er von seinen «nächtlichen und prophetischen Berechnungen», die eher durch einen «natürlichen Antrieb» («naturel instinct») und durch «poetische Raserei» zustande gekommen sind denn durch die Regeln der Poesie. Von dieser natürlichen Eingebung sagt er weiter:

Es ist wohl wahr, Sire, dass ich wegen meiner natürlichen Eingebung, die mir durch meine Ahnen vererbt wurde, glaube weissagen zu können, indem ich diesen natürlichen Antrieb in Übereinstimmung bringe mit meinen ausführlichen Berechnungen und indem ich die Seele, den Geist und den Willen von aller Sorge, Befürchtung und Verdruss durch Muße und Ruhe des Geistes befreie. [15]

Nostradamus spielt auf die Vorstellung an, die Agrippa von Nettesheim vertritt: «Nicht nur der Schlafende, sondern auch Wachende weissagen bisweilen, wenn ihre Seele frei ist und von einem besonderen Reiz angeregt wird.»[100] Diese Vorstellung geht auf Aristoteles zurück, der sie mit dem melancholischen Temperament in Verbindung bringt. Den Melancholikern

374

wird die Gabe der Weissagung und Dichtkunst zugeschrieben. Nostradamus hat sich, um für prophetische Eindrücke empfänglich zu werden, bei seinen Nachtwachen in eine Art meditativen Zustand versetzt, der für die dafür nötige «Freiheit» der Seele Gewähr leisten sollte.

Auch diese Passagen würden die These unterstützen, dass Nostradamus seine prophetischen Texte durch automatisches Schreiben produzierte. Aber wir müssen mit dieser Einschätzung vorsichtig sein. Es ist nicht leicht zu unterscheiden, was uns der Prophet als biografische Information mitteilt und was der Konvention seiner intellektuellen Neigungen entspringt, durch die er bemüht ist, ein Bild von sich zu entwerfen, das jenem des Meisters der hermetischen Philosophie in der Tradition von Ficino entspricht. Nostradamus hatte das *Centiloquium* des Pseudo-Ptolemäus genau studiert. Er entnahm ihm Anregungen für die Darstellung des Zusammenspiels von astrologischer Berechnung, natürlicher Begabung und göttlicher Inspiration in der Kunst der Weissagung. Nach diesem Text entspringt die Kenntnis der Zukunft zweierlei Quellen: dem Enthusiasmus (also der Besessenheit durch eine Gottheit) und der Astrologie. Die astrologische Wahrsagung ist ihrerseits sowohl von der natürlichen Eingebung als auch von der wissenschaftlichen Berechnung abhängig; der beste Astrologe greift auf seinen natürlichen Antrieb und seine gelehrten Kenntnisse zurück. In der Übersetzung des *Centiloquium* von Giovanni Pontano, die Nostradamus besaß, wird der Begriff *instinctus naturalis* für natürlichen Antrieb verwendet, den Nostradamus als «naturel instinct» vier Mal im *Brief an Heinrich II.* verwendet. Auch bei seiner Beschreibung des dreifachen Wegs der Kenntnis des Zukünftigen – durch natürlichen Antrieb, Astrologie und göttliche Inspiration –, wie wir ihn im *Brief an César* kennen gelernt haben, folgt er der Vorlage des *Centiloquium.*

Ist also die Erwähnung eines natürlichen Instinktes zusammen mit den beiden anderen Methoden zur Entschlüsselung der Zukunft nur die Wiedergabe der allgemein akzeptierten Lehrmeinung, und ist seine Darstellung der meditativen Haltung zur «Befreiung der Seele» nur eine Entlehnung von Agrippa? Es ist durchaus möglich, aber vielleicht hat sich Nostradamus an diese Beschreibungen angelehnt, weil sie seinen Erlebnissen entsprachen. Als weiteres zweifellos authentisches Element ist festzuhalten, dass er seine natürliche Veranlagung zum Wahrsagen einer ererbten Fähigkeit zuschreibt.

Wie César, der das außergewöhnliche Gedächtnis seines Vaters lobte, behauptete Chavigny, der Prophet verfügte über ein «nahezu göttliches Gedächtnis». Wenn diese Aussage stimmt, kann es durchaus sein, dass er häufig zitierte, ohne seine Quellen zu überprüfen. Dann sind viele Unge nauigkeiten bei derart vielschichtigen spezifischen historischen Anspielungen und Bezügen verständlich. Wir haben mehrere Hinweise darauf, die diese Ansicht unterstützen. So schreibt er in der *Prognostication nouvelle* für 1555 zum Monat Juli, nachdem er die Möglichkeit von Seegefechten zwischen gegnerischen Admirälen in Erwägung zieht, die aber beide fürchten: «Jener <der Admiräle>, der den Beinamen des [Helden] im zweiten oder dritten Vers der *Ilias* trägt, wird keine Anstrengung unternehmen. Der Fürst, dessen Name mir nun entfallen ist, wird mit ihnen in Zwietracht sein.»[101] Im Almanach für 1556 zum Monat August kommt Nostradamus auf den Passus in der *Ilias* mit einem griechischen Zitat des dritten Verses zurück.[102] Der Beiname des Helden ist Achilles, und der antike Fürst, dessen Name ihm entfallen war, ist Agamemnon, der König von Mykene, den Homer mit einer Art Oberhoheit über die griechischen Fürsten ausstattete. Achilles gerät in den ersten Versen der *Ilias* in Zorn über Agamemnon, weil dieser die dem Achilles als Kriegsbeute zugeteilte Fürstentochter Briseis für sich beansprucht.

Dieser Passus gibt uns einen Einblick in die Arbeitsweise des Nostradamus. Er war nicht der exakte Gelehrte, der für Begründungen seiner Darstellungen die Bücher in seiner Bibliothek konsultierte, um getreu zu zitieren. Seine Ideen scheinen ihm spontan und in rascher Folge gekommen zu sein. Er schrieb sie häufig genau so nieder, wie sie sich ihm unmittelbar darstellten, und überarbeitete sie selten im Nachhinein. Aus psychologischer Sicht könnte man vermuten, Nostradamus sei wahrhaftig der Überzeugung gewesen, seine Eingebungen seien göttlicher Natur oder zumindest von einem Genius übermittelt und bedürften daher keiner Überarbeitung. So dunkel und fragmentarisch sie seinem Geist auch entspringen mögen, so sollen sie festgehalten werden.

Literarische Werke, die in Ausnahmezuständen verfasst werden, und automatische Produktionen werden meist mit hoher Geschwindigkeit geschrieben. In wenigen Wochen, manchmal nur Tagen, sind ganze Romane fertig. Sie werden auch nicht mehr revidiert und korrigiert. Als Sturzbach ergießen sich die Sätze wie von selbst auf das Papier. So spricht Nostradamus davon, dass die Verse wie in «poetischer Raserei» aus ihm herausbrechen. Diese Eingebungen, die über ihn kamen, blieben gleichsam als Grundgerüst unangetastet. Sie bildeten das Ferment für einen zusammenhängenden Text, den er in einem zweiten Schritt bewusst daraus bildete. Speziell bei den Versprophezeiungen und den kunstvollen, mit Akrosticha gebildeten Versen scheint mir diese Mischung aus spontaner, auch automatischer Produktion und bewusster Anordnung und Anreicherung wahrscheinlich.

Es kann auch sein, dass sich in seinen Werken Entlehrungen oder paraphrasierte Zitate hypermnestisch oder kryptomnestisch eingeschlichen haben, die er gar nicht als solche bemerkte. Die Literaturgeschichte ist nicht ohne Beispiel dafür. Friedrich Nietzsche schrieb seinen *Zarathustra* in kürzester Zeit in einer Art inspiriertem Ausnahmezustand; die kurze Begebenheit, die er im elften Kapitel «Von großen Ereignissen» berichtet, hat er unbewusst aus einem Artikel von Justinus Kerner aus der Zeitschrift *Blätter aus Prevorst* übernommen.[103] In einem veränderten Bewusstseinszustand werden solche Informationen abrufbar, ohne dass die Person weiß, woher sie stammen. Der Dichter Samuel Taylor Coleridge berichtet in seiner *Biographia Literaria* den Fall eines ungebildeten Küchenmädchens, das in einem somnambulen Zustand längere Passagen auf Lateinisch, Griechisch und Hebräisch sprechen konnte. Jahre davor arbeitete sie im Haushalt eines Altphilologen, der gelegentlich derartige Sätze rezitierte. Das Mädchen hatte sie in der Küche gehört und unwillkürlich, und ohne es zu bemerken, gespeichert.

Vielleicht muss in einer zum Teil raschen, «enthusiastischen», semiautomatischen Produktion der Grund dafür gesehen werden, warum viele Entlehnungen bei Nostradamus so merkwürdig entstellt herauskommen. Zwischen den Schriften von Nostradamus bestehen markante Unterschiede. Klare, problemlos verständliche Texte, wie die Rezeptsammlung des *Excellent & moult utile opuscule*, viele seiner Briefe, eine ganze Reihe von Widmungsbriefen in den Almanachen und ein Großteil der Prosatexte der Almanache, stehen neben den undurchdringlichen, schwer verständlichen Schriften, allen voran die Verstexte wie die Zenturien der *Prophéties* und viele der Monats-Quatrains aus den Almanachen.

DIE HEILIGE KRANKHEIT Da Nostradamus darauf beharrt, seine natürliche Eingebung sei eine ererbte Fähigkeit, muss man die Frage stellen, ob eine gewisse genetische Anlage zu veränderten Bewusstseinszuständen bei ihm vorhanden war. Betrachtet man Werk und Persönlichkeit des Astrologen von Salon unter klinischem Gesichtspunkt – mit aller Zurückhaltung, die bei einem historischen Fall ohne klinische Befunde angebracht ist –, bieten sich als mögliche Erkrankung eine Form der Epilepsie oder epileptoide Anfälle an. Die moderne Forschung geht davon aus, dass es eine genetisch festgelegte Krampfbereitschaft des Gehirns gibt, wobei die Anfälle jedoch vom Einfluss äußerer Faktoren abhängig sind.[104]

Epilepsie kann sich in verschiedenen Formen äußern. Meistens denkt man an die großen Krampfanfälle («Grand mal»), wobei ein Mensch plötzlich unkontrolliert zu Boden stürzt, sich verkrampft, während Arme und Beine zu zucken beginnen. Nach wenigen Minuten ist der Anfall vorbei, der Betroffene kommt wieder zu Bewusstsein. Solche Anfälle sind äußerst selten. Die meisten Epileptiker führen ein völlig normales Leben; manche wissen nicht einmal etwas von ihrer Krankheit. Häufig treten kleinere, wenig auffällige Bewusstseinsstörungen auf, die nach wenigen Sekunden vorüber sind. Diese Momente der Geistesabwesenheit nennt man Absencen. Grund für einen epileptischen Anfall ist eine vorübergehende Übererregung von Neuronen in einem bestimmten Gehirnareal.[105]

Viele berühmte und kluge Menschen litten unter Epilepsie, etwa Julius Cäsar (100–44 v. Chr.), der russische Dichter Fjodor Dostojewskij (1821–1881), der italienische Komponist Niccolò Paganini (1782–1840) und der schwedische Chemiker Alfred Nobel (1833–1896). Von alters her galt die Epilepsie keineswegs als Makel; sie wurde vielmehr die «heilige» oder «göttliche Krankheit» genannt, weil man der Auffassung war, dass Menschen in epileptischen Zuständen prophetische Fähigkeiten hätten. In einem Vierzeiler der ersten Zenturie schreibt Nostradamus: «Die göttliche Krankheit <Epilepsie> wird den großen Herrscher überraschen» (C 1.88.1 «Le divin mal surprendra le grand prince»). Diese Bezeichnung geht auf das berühmte 32. Traktat von Hippokrates *Über die heilige Krankheit* zurück.[106] Allerdings lehnte Hippokrates die Ansicht ab, dass Epileptiker von Gott Besessene sind, die über weissagende Fähigkeiten verfügen. Er hielt die Krankheit für eine Störung im Gehirn.

Nostradamus folgt nicht dieser Einschätzung, sondern vielmehr jener von Agrippa von Nettesheim, der geschrieben hatte: «Die Ohnmacht und die Epilepsie imitieren gewissermaßen die Verzückung, indem, wie bei Letzterer, sehr häufig bei ihr die Gabe der Weissagung zum Vorschein kommt. Man liest, dass sich Herkules und sehr viele Araber durch diese Art von Weissagung auszeichneten.»[107] In einem erstaunlichen Passus von Nostradamus in seinem *Brief an César* [21] lesen wir: «Aber mittels der unteilbaren Ewigkeit können die Dinge durch epileptische Zustände und die Bewegung der Sterne erkannt werden.» Im Original nennt er die epileptischen Zustände «comitiale agitation Hiraclienne», nach der antiken Bezeichnung für die Epilepsie als *morbus comitialis*.[108] Nostradamus gibt ihr, in Anlehnung an die Aussage von Agrippa, den Beinamen «Hiraclienne», weil Herakles als Epileptiker galt. Eine der vielen gebräuchlichen Namen für die Epilepsie lautete *Morbus herculeus* (Herakles' Krankheit).[109]

Bezog der Prophet diese Aussage auf sich selbst? Interessant ist ein weiterer Hinweis, den wir ebenfalls dem *Brief an César* entnehmen. Zu Beginn des Briefes [5] schreibt Nostradamus, seine prophetische Inspiration käme weder «durch bacchantische Raserei noch durch lymphatische Bewegung» zustande. Der lateinische Terminus *lymphaticus* bedeutet wahnsinnig, besessen. Aber wenige Sätze später [33] heißt es: «Aber manchmal während der Woche wurde ich von der prophetischen Inspiration überrascht und widmete mich langwieriger Berechnungen, die den nächtlichen Studien einen angenehmen Geruch verliehen; auf diese Weise habe ich prophetische Bücher verfasst [...]» Der Beginn meiner Übersetzung lautet im Original: «Mais estant surprins par foys la sepmaine lymphatiquant [...]» Hier verwendet Nostradamus den Ausdruck *lymphatiquer* im Sinne von weissagen, prophezeien, obwohl er zuvor eine Weissagung durch eine Art von Wahnsinn (*lymphatique*) von sich gewiesen hatte.

Wenn Nostradamus unter epileptischen Anfällen litt, dann wahrscheinlich unter einer Form, deren Ursprungsort in den Schläfenlappen (Temporallappen) des Gehirns liegt. Weil die Funktionen des Schläfenlappens sehr vielfältig sind, können sehr viele unterschiedliche Symptome auftreten, wenn ein Anfall in einem Temporallappen ausgelöst wird. Die Temporallappenepilepsie wird deshalb heute unter dem Begriff «partielle Anfälle mit komplexer Symptomatologie» gefasst. Die einsetzende Bewusstseinsveränderung bei einem einfachen partiellen Anfall im Temporallappen kündigt sich durch die so genannte Aura an, in der sich der Erlebende in einem traumartigen Zustand empfindet. Er nimmt seine Umwelt als komisch, traumhaft mit einem eigenartigen Gefühl der Vertrautheit (déjà-vu) oder Entfremdung (jamais-vu) wahr. Dabei können starke Gefühle einer plötzlichen Angst oder Freude auftreten. Sie sind oft verbunden mit äußerst lebhaften Erinnerungen und unangenehmen Empfindungen in der Magengegend.

Je nach dem Ursprung des Anfalls lässt sich der Temporallappen genauer einteilen. Die meisten Epilepsien dieser Art haben als Anfallsherd das Gehirnareal des Mandelkerns (Amygdala) und des Hippocampus, ein in der Tiefe des Schläfenlappens gelegenes Rindenband. Die Auren dieser Anfälle sind charakterisiert durch fremdartige Gefühle, Erinnerungshalluzinationen und bewegungsloses Starren. Neben einer merkwürdigen Stimmungslage können auditive oder visuelle Halluzinationen sowie Wortfindungsstörungen und das Reden von Kauderwelsch auftreten. Als weitere Symptome werden die Vertiefung religiöser Gewissheiten und ein ausgeprägter Wunsch zu schreiben (Hypergraphie) beobachtet. Der Betreffende beginnt umfangreiche Texte mit vielen Wiederholungen zu verfassen. Oft sind sie moralisierend-religiösen oder sexuell gefärbten Inhalts.[110]

Bei epileptischen Störungen kann es zu unterschiedlichen Aphasien (Sprachstörungen) kommen. Menschen, die von einer so genannten Wernicke-Aphasie betroffen sind, merken oft selbst nichts von ihrer Sprachstörung. Sie können ohne große Mühe und flüssig sprechen, aber ihre Sprache enthält sehr viele Verdrehungen und Wortverwechslungen. Außerdem benutzen sie oft unbekannte, neue Wörter. Auf diese Weise kann die Sprache bis zur Sinnlosigkeit verändert werden und eine Verständigung fast unmöglich machen.

Vor allem die Sprachstörungen unter den vielfältigen Symptomen der Temporallappenepilepsie verleiteten den Neurologen Lucien de Luca zu einer klinischen Studie über Nostradamus.[111] Seine kenntnisreiche Arbeit steht dabei an undurchdringlichen Argumentationen dem Werk des Renaissance-Propheten in keiner Weise nach. Für de Luca jedenfalls gibt es keinen Zweifel, dass Nostradamus als Epileptiker diagnostiziert werden muss; es bleibe allein festzustellen, unter welcher Art der Krankheit er gelitten habe. Der Diskurs von Nostradamus weise auffällig häufig linguistische Abweichungen auf: obskure Phrasen, hinkende Neologismen, syntaktische Fehler und vor allem Paraphasien. Die Paraphasie gehört zu den Symptomen der Aphasien und bezeichnet bestimmte neurologische Störungen symbolischer Funktionen, welche den Ausdruck und das Verstehen der Sprache beeinträchtigen. Bei einer Paraphasie werden häufig nicht passende oder veränderte Wörter verwendet sowie phonetische Ersetzungen vorgenommen. Aphasische neurologische Störungen, vor allem in Zusammenhang mit der Hypergraphie, stehen mit unwillkürlichen, unpassenden rhetorischen Figuren in Zusammenhang, die bisweilen von der Person unbemerkt in ihre Schriften einfließen.

De Luca betrachtet die Sprachstörungen in Zusammenhang mit dem bei Temporallappenepilepsien beobachteten Syndrom, bei dem es zu verstärkter Beschäftigung mit esoterischen, theologischen, kosmischen und philosophischen Themen kommt. Zu diesem Krankheitsbild gehören auch Symptome wie zähflüssiges Sprechen und Denken, Geschwätzigkeit, moralisierende Tendenzen, die Hypergraphie und das Praktizieren bizarrer sexueller Praktiken.[112] Bei Nostradamus will er viele dieser Symptome ausgemacht haben, auch eine vererbte Sprachstörung vom Typus einer Sprachausdrucksstörung (Dysphasie). Die unnötigen Wiederholungen, die sich beim Propheten von Salon zeigen, seien charakteristisch für einen Zustand zähflüssigen Denkens. Als Beispiel führt de Luca an, dass Nostradamus im *Brief an Heinrich II.* mindestens zwei Mal in seiner Beschreibung der biblischen Chronologie das Gleiche wiederholt. Die Wiederholungen folgen nicht aufeinander, sondern der Autor kehrt nach dem Umweg über ein anderes Thema auf das erste zurück. Die mentale Zähflüssigkeit erscheint ihm als ein bestimmendes Persönlichkeitsmerkmal, das allerdings durch die

Vielfalt des Inhaltes und der kryptischen Ausdrucksweisen überlagert wird. Er spricht von der Hypergraphie als Ausdruck des zähflüssigen Denkens durch die ununterbrochene Abfassung vieler stereotyper Ausdrücke, die vielfach dutzendweise identisch reproduziert werden, «wie das gleichmäßige Schlagen eines Metronoms», sowie durch das Auftreten von übertriebenen oder redundanten Präzisierungen und übereinander geschichteten Ausdrücken, die der Domäne der Philosophie, Esoterik und der Religion angehören. Diese überschießende, ungehemmte Sprachproduktion (Logorrhö) werde in den Almanachen deutlicher als in den Zenturien, wo die redundanten Synonyme besser verschleiert sind. Aber sie sei im Vergleich mit anderen Autoren, die unter einer ähnlichen Erkrankung leiden, quantitativ nicht übermäßig ausgebildet angesichts seiner bescheidenen veröffentlichten literarischen Produktion, die sich auf die letzten 20 Jahre seines Lebens beschränke.

Wie ist die Untersuchung des Neurologen zu bewerten? Es gibt durchaus viele Passagen bei Nostradamus, in denen man paraphasische Störungen vermuten könnte. Schon sein Kritiker Videl hält ihm vor, die Bedeutung von bestimmten Worten nicht zu kennen, weil sie Nostradamus in falschem Kontext verwendet, oder merkwürdige und unverständliche Neologismen zu verwenden. Die seltsamen Wendungen gehen zum Teil auch, wie wir gesehen haben, auf die unglückliche Synthese seiner Quellen zurück, wie beispielsweise auf die verkürzte und nicht ganz korrekte Wiedergabe der Abschnitte aus Savonarolas *Compendium* im *Brief an César*. Die ermüdenden Wiederholungen gehören zum Stil der Almanachschreiber. Es genügt, einige Almanache anderer Autoren der Zeit aufzuschlagen, um den gleichen Duktus wieder zu finden. Das Arsenal an Neologismen, Pleonasmen, Hyperbeln, absonderlichen Metaphern und anderen stilistischen Figuren, auf die ich noch zurückkommen werde, ist indes typisch für eine Art der manieristischen, inspirierten okkulten Literatur. Sie beschränkt sich keineswegs auf Nostradamus; es handelt sich vielmehr um den Versuch, zu einer dem Gegenstand angemessenen Ausdrucksweise zu gelangen. Das Okkulte und Geheimnisvolle verlangt nach einer unerhörten, vieldeutigen und mysteriösen Diktion, und diese wurde und wird von vielen Autoren in unterschiedlicher Art gepflegt, ohne dass man ihnen das Etikett einer neurologischen Störung anheften müsste. Sie ist gewollt, wird kultiviert und perfektioniert.

Das stärkste Argument, das gegen eine neurologische Störung dieser Art spricht, ist der Umstand, dass Nostradamus auch ganz klar und leicht verständlich schreiben konnte, wenn er das wollte. Die Vergleiche seiner Arbeiten zeigen ein eindeutiges Bild. Das *Excellent & moult utile opuscule*, zur selben Zeit verfasst wie die ersten Almanache, ist von einer klaren Sprache, in sich schlüssig und logisch. Es gibt darin nichts, was auf Sprachstörungen oder Sprachausdrucksstörungen schließen ließe. Auch Symptome der Hypergraphie und des zähflüssigen Denkens lassen sich nicht erkennen.

Die früher verfasste Übersetzung der *Hieroglyphika des Horapollon* zeigt zwar die Neigung zu okkult-poetischer Fabulierlust, aber der Inhalt ist problemlos verständlich. Zwar treffen wir auch hier auf manch merkwürdige Satzstellung, aber die ist auf die Defizite von Nostradamus als Dichter zurückzuführen, der sich mit einer Übersetzung in Versform eine Arbeit zugemutet hat, auf deren Höhe er sich nicht ganz befand.

Man könnte vermuten, dass sich eine neurologische Störung erst im Lauf seines Lebens ausgebildet hat, zumal die Almanache und die *Prophéties* relativ spät im Leben des Propheten verfasst wurden. Auch diese These muss zurückgewiesen werden: Seine Briefe, die von 1556 bis wenige Monate vor seinem Tod erhalten sind, zeigen fast ausschließlich das klare Denken eines gebildeten Humanisten, der seine Informationen unmissverständlich vermitteln kann und die Umstände der Zeit lebhaft zu schildern weiß; sie zeigen ihn auch als geschickten Literaten. Sogar das kurz vor seinem Tod abgefasste Testament ist nahezu penetrant in seiner pedantischen Klarheit. Wenn es erforderlich war, schrieb Nostradamus klar und ohne die geringsten Hinweise auf neurologische Störungen. Es ist eindeutig, dass der Seher von Salon allein für sein prophetisches Œuvre auf einen besonderen Stil zurückgriff und in seiner privaten Korrespondenz nur dort, wo er diesen Aspekt seines Schaffens in den Vordergrund rücken wollte, wie im Brief an François Bérard. Seine literarische Kultur war polyglott. Er konnte beispielsweise auf Lateinisch denken und sich auf Französisch und bisweilen Okzitanisch ausdrücken – ein Kunstgriff im prophetischen Diskurs. Anhand der Almanache kann man sehr gut die Entwicklung dieses orakulären Stils verfolgen: Die ersten Almanache von 1550, 1552 und 1553 sind von einer ermüdenden Plattheit, ganz in der Art der damals üblichen Prognostica. Im Almanach für 1554 spüren wir zum ersten Mal etwas vom Geist und Witz des Verschleierers, wie er immer verwegener Gestalten unterschiedlicher Epochen verknüpft und sein Raunen über das künftige Schicksal der Menschheit zusehends verdunkelt. In der *Prognostication nouvelle* für 1555 hat Nostradamus mit dem Einfügen der Monats-Quatrains seinen Stil gefunden. Er wird ihn bis an sein Lebensende perfektionieren und, was die kunstvolle Konstruktion von Labyrinthen betrifft, in den *Prophéties* zur Meisterschaft bringen.

Die zwei unterschiedlichen Chronologien im *Brief an Heinrich II.*, die de Luca als ein Beispiel zähflüssigen Denkens eingeführt hat, sind in Wahrheit dadurch zustande gekommen, dass der Brief zu zwei verschiedenen Zeitpunkten verfasst wurde, die über ein Jahr auseinander lagen, wie wir gesehen haben. Während viele Fehler typographischer Natur sind und erst in den Setzstuben produziert wurden, wo die Buchdrucker ihre liebe Mühe mit den undurchsichtigen Formulierungen des Propheten hatten, deutet die Vermischung der Tempora oder der Singular- und Pluralformen eher auf eine erregte und hastige Schreibweise hin.

Um seine These von einer ererbten Sprachstörung bei Nostradamus zu unterstreichen, zieht de Luca einen Passus aus dem *Traktat über die Epilepsie* von 1602 des Arztes Jean Taxil aus Arles heran.[113] Dieser erwähnt darin unter den Epileptikern einige bedeutende und gelehrte Männer seiner Zeit, darunter einen «sehr bekannten Mann in der Provence», der ob seiner Gelehrsamkeit viel Bewunderung auf sich zog: «Obwohl er von Geburt an ohne Gehör war, was das eigentliche Organ der Erkenntnis ist, hat er jedenfalls seine Seele ohne dieses an die mathematischen Wissenschaften gewöhnt. Er verstand die Bedeutung der Sprache sehr gut, las und gab seine Antworten schriftlich.» Wenn Aristoteles und alle seine Naturalisten noch leben würden, schließt Taxil an, würden sie große Schwierigkeiten haben zu verstehen, wie jemand ohne Gehör und ohne Stimme all das gelernt hat, was er weiß. Zumal Taxil in einem vorangehenden Kapitel seines Traktats eine Eloge über Nostradamus und seine Weissagungen bietet und den bedeutenden Astrologen als «Fürst der Mathematiker» tituliert, schließt de Luca daraus, dass sich der Bericht über den bekannten gelehrten Mann aus der Provence auf Nostradamus beziehen müsse, der demnach als Epileptiker und «ein wenig taubstumm in seiner Jugend» gegolten haben muss. Jean Taxil schreibt aber keineswegs, dass der betreffende Mann nur ein wenig taubstumm in seiner Jugend war, sondern vielmehr, dass er überhaupt taubstumm war und seine Antworten schriftlich formulierte. Das können wir von Nostradamus mit Sicherheit ausschließen, nicht zuletzt weil aus seiner Korrespondenz und von Zeitzeugen häufig Gespräche mit ihm berichtet werden. Zum anderen macht es wenig Sinn, wollte Taxil über Nostradamus schreiben, ihn nur anonym als einen sehr bekannten Mann in der Provence einzuführen, der sich trotz seiner Taubheit großes Wissen in der Astrologie angeeignet habe, nachdem er ihn zuvor namentlich mit Lob überschüttet hatte.

Trotz vieler interessanter Parallelen lässt sich Nostradamus nicht als ein Fall von Temporallappenepilepsie diagnostizieren. Die Ähnlichkeiten bestehen aber nicht umsonst; sie gehören wahrscheinlich zu seinen anomalen Erfahrungen transpersonaler und paranormaler Art. Der berühmte Neurologe John Hughlings Jackson (1835–1911) beobachtete schon im späten 19. Jahrhundert epileptische Anfälle, die ihren Ursprung im Temporallappen hatten. Dabei stellte er auch mentale Zustände fest, in denen sich Träume mit aktuellen Gedanken vermischen, dazu eine Art Doppelbewusstsein und das Gefühl, sich anderswo zu befinden. Interessant sind neuere Studien, die mystische und paranormale Erfahrungen in die Nähe von partiellen Anfällen mit komplexer Symptomatologie rücken. Ende der 1960er Jahre führte der Neurologe Gordon Nelson EEG-Aufzeichnungen von spiritistischen Medien durch und bemerkte spezifische Störungen in den Schläfenlappen. Dem südafrikanischen Psychiater Vernon Neppe fiel auf, dass die Berichterstatter von paranormalen Phänomenen auch andere ungewöhnliche Erfahrungen beschrieben, die denen bei Temporallappenepilepsie auffallend ähnlich sind.[114] Zahlreiche Patienten Neppes mit subjektiven paranormalen Erlebnissen berichteten sowohl über Déjà-vu-Erlebnisse als auch über Geruchshalluzinationen. Jedenfalls handelte es sich hauptsächlich um angenehme Gerüche, während bei der Temporallappenepilepsie normalerweise unangenehme, faule und verbrannte Gerüche halluziniert werden. Der schottische Psychiater James McHarg beschrieb Erscheinungen einer Patientin, die alle Charakteristika eines paranormalen Phänomens hatten, jedoch durch einen im Temporallappen ausgelösten epileptischen Anfall auftraten.[115] Die Patientin war im neuen Haus eines Freundes zu Besuch. Sie bemerkte die Symptome, die gewöhnlich einem Anfall vorangehen: einen «milchigen» Geruch und das Gefühl, die Umgebung würde unwirklich werden. In solchen Zuständen erlebte die Frau zumeist visuelle Halluzinationen. In diesem Fall sah sie eine Frau mit braunem Haar vor einem Herd stehen. Die Erscheinung blickte erstaunt auf die Patientin und verschwand. Wie sich herausstellte, stand an jener Stelle tatsächlich früher ein Herd, was die Patientin nicht wusste. Eine der beiden Schwestern, die zuvor das Haus bewohnt hatten, wurde von ihr später als die Frau aus ihrer Erscheinung identifiziert.

In Zusammenhang mit Aussagen von Nostradamus sind diese Fälle von großem Interesse. Wie wir gehört haben, verbindet Nostradamus die prophetische Inspiration, die manchmal während seiner nächtlichen Studien über ihn kommt, mit der merkwürdigen Aussage über einen «angenehmen Geruch». Ist es nur der angenehme Geruch der Kerze auf seinem Schreibpult, wie Brind'Amour vermutet,[116] oder handelt es sich vielmehr um ein klinisches Symptom? Während halluzinierte unangenehme Gerüche mit epileptischen Anfällen in Zusammenhang stehen, werden Halluzinationen von neutralen oder angenehmen Gerüchen bei Fällen von paranormalen Erfahrungen von Epilepsie-Patienten oder bei epileptoiden Erlebnissen beobachtet.

Der Zusammenhang von epileptischen Störungen mit paranormalen Erlebnissen ist noch weitgehend ungeklärt. Neuere Untersuchungen weisen allerdings darauf hin, dass die Schläfenlappen für die Verarbeitung von paranormalen Informationen wie Telepathie, Hellsehen und Präkognition eine zentrale Rolle spielen. Diese Informationen gelangen offenbar auf demselben Weg wie gewöhnliche Sinnesinformation in die Schläfenlappen. Dort werden sie gefiltert und nur in besonderen Fällen an die höheren, kognitiven Regionen des Gehirns weitergegeben. Elektrische Entladungen in den Schläfenlappen könnten die dort stattfindende Zensur aufheben, sodass verstärkt paranormale Informationen ins Bewusstsein gelangen.[117] Die paranormalen Erfahrungen von Personen, die solche häufig erleben, ähneln den Erfahrungen von Epileptikern. Der Umstand, dass wir bei Nostradamus auf Epilepsie-ähnliche Erlebnisse stoßen, ist ein Indiz dafür, dass er wahrscheinlich tatsächlich öfter außergewöhnliche Wahrnehmungen hatte, die er als prophetische Einsichten auffasste. Die in veränderten Bewusstseinszuständen dieser Art öfter auftretenden paranormalen Erfahrungen werden seine Überzeugung, über prophetische Fähigkeiten zu verfügen, zementiert haben. Aus den außergewöhnlichen Eingebungen, die während der Nachtwachen über ihn kamen, leitete er generell seine charakteristische Art einer «orakulären Sprechweise» ab.

Chavigny schildert eine aufschlussreiche Beobachtung an seinem Meister:

Es scheint mir, dass er diese Dunkelheit des Stils von der Natur selber bekommen hat und dass er sie nicht der Kunst wegen gesucht hat. Denn selbst ohne göttliche Eingebung habe ich bei ihm vieles gesehen, das einen Schwimmer von Delos, wie das Sprichwort sagt, benötigt hätte, und seine Erörterungen erinnerten an einen rohen und improvisierten Zustand.[118]

«Der Schwimmer von Delos» im Sinne eines Experten für ein äußerst diffiziles Gebiet ist ein von Erasmus besprochenes Sprichwort. Es geht auf die Anekdote zurück, wonach Euripides den Sokrates bat, ein Werk Heraklits zu lesen, dessen Name wegen seines hieratisch undurchdringlichen Stils «der Dunkle» bedeutet. Die Teile, die er verstanden habe, seien ausgezeichnet, versicherte Sokrates, aber man müsste so gut sein wie der Schwimmer von Delos, um nicht vom Rest ertränkt zu werden. Der Vergleich Chavignys ist sehr passend für die Ausdrucksweise von Nostradamus. Anscheinend bezieht er sich auch auf Gespräche mit seinem Meister, der, sobald er mit einem prophetischen Diskurs begann, in seine labyrinthische, undurchdringliche Ausdrucksweise verfiel.

Die intensive Beschäftigung mit bevorstehendem Unheil, verbunden mit der Überzeugung, eine ererbte Fähigkeit der Vorausschau zu besitzen, zusammen mit einer Anlage für epileptoide Zustände und der Erzeugung von Halluzinationen durch künstlich hervorgerufene veränderte Bewusstseinszustände mit dem Hören von Stimmen und automatischem Schreiben, das alles führt Nostradamus am schmalen Grat zwischen dem Normalen und dem Pathologischen entlang, dort, wo das Feuer der Kreativität entfacht wird, wo nichtalltägliche, transpersonale und paranormale Erfahrungen gemacht werden. So gelangt er zu einer Poesie, die ohne geistiges Zutun zu entstehen scheint. Ohne bewusste Steuerung produziert der Dichter Texte, als deren Urheber er sich nicht versteht, denn sie scheinen ihm von außen zuzufallen. Aus den Erlebnissen in solchen Zuständen entwickelt er eine Sprache für das Unsagbare. Ganz richtig bemerkt Chavigny darum, dass Nostradamus von einer «vollkommen neuartigen Raserei»[119] ergriffen gewesen sei, und diese Raserei fand in den labyrinthischen Abgründen manieristischer Sprachspiele ihren Ausdruck.

Die Poesie des Schicksals

Man schreibt nicht die Bücher, die man schreiben will.

Tagebuch der Brüder Goncourt

INS LABYRINTH DER WÖRTER   In seinem *Orus Apollo* hat Nostradamus zum ersten Mal eine poetische hermetische Symbolsprache erprobt, die ihm als Grundlage für die Quatrains in den Almanachen und den *Prophéties* diente. Aus vielen Gründen ist seine Übersetzung der *Hieroglyphika des Horapollon* entscheidend für das Verständnis der späteren prophetischen Texte. Vordergründig ist es das in obskure Bilder getauchte Netzwerk symbolischer Formen, von denen uns einzelne Elemente in den *Prophéties* wieder begegnen. Zentraler sind aber zwei formale Gesichtspunkte, die für die Abfassung der *Prophéties* Pate gestanden haben. Beim *Horapollon* handelt es sich um eine Übersetzung aus einer lateinischen Vorlage. Nostradamus lehnt sich in seiner französischen Wiedergabe an die lateinische Satzstellung an und gelangt so zu einer eigentümlichen Ausdrucksweise, die den Charakter des Geheimnisvollen und Zweideutigen erhöht. Vielleicht war diese gewollt, ein literarischer Kunstgriff, der sich im Lauf seiner Beschäftigung mit dem Text ergab und für den Autor befriedigende Resultate brachte. Vielleicht war es das Ergebnis einer gewissen Unsicherheit im Umgang mit seiner Textvorlage, ein Unvermögen sogar, ein angemessenes Resultat zu erzielen. Aber der ganze Duktus des Werkes strahlt Selbstbewusstsein und nicht Unbeholfenheit aus, sodass ich eher zu der Ansicht neige, hier war ein Experimentator am Werk, der Freude daran hatte, die Möglichkeiten der literarischen Umsetzung des Mysteriösen auszuloten. Jahre später knüpfte Nostradamus an diese Vorgehensweise für seine *Prophéties* an. Mit dem Ergebnis seiner ersten Almanache in Prosa war er nicht zufrieden, und er begann sie mit Vierzeilern zu garnieren, so wie er die Prosavorlage des *Horapollon* in Verse übersetzt hatte. Erst auf diese Weise ließ sich die rechte numinose Stimmung einfangen, die seine prophetischen Texte ausstrahlen sollten. Seine berühmten *Prophéties*, das Buch der Welträtsel, fasste er vollständig in Verse.

Fast hat es den Anschein, als wäre die Übersetzung der *Hieroglyphika* sein Übungsfeld für den Umgang mit Bildern und Symbolen gewesen. Vor allem war es die Übung, ein visuelles Panorama in Verse zu gießen, die einem geheimnisvollen Gegenstand angemessen sind, indem sie selber rätselhaft, vieldeutig und undurchdringlich sind. Ein kreativer Geist ist übervoll von Bildern, ein visionärer ohnehin. Auch die innere Bilderwelt muss der Visionär übersetzen, will er sie denn in Worte kleiden, um den ihr eigenen Ausdruck zu finden. Es lag nahe, dass Nostradamus jene Form wieder aufnahm, die er erfolgreich am *Horapollon* erprobt und für gut befunden hatte.

Im hermetischen Kosmos der Renaissance standen geheimnisvolle, schwer durchdringliche Werke hoch im Kurs. Sie gehören zum Teil zu den außerordentlichen Zeugnissen des literarischen Manierismus, jener Stilform, die sich durch eine absonderliche und gekünstelte Behandlung der Sprache auszeichnete. Die *Hieroglyphika des Horapollon* und der emblematische Roman über Traumbilder *Hypnerotomachia Poliphili* von Francesco Colonna (1499) waren gleichsam Musterbücher des Manierismus. Schon aus der Wahl des jungen Michel de Nostredame, eine Versübersetzung des Horapollon in Angriff zu nehmen, zeigt sich, wie sehr er sich als Teil jener intellektuellen Strömung verstand, die ihren literarischen Ausdruck im Manierismus fand. Natürlich war die gekünstelte Sprache als Transportmittel der großen Geheimnisse des Seins das Mittel der Wahl, speziell für die okkulte Thematik. Auf der Suche nach dem allumfassenden Ausdrucksmittel, in dem sich die Ganzheit des Seins abbilden ließ, ordnete der Alchemist Michael Maier (1569–1622) seiner Schrift *Atalanta Fugiens* (1617), einer Abfolge von kunstvoll verrätselten Emblemen, sogar kleine musikalische Kompositionen zu. Man ist versucht zu urteilen: das erste multimediale Werk der Weltgeschichte. Maiers ehrgeiziger Versuch vermittelt zugleich eine Ahnung vom Scheitern des Projekts, der Komplexität der Welt durch

Sprache gerecht werden zu können. Das Bewusstsein der Renaissance für die Hermetik war auf der Suche nach der Verdichtung in einfachen Symbolen. Daraus erklärt sich ihre Faszination an der Hieroglyphik: Sie schafft es, eine Fülle von Information in der Vereinfachung, der Abkürzung, unterzubringen. John Dee ging 1564 so weit, in einem einzigen geometrischen Symbol nicht nur die Ganzheit des Geschaffenen, sondern die Ganzheit der Gottheit fassen zu wollen. Dieses von Dee als *Monas hieroglyphica* bezeichnete geometrische Zeichen ist nach den Prinzipien der kabbalistischen Wortkombinationen zusammengesetzt und beinhaltet eine hermetische, mathematische und kabbalistische Deutungsebene.

Der Manierismus in der Malerei der ausgehenden Renaissance mündete im panoptischen Raum, in dem im räumlichen Nebeneinander auch das zeitliche Nacheinander veranschaulicht wurde, und die Literatur suchte in manieristischen Wortlabyrinthen danach, das räumlich und zeitlich Getrennte in einem Satz, einem Vers, einem Wort zu komprimieren. In den prophetischen Schriften von Nostradamus überlagern sich die Zeiten und Bedeutungsebenen. Das verdichtete Bild wird zu einem simultanen, einem Kern zustrebenden Integrationsmuster philosophischen, historischen, theologischen und gesellschaftlich relevanten Wissens. Die nach demselben ästhetischen Muster konstruierte bildhafte Sprache der *Prophéties* erfüllt die gleiche Funktion wie das hermetische Emblem auf der Ebene der Geschichte: Sie wird zur künstlerisch angemessenen Synthese der *Conditio humana*, indem sie die Geschichtsschreibung transzendiert und zu einer synchronen Gesamtschau des Welttheaters mutiert. Man muss sie als eine Abfolge von einander überlagernden Bildern lesen, als literarische Embleme, Wort-Hieroglyphen, Buchstaben-Allegorien, die wenige zentrale Themen variieren und so aus ihnen die Fülle der tragischen Verwicklungen menschlichen Schicksals entwickeln. Durch diese Art der Schrift-Bilder leistet Nostradamus eine in die Zukunft projizierte Erinnerungsarbeit über die bedeutenden Krisen und Wandlungsmomente der Menschheit. Wir stehen vor einer umfassenden Mnemotechnik für das kollektive Verhängnis auf hoher kultureller Stufe.

AUF DER SUCHE NACH DEM AUSDRUCK FÜR DAS UNSAGBARE «Manierismus ist stets ein Ergebnis starker polarer Spannungen zum Numinosen, zur Gesellschaft, zum eigenen Ich.»[120] Inflationen manieristischer Stilfiguren gab es in allen Zeitaltern, aber vor allem in Zeiten von Krisen, von Gefahren und dramatischen Umbrüchen. Es sind die großen existenziellen Ängste, die sich in einem Überfluss an Metaphern niederschlagen. Nostradamus suchte nach Worten für das Unsagbare; er fand sie in einer mit manieristischen Sprachspielen und Stilfiguren durchwirkten Poesie. Dunkle Werke haben viele geschaffen, auch prophetische. Aber wenige reizen so sehr, einen verborgenen Sinn hinter dem Geschriebenen erkunden zu wollen, wie das des Sehers von Salon. Die sonderbare und originelle Poesie seiner Vierzeiler in ihrer krummen Undurchschaubarkeit wirkt abstoßend auf die einen, anziehend auf jene, die darin den Atem des Prophetischen zu erkennen meinen. Sie übt jedoch auch eine besondere Faszination aus, wenn man davon Abstand nimmt, sie als Weissagungen in lyrischem Gewand zu betrachten, und sie stattdessen als die besondere Form einer literarischen Gattung ansieht: als orakuläre Poesie. Die Musik des Schicksals klingt durch sie hindurch in düsteren Dithyramben; der Schimmer des Unvermeidlichen leuchtet als dunkles Licht bedrückend und verführerisch durch die Verszeilen.

Dabei ist die Poesie von Michel Nostradamus weder im herkömmlichen Sinn schön noch prosodisch korrekt. Nostradamus war kein Dichter, der in der Kunst der Poetik über die rechte Ausbildung und das passende Talent verfügte. Dennoch konnte er nicht anders, als zu dichten. Seine Einfälle brachen gleichsam als Wortstrom in sein Bewusstsein ein. Er legte sie nieder in seinem raschen unleserlichen Gekritzel, wie sie vor seinen Geist traten, ließ sich leiten vom Klang der Worte, vom Spiel mit Buchstaben und Satzstellungen, von Alliterationen und Endreimen, veränderte, zerstückelte und verbog die Sprache, um die widerspenstigen Begriffe dem Korsett des Versmaßes anzupassen und um dem Unaussprechbaren eine Stimme zu verleihen. Die rechte Wortschöpfung sollte nicht weniger leisten, als Assoziationen hervorzurufen und sie zugleich zu verbergen.

Für einen Kritiker wie Jean de la Daguenière bedeutete diese Schreibweise freilich nichts weiter als lästiges schriftstellerisches Unvermögen: Nostradamus sei ein Poet, dem kein Lorbeerkranz, sondern eine Distelhaube gebühre.[121] Geht man allein vom handwerklichen Geschick seiner Dichtung aus, dann ist die Kritik durchaus berechtigt. Mit Metrik und Eleganz des Ausdrucks nahm es Nostradamus nicht immer ernst. Chavigny, der eine perfekte Ausbildung in der Dichtkunst genossen hatte, war dieser anarchische Umgang bereits aufgefallen, und er versucht immer wieder, in seinen Augen besonders misslungene Verse des Meisters zu verbessern oder zumindest zu rechtfertigen, warum Nostradamus sich gewisse Freiheiten genommen hatte. Nostradamus war ein Poet, der durchaus mit dem Geschmack der Zeit ging. Als gegen Ende seines Lebens die alexandrinischen Verse in Mode kamen, versuchte sich Nostradamus an diesem neuen Versmaß – mit mäßigem Erfolg.

Wenn man die Verse von Nostradamus liest, spürt man seine Ungeduld, aber auch den Spaß, den er beim Dichten empfunden haben muss, trotz der finsteren Zukunftsaussichten, die er vermitteln will. Nostradamus macht keinen Hehl daraus, kein «guter» Dichter im Sinne eines handwerklich exzellenten Poeten zu sein. Er kennt seine Grenzen und Unzulänglichkeiten. Doch sein Manko wird zu seinem Vorteil: Er ist ein «rasender Dichter», wenn man so will, kein feinsinniger Poet, der lange über einer Formulierung grübelt und seine Werke überarbeitet, an ihnen feilt, bis sie Form, Klang und Aussagekraft haben, die ihm vorschweben. Dieser tritt an die Dichtkunst heran wie der Bildhauer, der den rohen Marmorblock grob zuschlägt, bis er die Umrisse der Gestalt erahnen lässt, die er in mühevoller Arbeit zurechtschlagen und ausfeilen wird. Nostradamus hingegen kümmert sich um die Feinarbeit nicht mehr, geht über zum nächsten Block. Der grobe Zuschnitt allein lässt Raum für die Ahnung, erlaubt es dem Geist des Betrachters, in immer neuen Dialog mit den verborgenen Möglichkeiten des Werkes zu treten. Der «rohe und improvisierte Zustand» seiner Schöpfungen, von dem Chavigny sprach, soll das Unfertige bewahren, damit sie das erahnen lassen, was gemeint ist, ohne es auszuarbeiten und ihm damit die Vielfalt der Bedeutungen zu nehmen. Sie wirken in ihrer spröden Sperrigkeit, ihrer Rätselhaftigkeit, ihrer Undurchdringlichkeit kraftvoll, originell und unverbrüchlich. Sie strahlen eine eigentümliche Macht aus, die man nicht in Frage stellen kann, weil sie die Aura des Unabänderlichen transportieren: Das Schicksal hat sie gezimmert und ungeschliffen vor die Augen der Sterblichen hingestellt.

Der Stil seiner Versprophezeiungen wird geprägt von der Fülle an Bezügen, den weiten Bögen, die zu spannen Nostradamus bestrebt ist, und von der Dringlichkeit seiner Nachricht. Er will der Überfülle seiner Eindrücke Herr werden, sie zusammenraffen und in möglichst gedrängter Sprache präsentieren. Wenn Dichte der Sprache gefragt ist, so ist die Dichtkunst das Mittel der Wahl. Da ein Vierzeiler gleichsam die Einheit für eine komplexe Weissagung darstellt, ist unser Autor immer aufs Neue versucht, das ganze Drama der Welt in vier Verse zu stopfen. Die reichen ihm selten aus; deshalb wählt er für die größtmögliche Dichte der Information häufig das Aneinanderreihen von Wörtern. Diesen Stil finden wir in seiner reinsten Ausprägung oft in den Monats-Quatrains der Almanache und Prognostica. Zwei Beispiele seien angeführt:

Quatrain für Juli 1558:
Gresle, tonnerre, maints champs depopulez,
Frayeur & bruit, assault à la frontiere.

Grand grand failli, pardon aux Exilez,
Germains, Hispans, par mer Barba. banniere.

Hagel, Donner, viele Gegenden entvölkert,
Angst und Getöse, ein Angriff an der Grenze.
Ein bedeutender [Mann] wird sterben. Den Verbannten wird vergeben,
Deutsche, Spanier, auf dem Meer das Banner der Barbaren.

Nostradamus verpackt eine ganze Reihe von Ereignissen in diesen Zeilen,
von schrecklichen Unwettern und entvölkerten Landstrichen berichtet er
ebenso wie von kriegerischen Handlungen, die Angst und Schrecken nach
sich ziehen, sowie von Angriffen an einer Landesgrenze. Er sagt den Tod eines mächtigen Mannes voraus und die Begnadigung von Verbannten. Vielleicht hängt die Erwähnung der Deutschen und Spanier mit den Angriffen
an den Grenzen zusammen. Auf dem Meer jedenfalls geht die Bedrohung
von den Völkern islamischen Glaubens aus.

Der rohe Block voller Geschichten, den Nostradamus vor uns hinstellt,
lässt genug Spielraum für die eigene Fantasie, und wenn sie nicht ausreicht,
dann sind inspirierte Interpreten nie darum verlegen, selber noch einen
kleinen Schlag mit dem Meißel anzusetzen. Chavigny beispielsweise ändert
das erste Wort «gresle» (Hagel) zu «guerre» (Krieg), um so den Sieg der
Franzosen bei Thionville am 22. Juni 1558 und die Kämpfe in der Gegend
von Luxemburg mit der Niederlage des Marschalls de Termes bei Gravelingen im Juli 1588 («an der Grenze») mit den Versen in Einklang bringen zu
können.[122]

Quatrain für Dezember 1557:
Tutelle à Veste, guerre meurt, translatée,
Combat naval, honneur, mort, prelature.
Entrée, decès. France fort augmentée,
Esleu passé, venu à la male heure.

Unter der Obhut der Vesta, Krieg, Mordtat, überführt,
Seegefecht, Ehre, Tod, Prälatur.
Einzug, Ableben. Frankreich stark vermehrt,
der Erwählte zog vorbei, zur falschen Zeit gekommen.

Wieder erzählt Nostradamus hier viele einzelne Geschichten. Der Dezember war der Göttin Vesta geweiht; die Vestalinnen stehen sprichwörtlich für
die Fürsorge, denn sie hüteten in ihren Tempeln das heilige Feuer, das nie-

mals ausgehen durfte. Im Dezember wird es Krieg geben und eine Veränderung eines Reiches. Es wird ein Seegefecht stattfinden, bei dem der Sieger mit Ehren überhäuft wird. Eine bedeutende Person wird sterben, vielleicht jemand, der dem Klerus angehört. Ein Sieger oder Herrscher hält in einer Stadt seinen Einzug, aber auch er stirbt offensichtlich. Frankreich wird als Sieger dastehen. Ein Erwählter kommt vorbei, aber zur Unzeit.

Der Ausdruck, den Nostradamus dafür verwendet, ist bezeichnend: «male heure» meint, dass jemand zur schlechten, falschen Stunde gekommen ist, womit natürlich ein Unglück («malheur») einhergeht.

Hier wird im Telegrammstil berichtet. Ein Wort steht für eine Begebenheit; Nostradamus bedient sich manchmal sogar Abkürzungen, damit es für das Versmaß reicht. Durch diese Komposition erreicht er eine rasche Bildfolge, wie in einem Werbespot oder einem Musikvideo: schnelle Schnitte, unerwartete Szenenfolgen, Überlagerung von Bildern.

Die Techniken, die Nostradamus in seinem lyrischen Werk anwendet, müssen vom hermetischen Manierismus seiner Zeit aus betrachtet werden. Sein Stil lässt sich nicht, wie David Shepheard versucht,[123] einfach auf die Literatur eines «Eingeweihten» reduzieren, der seinen Text geheimnisvoll und mit unendlichen Möglichkeiten zu Assoziationen ausstattet, um als solcher zu erscheinen. Ich glaube nicht, dass der Stil von Nostradamus sich auf dieses vordergründige Motiv beschränken lässt. Dazu ist er zu sehr von künstlerischem Sprachwitz geleitet und von den intellektuellen Spielweisen der Humanisten durchwirkt. Die Zukunft, die Nostradamus zu seinem Gegenstandsbereich macht, ist *eo ipso* ein Feld der Möglichkeiten. Bei aller zur Schau gestellten Sicherheit konnte und musste er, wollte er glaubwürdig bleiben, das Unfertige, Unvollständige, das vielfach Auslegbare präsentieren. Er hat sich dabei meiner Ansicht nach nicht bewusst auf die Suche nach adäquaten Stilmitteln begeben, um das Vielschichtige und Vieldeutige auszudrücken. Sein Stil entwickelte sich allmählich, in dem Maße, in dem er selber zunehmend staunend vor den fremdartigen Merkwürdigkeiten seiner sprachlichen Schöpfungen stand.

MANIERISTISCHE SPRACHSCHÖPFUNGEN Zunächst schafft es Nostradamus, einen befremdlichen, auch merkwürdig verkürzten Sprachfluss zu generieren, indem er seine französischen Verse dem lateinischen Satzbau anlehnt.[124] Vor allem durch die Verwendung des Ablativus absolutus, einer syntaktischen Konstruktion mit Satzwert, gelingt es ihm auf engstem Raum, dicht gedrängte Informationen wiederzugeben. Die dem Lateinischen angelehnte Syntax erzeugt weitere Stilfiguren wie das **Hyperbaton**, wodurch die Wörter aus der üblichen syntaktischen Folge versetzt werden, und es kommt zur Vertauschung von Satzteilen und Veränderung ihrer Beziehungen zueinander (*Hypallage*). Durch das berechnende Zerbrechen geläufiger Wortketten, bei der das grammatisch Zusammengehörige durch eingeschaltete Wörter getrennt ist, ergibt sich oft zwangsläufig eine Zwei- oder Mehrdeutigkeit der logischen Aussage eines Satzes (*Amphibolie*). Damit vervielfältigen sich die Auslegungsmöglichkeiten. Der Vers «Persecutée sera de Dieu l'Eglise» (C 5.73.1) kann gelesen werden als «die Kirche Gottes wird verfolgt werden» oder «die Kirche wird durch Gott verfolgt werden». Der berühmte Vers «Le lyon jeune le vieux surmontera» (C 1.35.1) heißt entweder «der junge Löwe wird den alten überwinden» oder «der junge Löwe wird vom alten überwunden werden».

Hyperbaton, Hypallage und Amphibolie gehören zu typischen Stilelementen des Manierismus, ebenso wie *Antithesen* (Gegenbehauptungen) wie «der besiegte Sieger» (C 8.72.4 «Vainqueur vaincu») und *Metonymien* (Ersetzungen eines Wortes durch einen verwandten Begriff) wie «fer» (Eisen) für eine Schlacht. Wenn wir die einzelnen Stilfiguren betrachten, die Nostradamus anwendet, erkennt man rasch, dass er ein typischer Vertreter des Manierismus ist. Er lässt kaum eine Weise aus, um eine gekünstelte Sprache zu erzielen. Zunächst war Nostradamus kein Manierist aus künstlerischer Überzeugung. Er hat anfangs nicht bewusst nach einer verschrobenen, verdrehten, komplizierten Sprache gesucht, sondern begann sie unbewusst zu produzieren und zu entwickeln. Als er seinen eigentümlichen poetischen Sprachfluss gefunden hatte, der in vulkanischen Eruptionen aus ihm herausströmte, verleitete ihn dieser dazu, auch in wohl konstruierten Schriften eine absonderlichen Duktus zu benutzen. Nostradamus ist im besten Sinne Manierist, wie ihn Ernst Robert Curtius schildert: «Der Manierist will die Dinge nicht normal, sondern anormal sagen. Er bevorzugt das Künstliche und Verkünstelte vor dem Natürlichen. Er will überraschen, in Erstaunen setzen, blenden. Während es nur eine Weise gibt, die Dinge natürlich zu sagen, gibt es tausend Weisen der Unnatur.»[125]

Betrachten wir deshalb die manierierten Kunstgriffe von Nostradamus im Einzelnen:

Hyperbel (Übertreibung des Ausdrucks):

Die Hyperbel ist gleichsam ein Markenzeichen in seinen Schriften. Sowohl die Prosaweissagungen als auch die Versprophezeiungen strotzen nur so vor Hyperbeln, womit es ihm gelingt, die angekündigten Katastrophen mit dem äußersten Schrecken zu verbinden. Wenn es noch eines Beispiels bedarf: «Man wird nicht wissen, wo der Zufluchtsort sein wird: Es wird keine

Bedeckung geben als jene des Himmels.»[126] Gerne verwendet er ausgesuchte Übertreibungen, wenn es darum geht, die Sicherheit zu betonen, mit der seine Weissagungen eintreffen würden: «Das ist eine sichere und mehr als unfehlbare Prophezeiung.»[127]

Ellipse (ein Satz, in dem die zum Verständnis nicht nötigen Teile weggelassen sind):
Es liegt in der Natur der Dichtkunst, in aller Kürze viel zu vermitteln. Schon aus diesem Grund sind die *Prophéties* voller Ellipsen, allerdings auch solcher, in denen Elemente weggelassen sind, die durchaus für das eindeutige Verständnis nötig wären. Die häufigste Form, die Nostradamus anwendet, um möglichst viele Wörter in einem Vers unterbringen zu können, ist dabei das *Asyndeton*, die Aneinanderreihung von Sätzen oder Satzteilen ohne Bindewörter, wie im zweiten und vierten Vers des folgenden Vierzeilers:

Quatrain für März 1558:
Vaine rumeur dedans la hierarchie,
Rebeller Gennes: courses, insults, tumultes:
Au plus grand Roy sera la monarchie,
Election, conflit couverts, sepultes.

Paraphrase: In der Rangordnung wird es vergebliche Gerüchte geben. Die Menschen in Genua werden rebellieren: Viele werden hin und her laufen, es wird Beschimpfungen und Tumulte geben. Dem größten König wird die Monarchie zufallen. Durch eine Wahl kommt es zu geheimen Konflikten, die zum Tod <wörtlich: zu Begräbnissen> führen.

Im Quatrain für Januar 1559 besteht die vierte Zeile nur aus einer Aneinanderreihung von Wörtern: «Esleu, ingrat, mort, plaint, joye, alliance». Augenfällig geht es darum, dass ein Erwählter undankbar ist, was seinen oder den Tod anderer nach sich zieht; es kommt zu Wehklagen, schließlich zu Freude und einem Bündnisschluss.

Metapher (bildhafter Ausdruck):
Es sind vor allem die Metaphern, Wörter mit übertragener Bedeutung, die den reichen Bilderkosmos des Propheten bevölkern. In einem Vers begegnen uns «der königliche Vogel» und die «Sonnenstadt» (C 5.81.1 «L'oiseau royal sur la cité solaire»). Von bedeutenden Persönlichkeiten, die unter fantasievollen Namen verborgen werden, haben wir den großen gallischen

Herakles (Ogmion) kennen gelernt und die Flottenadmiräle, denen er den Namen des Meergottes Neptun verpasst. Ein bedeutender Herrscher erhält den Namen «der große Gesetzgeber» (C 5.79.2 «le grand legislateur»); einen Papst oder Kardinal bezeichnet «der Chormantel» (C 2.69.4 «la chappe»). Hinter der Beschreibung «der mit den spröden Buchstaben» (C 10.65.3 «l'aspre par lettres») versteckt er einen für den Papst gefährlichen Gegenspieler. Im berühmten Quatrain mit der Jahreszahl 1999 begegnet uns der «große Schreckenskönig» (C 10.72.2 «grand Roy d'effrayeur»). Vestalen stehen für Nonnen, «die Roten» für Prälaten, «der geschorene Kopf» (C 1.88.4 «la teste rasé») für einen Mönch, «der weiße Turban» für einen türkischen, «der blaue Turban» für einen persischen Herrscher. Deukalion wird zur Metapher für eine Überschwemmung (C 10.6.2), Mesopotamien («la mesopotamie») zur Umschreibung des Zweistromlandes seiner Heimat in der Provence mit ihrem Zentrum Avignon, wo die beiden Flüsse Rhone und Durance ineinander fließen.[128] Auch besondere Blüten manierierter Metaphorik begegnen uns, wenn etwa vom «Bauch der Kräuterstadt» (C 10.13.2 «ventre herbipolique»[129]) die Rede ist. Wenn sich eine Metapher mit einem Wort in uneigentlicher Bedeutung (Katechrese) verbindet, dann lesen wir etwa: «Der Tod nähert sich, um mehr als weiß zu schneien» (Quatrain für August 1565: «La mort s'approche à neiger plus que blanc»). Die Beispiele könnte man seitenlang fortsetzen.

Polyglottes Vokabular:

Um seine Leser tiefer in die Irrgärten der Sprache zu verstricken, bedient sich Nostradamus eines polyglotten und kosmopolitischen Vokabulars. Er verwendet echte oder konstruierte Fremdwörter und Einschübe aus dem Italienischen, Spanischen, Lateinischen und Griechischen und bedient sich des Okzitanischen beziehungsweise seiner lokalen Variante, des Provenzalischen. Er schreckt auch nicht davor zurück, merkwürdige Neologismen zu erschaffen: Man denke an Ausdrücke wie «anaragonique revolution» aus dem *Brief an César* [44] oder «adaluncatif» (C 10.96.2). Letzteres Wort hat inspirierte Interpreten zu den abenteuerlichsten Erklärungen verleitet, die von «anbinden» über «der gefangene Mond» («lune captive»), «Ghaddafi», «der Mächtiggewordene» bis zu den Bewohnern von «Auckland» als Synekdoche für Neuseeländer reichen!

Alliteration (Stabreim):

Zu den Blüten manieristischer Dichtkunst zählt die Gleichheit des Anfangsbuchstabens mehrerer aufeinander folgender Wörter. Wenn sich die

Alliteration zur «pangrammatischen Künstelei»[130] auswächst, sucht der Dichter danach, möglichst viele aufeinander folgende Wörter mit demselben Buchstaben beginnen zu lassen. Berühmt ist das Kunststück des Ennius: *O Tite, tute, Tati, tibi tanta, tyranne, tulisti*. Diese Art der rhetorischen Spielerei ging in die Volkssprachen ein, beispielsweise in das Provenzalische, wo sie noch im 16. Jahrhundert in Blüte stand. Natürlich finden wir diesen formalen Manierismus auch bei Nostradamus an verschiedenen Stellen, beispielsweise «L'entour parques planter profonds plateaux» (C 10.82.3) und «Fera Florence florir en l'armoirie» (C 5.39.4). Es ist umstritten, ob die 13 Quatrains einer 11. und 12. Zenturie, die Jean-Aimé de Chavigny im *Janus* mitteilt, tatsächlich von Nostradamus stammen. Jedenfalls kennen wir den von Chavigny überlieferten 4. Quatrain der fragmentarischen 12. Zenturie auch von Galaup de Chasteul, einem Freund von César de Nostredame. Der Vierzeiler beginnt mit den beiden Verszeilen: «Feu, flamme, faim, furt, farouche, fumée / Fera faillir, froissant fort, foy faucher» (C 12.4.1–2).[131] Nostradamus verwendet auch aufeinander folgende Reimwörter innerhalb seiner Verse, etwa in C 3.15 gleich an drei Stellen: «Coeur, vigueur», «France enfance» und «grand Regent».

Periphrase (Umschreibung):
Die Periphrase ist eine weitere seit dem Altertum geläufige Stilfigur. In C 4.96 spricht Nostradamus als Umschreibung für eine englische Königin von der «älteren Schwester der Britischen Insel» (C 4.96.1 «La soeur aisnee de l'Isle Britannique»), welche die Thronfolge im «Reich der Waage» (C 4.96.4 «Succedera au regne de balance»), also in einem Reich, das dem Einfluss des Planeten Waage untersteht, antreten wird. Für die Zeitbestimmung war die astronomische Periphrase in der Antike und auch in der mittellateinischen Dichtung üblich. Diese Art der Umschreibung treibt Nostradamus, wie wir gesehen haben, auf die Spitze. Bei ihm stehen diese häufig in weitere Periphrasen gehüllten astrologischen Umschreibungen sowohl für zeitliche wie für örtliche Präzisierungen. Anstatt Ort und Zeit der beschriebenen Ereignisse zu nennen, hüllt er sie in astrologische Bilder, die wiederum durch ihre symbolischen Entsprechungen beschrieben werden. Ein Beispiel unter den vielen, die ich dargestellt habe: «L'an que Saturne en eau sera conioinct, / Avecques Sol» (C 4.86.1 «Im Jahr, in dem Saturn und Sonne in Konjunktion im Wassermann [oder in einem Wasserzeichen] stehen werden»).

Homonyme (gleich oder ähnlich lautende Wörter von verschiedener Bedeutung und etymologischer Herkunft):

Nostradamus greift gerne auf solche Kombinationskünste zurück. Sie sind ein geeignetes Feld, um seine prophetisch-poetischen Künste zu exerzieren, zumal gerade in der französischen Sprache Homonyme häufig sind, zum Beispiel «saint» (Heiliger), «sain» (gesund), «sein» (Busen), «cinq» (fünf). Die absichtsvolle Verwechslung der verschiedenen Bedeutungen gleich klingender Wörter gehört zu den Grundbausteinen für das Erzeugen von labyrinthischen Wortnetzen. In C 5.59 verwendet er auf diese Weise die Wörter «sejour» (Aufenthalt), «secours» (Beistand) und «ce jour» (dieser Tag). In C 8.39.3 lesen wir «la foy de Foix». Dabei handelt es sich wohl um den Glauben der Stadt Foix im Südwesten Frankreichs, aber es kann auch eine Person mit diesem Namen gemeint sein wie der Bischof Ammanien de Foix, zu dem Nostradamus enge Beziehungen pflegte, oder der General Gaston de Foix. Einmal spricht Nostradamus von einem König, der vielleicht «ein Freund der halben Menschheit» ist oder «ein Freund inmitten der Menschen», mit dem schönen Homonym «amy au my hom» (C 8.44.3). Den Tod eines Menschen, der anhaltendes Blutvergießen nach sich führt, beschreibt Nostradamus als «par mort mort mordre» (Quatrain für den November 1563). Als «loy sans loy» (Quatrain für den August 1564) beschreibt er eine «gesetzlose Religion». Für den Sieg eines Starken bei der Stadt Lyon oder eines Mannes, der den Löwen in seinem Wappen führt, schreibt Nostradamus: «Apres victoire du Lyon au Lyon» (C 8.34.1).

Paronomasie (Zusammenstellung gleich lautender oder ähnlicher Wörter von verschiedener oder entgegengesetzter Bedeutung):
Im Streben nach Wirkung und Verblüffung stehen Spiele mit Buchstaben und Wörtern wie etwa die Paronomasie in der manieristischen Literatur hoch im Kurs. Ein berühmtes lateinisches Beispiel ist *amans* – *amens* (verliebt – verrückt). Nostradamus stellt Leben und Tod einander gegenüber in den Ausdrücken «naistre» (geboren werden) und «ne estre» oder «n'estre» (nicht sein). Im Almanach für 1561 zum Monat Juni finden wir: «Grand naistre, & Grand ne estre»[132] («Ein Großer wird geboren, ein Großer wird sterben»).

Wortspiele
Im Quatrain für den Mai 1563 lesen wir zuerst «Captifs sans nombre, faite defaite, faire»[133] («Nach einer Niederlage werden zahlreiche Gefangene gemacht»), gefolgt von der Weiterführung dieses lautmalerischen Wortspiels in der köstlichen Formulierung «Fier contre fier, mal fait de contre-faire» («Stolzer gegen Stolzer – eine schlecht gemachte Nachahmung»). In

einem Epigramm für Fabrice de Serbellon in seinem Almanach für 1563 bringt Nostradamus ein elegantes Wortspiel mit den verschiedenen Bedeutungen von *fabriquer* (herstellen, machen, gestalten usw.) in Assoziation zu *Fabrice*, dem Namen seines Widmungsempfängers:

Dieu fabricant la fabrique du monde,
Ha fabriqué un bon fabricateur
Qui iour et nuict fabrique bien, et sonde
Tous les dessaings du maling fabriqueur.
FABRICE ha nom, d'Avignon protecteur,
Sage, et prudent a fabriquer pour nous.
O Avignon, fabriqués a l'auteur
De toute paix, qui fabrique pour vous.

Gott hat bei der Schöpfung des Gefüges der Welt einen guten «Macher» erschaffen,
der Tag und Nacht gut arbeitet und alle Pläne des bösartigen Fälschers[134] auslotet.
Den Namen FABRICE trägt er, Beschützer von Avignon, um weise und vorsichtig für uns zu handeln.
O [Menschen von] Avignon, werdet aktiv für den Urheber allen Friedens, der sich für euch abmüht.

Der Ausdruck «l'auteur de toute paix» («der Urheber allen Friedens») ist ebenfalls ein Wortspiel, diesmal mit dem Nachnamen. Es ist die bildhafte Übersetzung von *Serre-bellon*, jener, der den Krieg (lat. *bellum*) verschließt (*serre*), durch dessen Tätigkeit also kein Krieg entsteht.

Annominatio (Häufung verschiedener Flexionsformen desselben Wortes und seiner Ableitungen, aber auch gleich klingender und anklingender Wörter und die Verwendung von Simplex und Kompositum im gleichen Satz): Zum August schreibt Nostradamus im Almanach für 1559, bestimmte Dinge würden «remis, mis & non mis»[135] («wieder hingestellt, hingestellt und nicht hingestellt»), und im Vierzeiler für Oktober 1561 lesen wir von «Grauen, Weißen und Schwarzen», die «wieder in ihre Ämter eingesetzt, von ihnen enthoben [oder neu] eingesetzt» werden: «Gris, blancs & noirs, enfumez & froquez. / Seront remis, demis, mis en leurs sieges.»

Anagramm (Umstellen von Buchstaben oder Silben eines Wortes zu einem neuen Wort):

Das Erfinden kunstvoller Anagramme wurde in der Spätrenaissance zu einer regelrechten manieristischen Sucht. Bernard von Banhuysen schrieb den vielleicht berühmtesten Vers dieser Art: *Tot tibi sunt dotes, Virgo, quod sidera caelo.* Die Buchstaben dieses Verses könne man 1022 Mal neu kombinieren, eine Zahl, die den damals bekannten Gestirnen entsprach. Man nannte ihn deshalb «das homerische Wunder». Anagramme werden von Nostradamus vielfach eingesetzt, so steht zum Beispiel Rapis für Paris, Norlaris für Lorrains, Nersaf für France, Eiovas für Savoie, Mandosus oder Mensodus für Vendosme (Vendôme).

Pleonasmus (Häufung sinnverwandter Ausdrücke):
In Nostradamus' Weissagungen in Prosa sollen die häufigen Pleonasmen einer Aussage besonderes Gewicht verleihen. In den Versprophezeiungen werden Pleonasmen meist in Form der Wiederholung eines Wortes geboten. Der Ausdruck ein «großer Großer» oder eine «große Große» («grand grand», «grande grande») wird an manchen Stellen zur Kennzeichnung einer besonders bedeutsamen Person herangezogen. In C 8.19.4 begegnen wir den «roten Roten, die den Roten totschlagen werden» («Les rouges rouges le rouge assommeront»). Im Quatrain für Februar 1559 lesen wir von dem Aufkommen «neuer Neuigkeiten» («nove nouvelle»), deren Redundanz dem englischen Übersetzer des Almanachs nicht entgangen ist. Er übersetzt: «news, news shall rise». Nach diesem Muster entwickelt unser Autor köstliche klangvolle Wortspiele, die ihm als Dichter zur Ehre gereichen, etwa: «Au regne grand du grand regne regnant» (C 10.80.1 «Im großen Reich der großen regierenden Herrschaft»). Und im Almanach für 1561 schreibt er zum Monat Juni: «Quelque Grande bien grande, qui aura le surnom de pie & debonnaire, & l'Androgyn aussi furent quelque grand cas de bien»[136] («Eine ziemlich bedeutende Frau, die den Beinamen der Frommen und Gutherzigen tragen wird, und auch der Androgyne werden eine sehr gute Tat tun»). Hier stehen die Satzelemente «Quelque Grande bien grande» und «quelque grand cas de bien» wie eine musikalische Variation zueinander im Verhältnis.

ENTGRENZUNG DER SPRACHE Wie Gustav René Hocke nachweisen konnte,[137] fußen der bildnerische und der literarische Manierismus in der hermetischen Kultur der Renaissance. Die Beschäftigung mit «neuen geistigen Landschaften», in denen das Geheimnis der menschlichen Existenz durch esoterische Spekulationen des magisch-alchemistischen Analogiedenkens zu ergründen gesucht wurde, fand ihre Entsprechung in der literarischen Bewältigung dieser Suche. Die Träger der hermetischen Philosophie wurden zugleich zu den Katalysatoren einer manieristischen hermetischen Art der Literatur. Giovanni Pico della Mirandola soll über eine sprachliche Methode verfügt haben, das große Geheimnis erfahren zu können. Aus der Umstellung der Buchstaben des ersten Wortes der Genesis «Im Anfang» (hebräisch «*Beresith*») leitete er eine ganze Kosmologie ab. Die Welt selbst wird hieroglyphisch – aufgebaut aus den Bildern der Ideen. Picos intelligentes, großartiges System verflachte unter seinen Epigonen. Nichtsdestoweniger waren die Menschen in der Renaissance nachhaltig von der Kunst des Verbergens hinter Emblemen, Allegorien, Symbolen oder durch Wort- und Buchstabenverdrehungen fasziniert.

Die Begeisterung schlägt sich nicht zuletzt in dem großen Interesse nieder, das die Träger der hermetischen Tradition der Kabbala, der Geheimlehre des Judentums, entgegenbrachten. In ihr fanden sie ein System vorgeformt, das ihrem Weltverständnis entsprach: eine ausgefeilte Entsprechungslehre, in der göttliche Emanationen die Geschicke der Welt lenkten und ordneten. In ihr fanden sie auch esoterische Verfahren, zu der hinter den Erscheinungen verborgenen Wahrheit vorzudringen.

In der Kabbala werden den Ausstrahlungen Gottes in der Welt die Zahlen von 1 bis 10 als zehn mystische Sphären der göttlichen Kräfte zugeordnet. Zusammen mit den 22 Buchstaben des hebräischen Alphabets besitzen diese zehn Zahlen der ersten Dekade Schöpfungsmächtigkeit. Gott verlieh den Buchstaben und Zahlen Form und Gestalt und kombinierte sie auf verschiedene Weisen, und damit «schuf Gott die Seele all dessen, was ist und sein wird», wie es in einem grundlegenden Buch der Kabbala, dem *Sefer Jezira* (*Buch der Schöpfung*) heißt. Johannes Reuchlin (1455–1522) ging so weit, die Buchstaben und die Namen nicht nur als Zeichen der Dinge aufzufassen, sondern in ihnen die Wirklichkeit der Dinge zu sehen.[138]

Aus diesem Vorstellungskreis entwickelten die Kabbalisten Methoden, durch Buchstaben- und Zahlenkombinationen die Geheimnisse der Welt zu entschlüsseln. Bei der Gematrie wird der Zahlenwert bestimmter Wörter durch Addition ihrer Quersumme bestimmt. Wörter mit gleichem Zahlenwert werden als in innerer Beziehung zueinander stehend angesehen. Die vier Buchstaben des Gottesnamens JHVH ergeben den Zahlenwert 26; dieser wurde Ausgangspunkt zahlreicher magischer Operationen und mystischer Spekulationen. Mit der Technik Notarikon wird aus den Anfangsbuchstaben der Wörter eines Satzes ein neues Wort gebildet. Man schrieb solchen Wörtern magische Macht zu und gravierte sie auf Talismane. Durch die Methode der Temurah werden die Wörter als Anagramme betrachtet: Man vertauschte die Buchstaben und erhielt dadurch neue Wörter.

Nach Ansicht der Kabbalisten würden diese neuen Wörter die geheime Botschaft des Textes transportieren.

Es waren vor allem Ficino und Pico, die neben der Hermetik die Kabbala in die Gelehrtenkreise der Renaissance einführten, von wo aus sie in die spekulative Literatur Eingang fanden. Nostradamus war nicht direkt von der Kabbala beeinflusst. Er kannte sie und ihre magischen Verfahren jedoch indirekt über die Schriften Agrippas, aber auch über Ficino, Pico, Johannes Reuchlin und vielleicht Guillaume Postel (1510–1581). Bei Pico della Mirandola, Agrippa und anderen wird der manieristische Umgang mit dem Alphabet zu einem methodischen Mittel der magischen Naturwissenschaft. Weil den Sternen Buchstaben zugeordnet waren, konnte am Firmament ein himmlisches Alphabet gelesen werden. Diese astralen Buchstaben-Seelen wirkten auf die Welt, wie die Sterne ihr Licht und ihre Kraft auf die Menschen ausstrahlen.

Obwohl in seinem Werk kabbalistische Ideen keine offenkundige Rolle spielen, war Nostradamus ein Produkt einer Geisteshaltung, die auch in den kabbalistischen Sprachkunststücken einen kongenialen Ausdruck fand. Das gilt sowohl für seine Tätigkeit als Prognost, die dem Gebiet von Hermetik und Magie zuzurechnen ist, als auch für die besondere Weise der literarischen Bewältigung seines Themas.

Der berühmte Magier, Mathematiker, Astrologe, Alchemist und Visionär des britischen Empires, John Dee, experimentierte mit einer Kunstsprache, die er auf die Engel selbst zurückführte. Sein Magier Edward Kelley fiel in Trance und sah im Zauberspiegel die Erscheinung von Engeln. Die Engel deuteten mit einer Rute auf verschiedene Buchstaben, die John Dee nach dem Diktat Kelleys aufschrieb. Die Reihenfolge der Buchstaben wurde dann umgedreht, weil Kelley der Meinung war, die Engel würden sie rückwärts übermitteln, damit ihre magische Kraft erhalten bleibe. Dee war der Ansicht, diese Botschaften aus der unsichtbaren Welt bildeten die Grundlage des Henochischen, die Sprache der Engel und jene Sprache, die Adam im Paradies gesprochen habe. Das so entwickelte «henochische» System der Magie wird heute noch von magischen Geheimbünden zur Anrufung von Geistern benutzt.

Von der Buchstabenkombination über die astrale Herkunft des Alphabets ist es nur noch ein kleiner Schritt zu einer universalen, Buchstaben und Zahlen umfassenden Kombinatorik, die sich als Weltschlüssel ausgibt. Im Anschluss an den katalanischen Mystiker des Spätmittelalters Raimundus Lullus (1235–1315) wurde die *ars combinatoria* zum Spielfeld der Geheimwissenschaften. Die Welt wurde zu einem gigantischen System von Symbolen und Entsprechungen, in der alles mit allem zusammenhing, alles auf etwas anderes verwies. Durch die Vertauschung von Buchstaben wurden regelrechte Wort-Labyrinthe hergestellt. Zusammen mit der Hieroglyphik und Emblematik bildet die Buchstabenkombination das Grundgerüst für die esoterischen Tendenzen des Manierismus in der Spätrenaissance. Man erzielte nicht nur überraschende Wirkungen; jene, die sich ernsthaft diesen Künsten widmeten, erkannten in der Sprache einen verborgenen, tieferen Sinn, der sich erst durch derartige Operationen offenbaren würde.

Die Prophezeiungen von Nostradamus finden im Rahmen der manieristischen Literatur und der esoterischen Sprachalchemie ihren natürlichen Platz. Der Prophet erreicht die methodische Verdunklung und Entgrenzung der Sprache durch okkult-poetisches Fabulieren, indem er die schicksalhaften Ereignisse ständig permutiert und in immer neuen Zusammenhängen zu einer Vergangenheit, Gegenwart und Zukunft umfassenden, wahrhaft universalen Weltgeschichte formt. Die Quellen, auf die er sich stützt, die «Hypotexte», werden zu Versatzstücken, mit denen sein *furor poeticus* so verfährt, wie die Dadaisten und Surrealisten – die Manieristen des frühen 20. Jahrhunderts – mit Texten umgingen: In einem künstlich hervorgerufenen Zustand halbautomatischer Produktion zerlegt er sie in einzelne Informationselemente, arrangiert sie in assoziativer Weise, permutiert sie zufällig und erzielt durch diese «okkulte Prozedur» neue Bedeutungen als prophetische Geschichte. Die Technik mutet modern an: William S. Burroughs entwickelte in den späten 1950er Jahren aus der Malerei die Cut-up-Methode als literarische Collage, indem er geschriebene Texte zerschnitt, neu arrangierte und auf diese Weise ganze Romane verfasste. Als Vorlagen dienten ihm eigene Texte, Arbeiten zeitgenössischer Schriftsteller, aber auch von Rimbaud und Shakespeare sowie politische Reden. Durch den uneigentlichen Umgang mit dem Sprachmaterial sollten Bedeutungen in die Texte fließen, die nicht bewusst vom Autor eingebracht werden. Im Gegensatz zum künstlerisch-spielerischen Ansatz der Dadaisten und der Relativierung der Information durch das System des Cut-up konnte Nostradamus mit gutem Gewissen hoffen, dass aus seinem System tatsächlich so etwas wie eine prophetische Projektion der Geschichte entstehen würde, denn seine Hypotexte waren nicht beliebig gewählt, und seine Technik der Neuanordnung orientierte sich am Material prototypischer geschichtlicher Ereignisse und an der prophetischen Tradition. Das Ergebnis seiner genialen poetischen Transformation war für Nostradamus nicht weniger überraschend, als es seinen Lesern bis auf den heutigen Tag erscheint. Seine Prophezeiungen waren demnach nicht die Frucht einer besonderen präkognitiven Fähigkeit; seine Gabe war vielmehr die einer besonderen literarischen Verarbeitung seines Materials.

Das Arsenal an täuschenden rhetorischen Figuren dient dazu, absichtsvoll den Zufall mit ins Spiel zu bringen. Diese Art der Literatur will missverstanden oder zumindest auf vielerlei Weise verstanden werden. Sie fordert die Täuschung heraus und möchte den Leser, bisweilen wohl auch den Autor selbst, im Unsicheren lassen mit seiner Auffassung oder Deutung des Gelesenen. Die richtige Fährte mag die falsche sein und die falsche die richtige. Der Leser wird zum aktiven Mitgestalter des Textes – speziell bei den Prophezeiungen des Nostradamus wird das anhand der Legionen von inspirierten Interpreten allzu deutlich. Es hat fast den Anschein, als ob der Text alleine überhaupt keine Existenz hat und erst durch die Exegese in das Sein tritt, dann allerdings als sprachliches Chamäleon, als Wechselschrift, die unter der Bearbeitung des jeweiligen Interpreten ein neues Gesicht offenbart, seine Bedeutung vervielfältigt, eine neue Geschichte erzählt.

Die *Prophéties* des Nostradamus sind ein literarisches Projekt, durch welches das Regellose, das Zufällige, das Prä- und Trans-Logische, das traumartig Verdichtete, das Unwillkürliche, das Automatische zum Transportmittel der Bedeutung erhoben wird. Der ganze Text verwandelt sich zu einem kledonomantischen Orakel: Wenn sich durch falsches Erfassen eines Wortes oder Satzes ein neuer Sinn ergibt, galt das bereits in der Antike als ein Hinweis auf die Zukunft; man nannte diese Art von Orakel Kledonomantie. Ein berühmtes Beispiel ist jenes des Crassus, das Cicero in seiner Schrift über die Wahrsagekunst *De divinatione* berichtet. Als er sich aufmachte, um in den Orient zu reisen, hörte Crassus einen Händler, der seine Feigen anpries, «*Cauneas*» («Kaunosfeigen») rufen. Aber er missverstand ihn als «*Cave ne eas*» («Geh nicht!»). Er hätte dieses falsch verstandene Wort als Omen auffassen sollen, denn im Orient erwarteten ihn Niederlage und Tod. Schon Nostradamus selbst betrachtete seinen Text kledonomantisch, als er Jean de Vauzelles beglückwünschte, das Wort «le grand de Bloys» (C 3.55.1) falsch als «le *grain* de Bloys» gelesen zu haben, wodurch der Graf von Montgomery bezeichnet sei und womit der ganze Vierzeiler als Voraussage des Todes von Heinrich II. herhalten konnte.

Die absichtliche Zufallsproduktion bei Nostradamus zeigt sich auch am Inhalt seines Werkes. Es ist kein systematisch entwickelter Text über ein sachliches Thema, keine didaktisch aufgebaute geschichtliche Abhandlung, keine Romanerzählung mit einem nachvollziehbaren Plot. Nostradamus greift willkürliche Ereignisse aus der Literatur, der Geschichte, der Erinnerung und der Fantasie heraus, plötzlich auftauchende Assoziationen und Gedankenfetzen, er arrangiert Momentaufnahmen von disparaten Geschehnissen, die er in verstörende Bilderfolgen collagiert. Er gleicht darin mehr dem surrealistischen Objektkünstler, der seine *objets trouvés* zu Kunstwerken komponiert, denn einem Poeten, der bewusst einen bestimmten Gedankengang in Worte kleiden möchte. Und wie die Surrealisten, die durch psychische Automatismen den Zugang zu den Quellen der Kreativität suchten, bedient sich Nostradamus seiner Veranlagung, um eben diese Quellen zum Sprudeln zu bringen – nachts, wenn er am Fenster seiner Studierstube wacht und in den Sternenhimmel starrt.

Es liegt im Wesen seines Schreibstils, dass nicht alles aufgedeckt werden kann, was Nostradamus gemeint hat. Einerseits hat er an manchen Stellen den intendierten Inhalt dem manieristischen Spiel mit der Sprache geopfert; auf der anderen Seite ließ er sich vielfach selber von der Bedeutungsvielfalt seiner orakulären Poetik verführen. Diese Art des Schreibens entwickelt eine Eigendynamik. Da der Sinn sich nicht mehr eindeutig erschließen lässt, offenbart das selbst Verfasste für den Autor neue Aspekte und Bedeutungsebenen. Nostradamus ließ dem poetischen Drang freien Lauf und wird bisweilen selber erstaunt gewesen sein, was dabei herauskam. Das überraschende Kaleidoskop der Bedeutungen ist ein Ergebnis der «Koevolution» von semi-automatischem Schreiben in künstlich herbeigeführten veränderten Bewusstseinszuständen und einer geschickten Technik in der Vervollkommnung sprachalchemistischer Experimente.

Und so entfaltete Nostradamus das Welttheater, das er in der Einleitung zu seiner Übersetzung des *Horapollon* poetisch beschworen hatte, wahrhaft in seinen prophetischen Texten:

Dieu et son monde, son ciel, le lieu terrestre,
Bestes saulvaiges et privées ont voit estre
Et plusieurs aultres cas assés mervilleux,
Mer, champs, forest et lieux délicieux.

Gott und seine Welt, seinen Himmel, den irdischen Ort,
wilde Tiere und Raubtiere sieht man
und viele andere ziemlich wunderbare Dinge,
Meere, Felder, Wälder und herrliche Plätze.

Mallarmé schrieb einmal: «Tout au monde existe, pour aboutir à un livre» – alles auf der Welt besteht, um in ein Buch zu münden. Mallarmé war auf der Suche nach dem Ur-Buch, nach einem Werk, in dem orphisches Weltwissen nach esoterischer Kombinationskunst verdichtet ist. Dieses Œuvre hat Mallarmé niemals beendet. Auf ihre Weise sind die *Prophéties* des Gelehrten aus Salon ein Vorläufer mit einem ähnlich ehrgeizigen Ziel: Sie wollen die Umbrüche in der Welt zum Prinzip erheben, das erlaubt, dem Menschen einen Spiegel vor Augen zu halten, in dem sich vergangenes, gegenwärtiges und künftiges Geschehen synchron als das ewig Gleiche in der Vielgestalt des Daseins zeigt. Was sich als einzelne, in Raum und Zeit beschlossene Geschehnisse präsentiert, ist in Wahrheit die Entfaltung menschlicher Unzulänglichkeit an sich: der Totentext mitten im Leben, die Monotonie des Schicksalhaften, die trostlose Konstanz in einer Welt des dauernden Wandels.

Der Schatten des Propheten: Verehrer und Interpreten

PIERRE DE RONSARD   Unter den Intellektuellen waren es vor allem die Poeten, die sich dem Werk des Propheten aus Salon zuwandten. Sie erkannten in Nostradamus einen von ihnen: einen Dichter und Wahrsager. Denn als Wahrsager verstanden sich die Poeten der Zeit, allen voran der Hofdichter Pierre de Ronsard (1524–1585). In seiner *Elegie für Guillaume des Autels* trug Ronsard 1560 seine berühmt gewordene Lobrede auf Nostradamus vor. Er wendet sich in diesem Gedicht an Frankreich, das er dafür tadelt, sich über die Propheten lustig zu machen, die Gott unter den Kindern Frankreichs erwählt habe, um im Herzen des Landes aufzutreten und vom bevorstehenden Unglück zu künden. Dann lässt er Nostradamus als den Bedeutendsten unter ihnen auftreten. Es sei einerlei, ob Gott in Nostradamus die Inspiration entzünde, ob er durch einen guten oder bösen Dämon bewegt werde, ob er eine natürliche Veranlagung dafür habe, seine Seele bis in die Himmel erheben zu können, oder ob es sein melancholisches Wesen sei, das ihn zu einem Visionär werden lässt. Es sei, wie es sei, schließt Ronsard, durch seine prophetische Stimme habe Nostradamus wie ein antikes Orakel seit vielen Jahren den größten Teil unseres Schicksals vorhergesagt.

In seinem *Discours à la royne* stellt er Nostradamus als einen Propheten im biblischen Sinne dar, durch dessen Mund Gott Frankreich stets gewarnt habe. Geschrieben wurden diese Zeilen nach dem Ausbruch des schrecklichen Bürgerkriegs von 1562. Blind, wie wir sind, «hätten wir niemals an solche göttlichen Weissagungen geglaubt», wie die Hebräer, die ihren Propheten keinen Glauben schenkten. Gott aber habe Mitleid mit dem französischen Volk und «schickt ihm als gütiger Vater vom hohen Himmel Träume, Visionen und Propheten».

Ronsard hob damit Nostradamus auf einen Sockel, von dem er nicht mehr hinabgestoßen werden sollte: Er wurde zum Nationalpropheten erklärt. Für den Hofdichter galt Nostradamus als großes Vorbild. In seinen Augen hatte er das verwirklicht, was das Ziel jedes Dichters sein sollte – ein Sänger des Menschenschicksals zu sein, ein Sprachrohr für Weissagungen. Auf Grund einer Erkrankung, durch die er halb taub wurde, musste Ronsard auf eine politische Karriere verzichten. Für das Kulturleben Frankreichs war dieser persönliche Schicksalsschlag ein großer Gewinn, denn Ronsard wurde zu einem der vielseitigsten und einflussreichsten Dichter des Landes. Die Behinderung, die ihn fortan aufmerksamer auf die innere Stimme horchen ließ, nährte in ihm die Überzeugung, ein prophetisch inspirierter Poet zu sein. Wie Nostradamus verstand er seine Berufung als Interpret des kommenden Unheils, das sich in himmlischen Zeichen und Omen kundtat.

Die Dichter reflektierten in dieser Epoche der äußeren Spannungen auch die inneren Spannungen zwischen Gott und dem Menschen, und keiner vermochte diese Reflexion auf geheimnisvollere und eindringlichere Weise zu gestalten als Ronsard. In seinen 1555 und 1556 veröffentlichten Hymnen fließen die großen Fragen der Zeit über Gott, seine Beziehung zu den Menschen und die Stellung des Menschen in der Welt vor dem Hintergrund einer unauflöslichen Beziehung der Dichtkunst zur Prophetie ein. Die Hymnen sind Ausdruck der spirituellen Suche, einer Orientierung in einer heillosen Welt. Sie stellen den Menschen als einziges Geschöpf, das sich ein Bewusstsein der Dinge machen kann, ins Zentrum. Dem Poeten, der dem Meister der Wahrsagekunst eng verwandt ist, kommt indes das Privileg zu, ein höheres, inneres Wissen um diese Dinge zu erlangen.

Ronsard sah im poetischen Wahn den Zustand der Wahrsagung und fasste die Arbeit des Dichters in enger Entsprechung zu der des Propheten auf. Die Dichter werden bei ihm zu den wahren Interpreten des Willens Gottes. Er vertrat die Ansicht, der poetische Zustand sei eine restlose Teilhabe an einem vollständig geoffenbarten Wissen – ein Privileg, das dem Dichter umsonst zuteil wird.[139] In einer Ode an seinen Dichterfreund Joachim du Bellay spricht er wie Agrippa und Nostradamus von einem Dämon als lenkendem Schutzgeist, der den Dichter ohne sein Zutun unterrichtet. Doch die Welt ist auch von anderen Dämonen bevölkert: Während die guten dem Menschen die künftigen Dinge offenbaren, wollen die bösen sie nur erschrecken; von den bösen kämen nur beängstigende Omen, die bestürzen sollen. Ronsard bezeichnet sie als monströse («monstrueux») Zeichen im Gegensatz zu jenen, die Informationen über künftiges Schicksal vorherverkünden, die er weissagende («présagieux») Zeichen nennt. In seiner Hymne *Die Dämonen* (*Les Daimons*), in der er die komplexen Beziehungen zwischen Himmel und Erde, zwischen Gott und dem Menschen darstellt, charakterisiert Ronsard die Luftdämonen in platonischer Weise als wahre Mittler zwischen Gott und dem Menschen. Der Einfluss der guten Dämonen gipfele in der Wissenschaft der Weissagung, die sie den Menschen, die von poetischer Raserei ergriffen sind, eingeben. Wie Nostradamus war Ronsard mit der feinen Sensibilität des Dichters stets auf Ausschau nach den geringsten Zeichen. Seien diese auch natürlich, so würden sie dennoch durch die Vorsehung Gottes eingesetzt. Der Frosch würde durch seinen Gesang zum «Propheten des Frühlings», die Ameise weissage die Winde «früher als einen Tag, bevor sie eintreten». In einem Hymnus lässt er die unterschiedlichsten düsteren Zeichen auftreten: Blitze, Kometen, «schreckliche Planeten», fliegende Flammen, «heulende Hekaten», umherschweifende Stimmen, «gellende Schreie auf Friedhöfen», einsame Geister, welche die Menschen erschrecken, Blutregen und Erdbeben. Sie sind der Widerschein der furchtbaren Gegenwart, der schrecklichen Leiden, die «unser aufrührerisches Europa erleiden muss».

Unter dem Blickwinkel dieses engen Zusammenspiels von Poesie und Prophetie stellen die Zeichen für Ronsard wie für Nostradamus in erster Linie poetisches Material dar. Sie sind Teil eines literarischen Arsenals, um dem Schrecken, in den die Menschen immer tiefer zu stürzen drohen, kraftvollen poetischen Ausdruck verleihen zu können.

In seiner Reflexion über den Zustand einer Welt der Entsprechungen entgeht Ronsard selbstverständlich nicht die zentrale Rolle der Sterne und ihres Einflusses auf die sublunare Welt. In seiner *Hymne an die Sterne* (*Hymne des Astres*) entwirft er den Mythos, dass die Sterne zunächst nur als ein simples Schmuckwerk für die Welt gedacht waren, schöne, aber unnütze Dinge. Gott entschloss sich, durch eine Störung der ursprünglichen Ordnung die Sterne in den Himmel zu stellen, um ihnen Macht «über alle geborenen Dinge» zu verleihen. Dann lässt Ronsard jeweils zwei innerlich verwandte Berufsgruppen auftreten, die schicksalhaft dem Diktat bestimmter Sterne unterstehen: der Krieger und der Seemann, der Bauer und der Winzer, der Fischer und der Jäger, der Handwerker und der Philosoph und – natürlich – der Wahrsager und der Poet. Im Zuge seines Hymnus allerdings verlieren die Sterne ihre ursächliche Macht und verwandeln sich zu Zeichen, die Gott dem Menschen zu Diensten gegeben hat. Auf diese Weise gelangt man auf Grund der Beobachtung der Gestirne zu «sicheren Weissagungen über Fieber und Pest», über «Leid, das bald auf die Erde kommen wird», und sie sind «Zeichen für Hunger und künftige Kriege». Die Sterne werden zu einer regelrechten Himmelsschrift, zu den geheimnisvollen Characteres, die in der okkulten Philosophie eine so hervorragende Bedeutung genossen, wovon das Werk Agrippa von Nettesheims reichlich Zeugnis ablegt. In Ronsards Hymnus erscheinen die Sterne als die «treuen Sekretäre Gottes», indem sie zu den «heiligen Characteres Gottes» werden. Gott lässt uns nicht allein. Er hat die Welt angefüllt mit einer erstaunlichen Sammlung von Zeichen, und er hat sogar die Wege des Schicksals an den Himmel schreiben lassen. Der Mensch muss nur wachsam sein, auf Ausschau nach Zeichen bleiben.[140]

Wären der Stil des Dichters Ronsard und jener des Propheten Nostradamus nicht so unterschiedlich, dann könnte man bei so manchen Versen nicht sagen, ob sie aus der Feder des Propheten Ronsard oder aus jener des Dichters Nostradamus stammen. Ronsard schreibt:

La Comete aux grans crins tous sanglans et ardans
Predit de nos malheurs les signes evidens,
Le Tybre bebordé de son canal fourvoye,
Et l'arne tous les champs de la Tuscane noye,
Une chasse des chiens s'eslance par les cieux,
Les monstres contrefaits et de testes et d'yeux,
Comme avant-messagers de mauvaise aventure,
Apparoissent au monde en depit de nature.

Der Komet mit dem langen, blutenden und brennenden Schweif weissagt von unserem Unglück die unleugbaren Zeichen; der Tiber ist aus seinem verirrten Bett getreten, und der Arno ertränkt alle Felder der Toskana; eine Jagd von Hunden bricht am Himmel los, Monster mit missgestalteten Köpfen und Augen, wie Vorausbotschafter ungünstiger Ereignisse, erscheinen in der Welt entgegen der Natur.

Die Ähnlichkeit besteht nicht zufällig. Ronsard bewunderte Nostradamus, und vielleicht hat sich umgekehrt Nostradamus an den Hymnen von Ronsard inspiriert. Zweifellos galt dem großen Dichter Ronsard der Seher von Salon als das Paradebeispiel des Poeten-Propheten, und genau diese Verbindung hatte Nostradamus in den Vorreden zu seinen *Prophéties*, in den Widmungsbriefen an César und an Heinrich II. für sich in Anspruch genommen. Ronsard hielt sich tatsächlich für einen Propheten, wie Nostradamus sich für einen Dichter hielt. Beide bewegten sie sich auf dem Feld, wo beide Berufungen ineinander fließen, wobei die Waagschale bei Nostradamus zugunsten der Weissagung und bei Ronsard zugunsten der Dichtkunst ausschlug.

JEAN DORAT UND DIE PLEJADE Die große Verehrung, die Ronsard dem Propheten von Salon entgegenbrachte, entwickelte sich im geistigen Klima der von ihm initiierten Vereinigung von Dichtern, der so genannten *Plejade*. Ihr gehörten ausgewählte Poeten an, die Schüler des Humanisten Jean Dorat am Collège de Coqueret waren. Sie studierten dort unter Anleitung ihres Lehrers die alten wie die modernen Autoren, begeisterten sich für Homer, Pindar, Horaz, Petrarca, Sannazaro und für moderne Neulateiner. Sie betonten den Wert der französischen Sprache für die hohe Dichtung, lehnten sich aber eng an antike Vorbilder an. Der Mitbegründer der Plejade Joachim Du Bellay (um 1522–1560) schrieb als Manifest der neuen Schule *Défense et illustration de la langue française (Verteidigung und Verherrlichung der französischen Sprache*, 1549). Ronsard war in seiner Kunst derart von der Antike abhängig, dass er französische Satzstellungen gräzisierte und latinisierte. Du Bellay begeisterte sich für die antiken Denkmäler Roms, denen er ein poetisches Denkmal setzte. Zum Kern der Plejade gehörten auch Jean-Antoine de Baïf (1532–1589), Maurice Scève (1503–1562) und Pontus de Tyard (1521–1605). Scève kultivierte einen dunklen Hermetismus, der wie eine elegantere Nachdichtung der Zenturien erscheint,[141] und Tyard verfasste hymnische Gedichte über die Gestirne, als Nostradamus' Stern am höchsten stieg. Im Jahr 1558 veröffentlichte Tyard *Mantice*, ein Buch über die Wahrsagekunst, das möglicherweise direkt von Nostradamus beeinflusst war.[142] Darin vertritt er die Auffassung, dass allein die Astrologie von den alten Formen der Divination übrig geblieben sei. Wer übrigens durch den schwer verständlichen Stil von Nostradamus verunsichert wird, der sollte Tyards *Mantice* lesen. Es ist in einem ähnlich verworrenen Französisch abgefasst, was es bisweilen schwierig macht, der Argumentation des Autors zu folgen.

Ronsard und die Mitglieder der Plejade waren instrumental für die Verbreitung des Werks von Nostradamus und für die verklärte Verehrung, die ihm in seinen letzten Lebensjahren und nach seinem Tod in den gebildeten Schichten Frankreichs entgegengebracht wurde. Unmittelbarer Auslöser für diese Bewunderung war der Lehrer der Plejade, Jean Dorat (eigtl. Jean Dinemandi, 1508–1588). Er war Philologe und Dichter, übte 1555 für ein Jahr das Amt des Prinzenerziehers am Hof aus und wurde von Heinrich II. zum Dolmetscher des Königs («interprète du roy») ernannt. Ab 1556 wirkte er elf Jahre als königlicher Lektor («lecteur du roy») am Collège Royal. Dorat galt als Spezialist für verwirrende und in fragmentarischem Zustand erhaltene griechische Texte. Je schwieriger seine Vorlage, desto größer der Ansporn, im Dickicht der Sprache den wahren Sinn aufzudecken. Mit diesem Ansatz näherte er sich auch den *Prophéties*. Obwohl seine poetischen Arbeiten an Originalität weit hinter denen seiner berühmten Schüler zurückblieben, vermittelte er ihnen seine ganz persönliche Begeisterung für den provenzalischen Dichter-Propheten Michel Nostradamus.

Selbst tat Dorat alles, um seinen eigenen Mythos als dichtender Prophet zu zimmern. Ganz versessen war er auf Anagramme. Er hielt sie nicht für poetische Spielereien, sondern sah in ihnen eine Form der Offenbarung. Zeitgenossen attestierten ihm die Fähigkeit, durch die Umstellung von Buchstaben häufig die Zukunft vorhergesagt zu haben.[143]

Dorat tat sich auch als Deuter von Träumen hervor. Vor allem aber war er der erste Interpret der Prophezeiungen von Nostradamus. Es ist bezeichnend, dass es ein Altphilologe, Literat und Dichter war, der sich zuerst an die Auslegung der dunklen Vierzeiler des Propheten aus Salon machte. Nostradamus war einer von ihnen, ein göttlich inspirierter Poet, dessen Eingebungen nicht zu besonders schönen, dafür zu besonders ausgefallenen und beunruhigenden Versen führten. Er nannte ihn «vates noster» («unser Seher») und «patrius vates» («Nationalprophet»). So sehr faszinierten Dorat die Dichtungen von Nostradamus, dass er sich einige von ihnen aneignete und als seine eigenen ausgab. Ein Hochzeitslied für den Herzog von Joyeuse und Maria von Lothringen vom September 1581 eröffnet er mit auffälligen Entlehnungen aus dem ersten Quatrain der ersten Zenturie; er bezeichnet Heinrich III. darin mit dem berühmten Anagramm von Nostradamus als «Chiren» und entnimmt in der Folge weitere Wendungen dem Vierzeiler C 4.34.

Dorat interpretierte gerne gegenwärtige Ereignisse im Lichte der Zenturien. Ein berühmtes Beispiel ereignete sich, als am 5. Januar 1567 ein Wolf durch das Tor von Saint-Victor nach Paris eindrang. Dorat brachte den Quatrain 3.33 damit in Verbindung:

C 3.33.1–2
En la cité où le loup entrera,
Bien pres de là les ennemis seront.

Paraphrase: Recht nahe der Stadt, in die der Wolf eindringen wird, werden die Feinde sein.

Nach dem Eindringen des Wolfes begann Dorat den zweiten Vers des Quatrains als Warnung zu zitieren und sagte voraus, dass bald die Feinde vor den Türen stehen würden.[144] Kurz darauf soll sich die Weissagung bewahrheitet haben: Im September 1567 brach der zweite Religionskrieg aus, als die Protestanten Meaux überfielen im Versuch, sich des Königs zu bemächtigen.

Kurze Zeit später versuchten Ludwig I. von Condé und der Admiral Gaspard II. de Coligny, Paris zu erstürmen. Als im Juli 1570 in Paris siamesische Zwillinge geboren werden, verfasst Dorat ein langes lateinisches Gedicht, in dem er einen Quatrain paraphrasiert, der mit den Versen beginnt:

C 2.45.1–2
Trop le ciel pleure l'Androgin procrée:
Pres de ciel sang humain respandu.

Paraphrase: Der Himmel beweint sehr die Geburt des Androgynen; in der Nähe [dieses] Himmels wird menschliches Blut vergossen.

Dorat interpretiert die Missgeburt als Vorzeichen in Bezug auf Karl IX. und dessen Bruder, den späteren König Heinrich III., der zu jener Zeit König von Polen ist. Das Gedicht gelangt in die Hände von Jean-Aimé de Chavigny, der es übersetzt, mit Anlehnungen an Ronsard anreichert und veröffentlicht.[145] Nicht von ungefähr nimmt sich Chavigny, der Sekretär von Nostradamus, des Textes von Dorat an – auch Chavigny war ein Schüler von Jean Dorat.

JEAN-AIMÉ DE CHAVIGNY Wahrscheinlich auf Empfehlung seines Lehrers entschied sich Chavigny im Sommer 1560, nach Salon zu reisen. Nostradamus nahm ihn mit «einzigartiger Güte» auf. Ein Jahr lang bereiste Chavigny die deutschen Universitäten, bis er sich im Juli 1561 endgültig als Sekretär im Hause von Nostradamus niederließ. Der Prophet wusste, welch einen wertvollen Mitarbeiter er gewonnen hatte, und wollte Chavignys Karriere fördern. 1563 empfahl er ihn dem Militärgouverneur des Papstes in Avignon, Fabrice de Serbellon, als Sekretär. Aber Chavigny lehnte ab; er wollte keine Karriere machen, sondern vielmehr nach seiner Devise *beata tranquillitas* («selige Ruhe») leben und sich ganz dem Studium der prophetischen Schriften seines Meisters widmen.

Die Werke, die später unter seinem Namen erschienen, haben für einige Verwirrung gesorgt, zumal er auf einigen als Jean de Chevigny, auf anderen als Jean-Aimé de Chavigny firmierte. Den Schüler und Sekretär seiner letzten Jahre, dem er das Horoskop stellte, nennt der Prophet in Briefen Jean de Chevigny. Über Jean-Aimé de Chavigny wissen wir besser Bescheid.[146] Der Zeitgenosse La Croix du Maine unterschied bereits zwischen beiden Personen; merkwürdig blieb indes der Umstand, dass sowohl Chevigny als auch

Chavigny in Beaune in Erscheinung traten und beide Schüler von Jean Dorat waren. Dupèbe und vor allem Brind'Amour vermuteten deshalb in Jean-Aimé de Chavigny einen Betrüger, der sich anmaßte, der Sekretär des Propheten gewesen zu sein. Nach dem Tod Chevignys habe er behauptet, mit Nostradamus freundschaftliche Kontakte gepflegt zu haben, und sich des Materials seines Quasi-Namensvetters bemächtigt.

Die Verwirrung um Chevigny-Chavigny konnte nun Bernard Chevignard in einer brillanten Darstellung endgültig klären:[147] Bei Jean de Chevigny und Jean-Aimé de Chavigny handelt es sich ohne jeden Zweifel um ein und dieselbe Person, die ursprünglich sogar Jean Chevignard hieß! Namensänderungen als Ausdruck eines neuen Lebensabschnittes waren in der damaligen Zeit unter den Intellektuellen üblich. Michel de Nostredame latinisierte seinen Namen zu Nostradamus, und Chavignys Lehrer Dorat verstand die Änderung und Zuweisung eines «wahren» Namens als einen besonderen okkulten Akt. Der Name (*nomen*) war für ihn wahrhaft ein Vorzeichen (*omen*) des eigenen Schicksalslaufs. Jean Dinemandi gab sich den Namen Dorat oder d'Aurat, lateinisch Auratus («der Goldgeschmückte»), weil er golddurchwirkte Verse schrieb. Bei Chavigny spiegelte die erste Namensänderung von Chevignard zu Chevigny sein Lossagen von einer Welt von Handwerkern und Händlern, an die er durch die Herkunft gebunden war, die zweite und endgültige zu Jean-Aimé de Chavigny den Verlust eines sehr engen und geliebten Freundes. In jedem Fall kann das Kapitel um den echten und den falschen Sekretär ad acta gelegt werden.

Chavigny war bis zum Tod von Nostradamus am 2. Juli 1566 an seiner Seite. Schon damals hatte er die Voraussagen seines Meisters gesammelt, denn er verstand sich als Sammler und Archivar eines einmaligen Werkes. Viele Jahre lang beobachtete er das Weltgeschehen während der blutigen Religionskriege, registrierte Schlachten und Komplotte, politische Intrigen und Querelen, Papstwahlen und Glaubenskonflikte, bis er die Zeit reif wähnte, die Weissagungen mit den Ereignissen zu vergleichen. 1594 veröffentlicht er als französisch-lateinische Parallelausgabe seinen *Janus François*, in dem er zu zeigen versucht, wie Nostradamus die Geschichte zwischen 1534 und 1589 in seinen Werken vorausgesagt habe. Der Titel spielt auf den römischen Gott Janus an, der zwei Gesichter besitzt, die in entgegengesetzte Richtungen blicken. Es handele sich um den ersten Teil, ein Blick in die Vergangenheit, und wie sich in dieser bereits viele Weissagungen des Propheten verwirklicht hätten. Chavigny plante einen zweiten Teil mit einer Analyse von dem, was nach den Prophezeiungen von Nostradamus noch auf die Menschheit zukomme; diesen zweiten Teil hat er indes nie geschrieben. Unter der Perspektive der Zusammengehörigkeit von Poesie und Prophetie zieht Chavigny im *Janus* nur Versprophezeiungen aus den Zenturien der *Prophéties* und aus den Almanachen heran. Dabei lag ihm, wie wir heute wissen, viel umfangreicheres Material vor: In seinem *Recueil*, das er mit dem Datum 1589 versah, hatte er die Vers- und Prosaweissagungen aus den Almanachen und Prognostica von Nostradamus auf Hunderten von Seiten exzerpiert und mit Kommentaren versehen.

Für den Almanach von Nostradamus für das Jahr 1563 verfasste Chavigny ein Gedicht, dessen letzte beiden Verse lauten:

Mortales estote pij; aetas ultima vênit:
Credite divinis, credite Nostradamo.

Sterbliche, seid fromm; es kommt das letzte Zeitalter:
Glaubt an das Göttliche, glaubt an Nostradamus.

Die Zeilen klingen wie eine Beschwörung. Er will die Leser dazu anhalten, wie er selbst an die Wahrheit der Prophezeiungen seines Meisters zu glauben. Bald merkte Chavigny, dass sich die große Aufgabe, die er in Angriff genommen hatte, nicht einfach umsetzen ließ. Seine persönliche Überzeugung von der Richtigkeit der Prophezeiungen geriet ins Wanken, sobald er sie mit der tatsächlichen Chronologie der geschichtlichen Ereignisse in Übereinstimmung zu bringen trachtete. Dieser Konflikt wird deutlich, wenn man sein Manuskript des *Recueil* studiert. Die Weissagungen in den Almanachen sind auf ganz bestimmte Monate und Tage eines Jahres gemünzt, aber nur selten fand er entsprechende Geschehnisse. Um dieses Problem der kognitiven Dissonanz zu überwinden, gelangte Chavigny zu einer ganzen Reihe von Techniken der Interpretation, die bis heute die Grundlagen für die Nostradamisten im Umgang mit den Texten ihres Propheten sind. Für 1555 hatte Nostradamus vorhergesagt, der Papst würde sich «in vollkommener Sicherheit» befinden; das Reich Seiner Heiligkeit würde noch lange andauern.[148] Für den Heiligen Stuhl war jenes Jahr hingegen ganz außergewöhnlich. Nachdem Julius III. im März verstorben war, überlebte ihn sein Nachfolger Marcellus II. nur um wenige Wochen. Paul IV. war der dritte Papst, der innerhalb von zwei Monaten den Stuhl Petri bestieg. Wie konnte sich der «unfehlbare» Prophet derart irren? Chavigny fand die Lösung. Für Februar 1554 hatte Nostradamus den Tod einiger alter Prälaten vorhergesagt. Chavigny vermerkt in der Marginalie: «Nicht dieses Jahr 1554, sondern im folgenden Jahr starben zwei Päpste innerhalb weniger als drei Monaten.»[149] Seine Erklärung: Nostradamus würde häufig die korrekten Zeiten verschleiern, um nicht die Wahrheit dem unwürdigen Volk vor die Füße zu werfen.

Fortan betrachtet er die Almanache als Weissagungen für ganz unterschiedliche Epochen, jedenfalls nur in den seltensten Fällen für die Zeiten, denen sie vorgeblich zugedacht waren. Im *Janus François* zieht er die Jahres- und Monats-Quatrains aus den Almanachen und Prognostica heran, um sie auf ganz andere Jahre und Monate anzuwenden als jene, für die sie Nostradamus gemünzt hatte. Um ein Beispiel zu nennen: Begebenheiten aus dem Jahr 1589 findet er nicht nur in den Zenturien der *Prophéties* «vorhergesagt», sondern auch in den Monats-Quatrains aus den Almanachen für Mai 1555, Januar und August 1557, November 1558, Mai 1560, Mai und August 1561, November 1563 und Januar 1564. Er betrachtet die Vierzeiler der Almanache demnach auf beliebig viele Weisen zuordenbar. Chavigny verfuhr in gleicher Weise mit den gesamten Prosatexten der Almanache. Wo er keine passenden Ereignisse finden konnte, vermerkt er lapidar: Das bezieht sich auf die Zukunft. Damit hat Jean-Aimé de Chavigny eine Art der Auslegung begründet, die bis zum heutigen Tag den Nostradamisten als Basis dient: Was auch immer Nostradamus in seinen prophetischen Texten geschrieben hat, wird irgendwann einmal Wirklichkeit werden. Was sich nicht als verwirklicht nachweisen lässt, ist nicht etwa falsch, sondern lediglich noch nicht eingetreten.

Ein zweites Paradigma der Deutung führte Chavigny ein: Eine Weissagung des Meisters – speziell ein Quatrain, ein einzelner Vers daraus, sogar ein Hemistichion – kann sich nicht nur auf ein bestimmtes künftiges Geschehen, sondern auf viele verschiedene Begebenheiten zu unterschiedlichen Zeiten beziehen. So sieht er Teile des Quatrains C 4.44 durch Begebenheiten im August 1574, im Jahr 1577 und im Dezember 1579 verwirklicht, oder Teile des Quatrains C 6.9 im Juli 1559, April 1562 und Januar 1568. Diese Arten der Auslegung beruhen auf der Idee, Nostradamus habe den wahren Sinn und die richtigen Zeiten seiner Weissagungen verborgen, um sich vor Angriffen von Unwissenden und seiner Feinde zu schützen.[150] Die *Prophéties* sind undurchdringlich genug, um sie nur den Eingeweihten verständlich werden zu lassen. Jedoch erscheinen auf diese Weise auch die Almanache unter einem neuen Blickwinkel. Was sich auf der Oberfläche als jährliche Prognostik für ein großes Publikum darstellt, wird nun zum Geheimtext für Eingeweihte. Chavigny schreibt: «Es gibt mehrere Quatrains (nicht alle), die Namen und Jahreszahl eines bestimmten Jahres tragen, das nicht dasjenige ist, auf das sich die Weissagung in Wahrheit bezieht, noch dasjenige, in dem sie sich verwirklicht hat oder verwirklichen wird.»[151]

Trotzdem bleibt Chavigny bei besonders eindrucksvollen Begebenheiten bemüht, in den angegebenen Daten Entsprechungen zu finden. In einem Satz des Almanachs für 1559 zum Monat Juni glaubt er den Tod Heinrichs II., der im Juli dieses Jahres verstarb, erkennen zu können: «Ein großer Prinz, Herr und souveräner Herrscher wird sterben, andere werden zugrunde gehen und andere sehr in Gefahr sein.» In der Marginalie seines Manuskripts notiert er: «Hier wird unzweifelhaft der Tod von König Heinrich II. vorhergesagt.» Aber in dem unmittelbar darauf folgenden Satz sagt Nostradamus: «Frankreich wird stark zunehmen, triumphieren, vergrößert und viel mehr noch sein Monarch.» Nostradamus hatte also keineswegs den Tod Heinrichs II. gemeint. Um diesen Widerspruch in seiner Interpretation auszuräumen, bemerkt Chavigny dazu: «Das wird gesagt, um die Tatsache zu verbergen.»[152]

Diese Vorgehensweise ist eine weitere Methode, um mit den Widersprüchen zwischen Voraussage und Wirklichkeit zurechtzukommen. Chavigny behauptet, Nostradamus würde häufig genau das Gegenteil von dem sagen, was er meint, um die Wahrheit zu verbergen. So interpretiert er etwa an einer Stelle das Wort «Lob» für «Tadel», an anderer Stelle «verkaufen» für «kaufen». Ereignisse, die in Italien und Spanien stattfinden sollen, habe der Prophet diesen Ländern zugeschrieben, um die Tatsache zu verschleiern, dass sie sich in Wahrheit allein auf Frankreich beziehen würden.[153] Auf diese Weise kann er Aussagen in ihr Gegenteil verkehren, sogar Worte verändern oder weglassen, die anscheinend nur da stünden, «um die Tatsache zu verbergen, denn um sie zu erklären».[154] Allein durch ein solches Verfahren könne man ein wenig in das geheime Denken des Propheten eindringen, das die Geheimnisse der Geschichte offenbare. Jean-Aimé de Chavigny entwickelte ein System, durch das der Text so verbogen und ausgelegt werden kann, dass er auf das jeweils gewünschte Geschehnis passt. Für den Autor des *Janus* mussten die Textstellen auf die Ereignisse von der Regierung Franz' I. bis zur Thronbesteigung Heinrichs IV. passen. Die Legionen von Nostradamisten, die in seine Fußstapfen traten, gehen in gleicher Weise mit dem Text um, kommen aber zu anderen Ergebnissen, weil sie andere historische Begebenheiten im Auge haben, die der Meister vorausgesehen haben musste.

Nach dem *Janus* veröffentlichte Chavigny 1603 ein sehr umfangreiches Werk unter dem Titel *Les Pleiades*, in dem er neben den Prophezeiungen von Nostradamus auf zahlreiche weitere Weissagungen aus der prophetischen Tradition zurückgriff, um diese mit der Geschichte in Einklang zu bringen. Drei Jahre später publizierte er eine Abhandlung über die Türkenkriege, in die er ebenfalls Weissagungen seines Meisters einarbeitete. Chavignys Biografie von Nostradamus, die dem *Janus* vorangestellt ist, und die Darstellungen von César de Nostredame, dem Sohn des Propheten, in seiner *Chronik und Geschichte der Provence* von 1614 trugen den Mythos vom Nationalorakel Frankreichs weiter.

DIE ANEIGNUNG DER PROPHEZEIUNGEN DURCH INTERPRETEN Spätestens in *Les Pleiades* hatte Chavigny die Zenturien in die prophetische Tradition eingeführt. Sie waren Teil der großen Strömung von Weissagungen geworden, die zu allen Zeiten den politischen Erfordernissen angepasst werden. Das ist auch bei dem 1620 erschienenen kleinen anonymen Werk unter dem Titel *Petit discours ou commentaire sur les centuries de Maistre Michel Nostradamus (Kleine Erörterung oder Kommentar über die Zenturien von Meister Michel Nostradamus)* der Fall, in dem die Weissagungen als Unterstützung der protestantischen Sache während der Konflikte der Liga herangezogen werden. Erst nach der Mitte des 17. Jahrhunderts wird ein weiterer Versuch einer umfassenden Deutung vorgelegt. Das Werk *Eclaircissement des véritables Quatrains de Maistre Michel Nostradamus (Erklärung der wahren Quatrains von Meister Michel Nostradamus)* erscheint 1656 anonym. Die Bibliographen nennen mehrere Namen als mögliche Autoren. Wahrscheinlich war der Verfasser der Arzt Etienne Jaubert, von dem nichts bekannt ist. Offenbar kennt er die Arbeiten von Chavigny nicht, gibt sich aber ganz wie dieser als spitzfindiger Interpret dunkler Rätselsprüche, der versucht, den Nachweis zu führen, dass Nostradamus ein von Gott erwählter und inspirierter Prophet war. Immerhin kommt er zu dem interessanten Ergebnis, eine tiefe Melancholie habe den Geist des Nostradamus zu extravaganten Gedanken entführt. Durch seine einsamen Nachtwachen und seine melancholische Veranlagung sei sein Bewusstsein in die Disposition versetzt worden, die göttliche Flamme zu empfangen, die den Geist der Weissagung und Prophetie vermittle. Der Autor erkennt den veränderten Bewusstseinszustand als entscheidend, aber die seelische Verfassung selbst vermag in seinen Augen nichts zu bewirken: Nur Gott könne in diesem Zustand seine Gnade leichter walten lassen, weil er dem Erlebenden Bilder und Eindrücke übermitteln kann, die dieser im gewöhnlichen Wachbewusstsein nicht imstande ist wahrzunehmen.[155] Im Autor des *Eclaircissement* erkennen wir bereits die typischen Argumente und Persönlichkeitszüge aller Nostradamisten. Er beklagt, es gebe zu viele, die versucht hätten, die Quatrains nach ihrem Gutdünken auszulegen, so als ob Gott ihnen das gleiche Genie eingegeben hätte wie seinem auserwählten Propheten.[156] Der Nostradamist kritisiert seine Zunftgenossen, nimmt sich allerdings von der Kritik aus: Es könne eben nur einen inspirierten Interpreten geben, wie es nur einen wahren Propheten gab...

Ein unveröffentlicht gebliebenes Manuskript wird :m Jahr 1659 geschrieben. Es handelt sich um einen anonymen Kommentar zu den *Prophéties* nach dem Muster des *Recueil* von Chavigny.[157] Der Autor notiert für zahlreiche Vierzeiler seine Meinungen zu geschichtlichen Ereignissen. In England beutet 1672 Théophile de Garencières das *Eclaircissement* schamlos aus und behauptet, dass es seit 1618 in Frankreich Usus war, den Kindern die *Prophéties* zu lesen zu geben, wegen der merkwürdigen Wörter, damit sie alte französische Ausdrücke kennen lernten und wegen der Kurzweil und Vielseitigkeit ihres Inhalts.[158] Der Vorgesetzte der Kammerdiener Ludwigs XIV., Balthasar Guynaud, verfasst 1693 eine Konkordanz der Prophezeiungen von Nostradamus mit der Geschichte, in der er aus den Werken von Chavigny und dem *Eclaircissement* kopiert, freilich um in den Weissagungen des provenzalischen Astrophilen die Glorie seines verehrten Herrschers Ludwig XIV. zu entdecken.[159]

Im Jahr 1710 erscheint die in vielerlei Hinsicht interessante Interpretation *La Clef de Nostradamus (Der Schlüssel des Nostradamus)* von Jean Le Roux, einem Priester aus Louvicamp.[160] Le Roux ist der Erste, der den Versuch wagt, den Stil des Propheten zu untersuchen. Er hat die brillante und richtige Idee, seine Verse nach den Regeln der lateinischen Poesie zu betrachten, und eröffnet damit einen Ansatz, der erst vor kurzer Zeit wieder von der historisch-kritischen Forschung mit großem Gewinn aufgenommen wurde. Diese wichtige Grundlage ging den Nostradamisten, die nach ihm kamen und meist keine Kenntnisse des Lateinischen, häufig sogar nur sehr mangelhafte des Französischen besaßen, wieder verloren. Durch seine Analyse kann Le Roux auch nachweisen, dass die *Présages* tatsächlich aus der Feder von Nostradamus stammen. Zum ersten Mal wurden die 141 Monats-Quatrains aus den Almanachen, die Chavigny in seinen *Janus* aufgenommen hatte, im Jahr 1605 als Anhang zu einer Ausgabe der *Prophéties* zusammengestellt und als *Présages* bezeichnet. Der Autor des *Eclaircissement*, der weder die Almanache von Nostradamus noch das Werk Chavignys kannte, hielt die *Présages* für eine Fälschung. Er begründete seine Ansicht mit der Tatsache, dass er keine Übereinstimmungen mit historischen Begebenheiten finden konnte. Es ist das klassische A-priori-Argument der Nostradamisten: Was von Nostradamus stammt, muss zwangsläufig echte Prophetie sein.[161] Die philologische Untersuchung von Le Roux weist die Echtheit der *Présages* nach. Während sie Guynaud, der Chavignys *Janus* kannte, allesamt für seit über hundert Jahren eingetroffen hielt, will Le Roux darin allenthalben eingetroffene Voraussagen über die Herrschaft Ludwigs XIV. erkennen, und sie würden sich weiterhin verwirklichen, «bis zur Ankunft des Antichrist».[162]

Im *Mercure de France* erscheinen 1724 mehrere anonyme Artikel, die sich kritisch mit den *Prophéties* auseinander setzen.[163] Zum ersten Mal wird die Hypothese vorgetragen und anhand von Beispielen erhärtet, dass Nostradamus historische Begebenheiten und Ereignisse seiner Zeit in ein mystisches Dunkel gehüllt habe und sie als Weissagungen künftiger Dinge ausgab. 1789 greift Johann Christoph Adelung in seiner *Geschichte der menschlichen Narrheit* in einer kritischen Abrechnung mit Nostradamus auf diese Hypothese zurück.[164] Für Adelung ist freilich alles an Nostradamus Humbug und die Auseinandersetzung mit ihm nur Zeitverschwendung, denn er weissage in einem abenteuerlichen Stil «alle künftigen Schicksale der Staaten und der Kirche, aber in so dunklen apokalyptischen Bildern und Ausdrücken, dass es wahrer Zeitverlust seyn würde, wenn ich mich auch nur einen Augenblick dabey aufhalten wollte».[165]

Im 19. Jahrhundert ebnen die weit verbreiteten Werke von Eugène Bareste (1840) und Anatole Le Pelletier (1867) den Weg für die abenteuerlichsten Darstellungen des prophetischen Werkes von Nostradamus. Nach dem Priester Le Roux ist es die fanatische Beschäftigung von zwei weiteren Klerikern, die dem Werk des Sterndeuters aus Salon zu größerem Ruhm und außerordentlichen Auslegungen verhelfen: Henri Torné-Chavigny und Hector Rigaux. Torné-Chavigny veröffentlicht ab 1860 eine ganze Reihe von Büchern, die ihn zum vielleicht berühmtesten Interpreten des Nostradamus machen.[166] Torné-Chavigny, der Curé de la Clotte, behauptet, dass Nostradamus ihn namentlich in den Zenturien und *Présages* erwähnt und somit sein Erscheinen als großer Interpret vorhergesagt habe. Die Schriften des Nostradamus werden für ihn zum Füllhorn sozialpolitischer Hoffnungen. Er projiziert seine politischen Überzeugungen – die Restauration der Monarchie in Frankreich – in den Text. Allerdings verdanken wir seiner Begeisterung für den Propheten das Aufspüren einiger bis damals verloren geglaubter Almanache; eine Begeisterung, die er seinem Schüler Hector Rigaux weitergibt, der fortan ein anspruchsloses Leben führt, nur um in den Stand versetzt zu werden, die größte Sammlung von nostradamischen Schriften zusammenzutragen. Rigaux lässt drei Almanache von Nostradamus als Faksimile herausgeben: eine *Prognostication pour 1562*, die er als Manuskript in seiner Bibliothek besitzt und deren Verbleib mittlerweile unbekannt ist, den *Almanach pour l'an 1563* und den *Almanach pour l'an 1567*. Leider werden die Neuausgaben in so kleiner Stückzahl produziert, dass auch diese mittlerweile praktisch unauffindbar sind.

Das 20. Jahrhundert mit seinen großen Kriegen hat die Anzahl von

Nostradamus-Auslegungen sprunghaft in die Höhe schnellen lassen. Während des Zweiten Weltkriegs lässt die Nazi-Propaganda in den frankophonen besetzten Gebieten Auslegungen der *Prophéties* verbreiten, die unter den Nostradamus-gläubigen Franzosen den Anschein erwecken sollten, der Prophet habe den Sieg Deutschlands vorhergesagt. Unmittelbar nach den terroristischen Angriffen auf New York und Washington am 11. September 2001 kursieren gefälschte Nostradamus-Quatrains im Internet, in denen die Attacke auf die Twin Towers des World Trade Centers beschrieben sei. Nach «Osama bin Laden» ist um diese Zeit «Nostradamus» der am häufigsten eingegebene Suchbegriff in den Internet-Suchmaschinen. Das Buch des Renaissance-Gelehrten aus der Provence ist endgültig zum Zauberwerk der Weltgeschichte mutiert: Es enthält alles, was die verunsicherten Menschen darin finden wollen; es ist ein kollektiver Rorschach-Test, in dem die Buchstaben die Rolle der Tintenkleckse einnehmen, in die jeder das projizieren kann, was ihm seine erregte Seelenlage diktiert. Die Vorlage wird nicht mehr nach ihrem Inhalt und der wahren Bedeutung, die ihr Autor gemeint hat, herangezogen, sondern als ein riesiges Zufallsmuster, in das «Sinn» hineinprojiziert wird, von dem man annimmt, er sei objektiver Bestandteil der Vorlage.

Epilog: Abschied vom Propheten

Nostradamus hat dem Menschen ein Kaleidoskop der Zeit vor Augen gehalten, in dem sich das alltägliche Geschehen in zahlreichen Fragmenten spiegelt, die ständig ihre Position und Beziehung zueinander ändern, aber immer die gleichen Fragmente bleiben. Er hat einen labyrinthischen Turm aus Worten gebaut, der in der Rezeption durch seine Anhänger zu einem babylonischen Turm wurde. Erst die Nostradamisten haben die Sprachverwirrung in sein Werk getragen, die beim Propheten von Salon nur Methode war. Wieder auf ihren Ursprung zurückgeführt, werden seine Schriften verständlich und erstrahlen in ihrer eigentümlichen poetischen Kraft.

Nostradamus war von einer Unruhe getrieben, in der äußeren und inneren Welt immer auf Reisen, wissensdurstig, fasziniert von antiken Denkmälern und der Vielfalt menschlicher Charaktere. Schon früh fiel er spontan in veränderte Bewusstseinszustände, in denen er Halluzinationen erlebte; später interpretierte er sie als Visionen der Zukunft. Er lernte, sie künstlich hervorzurufen, um an die Quellen der schöpferischen Inspiration zu gelangen, denn er spürte den Drang, jenem Zeitalter allgemeiner Beunruhigung, geprägt von Kriegen, dynastischen Unsicherheiten und Religionskonflikten, den Spiegel vorzuhalten. So begann er, aufgewühlt von der Misere der Epoche, die Geschichte seiner Zeit als eine Geschichte der Zukunft zu entwerfen. Der Erfolg seiner Almanache bestätigte ihn in der Rolle des Propheten. Ein Kreislauf begann sich zu verselbstständigen: Sein Stil verdunkelte sich, wurde zusehends eigentümlich und perfektionierte sich im poetischen Ausdruck, während er sich zunehmend als Prophet und mythische Person stilisierte. Das Drängen des Publikums und der Verleger nach mehr poetischen prophetischen Ergüssen bediente Nostradamus durch seine vielseitigen Begabungen. Er war in der Gelehrsamkeit zu Hause wie im Gewöhnlichen, im Experiment wie in der Theorie, in der gelehrten Prosa wie in der mitreißenden Poesie, in der nüchternen Analyse wie im kreativen Wurf, in der antiken Geschichte wie als Kronzeuge der Zeitgeschehnisse. Kein Feld war ihm fremd, dem Arzt, Alchemisten, Pharmazeuten, Kosmetiker, Astrologen, Humanisten, Dichter, Almanachschreiber und Okkultisten. Er konnte sich einfach nicht für ein Gebiet entscheiden, auf dem er es zu besonderer Meisterschaft hätte bringen können, und darum beschloss Nostradamus, auf allen Feldern heimisch zu bleiben. Sein weit gestecktes Ziel sollte nicht weniger umfassen als alle Facetten des Lebens selbst, seine Umstände, Bedingungen, Abhängigkeiten, seinen Glanz und sein Elend.

In seiner Arbeit war er ein Vagant wie in seinen Interessen und in seiner äußeren Existenz: Ein Eklektiker, von verschiedenen Anschauungen fasziniert, ohne tiefer in die ihnen zu Grunde liegenden Konzepte einzudringen. Obwohl er miserabel war in der Anwendung der mathematischen Grundlagen der Astrologie, nicht einmal simple Interpolationen durchführen konnte und nicht verstand, nach welchen Zeitmaßen die Ephemeriden konstruiert waren, galt er als genialer Astrologe. Nicht die Herstellung von Horoskopen war seine Domäne; dafür fehlten ihm die Voraussetzungen und die nötige Geduld. Seine Spezialität war die Interpretation, die psychologisch geschickte, literarisch spannende, inspirierte Bewertung des Geburtsbildes.

In seinen prophetischen Werken konnte er durch seine enorme klassische Bildung quasi spielerisch viele Anschauungen für sein System übernehmen, die als Hypotexte durch seine ureigenen Schriften hindurchscheinen. Wenn Nostradamus präkognitive Eindrücke hatte, so spielen sie in seinem Werk keine Rolle, in dem Sinne, dass sie nicht sichtbar werden. Sie mögen hingegen eine Rolle gespielt haben für seine Motivation, ein einzigartiges prophetisches Werk zu hinterlassen.

Die Ansichten von Nostradamus besitzen kein festes Fundament. Aus

Mangel an intellektueller Strenge und umgetrieben von vielen Interessen, treiben sie wie ein Floß auf den unsicheren Wogen seiner aktuellen Befürchtungen. Dieser Mangel an Festigkeit wurde zum Garanten seines Erfolgs; er verhalf ihm zu einer Offenheit der Sprache, die Labyrinthe entwirft, in die sich jeder glücklich verirren mag. Bisweilen kann man mit Glück und Spürsinn deren Konstruktion nachvollziehen. Allzu oft läuft man indes einem Ausgang entgegen, der sich als Eingang in den nächsten Irrgarten entpuppt. So bleibt sein poetisches System des Mehrdeutigen, das eine verborgene Eindeutigkeit vorgaukelt, eine gigantische Projektionsfläche, die nicht aufhören wird, die Geister in ihren Strudel zu locken. Was kann man von Literatur mehr verlangen?

Fähig zu dieser Leistung wurde Nostradamus durch seine widersprüchliche, äußerst verformbare, schwer fassbare Persönlichkeit, die sich im Stil seiner prophetischen Schriften niederschlägt. Die *Prophéties*, diese orakuläre Universalgeschichte, zeigt deutlich einen über alle Grenzen der Vernunft hinausgehenden Entwurf. Den tiefen Graben, der Anspruch und Machbarkeit trennt, überbrückt er durch die Eigenart dieses Textes: Eine prophetische Poesie entledigt sich der Notwendigkeit aller Begründungen und Beweise. Auf diesem Terrain konnte Nostradamus gelehrt träumen und weise fabulieren, und das tat dieser typische Vertreter des französischen Humanismus, dieser belesene Experte für klassische Kultur auf seiner Suche nach einer außerordentlichen Synthese von Wissenschaft und Religion.

Der beispielhafte Erfolg von Nostradamus beruht auf der Tatsache, dass es ihm gelang, alle Menschen anzusprechen. Er erschien dem verzweifelten Klosterbruder in seiner Zelle ebenso als Retter wie dem reichen Bergwerksspekulanten. Durch die merkwürdige Mischung von Banalitäten und gelehrten Anspielungen berührte er mit seinen Weissagungen einfache Gemüter wie Hochgebildete, Bauern wie Könige und Magnaten, die vom Leben Enttäuschten wie Abenteurer und Feldherren. Seine Prophezeiungen wurden vom höchsten Klerus ebenso ernsthaft in Erwägung gezogen wie vom Landwirt, der sich Hinweise auf eine günstige Zeit zum Säen erhoffte. Die Elite der Dichter hob ihn in den Olymp der Poeten. Sie alle suchten in Nostradamus' Werken nach Antworten auf drängende existenzielle Fragen, erhofften Einsichten in den Lauf des Schicksals und erbaten persönliche Weissagungen. Nostradamus hatte ein umfassendes Projekt entworfen, in dem sich Welt und Gesellschaft wieder finden konnten. Es tritt in Resonanz mit den Ängsten und Hoffnungen, die im Seelengrund des Menschen drängen. Es scheint Antworten zu bieten auf Fragen, die an der Grenze der Zeit scheitern. Es scheint die Domäne der Mutmaßung zu durchbrechen und Wissen bereitstellen zu können.

Mit Nostradamus haben wir einen Propheten verloren, aber einen gelehrten Humanisten, einen wachen Beobachter der Zeit – im wörtlichen und übertragenen Sinn – und vor allem einen Dichter gewonnen. Sein Werk wird verständlich im Licht der großen Strömungen der Renaissance und speziell im Licht des Neuplatonismus von Marsilio Ficino. Wenn man den Menschen Nostradamus aus seinem Jahrhundert und seinem Milieu heraus versteht, verliert er viel von seinem Mysterium, aber er gewinnt eine ganz neue historische Bedeutung. Zur Mitte des 16. Jahrhunderts war er eine europäische Berühmtheit, dessen Almanache in aller Munde waren. Indem er sich über die Regeln der Sternkunde hinwegsetzte, führte er das Zusammenspiel von Astrologie und Prophetie auf neues Terrain und zu seiner letzten Blüte. Nach ihm setzte ein Wandel ein, und die anhebenden Naturwissenschaften begannen den Glauben sowohl an die Astrologie als auch an die Prophetie endgültig zu erschüttern.

Nostradamus war ein Literat im Versuch, gegen das Elend seiner Zeit anzuschreiben, auf der Suche nach dem rechten Ausdruck für die dunkle Schicksalsstunde, in die sich der Mensch manövriert hatte. Mitten im Aufschwung des Humanismus, in den revolutionären Umbrüchen im wissenschaftlichen Denken stellen die *Prophéties* ein Dokument des Scheiterns humanistischer Werte dar. In seinen finsteren Bildern von Unmenschlichkeit und Vernichtung ist es ein Zeugnis für den Misserfolg des humanistischen Projekts, ein manieristisches Requiem auf die Gattung Mensch und in dieser Hinsicht durchaus prophetisch zu nennen.

Anmerkungen

1 Nostradamus hat bisweilen in einem Jahr mehrere Almanache und Prognostica veröffentlicht. Deshalb exzerpiert auch Chavigny für ein Jahr manchmal aus mehreren Vorlagen. Der *Almanach pour l'an 1558* erschien in Lyon bei J. Brotot und A. Volant, ist aber heute nicht mehr erhalten. Indes ist ein einziges Exemplar der *Pronostication nouvelle pour l'an Mil cinq cens cinquante & huict* (Paris, Guillaume le Noir) bekannt, das in der königlichen Bibliothek von Den Haag in Holland aufbewahrt wird.

2 Das Original existiert nicht mehr, aber es gibt zwei englische Übersetzungen dieses Almanachs. Eine davon enthält nur die Vierzeiler (*An Almanacke for the yeare of oure Lorde God, 1559*. London, 1559), die andere die Prosaweissagungen (*The Prognostication [...] for the yeare of our Lorde, 1559*. Antwerpen, o. D.).

3 Vom *Almanach pour l'an 1561* gibt es nur noch wenige Fragmente von zwei Exemplaren, die Nicolas Petit, der ehemalige Konservator der Bibliothek Sainte Geneviève, entdeckt hatte und die als Packpapier Verwendung gefunden hatten! Die Bruchstücke hat Amadou (1993), S. 431–456 veröffentlicht.

4 Der verlorene *Almanach pour l'an M.D.LXVII* (Lyon, Benoist Odo) wurde noch 1904 vom Abbé Hector Rigaux in limitierter Auflage nach dem Exemplar in seiner Bibliothek wieder aufgelegt. Das einzige bekannte Exemplar dieser Neuausgabe befindet sich unzugänglich in einer Privatsammlung.

5 Chavigny (1594). Das Buch erschien zweisprachig auf Französisch und Latein.

6 23. Register der Akten Hozier, Jahr 1553, fol. 569. Zit. nach Gimon (1882), S. 199f.

7 Brind'Amour (1996), S. XXV.

8 Seine Autorenschaft des anonym erschienenen Werkes *Eclaircissement des véritables Quatrains de Maistre Michel Nostradamus* (1656) ist umstritten. Die Mehrheit der Forscher hält ihn jedoch für den Autor.

9 Chavigny (*Recueil* 1589), I, *PP* 94–95.

10 Chavigny (*Recueil* 1589), I, *PP* 137, 194, 204. Mit dem «neuen Diktator» meint Nostradamus wahrscheinlich den grausamen Feldherrn Gaius Julius Maximinus Thrax, der 235 von seinen Soldaten in Germanien zum Kaiser ausgerufen wurde. Die Soldaten ermordeten ihn im Jahr 238. Möglich ist auch, dass Nostradamus Maximianus meint, von 286 bis 305 Mitregent Diokletians und dessen treuer Handlanger beim Ausführen grausamer Christenverfolgungen. Hieron war Herrscher von Syrakus (269–214 v. Chr.), der sich im Krieg gegen die Karthager auszeichnete.

11 Chavigny (*Recueil* 1589), I, *PP* 247.

12 Couillart (1556), fol. 4v–5v.

13 Haton (1857).

14 Nostradamus, *Les Significations* (1558).

15 Stevenson, Joseph (Hg.). *Calendar of State Papers, Foreign Series, of the Reign of Elizabeth, 1558–1559*. London, 1863, S. 503 f.

16 Bain, Joseph (Hg.). *Calendar of State Papers relating to Scotland and Mary, Queen of Scots 1547–1603*. Edinburgh, 1898, Bd. I, S. 289.

17 Fulke (1560), fol. B2.

18 Capp (1979), S. 69f.

19 Coxe (1561), fol. AI2r.
20 Desjardins, Abel (Hg.). *Négotiations diplomatiques de la France avec la Toscane, documents recueillis par Giuseppe Canestrini*. Paris, 1865, Bd. III, S. 427 f. Chavigny (*Recueil* 1589), V, *PP* 313.
21 Archives nationales, Microfilm 21 MI/97.
22 Tommaseo, M. N. *Relations des ambassadeurs vénitiens. Sur les affaires de France au XVIe siècle*. Paris, Bd. I, S. 422 f.
23 Commentarii del Regno di Francia del Clarissimi: M. Micheli Soriano ritornato Ambasciatore: da quella Corti nel principio della Setta Vgnotta, con alcuni Loro progressi: 1561 (Ms. Bibliothèque Nationale, fonds italien 1273). Vgl. auch Tommaseo, M. N. *Relations des ambassadeurs vénitiens. Sur les affaires de France au XVIe siècle*. Paris, Bd. I, S. 542–545.
24 Dupèbe (1983), VII, S. 37.
25 Zur Abstammung von Michel Nostradamus vgl. Lhez (1968), S. 393 und Bousquet (1950), S. 12 ff.
26 Jean de Nostredame (1575). Vgl. die kritische Ausgabe, hrsg. von Camille Chabaneau und Joseph Anglade, Paris, 1913, S. 254.
27 Chavigny (1594), S. 1 f.
28 Leroy (1960).
29 Wie Nostradamus 1561 in einem Brief schrieb (Dupèbe, 1983, XXX, S. 96).
30 Auch diese Ansicht war damals bereits bekannt. Vgl. Jouan (1566), fol. 21v.
31 Nostradamus, *Excellent* (1555), Proeeme, S. 3 f.
32 Nostradamus, *Excellent* (1555), Proeeme, S. 3 f.
33 Dupèbe. XXX, S. 96. *Horoskop für Prinz Rudolf*, Ms Augsburg, fol. 27v.
34 Gouron (1956).
35 Guillaume Rondelet (1507–1566) war Arzt und Zoologe. Er bekleidete von 1560 bis 1566 das Amt des Kanzlers an der Universität von Montpellier und studierte insbesondere Fische und Meerestiere, über welche er 1554 ein Standardwerk verfasste.
36 Vgl. Thorndike (1934), Bd. V.
37 Nostradamus, *Le vray et parfaict* (1557), fol. 26v.
38 Die zweite Auflage erschien zwei Jahre später ohne die Einleitung und die Übersetzung eines Textes von Hermolaus Barbarus sowie mit einigen Kürzungen, unter dem Titel *Le vray et parfaict embellissement de la face, & conservation du corps en son entier*. Eine Reprint-Ausgabe erschien 1979 bei Gutenberg Reprints, Paris.
39 Nostradamus, *Le vray et Parfaict* (1557), fol. 76r.
40 Barrère (1856), S. 203.
41 Dupèbe (1997), S. 33.
42 «*Magiam operari non est aliud quam maritari mundum.*» Zit. nach Garin (1988), S. 49.
43 Nostradamus, *Le vray et parfaict* (1557), fol. 27r.
44 Nostradamus, *Le vray et parfaict* (1557), fol. 31r.
45 César de Nostredame (1614), S. 746–766.
46 Nostradamus, *Le vray et parfaict* (1557), fol. 27r, 75v, 76r.
47 Die Beschreibung dieses wohlriechenden Mittels und eine kulturgeschichtlich sehr interessante Darstellung der Pest von Aix hinterließ Nostradamus im *Excellent* (1555), Kap. VIII, S. 48–54.
48 Vgl. *Gestes et faictz* (1559). Nach Petruquin (1845, S. 42) handelte es sich dabei

um Keuchhusten (*coqueluche*). Vgl. Nostradamus, *Le vray et parfaict* (1557), fol. 75r.

49 Nostradamus (1968). Rollet besorgte diese erste Veröffentlichung des Ms. aus der Bibliothèque Nationale in Paris (BN fonds français 2–594), das wahrscheinlich ein Autograph von Nostradamus ist. Er hat es mit einem Akrostichon am Ende signiert. Das Papier wurde zwischen 1536 und 1539 hergestellt. Nostradamus signiert das Werk mit dem Hinweis «Michel Nostradamus de Sainct Remy en Provence». Zumal er sich «aus Saint-Rémy» tituliert und nicht wie in späteren Werken «aus Salon», muss das Manuskript zu einer Zeit entstanden sein, als er sich noch nicht in Salon niedergelassen hatte. Vgl. Brind'Amour (1993), S. 474.

50 Thissen (2001), S. XV.

51 Nach einem Eintrag im Kataster von Salon zum Jahr 1552 (fol. 70v). Vgl. Gimon (1882), S. 199.

52 Nostradamus, *Excellent* (1555), S. 220.

53 Nostradamus, *Le vray et parfaict* (1557), fol. 39r, 69r.

54 Chavigny (*Recueil* 1589), I, *PP* 12.

55 Es handelt sich um *PP* 31 und 32 (Chavigny, *Recueil* 1589, I). Vgl. Chevignard (1999), S. 33 f.

56 Das Januaredikt vom 25.1.1535 und nach seiner Aufhebung das Edikt von Coucy vom 16.7.1535.

57 Chavigny (*Recueil* 1589), I, *PP* 168.

58 César de Nostredame (1614) S. 775C.

59 Nostradamus, *Ein Erschrecklich* (1554).

60 Chavigny (*Recueil* 1589), I, *PP* 230–231.

61 Chavigny (*Recueil* 1589), I, *PP* 98.

62 Bis vor kurzem war unbekannt, was aus der einmaligen Bibliothek Ruzos geworden ist; man hielt sie für verschollen und die Werke in alle Welt verstreut. Nach langen und schwierigen Recherchen konnte ich sie aufspüren, musste aber dem gegenwärtigen Besitzer vollkommene Vertraulichkeit zusichern. Aus einem mir vorliegenden Verzeichnis geht hervor, dass die Bibliothek noch weitgehend vollständig ist. Einige kurze Zitate aus der *Prognostication nouvelle* kannte man von der Schrift von Laurens Videl (1558) und von Torné-Chavigny (1870), S. 286–288.

63 César de Nostredame (1614), S. 776.

64 Dupèbe (1983), I, S. 29.

65 Zit. nach Benazra (1990), S. 9.

66 Videl (1558), fol. C4r.

67 Tricou (1929).

68 La Daguenière (1558), fol. A4rv.

69 «Contre ceulx qui tant de foys m'ont fait mort. *Immortalis ero vivus, moriensque magisque Post mortem nomen vivet in orbe meum.*» Nostradamus inspiriert sich an einem Vers von Ovid: *Cantetur toto nomen in orbe meum* («Mein Name wird im ganzen Universum besungen werden»), Ovid, *Ars amat.*, II, 740.

70 Vgl. Millet (1987), S. 103–121.

71 La Daguenière (1558).

72 Videl (1558).

73 Wie Emmanuel Poulle (1987) zeigen konnte, gehen die *Alfonsinischen Tafeln* nicht auf Alfons X. von Kastilien (1226–1284) zurück, sondern wurden vielmehr zwischen 1323 und 1327 durch Jean de Murs in Frankreich erstellt und Alfons dem

Weisen zugeschrieben, um sie der gelehrten Welt zugänglich zu machen.

74 Vgl. dazu ausführlich Brind'Amour (1993), S. 70 f.

75 Brind'Amour (1993), S. 421 ff.

76 Videl (1558), fol. E2v.

77 Nostradamus schrieb dies poetisch erhöht, indem er zwei Hexameter von Ennius entlehnte.

78 Nostradamus, *Les Significations* (1558).

79 Buget (1860), S. 1711 f.

80 Crinitus (1543), S. 304.

81 Vgl. Clasen (1673), II, VII, S. 364–379.

82 Die Nummerierung der Abschnitte des Briefes an César folgt jener von Bareste (1840), die sich in der Nostradamus-Forschung durchgesetzt hat.

83 Der Erste, der darauf hingewiesen hat, war der Abbé Torné-Chavigny (1861–62), Bd. 1, S. 2. Pierre Brind'Amour (1996, S. 1–43) hat in seiner beispielhaften Analyse sämtliche Entlehnungen detailliert dargestellt.

84 Vgl. zur Verwendung des Wortes im Französisch der Renaissance-Zeit: Huguet (1928–1967), Bd. III, S. 718 f. «Et quand tu porterois au lieu d'humain chair / Au fond de l'estomac pour un cueur un rocher.» Ronsard. *Amours de Marie, le Voyage de Tours*, Bd. I, S. 162. «Quand sa douce voix pouvoit avoir yssu de son dolent estomac […]», Lemaire des Belges, *Illustr.* II, 13.

85 «*Soli numine divino afflati praesagiunt, & spiritu prophetico particularia.*» Das Zitat konnte Nostradamus auch bei Agrippa von Nettesheim gefunden haben, dem er viele Ideen im *Brief an César* verdankt (vgl. Aprippa von Nettesheim (1533), III, XLV, S. CCCXI).

86 Crinitus (1543), XX, I, S. 303 f.

87 Seine Ideen von der Bedeutung des Genius lehnen sich an Ficino (1489, Kap. XXIII) an, der den Genius mit dem Schutzengel eines Menschen oder seinen dominanten Planeten gleichsetzt, und vor allem an Agrippa (1533, III, XXII, S. CCLIIf), der über das dreifache Wesen des «daemon bonus» als Schutzengel, astrologischer Genius und als Genius des Besitztums referiert. Wenn wir gereinigt sind und in Ruhe leben, dann sei der gute Genius von uns wahrnehmbar und er spreche gleichsam mit uns und führe uns zur «heiligen Perfektion».

88 Zitat aus 1 Samuel 9,9.

89 Agrippa (1533), II, LIII, S. CXCVIII f.

90 Nostradamus, *Grand' Pronostication* (1557), fol. Biijr.

91 *Phantastique* oder *fantastique* bedeutete «visionär» (Huguet, 1919, S. 160). «Fantastiques imaginations» sind also visionäre Bilder der Vorstellung oder Visionen.

92 In allen Ausgaben steht «oinctes» (gesalbt), was im Zusammenhang keinen Sinn macht. Brind'Amour (1996), S. 39 verbessert zu *joinctes* (verbunden oder zusammen [mit]).

93 Dupèbe (1983), XXX, S. 96.

94 Leoni (1982), S. 770.

1 Boll (1908).
2 Grundmann (1950). Vgl. Benz (1934).
3 Joachim von Fiore (1527), fol. 48.
4 Vgl. Schwoebel (1967).
5 Vgl. Betzold (1892), S. 55.
6 Lichtenberger (1488). Veröffentlicht von Heinrich Knoblochtzer, der zugleich die
Version in Landessprache herausgab: *Prognostica* oder *Prognosticatio zu theutsch*, mit
unterschiedlichen Titeln (Praktika, Weissagung usw.). Vgl. Kurze (1960).
7 Anna Morisi-Guerra (1992), S. 26 ff.
8 Unter dem Vorsitz Carvajals wurde das Konzil am 1. November 1511 in Pisa eröffnet, musste aber bereits am 12. November nach Mailand verlegt werden. Es führte
zu keinem Erfolg. Nach dem Tode Julius II. erhielt Carvajal 1513 seine Titel von
Leo X. wieder.
9 Vgl. Minnich (1992), S. 63.
10 Vgl. zu diesem Thema die hervorragende Arbeit von Céard (1996).
11 *Chronik des Johann Oldecop*. Karl Euling (Hrsg.), Bibl. Lit. V, 190, 1891.
12 Vgl. Thorndike IV (1934), S. 414.
13 Paracelsus (1531).
14 Niccoli (1987), S. 50.
15 Lycosthenes (1557), S. 490.
16 Lancellotti (1863), S. 23.
17 Schenda (1960).
18 *Les avertissements es trois estatz du monde selon la signification de ung monstre ne lan mille
v. cens et xij.*
19 Das Werk erschien bereits am 16. März 1512. Vgl. Niccoli (1987), S. 72.
20 Vatican, Barberini 904, fols. 229v–230r. Vgl. Thorndike (1934), Bd. 4, S. 469–473.
21 Stöffler und Pflaum (1499).
22 *Prognosticon 1503–1530*, Florenz, Ms. Riccardiano 771, fol. 2v
23 Gaurico (1507), fol. a4v.
24 Hammerstein (1986), S. 140.
25 Kurze (1986), S. 190.
26 Crouzet (1990), Bd. I, S. 102.
27 Roussat (1552).
28 Vgl. Britnell und Stubbs (1986).
29 *Recueil des prophéties et révélations, tant anciennes que modernes. Contenant un sommaire
des révélations de Saincte Brigide, S. Cyrille, & plusieurs autres Saincts & religieux personnages, nouvellement reveuës & corrigées. Et de nouveau augmentées outre les précédentes impressions.* Troyes, Pierre Chevillot, 1611. Die Sammlung von Prophezeiungen
war in dieser Form zuerst bei R. Le Mangnier in Paris 1561 separat erschienen.

1 Die Darstellungen folgen den wichtigsten Bibliographien von Chomarat (1989), Benazra (1990), Klinckowstroem (1913).

2 Prévost (1999), S. 245.

3 Nostradamus, *Les significations* (1558), fol. Biir. Eine solche Interpretation seiner zweiten Zenturie ist niemals veröffentlicht worden. Offenbar hatte er aber zunächst die Absicht, dies zu tun, sonst hätte er nicht darauf hingewiesen.

4 Vgl. Brind'Amour (1993), S. 39, 60.

5 Es handelt sich (wie C 4.26) um einen Vierzeiler in okzitanischer Sprache, einer galloromanischen Sprache, die verschiedene lokale Dialekte kennt. Einer davon ist das Provenzalische, die Form, die in der Heimat des Propheten gesprochen wurde.

6 Prévost (1999), S. 64f.

7 Halbronn (1998).

8 Wöllner (1926), S. 50.

9 Chavigny (*Recueil* 1589), IV, *PP* 41.

10 Prévost (1999), S. 107.

11 Die Planeten bewegen sich alle in der gleichen Richtung, gegen den Uhrzeigersinn, um die Sonne. Die Astrologie betrachtet die Planeten jedoch so, wie sie von der Erde aus zu sehen sind, die sich selber um die Sonne dreht. Auf diese Weise scheinen Planeten sich manchmal rückwärts zu bewegen, wenn ein äußerer, langsam laufender Planet wie etwa Saturn von der Erde überholt wird.

12 Vgl. Prévost (1999), S. 113 f.

13 Bei der ersten Veröffentlichung 1557 und in mehreren späteren Ausgaben beginnt die erste Zeile: «Au chef du monde [...]», ein offensichtlicher Fehler, der in den besten Ausgaben korrigiert ist.

14 Schon Chavigny (1594, S. 40) hat dies erkannt.

15 Brind'Amour (1996), S. 309.

16 *Mirabilis Liber* Bl. Ir (2. Teil): «Un Roy sera en gaule, nommé K. Et celluy Roy sera champion ou chef d'or [...].»

17 Nostradamus spricht im Horoskop den Prinzen Rudolf direkt an: «[...] Philipp, König von Mazedonien, Vater Alexanders des Großen, von dem Eure Ahnen entsprossen sind [...]» (Ms Augsburg, fol. 25v–26r). In den *Prophéties* spricht Nostradamus auch vom Aemathianer, der über die Pyrenäen in Frankreich einfallen wird (C 9.64.1–2 «L'Aemathion passer monts Pyrennees, / En Mas Narbon ne fera resistance»).

18 Vgl. Cloulas (1979 und 1985).

19 Prévost (1999), S. 72.

20 Diese Interpretation schlug bereits der anonyme Autor des *Lettre Critique* (1724) vor.

21 Der Quatrain wird von Chavigny in seinem *Recueil* nicht erwähnt, auch in dem einzigen bekannten Exemplar der *Prognostication nouvelle* für 1555 kommt er nach Angaben des Besitzers nicht vor (Ruzo, 1982, S. 340, I, 1.) Chavigny veröffentlicht ihn zum ersten Mal in seinem *Janus* (1594, S. 41.), was die Vermutung nahe legt, er habe ihn selber komponiert. Allerdings ist nicht nachvollziehbar, warum er das getan haben sollte. Wahrscheinlicher ist vielmehr, dass es einen zweiten Almanach für das Jahr 1555 gab, der diesen Vierzeiler als einleitenden Quatrain führte. Einen Hinweis auf das Vorhandensein von zwei Almanachen bietet der Umstand, dass Cha-

vigny in seinem *Recueil* 1589 die Weissagungen für 1555 in zwei separaten Abschnitten kopierte.

22 Mars Narbon von lat. *Narbo Martius*, «Narbonne von Mars» (die römische Kolonie unterstand dem Schutz des Gottes Mars).

23 Dupèbe (1983), App. III, S. 170; XLI, S. 142.

24 Nostradamus, *Paraphrase* (1557), fol. A3r.

25 In den Ausgaben steht «l'estinique», ein Wort, das es nicht gibt. Ich habe korrigiert zu «et inique» («und ungerecht»).

26 Obsequens (1553). Meistens erschien es mit den beigebundenen Werken von Polydorus Vergilius über Aberglauben und von Joachim Camererius über Wunderzeichen, insbesondere über Kometen.

27 In Klammern gebe ich die entsprechenden Nummern der Kapitel bei Obsequens an.

28 Giuliano Dati: *Del diluvio di Roma del MCCCCLXXXXV adi LII di dicembre et daltre cose di gran meraviglia.* Ohne Ort und Drucker.

29 Brind'Amour (1996), S. 252. Mit Lepidus hat sich Nostradamus auch an anderer Stelle auseinander gesetzt. Er verwendet ein Ereignis aus der römischen Geschichte als Beispiel für ein Geschehen, das sich in seiner Zeit wiederholen werde. Im Almanach für das Jahr 1553 heißt es: «Dieses Jahr ist das Jahr, in dem der Sturm von Cäsar und Pompäus war, und am Ende des Jahres wird die Ächtung von Augustus, Marcus Antonius und Lepidus sein.» (Chavigny (*Recueil* 1589), I, *PP* 38.)

30 Nostradamus, *Les significations* (1559).

31 Vgl. Marcouville (1564), Buch III.

32 Chavigny (1594), S. 162. Er bezieht sich auf das Werk von Leowitz (1556).

33 Nostradamus (1906), S. 32.

34 Vgl. Brind'Amour (1993), S. 221 ff.

35 Alle Daten beziehen sich auf den julianischen Kalender, da zu Nostradamus' Zeiten noch mit dem julianischen Kalender gerechnet wurde.

36 Jaubert (1656), S. 128 f. und 268–271.

37 *Anonymer Kommentar* von 1659, fol. 46v.

38 Brind'Amour (1993), S. 223 f.

39 Vgl. Almanach für 1557 zum Monat April (Chavigny (*Recueil* 1589), II, *PP* 211) und Almanach für 1559 zum Monat August (Chavigny (*Recueil* 1589), IV, *PP* 169). In beiden Fällen ist vom «verbrannten Saturn» («Saturne combust» und «la combustion de Saturne») die Rede, was auf eine Konjunktion von Saturn und Sonne schließen lässt.

40 Chavigny (*Recueil* 1589), IV, 1559, *PP* 336: «Les trajections du ciel & crinites apparences manifesteront ce que peu après sera aperceu.»

41 Vgl. Prévost (1999), S. 110 f.

42 Vgl. Dupèbe (1983), LI, S. 164 und S. 167–169.

43 Chavigny (*Recueil* 1589), IV, *PP* 154.

44 Chavigny (*Recueil* 1589), VI, *PP* 340. Chavigny zitiert diese Aussage auch in seinen *Pléiades* (1603), S. 81.

45 Brind'Amour (1996), S. 254 ff.

46 Das alte französische Wegmaß der Meile (*lieue*) entspricht ungefähr 4 km.

47 Chavigny (*Recueil* 1589), I, *PP* 98.

48 Chavigny (*Recueil* 1589), I, *PP* 324.

49 Chavigny (*Recueil* 1589), II, *PP* 132.

50 Chavigny (*Recueil* 1589), II, *PP* 147.

51 Chavigny (*Recueil* 1589), IV, *PP* 22 und 341.

52 Chavigny (*Recueil* 1589), VIII, *PP* 364.

53 Brind'Amour (1996), S. 283.

54 Was Nostradamus unter «Balenne» meint, kann nicht geklärt werden. Le Pelletier (1867, II, S. 310) bringt es mit dem Latium in Verbindung. Brind'Amour (1996, S. 238) führt eine Etappe auf der Via Aureliana aus römischer Zeit an, die Costa Ballene hieß und in den Alpen lag. Seiner Meinung nach könnte auch Ljubljana gemeint sein.

55 Vgl. Schott (1697), S. 737.

56 Bis ins 13. Jahrhundert nannte man alle kroatischen Territorien *Sclavonia*, dann nur das Gebiet zwischen Save und Drau.

57 Agrippa (1533), I, LVI, S. LXXII.

58 Vgl. Brind'Amour (1990), S. 58.

59 Le Pelletier (1867), II, S. 315. Güter werden auf Altfranzösisch *chevance* genannt (Huguet, 1919, S. 76).

60 Brind'Amour (1996), S. 529.

61 Chavigny (*Recueil* 1589), I, *PP* 168.

62 Chavigny (*Recueil* 1589), I, *PP* 440.

63 Chavigny (*Recueil* 1589), II, *PP* 76. Chavigny verweist in seinem Kommentar auf den Zusammenhang mit der zitierten Aussage im Almanach für 1555 (*PP* 440 aus Buch I).

64 Chavigny (*Recueil* 1589), I, *PP* 495.

65 Wie Polizzi (1997, S. 58) meint, der nur die Verse C 10.9.2–3 im Auge behält.

66 Vgl. Dumézil (1999), S. 125 ff.

67 Livius, *Römische Geschichte*, I, XVIII, 6–10.

68 Zusammen finden sich die Begriffe «d'azur, d'acre» für (aus Lapislazuli gewonnene) blaue Farbe und Perlmutt in Nostradamus' *Orus Apollo*, wo er schreibt: «Sie malen mit Gold, in blauer Farbe und Perlmutt» («Paignent en or en couleur d'azur d'acre.» Rollet, 1968, S. 68).

69 Horoskop für Prinz Rudolf. Ms Augsburg, fol. 53r.

70 Dumézil (1999), S. 124.

71 Vgl. auch Chavigny, *Vaticination fort ancienne*, S. 19.

72 Dieser Satz ist ein Zitat aus Vergil, *Aeneis*, 6, 129: *Hoc opus hic labor est*.

73 Chavigny (*Recueil* 1589), I, *PP* 484–488: 484.

74 Berühmt wurde Brennus durch seinen Ausspruch «Wehe den Besiegten» (*Vae victis*), als er beim Abwiegen des Lösegelds noch sein Schwert in die Waagschale warf.

75 Chavigny (*Recueil* 1589), I, *PP* 463.

76 Vgl. Polizzi (1997).

77 Sueton, *De vita Caesarum* (II, XXVIII).

78 Die Widmung könnte sich auch «an die Manen und ihre Ahnen» beziehen. Vgl. Hirschfeld (1888), S. 17, Nr. 1012.

79 César de Nostredame (1602), S. 9.

80 Vgl. Prévost (1999), S. 166.

81 Horoskop für Rudolf von Habsburg, Ms. Augsburg, fol. 31rv. Vgl. auch fol. 43v.

82 Das Wort «lac» kommt nur in den Ausgaben 1605 und 1650 vor, aber im Zusammenhang mit C 9.12 scheint es passend zu sein, wenngleich Metrik und Satzkonstruktion nicht mehr stimmen.

83 Huguet (1928–1967), Bd. I, S. 297.

84 Auf die Korrektur von «L'on sacre à Saturn» zu «consacré à Saturn» hat schon Du-
    mézil 1984 hingewiesen (vgl. Dumézil 1999).

85 Chavigny (*Recueil* 1589), I, *PP* 38.

86 Das Ms. wird in der Bibliothèque Inguimbertine in Carpentras aufbewahrt und
    wurde von Rollet (1968) im Anschluss an die Übersetzung der *Hieroglyphika des Ho-
    rapollon* veröffentlicht.

87 Rollet (1968), S. 175.

88 Dupèbe (1983), XXXVI, S. 123.

89 Jaubert (1656), S. 136, 137, 341, 345. Auch der Autor des anonymen Kommentars
    von 1659 notiert in seinem Manuskript: «Arrivé l'an 1557, 9 septembre» (fol. 157r)
    und beschreibt die Überschwemmung.

90 Pitollet (1914), S. 238f.

91 Poldo d'Albenas (1559). Es handelt sich um das älteste jemals über Nîmes geschrie-
    bene Buch.

92 Buget (1861), S. 251.

93 *Der Seher von Salon* (1941), S. 9.

94 *Mirabilis Liber*, Bl. Viv. Übrigens fand der Quatrain unter den Nostradamisten des
    20. Jahrhunderts eine Interpretation als Vorhersage der nutzlosen Verhandlungen
    des Völkerbundes in Genf.

95 Chavigny (*Recueil* 1589), VI, 1561, *PP* 325.

96 Chavigny (*Recueil* 1589), I, *PP* 166.

97 Chavigny (*Recueil* 1589), V, 1560, *PP* 239.

98 Chavigny (*Recueil* 1589), VI, 1561, *PP* 4.

99 Chavigny (*Recueil* 1589), VI, 1561, *PP* 210.

100 Der Begriff «peste» stand für jede ansteckende Krankheit, Seuche und die Pest
    selbst. Im übertragenen Sinn wurde er auch für Verderben und Untergang verwen-
    det.

101 Chavigny (1594), S. 254.

102 Das französische Original ist verloren gegangen. Es existiert nur noch die englische
    Übersetzung *An excellent treatise* von 1559.

103 Almanach für 1563, Reprint Mariebourg (1905).

104 Almanach für 1562, fol. B iiijrv.

105 Chavigny (*Recueil* 1589), VI, 1561, *PP* 19. Im *Recueil* 1589 von Chavigny findet sich
    dieser Abschnitt nicht wie im Almanach unter dem Monat Juni, sondern in Auszü-
    gen zu Beginn als *PP* 19.

106 Leroy (1982), S. 96.

107 Panisse-Passis (1889), S. 81 ff.

108 Ein «bedeutender Adeliger» habe ihm einen Boten schicken lassen mit einer Einla-
    dung an den Hof, wo sich der Prinz befinde (vgl. Dupèbe, 1983, XXVII, S. 86). Wir
    wissen nicht, wer dieser Edelmann war, aber offenbar gab es glühende Fürsprecher
    des Propheten in den höchsten Positionen.

109 Diese Korrespondenz wurde von Dupèbe (1983) veröffentlicht.

110 «[…] *de religione Christiana suspecti* […]» Dupèbe (1983), XXXX, S. 132.

111 Dupèbe (1983), XXX, S. 96.

112 Tamizey de Larroque (1880), S. 28f.

113 Zu dieser Einsicht kommt auch Dinzinger (1991), S. 30.

114 Vgl. César de Nostredame (1614), S. 569.

115 César de Nostredame (1614), S. 770.

116 *Mirabilis Liber* Bl. XXVIIIr. *Recueil de prophéties* (1611), fol. 40r.

117 Huntington, Samuel P.: *Kampf der Kulturen. Die Neugestaltung der Weltpolitik im 21. Jahrhundert.* München, Wien, 1996.

118 Diese Aussage ist sowohl ein historischer Rückblick als auch eine als Prophezeiung maskierte Reaktion auf ein Ereignis, das in der Zeit kurz vor Abfassung der letzten Zenturien Wirklichkeit wurde: 1558 ging die Kaiserkrone auf die deutsche Linie des Hauses Habsburg über.

119 Prévost (1999), S. 169.

120 Die einflussreichen chronologischen Arbeiten von Eusebius von Caesarea (260–340), dem «Vater der Kirchengeschichtsschreibung», wurden durch die Schriften des heiligen Hieronymus bekannt.

121 Pomian (1986).

122 Roussat (1550), S. 77.

123 Das Gesamtwerk von Avenazra erschien 1507 in Venedig im Druck.

124 Später wurde das System auch separat unter dem Titel *De septem secundeis* veröffentlicht. Die deutsche Übersetzung *Von den syben Geystern oder Engeln* erschien 1522.

125 Trithemius (1613), S. 13.

126 Albumasar (1489), tract. I, dif. IV; tract. III, dif. I

127 Zu d'Ailly vgl. vor allem die exzellente Arbeit von L. Ackermann Smoller (1994).

128 Vgl. Festinger, Schachter, Riecken (1956).

129 Turrel (1528).

130 Turrel, *Le Période.* Die Bezeichnung des Autors als «verstorbener Meister Pierre Turrel» weist das Buch als posthume Veröffentlichung aus. Allerdings ist das Todesjahr von Turrel nicht bekannt. Aller Wahrscheinlichkeit nach verstarb er bald nach Abfassung dieser Arbeit. «Période» bedeutete im Französisch des 16. Jahrhunderts den Höhepunkt oder das Ende einer Sache.

131 Bareste (1840), S. 193 ff.

132 Roussat (1550) wurde das Doktorat in Medizin an der Universität Paris verweigert, weil er den studentischen Anwärtern mit Hilfe eines magischen Ringes Weissagungen gemacht hatte. Vgl. Brind'Amour (1993), S. 166.

133 Gemeint ist das Herannahen der letzten Periode oder des Endes.

134 Almanach für 1562, Dedikationsbrief an Pius IV., fol. B Iiijrv.

135 Zit. nach Chavigny (1603), S. 103 f.

136 Roussat (1550), S. 131 f., 144.

137 Roussat (1550), S. 145.

138 Zit. nach Chavigny (1603), S. 104.

139 Roussat (1550), S. 53.

140 Chavigny (*Recueil* 1589), VI, *PP* 88.

141 Von lat. *Caput Arietis*, die ersten Grade des Zeichens Widder.

142 Roussat (1550), S. 132.

143 Almanach für 1561, Chavigny (*Recueil* 1589), VI, *PP* 110–111.

144 Vgl. Thorndike (1934), Bd. V, S. 178 ff.

145 Roussat (1550), S. 62 und 105. Die Konjunktion ereignete sich in Wahrheit im Zeichen Krebs.

146 Chavigny (*Recueil* 1589), VI, Marginalie zu *PP* 111.

147 Roussat (1550), S. 96.

148 Roussat (1550), S. 99 f.

149 Chavigny (*Recueil* 1589), III, *PP* 229.

150 Roussat (1550), S. 98.

151 Die beiden Korrekturen in Vers 2 «outre» statt «autre» und Vers 4 «miner» statt «mine» gehen auf Brind'Amour (1996, S. 118) zurück. Sie erscheinen mir sinnvoll und richtig. «Miner» bedeutet so viel wie «verzehren».

152 Vergil, 4. Ekloge (dt. Übersetzung nach Theodor Haecker).

153 Nostradamus, *Orus Apollo* (Rollet, 1968), S. 162 f.

154 Die Korrektur von «estang» (Teich) zu «estaing» (Zinn) geht auf Brind'Amour zurück (1996), S. 70 f.

155 Roussat (1550), S. 131 f.

156 Man unterscheidet in der Astrologie zwischen einem aufsteigenden (nördlichen) und einem absteigenden (südlichen) Mondknoten; früher nannte man diese Punkte Drachenkopf und Drachenschwanz.

157 Wöllner (1926), S. 27. Noll-Husum (1936).

158 Wöllner (1926, S. 31) beschreibt unter anderem einen Zyklus von 207 Jahren mit den wesentlichen Stationen 1585, 1792, 1999. Dinzinger (1992 und 1993) analysiert eine Vielzahl von einzelnen Planetenzyklen, die einer umfassenden «Enographie» als Grundlage der Terminierung vorhergesagter Geschehnisse dienen sollen.

159 Roussat (1550), S. 155.

160 Chavigny (*Recueil* 1589), VI, *PP* 74.

161 Zit. nach Buget (1861), S. 670.

162 Im anonymen Kommentar von 1659 (Lyon 993) versucht er noch umständliche Erklärungen, während er in seinem anderen Manuskript *Affaire des Turcs* (Lyon 992) später die Lösung mit «Fez» findet.

163 Vgl. Brind'Amour (1993), S. 216. Brind'Amour (1996), S. 198.

164 Tatsächlich begann der Machtverlust des Osmanischen Reiches unter Sultan Selim II., der 1566, im Alter von 42 Jahren, den Thron bestieg. Selim II. widmete sich den Vergnügungen und überließ seinem Großwesir Mehmed Sokollu die Staatsangelegenheiten.

165 Almanach für 1565, fol. FI5r.

166 Dupèbe (1983), XV, S. 56.

167 Brind'Amour (1996), S. 99–101.

168 Lycosthenes (1557), S. 595.

169 Peucer (1572), S. 436. Das Phänomen wird auch referiert von Simone Maioli (1608, S. 382) und Caspar Schott (1697, S. 648 f.).

170 Prévost (1999), S. 19–22.

171 Der Ausdruck «Ritter eines wahren Eifers» («chevalier d'un vray zele») war die Devise des Briefschreibers Jean de Vauzelles. Im 16. Jahrhundert liebte man Mottos, die sich dem Klang des Namens anpassten.

172 Den Brief hat Chomarat (1989, Nr. 49, S. 36) veröffentlicht.

173 Chavigny (*Recueil* 1589), I, 1552, *PP* 22.

174 Chavigny (1594), S. 220–222.

175 Chavigny (1594), S. 68, 122.

176 Chavigny, (*Recueil* 1589), 1559, IV, *PP* 1 (allgemeiner Quatrain für das Jahr) und *PP* 116.

177 Bareste (1840), S. 513.

178 Bareste (1840), S. 513 f.

179 Le Pelletier (1867), Bd. I, S. 174–176.
180 Dumézil (1999), S. 22. Die französische Originalausgabe erschien 1984.
181 Huguet (1928–1967), II, S. 78.
182 Chavigny (*Recueil* 1589), VI, 1561, Februar, *PP* 68.
183 Pfändler (1996), S. 656f., der *cap* als *capelan*, «ein bedürftiger Geistlicher», wiedergibt.
184 Estienne (1553), S. 137–140.
185 Bei Estienne «Heruee» geschrieben, das heutige Ernée, zweifellos eine orthographische Variante, zumal das H häufig der Elision zum Opfer fiel und n und u, wie wir es bei Mausol/Mansol gesehen haben, oft vertauscht wurden.
186 Auf diese Übereinstimmung mit den Wegbeschreibungen bei Estienne hat zuerst Chantal Liaroutzos (1986) aufmerksam gemacht.
187 *Mirabilis Liber*, Bl. XXXIv-XXXIIr. *Recueil des prophéties* (1611), fol. 47v.
188 *Mirabilis Liber*, Bl. XXXIIr.
189 Estienne (1552), S. 110.
190 Estienne (1552), S. 93–84.
191 Estienne (1552), S. 8.
192 Eigentlich *planche*, eine Passage, ein Zugangsweg (Huguet, 1928–1967, V, S. 15).
193 Jacques Halbronn: Réflexions sur les méthodes de travail des nostradamologues. Internet-Veröffentlichung 2002: http://cura.free.fr./xxv/22halb17.html
194 Bareste (1840), S. 515f.
195 Dumézil (1999), S. 52–54. In moderner Schreibweise: «par compte […]».
196 Prévost (1999), S. 31.
197 Nostradamus, *Le Vray et Parfaict* (1557), fol. 76r.
198 Hogue (1994), S. 78.
199 Vgl. Randi (1993), S. 176–186.
200 Bareste (1840), S. 520f., Le Pelletier (1867), Bd. I., S. 214.
201 Garencières (1672).
202 Chavigny (*Recueil* 1589), I, *PP* 204.
203 Crinitus (1543), VII, S. 118–120. Die Vorlage für C 1.42 ist eine der bedeutenden Entdeckungen von Brind'Amour (1996), S. 108–112.
204 Robb (1941), S. 27–31.
205 Torné-Chavigny (1870), S. 105–107.
206 Vgl. Torné-Chavigny, *Portraits prophétiques* (1871).
207 Baldinger (2000), S. 26.
208 Vgl. dazu die ausgezeichnete Studie von Ellic Howe (1995).
209 *Nostradamus prophezeit den Kriegsverlauf* [Görlitz], 1943, S. 112.
210 Chavigny (*Recueil* 1589), I, *PP* 222. Ich gebe hier das Original wieder, um den Zusammenhang deutlich zu machen: «Un bien sçavant homme dans ce dernier quart se pourmenant le long de la rivie[re His]ter [di]te Danube, la terre se parfondant, dans ladite riviere se perdra.»
211 Nostradamus, *Excellent* (1555), S. 19.
212 Crinitus (1543), S. 391.
213 Im zweiten Vers müsste es *censento* statt *censunto* heißen. Vgl. Brind'Amour (1993), S. 100.
214 Nostradamus, *Paraphrase* (1557), fol. A4r.
215 In der Bayerischen Staatsbibliothek gibt es Kopien der beiden Arbeiten. Krone

hatte zuvor unter dem Pseudonym Konrad Klee ein Buch veröffentlicht: *Nostrada-mus. Prophet der Zeiten und Momente*. München, 1982.

216 Chavigny (*Recueil* 1589), III, *PP* 79–80.
217 Nostradamus, *Les significations* (1558), fol. Bv-Biir. Vgl. auch Chavigny (*Recueil* 1589), IV, *PP* 466–467.
218 Chavigny (1606, S. 76–84) gibt eine Interpretation der schrecklichen Ereignisse, welche auf diese Sonnenfinsternis folgten, wobei er die Wirkung der Sonnenfinsternis auf die Jahre 1606 bis 1608 erweitert.
219 Leowitz (1564), fol. Nijv.
220 Chavigny (*Recueil* 1589), III, *PP* 25.
221 Roussat (1550), S. 132.
222 Chavigny (1603), S. 58.
223 Wallace M. Lindsay: *Sexti Pompei Festi. De verborum significatu quae supersunt cum Pauli Epitome*. Leipzig, 1913, S. 87: «Man nennt ein in Öl gebackenes Gebäck in der Form eines Bechers, das bei den Opfern verwendet wird, *glomus*» (*glomus in sacris crustulum, cymbi figura, ex oleo coctum appellatur*).
224 Es war im Übrigen jene Konjunktion, bei deren Beobachtung am Morgenhimmel Johannes Kepler (1571–1630) das Aufleuchten eines Sterns zwischen Jupiter und Saturn bemerkte, der plötzlich verschwand. Daraus entwickelte er die Auffassung, dass der Stern von Bethlehem ein solches Phänomen gewesen sein könnte.
225 Chavigny (*Recueil* 1589), I, *PP* 367. Phaeton war der Sohn des Helios und der Klymene. Für einen Tag erbat er den Sonnenwagen, war aber nicht in der Lage, ihn zu lenken, wodurch er den Weltbrand auslöste.
226 An einer anderen Stelle reimt Nostradamus «election» auf «protection» (C 8.67.2/4), aber das hilft hier auch nicht weiter.
227 Chavigny (*Recueil* 1589), I, *PP* 351 und 352.
228 Wöllner (1926), S. 49.
229 Wöllner (1926), S. 49.
230 Adelung (1789), Tl. 7, S. 136f.

ANMERKUNGEN ZUM VIERTEN TEIL: POET UND VISIONÄR

1 Videl (1558), fol. D2r.
2 Chavigny (*Recueil* 1589), I, 1552, *PP* 16.
3 Videl (1558), fol. C2v.
4 Saconay (1572), S. 95f.
5 Saconay (1572), S. 96.
6 Baguenault de Puchesse (1909), S. 145.
7 César de Nostredame (1614), S. 802. Jouan (1566), fol. 27r. berichtet nichts von einem Besuch des Propheten in Arles. Die neuen Titel verwendet Nostradamus zuerst im Almanach für 1565, den er im April 1564 Karl IX. widmet. Vgl. Brind' Amour (1993), S. 50.
8 Abgedruckt in Pitollet (1914), S. 209f.
9 Nostradamus, *Almanach pour l'an M.D.LXVI*.
10 Dupèbe (1983), XXXVI, S. 122–124.
11 Dupèbe (1983), XXXVI, S. 124, Fn. 1.
12 Dupèbe (1983), VII, S. 37f.

13 Dupèbe (1983), III, S. 33.

14 Dupèbe (1983), XLII, S. 144f.

15 Plutarch, *De Pythiae oraculis*, 28. Vgl. Dodds (1970, 1971). Vgl. auch Bouché-Leclerq (1879–1882), Bd. II. 319, über die in Dodona gefundenen Bleitafeln.

16 Die Inventarliste verzeichnet viele kostbare silberne und vergoldete Figuren (Leroy, 1982, S. 88–92).

17 Der Brief an die Kanoniker von Orange befindet sich in der Médiathèque von Arles und wurde publiziert von Leoni (1982), S. 768–771.

18 Bèze (1889), 51, S. 59f.

19 Dupèbe (1983), VIII, S. 39.

20 Leowitz (1551–1552, 1557, 1558).

21 Die astrologischen Verfahren, die Nostradamus anwandte, sowie die Unzulänglichkeiten und Grenzen seiner Fähigkeiten auf diesem Gebiet hat Pierre Brind'Amour (1993, S. 293–429) in seiner bahnbrechenden Arbeit eingehend analysiert.

22 Nostradamus, *Letre* (1566).

23 In der astrologischen Tradition sprach man eigentlich von der chaldäischen Methode.

24 Dupèbe (1983), XXX, S. 94f.

25 Dupèbe (1983), XXXIX, S. 131.

26 Dupèbe (1983), LI, S. 163.

27 Dupèbe (1983), XI, S. 45–46.

28 Dupèbe (1983), XXX, S. 95.

29 Dupèbe (1983), XXXII, S. 102.

30 In der Astrologie errechnete man den Glückspunkt (*fortuna*) nach der Formel: Aszendent + Mond – Sonne.

31 Nostradamus schrieb den Brief am 15. Oktober 1561. Erst im Jahr 1565 fiel der 4. Oktober auf einen Donnerstag, im Jahr 1566 der 3. Oktober. Vgl. Bernardette Lécureux in Amadou (1993), S. 121, Fn. 1.

32 Dupèbe (1983), XXXV, S. 116–119.

33 Dupèbe (1983), XXXIV, S. 111.

34 Dupèbe (1983), XXXIV, S. 110.

35 Dupèbe (1983), XXXIX, S. 131–135.

36 Gassendi (1658). Bd. 1: *De effectibus siderum*, V, S. 745f.

37 Dupèbe (1983), XXX, S. 96.

38 Ms Stockholm, Kungliga Bibliotheke, Stockholm D. 1343.

39 Cod. I 4 4(0) 1. Mein Dank gebührt Ludwig Dinzinger, der mir seine Transkription zur Verfügung gestellt hat, die 2003 erscheinen soll.

40 Für diese Hinweise zur Provenienz des Manuskripts bin ich Paul Berthold Rupp zu Dank verpflichtet.

41 Cod. Guelf. 208 Extrav.

42 Seine errechneten Planetenpositionen beziehen sich allerdings auf 18 Uhr 41 Minuten. Das Geburtsdatum entspricht im gregorianischen Kalender dem 27. Juli 1552.

43 Ms. Augsburg, fol. 4r.

44 Zur Beurteilung der Aussagen von Nostradamus habe ich vor allem die folgenden Werke herangezogen: Gindley (1863–1868), Evans (1973), Sturmberger (1979), Trunz (1992), Vocelka (1981).

45 Nostradamus bezeichnet im Horoskop Maximilian II. als Cäsar. Als Kaiser des Hei-

ligen Römischen Reiches deutscher Nation ist er freilich der Caesar Germanicus. Nostradamus gibt ihm das Epitheton «unbesiegbarer katholischer König» («l'invictissime roy catholicque» [fol. 104r]) oder «höchster Landesherr» («caesar souverain seigneur» [fol. 99v]), bezeichnet ihn nach antiker Manier als Imperator, als «unbesiegbaren Kaiser» (*invictissi[mus] caesar* [fol. 87r]) und «siegreichen Kaiser» (*victor imperator* [fols. 81r, 96v, 99r]) und sagt von ihm: «Caesar wird überall regieren» (*regnabit Caesar ubique* [fol. 131r]).

46 Mit dem Ausdruck *fiebure tierce de froid de chault* meint Nostradamus eine Art Schüttelfrost oder Wechselfieber.

47 Von lat. *climacter* (griechisches Fremdwort), Stufenleiter.

48 Vgl. Sijpesteijn (1990).

49 Korrekt müsste er nach den von Nostradamus angegebenen Positionen von Aszendent, Sonne und Mond bei 13° 20' liegen.

50 Lippmann (1954), S. 77.

51 Vgl. Yates (1975).

52 Gindley (1863–1868). Vgl. Kiesewetter (1894), S. 95.

53 Schmieder (1832), S. 301. Kiesewetter (1894), S. 96.

54 Einen Vergleich mit Fabius führt Nostradamus auch im Almanach für das Jahr 1561: «Und weil er zu spät handelte wie Fabius, wird Schlimmes geschehen. Nach einiger Zeit wird alles wieder hergestellt sein.» (Chavigny (*Recueil* 1589), VI, *PP* 69)

55 Die «Verheißung aller zusammen vereinten Himmel» bezieht sich auf die Himmelssphären, in denen die Planeten kreisen. Es wird Rudolf die Herrschaft über die aufgezählten Regionen vom günstigen Stand der Planeten in seinem Horoskop verheißen. Es handelt sich nach Ansicht von Nostradamus um ein schicksalhaftes Geschehen, dem Rudolf nicht entgehen könne, ob er wolle oder nicht. Die Zeichen Steinbock und Wassermann regieren über das zweite Klima.

56 Etwa von Cardanus (1555), S. 34.

57 Dupèbe (1983), XXI, S. 70. Vgl. Brind'Amour (1993), S. 346f.

58 Dupèbe (1983), XXXI, S. 100.

59 Dupèbe (1983), XVIII, S. 64; XXI, S. 70; XXVI, 82; XXX, S. 94; XXXII, S. 103.

60 Dupèbe (1983), XXXII, S. 103.

61 Dupèbe (1983), XXVII, S. 87.

62 Dupèbe (1983), XXVII, S. 85. Nostradamus spricht von einem «melancholischen Menschen von schwarzer Galle» (*hominem melancholicum ratione atrae bilis*). Die «melancholische Feuchtigkeit» konnte sich in schwarzer oder weißer Galle äußern. Während Menschen mit schwarzer Galle von Wut erfüllt sind, die bis zum Wahnsinn gehen kann, errege die weiße Galle, wenn sie entzündet wird, die Begeisterung und wahrsagende Fähigkeiten. Vgl. Agrippa (1433), I, LX, S. LXXVIII.

63 Dupèbe (1983), XXX, S. 94.

64 Dieser ist nicht zu verwechseln mit einem anderen François Bérard aus Salon, ebenfalls ein Freund des Propheten, den dieser «unser Bérard» («nostre Bérard») nennt. Er übte in Salon den Beruf des Apothekers aus.

65 Beide Ausgaben sind heute verloren (Chomarat, 1989, 6 und 12). Allerdings hatte Roux 1558 auch die Pamphlete gegen ihn von Hercule le François und Laurens Videl gedruckt.

66 Dupèbe (1983), V, S. 35.

67 Dupèbe (1983), XLI. Alle Zitate in diesem Abschnitt beziehen sich auf diesen Brief.

68 Nostradamus signierte gern seine Werke mit Akrosticha, die seinen Namen erga-

ben, so etwa in einem abschließenden Gedicht in seiner Übersetzung der Hieroglyphen des Horapollon. Vgl. die vorzügliche Analyse des Briefes an Bérard bei Brind'Amour (1993), S. 129–167.

69 In der *Ilias* (II, 745) tritt ein Leonteus als Spross des Kriegsgottes Ares auf, der auf Seiten der Trojaner kämpft. Einige weniger bedeutende griechische Philosophen trugen den Namen Leonteus (L. von Kyrene, L. von Lampsaque und L. von Tarent).

70 Im *Brief an César* gibt es eine Redewendung, die er einem Aphorismus des Emblembuchs entlehnt hat: «*quando submovenda erit ignorantia*» («wenn die Unwissenheit unterdrückt sein wird»). Es handelt sich um das Emblem 188 von Alciatus' *Submovenda Ignorantia* (1531). In einem Brief an Lorenz Tubbe zitiert Nostradamus auch nach der Erinnerung aus den *Selecta epigrammata* (1519) von Alciatus (Dupèbe, 1983, XXVII, S. 85).

71 Die Alchemisten waren der Auffassung, man könne aus unedlen Metallen mit Hilfe des Steines der Weisen ein Lebenselixier herstellen, das *aurum potabile* (trinkbares Gold). Dieses Lebenselixier galt sowohl als eine Universalmedizin wie auch als ein Mittel, das menschliche Leben zu verlängern. Artephius, ein Alchemist des 12. Jahrhunderts, behauptete in seinem *Tractatus de vita proroganda* («Von der Verlängerung des Lebens»), er habe mit Hilfe des *aurum potabile* bereits 1025 Jahre gelebt (Schmieder, 1832, S. 127).

72 Pyropus ist eine Legierung aus drei Viertel Kupfer und ein Viertel Gold (Goldbronze).

73 Agrippa (1533), II, LI, LII, S. CXCIIII–CXCVII.

74 Cardanus, *Somniorum* (1585), III, XV, S. 221.

75 Nostradamus, *Excellent* (1555), S. 78.

76 Dupèbe (1983), IV, XL, S. 34, 138f.

77 Leoni (1982), S. 472ff. Nostradamus besaß auch einen Siegelring, der im oberen Teil eine Sonne und darunter drei Planeten zeigte. Damit pflegte er die vertrauliche Post an seine entfernt lebenden Klienten zu versiegeln. Dupèbe (1983), XXXI, S. 100.

78 Vgl. Dupèbe (19), S. 39, der sich auf Scaligers *Exotericarum exercitationum liber* bezieht.

79 Agrippa (1533), I, XLVII, S. LV.

80 Brind'Amour (1993), S. 150.

81 Casaubon (1659), Halliwell (1842), Bailey (1880).

82 In seinem *Recueil* stellt Chavigny diesen Vierzeiler an den Beginn. Er eröffnet den ersten Almanach, den Nostradamus verfasst hat, für das Jahr 1550 (Chavigny, *Recueil* 1589, I, S. 5).

83 Gouron (1956), S. 376f.

84 Bender (1966). Vgl. Gruber (1993), S. 148–150.

85 Gruber (1997), S. 282f.

86 Honorton und Ferrari (1989), vgl. Utts (1996).

87 Cox (1956).

88 Radin (1996), Bierman und Radin (1997).

89 Bender (1980).

90 Maeterlinck (1918).

91 Grobe-Wutischky (1915). Ähnlich enttäuschend ist die Untersuchung von Zurbonsen (1915).

92 Tennhaeff (1948).
93 Haller (1993).
94 *Zentralblatt für Okkultismus*, VI, 1911.
95 *Annales des Sciences Psychiques*, 8, 1898.
96 Braud (1975).
97 Cavanna und Ullman (1968), Krippner (1969).
98 Nostradamus, *Grand' Pronostication* (1557), fol. Biijr.
99 Dupèbe (1983), XLI, S. 140.
100 Agrippa (1533), I, LX, S. LXXVIII.
101 Chavigny (*Recueil* 1589), I, *PP* 374.
102 Chavigny (*Recueil* 1589), II, *PP* 97.
103 Darauf hat C. G. Jung (1971, S. 96 f.) hingewiesen. Der Artikel von Kerner erschien
unter dem Titel «Ein Extrakt von furchteinflößender Bedeutung» in *Blätter aus
Prevorst* (1831–1837), Bd. IV, S. 57.
104 Vgl. Degen (1991).
105 Hermann (1991).
106 Temkin (1971), Heintel (1975), Wohlers (1999).
107 Agrippa (1533), III, L, S. CCCXVII.
108 Die Epilepsie wurde so genannt, weil ein solcher Krankheitsfall an den Versamm-
lungstagen, bei denen Gesetze und Verordnungen beschlossen wurden (*comitia*), als
Vorzeichen galt und die Beratung aufhob.
109 Schneble (1987). Man schrieb die Krankheit auch symbolisch Herakles zu, weil sie
selbst vom stärksten aller mythischen Helden nicht bezwungen werden kann.
110 Vgl. Möller und Fröscher (1992).
111 De Luca (2002).
112 Lemaire (1992).
113 Taxil (1602), I, XV, S. 138.
114 Neppe (1984).
115 McHarg (1977).
116 Brind'Amour (1996), S. 24, Fn. 57.
117 Vgl. Gruber (1997), S. 243 ff.
118 Chavigny (1594), S. 33.
119 Chavigny (1594), S. 3.
120 Hocke (1959), S. 67.
121 La Daguenière (1558), fol. B3r.
122 Chavigny (1594), S. 54–56.
123 Shepheard (1986). Der Autor geht beispielsweise davon aus, dass es zwölf Zenturien gibt. Er weiß nicht, dass die 11. und 12. Zenturie Fälschungen sind. Chavigny
hat zum ersten Mal zwei apokryphe Quatrains einer 11. und elf einer 12. Zenturie
im *Janus* (1594) veröffentlicht. Shepheard stützt sich vollkommen auf den von Le
Pelletier (1867) veröffentlichten Text der *Prophéties*, was bei der schwierigen Ent-
stehungs- und Publikationsgeschichte dem Originaltext keineswegs angemessen
ist. Auch der Artikel von Bellenger (1979) über Nostradamus als Poeten enttäuscht.
124 Darauf haben schon Jean le Roux (1710) und der anonyme Autor des *Mercure de
France* (1724) hingewiesen.
125 Curtius (1948), S. 284.
126 Chavigny (*Recueil* 1589), VI, *PP* 277.
127 Chavigny (*Recueil* 1589), VI, *PP* 321.

128 Deutlich vor allem in C 3.99.4. Die Metapher taucht aber an vielen Stellen in den *Prophéties* und in den Almanachen auf.

129 Die Bedeutung des Sinnbildes lässt sich nicht eindeutig klären. Der lateinische Name der Stadt Würzburg ist Herbipolis («Stadt der Kräuter»). Le Roux (1710), 32 ff. löst «herbipolique» als ein aus dem Lateinischen und Griechischen zusammengesetztes Wort, nämlich lateinisch *herba* (Kraut) und griechisch πωλεω [poléo] (ich verkaufe). Es ginge also um einen Kräuterverkäufer. Der «ventre herbipolique» sei demnach der Markt, an dem Kräuter oder Heu für die Tiere verkauft würden.

130 Curtius (1948), S. 285.

131 De Chasteuls Version unterscheidet sich ein wenig von derjenigen Chavignys: «Feu, flame, faim, furt farouche fumé / Faira faillir froissant fort soit faulcher.» Veröffentlicht von Rollet (1968), S. 169–171.

132 Chavigny (*Recueil* 1589), VI, *PP* 188.

133 Chavigny vertauscht *faite* und *faire* aus dem *Almanach pour l'An 1563* («faire desfaicte faicte») zu «faite desfaite, faire», weil nur so der Reim stimmt. Außerdem fügt er ein Komma ein, damit sich ein Sinn ergibt.

134 Gemeint ist der Teufel – wir erinnern uns: Serbellon war Cousin des Papstes.

135 Chavigny (*Recueil* 1589), IV, *PP* 167.

136 Chavigny (*Recueil* 1589), VI, *PP* 194.

137 Hocke (1957, 1959).

138 Reuchlin (1517), fol. Kiiv.

139 Vgl. Céard (1996), S. 195.

140 Vgl. Gadoffre (1991).

141 Vgl. Saulnier (1948), Bd. I, S. 141–145.

142 Tyard (1558). Vgl. über den möglichen Einfluss von Nostradamus die Einleitung zur Neuauflage von Tyards *Mantice* von Sylviane Bokdam (Genf, 1990, S. 23–25).

143 Céard (1996), S. 215.

144 Chavigny (1594), S. 160f.

145 Chavigny (1570). Vgl. die Darstellung bei Brind'Amour (1996), S. LII-LX.

146 Céard (1982).

147 Chevignard (1996, 1995–1996) und (1999), S. 54–66.

148 Chavigny (*Recueil* 1589), I, *PP* 505, 508–509.

149 Chavigny (*Recueil* 1589), I, *PP* 116.

150 Chavigny (1594), S. 22.

151 Chavigny (1594), S. 35.

152 Chavigny (*Recueil* 1589), IV, *PP* 133–132.

153 Chavigny (*Recueil* 1589), IX, *PP* 13.

154 Chavigny (*Recueil* 1589), VIII, *PP* 120.

155 Jaubert (1656), S. 60.

156 Jaubert (1656), S. 6.

157 Anonymer Kommentar (1659).

158 Garencières (1672).

159 Guynaud (1693).

160 Le Roux (1710).

161 Jaubert (1656), S. 70f.

162 Guynaud (1693), S. 20. Le Roux (1710), S. 310–339.

163 Anonym: *Lettre Critique* (1724).

164 Adelung (1789), S. 105–164.

165 Adelung (1789), S. 115.

166 Das bekannteste ist sein Werk *L'Histoire prédite et jugée par Nostradamus*. 3 Bde. Bordeaux, 1860–1862. Zu seinen zahlreichen weiteren Werken siehe Benazra (1990), S. 405–436.

Bibliographie

WERKE VON NOSTRADAMUS

Allgemeine Werke

Interprétation des Hiéroglyphes de Horapollo, Texte inédit établi et commenté par Pierre Rollet, Edicioun Ramoun Berenguié, 1968.
Es handelt sich um die erste Veröffentlichung des Ms. aus der Bibliothèque Nationale in Paris (BN fonds français 2–594), das wahrscheinlich ein Autograph von Nostradamus ist: *Orus Apollo fils de Osiris Roy de Ægipte niliacque, des notes hiéroglyphiques. Livres deus mis en rithme par épigrammes oeuvre de increedible et admirable érudition et antiquité.*

Excellent & moult utile opuscule à touts nécessaires, qui désirent avoir cognoissance de plusieurs exquises receptes, divisé en deux parties. La première traicte de diverses façons de Fardemens & senteurs pour illustrer & embellir la face. La seconde nous monstre la façon & manière, de faire Confitures de plusieurs sortes, tant en miel, que succre, & vin cuict, le tout mis par chapîtres, comme est faict ample mention en la Table. Nouvellement composé par Maistre Michel de Nostredame, Docteur en Médicine de la ville de Salon de Craux en Provence, & de nouveau mis en lumière. Lyon, Antoine Volant, 1555.

Le vray et parfaict embellissement de la face, & conservation du corps en son entier: contenant plusieurs Receptes secretes & desirées non encores veues. & La seconde partie, contenant la façon et maniere de faire toutes confitures liquides, tant en succre, miel, qu'en vin cuit. Par M. Michael Nostradamus. 1557.
[Faksimile-Ausgabe: Gutenberg Reprints, Paris, 1979.]

Ein Erschrecklich und Wunderbarlich zeychen, so am Sambstag für Judica den zehenden tag Martij zwischen siben und acht uhrn in der Stadt Schalon in Franckreych von vielen leuten gesehen worden … Datum in franckreych zu Schalon in der Proventz 19 Martij 1554 … Michael De Nostre Dame. Aus Frantzösischer Sprach Tranßferirt … bey M. Joachim Heller, 1554.
[Faksimile-Ausgabe in Chomarat (1989), S. 12.]

Paraphrase de C. Galen, sus l'exortation de Ménodote, aux estudes des bonnes Artz, mesmement Médicine : Traduict de latin en francoys, par Michel Nostradamus. Lyon, Antoine du Rosne, 1557.

Les Significations de l'Eclipse, qui sera le 16 septembre 1559. laquelle fera sa maligne extension inclusiuement, jusques à l'an 1560 diligemment observées par Maistre Michel Nostradamus, docteur en médecine de Salon de Craux en Provence. Avec une sommaire responce à ses détracteurs. Paris, Guillaume le Noir, 1558.
[Faksimile-Ausgabe in Chevignard (1999), Annexe 4°, S. 455–460.]

An excellent treatise, shewing such perillous and contagious infirmities, as shall issue 1559 and 1560, with the signes, causes, accidents and curation for the healthe of such as inhabit the 7, 8 and 9 climate, compiled by Maister Michael Nostrodamus, Doctor in Phisicke, and translated into English … London, John Daye, 1559.

Le Remède très utile contre la Peste & toutes fiebvres pestilentielles, avec la manière d'en guérir. Aussi la singulière recepte de l'oeuf dont usoit l'empereur Maximilian premier du nom. Paris, Guillaume Nyverd, 1561.

Letre de Maistre Michel de Nostradamus, de Salon de Craux en Prouence, A la Royne mere du Roy. Lyon, Benoist Rigaud, 1566.
[Faksimile-Ausgabe durch Éditions Michel Chomarat, Lyon, 1996.]

Horoskop für Prinz Rudolf von Habsburg

Ms. Augsburg:
La nativite avecques la parfaicte invention du degre de lhoroscope et ses amples significations fidelement explicquees, du treshault, tressublime et trespuissant prince Rodolphus, filz du tres victorieuix et tres invincible Maximilianus roy des Rommains dung XVIII de juillet a 6 heures 43 minutes apres midi lan 1552 Viennae austriae altit. poli 48. Per Michaelem Nostradamum calculata et explicata. M.D.LXIIII. [Am Ende, fol. 107r:] De Sallon de craulx en Provence ce XXe juillet 1565.
Oettingen-Wallerstein-Bibliothek der Universitätsbibliothek Augsburg [Cod. I 4 4(o) 1]

Ms. Wolfenbüttel:
Nativitas Ser[enissi]mi et Potentissimi Principis, D[omi]ni Rudolphi, Invictissimi Principis, D[omi]ni Maximiliani, Regis Romanorum, filij, nati die 18ᵘᵃ Julij, hora sexta minuta 45 à meridie, anno 1552. In ciuitate Vienna Austrae, quo in loco altitudo poli est 48. gradum: una cum perfecta inventione gradus horoscopi, et amplis suis significationibus. Per Michäelem Nostredamum fideliter calculata et explicata. Anno 1564. [Am Ende, fol. 127r:] Ex Sallon de Crau Provinciae oppido, die 20 Julij 1565.
Herzog-August-Wilhelm-Bibliothek in Wolfenbüttel [Cod. Guelf. 208 Extrav.]

Ms. Stockholm:
Des durchleuchtigisten und hochgebornen fursten und herrn herrn Rudolphs Ertzherczogen Zw Osterreich, Herrn Maximilians, Romischen Königs Erstgeborenen Sons und kunfftigen Successores volger dem achtzehenden Julij umb sechs uhr funfundvierzig Minuten nach Mittag Im fünftzehenhundert und zwayundfünfftzigsten Jar Zw Wien In Osterreich under des Pole hoch achtundvierzig grad geborn Aigentliche beschreibung seiner Nativität und geburt durch die erfindung, des grads des aufsteigenden Zaichens und seiner gantzen bedeutung mitt allem Vleiß ausgelegt und gerechnet durch Michael Nostradamum im 1564. Jar. [Am Ende:] Den sibenden Augustij des 1565. Jars vollendet.
Kungliga Biblioteke, Stockholm [D. 1343]

Almanache

Prognostication nouvelle, & prediction portenteuse, pour l'an M.D.LV. Composée par maistre Michel Nostradamus, docteur en medecine, de Salon de Craux en Provence, nommee par Ammianus Marcelinus SALUVIUM. Dicata Heroico praesuli D. Iosepho de Panisses, Caualissensi praeposito. À Lyon par Iean Brotot [1554].

Almanach Pour l'An 1557. Composé par Maistre Michel Nostradamus, docteur en Medicine de Salon de Craux en Provence … Contre ceulx qui tant de foys m'ont fait mort … Paris, Jacques Kerver [1556].

Les Présages Merveilleux pour l'an 1557. Dediés au Roy trèschrestien, Henri deuxiesme de ce nom, Composez par Maistre Michel Nostradamus, docteur en médecine de Salon de Craux en Provence. Contre ceulx qui tant de foys m'ont fait mort ... Paris, Jacques Kerver, 1557.

La Grand' Pronostication nouvelle avec portenteuse prédiction, pour l'An M.D.LVII. Composee par Maistre Michel de nostre Dame, Docteur en Médicine de Salon de Craux en Provence. Contre ceux qui tant de foys m'ont faict mort ... Paris, Jacques Kerver, 1557.
[Faksimile-Ausgabe in Chevignard (1999), Annexe 2°, S. 394–417.]

Pronostication nouvelle, pour l'an 1558. Composée par maistre Michel Nostradamus. Lyon, Jean Brotot et Antoine Volant, 1557.

Pronostication nouvelle pour l'an mil cinq cens cinquante & huict. Composée par maistre Michel Nostradamus, de Salon de Craux en Provence, docteur en médecine ... Paris, Guillaume le Noir [1557].
[Faksimile-Ausgabe in Chevignard (1999), Annexe 3°, S. 419–442.]

La Grand Pronostication nouvelle avecques la déclaration ample de 1559, composée par Michel Nostradamus ... Lyon, Jean Brotot, 1558.

An Almanacke for the yeare of oure Lorde God 1559. Composed by Mayster Mychael Nostradamus, Doctour of Phisike ... London, Henry Sutton, 1559.

The Prognostication of Maister Michael Nostredamus, Doctour in Phisick, In Province for the yeare of our Lorde, 1559. Antwerpen [1559].

Almanach pour l'an 1560. Composé par Maistre Michel Nostradamus, Docteur en Médicine de Salon de Craux, en Provence ... Paris, Guillaume le Noir, 1559.

La Grand' Pronostication nouvelle pour 1560, avecques les figures cellestes des quatre temps. Calculée par Maistre Michel Nostradamus, Docteur en Médecine, de Salon de Craux, en Provence. Lyon, Jean Brotot et Antoine Volant [1559].

Almanach pour l'an 1561. Composé par Maistre Nostradamus, Docteur en Médicine, de Salon de Craux en Provence. Paris, Guillaume le Noir [1560].

Almanach Nouveau Pour l'An 1562. Composé par Maistre Michel Nostradamus, Docteur en Médecine, de Salon de Craux, en Provence ... Paris, Guillaume le Noir & Iehan Bonfons [1561].

Prognostication nouvelle, Pour l'an mille cinq cents soixante deux. Composee par maistre Michel Nostradamus, Docteur en Médicine, de Salon de Craux en Provence Lyon, Antoine Volant & Pierre Brotot [1561].

Reproduction très fidèle d'un manuscrit inédit de M. de Nostredame. Dédié à S. S. le Pape Pie IV. Mariebourg, Sub St. Michaelis Innvoc^m, 1906. Hrsg. von Hector Rigaud.
[Manuskript mit Weissagungen zu den Jahren 1562, 1563 und 1564].

Almanach pour l'an M.D.LXIII. avec les presages, calculé & expliqué par M. Michel Nostradamus, Docteur en medicine, Astrophile de Salon de Craux en Provence ... Avignon, Pierre Roux [1562].
[Neudruck: *Réimpression de l'almanach de Michel de Nostredame pour l'année 1563.* Mariebourg, Sub St. Michaelis Innvoc^m, 1905.]

Almanach pour l'an M.D.LXV avecques ses tresamples significations & presages d'un chacun moys, Composé par M. Michel Nostradame, Docteur en medecine, Medecin du Roy, & Astrophile à Salon de Craux en Provence ... Lyon, Benoist Odo, 1565.

Almanach pour l'an M.D.LXVI, avec ses amples significations & explications, composé par Maistre Michel de Nostradame, Docteur en medicine, Conseiller et Medecin ordinaire du Roy, de Salon de Craux en Provence ... Lyon, Antoine Volant et Pierre Brotot [1565].
[Faksimile-Ausgabe in *Cahiers Michel Nostradamus*, 5, 1987–1988, S. 69–104].

Almanach pour l'an M.D.LXVII, Composé par feu Maistre Michel de Nostredame, Docteur en medecine, Conseiller & medicin ordinaire du Roy ... Lyon, Benoist Odo [1566].

Wichtige Ausgaben der *Prophéties*

Les Prophéties de M. Michel Nostradamus. Lyon, Macé Bonhomme, 1555.
Die beiden einzigen bekannten Exemplare befinden sich in der Nationalbibliothek Wien [254154-A FID 44–132] und in der Bibliothèque Municipale in Albi [Fonds Rochegude 12426 R]. [Faksimile-Ausgabe des Exemplars Albi durch die *Amis de Michel Nostradamus*, Lyon, 1984.]

Les Prophéties de M. Michel Nostradamus. Dont il en y à trois cents qui n'ont encores jamais esté imprimées. Lyon, Antoine du Rosne, 1557.
Drei Exemplare sind bekannt, eines in der Bibliothek Széchényl in Budapest [Ant. 8192], ein anderes identisches in der Lenin-Bibliothek in Moskau und ein drittes in der Bibliothek Utrecht, das drei zusätzliche Quatrains enthält (den lateinischen Vierzeiler nach der 6. Zenturie und die Quatrains 41 und 42 der 7. Zenturie). [Faksimile-Ausgabe durch Éditions Michel Chomarat, Lyon, 1993.]

Les Prophéties de M. Michel Nostradamus. Dont il y en a trois cens qui n'ont iamais esté imprimées. Adioustées de nouveau par ledict Autheur. Lyon, Benoist Rigaud, 1568.

Les Propheties de M. Michel Nostradamus. Reveuës & corrigées sur la coppie Imprimée à Lyon par Benoist Rigaud. 1568. [Ohne Ort u. Drucker] M.DCV.
Dieser Druck enthält zum ersten Mal die Heinrich IV. gewidmeten *Predictions Admirables Pour les ans courans en ce siecle* (Sixains), herausgegeben von Vincent Seve aus Beaucaire. Die Ausgabe war Vorlage für eine Familie von zahlreichen Éditionen, die Vincent Seve zugeschrieben werden. Sie trägt keinen Ort und Drucker. Die Typographie ist beinahe identisch mit einer nicht datierten Auflage von Troyes bei Pierre du Ruau. Möglicherweise ist er der Drucker dieser Ausgabe von 1605.

Les Propheties de M. Michel Nostradamus. Dont il y en à trois cens qui n'ont encores jamais esté imprimées. Adioustées de nouveau par ledict Autheur. [2. Teil:] *Les Rpophéties (sic) de M. Michel Nostradamus. Centuries VIII. IX. X. Qui n'ont encores iamais esté imprimées.* [3. Teil:] *Recueil des Prophéties et Révelations, tant anciennes que modernes. Contenant un sommaire des révélations de Saincte Brigide, S. Cyrille, & plusieurs autres Saincts & religieux personnages: nouvellement reveuës & corrigées. Et de nouveau augmentées outre les précédentes impressions.* Troyes, Pierre Chevillot, 1611.

Ackermann Smoller, L.: *History, Prophecy, and the Stars. The Christian Astrology of Pierre d'Ailly*. Princeton, 1994.

Adelung, Johann Christoph: *Geschichte der menschlichen Narrheit, oder Lebensbeschreibungen berühmter Schwarzkünstler, Goldmacher, Teufelsbanner, Zeichen- und Liniendeuter, Schwärmer, Wahrsager, und anderer philosophischer Unholden*. 7. Theil. Leipzig, Weygand, 1789, S. 105–164.

Agrippa von Nettesheim, Heinrich Cornelius: *De occulta philosophia*. (Köln), 1533.

Albumasar: *De magnis coniunctionisbus, annorum revolutionibus ac eorum profectioonibus octo continens tractatus*. Augsburg, 1489.

Aliciatus, Andrea: *Emblematum Liber*. Augsburg, 1531.

Amadou, Robert: De Nostradamus au pape Pie IV, Lettre ouverte. *L'Autre Monde*, 103, Feb. 1986.

Amadou, Robert (Hrsg.): *L'Astrologie de Nostradamus*. Dossier. Poissy, 1992.

Anonymer Kommentar: *Centuries de Nostradamus, corrigées, les unes verifiées et les autres expliquées* (1659). Ms. Lyon 993, Bibliothèque Municipale de Lyon.

[Anonym]: Lettre Critique sur la personne & sur les Ecrits de Michel Nostradamus. *Mercure de France*, August und November 1724. (Reproduktion in *Cahiers Michel Nostradamus*, 1, 1983, S. 9–15.)

Arcandam doctor peritissimus ac non vulgaris Astrology, de veritatibus, & praedictionibus Astrologiae, & praecipue nativitatum seu fatalis dispositionis, vel diei cuiuscunque nati, nuper per Magistrum Richardum Roussat ... e tenebris in lucem aeditus ... Dionysius Ianotius. Paris, 1541.

Arlunus, Hieronymus: *Prognosticum anni 1502*. (Ohne Datum, Ort und Drucker.)

Aujac, G.: Le zodiaque dans l'astronomie grecque, *Revue d'Histoire des Sciences*, 33, 1980, S. 3–32.

Badius, Conrad: *Les Vertus de nostre Maistre Nostradamus*. Paris, 1562.

Baguenault de Puchesse, M. le Comte (Hrsg.): *Lettres de Catherine de Médicis*. Bd. 10, supplément. 1909.

Bailey, John E. (Hrsg.): *John Dee. Diary of the Years 1595–1601*. Privatdruck, 1880.

Bain, Joseph (Hrsg.): *Calendar of State Papers relating to Scotland and Mary, Queen of Scots 1547–1603*. Edinburgh, 1898.

Baldinger, Kurt: *Dictionnaire onomasiologique de l'ancien occitan et de l'ancien gascon*. Tübingen, 2000.

Bareste, Eugène: *Nostradamus*. Paris, 1840.

Barozzi, Franceso: *Pronostico universale di tutto il mondo ... raccolto dalli Presagi del Divino Michiele Nostradamo ...* Bologna, Libreria del Mercurio, 1566.

Barrère, Abbé: *Histoire religieuse et monumentale du diocèse d'Agen*. Agen, 1856.

Beaune, Colette: Perceforêt et Merlin. Prophétie, litterature et rumeurs au début de la guerre de Cent Ans. *Cahiers de Fanjeaux* 27, 1992, S. 237–255.

Beckwith, Roger T.: The Significance of the Calendar for Interpreting Essene Chronology and Eschatology. *Revue de Qumran*, 10, 1980, S. 167–202.

Béhar, J.: *Les langues occultes de la Renaissance. Essai sur la crise intellectuelle de l'Europe au XVIe siècle*. Paris, 1996.

Bellenger, Yvonne: Nostradamus, prophète ou poète? In M. Th. Jones Davies (Hrsg.), *Devins et Charlatans au temps de la Renaissance*. Centre de recherches sur la Renaissance, 4, 1979, S. 83–100.

Benazra, Robert: *Répertoire chronologique nostradamique (1545–1989)*. Paris, 1990.

Bender, Hans: The Gotenhafen Case of Correspondence Between Dreams and Future Events: A Study of Motivation. *International Journal of Neuropsychiatry*, 2, 1966.

Bender, Hans: Kriegsprophezeiungen I. *Zeitschrift für Parapsychologie und Grenzgebiete der Psychologie*, 22, 1980, S. 1–22.

Benz, Ernst: *Ecclesia Spiritualis*. Stuttgart, 1934.

Betzold, Friedrich von: Astrologische Geschichtsconstruction im Mittelalter. *Deutsche Zeitschrift für Geschichtswissenschaft*, 8, 1892, Bd. II, S. 29–72.

Bèze, Théodore de: *Histoire ecclésiastique des églises réformées au royaume de France*. Hrsg. v. G. Baum und Ed. Cunitz. 3 Bde., Paris, 1883, 1884, 1889.

Biermann Dick J. und Dean I. Radin: Anomalous Anticipatory Response on Randomized Future Conditions. *Perceptual & Motor Skills*, 84, 1997, S. 689–690.

Boll, Franz: Die Erforschung der antiken Astrologie, in: *Neue Jahrbücher für das klassische Altertum*, 21, 1908, S. 103–124.

Bouché-Leclercq, A.: *Histoire de la divination dans l'antiquité*. 4 Bde., Paris, 1879–1882.

Bousquet, Raoul: *Nostradamus. Sa famille et son secret*. Paris, 1950.

Braud, William G.: Psi-Conductive States. *Journal of Communication*, 25, 1975.

Braunsberger, G.: *Beiträge zur Geschichte der Astrologie der Blütezeit vom 15. bis 17. Jahrhundert*. Diss., München, 1928.

Brind'Amour, Pierre: Nostradamus et l'histoire romaine. *Cahiers des Études anciennes*, 23, 1990, S. 55–65.

Brind'Amour, Pierre: *Nostradamus astrophile. Les astres et l'astrologie dans la vie et l'œuvre de Nostradamus*. Paris, 1993.

Brind'Amour, Pierre: Nostradamus. *Les premières Centuries ou Prophéties* (édition Macé Bonhomme de 1555). Genève, 1996.

Britnell, Jennifer und Derek Stubbs: The Mirabilis Liber: Its Composition and Influence. *Journal of the Warburg and Courtauld Institutes*, 49, 1986, S. 126–149.

Buget, F.: Etude sur Nostradamus et ses commentateurs. *Bulletin du Bibliophile et du Bibliothécaire*, (1860) S. 1699–1721, (1861) S. 68–95, 241–268, 383–412, 657–691, (1862) S. 761–785, (1863) 449–473, 513–530, 577–588.

Capp, Bernard: *English Almanacs. 1500–1800. Astrology and the Popular Press*. New York, 1979.

Cardanus, Hieronymus: *In Cl. Ptolemaei Pelusiensis IIII de astrorum iudicis, aut, ut vulgò vocant Quadripartitae Constructionis libros Commentaria …* Lyon, Th. Payen, 1555.

Cardanus, Hieronymus: *De subtilitate libri XXI*. Lyon, Bartholomaeus Honoratus, 1585.

Cardanus, Hieronymus: *Somniorum Synesiorum omnis generis insomnia explicantes, Libri IIII*. Basel, Sebastian Henricpetri, 1585.

Casaubon, Meric: *A True and Faithful Relation of what passed for many Years Between Dr. John Dee … and some Spirits*. London, 1659.

Cavanna, Robert und Montague Ullman (Hrsg.): *Psi and Altered States of Consciousness*. New York, 1968.

Céard, Jean: De Chavigny, Le premier commentateur de Nostradamus. In: *Scienze, credenze occulte, livelli di cultura*. Florenz, 1982, S. 427–442.

Céard, Jean: *La nature et les prodiges. L'insolite au XVIe siècle en France*. Genf, 1996.

Chavigny, Jean-Aimé de: *L'androgyn né à Paris, le XXI jullet M. D. LXX, illustré des vers latins de Jean Dorat Poëte du Roy Treschrestien, contenans l'interpretation de ce monstre. Avec la traduction d'iceux en nostre vulgaire François, dediée à Monseigneur le President l'Archer*. 1570.

Chavigny, Jean-Aimé de: *Recueil des présages prosaiques de M. Michel de Nostredame lors qu'il vivoit [...] Extrait des Commentaires d'iceluy & reduit en XII. livres par Iean Aime de de Chavigny Beaunois.* Cularonae Allobrogum, 1589. Ms. Bibliothèque Municipale de Lyon (Ms. Lyon 6852).

Chavigny, Jean-Aimé de: *Premiere face du Ianus François, contenant sommairement les troubles, guerres civiles & autres choses memorables* advenuës en la France & ailleurs dés l'an de salut M.D.XXXIIII. iusques à l'an M.D.LXXXIX ... Lyon, heritiers Pierre Roussin, 1594.

Chavigny, Jean-Aimé de: *Vaticination fort ancienne*, interpretée du Trèschrestien Henry IIII. Roy de France & de Navarre, & conferée avec les oracles & presages de M. Michel Nostredame [um 1595]. Manuskript Bibliothèque Méjanes, Aix-en-Provence (Ms. 451 [394]).

Chavigny, Jean-Aimée de: *Les Pleiades du S. de Chavigny Beaunois, divisees en VII. Livres. Où en l'expliqation Des antiques Propheties, conferées avec Les Oracles du celebre & celebré Nostra-Damus, est traicté du renouvellement des siecles, changement des Empires & avancement du nom Chrestien.* Lyon, Pierre Rigaud, 1603.

Chavigny, Jean-Aimée de: *Discours parénetique sur les choses turques, divisé en trois livres.* Lyon, Pierre Rigaud, 1606.

Chevignard, Bernard: Jean-Aimé de Chavigny: esquisse bio-bibliographique. *Mémoires de l'Académie des science, arts et belles-lettres de Dijon*, 135, 1995–1996, S. 171–200.

Chevignard, Bernard: Jean-Aimé de Chavigny: son identité, ses origines familiales. *Bibliothèque d'Humanisme et Renaissance*, 58, 1996, S. 419–425.

Chevignard, Bernard: *Présages de Nostradamus. Présages en vers 1555–1567, présages en prose (1550–1559).* Paris, 1999.

[Choisnet, Pierre]: *Le Rozier Historial de France Contenant deux Roziers.* Paris, Gilles Couteau, 1522.

Chomarat, Michel: *Bibliographie Nostradamus, XVIe–XVIIIe siècles* (mit Jean-Paul Laroche). Baden-Baden, 1989.

Chomarat, Michel: La Bibliothèque de Michel Nostradamus. In: Michel Chomarat, Jean Dupèbe, Gilles Polizzi, *Nostradamus ou le savoir transmis.* Lyon, 1997, S. 7–13.

Chomarat, Michel: De quelques dates clairement exprimées par Michel Nostradamus dans les «Prophéties». In: *Prophètes et prophéties au XVIe siècle.* Cahiers V.-L. Saulnier 15. Paris, 1998, S. 83–93.

Clasen, Daniel. *De oraculis gentiliumin specie de vaticiniis sibyllinis libri tres.* Helmstadt, 1673.

Cloulas, Ivan: *Catherine de Médicis.* Paris, 1979.

Cloulas, Ivan: *Henri II.* Paris, 1985.

Cohn, Norman: *Cosmos, Chaos, and the World to Come.* Yale University Press, 1993.

Couillart, Antoine: *Les Prophéties du Seigneur du Pavillon lez Lorriz.* Paris, Antoine le-Clerc, 1556.

Couillart, Antoine: *Les Contredicts du seigneuer du Pavillon les Lorriz, en Gastinois, aux faulses & abusifves prophéties de Nostradamus, & autres astrologues*, Paris, Charles l'Angelier, 1560.

Cox, William E.: Precognition: An Analysis, II. *Journal of the American Society for Psychical Research*, 50, 1956, S. 99–109.

Coxe, Francis: *A short treatise declaringe the detestable wickednesse of magicall sciences, as Necromancie, Coniurations of spirites, Curiouse Astrologie an such lyke.* 1561.

Crinitus, Petrus. *De honesta disciplina, lib. XXV. De poëtis latinis, lib. V. et Poëmaton, lib. II.* Lyon, Gryphius, 1543.

Crouzet, Denis: *Les Guerriers de dieu: la violence au temps des troubles de religion (vers 1525 – vers 1610).* 2 Bde., Seyssel, 1990.

Curtius, Ernst Robert: *Europäische Literatur und lateinisches Mittelalter.* Bern, 1948.

D'Ailly, Pierre: *De legibus et sectis contra superstitiosos astronomos.* 1410.

D'Ailly, Pierre: *Vigintiloquium de concordantia astronomice veritatis cum theologia, De concordantia astronomie cum hystorica narratione, Elucidarium astronomicæ concordie cum theologica et hystorica veritate.* Augsburg, Erhard Ratdolt, 1490.

Dauxois, Jacqueline: *Der Alchimist von Prag. Rudolf II. von Habsburg.* Düsseldorf, Zürich, 1997.

De Luca, Lucien: *Logodædalia. Clinique d'une comitiale agitation Hiraclienne.* Eigenverlag, 2002.

Déclination des Papes ou Contrepronostiction à celle de Nostradamus de Pie Quatrième. Reims, 1561.

Defrance, Eugène: *Cathérine de Médicis ses astrologues et ses magiciens envoûteurs. Documents inédits sur la diplomatie et les sciences occultes du XVIᵉ siècle.* Paris, 1911.

Degen, R.: *Praxis der Epileptologie.* Stuttgart, 1991.

Delicado, Francisco: *La Lozana Andaluza.* Hrsg. von B. Damiani, Madrid, 1969.

Demar-Latour, A.: *Nostradamus et les événements de 1914–1916.* Paris, ca. 1917.

Desjardins, Abel (Hrsg.): *Négotiations diplomatiques de la France avec la Toscane, documents recueillis par Giuseppe Canestrini.* Paris, 1865.

Dinzinger, Ludwig: *Nostradamus – Die Ordnung der Zeit.* Teil 1: Grundlagen. Aichach, 1991. Teil 2: Enographie. Aichach, 1992. Teil 3: Adaptationen. Aichach, 1993.

Dodds, E. R.: *Die Griechen und das Irrationale.* Darmstadt, 1970.

Dodds, E. R.: *Telepathie und Hellsehen in der klassischen Antike.* In: Hans Bender (Hrsg.), *Parapsychologie: Entwicklung, Ergebnisse, Probleme.* Darmstadt, 1971.

Dufresne, Michel: *Dictionnaire Nostradamus, Définitions, fréquences et contextes des six mille mots contenus dans les Centuries (édition 1605) de Nostradamus.* Chicoutimi, 1989.

Dumézil, Georges: *Der schwarze Mönch in Varennes. Nostradamische Posse.* Frankfurt, 1999.

Dupèbe, Jean: *Nostradamus, lettres inédites.* Genf, 1983.

Dupèbe, Jean: Nostradamus humaniste. In: Michel Chomarat, Jean Dupèbe, Gilles Polizzi, *Nostradamus ou le savoir transmis.* Lyon, 1997, S. 29–43.

Ehrenberg, R.: *Das Zeitalter der Fugger. Geldkapital und Creditverkehr im 16. Jahrhundert.* Jena, 1896.

Estienne, Charles: *La guide des chemins de France.* Paris, 1552.

Estienne, Robert: *Dictionnaire Francoislatin.* 1549. Genf, Slatkin Reprints, 1972.

Evans, Robert J. W.: *Rudolf II and his World. A Study in Intellectual History.* Oxford, 1973.

Fabri, Claude: *Vraye Prognostication Nouvelle, Composée par maistre Claude Fabri [...] pour l'An Mil cinq cens Cinquante Deux.* Agen, Arnauld Villote (1551).

Fallieres, M. O. und C. Durengues: Enquete sur le commencement du protestantisme en Agenais. In: *Recueil des travaux de la Societé d'Agriculture, Science et Arts d'Agen*, 2e serie, XVI. 1913.

Ferrière, Hector de la (Hrsg.): *Lettres de Catherine de Médicis (1533–1566).* Hrsg. von Baguenault de Puchesse, Paris, 1880; *(1537–1587)*, Paris, 1909.

Festinger, L., Schachter, S., Riecken, H. W.: *When Prophecy Fails.* Minneapolis, 1956.

Ficino, Marsilio: *De triplici vita.* Florenz, 1489.

449

Freyburger, Pierre: Le problème du fatalisme astral dans la pensée protestante en pays germaniques. In: *Divination et controverse religieuse en France au XVIe siècle*. Cahiers V. L. Saulnier, 4, Paris, 1987, S. 35–55.

Fulke, William: *Antiprognosticon contra inutiles astrologorum praedictiones Nostradami, Cuninghami, Loui, Hilli, Vaghani, & reliquorum omnium*. London, 1560.

Gadoffre, Gilbert: Ronsard et les astres. In: *La comète de Halley et l'influence sociale et politique des astres*. Bayeux, 1991, S. 21–28.

Garencières, Theophile de: *The true prophecies or prognostications of Michael Nostradamus, physician to Henry II., Francis II. and Charles IX. kings of France, and one of the best Astronomers that ever were. A work full of Curiosity and Learning*. London, Thomas Ratcliffe and Nathanael Thompson, 1672.

Garin, Eugenio: *Ermetismo del Rinascimento*. Rom, 1988.

Gassendi, Pierre: *Opera omnia*. Faksimile-Neudruck der Ausgabe von Lyon 1658. Stuttgart-Bad Cannstatt, 1964.

[Gaurico, Luca]: *Prognosticon 1503–1530*. Firenze, MS. Riccardiano 771

[Gaurico, Luca]: *Pronostico o vero Iudicio*. Bologna adì 13 di febr. 1507. Siena, Bibl. Comunale M VI 37 (7).

[Gaurico, Luca]: *Pronosticon anni 1507 usque ad annum 1530 Divo Iulio II P. M.*, Bononiae 13 febr. 1507.

Geoffrey von Monmouth: *Historia regum Britanniae*. Hrsg. von Acton Griscom und Robert Ellis Jones. London, New York, Toronto, 1929.

Gestes et faictz memorables du très chrestien Roy de France, Henry deuxième de ce nom avec plusieurs conquestes et prises de villes. Lyon, Jean d'Orgerolles, 1559.

Gimon, Louis: *Chronique de la ville de Salon depuis son origine jusqu'en 1792*. Aix, 1882. Marseille, Laffitte Reprints, 1974.

Gindley, Anton: *Rudolf II. und seine Zeit 1600–1612*. 2 Bde., Prag, 1863–1868.

Godefroy, Frédéric: *Dictionnaire de l'ancienne langue française ... 1892*. New York, Klaus Reprints, 1961.

Gouron, Marcel: Documents inédits sur l'Université de médecine de Montpellier (1495–1559). In: *Montpellier Médical*, 99e année, 3e série, Bd. L, 3, 1956, S. 372–377.

Grobe-Wutischky, Arthur: *Der Weltkrieg 1914 in der Prophetie*. Leipzig, 1915.

Gruber, Elmar R.: *Suche im Grenzenlosen. Hans Bender – ein Leben für die Parapsychologie*. Köln, 1993.

Gruber, Elmar R.: *Die Psi-Protokolle*. München, 1997.

Grundmann, Herbert: *Neue Forschungen über Joachim von Fiore*. Marburg, 1950.

Guariglia, Gulielmo: Prophetismus und Heilserwartungsbewegungen. *Wiener Beiträge zur Kulturgeschichte und Linguistik*. Bd. XIII, Wien, 1959.

Guynaud, Balthazar: *Concordance des prophéties de Nostradamus avec l'histoire depuis Henry II jusqu'à Louis le Grand. La vie et l'apologie de cet auteur, ensemble quelques essais d'explications sur plusieurs de ses autres prédictions ...* Paris, Jacques Morel, 1693.

Halbronn, Jacques: *Histoire du Prophétisme francais*. Paris, 1991.

Halbronn, Jacques: Une attaque réformée oubliée contre Nostradamus (1561). *Réforme, Humanisme, Renaissance*, 33, 1991, S. 43–60.

Halbronn, Jacques: Les Prophéties et la Ligue. In: *Prophètes et prophéties*. Cahiers V. L. Saulnier 15. Paris, 1998, S. 95–133.

Hall, V.: Life of Julius Caesar Scaliger. *Transactions of the American Philosophical Society*, 40, 2, 1950.

Haller, Reinhard: *Matthäus Lang (1753–1805) genannt «Mühlhiasl».* *Vom Leben und Sterben des «Waldpropheten».* Grafenau, 1993.

Halliwell, James O. (Hrsg.): *The Private Diary of John Dee.* Camden Society Publications, Vol. XIX, London, 1842.

Hammerstein, Helga Robinson: *The Battle of the Booklets: Prognostic Tradition and Proclamation of the Word in early sixteenth-century Germany.* In: Zambelli (1986), 129–151.

Haton, Claude: *Mémoires de Claude Haton, contenant le récit des événements accomplis de 1553 à 1582, principalement dans la Champagne et la Brie.* Hrsg. von Félix Bourquelot. Paris, 1857.

Headley, John: The Hapsburg World Empire and the Revival of Ghibellinism. *Medieval and Renaissance Studies,* 7, 1978, S. 94–5.

Heintel, H.: *Quellen zur Geschichte der Epilepsie.* Bern, Stuttgart, Wien, 1975.

Hermann, S.: *Epilepsien – Diagnose und Behandlung.* Weinheim, 1991.

Hirschfeld, Otto: *Corpus Inscriptionum Latinarum. Inscriptiones Galliae Narbonensis Latinae.* Bd. XII, Berlin, 1888.

Hocke, Gustav René: *Die Welt als Labyrinth.* Hamburg, 1957.

Hocke, Gustav René: *Manierismus in der Literatur. Sprach-Alchemie und esoterische Kombinationskunst.* Hamburg, 1959.

Hogue, John: *Nostradamus. The New Revelations.* Shaftesbury, 1994.

Honnorat, S.-J.: *Dictionnaire Provençal-Français.* Digne, 1846. Laffitte Reprints, Marseille, 1971.

Honorton, Charles und Diane C. Ferrari: «Future Telling»: A Meta-Analysis of Forced-Choice Precognition Experiments, 1935–1987. *Journal of Parapsychology,* 35, 1989, S. 281–308.

Howe, Ellic: *Nostradamus and the Nazis.* London, Arborfield, 1965.

Howe, Ellic: *Uranias Kinder. Die seltsame Welt der Astrologen und das Dritte Reich.* Weinheim, 1995.

Hübner, W.: Die Eigenschaften der Tierkreiszeichen in der Antike. Ihre Darstellung und Verwendung unter besonderer Berücksichtigung des Manilius. *Sudhoffs Archiv,* Beiheft 22. Wiesbaden, 1982.

Hübner, W.: Die Astrologie der Antike. *Berichte zur Wissenschaftsgeschichte* 8, 1985, S. 7–24.

Hübscher, Arthur: *Die große Weissagung.* München, 1952.

Huguet, Edmond: *Petit glossaire des classiques Français du dix-septième siècle.* Paris, 1919.

Huguet, Edmond, *Dictionnaire de la langue française du seizième siècle.* Paris, 1928–1967.

[Jaubert, Etienne]: *Eclaircissement des véritables Quatrains de Maistre Michel Nostradamus.* [Amsterdam] 1656.

Joachim von Fiore: *Expositio in Apocalipsim.* Venedig, 1527.

Jones-Davies, M.-Th. (Hrsg.): *Devins et charlatans au temps de la Renaissance.* Paris, 1979.

Jouan, Abel: *Recueil et discours du voyage du roy Charles IX [...] en ses païs et provinces [...] és annés Mil cinq cens soixante quatre et soixante cinq.* Paris, 1566.

Jung, C. G.: *Zur Psychologie und Pathologie so genannter okkulter Phänomene.* Frühe Schriften I. Olten, 1971.

Kiesewetter, Karl: *Die Geheimwissenschaften.* Leipzig, 1894.

Klinckowstroem, Carl Graf von: Die ältesten Ausgaben der Prophéties des Nostradamus. *Zeitschrift für Bücherfreunde,* März 1913, S. 361–372.

Klinckowstroem, Carl Graf von: Rund um Nostradamus. *Zeitschrift für kritischen Okkultismus,* II, 1927, S. 89–104.

Kniepf, A.: *Die Weissagungen des altfranzösischen Sehers Michael Nostradamus und der jetzige Weltkrieg.* Hamburg, 1914.

Krippner, Stanley: Investigations of «Extra-sensory» Phenomena in Dreams and Other Altered States of Consciousness. *Journal of the American Society of Psychosomatic Dentistry and Medicine*, 16 (1969), S. 7–14.

Kurze, Dietrich: *Johannes Lichtenberger († 1503). Eine Studie zur Geschichte der Prophetie und Astrologie.* Lübeck und Hamburg, 1960.

Kurze, Dietrich: *Popular Astrology and Prophecy in the fifteenth and sixteenth Centuries: Johannes Lichtenberger.* In: Zambelli (1986), 177–193.

l'Estoile, Pierre de: *Registre-journal pour le règne de Henri IV* (1589–1600). In: Michaud und Poujoulat, *Mémoires pour servir à l'histoire de france.* Paris, 1837.

La Daguenière, Iean de: *Le Monstre d'abus Composé premierement en Latin par Maistre Iean de la dagueniere, docteur en medecine, & Matematicien ordinaire des landes d'anniere.* Paris, Barbe Regnault, 1558.

Lancellotti, Tommasino: *Cronaca modenese.* Hrsg. von G. Borghi, Bd. IV, Parma, 1863.

Le François, Hercules: *La Premiere Invective du Seigneur Hercules le François, contre Monstradamus traduit du Latin.* Paris, Simon Calvarin, 1558. [Faksimile-Ausgabe in *Cahiers Michel Nostradamus* 5–6, 1988.]

Le Pelletier, Anatole: *Les Oracles de Michel de Nostredame, astrologue, médecin et conseiller ordinaire des Roi Henri II, François II et Charles IX.* 2 Bde., Paris, 1867.

Le Roux, Jean: *La Clef de Nostradamus, Isagoge ou Introduction au véritable sens des Prophéties de ce fameux auteur, avec la critique touchant les sentimens & interprétations de ceux qui ont ci-devant écrit sur cette matière.* Paris, Pierre Giffart, 1710.

Lemaire, Catherine: La religiosité dans l'épilepsie temporale. *Psychiatrie Française*, 2, 1992, S. 44–67.

Leoni, Edgar: *Nostradamus and His Prophecies.* New York, 1982.

Leowitz, Cyprian: *Tabulae directionum et profectionum clarissimi viri ac praestantissimi mathematici, Ioannis Regiomontani…* Augsburg, Ulhard, 1551–1552.

Leowitz, Cyprian: *Eclipsium omnium ab anno Domini 1554 usque ad annum 1606 accurata descriptio.* Augsburg, Ulhardus, 1556.

Leowitz, Cyprian: *Ephemeridum novum atque insigne opus, ab anno Domini 1556 usque in 1606, accuratissimè supputatum…* Augsburg, Ulhard, 1557.

Leowitz, Cyprian: *Brevis et perspicua ratio iudicandi genituras, ex physicis causis & vera experientia extructa …* London, 1558.

Leowitz, Cyprian: *De coniunctionibus magnis insignioribus superiorum planetarum …* Laugingen, Emanuel Salczer, 1564.

Leroy, Edgar: Les origines de Nostradamus. *Memoires de l'Institut Historique de Provence*, XVIII, 1941, S. 1.

Leroy, Edgar: Nostradamus, médecin de la faculté … de Montpellier. *Histoire de la Médecine*, März 1954.

Leroy, Edgar: Jean de Saint-Rémy besaïeul de Nostradamus. *Provence historique*, X, 40, 1960, S. 101–107.

Leroy, Edgar: Pierre de Nostredame de Carpentras. *Provence Historique*, XIII, 51, 1963.

Leroy, Edgar: *Nostradamus. Ses origines, sa via, son oeuvre.* Bergerac, 1972.

Lhez, E.: Aperçu d'un fragment de la correspondence de Michel de Nostredame. *Provence Historique*, XI, 44, 45, 1961.

Lhez, E.: L'ascendence paternelle de Michel de Nostredame. *Provence Historique*, XVIII, 74, 1968.

Liaroutzos, Chantal: Les Prophéties de Nostradamus: suivez La Guide. *Réforme, Humanisme, Renaissance*, 12, 1986, S. 35–42.

Lichtenberger, Johannes: *Prognosticatio in latino, rara et prius non audita ... Datum in vico umbroso ... Anno Domini M.CCCC.LXXXVIIII, Kalendas Aprilis per perigrinum Ruth.* Heidelberg, 1. April 1488.

Lippmann, Edmund O. v.: *Entstehung und Ausbreitung der Alchemie.* Weinheim, 1954.

Loewe, M. und Bleeker, C. (Hrsg.): *Divination and Oracles.* London, 1981.

Loog, C.: *Die Weissagungen des Nostradamus. Erstmalige Auffindung des Chiffreschlüssels und Enthüllungen der Prophezeiungen über Europas Zukunft und Frankreichs Glück und Niedergang.* Pfullingen, Johannes Baum, 1921.

Lutzmann, Ilse: *Die Augsburger Handelsgesellschaft Hans und Marquard Rosenberger (1515–1560).* Kallmünz, 1937.

Lycosthenes, Conrad: *Prodigiorum ac ostentorum chronicon.* Basel, 1557.

Maeterlinck, Maurice: *Les Débris de la Guerre.* Paris, 1918.

Maioli, Simone: *Colloquiorum sive dierum canicularium continuatio & supplementum, septem colloquiis physicis novis.* Mainz, Schönwetter, 1608.

Marcouville, Jean de: *Recueil memorable d'aucuns cas merveilleux advenuz de noz ans.* Paris, Iean Dallier, 1564.

Maulde la Clavière, R. A. M. (Hrsg.): *Chroniques de Louis XII par Jean d'Auton.* Paris, 1889.

Maulde la Clavière, R. A. M.: *Histoire de Louis XII.* 6 Bde., Paris, 1889–1893.

McHarg, James F.: An Uncanny Temporal Lobe Epilepsy Apparition. *Research in Parapsychology 1976.* Metuchen, 1977, S. 120–122.

Méricourt, M. J. de: *Gesta Dei per Francos. Le miracle au pays de France d'après un prophète méconnu.* Paris, 1937.

Millet, Hélène und Dominique Rigaux: Aux origines du succès des *Vaticinia de summis pontificibus. Cahiers de Fanjeaux,* 27, 1992, S. 129–156.

Millet, Olivier. Feux croisés sur Nostradamus au XVIe siècle. In: *Divination et controverse religieuse en France au XVIe siècle.* Cahiers V. L. Saulnier, 4, 1987, S. 103–121.

Minnich, Nelson H.: Prophecy and the Fifth Lateran Council (1512–1517). In: Reeves (1992), S. 63–87.

Mistral, Frédéric: *Lou tresor dóu felibrige, ou Dictionnaire Provençal-Français.* 1879–1886. Neudruck Osnabrück, 1966.

Möller, A. A. und W. Fröscher: *Psychische Störungen bei Epilepsie.* Stuttgart, 1992.

Morelon, Régis: *Thâbit ibn Qurra, Oeuvre d'Astronomie.* Coll. sciences et philosophie arabes. Paris, 1987.

Morisi-Guerra, Anna: The Apocalypsis Nova: A Plan for Reform. In: Reeves (1992), S. 26–50.

Müller-Jahncke, Wolf-Dieter: Agrippa von Nettesheim: «De occulta philsophia». Ein «Magisches System». In: *Magia Naturalis und die Entstehung der modernen Naturwissenschaften.* Studia Leibnitiana, Sonderheft 7, 1978, S. 9–29.

Neppe, Vernon M.: The Relevance of the Temporal Lobe to Anomalous Subjective Experience. *Research in Parapsychology 1983.* Metuchen, 1984, S. 7–10.

Niccoli, Ottavia: *Profeti e popolo nell'Italia del rinascimento.* Rom, 1987.

Niccoli, Ottavia: High and Low Prophetic Culture in Rome at the Beginning of the Sixteenth Century. In: Reeves (1992), S. 203–222.

Nicot, Jean: *Thresor de la langue francoyse, tant ancienne que moderne.* Paris, 1606. Reprint Paris, 1979.

Noll-Husum, H.: Nostradamus und die Astronomie. Ein Beitrag zur Methode der Astro-Chronologie. *Vierteljahrsschrift der Astronomischen Gesellschaft.* Leipzig, 1936, S. 242–249.

Normand, R.: *L'Abbé Rigaux, Cure d'Argoeves, Interprète de Nostradamus.* Amiens, 1936.

Nostredame, César: *L'entrée de la Royne en sa ville de Sallon, faict et dedié à M. Antoine d'Espagnet, par César de Nostredame, gentiljomme provençal.* Aix, Jean Tholosan, 1602.

Nostredame, César de: *L'Histoire et Chronique de Provence de Caesar de Nostradamus Gentilhomme Provençal ou passent de temps en temps et en bel ordre les Anciens Poetes, Personnages & familles Illustres qui ont fleuri depuis VC Ans.* Lyon, Simon Rigaud, 1614. Reprint Marseille, 1971.

Nostredame, Jean de: *Les Vies des plus celebres et anciens poets provensaux, qui ont floury du temps des comtes de Provence.* Lyon, Alexander Marsilius, 1575.

Obsequens, Julius: *Prodigiorum liber ab Urbe condita usque ad Augustum Caesarem ... per Conr. Lycostenem ... integritati suae restitutus.* Lyon, Jean de Tournes und G. Gazeau, 1553.

Oldecop, Johann: *Chronik.* Hrsg. von Karl Euling. Bibl. Lit. V, 190, 1891.

Panisse-Passis, Le comte de: *Les comtes de Tende de la Maison de Savoie.* Paris, 1889.

Papillon, Abbé: *Bibliothèque des auteurs de Bourgogne. Par Feu M. l'Abbé Papillon.* Dijon, 1742.

Paracelsus: *Ußlegung des Commeten erschynen im hochbirg zu mitlem Augusten Anno 1531. Durch den hochgelertenn Herren Paracelsum.* Zürich, 1531.

Patrides, C. A.: *The Exact Compute of Time: Estimates of the Year of Creation. Premises and Motifs in Renaissance Thought and Literature.* Princeton, 1982.

Petruquin, Joseph-Eleonore: *Mélanges de chirurgie, ou histoire medico-chirurgicale de l'Hôtel-Dieu de Lyon.* Paris, 1845.

Peucer, Caspar: *Commentarius de praecipuis generibus divinationum.* Wittenberg, 1572.

Pfändler, Jean-Claude: *Nostradamus. Seine Prophezeiungen. Die Urtexte. Neu übersetzt und kommentiert.* Chieming, 1996.

Pingree, David: *The Thousands of Abû Ma'Shar.* London, 1968.

Pitatus, Petrus: *Almanach novum Petri Pitati Veronensis Mathematici, ad Annos vndecim, incipiens ab anno Christi MDLII vsque ad annum MDLXII.* Tübingen, 1553.

Pitollet, Camille: Nîmes et Nostradamus. *Revue des Langues Romanes LVII,* 1914, S. 204–261.

Poldo d'Albenas, Jean: *Discours historial de l'antique et illustre cité de Nismes.* 1559.

Polizzi, Gilles: «Lac Trasimen portera tesmoignage» ou l'usage de l'histoire romaine dans les *Centuries.* In: Michel Chomarat, Jean Dupèbe, Gilles Polizzi, *Nostradamus ou le savoir transmis.* Lyon, 1997, S. 45–76.

Pomian, Krzystof: *L'Ordre du temps.* Paris, 1984.

Pomian, Krzystof: Astrology as a Naturalistic Theology of History. In: Zambelli (1986), 29–43.

Poulle, Emmanuel: *Les instruments de la théorie des planètes selon Ptolemée.* 2 Bde., Genf und Paris, 1980.

Poulle, Emmanuel: Les Tables Alphonsines et Alphonse X de Castille. *Académie des Inscriptions et Belles-Lettres, Comptes rendus,* 1987, S. 82–101.

Prévost, Roger: *Le myth et la réalité. Un historien au temps des astrologues.* Paris, 1999.

Radin, Dean I.: Unconscious Perception of Future Emotions. An Experiment in Presentiment. *Proceedings of the 39th Parapsychological Association Convention.* San Diego, 1996, S. 171–185.

Randi, James: *The Mask of Nostradamus*. Buffalo, 1993.

Recueil des prophéties. In: Nostradamus, Chevillot, 1611.

Reeves, Marjorie (Hrsg.): *Prophetic Rome in the High Renaissance Period*. Oxford, 1992.

Reuchlin, Joannes: *De Arte Cabalistica Libri Tres Leoni X. Dicati*. Hagenau, Thomas Anshelm, 1517.

Robb, Stewart: *Nostradamus on Napoleon, Hitler, and the Present Crisis*. New York, 1941.

Roesch, Eduard: *Die erstaunlichen Bücher des großen Arztes, Sehers und Schicksals-Propheten Nostradamus, ins Deutsche übertragen und dem Verständnisse aufgeschlossen von Eduard Roesch*. 2 Bde., Stuttgart, 1850.

Roussat, Richard: *Livre de l'estat et mutation des temps, prouvant par authoritez de l'Escripture saincte, et par raisons astrologales, la fin du Monde estre prochaine*. Lyon, Guillaume Rouillè, 1550. Reprint Paris, 1981.

Roussat, Richard: *Des Elements et principe d'Astronomie avec les universelz jugements d'icelle. Item un traicté tres exquis et recreatif, des Elections de choses à faire*. Paris, 1552.

Ruzo, Daniel: *Le testament de Nostradamus*. Monaco, 1982.

Saconay, Gabriel de: *Généalogie et fin des Huguenaux et découverte du calvinisme*. Lyon, Benoist Rigault, 1572.

Saulnier, V.-L.: *Le Prince de la Renaissance lyonnaise, initiateur de la Pléiade, Maurice Scève*. 2 Bde., Paris, 1948.

Scaliger, Joseph: *Opus novum de emendatione temporum*. Paris, Mamert Patisson, 1583.

Schenda, R.: Das Monstrum von Ravenna: Eine Studie zur Prodigienliteratur. *Zeitschrift für Volkskunde*, 56, 1960, S. 209–25.

Schmieder, Karl Christoph: *Geschichte der Alchemie*. Halle, 1832.

Schneble, H.: *Krankheit der ungezählten Namen. Ein Beitrag zur Sozial-, Kultur- und Medizingeschichte der Epilepsie anhand ihrer Benennungen vom Altertum bis zur Gegenwart*. Bern, Stuttgart, Toronto, 1987.

Schott, Caspar: *Physica curios sive mirabilia naturae et artis libris XII. comprehensa*. Würzburg, 1697.

Schwarzenfeld, Gertrude von: *Rudolf II*. München, 1979.

Schwoebel, R.: *The Shadow of the Crescent. The Renaissance Image of the Turk, 1453–1517*. Nieuwkoop, 1967.

Screech, Michael-Andrew (Hrsg.): *François Rabelais, Panagrueline Prognostication pour l'an 1533, Avec Les Almanachs pour les ans 1533, 1535 et 1541, La grande et vraye Pronostication nouvelle de 1544*. Genf, 1974.

Shepheard, David: Pour une poétique du genre oraculaire: à propos de Nostradamus. *Revue de Littérature Comparée*, 1, 1986, S. 59–65.

Shumaker, Wayne: *The occult sciences in the Renaissance*. Berkeley, 1972.

Sijpesteijn, Pieter J.: The Astrologer Askletarion. *Mnemosyne*, 43, 1990, S. 164–165.

Simeoni, Gabriel: *Interpretation Greque, Latine, Toscane & Françoise, du Monstre, ou Enigme d'Italie*. Lyon, Antoine Volant, 1555.

Simeoni, Gabriele: *Le présage du triomphe des Gaulois, Declaré & envoyé par le seigneur Gabriel Symeon à treschrestien & invincible Prince Henri II. de ce nom Roy de France*. Lyon, Gabriel Cotier, 1555.

Simonin, Michel: Michel de Nostredame, Pierre Boaistuau, Chavigny et la peste aixoise de 1546. *Bibliothèque d'Humanisme et Renaissance*, tome XLV, 1, 1983, S. 127–130.

Smith, Malcom C.: Early French Advocates of Religious Freedom. *Sixteenth Century Journal*, XXV/1, 1994, S. 29–51.

Stevenson, Joseph (Hrsg.): *Calendar of State Papers, Foreign Series, of the Reign of Eliza-beth, 1558–1559.* London, 1863.

Stöffler, Johannes und Jacob Pflaum: *Almanach nova plurimis annis venturis inserviens.* Ulm, J. Reger, 1499.

Sturmberger, Hans: Die Anfänge des Bruderzwistes in Habsburg. In: Hans Sturmber-ger, Land ob der Enns und Österreich. Erg.-Bd. 3. *Mitteilungen des Oberösterreichi-schen Landesarchivs.* Linz, 1979, S. 32–75.

Tamizey de Larroque, Philippe (Hrsg.): *Les correspondants de Peiresc II. César de Nostre-dame. Lettres inédites, écrites de Salon à Peiresc en 1628–1629.* Marseille, 1880.

Taxil, Jean: *Traicté de l'Epilepsie.* Lyon, 1602.

Temkin, O.: *The Falling Sickness. A History of Epilepsy from the Greeks to the Beginnings of Modern Neurology.* Baltimore und London, 1971.

Tennhaeff, W. H. C.: *Der Blick in die Zukunft. Präkognition.* Berlin, 1948.

Thissen, Heinz Josef: Des Niloten Horapollon Hieroglyphenbuch. *Archiv für Papyrus-forschung und verwandte Gebiete.* Beiheft 6. München, Leipzig, 2001.

Thorndike, Lynn: *A History of Magic and Experimental Science.* 6 Bde., New York, Lon-don, 1934.

Tobler, Adolf und Erhard Lommatzsch: *Altfranzösisches Wörterbuch.* Berlin, 1936.

Torné-Chavigny, Henri: *Ce qui sera! Almanach du «Grand Prophète» Nostradamus pour 1877.* Saint-Denis-du-Pin, 1877.

Torné-Chavigny, Henri: *L'Histoire prédite et jugée par Nostradamus.* 3 Bde., Bordeaux, 1860–1862.

Torné-Chavigny, Henri: *Lettres du grand prophète, d'après l'histoire prédite et jugée par Nost-radamus et l'apocalypse interprétée par le même auteur.* St Jean d'Angély, 1870.

Torné-Chavigny, Henri: *Portraits prophétiques d'après Nostradamus, ou Napoléon III, Pie IX, Henri V d'après l'histoire prédite et jugée par Nostradamus, l'Apocalypse interprétée par Nostradamus, et les lettres du Grand Prophète.* Poitiers, 1871.

Torné-Chavigny, Henri: *Prophéties dites d'Olivarius et d'Orval, interprétées par leur auteur Nostradamus «Le grand Prophète».* Recherches et commentaires. Angoulême, 1871.

Tricou, Jean (Hrsg.): *La chronique lyonnaise de Jean Guéraud 1536–1562.* Lyon, 1929.

Trithemius, *De septem secundeis, id est, intelligentiis, sive Spiritibus orbes post Deum moventi-bus.* Strassburg, Zetzner, 1613.

Trunz, Erich: *Wissenschaft und Kunst im Kreise Kaiser Rudolfs II.* Neumünster, 1992.

Turrel, Pierre: *Fatale prévision par les astres et disposition d'icelles sur la région de Jupiter, maintenant appelée Bourgogne, pour l'an 1529 et pour plusieurs années subséquentes.* Lyon, 1528.

Turrel, Pierre: *Le Période cest a dire, la fin du monde Contenant la disposition des chouses ter-restres par la vertu & influence des corps celestes compose par feu Maistre Pierre Turrel, philo-sophe et astrologue, recteur des ecoles de Dijon.* O. O., Dr. u. J.

Tyard, Pontus de: *Mantice ou discours de la verité de divination par astrologie.* Lyon, 1558.

Utts, Jessica M.: An Assessment of the Evidence for Psychic Functioning. *Journal of Scientific Exploration,* 10, 1996, S. 3–30.

Vente Hôtel Drouot: *Très beaux livres et manuscrits anciens, romantiques, modernes, reliures, dessins, gravures. I: Succession de l'Abé Rigaux.* Abbeville, 1931.

Videl, Laurens: *Declaration des abus ignorances et seditions de Michel Nostradamus, de Salon de Craux en Provence œvre tresutile & profitable â un chacun.* Avignon, Pierre Roux und Ian Tramblay, 1558.

Virdung, Johann: *Practica von dem Entcrist und dem jüngsten tag auch was geschehen sol vor dem Ende der welt ...* O. O., Dr. u. J. [Speyer, Anastasius Nolt, um 1525.]

Vocelka, Karl: *Die politische Propaganda Rudolfs II.* Wien, 1981.

Walker, D. P.: *Spiritual and Demonic Magic from Ficino to Campanella.* London, 1958.

Warburg, Aby: *Gesammelte Schriften.* Hrsg. von G. Bing, Leipzig und Berlin, 1932.

Warburg, Aby: Heidnisch-antike Weissagung in Wort und Bild zu Luthers Zeiten. *Sitzungsberichte der Heidelberger Akademie der Wissenschaften*, phil.-hist. Klasse 26. Heidelberg, 1920.

Wohlers, Michael: *Heilige Krankheit. Epilepsie in antiker Medizin, Astrologie und Religion.* Marburg, 1999.

Wöllner, Christian: *Das Mysterium des Nostradamus.* Leipzig und Dresden, 1926.

Yates, Frances A.: *Aufklärung im Zeichen des Rosenkreuzes.* Stuttgart. 1975.

Zambelli, Paola (Hrsg.): *«Astrologi hallucinati»: Stars and the End of the World in Luther's Time.* Berlin, New York, de Gruyter, 1986.

Zambelli, Paola: Many Ends for the World: Luca Gaurico, Instigator of the Debate in Italy and Germany. In: Zambelli (1986), S. 239–261.

Zurbonsen, Friedrich: *Die Prophezeiungen zum Weltkrieg 1914–1915.* Köln, 1915.

Personenregister

463